중국미술사 4

명明·청清부터 근대까지

국립중앙도서관 출판시도서목록(CIP)

중국미술사 = Art of China. 4, 명(明)·청(淸)부터 근대까지 / 단구
오지앙(單國强) 편저 ; 유미경, 조현주, 김희정, 홍기용 옮김. -- 서
울 : 다른생각, 2011
    p. ;   cm. -- (세계의 미술 ; 4)

원표제: 中國美術. 明淸至近代
색인수록
원저자명: 單國强
중국어 원작을 한국어로 번역
ISBN 978-89-92486-12-5 94910 : ₩80000
ISBN 978-89-92486-08-8(세트) 94910

중국 미술사[中國 美術史]

609.12-KDC5
709.51-DDC21   CIP2011004229

중국미술사 4

명明·청淸부터 근대까지

ART of CHINA
from THE MING to 20TH CENTURY

단구오지앙(單國强) 편저 | 유미경 · 조현주 · 김희정 · 홍기용 옮김

다른생각

세계의 미술 4

중국 미술사 4
-명(明)·청(淸)부터 근대까지-

초판 1쇄 인쇄 2011년 10월 10일
초판 1쇄 발행 2011년 10월 20일

편저자 | 단 구오치앙(單國强)
옮긴이 | 유미경·조현주·김희정·홍기용
펴낸이 | 이재연
편집 디자인 | 박정미
표지 디자인 | 아르떼203디자인
펴낸곳 | 다른생각

주소 | 서울 종로구 원서동 103번지 원서빌라트 302호
전화 | (02) 3471-5623
팩스 | (02) 395-8327
이메일 | darunbooks@naver.com
등록 | 제300-2002-252호(2002. 11. 1)

ISBN 978-89-92486-08-8(전4권)
       978-89-92486-12-5 94910
값 80,000원(전4권 : 280,000원)

* 잘못된 책은 구입하신 서점이나 출판사에서 바꾸어드립니다.

한국어판 출간에 부쳐

　이 책은 중국의 중국인민대학(中國人民大學) 출판사에서 발행한 〈世界美術全集〉 가운데 제1부에 해당하는 중국미술사 부분 네 권을 완역한 것이다.

　이 중국미술사(전4권)는 앞으로 계속하여 출간될 〈세계의 미술〉 시리즈의 첫 부분이며, 다음과 같이 네 권으로 구성되어 있다. 제1권은 선진(先秦)부터 양한(兩漢)까지, 제2권은 위(魏)·진(晉)부터 수(隋)·당(唐)까지, 제3권은 오대(五代)부터 송(宋)·원(元)까지, 그리고 제4권은 명(明)·청(淸)부터 근대(近代)까지를 다루고 있다.

　이 책을 번역 출판하기로 결정한 것은 2007년 초였으니, 만 4년 만에 책의 모습을 갖추어 독자들에게 선보이게 되었다. 이 책을 번역하기로 한 것은 다음과 같은 몇 가지 이유 때문이었다.

　이미 한국에는 적지 않은 수의 중국미술사에 관한 책들이 나와 있지만, 대부분 저자나 역자의 전공에 따라 미술의 한 과목에 국한된 것들이며, 또한 비교적 간략하게 서술되어 있어, 폭넓고 체계적으로 중국미술사를 정리한 종합 개설서는 별로 보이지 않기 때문이다. 이 책은 원시 시대부터 근대에 이르기까지 수만 년 동안의 중국 미술을 총체적으로 다루고 있다. 암화(巖畵)와 지화(地畵)를 비롯하여 도기와 청동기 등 원시 미술부터, 건축·회화·공예·조소·서법 등 모든 분야의 역사를 시대별로 자세히 서술하고 있는 중국 미술 통사(通史)이다. 각 시대를 개괄하면서, 사회 경제적 상황과 사상 철학적 배경을 근거로 당시의 예술론을 총괄하고 있어, 중국의 역사 일반과 미술의 관계를 유기적으로 연관시켜 이해할 수 있도록 서술되어 있는 장점이 있다. 뿐만 아니라 각 시기·각 분야별로 주요 미술가들의 생애와 그들의 주요 작품들에 대해서 풍부한 문헌 기록을 인용하면서 상세히 서술하고 있다. 또한 1300여 컷에 달하는 다양한 도판이 수록되어 있어 내용을 이해하는 데 한층 편리함을 제공하고 있다는 점이다. 미술이란 인간의 오관(五官) 중 시각을 통해 즐거움을 주는 게 궁극 목적이라고 할 수 있는데, 이런 측면에서 바로 이 책에 수록되어 있는 풍부한 도판은, 그 자체만으로도 충분히 출판 가치가 있다고 판단했을 정도로, 출판 여부를 결정하는 데 중요하게 작용하였다. 이와 같은 몇 가지 점들이 이 책을 번역 출판하도록 이끈 요인들이다.

하지만 여러 가지 어려움은 내내 번역자와 편집자들을 힘들게 했다. 그것은 책의 내용이 워낙 폭넓고 전문적이며, 세세한 부분까지 상세하게 서술하고 있어서, 중국 문화와 역사 전반에 대해 웬만큼 폭넓고 깊은 지식이 없는 사람은 이해하기 어려운 내용들이 적지 않았기 때문이다. 한마디로 번역과 편집 과정은 곧 '고난의 행군' 그 자체였다. 열람할 수 있는 모든 문헌과 자료들을 찾아서 스스로 내용을 이해하고, 그에 근거하여 수많은 각주를 다는 작업을 하지 않을 수 없었으며, 그 과정에서 전문가들에게 자문을 구하는 번거로움과 수고를 감내해야 했다. 편집 과정에서는 혹시라도 있을 번역 누락을 방지하기 위하여 편집자가 문장 하나하나를 대조하였다. 그 과정에서 1차로 번역문에 미심쩍은 부분이 있으면 편집진들이 토론하고 수정하여 번역자의 의견을 구한 뒤 수정하거나 보충하였으며, 다시 담당 편집자가 교정·교열을 진행하면서 2차로 내용에 의문이 생기면 다시 번역자와 토의하여 보충하거나 수정하는 절차를 거쳤다. 그리고 네 번의 교정 교열을 진행하였으니 총 일곱 번에 걸친 수정 보완과 교정·교열을 한 셈이다. 하지만 실물과 실제 과정을 보지 않고, 서술된 내용만을 가지고 그 내용을 완전하게 이해할 수 없는 부분들도 적지 않았다. 예를 들면, 고대 청동기의 제작 과정을 설명한 부분이라든가, 종류가 매우 다양한 각종 비단의 직조 과정 등을 설명하는 부분 등에서는, 전공자들조차도 충분히 이해하기 어려운 내용들이 있었다. 여러 사람들에게 자문을 구하고 논의하고 각종 문헌과 인터넷 검색 등을 통하여 최대한 정확하게 번역하려고 노력했으나, 몇몇 부분들에 대해서는 아직도 아쉬움이 남는다.

이 책을 번역하는 데에는 한 가지 중요한 원칙이 있었다. 즉 전문적인 내용이지만, 일반 독자도 이해할 수 있도록 한다는 것이었다. 그를 위해 편집 과정에서도 일반 독자의 눈높이에 맞도록 최대한 노력을 해야 했다. 내용을 풀어 써야 하는 부분도 있었으며, 수많은 용어의 해설이나 내용의 해설을 부가하는 임무가 편집자에게 주어졌다. '편집자가 이해하지 못하면 일반 독자도 이해하지 못한다'라는 기준을 정하여, 교정과 교열을 진행하고, 더욱 상세한 각주를 찾아 달아야 했다. 여기에 약 3년의 시간이 필요했다. 각주는 역자의 검토를 거쳐 최종 확정되었으나, 이 또한 완벽하게 정확하다고 하기 어려운 부분이 있는데, 그 부분에 대한 책임은 전적으로 편집자에게 있음을 밝혀둔다.

이렇게 하여 마침내 한국어 번역본이 출간되기에 이르렀기에, 감회가 새롭고, 지난 시간의 고생이 보람으로 느껴지기도 한다. 이 책을 읽는 전문가와 독자들의 애정 어린 질책과 조언을 바라마지 않으며, 오류가 발견되면 출판사로 꼭 연락해 주시기를 진심으로 기대한다.

그 동안 출판사측의 재촉에 시달리며 본업을 침해받아가며 힘든 번역을 맡아주신 여러 번역자 선생님들과, 전화로, 구두로, 이메일 등으로 무례하게 질문하고 자문을 구했음에도 불구하고 친절하게 응해주신 미술사학계의 여러 교수님들과 선생님들께 깊이 감사드린다. 특히 원광대학교 홍승재 교수님의 노고는 말로 표현할 수준을 넘어선다.

이 네 권의 책들이, 더 나아가 앞으로 이어서 출간될 『인도미술사』를 비롯한 세계 각국·각 지역의 미술사 책들이 우리나라 미술사학계의 연구자들과 미술사에 관심이 있는 독자들에게 조금이라도 유익했다고 평가받기를 간절히 바란다. 또한 이 책에 버금가는 훌륭한 『한국미술사』를 출간하는 게 간절한 소망이기도 하다.

2011년 9월
기획·편집 책임 이재연

이 책의 출판에 대한 설명

이 책은 중국 혹은 세계적 범위 내에서 출판한 것으로, 중국의 학자들이 편찬하여 완성한 〈世界美術全集〉의 제1부이다. 따라서 또한 개척성·창조성과 선명한 학술적 특색을 갖춘 이 시리즈는 고금의 중국과 외국의 중대한 미술 현상 및 미술 발전의 개황을 관찰하고 연구한 도판과 문자 자료의 집대성이기도 하다.

〈世界美術全集〉 시리즈의 집필은, 비교적 완정(完整)하고 분명하게 세계 각 민족 미술 발전의 역사적 과정들을 반영하고 있는데, 이는 매우 많은 중국 학자들의 숙원이었다. 중국은 세계의 일부분이며, 수천 년 동안 끊임없이 이어져온 중국 미술도 세계 역사라는 커다란 환경 속에서 성장하고 발전해왔다. 현대의 중국은 바야흐로 진지하게 세계를 이해하고 연구하는 과정에 있으며, 세계 각국의 인민들도 진지하게 중국에 관심과 주의를 기울여, 중국의 역사와 현상을 연구하고 있는 중이다. 최근 백 년 이래, 중국과 세계 각국의 우호 교류(문화 교류도 포함하여)는 끊임없이 증대되어 왔으며, 중국의 전체 세계에 대한 시야도 끊임없이 넓어져왔는데, 그것은 중국과 세계의 진보에 대하여, 그리고 문화 예술의 번영에 대하여 이미 적극적인 영향을 미쳤으며, 또한 여전히 영향을 미치고 있다. 현재 그러한 과정은 계속되고 있을 뿐만 아니라, 끊임없이 확대 발전하고 있다.

이와 같은 상황에서 중국의 학자들에 의한 〈世界美術全集〉의 집필과 출판이라는 이 작업은 더욱 중요한 일이라고 생각된다. 그 까닭은 다음과 같다. 첫째, 역사 환경과 연구 조건의 제한으로 인해 수십 년 이래로 우리들은 이 작업을 질질 끌면서 일정을 잡지 못하고 있었기 때문이다. 또 다른 측면에서는, 적지 않은 서구의 학자들이 편찬한 세계 미술사들은, 비록 자료의 수집과 학술적 관점에서 나름대로 각자의 특색을 지니고 있긴 하지만, 적지 않은 저작들은 유럽 중심론과 서방 중심론의 영향을 받았기 때문에, 아시아에 대해, 특히 중국 예술사의 면모에 대해 매우 불충분하게 반영하고 있으며, 중국과 동유럽 예술에 대해서도 편견이 존재하여, 아예 소개를 하지 않거나 혹은 간단히 언급만 한 채 서술은 하지 않고 지나쳐버리고 있다. 특히 더욱 사람들을 불안하게 하는 것은, 일부 저작들 속에서는 중국 고유의 영토인 서장(西藏)과 신강(新疆) 지구의 미술을 중국 이외의 미술로 소개하여 기술하고 있다는 점이다. 분명히 이와 같이 역사적 진실과 관점에 대한 위배는 형평성을 잃은 미술사로서, 예술사 지식의 전파에도 이롭지 못하며, 세계 각국 인민들의 상호 이해에도 이롭지 않고, 또한 마찬가지로 예술사의 깊이 있는 연구에도 이롭지 않다고 본다. 이와 같은 상황은 이미 중국을 포함하여 세계의 수많은 유명한 예술사가들로부터 주목을 받고 있다. 다행으로 생각하는 것은, 적지 않은 서구와 아시아 학자들이 바로 이러한 상황을 바로잡기 위해 여러 가지 노력을 하고 있다는 점인데, 그들도 중국의 미술사학자들이 스스로 자신들의 공헌을 내놓기를 기대하고 있다.

10여 년 전, 우리가 그 첫걸음으로 〈中國美術全集〉의 편찬·출판 작업을 완성한 후, 곧 〈世界美術全集〉의 기획과 출판 작업을 시작했다. 중앙미술학원(中央美術學院) 미술사계(美術史系)가 집필하여 편찬한 외국 미술사와 중국미술사 교재의 기초가 있었고, 또한 대만(臺灣)의 광복서국(光復書局)으로부터 지원과 찬조가 있었기 때문에, 이 작업은 순조롭게 진행될 수 있었다. 20여 명의 동료들이 힘을 모아 협력하면서, 수년 동안 긴장된 작업을 거쳐, 마침내 전체 초고를 완성하였는데, 애석하게도 예상치 못한 곤란에 직면하여 제때 출간되지 못하였다. 현재 우리가 보고 있는 이 20권짜리 〈世界美術全集〉은 중국인민대학출판사의 대대적인 지원을 받아, 위에서 언급한 초고를 기초로 하여, 보완하고 수정하여 완성한 것이다. 전집 편찬 작업에 참가한 사람들은 중앙미술학원·중국예술연구원(中國藝術研究院)·청화대학(淸華大學) 미술학원·중국인민대학(中國人民大學) 서비홍예술학원(徐悲鴻藝術學院)·북경대학(北京大學)·중국사회과학원(中國社會科學院)·고궁박물원(故宮博物院)·상해박물관(上海博物館)·중국미술가협회(中國美術家協會)의 교수와 연구원들이다.

과학적이고 객관적 역사관은 우리들이 편찬한 이 〈世界美術全集〉의 지도 사상이다. 우리는 사실(史實)을 기초로 삼아 힘써 추구하였고, 진실하고 객관적으로 각 역사 시기들과 각 민족들의 예술 창조를 서술하고 분석하였으며, 인류의 물질문화와 정신문화가 조형 예술과 실용 공예 미술 속에서 창조한 성취를 펼쳐 보이고, 세계 각국 인민들의 예술 창조의 지혜와 재능을 반영하려고 노력했다. 우리는 기나긴 역사의 대하(大河) 속에서 각 민족들간의 우호적인 예술 교류에도 관심과 주의를 기울였는데, 바로 각 민족들간 예술의 상호 영향은 세계 예술의 번영을 촉진하였다. 우리는 가능하면 전체 세계 미술의 역사적 과정을 전면적으로 반영할 수 있도록 최선을 다했지만, 두말할 나위 없이, 진정으로 이상적인 목표에 도달하기 위해서는 또한 우리와 이후 중국 학자들의 계속적인 노력을 기다려야 한다. 한편으로는 세계 미술사에 대한 연구가 중국에서 상대적으로 많이 늦었기 때문에, 학술 진영도 강고하지 못하며, 다른 한편으로는 또한 일부 국가와 지역들의 미술사 연구는 기존의 연구에서는 아직 공백 상태에 속하기 때문에, 중국 내외 미술사가들의 협력을 받아 그 부족한 점들을 보완해가기를 기다릴 필요가 있다.

이 책은 세계 미술사 지식을 보급하는 것이 주요 목적이므로, 미술사 연구에서의 일부 학술 문제는 지면의 제한으로 인해, 단지 약간만을 다룰 수 있었을 뿐 충분히 전개하지 못했는데, 다행히도 적지 않은 중국의 학자들이 이미 독립적으로 전문 저서들을 출판했기 때문에, 더 깊이 있게 읽고 연구하려는 독자들의 요구를 만족시켜줄 수 있을 것이다.

<世界美術全集> 편찬위원회
주편(主編) : 金維諾
부주편(副主編) : 邵大箴, 佟景韓, 薛永年

일러두기

책을 읽기 전에, 이 책의 편집은 다음과 같은 몇 가지 원칙에 따랐음을 알립니다.

1. 본문에 별색으로 표시한 용어나 구절들은 책의 접지면 안쪽 좌우 여백에 각주 형태로 설명을 부가한 것들이다. 이것들은 모두 역자나 편집자가 독자들의 이해를 돕기 위해 원본에는 없는 것을 별도로 추가한 내용이므로, 원저자와는 관계가 없다. 독자들의 편리를 위하여 반복하여 수록한 것들도 있다.

2. 본문의 [ ]나 ( ) 속에 있는 내용 중 '–' 혹은 '–역자' 표시와 함께 내용을 부가한 것은 역자나 편집자가 독자들의 이해를 위해 추가한 내용이다. 그리고 ':' 표기와 함께 수록된 내용은 중국어 원본에 원래 있는 것을 번역하여 옮긴 것이다.

3. 지명이나 인명은 모두 한국식 한자 독음(讀音)으로 표기하는 것을 원칙으로 하였으나, 한국 독자들에게 낯익은 몇몇 지명은 간혹 중국식 발음으로 표기했으며, 여기에는 한자를 병기하였다.
   예 : 홍콩(香港)

4. 도판명은 가능하면 중국어 원본대로 표기하여 한국식 독음과 한자를 병기하였으나, 특별히 풀어서 쓰는 것이 독자들의 이해에 도움이 된다고 판단되는 것들은 풀어쓴 내용과 함께 한자를 병기하였다. 그리고 용어의 경우, 기본적으로 중국의 표기를 준용하였다. 예컨대 우리나라에서는 대개 '토기'라고 표현하는 것을, 이 책에서는 '도기(陶器)'로 표기하였는데, 번역어도 '도기'로 표기한 것이 그 예이다.

5. 숫자의 표기는 가능하면 아라비아 숫자를 배제하고 한글로 표기하였으나, 숫자가 길어지는 것은 일부 아라비아 숫자로 표기하였으며, 번호나 조대(朝代)를 표기하는 것은 아라비아 숫자로 표기하였다. 상황에 따라 읽기 편리하도록 하여, 표기에 일관성을 기하지 않았다.

6. 고전이나 옛날 문헌에서 인용한 부분은 최대한 한문 원문을 병기하였다. 몇몇 독음(讀音)을 알 수 없는 글자들은 □표시로 남겨두었다.

차 례

차 례

총론

총론

명(明)·청(淸) 양대는 중국 봉건 사회의 마지막 두 왕조인데, 사회
형태의 측면에서 살펴보면, 정치·경제·문화 등에서 많은 공통점과
연속성을 지니고 있다. 따라서 미술 영역에서도 상당히 밀접한 예술
현상과 특징들이 출현했을 뿐 아니라, 일정한 승계성도 뚜렷이 나타
난다. 예를 들면 문인화의 발흥과 개성파(個性派) 미술의 발전, 고아
한 미술과 세속적인 미술의 합류 등등이 그러한 것들이다. 만약 두
왕조가 실시한 정책들이 형성된 역사적 궤적을 통해 고찰해보면, 곧
각자의 단계와 흥성의 과정이 있다. 따라서 미술에서도 역시 그 자체
내의 단계성이 나타나, 각 분야 미술의 흥성과 쇠퇴가 바뀌고, 그 특
징도 각기 다를 뿐 아니라, 또한 끊임없이 변화하며, 다양한 풍격들
이 잇달아 나타나게 되었다.

명대(明代) 미술 발전의 단계성

일반 역사학의 관점에 따르면, 명대는 초기·중기·말기의 세 시기
로 나눌 수 있으며, 이에 따라 제국의 흥망성쇠를 서술한다. 미술사
의 발전 또한 대략적으로 왕조의 정치·경제·문화의 발전 변화와 일
치하고 있기 때문에, 초기·중기·말기의 세 시기로 구분한다.

(1) 명대 초기

명나라 태조(太祖) 주원장(朱元璋)이 건국한 때부터 홍치(弘治) 연

간까지(1368~1507년)는 명 왕조의 공고한 흥성기이며, 또한 명대 미술의 초기에 해당한다. 태조 주원장은 왕조를 건립한 다음, 경제·농업·수공업과 상업을 회복시켜 신속한 발전을 이루도록 힘을 쏟았다. 동시에 중앙집권 통치를 강화하는 데 주력하면서, 정치적으로는 전제 독재를 강행했을 뿐만 아니라, 사상·문화 영역에서도 엄격하고 가혹한 탄압 정책을 추진함으로써 철저하게 옥죄어, 많은 문인들이 참화를 당하여 살해되었고, 예술에만 뜻을 두었던 서화가들조차도 화를 면할 수 없었으니, 왕몽(王蒙)·성저(盛著)·조원(趙原)·주위(周位)·서분(徐賁)·진여질(陳汝秩)·송수(宋璲)·고계(高啓)·양기(楊基) 등이 그들이다. 이들 모두는 시간적 차이는 있지만 피살당하거나 혹은 핍박을 견디지 못해 자살을 하기도 했는데, 이러한 사례는 중국뿐 아니라 세계 미술사에서도 매우 보기 드문 일이다. 이로 인해 명나라 초기의 미술계는 매우 암울하고 혼란하여, 원나라에서 명나라로 편입된 많은 문인화가들은 계속해서 은일화가(隱逸畵家)로 지내게 되었다.

명나라 성조(成祖) 주체(周棣)는 정권을 한 단계 더 공고히 다지고, 경제를 발전시킴과 동시에 미술 정책도 중시하여, 송대를 본받아 한림도화원(翰林圖畵院)을 세우고 궁정회화의 발전을 추진하였다. 이어 선덕(宣德-1426~1435년) 연간에 이르러 마침내 화원(畵院)이 건립되면서 궁정회화는 날로 흥성하였다. 이후 홍치 연간(1488~1505년)에 이르기까지 궁정의 '원체(院體)' 화풍이 성행하며, 화단의 주류를 이루게 되었다. 궁정회화의 창작은 뚜렷한 황실 미술의 특색을 드러내는데, 즉 정치적인 선전 기능과 길상(吉祥)의 상징, 정교한 화풍과 부귀한 분위기 등등이 그것이다. 서법에서도 단정하고 아름다운 '대각체(臺閣體)'가 형성되어, 선비들이 벼슬을 구하는 '간록지서(干祿之書-벼슬을 구하는 글)'가 되었다. 공예 미술 방면에서는 황실용 공예품의 생산 역시 매우 흥성하여, 정교하고 아름다운 수많은 신품종들이 출현

대각체(臺閣體) : 명나라 영락(永樂) 연간에 처음 출현한 일종의 시체(詩體)로, 그것을 창도한 인물들을 '삼양(三楊)'이라고 일컫는데, 양사기(楊士奇)·양영(楊榮)·양부(楊溥)를 가리키며, 이들이 모두 '대각중신(臺閣重臣)'들이었기 때문에 '대각체'라고 부르게 되었다.

하였다. 예를 들면 '경태람(景泰藍)'이라 불리는 법랑, 과원장(果園場)의 조칠(彫漆), 동기(銅器) 가운데 선덕로(宣德爐), 그리고 관요(官窯) 자기(瓷器) 가운데 선덕 시기의 제홍(霽紅)과 제람(霽藍), 홍치(弘治)와 성화(成化) 시기의 투채(鬪彩) 등이 있다. 황실 미술의 흥성은 명대 초기 미술의 가장 뚜렷한 특징이다.

명대 초기에는 화원에 들어가지 못한 일부 직업화가들도 있었는데, 이들은 사회에서 활동하며 궁정화가들과 서로 경쟁하는 화가 집단 내지 화파(畵派)를 이루었다. 이른바 '절파(浙派)'의 창시자인 대진(戴進) 및 그 계승자인 오위(吳偉)는 일찍이 궁정에 들어가 어전에서 그림을 그렸으나, 이후 여러 가지 주·객관적인 문제들로 인해 화원을 떠나 세상 각지를 떠돌아다녔다. 이들과 궁정회화는 동일한 근원으로부터 출발하여, 모두 송대의 '원체(院體)'를 계승하였으나, 근원만 같았을 뿐 그 후의 흐름은 달랐는데, 그들의 예술 창작은 사회와 민중의 수요에 부응하기 위해 한층 강한 세속적 성향을 띠면서 자신만의 화풍을 형성하였다. 공예 미술 영역도 점차 밑바닥에서 한 줄기 흐름을 이루며 발전해갔다.

(2) 명대 중기

대략 정덕(正德)부터 가정(嘉靖) 연간(1506~1566년)까지가 명대 중기이며, 명 왕조가 최고로 발전했던 시기이다. 이 시기의 몇몇 황제들은 주색과 수렵에 빠지거나, 수선득도(修仙得道)에 현혹되어 중앙집권 체제를 크게 약화시켰다. 이에 황실의 권력이 환관들의 수중으로 넘어가게 되자 내각(內閣)과 당정(黨政)의 대립이 매우 격렬해지면서, 정치는 암담해지고 사회는 불안에 휩싸였다. 결국 수많은 문인 사대부들은 벼슬길을 포기하고 속세를 떠나 자신의 뜻을 지키며 은일화가로 지내는 자들이 점차 늘어나면서, 객관적으로는 문인화의 발전

제홍(霽紅)·제람(霽藍) : 청나라 때의 유약으로, 제홍은 '제홍(祭紅)'이라고도 하며, 착색제로 구리를 사용하여, 짙은 구리색을 띤다. 제람은 '적람유(積藍釉)'·'제람유(祭藍釉)'·'제청유(霽靑釉)'라고도 하며, 짙은 남색을 가리킨다. 명·청 시기의 남색 유약은 모두 이 '제람'을 가리킨다.

투채(鬪彩) : 두채(逗彩)라고도 하며, 유하채(釉下彩-靑花)와 유상채(釉上彩)가 서로 결합된 일종의 장식용 도자기이다.

전후칠자(前後七子) : 명대(明代)에 출
현하였는데, 이몽양(李夢陽)·하경명
(何景明)·이반룡(李攀龍)·왕세정(王世
貞) 등을 우두머리로 하여, 전후 일곱
사람씩 열네 명을 일컫는 말로, '복고
(復古)'를 표방했으며, 아울러 또한 "문
장은 반드시 진(秦)·한(漢)을 좇아야
하고, 시는 반드시 성당(盛唐)을 좇아
야 한다[文必秦漢, 詩必盛唐]"라고 주
장하였다.

을 촉진하였다. 통치자들이 사상과 문화에서도 점차 통제 능력을 상
실하자 반정통적인 수많은 이단 사상들이 출현하였다. 철학에서 보
면 이정[二程－정호(程顥)·정이(程頤) 형제]과 주자의 이학(理學)에 반대했
던 왕수인(王守仁)의 '심학(心學)', 그리고 문학에서는 '대각체'를 반대
한 전후칠자(前後七子)의 복고활동 등이 그러한 것들이다. 미술에 반
영된 것은 개성을 선양하고 새로운 것을 그리려는 추구였다.

미술 영역에의 가장 뚜렷한 반영은 화단에서 문인화가 발흥한 것
으로, 소주(蘇州) 지역에서는 심주(沈周)·문징명(文徵明)·당인(唐寅)·
구영(仇英) 등의 '오문사가(吳門四家)'가 출현하였으며, 또한 심주와 문
징명의 지도로 '오파(吳派)'를 형성하였다. 서법(書法)에서도 일군의 문
인 서예가들이 배출되었는데, '오중삼가(吳中三家)'로 불리는 축윤명
(祝允明)·문징명(文徵明)·왕총(王寵)이 대표적이다.

명대 중기의 사회는 비록 혼란스럽기는 했지만, 아직 정권 자체
가 위급한 상황은 아니었다. 이른바 "태평성세가 오랫동안 지속되자
[承平日久]", 사회 분위기가 명대 초기의 근검절약하는 성향에서 사치
와 호화로움을 선호하는 방향으로 전환됨에 따라, 새롭고 기이한 것
을 추구하게 된 것이다. 고염무(顧炎武)는 『일지록(日知錄)』에서 이렇
게 평하였다. "대략 홍치·정덕 무렵부터는, 천하가 태평한 시기로서,
일상적인 것에 싫증을 느끼고 새로운 것을 좋아하였다. 이러한 풍조
의 변화는 이미 종래부터 있었던 것이다.[蓋自弘治·正德之際, 天下之時,
厭常喜新, 風會之變, 已有所其從來.]" 동시에 이미 자본주의의 싹이 돋아
나서 성시(城市－도시)의 상업과 수공업이 발달하고, 상품경제가 활발
해져 시민 계층이 늘어나자, 물질적·정신적 생산품의 수요가 급속히
확대되었다.

이러한 요인들은 모두 실용 공예품의 발전과 향락성·감상성(鑑賞
性)·신기성(新奇性)의 강화를 더욱 힘차게 촉진하였다. 이 시기의 민

간 공예 미술 제조업은 점차 관부 작방(作坊-작업장)들과 어깨를 나란
히 할 정도로 향상되어, 수많은 관요(官窯) 자기(瓷器)들을 심지어 민
요(民窯)에서 대신 생산하였다. 또 관료 지주와 사대부들이 즐겨 누리
는 사가(私家)의 원림(園林)이 대대적으로 만들어졌고, 일용 가구·서
재에 필요한 조각품·문방 소장품 등 다양한 품목들이 크게 발전하
였다. 나아가 시민들이 즐겨 보고 들을 수 있는 소설과 희곡의 삽도
(揷圖) 판화도 발흥하기 시작하였다.

(3) 명대 말기

융경(隆慶)부터 숭정(崇禎) 연간까지(1567~1644년)는 명대 말기로서,
제국의 유지부터 멸망까지의 시기이다. 융경조(隆慶朝)는 명나라 중기
의 정치 혼란과 재정 위기 및 농민 봉기에 직면하자 변혁을 시도하였
다. 당시 내각의 지도부를 맡고 있던 장거정(張居正)은 일련의 개혁 조
치들을 제시하고, '일조편법(一條鞭法)'이라는 조세 개혁을 실행하였으
나 대지주와 관료들의 반대에 부딪혔다. 만력(萬曆) 10년(1582)에 장거
정이 병으로 사망하자, 결국 개혁은 실패로 돌아가고 조정은 더욱 혼
란에 빠지게 되었다. 당시 환관들의 전횡이 절정에 달하면서, 내각에
도 파벌과 계파가 즐비하게 생겨났으며, 변경 지방의 불안은 가중되
었다. 동북 지역에 거점을 두고 있던 청군(淸軍) 세력은 호시탐탐 중
원을 노리고 있었는데, 마침내 전국적인 농민 대봉기가 일어나자 숭
정 17년(1644년)에 이자성(李自成)은 군대를 일으켜 북경을 공격하여
점령함으로써 명 왕조를 전복시켰다. 그러나 얼마 후 청나라 군대가
진입하여 다시 정권을 빼앗아 만주족이 통치하는 청(淸) 왕조를 건립
하였다.

명나라 말기의 첨예한 사회 모순과 급격한 정국의 변화는 사상과
문화 영역에서도 복잡한 변이(變異) 상황을 나타냈다. 일부 봉건 사

일조편법(一條鞭法) : 명대 중엽 이후
에 시행된 부역(賦役) 방면의 중대한
개혁조치를 가리킨다. 처음에는 조편
(條編)이라고 불렸으며, 또한 유편법
(類編法)·명편법(明編法)·총편법(總編
法) 등으로도 불렸다.

대부 문인들은 점차 기울어가는 봉건 제도를 구해내고 명 왕조의 정치적 통치를 유지시키기 위해 많은 구세(救世) 방책들을 내놓았다. 사상계에서는 왕수인(王守仁)의 '심학(心學)'이 출현하였고, 미술계에서는 곧 동기창(董其昌)을 대표로 하였는데, 그는 복고의 타파라는 기치를 내걸고 다시금 새롭게 문인화의 진흥을 꾀하는 한편, 화단에서 정통의 지위를 확립하기 위해 주력하였다. 또 다른 일부 문인 사대부들은 암울한 현실과 왕조의 교체에 직면하자, 대담하게 인생을 직시하면서 속내를 다 털어놓거나, 혹은 봉건 통치의 불합리에 대해 사색하기도 하였으며, 혹은 사회의 부패를 규탄하고, 혹은 비통해하며 우국의 심정을 글로 쓰거나, 나라가 멸망하고 가정이 파괴된 고통을 기탁하기도 하였다.

사상계에서는 도학(道學)과 전통에 반대하는 이지(李贄)가 출현하였다. 그는 인간의 '타고난 본래의 성정[自然之性]'을 발전시킬 것을 주장하면서, 남녀평등을 제창하는 등 봉건에 배치되는 강렬한 정신을 지니고 있었다. 문학계에서는 복고주의에 반대하는 공안파(公安派)·경릉파(竟陵派)가 자신만의 독특한 '성령(性靈)'을 표현할 것을 주장하였다. 회화계에서도 기존의 화법에 얽매이지 않고 풍부한 독창성을 지닌 화가들이 대거 출현하였으며, 작품 또한 강렬한 개성을 갖추었다. 예를 들면 서위(徐渭)의 대사의(大寫意) 화훼와 진홍수(陳洪綬)의 변형 인물 등이 대표적이다.

이 밖에 명대 말기의 시민문학의 유행과 문화 예술의 세속화도 뚜렷한 하나의 특징이지만, 그 안에 함축되어 있는 사회적 내용은 더욱 복잡하였다. 그 안에는 이미 번영한 도시경제와 신흥 시민계층의 생활상에 대한 사실적인 묘사, 생기발랄하게 전개되는 사회의 광경들과 신선하고 소박한 평민 의식 및 통속적이면서 참신한 표현 형식이 담겨 있다. 뿐만 아니라 한껏 향락을 즐기는 생활상에 대해서도

의도적으로 과장하여, 부패한 인생관과 저속한 정서를 널리 알렸다. 여러 방면에서 반봉건(反封建)의 민주사상이 빛을 발하고 있었는데, 의거를 일으킨 영웅·진실한 사랑·개성과 자유 등을 찬양하고, 사회의 어두운 부조리 및 통치 계급의 음란한 부도덕성과 봉건적인 도덕으로 부녀자를 속박하는 모순 등을 폭로하였다. 그러나 적지 않은 곳에서 의식적이든 무의식적이든 봉건 질서를 옹호하여, 임금에 대한 충성과 의로운 기개·숙명론 등을 선양하였다. 이러한 현상은 명나라 중엽부터 유행했던 통속소설과 남곡(南曲)과 전기(傳奇-명·청 시대의 장편 희곡) 속에 가장 분명하게 반영되어 있다. 미술 영역에서의 표현은 민간 연화(年畵)와 판화가 흥성하였고, 풍속화와 사녀화(仕女畵)도 한때 성행하였으며, 소형으로 제작된 감상용 공예품이 보편적으로 발전하는 등, 그 세속화의 정취도 비교적 농후했다.

남곡(南曲) : 송·원·명 시기에 유행한 중국 남방 지방의 고전극 형식이나 희곡 장르의 곡(曲)을, 북방계의 원곡(元曲-잡극 또는 북곡이라고도 함)에 대응하여 남곡이라 부르게 되었다. 옛날에는 사현(絲弦)이라고 불렸는데, 주로 장양(長陽)·오봉(五峰)의 두 토착 가족 자치현 내에서 전해오고 있다.

청대 미술 발전의 단계성

청대 미술의 발전은 세 단계로 나눌 수 있는데, 대체로 청대 사회 문화의 일반적인 발전 상황과 부합된다.

(1) 청대 초기

청나라 조정이 북경에 도읍을 정한 때부터 강희(康熙) 중엽까지가 청대 미술 발전의 전기(前期)로서, 앞 시대를 계승하여 개척하고 발전시킨 시대라고 할 수 있다. 이 시기에 활동한 대다수의 화가들은 명대에 출생하였으며, 심지어는 명나라 말기에 이미 예술 활동을 시작한 사람도 있었다. 당시의 역사 환경은 명나라에서 청나라로 시대가 바뀜에 따라 민족간의 모순이 고조되었고, 해마다 계속되는 전쟁으로 인해 사회의 생산력은 심각하게 파괴되었다. 이후 청나라는 명나

라의 제도를 계승하여, 정국을 안정시키고, 생산력을 회복하여 '강건
성세(康乾盛世)'의 서막을 열었다.

이러한 형세하에서 강남 문인들이 창작 주체가 된 서화 예술은
이전 왕조의 체제와 작풍을 답습하면서 점차 변화하여, 뛰어난 성취
를 이루었으며, 또한 사상적 경향과 가치 관념의 차이로 인해 서로
다른 두 종류의 추세가 출현하였다. 그 중 일부 사람들은 나라와 가
정을 잃은 고통으로 인해 예술에서 자신만의 독창적 개성을 추구하
면서, 눈물과 먹[墨]으로써 생각을 풍자하고 마음을 표현하였다. 또
다른 일부 사람들은 처음에는 가족과 고향 혹은 개인의 기득권을 보
호하기 위하여, 나중에는 문장으로 인해 화를 당하는 것을 두려워하
여, 반항정신이 부족한 순민(順民)이 되었다. 이들은 예술에서 전통
문인 계층이 공유했던 심미적 이상을 표출하는 데 귀의하여, 평온하
고 안정된 마음으로 시류에 영합하며 스스로 즐겼다.

화단에서 '사왕화파(四王畫派)'로 대표되는 계열이 후자에 속한다.
이들은 주로 명대 말기에 동기창이 닦아놓은 문인화의 전통을 계승
하고, 옛것을 집대성하여 독창성을 드러냈으며, 평온하고 고상하며
규범적이고 온화한 풍격을 이루었다. 또 사회 풍조의 방해를 받지 않
았으며, 필묵 표현력의 발전을 추진하였으나, 내용면에서는 오히려
현장의 생생한 분위기와 진실된 느낌이 결여되었고, 결국에는 관(官)
에서 제창하는 정통파가 되었다. 서예에서는 첩학(帖學) 서예가들이
동기창의 관점에 공감하여, 고풍스럽고 자연스러운 풍격을 힘써 추
구하였으나 오히려 미려하고 유약한 데로 흘러, 마침내는 관에서 제
창하는 관각체(館閣體)에 합류하였다.

'사승(四僧)'과 공현(龔賢)을 대표로 하는 한 계열은 전자에 속한
다. 이들도 역시 동기창의 영향을 받았으나, 주로 서위(徐渭)와 진홍
수(陳洪綬)의 회화 사상을 계승하였다. 또 필묵의 절주와 운율의 표현

첩학(帖學) : 법첩(法帖)의 원류(源流)·
판본의 우열·탁본의 시기와 품질·필
적의 진위(眞僞) 등을 연구하고 고증
하는 학문으로, 청나라 때 성행했다.

성을 매우 중시하였지만, 옛것을 배워 변화시키고 대자연을 본받아 마음속에 차 있는 울분과 억누를 수 없는 강렬한 감정을 독창적으로 표출하는 데 목적을 두었다. 그래서 때로는 화조(花鳥)를 빌려 한(恨)을 기탁하기도 하고, 혹은 산천을 빌려 말[言]을 대신하면서, 청대 중기의 비정통파 회화 예술에 직접적인 영향을 미쳤다. 서단(書壇)에서는 왕탁(王鐸)과 부산(傅山)을 대표로 하여, 명대 말기의 기발하고 특출한 서풍과 일맥상통하였으며, 부드럽고 섬세한 기세를 단호히 씻어버리고 초서(草書)의 격정적인 붓놀림을 자유자재로 구사하여 뛰어난 기량을 보여주었다. 서화 예술이 신속한 발달을 이룬 것과는 대조적으로 전각·건축·조소·벽화·판화 등 공예 미술의 성과는 미약하였다.

(2) 청대 중기

강희 후반부터 가경(嘉慶) 연간(1795~1820년)까지는 청대 미술 발전의 중기(中期)로서, 다채로운 번영기라고 할 수 있다. 이 시기는 국가가 통일되고, 정치가 안정되면서, 경제가 번영하고, 자본주의의 맹아가 싹터, 문화 예술의 발전을 위한 좋은 조건을 제공해주었다. 그러나 관(官)에서는 여전히 여론을 통제하였고, 문장으로 인해 화를 당하는 일도 빈번하게 일어나는 등 문인들을 압박하는 정책들이 늘어났을지언정 줄어들지 않았으며, 새로운 사회의 모순도 점차 심화되기 시작하여, 미술의 변화와 발전도 새로운 국면을 맞이하게 되었다.

북경을 중심으로 크게 성행한 궁정과 관방 미술은 스스로 중앙집권의 정치적 교화 목적과 통치자의 향락 생활 및 심미적 요구를 위해 복무하였다. 궁정미술 기관의 규모도 거대하여, 여의관(如意館)과 조판처(造辦處)에서는 유명하고 뛰어난 명가들을 많이 보유하고 있었다. 또 외국에서 온 몇몇 선교사들도 궁정에서 작업하였는데, 이들은 모두 엄격한 관리체제하에서 각종 미술 창작과 제작 활동에 종사하였다. 관청에서 운영하는 지방의 공예 미술 생산도 대부분은 황실의 직접적인 통제를 받았다.

회화에서는 정통파 산수화와 화조화 외에, 공덕을 찬양할 만한 중대한 실제 사건 기록의 제재와 인물 초상이 맹렬하게 발전하는 추세를 보였다. 아울러 서방의 고전 사실주의 화법과 융합하여 중국과 서양의 양식이 절충된 화풍이 형성되면서, 전통과는 다른 면모가 나타났다.

서법 방면에서는 강희 황제가 동기창을 편애하고, 건륭(乾隆)은 조맹부(趙孟頫)의 작품을 즐겨 감상함에 따라 첩학(帖學)의 발달을 촉진하였으며, 더군다나 과거시험에서까지 서법의 규범화를 요구하였다. 이로써 명대의 대각체 서풍을 이어 '오(烏)·광(光)·양(亮)'을 특징으로 하는 관각체가 성행함에 따라, 단정하고 가지런하며 개성이 전혀 없는 가운데 이른바 태평한 분위기를 표현하였다.

건축 방면에서는 옹정(雍正) 12년(1734년)에 공부(工部)에서 반포한 〈공정주법칙례(工程做法則例)〉로 인해 전통적 건축 법식에 대한 체계적인 종합과 정리가 이루어졌다. 또한 이를 전후하여 잇따라 궁궐 건축 공사를 완성하였으며, 규모도 거대하여 스스로 명대(明代)를 답습하였다. 이궁(離宮)과 원유(園囿)의 조성 활동은 이전에 볼 수 없을 만큼 고조되어, 각 시대와 각 지역의 원림(園林) 건축의 정수를 전면적으로 계승하였으며, 정무(政務)·생활의 향유 및 관람과 감상을 한데 결집시켜 처리하여, 지극히 부귀하고 화려하였다. 동시에 장전불교(藏傳佛敎-티베트 불교)에 대한 보호로 인해 라마교 건축이 크게 흥성하였으며, 라마교 조소와 벽화도 역시 이에 따라 번성함으로써, 종교미술사에서 새로운 한 페이지를 장식하였다.

판화 방면에서는, 전판화(殿版畵)의 수량이 대단히 많았다. 판각 인쇄가 우수하고 정교하였으며, 권질(卷帙)은 수량도 많고 규모도 컸으며, 화려할 뿐 아니라 정교하고 심오한 예술 작풍은 황실 고유의 기풍을 잘 보여주고 있다.

공예 미술 방면에서는, 경덕진(景德鎭)의 관요(官窯)와 강녕(江寧)·소주·항주의 직조국(織造局)에 모두 전문 서리(署理)가 있었으며, 양심전(養心殿)의 조판처(造辦處)와 여의관(如意館)의 유칠작(油漆作)·은작(銀作)·법랑창(琺瑯廠)·옥작(玉作)·아작(牙作)·죽목작(竹木作) 등에도 각각 전문 사수(司守)가 있었다. 동시에 민간 장인들을 모집하여 궁정에서 근무하도록 함으로써, 전통 공예 미술의 전면적인 발전을 촉진하여 최고의 번영을 이루었다. 종류와 분야 및 응용 범위와 제작 기술뿐 아니라, 조형 형식과 장식 기법 및 장식 제재에 이르기까지 모두 집대성하여 다양화의 경지에 도달하였으며, 특히 심미적 기능에 대한 중시와 제작 기교에 대한 연구는 이전 시대를 크게 뛰어넘었다. 궁정과 관방(官方) 미술이 나날이 발전함과 동시에 재야 문인과 민간 미술도 활기차게 약진하였으며, 시민 문화 사조의 고조와 신흥 상인들의 고상한 취향에 부합하며 사회적 수요에 적응하면서, 비관방·비정통이 요구하는 방향으로 서서히 변해갔다.

이 시기 통치자들의 억압 정책과 회유 정책, 그리고 상업·수공업의 발전은 문인 서화가와 직업 서화가의 분화를 초래했다. 일부 사람들은 궁정에 들어가 정통파나 관각체(館閣體) 서화를 계승·발전시키기 위해 황실에서 봉직하였다. 다른 일부는 벼슬길에 뜻을 이루지 못하게 되자 결국 민간 작가로서 미술 시장으로 발길을 돌림에 따라, 명대에 이미 출현했던 문인 서화가의 직업화(職業化)와 직업 서화가의 문인화(文人化)로의 발전이 가속화되었다. 특히 양주(揚州) 및 그 부근 지역들은 작품을 팔아서 생계를 유지하는 문인 서화가와 직업 서화가들이 몰려들어 활동하는 중심지이자 집산지가 되었다. 그들은 불합리한 세상에 분개하고 세상을 증오하는 개성이 넘치는 사람

양주팔괴(揚州八怪) : 청나라 중기에
양주를 무대로 활동한, 왕사신·이
선·김농·황신·고상·이방응·정판
교·나빙 등 여덟 명의 문인화가를 지
칭하는 말로, 각자의 화풍이 기괴하
다고 하여 '양주팔괴'라고 불렀다.

비학(碑學) : 청나라 때 성행하였으며,
비각(碑刻)에 새겨진 서체를 통해 서
법을 연구하고 연마하는 학문으로,
특히 북조(北朝) 시기의 비석이 주요
대상이었다.

들로, 시장의 수요와 공급 관계의 제약 속에서 자아를 조정하기도 하고, 혹은 세속의 심미 관념을 많든 적든 수용하면서, 전통적인 우아함과 저속함에 대한 관념을 변화시켰다. 특히 사의화조(寫意花鳥)와 인물화 방면에서는 '양주팔괴(揚州八怪)'를 대표로 하여 청대 초기 개성파의 예술 작풍을 발전시켰고, 아울러 주체성과 현실성·세속성의 유기적 표현 능력을 높여주었다. 청대의 고증학인 박학(朴學)의 흥성과 금석(金石) 비판(碑版)의 대량 출토는 심미 유형에서 첩학(帖學)이나 관각체 서풍과는 전혀 다른 정취를 지닌 비학(碑學) 서법을 갑자기 불러일으켰다. 이 비학 서법은 청대 초기의 기굴파(奇崛派) 서풍을 계승하여, 고졸하고 소박하며 침착하고, 웅장하며 격동적이고, 자유분방한 격조를 더욱 발전시켰다. 북위서(北魏書)·예서(隸書)·전서(篆書)의 성취는 여러 조대를 능가하였으며, 또 행서(行書)·초서(草書)의 발전에도 일정 정도 영향을 주면서 새로운 활력을 불어넣어, 청대 서도(書道) 중흥의 지표가 되었다.

또 다른 종류로서 시민 문예정신을 확실하게 인식한 미술 형식인 목판 연화(年畫)도 이 시기에 날로 번영하였다. 천진(天津)의 양류청(楊柳靑)·소주(蘇州)의 도화오(桃花塢)는 당시 연화 생산과 소비의 양대 중심지였다. 이 두 곳 외에도 산동(山東)의 유방(濰坊)·고밀(高密), 하북(河北)의 무강(武强), 하남(河南)의 주선진(朱仙鎭), 사천(四川)의 금죽(錦竹) 등등이 연화의 주요 산지였다.

판화 예술 가운데 연화를 제외한 각종 화책(畫冊)과 화보(畫譜)도 역시 활발하게 간행되었다. 이러한 간행물은 회화 자체의 예술성을 추구하는 데 치중함으로써, 문자의 예속으로부터 점차 벗어남에 따라 회화의 새로운 전파매체가 되어, 회화의 시민 계층에 대한 영향력을 더욱 확대하였다.

문인 사대부들이 공예 미술의 설계와 제작에도 참여했는데, 이것은 매우 주목할 만한 현상이다. 이러한 현상은 최종적으로 전통적인 고상함과 저속함의 구분을 타파하여, 고상한 문화가 세속화되고 세속적인 문화가 고상해지도록 하였으며, 나아가 서화(書畫)의 공예화(工藝化)와 공예(工藝)의 서화화(書畫化)를 촉진시켰다. 이러한 전형적인 의의를 지닌 것이 진만생(陳曼生)과 양팽년(楊彭年) 오누이가 제휴하여 제작한 자사호(紫砂壺)인데, 이는 종래에 유명한 장인들이 만든 찻주전자를 귀하게 여기던 풍조를 일변시켜, 명사(名士)가 만든 찻주전자를 귀하게 여기도록 하였다. 이 밖에도 노규생(盧葵生)의 칠기(漆器), 탕천지(湯天池)의 철화(鐵畫), 김농(金農)과 고봉한(高鳳翰)의 조연(彫硯-조각한 벼루), 오지번(吳之璠)·봉석록(封錫祿)·주호(周顥)·반서봉(潘西鳳)의 탁옥(琢玉)과 각죽(刻竹), 오천장(吳天章)의 제묵(製墨) 등등 온갖 공예 작업들에 우아하고 아름다운 시정(詩情)과 화의(畫意)를 부여하지 않은 것들이 없었다.

진만생(陳曼生) : 본명은 진홍수(陳鴻壽, 1768~1822년)이며, 자는 자공(子恭)이고, 호가 만생이다. 고문·조각·서법·전각에 두루 능했으며, 특히 전서(篆書)를 잘 썼다.

양팽년(楊彭年) : 자가 이천(二泉)이며, 의흥(宜興)의 자사호(紫砂壺)로 유명했던 공예인이다.

(3) 청대 말기

도광(道光)부터 광서(光緒)까지(1821~1908년)의 시기는 청대 미술 발전의 말기에 해당하며, 고대와 근대의 전환기라고 할 수 있다. 이 시기는 외국 열강의 침입으로 인해, 중국이 봉건적 주권 국가로부터 점차 반봉건·반식민지 사회로 전락하였다. 사회 성격의 변화는 미술가들의 창작과 생존 조건에서도 이전에는 찾아볼 수 없었던 격변을 초래하였다.

미술 영역에서는 전통적 미술 형태에 변화가 발생했으며, 외래의 미술 형태도 대량으로 유입되었는데, 예를 들면 유화·수채화·석판인쇄 화보·서양 건축 등등이다. 이러한 것들은 정치적 상황이나 민생 혹은 상업적 경영과 밀접한 관계가 있었으며, 또 현대의 전달 매체 및 기술 수단의 힘을 빌림으로써 전통적인 미술 형태에 비해 더욱 깊숙이 대중들의 마음을 파고들면서 더욱 많은 관중들을 끌어들였다. 서양 학문이 흥기하고, 유학생들의 외국 파견과 학교 미술 교육 제도가 서로 보완하며 병행됨에 따라, 전통 미술 형태가 근대 미술 형태로 더욱 빠르게 전환되었다.

오구통상(五口通商) 이후 상해(上海)와 광주(廣州) 등의 개항장은 서양 문화와의 접촉이 가장 활발한 외국인 거주 지역이 됨과 동시에, 소비 능력도 매우 큰 미술 시장의 중심이 되었다. 또한 날로 성장한 자본가·상인·시민들은 심미 관념과 그 형태의 변혁에 영향을 미치는 주요한 사회 역량이 되었다. 그리고 대량의 직업 서화가들과, 관료 사회의 부패로 인해 벼슬길을 포기하고 서화를 직업으로 삼으려는 문인 서화가들이 줄지어 모여들면서, 이 지역의 창작자들을 더 한층 직업화시켰으며, 또한 공급과 수요 관계 속에서 작품의 방식과 풍격을 조정하는 데에 더욱 주의를 기울였다.

특히 회화 영역에서는 화가들이 동업조합을 결성하기 시작했고, 정기적으로 예술 교류 활동을 진행하였으며, 작품 가격도 조정하고 공익 사업에도 동참하면서 근대적 의미의 자유 직업인이 되었다. 또한 구체적인 창작 풍격에서도 세속화(世俗化)와 개성화(個性化)의 결합에 더욱 주의를 기울이거나, 혹은 중국을 위주로 하면서도 서양과의 융합을 시도하였으며, 때로는 문인의 정서와 민간 취향의 조화를 시도하기도 하였다. 이처럼 광범위하면서도 통속적인 제재(題材)나 형식 가운데 시민들의 취향과 기호에 더욱 적합한 방식을 창조하였으니, '해파(海派)'의 임백년(任伯年)과 광동(廣東)의 '이거(二居)' 등이 그들이다. 혹은 전통을 변혁하고, 직접 청나라 초기나 중엽의 개성파 예술을 계승하면서, 전통적인 제재와 장르에서 복고 풍조를 다시 새롭게 바꾸었으며, 가장 고아한 것이 곧 가장 세속적인 것이 되게 하였다. 이리하여 시민 계층이 즐겨 보고 듣는 그림이 되었는데, 예를

오구통상(五口通商) : 1842년 제1차 아편전쟁에서 패한 중국은, 영국과 남경조약(南京條約)을 체결하였는데, 조약 내용 중 하나로, 영국은 광주(廣州)·하문(廈門)·복주(福州)·영파(寧波)·상해(上海) 등 다섯 곳을 개항하도록 하였는데, 이를 가리킨다.

이거(二居) : 청나라 말기의 광동 지역 화가인 거소(居巢, 1811~1865년)와 거렴(居廉, 1828~1904년)을 가리킨다.

들면 '해파(海派)'의 조지겸(趙之謙)·허곡(虛穀)·오창석(吳昌碩)이 그들이다. 이 밖에 석판 인쇄 화보의 활기찬 유행도 이 시기 회화의 형태 변화에서 나타난 또 하나의 중요한 현상 가운데 하나이다. 이러한 것들은 근대적 대중 전파 수단의 힘을 빌려 시사(時事)와 새로운 소식들을 많이 표현했을 뿐 아니라, 급속한 사회 변화 속에서 대중들이 갖고 있는 국가의 앞날과 민족의 운명, 세계 정세 및 서방 문명에 대한 깊은 관심을 제때 반영해 냄로써 전통 회화와는 비교할 수 없는 작용을 하였다.

민간 미술 가운데 목판 연화(年畫)와 서호(西湖) 풍경화 등은 또한 시사의 선전과 애국주의 교육 내용이 두드러져, 서구 열강이 중국을 침범한 후 중국 인민들의 참을 수 없는 굴욕과 이에 발분하여 강건함을 되찾으려는 정신을 표현하였다. 다만 궁정회화만이 청 왕조의 쇠락과 함께 날로 무기력해져갔다.

서법(書法) 방면에서는 비학(碑學)이 계속적으로 상승하는 추세였으며, 또한 한간(漢簡) 및 갑골(甲骨)의 출토가 늘어남에 따라 풍격 양식이 더욱 풍부해졌다. 첩학(帖學)에서도 비학의 장점을 섭취하면서 새로운 전환의 계기를 맞이하였다. 이 시기의 건축은 원림(園林)·회관(會館)과 근대 도시 건축들이 비교적 특징을 지니고 있다. 전통 공예 미술은 근대 도시의 상공업 발전과 전통 상업 및 수공업의 도태로 인해 쇠락해가는 추세였다.

한간(漢簡): 양한(兩漢) 시대부터 전해오는 간독(簡牘)을 말한다. 북주(北周) 시대에 사람들이 거연(居延) 지구에서 한나라의 죽간서(竹簡書)들을 발견하였으며, 북송 사람들도 오늘날의 감숙(甘肅) 등지에서 동한 시기의 간독을 획득함으로써 알려졌다.

명대 미술의 시대적 특징

명대의 미술은 당시의 정치·경제·사상·문화 등 여러 요인들의 제약 속에서 시대의 총체적 특징을 명백히 드러냈다. 그 가운데 중요한 세 가지를 정리하면, 문인화가 주요 조류를 이룬 점, 공예 미술의 문인화(文人化), 그리고 미술 속에 세속적 정취가 스며든 점이다. 이 특징들 가운데 일부분은 청대까지 지속되었다.

⑴ 문인화가 주요 조류를 이루다.

문인화가 북송에서 시작된 이래, 남송을 거쳐 원대(元代)에 이르러서는 이미 하나의 거대한 예술 조류를 형성하였으나, 아직 화단의 주류를 차지하지는 못했다. 당시 문인화 사조를 추동한 화가들 가운데는 조맹부(趙孟頫)나 고극공(高克恭) 같이 높은 지위에 올라 영향력이 비교적 컸던 소수를 제외하고, 대다수의 화가들은 원나라 사대가(四大家)들처럼 지위가 매우 낮거나 경력도 변변치 못하여 뜻을 버리고 은둔한 자들이었다. 이들이 당시에 미친 영향력은 후세에 평가받는 것처럼 그다지 크지 않았다. 사대가 중 한 사람인 오진(吳鎭)의 경우를 보더라도, 일생 동안 점을 치거나 그림을 팔아서 살았던 매우 궁핍한 집안이었던 데 반해, 직업화가인 성무(盛懋)의 작품은 오히려 당시 사람들이 서로 사려고 했는데, 이것이 전형적인 한 예에 속한다고 할 수 있다.

그러나 명대에 이르러서는 상황이 완전히 달라졌다. 억압적이고 잔혹한 전제 통치는 많은 문인 사대부들로 하여금 정치가 위험한 길이라고 인식하게 하여, 관직에 나가려는 뜻을 버리고 자연 속에 은거하며 서화로써 즐거움을 삼게 하였다. 그렇지만 그들의 문화 영역에서의 실력과 영향력은 모두 원대(元代)를 크게 앞질렀다.

명대는 초기의 경제 회복을 통해, 중기에 이르러 상업도시들이 발전을 이루는데, 특히 강남 지역의 소주(蘇州) 일대는 성화(成化) 연간(1465~1487년)에 이르러 하나의 화파(畵派)가 번영하는 현상이 일어났다. 이곳에 모여 살던 많은 문인들은 부유한 경제력에 의존하여, 비록 벼슬은 못했지만 물질적으로는 풍족한 생활을 영위하였다. 동시에 이 도시의 신흥 갑부나 거상(巨商)·출세한 문인 관료·지방의 향신 (鄕紳-덕망과 학식이 있는 인사)과 명사(名士)들은, 혹은 개인의 기호로 인해, 혹은 자신이 소속된 문화 활동 모임에 따라서, 다양하게 서화 수장가(收藏家)나 찬조자나 동호인으로서, 문인화가들과 서로 교유하고 왕래하였으며, 또한 발탁하고 육성하면서, 그들을 위하여 풍부한 참고자료와 우수한 창작 조건을 제공해주었다. 문인화가들은 이러한 사회 환경에서 사회적 지위와 예술의 명망을 모두 높여나갈 수 있었는데, 그들은 자신들이 빈번하게 시문서화(詩文書畵)의 아집(雅集-고상하고 우아한 모임) 활동을 거행하여, 교류함으로써 그림 솜씨를 높여갔을 뿐만 아니라, 수많은 기타 계층의 인사들(예컨대 직업화가·민간 화공·벼슬아치, 심지어는 부호 등)을 흡인하고 그들 사이에 참여하면서, 사회적 영향력을 끊임없이 확대해 나갔다. 그들이 숭상한 창작 사상·풍격 양식·심미 관념은 사회의 보편적 인식과 호응을 얻었을 뿐 아니라, 나날이 문인화 이외의 민간 회화·정원 건축·실용 공예 등의 미술 장르들에도 스며들었다. 그리하여 가장 뚜렷하고 쉽게 볼 수 있는 하나의 조류를 이루었는데, 그것을 나타내주는 것은 거대한 문인 화가 그룹의 형성과 수많은 문인화파의 출현이었다. 화가 집단으로는 '오문화파(吳門畵派)'를 예로 들 수 있는데, 기록에 의하면 오문화파의 창시자인 문징명(文徵明)을 따르는 후학자는 3백여 명에 달했다. 화파의 대부분은 만기(晩期)를 예로 들 수 있는데, 그 시기에 동기창을 추종한 것으로는 즉 '송강파(松江派)'·'소송파(蘇松派)'·'운간파(雲間派)'가 있었고, 그 외에도 '무림파(武林派)'·'가흥파(嘉興派)'·'무진파(武進派)' 등이 있었다. 동시에 직업화가의 문인화(文人化)도 또한 문인화(文人畵) 세력이 왕성했음을 나타내주는데, 구영(仇英)·남영(藍瑛)·정운붕(丁雲鵬) 같은 화가들이 그들이다.

그러나 문인화가 주류의 지위를 확립한 것은, 주로 또한 문인화의 여러 특징들의 충분한 발로와 문인화 체계의 완벽해짐에서 실현되어 나타났는데, 이는 문인화가 풍미할 수 있었던 중요한 원인이 되었다. 그 구체적 표현은 또한 다음의 세 방면으로 구분할 수 있다.

첫째는 제재 내용의 변화이다. 즉 산수화와 화조화의 성행과 인물화의 쇠퇴를 가리킨다. 이렇게 하나가 흥성하고 하나가 쇠퇴하는 현상은 예술 창작에서 객체 대상이 바뀌었음을 반영하는 것이며, 또 화가의 인생 가치와 미학 관념의 전환을 나타내주는 것인데, 그 실질적인 내용은 문인 의식의 강화이다. 인물화의 퇴조는 문인들의 사회 현실 생활에 대한 무관심과 회화의 정치적 교화 작용에 대한 경멸을 나타내주는 것이며, 산수화와 화조화의 성행은 자연으로 돌아가려는 문인들의 열망과 정신을 유쾌하게 하고 성정(性情)을 기쁘게 하는 작용에 대한 추구를 반영한 것이다.

둘째는 주체의 개성화(個性化)에 대한 강조이다. 즉 외부 세계의 객관적 사물에 대한 묘사가 화가의 주관적 감정 표현에 자리를 내주었고, 아울러 인품·수양·사상·성격을 돋보이게 하여, 작품으로 하여금 개성이 선명한 특징을 갖도록 하였다. 이 부분의 가장 전형적인 예는, 서위(徐渭)가 그린 〈수묵모란도(水墨牧丹圖)〉인데, 그는 자신이 쓴 화제(畫題)에서 이렇게 밝히고 있다. "모란은 부귀화(富貴花)로서, 광채가 눈부시게 빛나는 것을 위주로 하였기 때문에, 옛 사람들은 대부분 구염(鉤染-윤곽을 그리고 그 안에 색을 칠하는 화법)과 홍탁(烘托-먹이나 엷은 색으로 윤곽을 바람해서 형체를 두드러지게 하는 화법) 기법에 뛰어났는데, 지금은 발묵(潑墨-먹물이 번져 퍼지게 하는 수묵 기법)을 위주로 하다 보니, 비록 생기는 있지만 대부분 꽃의 진면목은 아니다. 어쩌면 나는 본래 빈궁한 사람이어서, 성정이 매화나 대나무와 잘 맞아, 지나친 영화와 화려함은, 마치 바람이 말이나 소를 대하듯이 닮은 점이 없는 것 같다.[牡丹爲富貴花, 主光彩奪目, 故昔人多以鉤染烘托見

長, 今以潑墨爲主, 雖有生意, 多不是此花眞面目. 蓋余本褒人, 性與梅竹宜, 至榮華富麗, 風若馬牛, 弗相似也.]"[방원제(龐元濟),『허재명화록(虛齋名畫錄)』] 주관 정서를 객관 물상으로 취급하는 이러한 관점은, 왕수인(王守仁)의 "천하에 마음 밖의 사물은 없다[天下無心外之物]"라는 '심학(心學)' 이론과 매우 유사하다.

셋째는 표현 형식의 상대적 독립성이다. 즉 예술이 내용을 중시하는 것으로부터 형식을 중시하는 방향으로 전환되어, 예술 자체의 '자율성'이 두드러졌다. 구체적으로는 필묵의 정취를 강조함과 형식미의 추구 및 시(詩)·서(書)·화(畫) 예술의 완전한 결합 등의 방면에서 표현되었다.

(2) 공예 미술의 문인화(文人化)

문인화(文人畫)가 명대에 전파되어 만연하자, 문인의 사상 의식, 특히 심미 관념이 미술 영역에 깊은 영향을 주었다. 그 중에서도 문인 생활과 밀접한 관계가 있는 것들, 예를 들면 문방청완(文房淸玩) 같은 공예품에 문인 의식이 농후하게 스며들었다.

문방청완이란 문인들이 휴식을 취하거나 학문에 정진하는 장소에서 감상하거나 혹은 사용하는 공예품이다. 즉 주로 글씨와 그림을 그릴 때 쓰이는 붓·먹·종이·벼루 등과 같은 문화용구(文化用具)를 비롯하여, 연회·일상생활에서 사용하는 잔·다구(茶具)·주기(酒器)·식기·가구 등의 일용 기물 및 감상·소장·감정을 즐기도록 해주는 골동품·기이한 기물·책상 위에 진열해 놓는 공예 소품을 말한다. 이러한 문방 완상용 공예품들은 대부분 문인들이 손수 만들지 않고 장인들에 의해 제작되었지만, 문인의 품위가 스며들지 않은 것이 없었으며, 문인 의식의 제약을 받았다.

문인 의식의 반영이 가장 뚜렷하게 나타난 것은 글씨와 그림에 필요한 공구인 문방사보(文房四寶)인데, 그 사용을 중시함과 동시에 이 도구들의 예술성과 감상성도 매우 크게 증대시켰다. 가장 대표성을 갖는 먹[墨]을 예로 들자면, 명대에는 먹의 기본인 품질을 연구한 것 외에도 나날이 그 향기·형태·색상·장식과 견고성 등을 중시하였다. 이른바 "용뇌(龍腦)와 사제(麝臍–사향노루의 배꼽으로, 향기가 좋다)를 사용하여 그 향을 더하였고, 금과 진주 및 여타 금속의 얇은 조각으로 먹의 색을 좋게 하였으며, 용 문양·둥근 달 모양·향벽(香壁)·오괴(烏塊)를 빌려 먹의 형태를 특이하게 하였다. 또 구자(九子)·오검(五劍)·천관(天關)·현중(玄中)으로 그 이름을 장식하였다. 날카로운 부분으로는 종이를 절단할 수 있고, 뾰족한 끝으로는 나무를 깎을 수 있으며, 물 속에 3년을 담가두어도 부서지지 않으니, 신이 그것을 만든 듯하다.[假龍腦·麝臍以益其香, 假金珠·箔屑以助其色, 假龍紋·月團·香壁·烏塊以昭其象, 假九子·五劍·天關·玄中以侈其名, 假刀可截楮, 鋒可削木, 置之水中三年不壞, 以神其造.]"[명(明), 방서생(方瑞生),『묵해(墨海)』권12]

먹의 형태도 다양하여 둥근 모양의 규(規)·정방형의 구(矩)·장방형의 정(挺)·다각형의 규(圭) 및 사물을 본떠 형태를 만든 잡패류(雜佩類) 등이 있었다. 제작 또한 매우 정교하고 섬세하여, 오동나무 기름을 칠(漆) 액에 섞어 만든 것은 칠연법(漆煙法)이라 부르는데, 먹을 사용할 때 빛깔이 신묘하고 견고하였다. 또 겉면에 밀랍과 칠을 더하여 광택이 아주 뛰어난 것도 있었다. 때로는 먹에다 '不可磨(불가마–마모가 안 된다)'·'不是墨(불시묵–먹이 아니다)'·'未曾有(미증유–일찍이 있지 않았다)' 등의 글을 새기기도 하여 완전히 비실용적인 완상용품으로 변한 것도 있다. 이처럼 아름다움을 경쟁하는 가운데, 만력(萬曆) 연간(1572~1620년)에는 정군방(程君房)과 방우로(方于魯) 두 사람이 출현하여 치열하게 경쟁하였다.

설령 실용적 기능을 가장 중요시했던 종이조차도, 명대에는 장식과 감상의 성격이 강화되었는데, 그 중 가장 유명한 것은 『십죽재전보(十竹齋箋譜)』와 『몽헌변고전보(夢軒變古箋譜)』이다. 이러한 전(箋-간단한 시 한 수나 편지를 쓰는 데 사용되는 폭이 좁은 종이)은 색채를 사용하여 종이 위에 각종 산수·화조·용·봉황·고사 실화 등의 바탕 문양 도안을 컬러로 찍어 감상성(鑑賞性)뿐만 아니라 문인의 청아한 정취도 매우 잘 갖추었다.

문방청완 가운데 기타 공예품과 서재 진열품·일용 기물·책상 위에 놓는 소품 등에도 문인들의 생활 정취가 스며들었다. 그 중에서도 특히 자사도호(紫砂陶壺)와 대나무 조각[竹彫] 공예품에 문인의 의취가 가장 풍부하였다. 자사도호는 송·원 시기에 이미 제작되었지만, 명대 중엽 이후에 비로소 사용이 보편화되었다. 이는 문인들이 차를 즐겨 마시던 습관과 밀접한 관계가 있었는데, 문진형(文震亨)은 『장물지(長物志)』에서 이렇게 지적하고 있다. "주전자는 자사로 만든 것이 최고인데, 아마 원래 차 향기를 빼앗지 않는데다, 또한 뜨거운 기운을 내뿜지 않으며[壺以砂者爲上, 蓋旣不奪香, 又無熱湯氣]", "제작 구조가 고풍스럽고 소박할 뿐만 아니라 섬세하며, 가벼워서 대바구니에 넣고 다니기에도 편리하여, 산가(山家)에서 우아하게 사용하는 데 최고라고 일컬어졌다.[規制古樸腹細膩, 輕便可入筠籠携, 山家雅供稱第一.]"

이러한 주전자에는 글을 새기고 낙관을 할 만한 가치가 있었기 때문에 문인들의 총애를 듬뿍 받게 되었다. 대나무 조각[竹彫]은 비교적 말기에 유행하여, 명대 정덕(正德-1505~1521년) 이래 '가정삼주(嘉定三朱)'가 출현한 후에 비로소 공예품의 독특한 한 분야를 차지하게 되었다. 대나무 조각 기술의 발전은 분명히 명대 문인들 사이에서 인장 새기기[刻印]가 흥성했던 것과 관련이 있다. 이러한 종류의 공예품들은, 생활 주변에서 흔히 볼 수 있는 재료로서, 실용적이며 화려하지 않은 대나무를 선택하여 필통이나 팔걸이·부챗살 등 문방 완상

자사(紫砂) : 일종의 오지그릇으로, 도기(陶器)와 자기(瓷器)의 중간 형태에 해당하는 도자 제품이다. 그 특징은 구조가 치밀하고, 도자기에 가까워, 강도가 비교적 강하며, 입자가 매우 곱다. 깨트린 면을 보면 조개껍질 같기도 하고 돌 같기도 하지만, 자기의 태체와 같은 반투명성은 띠지 않았다. 또 기물의 표면은 빛이 나고 단단하면서 평평하고 단정한 가운데, 작은 과립 형태의 변화를 함유하고 있어, 일종의 모래알 같은 효과를 표현하기도 하였다. 자사(紫砂)란 원래 강소 의흥(宜興) 일대에서 생산되는 흙을 가리킨다.

가정삼주(嘉定三朱) : 중국의 죽각(竹刻) 예술에서 명나라 가정(嘉靖) 연간에 부조(浮彫)와 원조(圓彫)의 기법으로 가정파(嘉派)를 창시했던 주송린(朱松鄰)을 비롯하여, 그의 아들 주소송(朱小松)과 그의 손자 주삼송(朱三松)을 함께 일컫는 말.

품을 만들었다. 여기에는 깊고 얕은 부조나 음각 등 조각 기법을 응용하여 산수·인물·수석(樹石)·누각 등 회화 형식의 도안을 새김으로써, 대나무 조각 공예품으로 하여금 구도·구상·필묵·경계(境界)를 문인화와 매우 흡사하도록 하였다. 이처럼 문인 기질을 잔뜩 갖춤에 따라 빠른 속도로 문방과 서재의 진귀한 공예품이 되었다.

(3) 미술 속에 세속의 정취가 스며들다.

명대 중기와 말기에 상업도시의 흥성과 상품 경제의 발전 및 거대한 신흥 시민 계층의 형성에 따라 시민 문화도 왕성한 발전을 이루었다. 가장 대표성을 지닌 장르는 사회 상황에 관한 소설과 희곡이었다. 이들은 일반 평민을 주요 관객과 묘사 대상으로 하여 세태(世態)와 인심(人心)을 표현의 주요 내용으로 삼았으며, 세속의 정감을 중요한 표현의 취지로 삼았다. 이로써 당시 현실 사회의 세속적인 일상생활과 상업에 종사하는 시민들의 심미 취향을 솔직하게 드러냈다. 미술 영역을 보면, 목각 판화는 상품 경제의 직접적 산물이자 전형적인 시민 예술이라고 할 수 있는데, 소설이나 희곡 극본 속의 목각 삽화는 말할 것도 없고, 독립적으로 장르를 이룬 판화도집(版畵圖集) 역시 제재 내용부터 표현 형식·심미 의식에 이르기까지 소설이나 희곡과 상통하는 세속화의 특징을 나타냈다. 종이나 비단에 그린 권축화(卷軸畵-두루마리와 족자 그림)와 공예 미술 방면에서도 세속화의 취향은 날로 뚜렷해져 갔다.

먼저 직업화가들 사이에서 세속화(世俗化)의 취향을 지닌 작품들이 출현하였다. 홍치(弘治) 연간(1488~1505년)의 오위(吳偉) 및 '절파(浙派)'의 후학인 장로(張路)와 장숭(蔣嵩) 등은 직업화가의 예술 생애와 구속받지 않는 자유분방한 개성과 기질에 기초하여, 하층 사회의 생활에 대해 더 많은 관심을 기울였다. 이들은 항상 농부·어민·시

절파(浙派) : 명대에 대진(戴進) 등 절강(浙江) 출신 화가들이 주축이 되어, 남송의 마원·하규의 원체 산수화풍을 계승하고, 대작(大作)의 화면에 수묵의 강렬한 명암 대비를 구사하며, 자연을 인물의 배경으로 묘사한 것 등을 특징으로 한 유파.

골 아낙·목동 등 노동하는 사람들의 형상을 화면에 담았고, 심지어는 가장 낮은 계층이나 비천한 기녀들을 직접 표현하기도 하였다. 오위의 〈가무도(歌舞圖)〉(軸)와 〈무릉춘도(武陵春圖)〉(卷)는 화류계 생활을 하는 여자들에 대한 동정심과 연민의 정뿐만 아니라, 가무(歌舞)와 여색(女色) 탐닉을 추구하는 향락 사상이 담겨 있어, 그 생활 정취는 정통 관념과 서로 확연히 다르다. 그들의 작품 가운데 묘사된 평범한 세속 인물의 형상과 거칠고 간결하며 자유분방한 필묵의 운용으로 인해, 문인화에서 숭상한 고아하고 속세를 벗어난 기질과 맑고 경쾌하며 함축성이 있는 형식과는 전혀 다르다. 이 때문에 문인 사대부들에게 "한갓 왜곡된 형태로 우쭐대고[徒逞枉態]" 또 "한결같이 난폭하고 사납다[一味覇悍]"며 배척을 받았다. 그러나 절파 화가들이 전달하고자 했던 세속의 정태(情態)와 웅강한 기세는 바로 시민 문예가 세태(世態) 인정(人情)을 추구하고 분발 정신을 강조하는 하나의 표현이었는데, 예술상에서 비록 성공을 거두지는 못했지만, 이는 바로 전통에 대한 도전이었다.

사대부 계층에서도 상품 경제가 발전함에 따라 세속화 경향이 나타났다. 많은 문인들이 학문에 치중하기보다는 상업에 종사하거나 혹은 학문과 장사를 병행하기도 하였다. 또 적지 않은 문인화가들이 오직 자신만의 즐거움을 위해 창작하지 않고, 판매하기 위한 상품용 그림도 그리기 시작하였다. 문인화의 직계 정통으로 불리는 '오파(吳派)'의 선구자인 심주(沈周)와 문징명(文徵明)의 작품들도 시장에 진입하였고, 또 주문에 의해 제작하거나 대신 그린 작품들도 적지 않았으며, 심지어 모조품과 위작에 이름을 넣고 낙관을 하기도 하였으니, 이 모두는 상품 경제와 사회적 수요에 대한 일종의 적응이었다.

'오문사가(吳門四家)' 가운데 당인(唐寅)은 세속화된 문인화가들 중 대표적인 인물이다. 그의 신분과 학문 수양 면에서 보면, 시·서·화에 뛰어난 재주를 지닌 전형적인 문인에 속한다. 그러나 불운한 인생 역정은 그를 직업화가의 대열에 참여시켰다. 그는 뜻을 잃은 문인으로, 전통적인 품성을 갖춰 벼슬에 나가려는 출세 사상에는 냉담하였고, 냉소적인 태도로 세상을 업신여기는 거만한 성격이었다. 그러나 번화한 도시의 상업적 환경에 젖어들면서 향락적 속세 사상에 맞춰 주색에 빠져 지내는 방랑생활도 하였다. 예술에서는, 고결하고 탈세속적인 것과 향락적이며 시류를 따르는 두 종류의 심미 격조가 병존함에 따라 혼잡스럽기까지 하였다. 그러나 결국 그는 전형적인 직업화가와 문인화가의 양면을 갖추고, 고상한 사람들과 속인(俗人)들이 함께 감상할 수 있는 회화 풍격과 면모를 형성하였다. 그가 취한 제재들을 보면, 사녀화(仕女畫) 가운데 이미 매우 선정적이고 정욕으로 충만한 〈비파미인도(琵琶美人圖)〉와 〈파초사녀도(芭蕉仕女圖)〉 같은 작품들이 있다. 또 부녀자들에 대한 부당한 대우와 사회 부조리를 비판하는 뜻을 심도 있게 그려낸 〈추풍환선도(秋風紈扇圖)〉와 〈왕촉궁기도(王蜀宮妓圖)〉 등이 있으며, 역사고사화(歷史故事畫) 가운데 시민들이 좋아하는 소설이나 희곡의 내용을 담은 〈한고조참사도(漢高祖斬蛇圖)〉와 〈여동빈화녀인휴병도(呂洞賓化女人携瓶圖)〉 등이 있다. 또 문인들이 즐겨 이야기하던 고사(高士)와 명유(名儒)들의 고사(故事) 실화(實話)인 〈도연명도(陶淵明圖)〉와 〈백락천도(白樂天圖)〉 등이 있는데, 이는 분명히 고상한 사람과 속인들이 함께 감상할 수 있는 것들에 속한다. 당인의 화법은 탄탄한 내공을 갖추고 있을 뿐만 아니라, 필묵의 정취도 풍부하여, 전형적으로 직업화가와 문인화가의 양면을 갖추었다고 할 수 있다. 회화의 용도를 보면, 자신의 성정을 표현하거나 가까운 친구에게 선물하기 위해 흥에 겨워 그리기도 하였고, 또 표준 가격을 명시하여 시장에 내놓은 상품용 그림도 있었다. 그러면서 일찍이 공개적으로 이렇게 말하기도 하였다.

"도를 닦거나 좌선(坐禪)을 하지도 않았고, 장사꾼에 속하지 않았으며, 농사를 지은 것도 아니다. 한가롭게 다니며 청산이나 그려 팔면서도, 떳떳하지 못한 방법으로 번 돈은 받지 않았다.[不煉金丹不坐禪, 不屬商賈不耕田. 閑來寫幅靑山賣, 不使人間造孽錢.]"[명(明), 장일규(蔣一揆), 『요산당외기(堯山堂外記)』·「당백호일사(唐伯虎軼事)」권2]

이처럼 그는 한 몸에 문인화가와 직업화가의 두 가지 성향을 겸비하고 있었다. 그래서 당인이 문인화를 세속화한 전형적인 유형이라고 말할 수 있다.

공예 미술은 그 자체에 겸비된 실용성과 예술성이라는 두 종류의 성질을 바탕으로, 일상생활과의 관계가 더욱 밀접해졌으며, 관료·부유한 상인·시민 등 사용자들의 영향을 더 직접적으로 받게 되어, 세속화의 경향 또한 한층 뚜렷해졌다. 명대 중엽 이후, 상품 경제가 발달함에 따라 부를 축적하고 있던 거상들과 신흥 시민들이 공예품의 주요 단골 고객이 되었으며, 그들의 일상생활에 필요했다. 특히 사치스럽고 향락적인 생활 방식과, 자신들의 재력과 지위를 과시하려는 심리 상태는, 화려하고 뛰어나며 신기하고 음란한 심미적 선호를 추구하였으며, 공예품에 대해 모두 직접적인 영향을 미쳤는데, 이러한 요인의 증가는 모두 세속화의 표현이었다. 그 중에서도 과일의 씨앗에 조각하는 '과핵조각(果核彫刻)'은 아주 전형적인 공예인데, 그것은 복숭아씨·감람씨, 심지어는 앵두씨 등 크기가 한 치에도 못 미치는 둥근 씨앗에 정교하고 섬세하게 조각하여, 염주나 선추(扇墜-부채의 손잡이에 매다는 장식) 등의 장식품을 만들어 냈다. 그 기예는 말할 수 없이 섬세하고 교묘하며, 그 중에서도 '동파유적벽(東坡游赤壁-소동파가 적벽 지역을 유람하다)'을 내용으로 하여 작은 씨앗에 새긴 배[小核舟]가 유행하였는데, 그 조각의 정교함은 '귀공(鬼工-귀신 같은 솜씨)'이라 불렸다.

또한 '주제[周制–주나라의 형제(形制)]' 공예품 같은 것들도 있다. 이것은 금·은·진주·옥·산호 같은 진귀한 보석에 산수·인물·화조 등의 도안을 조각하여 병풍·책상과 의자·책꽂이·다구(茶具)·책궤 등 여러 기물들에 상감하였는데, 재질이 귀하고, 색과 광택이 찬란하며 아름다워, 단지 부유한 사람들만이 소유할 수 있었다. 기타 공예품들로는, 호화찬란한 채색 자기·복잡한 문양의 법랑·섬세한 솜씨의 자수 등등이 있는데, 이것들은 모두 화려하고 복잡하며 정교한 세속화(世俗化)의 격조를 드러냈다. 이러한 공예품들은 기교가 섬세하고 솜씨가 정교하여 공예 기술의 발전을 촉진하였고, 기이하고 희귀한 구조와 형제(形制)는 또한 공예품의 종류와 양식을 풍부하게 하였다. 그렇지만 귀중한 재질·비싼 가격·현란한 문양 장식·화려하고 아름다운 격조도 또한 강렬한 호화로운 느낌과 세속미를 마음껏 드러내주었다.

청대 미술의 시대적 특징

청대 미술의 발전은 명대 미술과 일정한 연속성을 유지하고 있으면서도, 또한 청대 자체의 특정한 역사 배경과 사회 환경의 변화에 따라 나타난 시대적 특징은 명대와 차이가 있다. 좀 더 구체적으로 말하자면, 총괄성[總結性]·밑에서부터의 변화성[潛變性]·융화성[滲化性]·초월성[跨越性]의 4대 특징으로 요약할 수 있다.

⑴ 총괄성[總結性]

전통을 집대성하는 조류는 청대 미술이 명대 이전의 미술과 구분되는 중요한 특징이다. 명대 중엽 이래, 미술에서 복고주의 사조의 단초가 이미 나타나고는 있었지만, 명대 말기에 이르러서는 다시 집대성하는 추세로 바뀌었다. 그러나 이러한 취향이 진정으로 완성되고 그 추세가 정점을 향해 나간 것은 역시 청대였다. 예를 들면 '사왕오운(四王吳惲)'의 산수화는 송·원을 집대성하였고, 왕휘(王翬)는 남·북종을 다시 집대성하였으며, 유용(劉墉)과 등석여(鄧石如)의 글씨는 첩학(帖學)과 비학(碑學)으로 나누어진 것을 집대성하였고, 조지겸(趙之謙)과 오창석(吳昌碩)의 전각은 각각 고대 새인[古璽] 및 한인(漢印)과 절파(浙派)·환파(皖派)의 두 파를 집대성하였다. 『영조법식(營造法式)』은 역대 건축을 집대성하였고, 강남의 원림(園林)은 사가(私家)의 정원을 집대성하였으며, 원유(苑囿)와 이궁(離宮)은 공사(公私)와 남북(南北)의 원림(園林)을 집대성하였다. 경덕진(景德鎭)의 관요(官窯)는 역대 도자 공예를 집대성하였으며, 조판처(造辦處)의 여러 작업장들은 역대 특수 공예를 집대성한 것 등등이다.

이른바 '집대성'이란 본질적으로 전통에 대한 전면적인 정리와 총괄을 말한다. 그런데 이러한 현상이 청대에 출현한 것은 네 방면의 원인들 때문이었다.

첫째, 미술을 포함한 중국의 봉건 문화는 청대에 이르러 비로소 최종적으로 완성되었지만, 부르주아 혁명의 봉기로 인해 종말을 고해 감에 따라 신·구 두 문화의 변환점에 이르게 되었다. 이것이 곧 청대로 하여금 유일하게 진정한 집대성의 자격과 조건을 갖추게 한 것이다. 그래서 단지 미술 방면뿐 아니라 여타 학술·문화 방면에서도, 예를 들면 『강희자전(康熙字典)』·『패문운부(佩文韻府)』·『고금도서집성(古今圖書集成)』·『사고전서(四庫全書)』 등의 편찬처럼 집대성의 성과가 아닌 것들이 없었다.

둘째, 청 왕조는 소수민족이 중원에 들어와 통치한 왕조로서, 청나라 초기의 통치자들이 한족의 문화 전통과 생활 풍속을 멸시하는 정책을 펼치면서 일찍이 강렬한 반항을 불러 일으켰는데, 그들로 하여금 오직 자신들만이 한족을 주체로 하는 전체 민족문화 전통의 대

사왕오운(四王吳惲) : 왕시민(王時敏), 왕감(王鑑), 왕원기(王原祁), 왕휘(王翬)와 오력(吳歷), 운수평(惲壽平)을 일컫는 말이다.

한인(漢印) : 중국 고대 역사에서 인장은 한나라 때 가장 많이 사용되어, 제도가 정비되었는데, 이때의 인장을 말한다.

절파(浙派)·환파(皖派) : 청대(淸代)에 인장이 크게 발달하였는데, 문인들도 여가 시간을 이용하여 인장을 새기는 데 참여하여 대가들이 출현하였다. 그 중에서도 절강(浙江)의 전당(錢塘)을 중심으로 하여 많은 전각 명인들이 등장하여 후세에 큰 영향을 미쳤는데, 이들을 '절파'라고 한다. 이와 함께 안휘(安徽) 지역에서도 커다란 전각 세력이 등장했는데, 이들을 안휘의 옛 이름을 따 '환파'라고 불렀다.

표라고 의식하도록 함으로써만, 비로소 그 '문치(文治)'의 업적과 '정삭(正朔)'의 합법적 계승성을 확실하게 인식하게 할 수 있어, 통치를 공고히 하는 데 유리하였다. 그리고 명대 말기에 동기창이 서화 방면에서 집대성의 방식으로 전통적 이론과 실천을 다시 구성하여, 청대 초기에 이르러 그 영향력이 매우 폭넓어졌다. 이에 통치자들은 그 기세에 편승하여 동기창 서화의 학문을 계승·발전시키는 일파를 정통으로 삼고, '사왕(四王)'과 유용(劉墉) 등을 모범으로 추천하여, 집대성의 창작 방식이 널리 성행하도록 하였다. 동시에 법망의 혹독하고 엄밀함도 많은 문인 사대부들로 하여금 온 힘을 다해 전통 문화를 정리하는 데 매진하도록 유도함으로써, 현실의 사회 문제에 관여하는 것을 막았다. 그리하여 또 청대의 고증학인 박학(朴學)과 금석학(金石學)의 발명 및 비학의 집대성을 이루게 되었다.

셋째, 계승의 각도에서 말하자면, '온고지신(溫故知新)'은 역사 이래 문화 창조와 발전의 기초이자 출발점이었다. 특히 청대에 이르러 전통 미술은 몇 천 년의 발전을 거치는 동안 전에 없던 풍부한 경험과 우수한 성과를 축적하여, 상대적으로 안정적인 심미 심리와 사유 방식 및 완전에 가까운 다양한 어휘 범례(範例)와 제작 기교를 형성하였는데, 이 모든 것들은 또한 이전의 작품과 저술들 속에 표현되어 있던 것들이다. 그래서 집대성은 다시 한 번 '온고지신'의 가장 적절한 선택이 되었다.

넷째, 전통 미술은 수천 년의 역사를 통해 발전을 거듭하면서 수많은 부문과 품종·제제(題材)의 양식·풍격 유파들이 이미 서로 다른 의미에서 최고 수준의 시기에 이르렀기 때문에, 거의 그 이상은 뛰어넘지 못했다. 이리하여 청대 미술가들은 새로운 방도를 개척하여 변화할 가능성은 상당히 작았다. 심미 의식에서의 낡은 것[古]이 새로운 것[今]으로 변화가 완성되기 전에, 이전 사람들을 뛰어넘으려는 시도는 오직 전통의 한계 내에서만 이루어졌을 뿐이며, 집대성의 수단을 사용하여 이전 사람들이 이미 이루어 놓은 성과들을 정리·총괄·종합·연역(演繹)해 나갔다.

(2) 밑에서부터의 변화성[潛變性]

정통 미술이 청대 미술의 주류를 이룸과 동시에, 세속 미술과 독창적으로 개성을 표현한 심미 사조 또한 점차 그 중심에 진입하여, 밑바닥에서 한 줄기의 힘찬 저류(低流)를 형성하였다. 이 하나의 밑바닥 흐름도 명대 중엽에 시작되었는데, 청대에 이르러 발전하면서 한층 사람들의 주목을 받았다. 명대 중엽 이래 자본주의의 맹아가 싹트면서 시민 계층의 수요에 적응한 세속 미술도 빠르게 흥성하였다. 이 시민 문예 사조는 명·청의 왕조가 바뀌었음에도 멈추지 않았고, 오히려 청대 이후 생산이 회복되고 상업과 수공업이 발달하여 시민 계층이 확대됨에 따라 미술의 상품화가 더욱 심화되자, 세속 미술도 세속 문학처럼 이전에 볼 수 없던 성황을 이루었다. 이러한 현상은 회관(會館) 건축·민간 판화·연화(年畵)·초상화·책상 위에 놓는 조소 공예품·완구·자수 공예와 민간에서 시작된 직업 서화가 및 인장 새기는 사람들의 작품들에서 모두 나타나게 되었다.

세속 미술과 더불어 발전한 문인 미술에서 독창적인 개성을 표현한 하나의 화파도 명대에 비해 강대해졌다. 이 화파의 미술가들로는 청대 초기의 팔대산인(八大山人)·석도(石濤)·부산(傅山)·정수(程邃), 청대 중기의 김농(金農)·정섭(鄭燮)·이선(李鱓), 청대 말기의 조지겸(趙之謙)·허곡(虛穀)·오창석(吳昌碩) 등등인데, 일부는 청나라가 명나라를 멸망시킴에 따라 나라를 잃고 가정이 파괴된 것에 대한 원한 때문에, 혹은 청렴하게 관직 생활을 하였는데 오히려 파직당하고 옥살이를 한 것에 대한 불평불만 때문에, 혹은 백성들의 고통과 사회 부조리를 가까이에서 접하면서 느낀 정의감 때문에, 혹은 열강의 침략과 조정의 부패를 보면서 가슴에 쌓인 한없는 시름 때문에, 이들 모두가 각각 정도는 다르지만, 명대 말기의 홀로 성령(性靈)을 토로하는 개성 해방 사조를 받아들였으며, 서위(徐渭)의 예술 풍격과 면모를 직접 계승하여, 의존하지 않는 독립적 품격과 굴복을 참지 못하는 자유정신을 표현하였다. 동시에 이들은 최후에는 대부분 예술을 생업으로 삼는 직업 미술가로 전락하여, 공급과 수요 관계에 이끌리고 제약당하면서 세속적 심미 취향에 접근하였다.

시민들의 취향을 직접적으로 반영한 세속 미술이든, 아니면 간접적으로 반영한 개성파 미술이든 간에 전통과 단호히 갈라서지 않고 오히려 속됨과 문아(文雅)함이 합류하고 서로 영향을 미치면서 전통 미술의 밑에서부터의 변화를 촉진하였다. 즉 한편으로는 세속 미술이 문아해지고, 다른 한편으로는 문아한 미술의 세속화가 진행되면서, 전통 미술에서의 문아함과 속됨이 분명했던 국면에도 변화가 일어났다. 명대 말기 이래 자본주의 맹아와 시민의식의 자각에 따라, 세속 미술이 속됨 가운데 문아함을 띠는 현상이 출현하였고, 또 문인 미술이 고상함 가운데 속됨을 띠는 현상이 나타났다.

청대 미술의 문아(文雅)함과 속됨의 관계는, 명대의 상황과는 달리 문아한 성분은 차츰 감소하고 세속적 성분은 점차 증가하였다. 이어(李漁) 등과 같은 문인들은 장인들의 업무였던 정원 건축이나 공예 제작에 적극적으로 참여하여, 매우 통속적인 것이 매우 고상한 것이 되게 하였고[大俗者大雅], 정섭과 오창석 등은 성정(性情)을 연마하는 서화를 생계수단으로 삼아, 대단히 고상한 것이 매우 속된 것[大雅者大俗]이 되게 하였다. 그러나 이 같은 세속적인 것에 문아함이 유입되고, 또 문아한 것에 속된 것이 유입되는 현상은 줄곧 완만한 밑에서부터의 변화 속에 자리하고 있었다. 즉 신해혁명(辛亥革命) 이후에도 아직 전통적인 문아함과 속됨의 관념을 철저하게 털어버리지 못한 채, 혁명성의 골격을 형성하였다.

(3) 융화성[滲化性]

문아함과 속됨의 관념이 서로 융화하는 동시에, 다른 분야의 미술 형태들 사이에서도 서로 영향을 주고받으면서, 서로의 기법을 취하는 현상이 더욱 분명해졌다. 그 가운데 가장 뚜렷한 것은 회화(繪畵)와 서법(書法)이 서로의 장점을 취하면서 나날이 발전했다는 점이다. 청대의 서(書)와 화(畵)의 관계가 과거의 상황과 다른 것은, 다음의 두 가지로 귀결할 수 있다. 첫째는 서법이 화법에 도입되었을 뿐만 아니라, 화법도 서법에 도입되었다. 명대에 이르기까지는, 서화의 관계는 주로 회화의 창작 속에 체현되어, 회화 필묵에서 서법의 정취를 매우 중시한 반면, 서법의 창작에서는 회화의 의취를 그다지 중요시하지 않았다. 그러나 청대 초기 이래, 팔대산인과 석도(石濤)부터 양주팔괴·조지겸·오창석에 이르는 전통 서예가들의 서법에 더 이상 만족하지 못하고, 비학(碑學)의 장점을 흡수한 기초 위에서 회화의 의경(意境) 정취(情趣)와 조형 관념을 융합하여 이전에 없던 화가의 서풍(書風)을 창조함과 동시에, 서법을 회화에 도입함으로써 새로운 내용을 부여하였다.

둘째는 시·서·화 삼절(三絶)을 바꾸어 시·서·화·인(印)의 사전(四全)으로 하였다는 점이다. 특히 인장(印章)과 결합함으로써 많은 화가와 서예가들이 전각가를 겸하였는데, 금석학(金石學)의 성과를 빌려 화풍(畵風)·서품(書品)·인격(印格)이 일맥상통하게 되었다. 명대 이전에는 첩학(帖學)이 유행하여 서예와 전각(篆刻)이 각각 따로 발전하였지만, 청대 이후에는 첩학이 쇠퇴하고 비학이 흥성하면서 전서(篆書)·예서(隷書)·북위서(北魏書-북위 때의 서체들)들이 크게 흥성하였다. 이는 전각할 때 쓰는 칼로 붓을 대신하고, 돌로 종이를 대신한 인장 예술과 마침내 본질적으로 결합한 것이다. 어떤 의미에서 말한 다면 비석의 판(版)은 방대한 인장이고, 또 인장은 바로 축소된 비석 판이었다. 이는 곧 글씨와 인장이 한층 융합할 수 있는 계기가 되었 을 뿐 아니라, 그림과 글씨의 유기적인 결합도 이끌어냈다.

서화 그 자체 이외에, 원림 건축물의 편액·기둥 위의 대련(對聯) 및 공예 미술 가운데 도자기·자수·단철(鍛鐵)·옥 세공·벼루 조각 [彫硯]·칠기·각죽(刻竹) 등도 서화에서 영양분을 흡수하여, 이전에 볼 수 없었던 보편적인 '서화(書畵)의 공예화, 공예의 서화화' 현상이 출현하였다. 그리고 판화 삽도 중 '월광형(月光型)'이나 '두방형(斗方型)' 형식은 분명히 원림 건축의 조각 장식 예술에서 영향을 받았음이 명 백하다. 또 공예 미술 가운데 도자 재질로 동(銅) 제품을 만들었고, 칠(漆) 제품을 제작하였고, 대나무를 모방하는 방생자(仿生瓷)가 출현 하였는데, 이는 곧 다른 공예품 종류들 사이에 서로 융화 작용이 일 어났음을 반영하고 있다.

(4) 초월성[跨越性]

청대는 다민족의 왕조로서, 한족 문화로 정삭(正朔)의 주체를 삼음 과 동시에, 형제 민족들의 문화도 받아들여 매우 중시함으로써 큰 발 전을 이루었다. 특히 몽골 지역의 라마교 문화와 회족(回族)·유족(維 族) 지역의 이슬람 문화가 이전에 비해 더욱 번영하였다. 이와 같은 문 화적 배경하에서 서로 다른 민족의 미술 형태와 교류하고 융합하는 가운데 서로 넘나들고 서로 접근하여, 전통 미술이 새롭게 변화하는 일대 계기를 이루었다. 청대는 바로 세계가 원활히 소통하는 시대를 맞이하여, 서방 문화가 대량으로 유입되면서, 제한적이지만 서방 미 술로부터 더 다양한 기법들을 흡수하였으며, 또한 전통 미술 형태가

단철(鍛鐵) : 무쇠를 정련하여 탄소 함량이 0.15% 이하인 철을 만들면, 인 성(靭性)이 높고 강도가 비교적 약해 져, 단조(鍛造-두드려서 만듦)와 땜질 이 쉽고, 담금질을 할 수 없게 된다. 이것은 리벳·사슬·낫 등을 만드는 데 사용되어왔다. 숙철(熟鐵)이라고도 한다.

방생자(仿生瓷) : 동물이나 식물 등 실 제 사물을 본떠 만든 자기.

회족(回族)·유족(維族) : 중국의 서쪽 변경 지역에 거주하는 소수민족들.

근·현대를 향하여 초월하고 접근할 수 있는 훨씬 중대한 새로운 변화의 계기도 조성하였다. 초월의 기본적인 전제는 교류에 있었지만, 그러나 자신 내부에서의 교류만으로는 턱없이 부족했다. 청대의 문화·미술 교류에서 다양하고 복잡하며 풍부하고 다채로움은 이전의 어떤 왕조와도 비교할 수 없었다. 단지 한족과 이웃 형제 민족들 간의 문화·미술 교류는, 그 의의에서 보면 전통의 문화·미술 교류의 범주를 뛰어넘지 못하였다. 오직 중국과 서양 간의 문화 미술 교류가 있어야만 비로소 진정한 의미에서 근대 문화·미술 교류의 범주에 들어서게 되며, 아울러 혁명적인 초월의 의의를 가지게 되었다. 이 하나의 특징도 분명히 이전 시대에서는 볼 수 없었던 것이다.

특히 회화에서는, 선교사들의 매개를 통하여 점차 서방의 고전적 사실(寫實) 회화가 명대 말기부터 점차 전래되면서, 청대의 강희·옹정·건륭 3대에 이르러서는 궁정회화 창작에 중대한 영향을 주었다. 이들의 화법과 전통적인 사의(寫意) 화풍은 판이하게 달라서, 명암과 초점 투시를 강구하였고, 필묵(筆墨)을 중시하지 않고 형사(形似)를 중시하였는데, 유화로 그리기도 하고 또 중국의 도구와 재료를 이용하기도 하였다. 그 강렬한 사실감으로 인해, 인물이나 건축물 그림에서 정통 사의화(寫意畫)가 성행한 후에 야기된 여러 가지 폐단들을 바로잡을 수 있었다. 이 때문에 황실에서도 쉽게 받아들였고, 나아가 개조를 거쳐 마침내 중국과 서양이 절충된 화풍을 형성하게 되었다.

오구통상 이후 서방 회화의 유입 통로는 이제 더 이상 선교사들에만 국한되지 않았다. 또 그 영향도 궁정에만 제한되지 않고, 상해(上海)나 광주(廣州) 등지에서도 그림을 이용한 광고 등의 형식이 널리 확산되었다. 그 결과 한편에서는 초기의 중국 서양화가가 출현하여 서방의 고전 사실주의적인 관점과 방법을 완전히 수용하였다. 또 다른 한편에서는 개항장(開港場) 부근 지역에서 활동하던 적지 않은 화가들이 전통 회화에 서양 화법을 더 다양하게 융합시켰는데, 이들 중에는 직업적인 문인 사의화가들도 적지 않았다.

　　건축·공예 미술 등의 방면에서는, 서양으로 경도되는 특징들이 또한 상당히 뚜렷해졌다. 초기의 교회당 건축과 자명종 같은 기이한 기물들로부터 후기의 근대 도시 건축에 이르기까지, 서양의 다양한 온갖 기물들은, 목각 판화 예술이 초기에 동판화의 도전을 받다가, 후기에는 완전히 석판 인쇄와 콜로타이프로 대체된 것을 포함하여, 전통 미술이 근·현대 미술로 향하는 어려운 초월을 다시금 분명하게 드러내주는 것에 지나지 않았다.

[본 장 집필 : 單國强 / 번역 : 유미경]

|제1장|

명(明)·청(淸)의 건축

자금성(紫禁城) 궁전

황권(皇權)의 최고 권위를 강조한 궁전 건축군

(1) 자금성의 건립

자금성 건립의 준비 작업은 명나라 영락(永樂) 5년(1407년)에 시작되었는데, 북경성(北京城)을 조성한 시기와 일치한다. 자금성은 북경성의 중심으로, 전체의 성을 조성하는 사업 가운데 가장 중요한 부분을 차지하였기 때문에, 북경성을 건립하는 일은 자연스럽게 제왕의 궁전 건립이 선결 조건이었다.

정식 착공은 영락 15년(1417년)에 시작되어 영락 18년(1420년)에 전부 완공되었다. 이 시기에 세 개의 대전[三殿 : 봉천전(奉天殿)·화개전(華蓋殿)·근신전(謹身殿)]과 두 개의 궁전[건청궁(乾清宮)·곤녕궁(坤寧宮)] 및 문

고궁(故宮–'자금성'의 오늘날 명칭)의 세 대전

화전(文華殿)·무영전(武英殿) 등의 건축물들을 건립했으며, 중심을 축으로 대칭 구조를 이루었고, 앞쪽에는 조정, 뒤쪽에는 침궁이 자리한 전조후침(前朝後寢)의 기본 구조가 형성되었다. 그러나 영락 19년(1421년)에 성조(成祖) 주체(朱棣)가 봉천전에서 문무백관들에게 축하 조회를 받은 지 불과 3개월 만에, 궁전이 지어진 지 채 반 년도 안 되어 벼락에 의한 화재로 인해서 세 개의 대전이 하루아침에 불타버렸다. 이러한 상황에서 영락제는 3년에 걸쳐 세 차례나 북방 정벌에 나섰다가 결국 유목천(榆木川)에서 사망하자, 세 대전을 비롯하여 불타버린 건축물들은 20년이 지난 정통(正統) 5년(1440년)에 이르러서야 정식으로 중수(重修) 작업이 이루어졌다. 영종(英宗)은 각 감독기관과 교대 근무할 장인 3만여 명을 선발하고, 군사 3만 6천 명을 훈련하여 봉천·화개·근신의 세 대전을 지었는데, 공사하는 데 1년 반의 시일이 소요되었다.

가정(嘉靖) 36년(1557년)과 만력(萬曆) 25년(1597년)에 세 대전이 또 벼락을 맞는 피해를 당했는데, 첫 번째 피해 때는 단지 세 대전이 불탔을 뿐만 아니라, 문루(文樓)·무루(武樓)·봉천문(奉天門)·좌순문(左順門)·우순문(右順門)·오문(午門) 밖 좌우 회랑이 피해를 당했다. 두 번째 피해도 첫 번째의 피해와 비슷했지만, 단지 오문 바깥 지역은 피해가 없었다. 중수된 세 대전은 명칭이 황극전(皇極殿)·중극전(中極殿)·건극전(建極殿)으로 바뀌었다.

자금성, 특히 세 대전 및 부속 건물들은 여러 차례 훼손되고, 또 다시 여러 번에 걸쳐 중수함으로써, 처음 건축될 당시의 구조에는 변화가 있을 수밖에 없었다. 정통 시기의 중건 작업에는 영락조 때 자금성 건축에 참여했던 이름난 목수인 괴상(蒯祥) 같은 사람들이 생존해 있었기 때문에, 원래의 건축 구조와 시공 방법 등을 이전 시기에 맞춰 따를 수가 있었다. 또한 최초에 자금성을 지을 때 사용했던

태화전(太和殿)의 옆모습

돌·나무·벽돌·기와 같은 건축 자재들도 여분이 보관되어 있어서 수
리·복원 작업의 진행도 순조로웠을 뿐 아니라 기본적으로 건축의 원
래 모습을 유지할 수 있었다.

　가정(嘉靖) 시기에 훼손된 건물에 대한 중수(重修)의 총체적인 원
칙은, 형식적인 겉치장을 자제하고 규모를 줄이는 것이었다. 세 대전
의 삼대(三臺)는 예전의 토대를 바꾸지 않았지만, 그 나머지는 서로
맞추어 축소하였다. 오랫동안 많은 양의 목재를 벌채함에 따라 특별
히 굵고 큰 목재를 찾기가 쉽지 않다보니, 어떤 곳에서는 중심에만
하나의 통으로 된 기둥을 쓰고, 나머지는 8개의 조각을 합쳐 하나의
기둥을 이루는 포양법(包鑲法)을 사용하기도 하였다. 명대의 들보 또
한 이러한 방법을 사용하였는데, 수레바퀴의 살처럼 세 개 혹은 네
개의 조각들을 합쳐 하나의 기둥으로 만들었다. 또 이전에 사용했던

포양법(包鑲法) : 주위를 둘러싸듯이
끼워 넣는 방법.

태화전의 조정(藻井)

녹나무도 소나무과에 속하는 삼목(杉木)으로 대신하였다. 만력(萬曆)부터 천계(天啓) 연간에 이루어진 자금성에 대한 보수와 중건 작업은 더욱 간단하고 실용에 중점을 두는 방안이 채용되었다. 청 왕조는 자금성의 규모와 구조를 답습하여, 단지 부분적인 곳들에 대해서만 수정을 진행하였으며, 일부 건축의 명칭도 바꿨다. 예를 들면 세 대전은 태화전(太和殿)·중화전(中和殿)·보화전(保和殿)으로, 현무문(玄武門)은 신무문(神武門)으로 개칭하였다.

(2) 황권지상(皇權至上)의 건축 언어

건축은 일종의 문화로서, 서로 다른 문화는 다른 건축 풍격을 창조해낸다. 서방의 건축과 중국의 건축이 확연하게 다른 요인도 문화 배경이 다르기 때문이다. 중국의 고대 건축은 풍부한 상징적 의의를 지니고 있는데, 이러한 상징적 의의는 일종의 건축 언어를 이해할 수 있도록 해준다. 명·청의 자금성 궁정 건축은 황제의 의취(意趣)를 대표하고 상징하였으며, 황권의 건축 언어가 가장 집중적으로 체현되어 있다. 그 구체적인 표현은 두 방면에서 표현되고 있다.

① 천자는 중앙에서 거처한다.

북경성의 전체적인 구획은 자금성을 중심으로 이루어졌다. 만약 명나라 초기에 서달(徐達)이 원나라 대도(大都)의 옛 성을 단지 군사적인 목적에서 개조했다고 한다면, 성조 주체(朱棣)가 북경성을 조성하면서 남성(南城)의 성벽을 남쪽 앞으로 1km 정도 옮기게 하여, 자금성으로 하여금 전체 성의 중심이 되도록 한 것은, 순전히 자금성의 지위에 대한 고려에서 비롯된 것이다. 북경은 황성(皇城)으로서, 황제가 황성의 중심에 거처하는 것은 합법적인 상징일 뿐만 아니라, 더없이 존귀한 천자이자 하늘을 대신하여 도(道)를 실행한다는 상징이기도 하였다. 자금성의 방형(方形)에는, 하늘은 둥글고 땅은 네모[天圓地方]라는 뜻이 담겨 있다. 삼대(三臺)를 평면으로 보면, '主'자 형태로 되어 있는데, 이는 제왕이 '사해(四海-전 세계)'를 소유하며 만백성의 주인임을 암시하고 있다. 또 높게 올라온 지면이 많은 것은 위로는 하늘을 접하고 아래로는 비옥한 땅에 연결되어 있음을 명확하게 밝히고 있는 것이다. 그 위에 봉천전의 자리를 정한 것은 황권이 지극히 높음과 제왕은 더없이 존귀한 존재라는 이 하나의 주제를 다시한번 분명하게 나타내고자 한 것이다.

마찬가지로 자금성이라고 명칭을 정한 것도 이러한 의미를 내포하고 있다. 고대 천문학자들은 천체의 항성(恒星)이 상·중·하 세 개의 울타리로 이루어져 있다고 보았으며, 가운데 울타리는 자미(紫微-북두칠성의 북쪽에 있는 성좌) 15성(星)을 포함하고 있는데, 천제(天帝)가 이 곳 중앙 울타리 안에 거처하기 때문에, 제왕이 거처하는 곳을 곧 자원(紫垣)·자궁(紫宮)·자정(紫庭)·자금(紫禁) 등으로 부르게 되었다. 자금성(紫禁城)이라는 단어는 바로 여기에서 파생되어 명대에 정식으로 제왕의 황궁 명칭이 되었다. 이 밖에 외조(外朝)의 승천(承天)·봉천(奉天)·문화(文華)·무영(武英)과 내정(內廷)의 건청(乾淸)·곤녕(坤寧)·일정(日精)·일화(日華) 등의 주요 취지는 모두 군주의 명령은 하늘로부터 받은 것임을 널리 알리는 데 있으며, 건축물 그 자체는 하늘·땅·사람 사이의 융합을 상징하는 데 있다.

② 자금성 건축과 음양오행(陰陽五行) 학설의 밀접한 관계

중국의 고대 철학자들은 음(陰)과 양(陽)이 세계의 양대 대립의 주체라고 여겼다. 음과 양이란 천지의 도(道)이며 만물의 벼리이다. 음은 곤(坤-땅·대지)이고, 짝수이며, 아래[下]이다. 양은 건(乾-하늘)이고,

태화문(太和門) 광장

홀수이며, 위[上]이다. 오행(五行)은 목(木)·화(火)·토(土)·금(金)·수 (水)로, 우주를 구성하는 5대 원소이다. 이 오행에 상응하는 방위는 동(東)·남(南)·중(中)·서(西)·북(北)이며, 색채는 청(靑)·적(赤)·황(黃)· 백(白)·흑(黑)이다. 나무[木]는 동쪽에 자리하며 청색이고, 불[火]은 남 쪽에 자리하며 적색이고, 흙[土]은 중앙에 자리하며 황색이고, 쇠[金] 는 서쪽에 자리하며 백색이고, 물[水]은 북쪽에 자리하며 흑색이다. 오행들끼리는 곧 상생(相生)하기도 하고 상극(相克)하기도 한다. 상생 의 순서는 다음과 같다. 물은 나무를 살리고[水生木], 나무는 불을 살 리고[木生火], 불은 흙을 낳고[火生土], 흙에서 쇠가 나오고[土生金], 쇠 에서 물이 생긴다[金生水]. 상극을 이루는 순서는 다음과 같다. 나무 는 흙을 이기고[木克土], 흙은 물을 이기고[土克水], 물은 불을 이기고 [水克火], 불은 쇠를 이기고[火克金], 쇠는 나무를 이긴다[金克木].

자금성은 외조(外朝)와 내정(內廷)의 두 부분으로 나뉜다. 외조는 앞쪽에 위치하며, 양(陽)이 되고, 그 수는 홀수를 이룬다. 종(縱) 방향 으로 봉천전·화개전·근신전이 셋이고, 횡(橫) 방향으로 문화전·무영 전을 더하여 셋이며, 대전의 주(主)기단은 3중으로 수미좌(須彌座)를 겹쳐 쌓아서 삼대(三臺)라 일컫는다. 전조문(前朝門)은 5중이며, 오문(午門)은 또한 오봉루(五鳳樓)라 불렀다. 가장 존귀한 봉천전은 정면의 칸 수와 측면의 칸 수가 9와 5로 다른데, 9와 5의 조합은 일종의 제왕의 상징이 되었다. 내정은 뒤쪽에 위치하며, 음(陰)이 되고, 그 수는 짝수를 이룬다. 중심축선상에 건청궁과 곤녕궁의 두 궁을 나누어 배치하고, 동서로 여섯 개의 궁전들이 각각 서로 짝을 이루었고, 그 기단 등도 역시 짝수였다.

오행 상생의 법칙에 의하면, 동쪽은 나무이고, 그 색은 청색이기 때문에, 동화문(東華門) 부근에 위치한 문화전은 녹색 유리기와를 얹었다. 북쪽은 물에 속하기 때문에, 어화원(御花園) 및 만세산(萬歲山) 주위에다 많은 나무를 심어서 물이 나무를 살리는 것을 돕도록 하였다. 중앙은 흙이기 때문에, 자금성 중심축선에 자리한 정전(正殿) 전부는 황색 유리기와를 얹었다. 아울러 담벽은 붉은색으로 칠하여 불이 흙을 낳는다는 이론에 부응하였다. 그리고 자금성 외조의 중심축 선상에는 거의 녹색을 사용하지 않았고, 나무도 심지 않았는데, 이는

삼대(三臺)의 근경(近景)

흙과 나무가 상극을 이루는 것에 대한 두려움 때문이었던 것 같다.

음양오행의 건축에서의 표현은 항상 풍수로 귀착되었다. 풍수로 말하자면, 남경의 궁전은 남경성(南京城)의 특수한 지리적 위치로 인해, 황성(皇城)은 호수를 매립하고 짓는 방법을 택하였으며, 황성의 지세(地勢)가 경사지도록 함으로써, 남쪽이 높고 북쪽이 낮은 형세를 보인다. 이는 주원장(朱元璋)이 매우 후회했던 한 가지 걱정거리였을 뿐 아니라, 성조(成祖) 주체(朱棣)가 북경으로 천도했던 원인 가운데 하나이기도 했다. 그래서 자금성을 처음 건립할 때 풍수·지세·방향은 자연히 사람들의 관심을 불러일으켰다. 넓게 보면 북경은 북쪽으로는 태항산(太行山)에 의지하고, 동쪽으로는 창해(滄海)에 닿아 있으며, 북쪽이 높고 남쪽이 낮아, 겨울에는 양지를 향하고 바람을 등지며, 여름에는 그늘이 지고 바람을 맞기 때문에, 대체적인 자연 환경에서 자금성은 매우 유리한 조건이었다. 자세히 보면 자금성의 북부는 남쪽보다 1m 남짓 솟아 있다. 궁전의 뒤에는 성의 연못을 팔 때 나온 흙을 쌓아서 만세산을 만들었고, 금수하(金水河)의 물은 건방(乾方 : 서쪽)에서 나와 내정의 궁궐 담장을 따라 서쪽에서 동쪽을 향해 손방(巽方 : 동쪽)으로 흐르게 함으로써, 고대 건축의 풍수 사상에 확연히 부합하였다.

만세산은 원대의 내정(內廷) 춘각(春閣) 터에 흙을 쌓아 만든 것으로, 그 기능은 두 가지였다. 하나는 자금성 북부의 보호벽이 되어 궁전이 완정하게 자리 잡도록 마무리하여, 황성의 기세를 진작시키고자 하였다. 다른 하나는 이를 빌려 원대 황실의 풍수를 진압하여 그 명맥을 끊고자 하였다. 성조 주체가 자금성을 조성하던 시기에, 원나라 왕조의 잔여 세력이 아직 남아 있었다. 이들은 북경에서 철수하여 고비 사막에 이르러, 옛 왕조를 따르는 조정(朝廷)을 두고, 명 왕조에 투쟁할 준비를 하였다. 그런데 만세산이 위치하고 있는 곳은 곧 원나라 궁궐의 후궁(後宮)인 연춘각(延春閣)의 옛 터일 뿐 아니라, 또한 명대 북경성의 몇몇 중심이었는데, 북경성의 중심을 선택하여, 인공적으로 높은 지점을 쌓아 만들어, 원나라의 풍수를 진압하였는데, 이것은 응당 자금성을 설계한 사람이 신중하고 세밀하게 고려하고 선택한 방안이었다.

자금성 건축의 예술적 특징

(1) 자금성의 총체적 설계 특징

① 중축선(中軸線)이 핵심이다.

자금성의 분포 구조는 중축선을 핵심으로 하여 순서대로 배열하였다. 곧 중축(中軸)이 바로 그 주체인 셈이다. 이 중축선은 남쪽 대명문(大明門)에서 시작되어 북쪽 만세산 봉우리까지 이르며, 전체 길이는 대략 2500m이고, 크게 네 구역으로 나뉜다.

제1구역은 대명문에서 오문(午門)까지이며, 전체 길이가 약 1250m로 총 길이의 절반을 차지한다. 대명문·천보랑(千步廊)·승천문(承天門)·단문(端門)·오문이 거꾸로 된 '丁'자형 평면을 이루고 있다. 대명문은 평지에 세워졌으며, 단층 무전정[單檐廡殿頂─단층 우진각지붕]*과 세 개의 아치형 벽돌문[磚門]으로 되어 있다. 천보랑은 좁고 길며 낮고 작은데, 안내하는 작용을 한다. 승천문 앞에 이르면, 양측 공간이 시원스럽게 탁 트여서 광장을 이룬다. 승천문은 자금성의 대(臺) 위에 위치하고 있으며, 정면이 9칸인 2층 헐산정[重檐歇山頂─팔작지붕]이며, 권문(券門─아치형 문)이 다섯 개이다. 단문 광장은 승천문 광장보다 약간 축소된 감이 있고, 오문 광장은 단문 광장과 너비는 같은데 길이가 길다. 오문은 남쪽을 향해 활짝 열어젖힌 '凹'자형으로, 가운데는 높고 큰 2층 무전정 대전이며, 양 날개가 앞으로 펼쳐져 있고, 각각 하

* 중국 건축물의 지붕 구조 및 그 등급은 다음과 같다.('단첨'은 '단층'을, '중첨'은 '2층'을 의미한다.)
제1위 : 중첨무전정(重檐廡殿頂). 즉 2층 우진각지붕은 중요한 불전(佛殿)·황궁(皇宮)의 주전(主殿)으로, 존귀함을 상징한다.
제2위 : 중첨헐산정(重檐歇山頂). 즉 2층 팔작지붕은 흔히 궁전(宮殿)·원림(園林)·단묘(壇廟) 건축에서 볼 수 있다.
제3위 : 단첨무전정(單檐廡殿頂). 즉 단층 우진각지붕은 중요한 건축에 적용된다.
제4위 : 단첨헐산정(單檐歇山頂). 즉 단층 팔작지붕은 중요한 건축에 적용된다.
제5위 : 현산정(懸山頂). 민간 주택·신주(神櫃)·신고(神庫)에 적용한다.
제6위 : 경산정(硬山頂). 민간 주택에 적용했다.
제7위 : 권붕정(卷棚頂). 민간 건축에 적용했다.
무등급 : 찬첨정(攢尖頂). 정대(亭臺)와 누각(樓閣)에 적용했다.

나씩의 2층의 방정(方亭)을 지어서 낮고 평평한 낭하(廊下-복도 혹은 행랑)와 연결하였는데, 이렇게 함으로써 오문부터 자금성 궁궐까지의 웅장한 장관을 돋보이도록 하였다.

제1구역의 배치는 조이고[抑]-풀어주고[揚]-조이는[抑] 기법을 채택하여, 좁고 긴 천보랑에서부터 승천문까지는 조임[抑]부터 풀어줌[揚]까지의 과정을 완성하였다. 한편 단문에서 오문까지는 풀어줌으로 시작해서 조임에 이르는 과정을 완성하였다. 네 개의 성문(城門)들은 순서대로 배열하여, 북쪽으로 갈수록 간격은 짧아지고, 성대(城臺-망대)의 높이는 높아지며, 세 개의 권동문(券洞門)을 다섯 개의 권동문으로 바꿨다. 평지에 세운 단층 무전정(우진각지붕)도 두 개의 날개가 달린 2층 오봉루(五鳳樓)로 바꾸었다. 이처럼 궁궐이 갈수록 장엄하고 웅장해짐에 따라 억압하는 듯한 느낌도 점점 강렬해진다. 마치 음악의 서곡이 낮고 은은하게 쫙 퍼지다가 차츰 선율을 빨리하여, 주제곡의 출현을 암시하는 마지막 전주곡을 완성하는 것과 같다.

제2구역 중축선의 주체 건축물은 봉천문(奉天門)·문루(文樓)·무루(武樓)·봉천전(奉天殿)·화개전(華蓋殿)·근신전(謹身殿) 등을 포괄하는데, 즉 외조(外朝) 부분이다. 이곳의 배치는 제1구역과 정반대로 풀어주고[揚]-조이고[抑]-풀어주는[揚] 변화의 기법을 채택하였다. 표면상으로 보면 '조이고-풀어주고-조임'과 '풀어주고-조이고-풀어줌'이 정반대를 이루고 있지만, 전후를 연결시켜 보면, 거듭하여 한 번 조이고 한 번 풀어주는 기복 변화의 관계에 있다. 제1구역의 조이고-풀어주고-조임은 제2구역의 한층 광활한 범주에서의 풀어줌[揚]을 위한 전주곡을 만들어 냈다. 제1구역에서 조임과 풀어줌의 변화 추세는 작은 것[小]에서 큰 것[大]으로 이르기 때문에, 그 흐름이 오문에 이르러서는 단단히 끝을 맺어주는 까닭은 곧 봉천전의 존엄을 더 한층 돋보이도록 해주기 위해서이다. 같은 원리로 봉천문 광장은

중국 건축의 주요 지붕 형태들
① 경산정(硬山頂) ② 헐산정(歇山頂-9척 : 팔작지붕) ③ 중첨무전정(重檐廡殿頂-2층 우진각지붕) ④ 원찬첨정(圓攢尖頂) ⑤ 단파정(單坡頂) ⑥ 현산정(懸山頂 : 맞배지붕) ⑦ 무전정(廡殿頂-5척 : 우진각지붕) ⑧ 권붕정(卷棚頂) ⑨ 사각찬첨정(四角攢尖頂) ⑩ 녹정(盝頂)

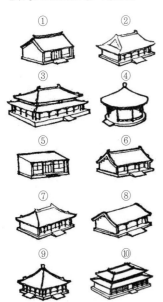

오문의 억압적인 분위기하에서 탁 트이고 시원
스러우며, 특히 넓이가 겉으로 보기에는 뒤쪽
의 봉천전 광장과 서로 같아서, 분명하게 건축
물 자체 변화의 조화로운 운율을 유지하고 있
어, 오문에서 봉천전 광장에 이르는 과정이 지
나치게 돋보이거나 또는 심하게 균형을 잃지 않
도록 하였다. 봉천전 광장은 봉천문 광장과 너
비는 같지만 측면의 길이는 봉천문 광장보다
더 길어, 정방형을 나타내며, 3층 대리석 기단
위에 봉천전이 높게 군림하고 있고, 기단은 남
부 광장을 향해 돌출되어 있다. 좌우에는 문루
(文樓 : 文昭閣)와 무루(武樓 : 武成閣) 및 동서로
두 개의 낭하가 조성되어 있고, 네 모서리마다
각각 하나씩의 높은 누각이 있다.

양심전(養心殿)의 조정

황권(皇權)이 지극히 존엄하고 높다는 것을 상징하는 봉천전은 정
면이 9칸, 측면이 5칸이며, 3만여 평방미터의 크고 넓은 광장을 끼
고 있다. 층층이 나열된 기단의 돌난간은 '主'자형 기단 위에 세워져
평온하고 은연자중하며, 엄숙하고 경건하며 장엄해 보인다. 중축선
상의 건축은 여기에 이르러 최고조를 이룬다. 평면이 방형(方形)이고,
중첨찬첨정(重檐攢尖頂)인 화개전과 평면은 장방형이고 중첨헐산정인
근신전은 봉천전을 돋보이게 해주는 안받침 역할을 하며, 삼대(三臺)
뒤쪽에 배열되어 있어, 뒤편 침궁과 연결시키는 작용을 한다.

제3구역에 포함되는 주요 건축은 건청궁·곤녕궁과 동서 여섯 궁
전 및 궁후원[宮後苑 : 지금의 어화원(御花園)이 있는 곳으로, 이곳은 명대에
는 궁후원(宮後園)으로 불렸으나, 청대에는 어화원이라 바뀌어 오늘날까지 불
리고 있다], 즉 후비(后妃)들의 내정 생활 지역이었다. 이곳 궁전 건축

찬첨정(攢尖頂) : 송나라 때는 '촬첨
(撮尖)'·'두첨(斗尖)'이라고 하였으며,
청나라 때에 와서 '찬첨'이라고 하였
다. 그 특징은 지붕 끝이 송곳처럼 뾰
족하여, 정척(正脊)이 없으며, 지붕의
비탈면이 전체적으로 둥근 형태와 모
서리가 있는 형태의 두 종류가 있다.
앞 쪽 참조.

들은 비교적 밀집되어 있어 외정들처럼 넓은 광장은 거의 볼 수 없기 때문에, 기세도 봉천(奉天) 세 대전[三殿]과 비교하기 어렵고, 풀어주어[揚] 고조된 다음의 과도 단계이다.

제4구역은 곧 만세산이다. 만세산은 엄격한 의미에서 살펴보면 이미 자금성의 범위에서 벗어났지만, 단지 그 설치 목적은 분명히 자금성을 총체적으로 고려한 데서 비롯되었다. 만세산은 원(元) 왕조의 풍수를 진압하는 것 외에, 주요한 또 한 가지는 자금성을 결속하고 수습하는 작용을 한다. 자금성의 중축선 분포는 기본적으로 문·광장·전당(殿堂)의 높낮이와 소밀(疏密)함의 조합을 위주로 하였으며, 봉천전에 이르러 이러한 조합이 최고조에 도달한다. 이때 어떻게 해야 건축의 주체가 너무 커서 외조(外朝) 공간의 기세를 빼앗는 것을 방지하고, 동시에 조화와 규율이 있는 궁전 건축물들로 하여금 강력하고 힘차게 마무리되게 할 수 있을까 하는 것이 중요한 문제였다. 이를 위하여 흙을 쌓아 산을 만들어 자금성의 보호벽으로 삼음으로써 방위와 기세뿐만 아니라 변화를 추구하는 한편, 마무리에서도 밋밋하고 딱딱함을 벗어날 수 있었으니, 이 모든 것이 최상의 구상이었다고 할 만하다.

중축선에 집중된 대다수의 중요한 궁전 건축들은 명·청대 궁정 건축의 최고 수준을 대표한다. 대문을 지나면 긴 회랑·돌다리·광장·궁전이 순서에 따라 끊이지 않고, 풍부한 운율에 따라 점차 변화하며, 건축물의 높이·크기·규격도 작은 것에서부터 큰 것에 이르도록 했을 뿐 아니라, 먼 곳에서부터 가까운 곳에 이를수록 차츰 강화되어, 건축물의 기세가 극치를 이루도록 하였다. 동시에 좌우 양측에 서로 인접한 대칭 건축의 도움을 빌려 동서 두 방향이 중축선을 향해 모이도록 함에 따라, 중축선의 지극히 존엄한 지위에 대한 과장과 강조를 최종적으로 완성하였다. 건축가는 감정 색채가 전혀 없는 벽돌·기와·나무·돌을 통해 제왕의 존엄과 봉건 제국의 기개를 남김없이 다 표현할 수 있었으니, 그것은 단지 자금성의 중심일 뿐 아니라 북경성의 중심이기도 하였다.

② 좌우 대칭

중축선은 어떤 의의에서 보면 좌우 대칭을 의미하기도 하는데, 좌우 대칭이 아닌 것은 축선이 없다고 할 수 있다. 좌우 대칭은 중축선을 형성하는 것이 선결조건이지만, 반대로 중축선의 필연적인 결과로 볼 수도 있다. 오문의 양측 날개, 문화(文華)·무영(武英), 문루(文樓)·무루(武樓)는 외조의 대칭을 이루는 주체들이다. 오문의 양측 날개는 하나의 궁궐 문루 사이에서 좌우에 위치하여 대칭을 이루는데, 서로 마주하는 중축선간의 거리가 비교적 짧은 근거리 대칭이다. 이에 비해 문화·무영 두 건물은 서로 멀리서 호응하고 있어, 그 간격의 거리가 비교적 멀리 떨어진 원거리 대칭이다. 문루와 무루의 대칭은 둘 사이가 적당한 대칭을 이루고 있다. 대칭 건축의 크기와 위치의 원근(遠近) 및 중축선과 유지하고 있는 연계는 이루 말할 수 없이 서로 다르기 때문에, 처리하는 기법도 서로 같지 않다. 근거리 대칭 건축의 면적은 비교적 작지만, 낭하를 통과하여 중축선과의 연계를 유지하면서, 주체 건축(봉천전)과 하나의 통일체를 구성하고 있다. 중거리 대칭 건축물은 그것과 마찬가지 작용을 하며, 비교적 큰 면적을 차지하고 있지만, 규범을 벗어나지 않았고, 형식상에서는 남북으로 세로 방향을 위주로 하며, 시각적으로 높고 거대한 느낌을 감소시켰다. 문화·무영 두 대전의 원거리 대칭은 면적을 좀 크게 하여 시각적으로 평형을 추구하였으며, 오문과 문루 사이에 남북으로 위치함에 따라, 한층 형식상의 변화를 필요로 하였다. 이것이 곧 자금성의 전체 구조에 있어서 천편일률적인 단조로운 느낌을 없애주어, 법도를 유지하는 가운데 변화가 있고, 또 변화 속에서도 법도를 잃지 않을 수 있도록 하였다.

외조(外朝)의 대칭은 이와 같이 이루어졌는데, 내정(內廷)도 역시 마찬가지이다. 동서 여섯 궁전의 건청(乾淸)·곤녕(坤寧) 두 궁전에 대한 대칭 및 궁후원(宮後苑)의 뒷부분에 있는 건청궁 좌우 다섯 곳의 대칭은 모두 외조(外朝)의 대칭 사상의 연속으로, 곧 궁후원을 연결하고 있으며, 그 건축·도로·화단(花壇)·수목의 배치에서도 최대한 대칭을 이룸으로써, 전체적인 격조에서 완정함과 통일감을 유지하였다.

③ 폐쇄 마당[院]의 조합(組合)

만약 자금성 궁전을 분해해본다면, 자금성은 수많은 폐쇄 마당들이 조합되어 하나의 전체를 이루고 있음을 발견할 수 있다. 곧 마당은 자금성 궁전의 가장 기본적인 조합의 단위인 셈이다. 동서 여섯 궁전들과 문화·무영·봉천·건청·곤녕 등의 궁전들은 모두 폐쇄식 마당이다. 이러한 폐쇄식 마당은 원나라 때 북경의 사합원(四合院)에서 영향을 받은 것이다. 북경의 사합원은 그 기원이 원나라에 있다. 원 왕조는 북경을 점령한 후 반드시 8무(畝) 크기의 대지에 1가구의 집을 짓도록 하고, 그 이상을 초과하거나 또는 그 이하로 축소하지 못하도록 규정하였다. 원나라의 대도(大都-원나라의 수도로, 지금의 북경을 말함)는 이때부터 도로와 골목이 반듯하게 되었고, 사합원도 정연하고 한결같은 기본 구조를 이루게 되었다. 자금성의 건축은 분명 원나라 대도의 옛 건축물들에서 유익한 점을 흡수하였다. 다만 사합원은 필경 민간 주거지에 속한 것으로, 제왕들의 궁전과 함께 논할 수는 없다. 북경의 사합원은 동서남북 방향에 모두 가옥이 있는데, 그 문들은 대부분 측면에 달려 있으며, 영벽(影壁)이 있어 서로 가려주고 있다. 자금성의 마당은 대부분 삼합(三合)으로 이루어져 있어, 북·동·서쪽의 세 방향에는 궁전을 안배하고, 남쪽 부분에는 주로 대문을 설치하였다. 대문은 정중앙에 위치한 것이 대부분이고,

사합원(四合院) : 중국의 오래된 전통적인 문화의 상징이다. '四'는 동서남북의 네 면을 가리키며, '合'은 하나로 합친 것을 의미하는 것으로, 하나의 '口'자형으로 이루어진 민간 주택을 가리킨다. 즉 사방이 가옥으로 이루어져 있는 정방형 혹은 장방형 건축 구조이며, 그 가운데는 마당으로 되어 있다.

무(畝) : 토지 면적의 단위로, 옛날에는 5평방척(尺)을 1평방보(步)로 하고, 240평방보를 1무로 했다. 지금은 60평방장(丈) 즉 6천 평방척을 1무로 하고 있다.

영벽(影壁) : 밖에서 마당의 안쪽이 훤히 들여다보이지 않도록 하기 위해 설치하는 가림담벽을 가리킨다.

간혹 좌우에 곁문이 짝을 이룬 것도 있다. 문에는 전당문(殿堂門)·영벽문(影壁門-가림벽 문)·수화문(垂花門) 혹은 벽을 따라 유리를 끼운 문으로 구별되지만, 정중앙에 위치해야 하고, 좌우 대칭을 이루는 관계는 항상 정해져 있어 불변이었다. 그 다음으로 궁정 마당의 규모 또한 보통 민간인이 거처하는 사합원과는 비교할 수 없을 만큼 크다. 좌우에는 대부분 높은 담이나 마당을 두어, 동서 곁채를 의지하지 않는다. 문루·무루처럼, 비록 동서 배전(配殿)의 위치에 있지만, 그 좌우는 주전(主殿)인 봉천전과 역시 상당히 긴 회랑으로 서로 이어져 있는데다, 방대한 광장의 면적과 높게 우뚝 선 건축물들이 더해져, 사합(四合)으로 비록 둘러싸여 있으나, 오히려 폐쇄되지 않아서 민간 주거의 사합원처럼 낮게 억눌리는 느낌도 없다.

수화문(垂花門) : 중국 고대 건축의 마당 안에 있는 문으로, 그 첨주(檐柱)를 땅에 닿지 않게 처마 밑에 늘어뜨려, 수주(垂柱)라고 부르며, 그 아래에는 하나의 구슬이 달려 있는데, 통상 채색 그림으로 꽃잎 문양을 그린 형식으로 되어 있기 때문에 '수화문'이라고 부른다.

어화원(御花園)의 어경정(御景亭)

폐쇄 마당은 그 기능에 따라 크기와 조합에도 약간의 차이가 있다. 외조는 황제가 조정의 정사를 처리하는 곳으로, 그 마당은 내정에 있는 마당보다 확실히 크다. 봉천문과 봉천전 마당은 앞뒤로 있는 두 개의 폐쇄 마당이라고도 할 수 있으며, 또한 하나의 커다란 마당의 조합으로도 볼 수 있다. 이러한 마당의 조합 형식은 문화전·무영전·자경궁(慈慶宮) 등지에도 똑같이 적용되었다. 그 이유는 이곳들은 조정의 정사를 처리하는 곳으로, 전후의 깊이가 마땅히 어느 하나에 치우치지 않아야 했기 때문이다. 그러나 내정은 일상생활의 필요에서 출발하기 때문에, 마당은 비교적 작고 또 모두 독립적이어서 외조처럼 그렇게 앞뒤가 일체를 이루면서 완벽하고 자연스런 마당으로 조합해 내기가 매우 어려웠다.

자금성의 총체적인 설계는, 하늘은 둥글고 땅은 네모라는 천원지방(天圓地方) 사상에 근원을 두고 있다. 땅은 네모라는 생각이 자금성 전체 궁전들의 분포 구조와 방향을 결정하였고, 중축선과 좌우대칭 및 폐쇄식 마당의 조합도 모두 여기에서 비롯되었다. 이 밖에 설계자는 궁정 건축의 각 용도에 대해서도 각별히 주의를 기울였다. 예를 들면 자금성 앞쪽은 듬성듬성하며 뒤쪽은 촘촘하여, 앞쪽에는 세 대전과 봉천문·문루·무루를 제외한 기타 건축물들은 매우 적으며, 삼대(三臺) 위의 빈 공간의 면적은 세 대전이 점유하고 있는 면적에 비해 훨씬 많이 드러나게 하였고, 광장의 면적도 삼대 면적의 거의 몇 배에 이른다. 이는 외조는 황제가 정무를 처리하는 장소로서, 이에 상응하는 강대한 세력을 가진 국가의 기세와 위엄을 갖추도록 고려하였음이 분명하다. 그러나 내정은 생활 구역으로서, 건축물의 크기도 상대적으로 축소하였으며, 분포 또한 밀집되어 있어, 빈 공간의 지면이 비교적 작다. 궁후원(宮後苑-64쪽 참조)도 이 구역의 뒷부분에 안배되어 있어, 기거하는 데 매우 적합하였다.

(2) 건축 재료의 우수함과 시공 기술의 뛰어남

자금성은 황실 최대의 건축물로서, 당시 건축의 가장 뛰어난 성과를 대표하고 있다. 이 같은 현상은 설계 사상뿐만 아니라 사용한 재료와 시공 기술에서도 볼 수 있다.

명대의 궁전을 조성하는 데 쓰인 석(石) 재료는 주로 북경 부근에서 채취되었다. 순의(順義) 우란산(牛欄山)과 문두구(門頭溝) 마안산(馬鞍山)의 청사석(靑砂石), 백호간(白虎澗) 등지의 두사석(豆渣石), 하북 곡양(曲陽)의 화강석, 방산(房山) 대석와(大石渦)의 청백석(靑白石) 등이 주요 석재료였다. 자금성에 사용된 석재는 비단 수량이 많았을 뿐 아니라 규격 또한 상당히 컸다. 특히 초기에는 기단 윗면의 계단석은 '장동간광(長同間廣)'을 요구하였다. 즉 석재의 길이와 각각의 너비가 서로 일치해야 했다. 대전 앞 황제가 출입하는 길의 석판 및 중축선상의 황제 전용 도로인 어가(御街)에도 역시 침상처럼 큰 형태의 석판들이 사용되었다. 통계에 따르면, 명대에 자금성을 짓는 데 5톤 무게의 석재가 1만 덩어리 이상이나 필요했다고 한다.

보화전(保和殿)의 운룡대석조(雲龍大石彫)

벽돌[磚]은 궁전을 짓는 데 필요한 또 하나의 중요한 재료였다. 궁전 조성에 쓰인 벽돌은 형태와 용도의 차이에 따라 두 종류로 나눌 수 있다. 하나는 담장을 쌓는 데 사용된 성전(城磚)이고, 다른 하나는 지면을 포장하는 데 사용된 방포(方鋪)이다. 성전은 산동 임청요(臨淸窯)에서 구워 낸 것이 가장 많았다. 『명회전(明會典)』의 기록에 의하면, 임청요에서는 성전·부전(副磚)·권전(券磚)·부인전(斧刃磚)·평신전(平身磚)·망판전(望板磚)·방전(方磚) 등 다양한 종류의 벽돌을 구웠다고 한다. 임청요는 그 지역의 흙을 채취해서, 먼저 크고 작은 체를 이용하여 흙을 고르고 난 다음, 물로 걸러내어 침전시켰다. 그 후 다시 침전시킨 진흙을 채취하여, 그 흙을 반복해서 밟은 후 틀에 넣어 찍어 냈다. 장작과 밀짚으로 가마에 불을 땠는데, 15일 동안 가열하고 15일 동안은 열이 스며들게 하였다. 각 가마에 쓰인 장작은 8~9만 근(斤)에 이르렀으며, 각 가마에서 구워낸 수량은 천 개부터 4천 개까지 일정하지 않았다. 영락(永樂) 연간에 매년 성전 백만 개를 거두어서 수도[京師]에서 사용하도록 제공되었다.

『명회전(明會典)』: 명나라 때 관에서 편찬한, 행정법을 내용으로 하는 법전이다. 명나라 효종(孝宗) 홍치(弘治) 10년(1497년)에, 여러 조대의 의식과 제도가 간책(簡冊)과 권독(卷牘)들에 산발적으로 나타남으로써, 수많은 부서들이 열람하기가 어렵고, 백성들이 알 방도가 없었기 때문에, 유학자들이 분담하여 편집하여, 홍치 15년에 완성하였다. 『대명회전(大明會典)』이라고 하며, 모두 180권으로 되어 있다.

소송칠부(蘇松七府) : 소주(蘇州), 송강(松江), 상주(常州), 진강(鎭江), 항주(杭州), 가흥(嘉興), 호주(湖州)의 7부를 말한다.

지면을 포장하는 데 쓰인 입자가 고운 흙으로 빚은 방전(方磚)은 대부분 소송칠부(蘇松七府)에서 나왔다. 그 제조 방법은 이렇다. 먼저 점성이 있어 흩어지거나 가루로 날리지 않고, 모래가 섞이지 않은 진흙을 채취하여, 그 '동토(凍土)'를 가마가 있는 곳까지 옮겨와, 잘 분해하여 진흙에 단단한 덩어리가 없도록 한다. 그 다음 진흙을 부드럽게 하는데, 즉 '동토'에 물과 진흙을 더하고 반복해서 밟아 끈적끈적한 찰기가 생기게 한다. 다시 벽돌을 제작한 후에 통풍이 잘 되는 곳에서 두 달 동안 건조시킨 후에 가마에 넣어 구워낸다. 벽돌을 굽는 가마는 상당히 정교하게 만들어졌으며, 일반적으로 가마마다 백여 개 정도씩을 넣을 수 있었다. 주위는 잡다한 벽돌로 서로 감싸, 가마에 물이 떨어져 벽돌에 흰 반점이 생기는 것을 방지하였다. 가마의 온도는 저온에서 시작하여 나중에는 고온을 유지하였다. 먼저 겨와 짚·장작 조각·쪼개지 않은 통장작을 각각 한 달씩 땐 다음, 소나무 가지를 40일 동안 때고 나서야 비로소 가마에서 꺼낼 수 있었다. 이렇게 구워진 벽돌은 북경으로 운반된 뒤에, 연마 가공·평평하게 고르기·진흙 바르기·선을 부드럽게 하기·시험삼아 깔아보기·평평하게 깔아보기·기름에 담그기 같은 작업을 거쳤다. 이 벽돌 공예의 독특함 때문에 제작 기법도 깊이 연구되었고, 비용도 상당히 많이 들어, 제왕의 궁전 및 능침 이외의 다른 곳에서는 볼 수가 없다. 이로 인해 민간에서는 속칭 '금전(金磚)'이라 하였다.

자금성에서 사용한 목재는 주로 사천·호남·호북·절강·강서·산서 등지에서 조달되었다. 이곳에서 생산된 유명하고 귀한 큰 나무들은 남목(楠木−녹나무)이 대부분이었는데, 길이는 6~7장(丈−'尺'의 10배로, 1장은 약 3.33m)이나 되고, 둘레는 1장 6~7척(尺−1척은 약 33cm)에 달했으며, 신목창(神木廠)과 대목창(大木倉)에 보관되었다. 기록에 의하면, 대목창에는 창고가 3600칸이나 있어 영락제(永樂帝)가 경도(京

都-지금의 북경)에 궁전과 자금성을 완공한 후에도 창고에는 목재가
38만 개나 남아 있었다고 한다.

　이처럼 웅대한 궁전 건축물들을 건축하기 위해서는 대량의 우수
한 건축 자재가 필요했을 뿐만 아니라, 과학적인 구성 및 뛰어난 능
력과 솜씨를 갖춘 장인들도 있어야 했다. 자금성의 성공적인 조성에
는 공사를 조직하는 사람과 시공자의 피땀 어린 노력과 재능과 지혜
가 응축되어 있다. 그 가운데에서도 특히 괴상(蒯祥)이 가장 걸출한
인물이었다. 괴상은 오현(吳縣) 사람으로 대형 공사를 주도하는 데 뛰

어났다. 영락 연간에는 자금성 궁전을, 정통(正統) 연간에는 세 대전의 중수 및 문무관아(文武官衙)를 짓는 데 모두 참여하였다. 그는 양손으로 모두 능숙하게 붓을 다룰 수 있어, 두 마리의 용을 한꺼번에 마음대로 그려 냈다. 이 때문에 궁중에서 수리할 일이 생기면 반드시 괴상을 청하였다. 괴상은 "대충 자로 재어도 측량이 정확하였고, 꼼꼼하게 구상하지 않고 즉흥적으로 조성하여 원래 장소에 배치하는 것 같으나, 한 치의 오차도 없었다. 장인들에게 자신의 가르침을 어기는 자는 곧 임금의 뜻에 맞지 않는 것이라고 일렀다. 처음에는 영선소승(營繕所丞)의 직책을 제수 받았으나, 여러 관직을 거쳐 공부좌시랑(工部左侍郞)에 이르러 종일품의 녹봉을 받았다. 헌종 때에는 그의 나이 80이 넘었는데도 아직 기술을 발휘하며 봉직하였는데, 임금은 매번 그를 괴노반(蒯魯班)이라 불렀다.[略用尺準度, 若不經意, 卽造成, 以置原所, 不差毫厘. 指使群工, 有違其敎者輒不稱旨. 初授職營繕所丞, 累官至工部左侍郞, 食從一品俸, 至憲宗時, 年八十餘, 仍執技供奉, 上每以蒯魯班呼之.]"

노반(魯班): 옛날 노나라의 유명한 장인으로, 후일 목수의 신으로 추앙되었다.

천단(天壇)과 능침(陵寢)

천단(天壇)

천단은 명나라 영락 18년(1420년)에 세워졌다. 명나라의 북경성(北京城) 조성에서 중요한 부분으로서, 처음에는 천지단(天地壇)이라 하였는데, 즉 하늘과 땅에 제사를 지내는 곳이었다. 명나라 가정(嘉靖) 9년(1530년)에 천단과 지단(地壇)으로 나뉘었으며, 방형(方形)의 대전 및 두 개의 곁채는 3층의 원형(圓形) 궁전으로 개조되었다. 청나라 건륭(乾隆) 연간(1735~1795년)에는 천단이 다시 증축되어 상천(上天)·황제·신민(臣民)의 세 계급을 상징하는 청·황·녹의 세 가지 색으로 된 유리기와가 전부 짙은 남색의 하늘을 상징하는 남색 유리 기와로 바뀌었다. 광서(光緖) 15년(1889년), 기년전(祈年殿)이 낙뢰로 인하여 화재를 당해 대전은 기와 몇 조각만을 남기고 거의 소실되었지만, 곧이어 광서 22년(1896년)에 기년전을 보수 완공하였다. 오늘날 우리가 보고 있는 천단은 바로 광서 시기에 조성된 건물의 원래 모습이다.

천단(天壇)의 기년전(祈年殿)·황궁우(皇穹宇)·환구단(圜丘壇)

천단이 차지하고 있는 대지는 272ha이고, 건물 배치는 마치 하나의 '回'자형으로 되어 있으며, 내단(內壇)과 외단(外壇)의 두 부분으로 나뉘고, 둘러싼 담장으로 서로 사이를 두었다. 바깥 담장의 둘레 길이는 6416m, 동서의 길이는 1680m, 남북의 너비는 1650m, 안쪽 담장의 둘레 길이는 3292m이다. 안쪽 담장의 북쪽은 반원형을, 남쪽은 방형을 드러내어, "하늘은 삿갓을 쓴 모양을 닮았고, 땅은 큰 쟁반을 엎어놓은 모양이다[天像蓋笠, 地法覆盤]"라는 설을 상징하였다. 천단 건축은 대부분 내단(內壇)의 중축선상에 집중되어 있는데, 그 북쪽으로는 황건전(皇乾殿)·기년전(祈年殿)·기년문(祈年門)이 있고, 남쪽으로는 황궁우(皇穹宇)와 환구단(圜丘壇)이 있다.

천단 건축의 특징 가운데 하나는 다원형(多圓形) 건축이라는 점이다. 기년전·황궁우·환구는 모두가 원형으로, 이 원체(圓體) 건축 안에는 또 다중적 원의 요소를 포함하고 있다. 예를 들면 기년전의 보정(寶頂)은 원(圓)이고, 그 3층 유리처마도 원이며, 기년전의 3층 백옥석 기단도 원이고, 제단의 석판을 조성하고 있는 것도 동심원이며, 북부를 둘러싼 담도 반원형을 드러낸다. 이처럼 천단은 여러 개의 많은 원체들이 조합된 건축 집단이다.

천단 건축의 특징 가운데 두 번째는 높이다. 높이는 두 가지 방면에서 표현되었다. 첫째는 지평면을 통해 그 높이가 돋보이도록 한 점이다. 높고 낮음은 대립적인 두 개의 개념으로, 이 둘 사이에는 서로 돋보이게 하는 관계를 지니고 있어, 이 높낮이는 서로 비교되었을 때만 비로소 실현될 수 있다. 천단의 현재 면적은 272ha로, 자금성의 면적에 비하면 두 배가 크지만, 건축은 오히려 매우 적으며, 중요한 상징적 건축은 기년전 등 몇 군데뿐이다. 기년전 주위의 건축들은, 예를 들면 안쪽 제단의 담 높이는 겨우 1.76m이고, 바깥 제단의 담 높이는 2.15m에 지나지 않지만, 기년전은 마치 광활하고 평탄한 지면

보정(寶頂) : 찬첨정(攢尖頂-64쪽 참조) 꼭대기에 빗물이 침투하는 것을 막기 위해 금속이나 유리로 만들어놓은 장식물을 가리키기도 하며, 황실 능침의 분묘 위에 높이 솟아오르게 쌓아올린 봉분을 가리키기도 한다. 여기에서는 후자(後者)를 의미한다.

에 돌연히 우뚝 솟아오른 듯하여, 그 높고 거대함은 그 무엇에도 비
할 수 없다. 또 하나는 세로 방향으로의 솟아오름이다. 즉 가로 방향
으로만 돋보이게 해서는 그 높이를 표현해 내기가 어렵기 때문에 세
로 방향으로 솟아오르는 도움이 있어야 그 높고 거대한 하나의 주제
가 비로소 완전히 만족스럽게 펼쳐질 수 있다. 천단의 중축선인 단폐
교(丹陛橋)상에서, 건축물은 남쪽에서부터 북쪽으로 나아가면서 환
구단 5.18m, 황궁우 19.2m, 기년전 38m이며, 단폐교 자체도 남단이
1.1m로부터 상승하여 북단이 4.5m에 이르는데, 이는 의심할 바 없
이 사람들로 하여금 상승하는 느낌을 갖도록 한다. 다시 기년전을 보
면, 그 내부에는 24개의 기둥들이 하나의 세로 방향의 공간을 에워
싸고 있으며, 점차 천장 끝 조정(藻井)을 향해 좁아져서, 기년전 자체
는 어떠한 트러스[梁架] 구조도 서로 의지함이 없다. 기년전 바깥 겉
면의 3층 남색 유리기와는 층을 따라 점차 줄어들며, 남색 하늘과 같
은 색을 이루도록 하여 사람들의 시선을 끝없는 창공으로 이끌고 있
다.

천단 건축이 원과 높이의 특징을 강조한 것은, 그 자체의 요구에 따른 결과이다. 그 듬성듬성함과 빽빽함의 정취가 가득하고, 들쑥날쑥하게 어우러져, 단순하고 평범한 가운데 무한히 깊은 의미를 함축하고 있어, 명·청대의 궁정과 단(壇)·묘(廟) 건축의 표준적인 작품이다.

능침(陵寢)

명·청대 제왕들의 능침은 명(明) 효릉(孝陵-명나라 태조 주원장의 무덤)·십삼릉(十三陵)과 청대 초기의 관외삼릉(關外三陵)·동릉(東陵)·서릉(西陵)을 위주로 하며, 그 건축은 지상과 지하의 두 부분으로 나뉜다.

지상 건축의 주요한 것들로는 패방(牌坊)·대문·비정(碑亭)·화표(華表)·용봉문(龍鳳門)·신도(神道)·능은문(祾恩門)·능은전(祾恩殿)·방성(方城)·명루(明樓)·보정(寶頂) 등이 포함된다. 이러한 기초는 명 효릉과 십삼릉을 축조할 때에 이미 완전하게 갖추어져 있어, 청대에도 바뀌지 않고 그대로 이어졌다.

명·청대 능침의 지표(地表) 건축은 기본적으로 자금성 건축을 변

명루(明樓) : 옛날 제왕의 능묘에 있는 제일 높은 건물.

남경에 있는 명(明) 효릉(孝陵)의 신도(神道)

명(明) 십삼릉(十三陵)의 정릉(定陵) 지하 궁전의 석문(石門)

명(明) 장릉(長陵)의 능은전(祾恩殿)

형한 것인데, 주된 사상은 역시 황권이 지극히 높다는 것을 선전하는 데 있었다. 그 등급이나 사용된 재료 모두는 자금성 궁전과 같고, 다른 점은 능침은 황제가 사후에 거주하는 곳으로서 위엄이 있어야 할 뿐만 아니라, 능침이라는 특수한 요구에 적합해야 했기 때문에 명루(明樓)와 보정이 가장 대표성을 지닌 건축이 되었다.

능묘의 지표 건축과 주위 환경은 조화가 매우 잘 이루어져 있다. 붉은 담장·황색 기와·높게 솟은 명루와 구불구불한 청산 및 잔잔히 흐르는 물이 매우 자연스럽게 하나로 융합되었고, 인문(人文) 경관과 자연 경관이 서로를 돋보이게 해주며, 서로 어우러져 찬란함을 더해준다. 명루가 높이 솟아 있는데, 이는 분명히 설계자가 능묘의 지표 건축이 여러 산들 가운데 이 특정한 환경에 자리를 잡게 함으로써, 그 능묘 주체의 상징성 건축물을 강조하기 위해 의도적으로 설계한 것이다. 이렇게 함으로써 능묘 건축이 다른 건축에 비해 낮고 초라하여 제왕의 신분과 서로 부합되지 못하는 어려운 문제점을 보완하고자 하였다.

명·청대 능침의 지하 건축은 명나라 신종(神宗) 주익균(朱翊鈞)의 정릉(定陵)과 청나라 고종(高宗)인 애신각라홍력(愛新覺羅弘曆)의 유릉(裕陵)을 대표로 꼽는다. 정릉의 지하 궁전 터널문은 양쪽 길을 권문동(券門洞)으로 조성하였으며, 또한 선문(扇門-짝으로 된 문짝)은 없다. 바깥 아치형 동굴[券洞]은 즉 보성(寶城) 담장의 아치형 동굴이다. 안쪽 아치형 동굴은 곧 바깥 아치형 동굴의 안쪽에 붙어 있는 아치형 동굴인데, 이것을 따라가면 터널에 이르게 된다. 터널의 앞부분은 벽돌로 쌓았고, 뒤쪽의 현궁(玄宮-제왕의 관이 있는 곳)에 가까운 곳은 모

보성(寶城) : 제왕의 능묘에서 묘지를 둘러싼 벽돌담.

두 돌로 쌓았다. 돌로 쌓은 터널의 끝부분은 금강장(金剛墻)인데, 담면에는 현궁에 직접 이르는 통로가 있다. 담의 높이는 8.8미터, 두께는 1.6미터이며, 담의 기초 부분에는 긴 돌을 4층으로 깔았고, 지붕 부분에는 처마를 내고 황색 유리기와를 올렸다. 금강장의 안쪽은 용도(甬道)이고, 이 용도의 뒷면이 곧 지하 궁전의 주체, 즉 전전(前殿)·중전(中殿)·후전(後殿) 및 좌우에 세워진 곁채인 배전(配殿)이다. 각 전(殿)은 모두 아치형 문을 통해 서로 거리를 유지하고 있다. 석문(石門)은 목조(木造) 구조를 모방했으며, 각 선석문(扇石門-짝으로 된 돌 문짝)에는 가로 세로로 각각 아홉 줄씩의 유정(乳釘-젖꼭지 모양의 석포)이 박혀 있다. 유정의 대부분은 원석(原石)에 조각하여 새겼고, 일부분은 자투리 돌을 박아 넣었다. 문에는 고리를 물고 있는 포수(鋪首)가 있다. 궁전의 담장은 9층의 길쭉한 돌들로 평평하게 쌓았으며, 위쪽은 아치형으로 만들었다. 중전에는 주익균 및 효단황후(孝端皇后) 왕씨(王氏)와 효정황후(孝靖皇后) 왕 씨의 석제 제상(祭床)을 두었는데, 제상 위에는 오공(五供-다섯 가지 祭器)과 장명등(長明燈-불상이나 신

금강장(金剛墻) : 아치형의 밑 부분에서 수직으로 무게를 받치고 있는 담장을 가리키며, '평수장(平水墻)'이라고도 한다. 이는 일종의 튼튼함을 더해주는 담장이다.

용도(甬道) : 건물이나 능묘에서 주요 건축물로 통하는 길로, 대부분 벽돌이 깔려 있다.

포수(鋪首) : 문짝 위에 붙이는 둥근 고리 모양의 장식물로, 대부분은 짐승 대가리가 고리를 물고 있는 형상을 하고 있다. 쇠로 만든 것을 '금포(金鋪)', 은으로 만든 것을 '은포(銀鋪)', 동(銅)으로 만든 것을 '동포(銅鋪)'라고 부른다.

금정(金井) : 옛날 시인들이, 난간을 조각하여 장식한 화려하고 아름다운 우물을 묘사할 때 사용한 우물이다.

상 앞에 밤낮으로 불을 켜두는 등불)이 놓여 있다. 후전 및 좌우 배전에는 석관상(石棺床)이 설치되어 있고, 석관상에는 각각 네모난 구멍이 있는데, 그 안에는 황토로 채워져 있다. 이는 전설 속의 '금정(金井)'에 해당하는 것으로 생각되며, 주익균 및 두 황후의 관곽(棺槨)은 모두 후전에 놓여 있다. 전체 지하 궁전은 높고 크고 넓으며, 총 면적은 1195m²에 달한다.

유릉(裕陵)은 깊이가 54m, 면적은 372m²이다. 이곳은 네 개의 석문과 세 개의 주요 묘실[堂券]로 인해 하나의 '主'자형을 이루고 있다.

또 네 벽과 천장은 모두 돌을 사용하였으며, 들보와 기둥이 없는 공권(拱券) 구조를 채용하였다. 문·벽·천장에는 정교하고 아름다운 불교 조상·도안·범문(梵文)으로 된 경문(經文)과 주문(呪文) 등을 조각하여, 하나의 조소 보물창고나 지하 불당을 방불케 한다.

명·청대 제후들의 능침 지하 궁전에 사용된 기본적인 재료는 벽돌과 돌이며, 어떤 부분에는 목재 구조를 모방하여 조각한 형식도 있지만, 전체적으로는 벽돌과 돌의 특성에 맞추어 시공하였다. 벽돌과 돌을 선택한 것은 습기가 많은 지하에서 목재는 오래 유지되기 어렵기 때문이었다. 지하 궁전은 제왕을 위한 영원한 묘혈이며, 영혼을 맡아 보존하는 곳으로, 더더욱 영구 불변할 것이 요구되었다. 그러나 객관적으로 보면 벽돌과 돌의 사용은 시공하는 데에 기술적으로 어려운 점이 더 많았다. 정릉 지하 궁전의 성공적 조성은, 명대 장인들이 지상에서 중국 전통의 목조 건축에 최상의 아름다움을 표현하는 데 뛰어났을 뿐 아니라, 지하에 벽돌과 돌로 궁전을 짓는 데도 능숙했음을 증명해주고 있다. 지하 궁전과 지표 건축은 서로 어우러져 눈부시게 빛나며, 명·청 건축의 예술적 수준을 대표하고 있다.

공권(拱券) : 아치(arch)와 볼트(vault)를 합친 의미로, 아치형으로 된 통로를 말한다. 간략하게 공(拱) 혹은 권(券)으로 부르기도 하며, 권동(券洞)·법권(法圈)·법권(法券)이라고도 한다. 이는 수직 하중을 잘 견디게 하기 위한 것 외에도, 장식 효과를 갖는다. 그 구조로는 다음과 같이 다양한 형태들이 있다.

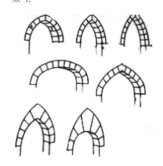

사묘(寺廟)와 민가(民家)

사원(寺院)과 탑

명·청대의 사원은 건축 풍격의 차이에 따라 한식(漢式)과 장식(藏式-서장 지역, 즉 티베트식)의 두 종류로 나눌 수 있다.

한식은 한나라부터 위(魏)나라에 이르기까지 형성되었으며, 한민족(漢民族) 문화의 특징을 갖추고 있는 건축 형식이다. 사원의 배치는 좌(左)·중(中)·우(右) 세 길로 나뉘어 있다. 좌·우는 대부분 승려들의 생활 구역이거나 혹은 독립적인 전당(나한당·관음당 등)이며, 중앙은 사원의 주체로서, 일반적으로 3진(進)의 마당을 이루고 있다. 맨 앞에는 산문(山門)이 있고, 산문 안쪽 좌·우에는 종루(鐘樓)·고루(鼓樓)가 있으며, 그 뒤에는 전전(前殿 : 天王殿)·대웅보전·법당·장경각(藏經閣)이 있다. 각 전당(殿堂)의 동서 양쪽에는 모두 곁채인 배전을 설치하여 건물 하나마다 완정한 마당을 구성하고 있다. 비교적 작은 사원에는 장경각을 설치하지 않았다. 이러한 건축 구조는 중국 고대 관청에서 그 근원을 찾을 수 있는데, 어떤 것은 사원의 지형이나 공양 대상의 차이에 따라 명칭과 분포 구조에서 약간의 차이가 있지만, 기본적인 구조에서는 역시 가람칠당(伽藍七堂)의 형제(形制)를 벗어나지 않았다. 이 모든 구조는 사람들이 신앙의 대상을 숭배하고 참배하는 데 편리했을 뿐만 아니라, 승려들의 일상생활에도 적합하였다.

명·청대의 한식(漢式) 사원은 특별히 두 가지 점에서 사람들의 관

진(進) : 전후(前後)로 여러 채의 집들이 늘어선 구조의 주택에서, 건물과 건물 사이에 있는 마당(뜰)을 가리킨다. 예를 들어 '口'형 주택의 경우는 1진(進)이며, '日'형 주택의 경우는 2진이 된다.

가람칠당(伽藍七堂) : 사찰의 구조가 일반적으로, 산문(山門)·불전(佛殿)·강당·방장·식당·욕실·동사(東司-뒷간) 등 일곱 채의 건물들로 이루어진 구조를 가리킨다.

승덕(承德)의 보녕사(普寧寺)

심을 끈다. 하나는 황실의 사묘(寺廟-사원)가 이 시기의 사묘 건축을 대표한다는 점이다. 다른 하나는 사묘 내부의 장식이 정교하고 아름다우며 특이하다는 점이다.

이 시기는 통치자들이 독실하게 불교를 믿었기 때문에, 다복(多福)을 기원하며 탑을 세우고 사원을 조성하는 것이 시대의 풍조였다. 남경의 보은사(報恩寺)·태원(太原)의 숭선사(崇善寺)·청해(靑海) 낙도(樂都)의 구담사(瞿曇寺)는 모두 뚜렷한 황실의 풍격을 띠고 있다. 숭선사에 보존되어 있는 성화(成化) 연간(1465~1487년)의 사원 평면도와 구담사 건축에서 볼 수 있는 그 건축 재료의 우수함과 장식 기법의 공교함 및 배치 구도로부터 자금성 건축과의 일맥상통함을 찾아볼 수 있다. 구담사가 오늘날 '소고궁(小故宮)'이라는 명성을 누리는 것도,

고궁(故宮) : 자금성(紫禁城)을 일컫는 오늘날의 명칭이다.

승덕의 보락사(普樂寺) 욱광각(旭光閣)의 조정(藻井)

조정(藻井) : 궁전이나 혹은 청당(廳堂)의 천장판을 꾸미는 일종의 장식으로, 일반적으로 원형이나 정방형, 혹은 다변형이 있으며, 그 위에는 각종 문양이나 조각 혹은 채색 그림으로 화려하게 장식되어 있다.

두팔조정(斗八藻井) : 사각형의 네 모서리를 잘라 내어 팔각형으로 만든 아치형 천장을 가리킨다. 말각조정(抹角藻井)이라고도 하며, 우리나라에서는 귀접이천장이라고 한다.

어떤 측면에서 사원 건축에 반영된 황실의 영향 때문이다.

　사원의 내부 장식은 명대에 광범위하게 관심을 받았는데, 특히 불전(佛殿) 실내의 조정(藻井)은 고대 장인들이 재능을 한껏 발휘한 부분이다. 지화사(智化寺) 내부의 두팔조정(斗八藻井)은 전체를 금으로 칠하였다. 사방에 조각이 정교하고 아름다운 누각(樓閣)을 새겼으며, 누각 아래에는 소형 불감(佛龕)들이 쭉 이어져 있다. 이것과 비슷한 것으로는 계단사(戒壇寺)의 조정이 있으며, 조정은 상·하 두 부분으로 나뉘어져 있는데, 아랫부분은 방형 정구(井口-'井'자형 테두리)로 되어 있다. 사방 주위는 누각(樓閣) 불감들로 장식되어 있으며, 불감의 안쪽은 금목(金木) 불상으로 꾸며져 있다. 윗부분은 궁륭형(穹窿形-

돔형) 천장인데, 정중앙에는 둥글게 몸을 서린 용이 매달린 채, 입을 벌리고 혀를 날름거리며 아래를 향해 선회하고 있다. 사방 주변에는 상승하는 여덟 마리의 날아오르는 용이 안받침하고 있어, 모두 아홉 마리의 용이 위아래로 선회하고 있다. 이처럼 서로를 돋보이게 하면서, 천장을 보호하고 있는 형세를 취하고 있어, 곧 속세에 영합하면서도 또한 교의(敎義)도 암시하고 있다.

　장식(藏式) 불교 사원은 장전불교(藏傳佛敎)와 장족(藏族-티베트족)의 전통 건축이 융합되어 형성된 종교 건축 형식을 가리킨다. 장전불교는 경전이나 숭배 방식 등의 측면에서 한족 지역의 불교와 차이가 있기 때문에, 이 두 건축 풍격에도 차이가 형성되었다. 장식 불교 사원은 조흠(措欽)·찰창(扎倉)·강촌(康村)·납강(拉康)·납양(拉讓)·변경단(辨經壇)의 여섯 부분을 포괄하고 있다. 불공을 드리는 대전·불학을 연구하는 학원·승려들의 생활 구역과 활불(活佛-라마교의 수장)의 집무실·잠자는 관사 등을 포함하고 있다. 장식 사원의 대부분은 산에 의지하여 건축하였는데, '도강법식(都綱法式)'을 건축 구조의 주요 형식을 삼았다. 이른바 '도강법식'이란 곧 '回'자형의 평면 공간에, 가로 세로로 기둥을 줄지어 세우고, 바깥에는 안쪽을 향하여 평평한 지붕[平頂]의 층집으로 에워쌌으며, 중심은 지붕이 비탈면을 이룬 건축이다. 장식 사원의 담벽은 중후하며, 대부분 돌로 쌓았다. 건물 뒤쪽은 자연의 산 자체를 의탁하고 있어, 가옥이 산을 둘러싸고 있는 독특함을 지닌 경관을 형성하며, 사원으로 하여금 한층 기세를 갖추게 했을 뿐 아니라, 동시에 사원 기초의 안전성도 증가시켰다. 바깥쪽 담의 창문 대다수는 채광용이 아니고 장식 효과를 위해 설치한 맹창(盲窓)이다. 담 자체는 몇몇 가로 방향의 장식 띠를 통해 층차를 나누었다. 담의 가장 위쪽은 대부분 짙은 갈색의 장식 띠로 꾸몄으며, 백마초(白瑪草)를 묶어 엮은 것을 채워 넣어 완성하였다. 담의 주

백마초(白瑪草) : 백마초는 담장 건축 재료의 하나로서, 일종의 버드나무 가지이다. 가을에 햇볕에 말린 뒤 껍질을 벗겨, 다시 쇠가죽으로 한 줌씩 작은 다발을 묶어 가지런히 다듬은 다음 처마 밑에 쌓는데, 담장 밖에 쌓는 또 하나의 담장에 해당한다. 층층이 다진 다음, 목정(木釘)으로 고정하고, 다시 색을 칠한다. 백마초 담장은 장엄하고 엄숙한 장식 효과뿐 아니라, 건축물 맨 위층의 담장을 약간 얇게 쌓을 수 있기 때문에 높은 담장을 쌓는 데 매우 중요하였다. 그러나 제작 공정이 복잡하여 많이 이용되지는 못했으며, 일반 백성들은 절대로 이용할 수 없었다. 이것은 옛날 서장(西藏) 사회의 신분 등급을 나타내주는 상징이었다.

서장(西藏) 라싸[拉薩]의 포달랍궁(布達拉宮)

신강(新疆) 카슈가르[喀什] 아이티컬[艾提卡爾]의 예배당

요 색상은 흰색과 붉은색이다. 흰색은 장족 사람들이 가장 좋아하는 색으로, 순결을 상징한다. 붉은색은 지위와 권력의 상징이다. 꼭대기 부분에는 행운을 불러오고 액을 막아주는 법륜(法輪)·금록(金鹿)·보당(寶幢)·삼고극(三股戟)·화염장(火焰掌) 같은 것들을 두어 더욱 분명한 상징을 갖추었다.

탑은 본래 사묘와 공존하지만, 여러 원인들로 인해 어느 사원에는 탑이 없기도 하고, 혹은 탑은 있지만 사원이 없어, 사원과 탑을 분리하여 조성하는 경우도 종종 볼 수 있다. 명·청 시기의 탑들로는 남경의 보은사(報恩寺) 탑과 산서 홍동(洪洞) 광승사(廣勝寺)의 비홍탑(飛虹

塔)이 가장 유명하다.

보은사 유리탑은 보은사의 일부분으로서, 명나라 성조 주체(朱棣)가 자신의 생모인 공비(貢妃)를 위해서 건립한 것이다. 공비는 주체를 낳았다는 이유로 채 한 달도 안 되어 황후 마 씨(馬氏)의 모함을 받고 박해를 받다 죽임을 당했다. 이후 주체는 황제의 자리에 올라 자신의 어머니를 지극히 그리워하며 특별히 이 절을 지었다. 이 절은 황실의 규격을 채용했으며, 또한 황실의 자재를 사용하여, 그 웅장함이 장관을 이룬다. 유리탑은 특히 그 기이함이 볼 만한데, 이 탑은 명나라 영락(永樂) 10년(1412년)에 시공되어 선덕(宣德) 6년(1431년)에 완공됨으로써 20년이 걸렸다. 탑의 높이는 약 100m에 이르며, 8면 9층이고, 외벽은 백자(白瓷) 벽돌을 사용하였는데, 각각의 벽돌마다 하나의 불상이 있다. 9층의 높은 탑은 층마다 사용된 벽돌이 모두 같지만, 무게는 올라갈수록 점차 줄어들었다. 탑 아래층 8면의 아치형 문[拱門] 사이에는 대리석으로 조각된 사대천왕상(四大天王像)이 상감되어 있다. 또 아치형 문에는 용·사자·코끼리·동자(童子) 등이 장식되

산서 광승사(廣勝寺) 비홍탑(飛虹塔)

구중상륜(九重相輪) : 상륜은 불탑의 맨 꼭대기에 있는 기둥 모양의 장식을 말한다. 따라서 9층으로 된 상륜을 가리킨다.

두순합봉(斗笋合縫) : 장부, 즉 대나무·나무·돌 등으로 만든 기물이나 구조물에서 凹凸형 구조를 이용하여 서로 접합하는 방식을 말하는데, 볼록 튀어나온 장부를 오목한 장부구멍에 끼워 넣어 정확히 맞추는 것으로, 접합 부분에 틈새가 드러나지 않는 매우 뛰어난 수공예 기술이다.

어 있으며, 아치형 문과 탑 처마는 모두 다섯 색깔의 유리벽돌과 유리기와를 사용하여 쌓았다. 탑찰(塔刹)은 철로 주조한 구중상륜(九重相輪)이며, 상륜의 아래는 수미철좌(須彌鐵座)인데, 황금으로 도금하였다. 탑찰의 꼭대기는 황금과 귀한 구슬을 씌웠고, 8면인 탑에는 여덟 가닥의 쇠사슬을 늘어뜨려 이를 당겨서 탑을 안정시켰다. 쇠사슬과 처마 모서리에 달려 있는 풍경(風磬)은 모두 152개에 달한다. 탑의 유리 부재는 모두 세 벌로 나누어 구웠는데, 한 벌은 시공하는 데 사용되었고, 두 벌은 비축용으로 번호를 적어서 해당 위치에 딱 맞게 하였다. 명대의 문인 장대(張岱)는 유리탑에 대해 다음과 같이 평하였다.

"중국의 위대한 골동은 영락 때의 거대한 요기(窯器), 즉 보은탑(報恩塔)이다. 보은탑은 영락 원년에 만들어졌는데, 성조(成祖)의 개국 정신과 개국의 물자와 재력, 개국의 업적과 법령이 아니었다면, 그리고 성조의 용기·지혜·재능·지략이 족히 이 탑을 삼키고 뱉을 만한 것이 아니었다면, 완성할 수 없었을 것이다. 탑의 위아래에는 금강불상의 수많은 금신(金身)들이 있다. 하나의 금신은 유리벽돌 열 개 이상이 모여서 이루어졌으나, 그 옷의 주름은 조금도 어긋나거나 분리되지 않고, 얼굴과 눈은 털끝만큼도 어긋나지 않으며, 수염과 눈썹까지도 소홀함이 없고, 장부를 끼워 맞춘[斗笋合縫] 것이, 참으로 귀신과 같은 솜씨이다.[中國之大古董, 永樂之大窯器, 則報恩塔是也. 報恩塔成于永樂初年, 非成祖開國之精神, 開國之物力, 開國之功令, 其膽智才略足以呑吐此塔者, 不

能成焉. 塔上下金剛佛像千百億金身. 一金身, 琉璃磚十數塊湊砌成之, 其
衣折不爽分, 其面目不爽毫, 其須眉不爽忽, 斗笋合縫, 信屬鬼工.]"[장대(張
岱), 『도암몽억(陶庵夢憶)』]

광성사 비홍탑은 명나라 가정(嘉靖) 6년(1527년)에 완성되었는데,
13년이 걸렸다. 탑의 높이는 47.31m이고, 8면에 13층이며, 전체를 벽
돌로 쌓아올렸고, 겉면은 적(赤)·등(橙)·황(黃)·녹(綠)·청·남(藍)·자(紫)
등 여러 가지 색깔의 유리로 장식하였다. 탑신은 2층부터 꼭대기까
지 점차 축소되고, 각 층에는 모두 구워서 제작한 부처·보살·금강
(金剛)·역사(力士) 및 각종 장식 도안들이 있는데, 마치 살아 움직이
는 듯하며, 온갖 표정들을 다 드러내고 있다. 탑의 맨 아래층 안에는
동(銅)으로 주조한 석가모니상이 모셔져 있고, 꼭대기는 유리 조정(藻
井)으로 장식되어 있다. 탑찰은 금강보좌식(金剛寶座式)이며, 한가운
데에 커다란 탑이 하나 있고, 사방 주위에는 작은 탑들이 하나씩 있
다. 비홍탑의 외관은 목조 건축 구조를 모방하였다. 두공(斗拱)·망주
(望柱)·추녀가 온전히 갖추어져 있고, 처마 위는 평좌(平座) 난간으로

두공(斗拱) : 지붕받침으로, '枓栱'이
나 '斗栱' 등으로도 표기한다.

평좌(平座) : 누각 위에 튀어나온 처마
복도[檐廊]를 가리킨다. 즉 높은 대(臺)
나 층집에서 두공·각목·판자 등을
이용하여 튀어나오게 함으로써, 올라
가 조망하기 좋게 만든 것으로, 이렇
게 만든 구조의 층을 일컫는 말이다.

꾸며, 올라와서 먼 곳을 조망하기에 편리하도록 하였다. 탑이 건립된 후에 몇 차례의 지진을 당했지만, 아직 의연하게 우뚝 솟아 있는 것은 탑의 구조와 중심의 안정성 방면의 과학성을 충분히 증명해준다.

휘주(徽州)의 민가

휘주는 신안(新安)이라고도 부르는데, 지금의 안휘성 동남부에 위치하고 있다. 적계(績溪)·흡현(歙縣)·휴녕(休寧)·무원(婺源)·기문(祁門)·이현(黟縣) 등 여섯 개의 현을 포괄하며, 휘주부(徽州府)에 예속되어 있었기 때문에 붙여진 이름이다. 휘주 지역은 낮은 산 구릉에 위치하며, 독특한 자연 환경과 엄격한 가족 종법(宗法) 관념 및 외부로 진출한 상인들의 탄탄한 자본 등이 휘주 민가 탄생에 깊은 영향을 미쳤다.

휘주 민가의 평면은 거꾸로 된 凹형·口형·H형·日형 등 네 종류의 형태로 나눌 수 있다. 거꾸로 된 凹형 민가는 1진(進-83쪽 참조)의 2층집으로, 본채는 상하 2층이고, 정면은 3칸이며, 좌우는 곁채로 둘러져 있다. 口형 민가는 대부분 2진(進)의 2층집으로, 앞과 뒤가 층집이며, 좌우는 곁채이고, 천정(天井)이 가운데에 있다. H형 민가의 본채[正屋]는 층집이며, 한가운데에 위치하고, 대문의 뒤쪽과 본채의 뒤쪽에는 각각 천정이 하나씩 있으며, 양 옆에는 곁채가 있다. 日형 민가는 H형 민가와 서로 비슷하지만, 다만 가옥 뒤쪽의 천정이 2진(進) 층집의 전면(前面)에 있을 뿐이다. 계단은 전부 양 옆의 곁채에 설치되어, 미관과 실용을 겸비하였을 뿐 아니라, 협소한 정원을 상대적으로 시원스럽게 해주었다. 이 네 종류의 가옥은 기본적으로 삼합원(三合院) 혹은 사합원(四合院)을 조합했거나 변형한 사례라 할 수 있으며, 단지 측면의 길이와 천정의 위치가 다름으로 인해, 차이가 발생

천정(天井): 사합원이나 삼합원, 혹은 두 면이 건물이고 두 면은 담장으로 둘러싸인 가옥 구조에서, 가운데의 마당에 해당하는 빈 공간을 가리킨다. 중국의 남방 지역 가옥 구조에서 주로 볼 수 있다. 주로 푸른색 벽돌을 깔아놓았으며, 면적이 비교적 좁고, 높은 건물과 담장으로 둘러져 있어 비교적 어두워 보이는 것이, 마치 깊은 우물과 같다고 하여 붙여진 이름이다.

할 뿐이다.

휘주의 민가에는 하나의 정원마다 좁고 긴 돌을 쌓아서 연못 모양으로 만든 천정이 하나씩 있는데, 그 지역 사람들은 그것을 '사수귀당(四水歸堂)'이라고 불렀다. 휘주 사람들은 풍수를 믿었는데, '사수귀당'이란 재원(財源)이 밖으로 흘러나가지 않는다는 의미이다. 건축학의 각도에서 보면, 휘주 지역은 흐리고 비가 많이 오기 때문에, 돌을 쌓아 연못을 만들어 흘러나가지 못하는 빗물을 잠시 이곳에 모아둠으로써 사방으로 넘치지 못하게 함과 동시에, 가옥을 보호하는 데에도 유리하였다.

휘주의 가옥은 대부분 층집인데, 명나라의 사조제(謝肇淛)는 『오잡조(五雜俎)』 권4에서 이렇게 기록하고 있다. "내가 신안에 있을 때 보니, 인가(人家)의 대부분이 층 위에 또 층을 올렸으며, 층이 없는 가옥은 없었다. 방 하나짜리 집에, 대략 두세 개의 방들이 있어, 마치 한 치의 틈조차 없는 듯했다.[余在新安, 見人家多樓上架樓, 未嘗有無樓之屋也. 計一室之居, 可抵二三室, 而猶無尺寸隙地.]"

이는 휘주가 산악 지역인데다, 다습하고 강우량이 많을 뿐 아니라, 가옥은 낮고 왜소하여 항상 습기와 홍수의 피해를 받고 있었는데, 층집은 곧 이러한 압박을 경감시키기에 용이했기 때문이다. 다른 측면에서 보면, 휘주는 평지가 비교적 적고, 전답이 많지 않아 가격이 비쌌으며, 인구 증가 속도가 빨라지면서 무덤이 나날이 증가하자 집을 지을 땅이 더욱 급속히 좁아져서, 층집을 지어 상대적으로 주택의 사용 면적을 증가시킬 수 있었다.

문(門)과 창(窓)은 민간 건축에서 가장 특색 있는 부분이다. 휘주의 명·청대 주택의 대문은 두 종류로 나눌 수 있다. 하나는 문조식(門罩式)으로, 문틀의 윗부분은 수마전(水磨磚)을 이용하여 한 단 한 단 밖으로 돌출시키고, 그 위에 기와로 처마를 씌웠다. 어떤 것은 목

수마전(水磨磚) : 내화벽돌에 물을 부어가며 갈아서 조각을 새겨낸 것을 가리킨다.

조 건축을 모방하여 수마전 양측에 각각 연주(蓮柱)를 늘어뜨리고, 중간에는 가로로 두 개의 각목을 서로 연결하였다. 그 각목 위는 둥근 북 모양으로 장식하였고, 전조(磚彫)로 비첨(飛檐-높은 처마) 서까래와 두공(斗拱)을 새겼다. 다른 한 종류는 문루식(門樓式)으로, 패루(牌樓)의 조형을 모방하였으며, 어떤 것은 1칸[間] 2주(柱) 3층[樓]이고, 어떤 것은 3칸 4주 5층이다. 어떤 것은 패루의 두공 장식 외에도 바닥 부위의 석주(石柱)에 포고석(抱鼓石)을 첨가하였다. 이러한 종류의 대문은 대부분 권문세가의 집에서 보이는데, 이들은 부유할 뿐만 아니라, 공명(功名)도 있었다. 흡현(歙縣) 웅촌향(雄村鄉)에 있는 조운재(曹雲才) 집의 문루(門樓)에는 '은영(恩榮)'·'학헌제(學憲第)'라는 글씨가 있으며, 흡현 서계(西溪) 남향(南鄉)의 암사진(巖寺鎮)에도 '진사제(進士第)'라는 세 글자가 새겨져 있다. 휘주의 명·청 시기 주택들의 창문은 대부분 매우 작은데, 창문이 일반적으로 천정(天井)의 한쪽 면에 배치되어 있으며, 바깥 담장[外牆] 위에 작게 뚫어놓은 것도 있다. 창문의 너비는 일반적으로 40~60cm 정도인데, 사각형과 육각형이 비교적 많으며, 창은 상층에 냈고, 아래층에는 창을 내지 않았다. 이것은 도둑을 방지하고 어두운 곳에서 재물이 생겨난다는 관념과 부합되지만, 이로 인해 휘주 민간 주택들의 아래층은 대부분 눅눅하고 채광이 좋지 않았다. 바깥 담장의 작은 창은 고작 한 개뿐인 것도 있다.

휘주 민간 주택의 바깥 담장은 벽면에 석회를 발랐으며, 담장 위에는 호접와(蝴蝶瓦)를 씌웠다. 주택의 외관은 대부분 건물과 높이가 같은 바깥 담장을 둘렀으며, 일부분은 지붕이 드러나 보이는 것도 있는데, 어떤 것은 '人'자형이고, 어떤 것은 '凸'형['오악조천(五岳朝天)이라고도 함]이다. 낮은 대문의 안받침을 받아, 전체 주택이 곧 한 채의 폐쇄된 요새 같으며, 견고하기가 이를 데 없으며, 변화가 부족하다. 이것은 비록 장점이라고 할 수는 없지만, 그 특징이기 때문에, 이와 유

패루(牌樓) : 두 개 혹은 네 개의 높고 큰 기둥을 세워 만든 문(門)의 일종으로, 두공과 지붕이 있으며, 문액에 커다란 패가 설치되어 있다. 주로 표창·기념·장식·표지(標識) 및 안내하는 역할을 하는 중국 고대의 건축물이며, 궁원(宮苑)·사관(寺觀)·능묘·사당·관아 및 큰 도로의 어귀에 세웠다.

포고석(抱鼓石) : 중국의 고대 건축에서 문의 양쪽에 장식으로 놓는 북 모양의 돌 조각.(아래 그림 참조)

호접와(蝴蝶瓦) : 중국식 청기와의 일종.

사한 주택은 아직 다른 지역에서는 발견된 적이 없다.

종사(宗祠) 건축이 비교적 많다는 것이 휘주 민간 주택의 커다란 특징이다.

휘주 지구의 명·청 시기 사당(祠堂)들은 대·중·소 세 종류의 유형으로 나뉜다. 소형 사당은 평면이 사합원(四合院)과 매우 유사한데, 가운데에는 좁고 긴[狹長形] 천정으로 되어 있다. 중형 사당의 천정은 방형(方形)에 가깝고, 사방 주변에 주랑(柱廊)을 둘렀다. 대형 사당은 건물 앞이 패방(牌坊)으로 되어 있고, 패방의 뒷쪽은 대문(大門)·향전(享殿)·후전(後殿)으로 되어 있으며, 천정의 사방 주변에는 주랑을 두었는데, 3진(三進)과 4진(四進)이 모두 있으며, 사원의 배치와 매우 유사하다. 이러한 사당들은 모두 단층 건축으로, 보통의 민간 주택이 모두 2층으로 되어 있는 휘주에서는 매우 독특한 현상이며, 분명한 것은 종족이 선조에게 제사지내는 그 한 가지 필요에 근거하여 설계되었다는 것이다. 사당의 크기는 일정하지 않은데, 아마도 가족의 재산이 많고 적은 차이와 관련이 있는 듯하며, 또한 사당의 성격과도 관계가 있는 듯하다. 예를 들면 종족(宗族)의 사당이 가장 크며, 지계(支系)의 사당이 그 다음이며, 가정의 사당이 가장 작은데, 나아가 대·중·소형의 사당들이 서로 의지하면서 종족 사당의 계통을 형성하고 있다. 대형 사당의 대부분은 마을의 가장 권세가가 사는 곳에 지었다. 그것은 사당이 조상의 위패를 모시는 장소이고, 조상의 영혼이 귀의하는 곳이며, 종족의 신성하고 순결한 상징이고, 자손의 번창과 발달을 희망했기 때문이다. 따라서 반드시 화려하고 아름다우며 넓고, 분위기가 장엄해야 했다. 명나라 만력(萬曆) 연간(1572~1620년)에 건립된 왕 씨(汪氏) 하사당[下祠堂 : '금자사(金紫祠)'라고도 한다]의 향전(享殿)의 정면은 7칸, 측면은 2칸이며, 대들보를 떠받치는 기둥은 전부 남목(楠木-녹나무)을 사용하였는데, 이는 명대 휘주 지역 사당의

종사(宗祠) : 가족의 조상을 함께 모시는 사당.

패방(牌坊) : 옛날 중국의 건축에서, 효자나 열녀 등을 기념하고 표창하기 위해서나 혹은 장식용으로 세운 문짝이 없는 문으로, 패루(牌樓)에서 지붕을 없앤 형태이다.

향전(享殿) : 향당(享堂)이라고도 하며, 조상이나 신불(神佛)을 모시는 사당을 말한다.

전형을 대표하는 것이다.

휘주의 민간 주택은 외관이 소박하며, 내부는 튼튼하고 화려하며 아름답다. 이것에 딸린 문루(門樓)·문조(門罩)·주추[柱礎]·창란(窓欄)·양가(梁架-truss)의 전조(磚彫)·목조(木彫)·석조(石彫)는 내부가 튼튼하고 화려하며 아름다운 그러한 특징을 매우 잘 반영하고 있다. 전조(磚彫)는, 재질이 매우 곱고 매끄러운 내화벽돌에 물을 부어가며 갈아서 그 위에 조각을 새긴 푸른 벽돌을 가리키는데, 그것은 먼저 벽돌 면에 구상을 설계하고, 대상의 위치와 원근(遠近)·층차(層次)를 정확하게 조각한 다음, 윤곽을 섬세하게 가공한다. 석조와 목조의 제조 공정은 이와 유사하지만, 단지 재질이 다르기 때문에 건축물에 적용하는 부위도 달랐다. 전조는 일반적으로 문조·문루·문액(門額)·담장에 사용했으며, 석조는 곧 망주(望柱)·주추·난판(欄板)에 설치하였고, 목조는 창문·계단·양가·난간 등의 부위에 반영하였다. 제재는 동물·화초와 수목·신화 전설·희곡 고사·풍속 생활·장식 도안을 위주로 하였으며, 드물게 산수·인물 화면도 있는데, 이는 곧 회화 예술이 건축 예술에 스며들었음을 말해주는 것이다. 휘주의 민간 주택 가운데에는, 조각 장식이 없는 곳이 없어, 작은 내화벽돌 위에는 복잡한 구도를 새겼고, 조그만 나무판 위에는 정교하고 아름다운 도안을 새겼는데, 칼자국과 선 하나하나에 모두 휘주 사람들이 가옥의 아름다움을 위해 추구한 노력이 스며들어 있어, 휘주의 '삼조(三彫)'는 휘주 지역 민간 주택의 주요한 상징을 이루었다.

삼조(三彫) : 명·청 시대 휘주 지역의 주택에서 사용했던 세 가지 조각 장식인 목조(木彫)·석조(石彫)·전조(磚彫)를 일컫는 말이다.

원림(園林)

북방(北方) 황실의 원림

북방 황실의 원림은 청대에 건립한 북경 서쪽의 창춘원(暢春園) · 원명원(圓明園) · 만수산(萬壽山) 의원(漪園) · 옥천산(玉泉山) 정명원(靜明園) · 자금성 내의 어화원(御花園) · 건복궁(建福宮) 화원(花園) · 자녕궁(慈寧宮) 화원 · 영수궁(寧壽宮) 화원 및 성 바깥의 경산(景山) · 북해(北海) · 승덕(承德)의 피서산장(避暑山莊)이 대표적이다.

자금성 내의 원림은 주로 주변 건축 환경과 서로 조화를 이루는 것을 강조하였는데, 다른 원림과 비교해보면 다음과 같은 차이점들이 나타나 있다. 첫째는 대칭을 추구한 점이다. 자금성은 중축선을 중심으로 삼아 좌우 대칭으로 배치되었기 때문에, 원림 또한 이 규칙의 제약을 받았다. 어화원(御花園)을 예로 들면, 왼쪽에 부벽정(浮碧亭)과 만춘정(萬春亭)이 있고, 오른쪽에는 징서정(澄瑞亭)과 천추정(千秋亭)이 있어 동서(東西)가 서로 호응하고 있다. 나무와 산석(山石), 그리고 도로에 이르기까지 모두 고르게 대칭과 균형을 추구하였다. 둘째는 건축의 도움을 빌어 다음 단계로 이행한다는 점이다. 즉 이행하는 데 선택된 건축은 주체 건축과 산석이나 수목들 사이에 위치하고 있으며, 건축의 대부분은 원형의 정자나 하늘 높이 대(臺) 위에 지은 정자를 채택하였다. 이러한 방식은 갑작스럽게 이행한다는 느낌을 피하고, 단일한 방형 건축 형식에 변화를 주어, 원림이 추구하는 변화가 풍부한 풍격에 더욱 적합하였다. 셋째는 물이 적다는 점이다. 자금성 자체의 제약으로 물이 차지하는 비율이 매우 작기 때문에, 원림에서 자연의 형태는 적고, 인공적인 흔적이 대부분이다.

청대 궁정 원림의 수준을 가장 잘 대표할 수 있는 것은 이화원[頤和園 : 청나라의 수도인 북경 서쪽에 있는 여러 원유(苑囿)들은 위에서 서술한 '삼산오원(三山五園)'을 전형으로 삼는다. 그 중에서도 '만원지원(萬園之園-'원림 중의 원림'이라는 뜻으로 가장 훌륭한 원림을 말함)'으로 불리는 원명원(圓明園)이 오원 가운데 최고였다. 그러나 전쟁 때 화재로 훼손되어 전체적인 면모를 살펴보기 어렵기 때문에, 이화원을 논의의 대상으로 삼는다]과 승덕의 피서산장이다.

이화원이 차지하고 있는 면적은 대략 290ha인데, 산이 3분의 1 정도이고, 물이 3분의 2정도이다. 청나라 강희(康熙) 41년(1702년)에 이곳에 행궁(行宮)을 건립하면서 원림 조성의 막을 올렸으며, 건륭 15년(1750년)에는 황태후의 60세 생일을 경축하기 위해 건륭 황제가 이곳에 대보은연수사(大報恩延壽寺)를 건립하였고, 만수산과 곤명호(昆明湖)를 개수(改修)하여 청의원(淸漪園)이라고 통칭하였다. 함풍(咸豊) 10

이화원(頤和園)

년(1860년)에 8개국 연합군이 불을 질러 모두 태워버린 것을, 광서(光緒) 14년부터 26년까지(1888~1900년) 중건하여 이화원(頤和園)으로 명칭을 바꾸었다.

이화원은 모두 네 부분으로 나뉜다. 제1부분은 만수산 동쪽 부근의 궁정 생활 구역으로, 이곳은 건물들이 밀집되어 있고, 배열도 질서정연하게 정돈되어 있으며, 차지하고 있는 면적이 상대적으로 작은 편이다. 제2부분은 만수산 앞산 부분으로, 배운전(排雲殿)과 불향각(佛香閣)이 주체이다. 만수산에 의탁하고 있으며, 전체 정원에서 주도적 지위를 차지한다. 제3부분은 만수산 뒷산과 뒤쪽 호수이다. 뒷산은 한 그룹의 라마교 사원이 중심을 이루고 있다. 뒤쪽 호수는 구불구불하고 고요한 소주하(蘇州河)가 중심을 이루며, 그 사이에는 소나무와 잣나무들이 심어져 있다. 제4부분은 곤명호의 남호(南湖)와 서호(西湖)이다.

이화원의 조경 예술은 조화로운 통일과 원림 공간의 경치를 확장

시키는 방면에서 체현되어 있다. 위에서 서술한 네 부분의 내용은 한쪽 구석에 주택 건물이 자리하며, 정원이 깊숙하게 펼쳐져 있고, 꽃과 나무가 사람들과 어우러져, 생활하는 데 매우 평화롭고 안락하다. 또한 만수산과 곤명호가 가까이 있는 것 같기도 하고 멀리 떨어져 있는 것 같기도 하게 모호한 관계를 유지하고 있다. 불향각과 배운전은 만수산의 도움을 빌려 그 거대한 규모를 부각시켰으며, 물가에서의 생활이 주도적 지위를 차지하는 원림 속에서, 기세의 방대함이 더욱 요구되는 주체 건물이 이것과 서로 호응하고 있다. 이로 인해 곤명호와도 전체적인 조화와 균형을 유지하고 있다. 만수산 뒷산과 뒤쪽 호수는 보충해주고 분위기를 조절하는 작용을 한다. 네 개의 부분들은 중점을 둔 부분이 같지 않고, 경치도 서로 다르지만, 구도가 적절하고 명소의 배치가 매우 교묘하기 때문에 전체 원림이 일사천리로 완성된 것 같은 느낌을 준다.

　공간을 확장하는 데에서 이화원은 중국 전통의 정원 조성에 적용된 각종 방법들을 그 안에 모두 받아들였다. 예를 들면 곤명호에는 용왕묘도(龍王廟島)와 17공교(孔橋)·서제(西堤) 등을 이용하여 수면

이 이어진 듯 끊어진 듯하면서 몇 개의 부분들이 간격을 이루고 있
어, 호수면의 층차감을 증가시킴으로써, 깊고 큰 시각 효과를 조성하
였다. 원림의 여러 문들은, 먼저 조이고 후에 풀어주는[先抑後揚] 방
법을 채택하여, 지극히 비좁은 곳을 통과한 후에 만수산과 곤명호를
보게 됨으로써 눈앞이 확 트이는 것을 느낄 수 있다. 또한 원림 설계
자는 물[水]이라는 조건을 충분히 이용하여 경물을 변화시킴으로써,
경치와 물상의 다양한 모습들을 조성해 내고 있다. 그리고 배운전과
불향각에 올라가면 서쪽 산의 여러 봉우리들이 눈 아래에 다 들어온
다. 원림의 차경(借景)이 웅장하기로는 이곳보다 더한 곳은 없다.

　승덕의 피서산장은 청나라 강희 42년(1703년)에 건립되기 시작하
여 강희 50년(1711년)에 30곳의 전경이 모두 갖추어져, 정식으로 '피서
산장(避暑山莊)'이라고 명명되었다. 건륭 시기에는 이전 왕조 때의 몇
몇 경관들에 대해 보수가 진행되었고, 또 많은 명소들도 새로 늘어났
는데, 그 조성 기간만도 거의 90년에 이른다. 피서산장의 지형은 변
화가 풍부하다. 주변은 기이한 봉우리와 특이한 고개[嶺]들이 사방
을 감싸고 있고, 사자구(獅子溝)와 무열하(武烈河)가 이곳에서 합류하

차경(借景) : 조경 예술에서 원림 밖에
있는 경물의 도움을 빌리거나 내부의
여러 풍경들을 일체화되도록 조화시
켜 더욱 경치가 아름답게 돋보이도록
하는 기법.

승덕(承德)의 피서산장(避暑山莊)

며, 여러 샘들에서 솟아나온 물이 호수를 이루고 있다. 또 기후가 시원하고 바람을 쐬며 피서를 즐기는 데 적합했기 때문에, 이곳이 마침내 황실 원림을 조성하는 이상적인 장소가 되었다. 산장의 총 면적은 564ha이며, 궁전 구역·호수 구역·평원 구역·산언덕 구역 등 네 부분으로 나뉘어 있다. 호수가 차지하는 면적은 비교적 작고, 구릉이 차지하는 면적이 비교적 크다. 산장은 거의 자연적인 형태로서, 특히 호수와 구릉 지역은 인공적인 경관이 적다. 궁전 지역 내의 수많은 건물들은 대부분 강남 지역의 명승지를 모방하였다. 예를 들면 문진각(文津閣)은 영파(寧波)의 천일각(天一閣)을, 금산사(金山寺)는 진강(鎭江)의 금산사를, 연우루(煙雨樓)는 가흥(嘉興)의 연우루를, 문원(文園)의 사자림(獅子林)은 소주(蘇州)의 사자림을 모방한 것 등이다.

북방의 황실 원림은 강남의 사가(私家) 원림과 비교하면 두 가지 다른 점이 있다.

승덕(承德) 피서산장의 연우루(煙雨樓)

첫째, 원림 주인의 지위가 다르다. 황실 원림의 주인은 만승지존
(萬乘之尊)인 황제로서 "온 천하가 왕의 땅이 아닌 곳이 없었다[普天之
下, 莫非王土]". 그렇기 때문에 황제는 어떠한 땅이라도 선택해서 원림
의 터를 정할 수 있었다. 또한 거대한 규모에 온갖 종류의 요소들을
다 갖춘 원림을 조성하고, 그 신분 지위와 걸맞게 조성할 수 있었을
뿐만 아니라, 인력과 재력을 고려할 필요 없이 운치 넘치는 묘당(廟
堂) 분위기를 만들 수 있었다.

승덕 피서산장의 수심사(水心榭)

둘째, 남과 북의 자연 환경이 다르다는 점이다. 강남의 산과 바위는 아기자기하고 아름다우며, 호수와 물길이 구불구불 이어져, 자연의 풍경과 함께 운치가 풍부한 원림을 조성하였다. 반면 북방의 산세는 웅장하고 힘차며, 물은 수려한 모습이 적어서 인공적인 미가 아니면 그러한 느낌을 살리기 어려웠다. 그런데 중국 전통의 심미관(審美觀)에서는, 하늘의 조화가 사람의 기술보다 훌륭하며, 인위적으로 꾸민 것은 자연보다 못하다고 보았다. 북방의 원림은 자연 그대로의 기품 면에서 보면 남방의 원림에 한 수 못 미친다.

강남(江南)의 사가(私家) 원림

명·청 시기에 강남 지역에서 이름난 정원들이 잇달아 만들어지고, 연못과 누각이 활발히 조성되었는데, 그 원인을 찾아보면 크게 세 가지가 있다.

첫째, 명나라 중기 이후 강남 지역은 사회적으로 안정되었고, 경제가 발전하여 생활이 풍족했다. 장봉익(張鳳翼)의 『악지원기(樂志園記)』에는 당시의 상황을 이렇게 묘사하고 있다. "지금은 태평성대가 계속되어, 사방의 변경에서 조공을 보내오고, 지팡이에 의지하는 노인들도 군대의 북소리를 알지 못할 만큼 전쟁이 오랫동안 없었으며, 조정에는 상소가 끊긴지 까마득히 오래되었고, 만물은 풍요롭다. 밤에 취객을 단속하는 관원이 없는 하천을 거닐며, 필화 사건에 얽매여 옥살이할 걱정 없이 마음껏 읊조리니, 운림[雲林-원나라 때의 화가인 예찬(倪瓚)]과 중영(仲瑛)이 풍류를 즐기던 곳을 어찌 길[道]의 거리[里]로 따질 수 있겠는가? 이것이 내가 누리는 장소이고 시절이니, 유구한 세월 동안 하루도 이런 날이 없었다.[今天下承平累葉, 四裔賓貢, 扶杖之老, 不識鼓鼙, 而廟堂禁疏圖闊, 萬物熙然. 夜行無醉尉之河, 狂吟絶詩案之獄,

소주(蘇州)의 망사원(網師園)

소주의 망사원

其去雲林·仲瑛, 何可以道里計. 是吾儕所際, 千百年未有之一日也.]" 무석(無錫)에 있는 '서림(西林)'의 주인인 안국(安國)은 산을 따라 못을 팠는데, 하루에 천 명씩을 동원하여 몇 달 안 되어 완성하였다. 그 못의 넓이는 수백 무(畝)에 이르고, 깊이는 수십 장(丈)에 달했다고 한다. 또 송강(松江) 사람 고정심(顧正心)은 수십만 냥에 달하는 돈을 투자하여

무(畝)·장(丈): 중국의 척도 단위로서, 1무(畝)는 약 60평방장(平方丈)으로, 666.7m²이며, 1장(丈)은 약 3.3m에 해당한다.

희원(熙園)을 조성하였는데, 그 규모와 위치가 이전에 어떤 명사들의 정원도 이 두 곳보다 뛰어난 곳은 없었다. 그리하여 정원의 활발한 조성은 실로 여기에 힘입었다.

둘째, 강남의 원림은 대부분이 관신(官紳-관리와 명사)과 사대부들의 소유였다. 이들 관신과 사대부들은 공을 세워 이름을 날리고도 혼란스런 세태를 만나 과감하게 물러났거나, 혹은 정치 투쟁에서 뜻을 잃어버리고 관직에서 쫓겨났다. 묘당식 건물은 분명히 그들의 정신적 욕구를 만족시키기 어려워, 그들은 자신들의 정서에 따라 집안의 정원을 꾸며나가는 것이 필요하였다. 교외 주막의 청렴(靑簾-주막집의 표시로 세운 푸른 깃발)은 마치 냇물이 흐르는 쓸쓸한 촌락의 정취를 느끼게 하고, 전쟁으로 황폐화된 나라의 산천은 사람으로 하여금 호복간상(濠濮間想)을 갖게 했다. 마음과 경치가 만나고, 물고기와 새가 사람과 어울렸다. 원림(園林)은 그들이 거주하는 곳일 뿐만 아니라, 더 나아가 그들이 속세에서 멀리 벗어나 은거하는 산림의 고상한 거처이기도 했다.

셋째, 강남 원림의 조성에는 독특한 전통이 있었는데, 일부 원예 장인들은 대대로 돌을 다루는 기술을 직업으로 삼아 왕과 제후들의 집을 돌아다니며 생활하였다. 예를 들면 계성(計成)·주단천(周丹泉) 부자·장남원(張南垣) 부자 등과 같은 사람들은 당시에 누각과 정자를 짓는 데 뛰어났고, 연못 조성과 돌을 잘 다루기로 유명했다. 이들은 평소에 사대부들과 교유하면서 높은 수준의 문화 소양도 갖추고 있었다. 이 밖에 시와 그림에 뛰어난 자들도 있었는데, 이들의 지위는 보통 장인들과 비교할 바가 아니었다. 그들이 창작한 작품들에서는 사대부 문화의 정취까지도 담겨 있었다. 문인 사대부들 가운데 이러한 일에 열중했던 자들은 갈수록 많이 나왔다. 많은 관신(官紳)과 사대부들은 서화를 품평하거나, 향을 피워놓고 차를 마시거나, 거

호복간상(濠濮間想): 『장자(莊子)』에 나오는 말로, 장자와 혜자(惠子)가 함께 호량(濠梁)에서 노닐면서, 장자가 복수(濮水)에서 낚시를 한 일화에서 유래하였다. 한가롭게 노닐면서 아무런 욕심도 없는 상태를 가리킨다.

소주 졸정원(拙政園)의 향주(香洲)

문고를 타고 돌을 고르는 등 어느 분야에도 능통하지 않는 것이 없었
다. 문아하고 고상함을 서로 견주는 것이 당시의 시대 풍조였기 때문
에, 이러한 현상은 상층 사회에서만 유행했던 것이 아니라, 일반 서민
과 하층민들까지도 조그맣게 산이나 섬을 꾸며놓고 감상하였다. 그리
고 강남의 수려한 산천 또한 이러한 풍조가 유행하도록 조장하였다.

　이러한 것들은 소주·항주·남경·상해·무석·소흥·태창 등지의
사가(私家) 원림들에 집중되었는데, 북방의 황실 원림과 명·청 시기
이전의 남방 원림을 함께 대조해보면 두 가지 특징이 비교적 뚜렷하
다. 하나는 산을 첩첩이 높이 올리고 돌을 쌓는 기예가 뛰어났으며,
또 하나는 원림의 차경(借景) 수법이 다양했다는 점이다.

　명대 이전에 첩산가(疊山家-산을 쌓는 사람)들은 대부분이 산석(山
石) 형태의 선택을 중시했기 때문에, 조형의 특이함과 석질의 귀중함
을 당시 사람들에게 자랑으로 삼았다. 명·청의 첩산가들은 돌의 선
택을 중시함과 동시에, 돌의 운치를 표현하는 것을 더욱 중시하였다.

소주 졸정원의 여수동좌헌(與誰同坐軒)

왕심일(王心一) : 1572~1649년. 자는 순보(純甫)이고, 호는 현주(玄珠)이며, 오현(吳縣-지금의 소주) 사람이다. 빈곤한 가정에서 태어났으나 포부가 크고 의지가 강하여 주야로 학문과 예술에 정진하였다. 벼슬은 형부좌시랑에 올랐다. 산수는 황공망을 모방하여 필묵이 시원스러우며 간결하고 맑은 가운데 냉철하고 차가운 기운을 지녔다.

왕심일(王心一)은 전원으로 돌아가 살면서, 산석의 서로 다른 특성에 의거하여 서로 다른 풍격을 표현해 냈다. 정원의 동남쪽에 있는 산은, 바탕이 하얀 이끼와 영롱하고 섬세하며 광택이 나는 태호석(太湖石)을 사용하여 조송설(趙松雪-조맹부)의 종파를 이루었고, 서북쪽에는 누런색에 푸른색을 띠거나 고풍스러우면서도 완상품에 가까운 요봉석(堯峰石)을 사용하여 황자구(黃子久-황공망)의 풍모를 이루었다. 전자에서는 공교함을 취했고, 후자에서는 평범함을 이용했는데, 서로 다른 돌의 성질과 정취가 잘 어우러져 더욱 돋보이게 하였다. 저명한 첩산가였던 조량(曹諒)은, 산을 쌓고 남은 돌을 마음 내키는 대로 여기저기에 띄엄띄엄 놓거나 여러 개를 모아놓기도 하여, 마치 운림도인(雲林道人-원대의 화가인 예찬)이 한가로운 붓질로 간략하게 그린 그림처럼 매우

소주 유원(留園)의 산석(山石)인 관운봉(冠雲峰)

기이한 모습을 갖추었다. 명·청 시기에 저명했던 대다수의 원예가들은 산을 조성하고 돌 쌓는 것을 잘하여 명성을 얻었기 때문에, 평탄한 언덕과 작은 비탈이 주류를 이룬 반면, 새기거나 뚫은 흔적은 적다. 그들은 산수화 이론을 실제 돌 쌓는 작업에까지 운용하여 관신(官紳)과 사대부들의 심미 정취에 영합하였으며, 동시에 산을 조성하는 예술이 새롭게 고조되도록 힘썼다.

원림에서 주변 경관의 도움을 차용하여 더욱 돋보이게 하는 방법인 차경(借景)은 중국 정원의 독특한 전통 가운데 하나이다. 그 차용의 교묘함은 명·청 시기에 강남 지역이 단연코 흐름을 주도하였다.

원경(遠景)을 차용하는 경우는, 정원의 높은 지점에 누각과 정자를 건축하여 멀리 있는 높은 산과 큰 강물이 한눈에 다 들어오도록 했을 뿐 아니라, 건축물을 이용하여 다른 방향과 위치에서도 경관을 선택하여 취할 수 있도록 하였다. 왕세정(王世貞)의 엄주원(弇州園) 표묘루(縹緲樓)는 동쪽 문을 열면 수많은 우물이 비늘처럼 늘어서 있

왕세정(王世貞, 1526~1590년) : 명나라의 문학가로, 강소 태창(太倉) 출신이며, 자는 원미(元美)이고, 호는 봉주(鳳州) 혹은 엄주산인(弇州山人)이다. 학식과 문학적 소양이 출중하여 가정칠재자(嘉靖七才子)로 꼽혔다.

고, 유리기와에 부조를 새긴 대마루[甍]가 있으며, 서쪽 문을 열면 비단처럼 잔잔한 물이 일사천리로 흐르고, 북쪽 문을 밀어 열면 우산(虞山)이 청쾌하여 단번에 푸르름을 뿜낸다.

중경(中景)을 차용한 것은, 정원을 조성할 땅을 선택할 때 인접 지역의 풍경을 잘 골라서 교묘하게 이용함으로써, 다른 지역의 경관으로 하여금 자신에게 도움이 되도록 사용하는 것이다.

근경(近景)을 차용하는 것은, 대부분 정원 내의 경관이, 서로 어울리고 돋보이도록 하는 것이다. 예를 들면 졸정원의 해당춘오(海棠春塢)는 가옥 두 칸마다 나무 한 그루씩을 심어서, 짧은 처마를 서로 휘감게 하여, 상대적으로 독립적이고 폐쇄된 작은 뜰을 이루었으며, 누창(漏窓-창틀에 갖가지 장식을 새긴 창)을 통해 정원 안의 정자와 연못·돌 등을 은은하게 볼 수 있게 하였다. 집안에 분재를 놓는 것도 근경의 한 가지 방법이었다. 건축, 특히 주택 건축은 실용적인 필요로 인하여 상대적으로 폐쇄적인 구조를 하고 있어, 바깥 경관과 서로 떨어져 있는 느낌을 주는데, 이러한 실내의 폐쇄적인 결점을 극복하기 위해 강남의 원림 주인들은 대부분 분재를 거실에 들여놓으려고 하였다. 처음에는 호자(虎刺) 나무 등 한두 품종이었던 것이, 명나라 중기 이후부터는 천목송(天木松)·영락송(瓔珞松)·해당(海棠)·벽도(碧桃)·황양(黃楊)·석죽(石竹)·소상죽(瀟湘竹)·수동청(水冬靑)·수선(水仙)·소파초(小芭蕉)·구기(枸杞)·은행·매화 등 다양한 품종들로 늘어났다. 또 오래된 자기 사발[瓷盆]에 보기 좋은 돌을 놓기도 하였다. 장군[缶-배가 불룩한 질그릇]에 산석을 담거나, 탁자 위에 꽃나무들을 늘어놓아, 밖으로 나가지 않고도 주변의 정취를 느끼고, 산수를 즐겼다.

차경은 원림 경관을 더욱 강화시킬 수 있고, 속된 것은 버리고 아름다운 것을 받아들일 수 있게 할 뿐만 아니라, 더욱 중요한 것은 그것이 아주 작은 겨자씨만한 것에도 거대한 수미산이 들어 있다는 우주관에 부합된다는 점이었다. 특히 명·청 두 시대는 봉건 사회가 점차 쇠락하고, 생활 공간이 나날이 협소해짐에 따라, 한층 더 사람들로 하여금 단지 속 같은 좁은 세상에서 무한히 깊고 넓은 우주 공간을 찾게 하였다. 바로 이런 점에서 본다면 차경이 가장 직접적이면서 가장 효과적인 방법 가운데 하나였음은 의심할 여지가 없다.

[본 장 집필 : 馮賀軍 / 번역 : 유미경]

| 제2장 |

궁정회화(宮廷繪畫)

명대의 궁정회화 활동

명대(明代)의 궁정회화 발전 개요

명대의 궁정회화는 주로 명대 전기와 중기에 활발하게 이루어졌고, 크게 초창기·번성기·쇠락기의 세 단계를 거쳤다.

(1) 초창기 단계[홍무(洪武)·영락(永樂) 시기]

명나라 태조 주원장(朱元璋)은 건국 초기에 방치되었던 많은 일들을 정비하면서, 모든 일은 소박하고 실용적이며 검약하게 할 것을 원칙으로 삼아 사치스럽고 호화로운 것을 금하였다. 그러나 정치 교화나 공로를 칭송하고 기록하여 전하는 일이나 궁전 장식 등의 필요가 생기면, 그림을 가장 잘 그리는 선비들을 전국적으로 소집하여 궁정에서 역대 효행도·개국 창업 사적(事迹)·어용(御容)·공신상 등을 그리도록 하였다. 오랜 기간 궁정에서 이러한 일에 종사한 화가들이 있었는데, 예를 들면 심희원(沈希遠)·조원(趙原)·왕중옥(王仲玉)·성저(盛著)·주위(周位)·진우(陳遇)·진원(陳遠) 등과 같은 화가들이다. 또임시로 소집되어 입궐하였다가 일이 끝나면 다시 집으로 돌아간 화가들도 있었는데, 상예(相禮)·손문종(孫文宗) 같은 사람들이 그러했다. 그 외에 소수의 화가들은 어용을 그리라는 분부로 인해 관직을받고 한림(翰林)에서 봉직한 자도 있었다. 심희원은 중서사인(中書舍人)에, 진원은 문연각(文淵閣) 대조(待詔)에 임명된 것이 좋은 예이다. 그

〈명나라 태조(太祖) 좌상(坐像)〉(軸)
작자 미상

시기에는 화가를 관할하는 기구와 직무 및 관직명이 아직 제도적으로 확립되어 있지 않아서, 관리(管理)가 매우 분산되어 있었다.

홍무 시기에 내정(內廷)에서 종사한 화가의 지위는 비교적 낮은 편이었으며, 대우도 그리 좋지 않았던 반면에, 징벌은 오히려 상당히 엄격하였다. 명나라 태조는 아주 준엄하게 법을 실행하였으며, 또 의심이 많아서 자신의 뜻에 부합하지 못한 화가들은 질책하거나 죽이는 일까지 빈번하게 발생하였다. 조원은 역대 공신상을 그렸는데 취지에 맞지 않았다 하여 죽임을 당했다. 성저는 입궁 초기에 매우 주목을 받았는데, 일찍이 태조는 그의 뛰어난 고화(古畫) 보수 기예를 칭찬했으며, 특히 『성숙창 전화기(盛叔彰全畫記)』의 제작을 격려하였다. 그러나 훗날 천계사(天界寺) 가림벽에 그림을 그리면서 수모(水母-海神)가 용의 등을 타고 있는 것을 그린 것이 임금의 뜻에 맞지 않았다 하여 거리에서 참수되었다. 주위(周位)는 그림의 기예가 심오하고 뛰어나 궁액(宮掖-비빈들이 거처하는 곳)의 산수 벽화는 거의 그가 그렸고, 황제를 받드는 것 또한 매우 신중하였지만, 이후 동료 화가들의 시기와 모함으로 죽임을 당했다. 이 혹독한 전제통치하에서 화가들은 온종일 불안해하고 긴장하며 황제의 뜻에 맞추어 그림을 그려야 했기 때문에, 그림의 풍격도 역시 융통성이 없고 창의력도 매우 부족하였다.

명나라 성조(成祖)인 주체(朱棣)도 글과 그림에 대한 이해가 깊지는 않았지만, 서화 예술의 효능에 대해서는 중시하기 시작하였다. 북평(北平-지금의 북경)으로 천도한 이후에 건축한 궁전·사찰·도교 사원들에는 궁전 문과 벽을 설치하고, 실내에 병풍을 그리고, 창살과 처마를 장식하기 위해 수많은 화가와 장인들을 필요로 하였다. 이로 인해 전국에서 이름난 화가들을 두루 소집하여 북경에서 근무하도록 하였는데, 그 중에는 화공·표구공·목공·칠공 등 갖가지 기예를 가진 사람들이 포괄되었다.

명나라 성조는 송대의 한림서화원(翰林書畫院) 체제를 모방하여 명대의 한림서화원 건립을 시도한 적이 있는데, 황회(黃淮)가 지은 『황개암집(黃介庵集)』의 「각문사곽공묘지명(閣門使郭公墓誌銘)」에는 다음과 같이 기록되어 있다.

"태종 황제께서 바르게 천하통일의 대업에 들어서시어, 천하가 평안하고 조용하며, 조정이 화목하며 청렴해지자, 정무의 여가에는 문장과 글씨로 마음을 즐겁게 하셨다. 문장과 글씨에 뛰어나 이미 선발된 선비들을 문연각에 모아놓고, 황실에서 은밀히 소장하고 있던 서첩들을 내어주며, 그 일에 정통하도록 하여, 고인(古人)을 추종하도록 하셨다. 또 송대처럼 내정에 화원을 설립하고자 하셔서, 단정하고 온후하면서도 그림을 잘 그리는 자들을 선발하여 그 직무를 맡기라고 신하에게 명하셨다.[太宗皇帝入正大統, 海寓寧謐, 朝廷穆淸, 機務之暇, 遊心詞翰. 旣選能文能書之士, 集文淵閣, 發秘藏書帖, 俾精其業, 期在追踪古人. 又欲仿近代設畫院于內廷, 命臣淮選端厚而善畫者充其任.]"

다만 이후 여러 차례 북방 정벌에 직접 참여함에 따라 실시하지는 못했다. 그러나 성조는 글씨를 잘 쓰고 그림에 뛰어나서 선발된 자들을 또한 안배하였는데, 외조(外朝)의 화개(華蓋)·근신(謹身)·문화(文華)·무영(武英)·문연(文淵) 등 몇몇 전각(殿閣)들에는 각기 예술 재능에 따라 황제의 분부를 받들어 임시로 직무를 맡은 자들도 있었고, 한림원·공부(工部)의 영선소(營繕所─건축과 보수를 담당하던 기관)와 문사원(文思院)에 소속된 자들도 있었다. 이들이 받은 직함은 각각 전각대조(殿閣待詔)·한림대조(翰林待詔)·영선소승(營繕所丞)·문사원사(文思院使) 등인데, 예를 들면 문연각대조 진원(陳遠)·한림대조 등용형(滕用亨)·한림편수(翰林編修) 주불(朱芾)·공부 영선소승 곽순(郭純) 등을 꼽을 수 있다. 또 어떤 화가들은 관직을 받지는 못하고, 다만 공사내부(供事內府)·내정공봉(內廷供奉)으로만 불리기도 했다.

(2) 번성 단계[선덕(宣德)부터 홍치(弘治)까지의 시기]

명나라 선종(宣宗)의 선덕 연간(1426~1435년)은 사회가 안정되고, 경제가 번영하였으며, 문화가 창성하여 인재들이 배출되었고, 화단(畫壇) 활동도 매우 활기차게 움직였다. 선종 주첨기(朱瞻基)는 시문과 서화를 애호하였으며, 특히 그림에 뛰어나서 자신이 직접 쓰고 그린 글씨와 그림을 신하들에게 자주 상으로 하사하였다. 황제의 애호와 창도는 명대의 원화(院畫)를 나날이 번창하게 하였다. 선종은 양송(兩宋) 때처럼 화원(畫院)의 성황을 다시 회복시키는 데 목표를 두고, 영락 시기에 입궐한 화가들인 변문진(邊文進)·사환(謝環)·곽순 등을 계속해서 유임시켰다. 뿐만 아니라 절강 지역 일대에서 활동하는 수준 높은 민간 화가들을 널리 모집하였는데, 주문정(朱文靖)·이재(李在)·마식(馬軾)·예단(倪端)·상희(商熹)·손륭(孫隆)·석예(石銳) 같은 당시의 이름난 화가들이 운집하였다. 궁정 내에서 봉직하는 화가들은 원래의 기구에 배치된 소수를 제외하고는, 대부분 인지전(仁智殿)과 무영전(武英殿)에 예속되었다. 이들이 부여받은 직함도 높아졌는데, 특히 금의위(錦衣衛)의 무관(武官) 직함을 수여한 도지휘(都指揮)·지휘(指揮)·천호(千戶)·백호(百戶)·진무(鎭撫) 등의 등급은 모두 비교적 높았다.

뒤이어 성화(成化) 시기(1465~1487년)의 헌종(憲宗) 주견심(朱見深)과 홍치(弘治) 시기(1488~1505년)의 효종(孝宗) 주우탱(朱佑樘)은 모두 회화에 뛰어나, "헌종과 효종의 어필은 모두 신묘한 경지에 이르렀으며, 작품 위에는 연월(年月)을 적고, 어보(御寶-임금의 도장)를 찍은 관지(款識)가 있다.[憲廟·孝廟御筆, 皆神像, 上識以年月及寶.]"[명(明), 한앙(韓昂),

『회화보감속편(繪畫寶鑑續編)』] 당시 화원에는 이름난 화가들이 아주 많았는데, 중요한 인물들로는 임량(林良)·여기(呂紀)·여문영(呂文英)·은선(殷善)·곽후(郭詡)·왕악(王諤) 등이 있다. 소속과 관직은 선종 시기를 답습하였고, 화원에서 창작한 제재가 풍부해지고 풍격도 다양해졌으며, 또한 명나라 '원체(院體)'의 시대적 특색을 형성함으로써, 궁정회화가 마침내 전성 시기를 맞이했다.

(3) 쇠락 단계[정덕(正德) 이후]

명나라 무종(武宗) 정덕(正德) 이후, 조성은 날로 부패하고, 화단에는 '오파(吳派)'를 중심으로 문인화가 일어나자, 궁정회화는 눈에 띄게 쇠미해져, 명나라 중기 이후에 이르러서는 소리 없이 자취를 감추었다. 비록 화원 기구는 남아 있었지만 뛰어난 화가들은 드물었고, 대다수는 재능은 없으면서 머리 숫자만 채우는 자들이었다. 이름이 좀 알려진 화가들로는 정덕 시기의 주단(朱端)과 만력(萬曆) 시기의 오빈(吳彬), 그리고 숭정(崇禎) 시기의 문진형(文震亨)이 고작이었다. 그러나 이들이 취한 제재와 화풍은 이미 '원체'로부터 멀어졌고, 각 개인의 면모도 새로운 의취가 매우 적어서, 화단에 거의 아무런 영향도 미치지 못했다.

명대 궁정서화의 기구와 직함

명대는 송대의 한림서화원과 같은 기구를 정식으로 설립하지는 않았지만 분명히 적지 않은 화가들이 궁정 안에서 봉직하였고, 아울러 관련 기관에 배치되었다. 비록 심사·승진·보직 등의 방면에 확립된 제도는 없었지만, 전문적으로 관직을 담당하는 기구가 있었다. 그래서 명대에도 화원 조직이 있었다고 인정할 수 있다. 역사의 기록

아계(鵝溪) : 질 좋은 송나라 때의 비단으로, 서화에 많이 사용되었다.

에 의하면, 명대 초기에 이미 '화원(畫院)'이라는 명칭이 출현하고 있다. 영락부터 홍치 연간에 활동했던 구준(邱浚 : 1418~1495년)이 임량(林良)의 〈화응도(畫鷹圖)〉에 쓴 시에는 이렇게 기록되어 있다. "인지전에 화원을 개설하기 전에는, 세비(歲費)가 아계(鵝溪) 천 필의 비단이었다.[仁智殿前開畫院, 歲費鵝溪千匹絹.]"[명(明)·구준,『중편경대고(重編瓊臺稿)』권6] 또 같은 시기의 서유정(徐有貞 : 1407~1472년)은 〈초절지(肖節之)가 소장한 장자준(張子俊)의 산수도에 쓰다[題肖節之所藏張子俊山水圖]〉라는 시에서 역시 이렇게 말하고 있다. "선황(先皇 : 명나라 성조 주체)께서 통치하실 때 명화들을 구하였는데, 화원의 화가들마다 평판이 좋았다.[先皇在御求名畫, 畫院人人起聲價.]" 이후의 문헌들에서도 여러 번에 걸쳐 화원을 언급하고 있다. 주모인(朱謀垔)의 『화사회요(畫史會要)』에는 이렇게 기록되어 있다. "주원소(周元素)는 태창(太倉) 사람으로, 명나라 태조 때 화원에 들어갔다.[周元素, 太倉人, 高廟取入畫院.]" 또 전숙락(錢肅樂)의 『태창주지(太倉州誌)』에는 이렇게 기록되어 있다. "범섬(范暹)의 자는 계동(啓東)이며, 영모(翎毛)와 화훼·대나무를 그렸고, 영락 시기에 화원에 들어갔다.[范暹, 字啓東, 畫翎毛花竹. 永樂中入畫院.]"

(1) 명대 궁정서화의 활동 기구

명대에 궁정에서 종사한 서화가들의 대부분은 문화(文華)·무영(武英)·인지(仁智) 등 세 궁전에서 활동하였다. 이 세 궁전은 송대의 한림서화원과 동등한 성격의 기구로 볼 수 있다.

① 문화전(文華殿)

문화전은 황제와 황태자가 강독하는 곳이다. 내각 대신들이 황제를 위해 경사(經史)를 해석하여 설명하거나 혹은 황태자를 모시고 독서하는 곳으로, 황제가 대신들을 불러 만나는 일도 모두 문화전에서 이루어졌다. 한림원이 맡아서 보관하고 있던 내부(內府)의 도서 또한 문화전의 내각(內閣) 사관(史館)에 보관하였다. 이 밖에도 이곳은 황제가 제사 의식 전에 궁궐 안에서 재계(齋戒)하는 기간 동안에 침실로 사용되기도 하였다.

문화전에 설치된 서방(書房)에는 이곳을 관장하는 관리 한 명과 산관(散官)이 십여 명이 있었다. "사례감(司禮監)에 속한 감독관은 나이가 많고 경력이 풍부한 자들이 차례대로 돌아가면서 맡았는데, 문화전 중서(中書)가 서적·대련(對聯)·부채의 손잡이 등에 글 쓰는 일을 전문으로 관리하였으며, 임금의 분부를 받들어 글을 써서 종일 임금 앞에 나아가 아뢰었다.[系司禮監監工年老資深者挨轉, 專管文華殿中書所寫 書籍·對聯·扇柄等件, 承旨發寫, 完日奏進御前.]"[『명궁사(明宮史)』 권2] 문화전 중서는 글 쓰는 일에 능한 중서사인(中書舍人)으로, 황제가 선포한 문련(門聯−문에 붙이는 대련)과 연첩(年帖−새해를 맞아 비단이나 종이에 쓰는 좋은 글귀) 같은 종류를 준비하였다. 동방중서사인(東房中書舍人)은 다른 직분으로, 황제의 분부를 받들어 책을 쓰는 일을 관장하였다. 이들은 또 '문화문이방서판(文華門耳房書辦)'이라고도 불렸다.

문화전은 글을 잘 쓰는 자들이 주로 관직을 맡았지만, 소수의 화가들도 이 궁전에서 근무하였다. 예를 들면 기진(紀鎭)은 줄곧 문화전 금의도지휘(錦衣都指揮)였고, 유절(劉節)은 문화전 금의지휘(錦衣指揮)였다.

② 무영전(武英殿)

무영전은 임금과 신하들이 정사를 토론하는 곳이자, 조정의 서화를 소장하는 곳이기도 했다. 또 황제가 사용하는 예의(禮儀) 물품을 제작하여 제공하는 책임도 맡았다. "한편으로는 본래 책을 간행하고 인장 새기는 것을 감독하면서, 아울러 병풍과 가리개나 모서리 장식 및 채찍·단선(團扇−둥글부채)·진설품·그림 그리는 일 등을 위탁받아 맡았다.[一應本監刊刻書篆, 并屛障槦角, 以及鞭扇·陳設·繪畫之事, 委以委

산관(散官) : 직위만 있고 직무가 없는 관리.

사례감(司禮監) : 명·청대의 환관 관아로, 명나라 홍무(洪武) 17년(1384년)에 설치되었다.

之.]"[명(明), 심덕부(沈德符), 『만력야획편(萬曆野獲編)』 권9] 이 궁전에서 종사하는 자들은 대부분이 화가들이었는데, 명대의 손승택(孫承澤)이 쓴 『춘명몽여록(春明夢餘錄)』 권11에는 이렇게 기록되어 있다. "문화전에는 직전중서(直殿中書-문화전에서 당직하는 관리)가 있는데, 글을 잘 쓰는 자를 뽑아서 거처하게 하였고, 무영전에는 대조(待詔)가 있는데, 그림을 잘 그리는 자를 뽑아서 거처하게 하였으니, 송대의 서화학(書畫學)과 같은 것이다.[文華殿有直殿中書, 擇能書者居之, 武英殿有待詔, 擇能畫者居之, 如宋之書畫學是也.]" 이를 통해 명대의 문화전과 무영전의 직능은 송대의 한림서화원에 해당한다는 것을 알 수 있다.

무영전 화가의 직책은 명나라의 유약우(劉若愚)가 쓴 『작중지(酌中誌)』의 「내부아문직장(內府衙門職掌)」에 이렇게 구체적으로 기록되어 있다.

"어용감(御用監) 소속 무영전 화가들이 그린 금분퇴(錦盆堆)는 곧 아름다운 꽃과 온갖 과일들이나 또는 황아장수의 짐 보따리, 즉 온갖 물품들이 다 들어 있는 그림이며, 또는 삼월소광(三月韶光-3월의 아름다운 봄 경치)·부춘산(富春山)·자릉거(子陵居) 등 사곡(詞曲)들을 선정하고 정리하여 겹쳐놓은 것으로, 제목을 분류하여 편집하고, 그림을 그려 병풍을 둘러, 절기에 따라 설치하였다.[御用監武英殿畫士所畫錦盆堆, 則名花雜果. 或貨郎担, 則百物畢陳. 或將三月韶光·富春山·子陵居等詞曲, 選整套者, 分編題目, 畫成圍屏, 按節令安設.]"

위의 내용을 보면 화가들의 창작은 대부분 황실에서 사용하는 기물을 장식하거나 벽화를 그리는 일이었으며, 여기에는 화조·인물·산수 등의 제재들이 포괄되었음을 알 수 있다.

명대에 궁정화가가 되는 길은, 첫째가 추천이었고, 둘째는 세습이나 음거(蔭擧-조상의 공덕으로 벼슬을 하는 것)였으며, 셋째는 스승이 제자에게 물려주는 것이었다. 일반적으로는 일시적 필요에 따라 민간

금분퇴(錦盆堆) : 중국 전통 회화의 한 양식으로, 화가가 그림을 그리고 난 뒤 남아 있는 필묵으로 재미삼아 잡다하게 그린 그림을 말한다. 일반적으로 그 제재는 서재의 어수선한 풍경·폐기된 원고·몽당붓 등 다양했는데, 그 모습이 마치 불에 타다 남은 부분들을 꺼내어 모아놓은 듯하다 하여 금회퇴(錦灰堆)라고도 하였으며, 명대에는 아름다운 꽃과 갖가지 과일들을 제재로 삼았는데, 이를 금분퇴라 불렀다.

에서 모집하였는데, 먼저 조정의 근신(近臣)이나 지방 관리들의 추천을 받아 입궁한 후 심사를 거쳐 다시 채용되었다. 화가와 장인들은 각 궁전들에 분산 배치되어 근무하였는데, 항상 교체되어 한 곳에 고정되지 않았다. 통상 '직○○전대조(直○○殿待詔)'라고 불렸고, 관직을 받은 자는 별도의 직함을 가졌다. 예를 들면 금의위지휘(錦衣衛指揮)·천호(千戶)·백호(百戶)·진무(鎭撫) 혹은 영선소승(營繕所承)·문사원부사(文思院副使) 등이다.

무영전에도 소수의 중서사인이 배치되었는데, 즉 무영전의 서방중서사인(西房中書舍人)이다. 이들은 황제의 분부를 받들어 책보(册寶)·도서·책엽(册頁) 등을 제작하는 일을 관장하였으며, 문화전의 중서와 함께 '양전중서사인(兩殿中書舍人)'으로 불렸다.

③ 인지전(仁智殿)

인지전은 무영전의 북쪽에 있으며, 명대에 황후가 조정에 나아가 하례를 받거나, 황제와 황후들의 관(棺)을 매장하기 전에 안치해두는 곳이었다. 또한 화가와 예술 장인들이 창작 활동을 하는 곳이기도 했다. 명나라의 심덕부가 쓴 『만력야획편』 권9의 「인지등전관(仁智等殿官)」에는 이렇게 기록되어 있다. "기예(技藝)로써 잡직(雜職)에 진출한 자들은 모두 인지전에 함께 예속되어, 문화전·무영전의 밖에 자유롭게 있었다.[凡雜流以技藝進者, 俱隸仁智殿, 自在文華殿·武英殿之外.]" 이를 통해 인지전도 송대의 한림서화원 기구와 유사함을 알 수 있다.

인지전 역시 '어용감(御用監)' 관할에 속했는데, 명나라 유약우가 지은 『작중지』에는 이렇게 기록되어 있다. "인지전에는 궁전을 관장하는 감독관 한 명을 두어 무영전 중서가 황제의 분부를 받들어 쓴 서적과 그림을 그린 부채를 가지고 황제 앞에 나아가 상주하는 일을 관장하였는데, 이 또한 문화전 중서가 하는 일과 마찬가지였다.[仁智殿有掌殿監工一員, 掌管武英殿中書承旨所寫書籍·畫扇奏進御前, 亦猶中書之

책보(册寶) : 옥책(玉册)과 금보(金寶)로, 곧 책봉하는 글과 옥새(玉璽)를 말한다.

책엽(册頁) : 글씨나 그림을 한 장씩 표장한 것을 한 권의 책으로 묶은 것으로, 서화첩 따위가 여기에 속한다.

于文華殿中書也.]" 영락(永樂)부터 성화(成化) 연간(1403~1487년)에는 궁정화가의 대다수가 인지전에서 당직을 맡기도 하였는데, 예를 들면 영락 시기의 상관백달(上官伯達)·변경소(邊景昭), 선덕(宣德) 시기의 사환(謝環)·석예(石銳)·주문정(周文靖), 정통(正統)부터 경태(景泰)까지의 왕신(王臣)·안정문(安政文), 성화(成化) 시기의 황제(黃濟)·첨림녕(詹林寧)·허백명(許伯明) 등이 있었다.

(2) 명대 궁정서화의 관리 기구

명대 궁정서화의 주요 활동 기구인 문화전·무영전·인지전은 사례감(司禮監)과 어용감(御用監)에 나뉘어 예속되고 관리되었다. "문·무두 대전은 원래부터 구별이 있었던 것 같은데, 문화전은 사례감 제조(提調)가 관리하였으며, 제독(提督)인 본전 대당(大璫 : 환관)과 서로 마주하게 되면, 다만 스승과 학생의 예를 갖추었다. 무영전 중서관(中書官)은 이전 왕조 때는 본래 일찍이 설치하지 않았었는데, 그것이 오늘날에는 곧 어용감 관할에 속한다.[若文武兩殿本自有別, 文華爲司禮監提調, 與提督本殿大璫相見, 但用師生禮. 武英殿中書官, 先朝本不曾設, 其在今日, 則屬御用監管轄.]"[명(明), 심덕부, 『만력야획편』 권9] 사례감과 어용감은 모두 내관서(內官署)의 환관 12감(監) 가운데 하나였는데, 다시 말하면 명대의 궁정서화가들은 태감(太監)의 관리하에 황제를 위해 복무하였다.

① 사례감(司禮監)

사례감은 12감 가운데 으뜸으로, 직권이 비교적 크고 황성 내의 의례·형법·기밀 누설 방지와 출입 경비를 감독하고 관리하는 책임을 맡았다. 아울러 내외의 상주문(上奏文)을 정리하고, 내각의 표의주(票擬朱)를 대조하며, 또 동창(東廠)과 금의위(錦衣衛)를 통제하는 환관의 총 관리소로서, 외정(外廷)의 내각에 해당하여, 당시 사람들은 '내

표의주(票擬朱) : 명·청 시대에, 내각(內閣)에서 황제를 대신하여 신료(臣僚)들이 올리는 글인 장주(章奏)에 대해 비답(批答-임금이 상주문의 말미에 가부를 적는 글)하였는데, 먼저 황제가 결정해야 할 글을 표첨(票簽-서류에 붙이는 쪽지)에 써서, 원본에 붙여서 황제에게 제출한 뒤 결재를 받았는데, 이것을 표의(票擬)라고 하며, 표의를 붉은 글씨로 썼기 때문에 표의주라고 하였다.

동창(東廠) : 명대의 환관이 관리하던 어용 특별기구로, 1420년에 설치되었다. 반역 도모와 요언 및 간악한 일들을 수색하는 일을 관장하기 위해, 특별한 임무를 띤 감시 관원을 채용하여 백성들을 감시하였다.

상(內相)'이라고 불렀다. 이곳 역시 궁정의 내부 서화를 관리하는 주요 기구였는데, 명나라 여비(呂毖)가 쓴 『명궁사(明宮史)』·「사례감」에는 이렇게 기록되어 있다. "사례감 제독은 한 명인데, 품급은 감관(監官)보다 위이며, 사례감 관아에서 거주하였고, 고금의 서적·책엽(冊葉)·수권(手卷-두루마리)·붓·벼루·먹·능사(綾紗)·견포(絹布)·종이·문서를 관장하여, 각각 창고에 보관하였다. 감공(監工)을 선발하는 노련한 자는 근면한 사람이었는데, 그 열쇠를 관장하였다.[司禮監提督 一員, 秩在監官之上, 于本衙門居住, 職掌古今書籍·册葉·手卷·筆·硯·墨·綾 紗·絹布·紙札, 各有庫儲之. 選監工之老成勤勉者, 掌其鎖匙.]" 감독 가운데 나이가 많고 경험이 풍부한 자에게 문화전의 장방관(掌房官-관청의 회계 담당 관리)을 맡겼다.

능사(綾紗) : 고운 생사로 짠, 윤이 나고 무늬가 있는 얇은 비단.

② 어용감(御用監)

어용감은 황제가 사용하는 기물을 책임지는 곳으로서, 『명사(明史)』·「직관지(職官誌)」에는 다음과 같이 기록되어 있다. "어용감에는 모든 일을 주관하는 태감(太監) 한 명이 안팎으로 전체 인원을 감독하고, 전부(典簿-장부 등을 관리하는 벼슬)와 글 쓰는 일을 담당하는 감공(監工-감독관)은 정해진 인원이 없다. 어전에서 사용하는 병풍·침대와 온갖 목기 및 자단(紫檀-재질이 단단하여 고급 가구의 재료로 쓰이는 목재)·상아·오목(烏木-단단하고 무거운 검은색 목재로, 일명 흑단이라 부르기도 함)·나전 등 갖가지 완상(玩賞) 기물의 모든 것들이 이곳에서 제작되고 처리되었다.[御用監掌印太監一員, 裏外監把總工員, 典簿·掌司寫字監工, 無定員. 凡御前 所用圍屛床榻諸木器, 及紫檀象牙烏木螺鈿諸玩器, 皆造辦之.]" 바로 무영전·인지전의 궁정화가는 모두 어용감 관할에 속하였다.

(3) 명대 궁정화가에게 수여된 금의위(錦衣衛)의 무관직(武官職)

명대의 궁정화가와 장인은 궁궐 내의 세 궁전에서 창작 활동에 종사하고, 매달 봉급으로 식량을 받으며, 각자의 일을 담당하였다. 다만 관직을 받게 되면 따로 배치되었는데, 선덕 이후에는 주로 금의위(錦衣衛)에 배치되어 무관직을 맡았다. 그러나 무관직에 해당하는 봉록만 받았을 뿐, 그 직무를 담당하지는 않았다.

금의위는 황실의 금위군(禁衛軍-황실을 경호하는 근위대)으로, 『명사』·「직관지 5」의 기록에 따르면 다음과 같다. "금의위는 호위·체포·형벌과 감옥의 일을 관장하였으며, 항상 공훈이 있는 황실의 친척인 도독(都督)이 거느렸고, 음직(蔭職)으로 녹봉을 받고 있어 정해진 인원이 없다. 조회나 순행(巡行) 때에는 천자의 행차 행렬 의장을 갖추고, 대한장군(大漢將軍) 등 시종과 수행원들을 통솔한다. 숙위(宿衛-궁궐을 호위하기 위해 숙직함)는 순번을 정하여 당직한다.[錦衣衛掌侍衛·緝捕·刑獄之事, 恒以勳戚都督領之, 恩蔭寄祿無常員. 凡朝會·巡幸, 則具鹵簿儀仗, 率大漢將軍等侍從扈行. 宿衛則分番入直.]"

금의위에는 남북진무사(南北鎭撫司-난리를 평정하고 민심을 안정시키는 일에 종사하던 관청) 14개와 각 지소에 설치된 위소(衛所)가 소속되었다. 위소의 군관은 세관(世官)과 유관(流官) 두 종류로 나뉘는데, 세관은 세습 출신의 군관을 가리키며, 관직은 9등급으로 구분되었다. 즉 위지휘사(衛指揮使, 정3품)·지휘동지(指揮同知, 종3품)·지휘검사(指揮檢事, 정4품)·정천호(正千戶, 정5품)·부천호(副千戶, 종6품)·위진무(衛鎭撫, 종5품)·실수백호(實授百戶, 정6품)·시백호(試百戶, 종6품)·소진무(所鎭撫, 종6품)이다. 궁정화가의 직함은 기본적으로 모두 세관의 부류에 속했는데, 황제와 내각 대학사(大學士)가 직접 결정하였으므로, 만약 할아버지와 손자·아버지와 아들·형과 동생이 서화에 뛰어나도 세습할 수 있었다. 청나라의 호경(胡敬)은 『국조원화록(國朝院畫錄)』에서 이렇게 지적하고 있다. "명대에는 대부분 금의위 직함을 차용하였는데, 그림을 그리는 기예로써 화공이 된 자들은 대개 무관직을 받았으며,

도독(都督) : 여러 지방의 군사 업무를 관장하던 장관.

거의 세습을 거쳐 교체되어, 그 과오도 많았다.[明多假以錦衣衛銜, 以繪技畫工槪授武職, 經準襲替, 其失也濫.]"

금의위는 "은전(恩典)과 음직(蔭職)으로 녹봉을 받았으므로 정해진 인원이 없었기" 때문에, 황제가 수시로 궁정화가에게 금의위라는 무관직을 수여할 수 있어, 화원이 가장 흥성했던 시기에는 수많은 저명한 화가들이 이 관직에 임명되었다.

(4) 궁정화가의 기타 임직(任職) 기구

명대의 궁정화가는 금의위의 무관직을 받은 것 외에도 공부(工部)에서 관할하는 영선소(營繕所)나 문사원(文思院) 등과 같은 행정 기구에 예속되어 근무하면서 봉급을 받았다.

공부는 육부(六部) 가운데 하나로서, 천하의 모든 장인과 국가의 정령(政令)을 관장하였고, 휘하에 다섯 개의 소창(小廠)을 설치하였는데, 그 가운데 영선소는 목공, 문사원은 사공(絲工-비단 제작을 담당하는 장인)을 관할하였다. 관직으로는 영선소승(營繕所丞, 정9품)·문사원대사(文思院大使, 정9품)·문사원부사(文思院副使, 종9품)가 있었다. 이처럼 품급이 비교적 낮았기 때문에 일반적으로 장인들이 모두 담당하였는데, 대다수의 화가들은 처음에 궁궐에 들어오면 이 관직을 받았고, 황제의 두터운 신임을 얻은 후에는 관직이 비교적 높은 금의위무관직으로 바뀌었다. 곽순(郭純) 같은 화가는 영락 시기에 처음 궁궐에 들어와서 공부의 영선소승에 임용되었는데, 인종 때 한림원각문사(翰林院閣門使, 정6품)로 승진했다가, 선덕 연간에는 금의위진무(錦衣衛鎭撫, 종5품)로 바뀌었다. 홍치 시기에 처음 공부의 영선소승에 제수되었던 임량(林良)은 후에 금의위지휘로 승진하였다.

명대 궁정회화의 예술 특색

역대 궁정회화는 '어용 미술'로서 모두 뚜렷한 정교(政敎-정치 교화) 기능을 지니고 있었으며, 제왕들의 기호와 취향에 부응해야 했는데, 명대의 궁정회화도 예외가 아니었다. 명대의 특정한 정치·경제·사상·문화적 배경의 제약으로 '원화(院畫-화원의 직업화가들이 그린 그림)'의 제재 내용과 '원체(院體)'의 풍격 양식도 이전 왕조의 시대적 특색과 달랐다.

(1) 인물화

명대의 궁정 인물화는 정치에 복무하여, 주로 고대 역사 고사를 빌려 무공(武功)과 문덕(文德)을 선양하였고, 옛 사람들의 업적을 통해 현 왕조를 찬양하거나, 혹은 교훈으로 보여주었는데, 가장 유행했던 제재는 인재를 알아보고 적재적소에 잘 등용했던 이전의 훌륭한 임금, 인격이 높고 절개가 굳은 명현, 용감하고 충성스런 장군과 신하였다. 이 밖에도 황실에 필요한 제왕의 초상화와 궁중 행락도도 매우 성행하였다. 기타 전통을 답습한 제재들로는, 도교와 불교의 신선·전설과 고사·문인들의 일화·풍속화 등이 있었다.

① 역사고실화(歷史故實畫)

인재를 발굴하여 적재적소에 등용함에 따라 칭송을 받았던 훌륭한 임금을 제재로 한 인물화의 대표작으로는, 유준(劉俊)의 〈설야방보도(雪夜訪普圖)〉(軸)와 예단(倪端)의 〈빙방도(聘龐圖)〉(軸)(둘 다 북경 고궁박물원 소장)가 있다. 〈설야방보도〉를 그린 유준은 선덕(宣德) 시기의 궁정화가로, 관직이 금의도지휘였으며, 인물과 산수를 잘 그렸다. 이 그림은 북송의 개국 황제인 조광윤(趙匡胤)이 눈 내리는 밤에 조보(趙普)를 찾아가서 통일 대업을 함께 상의한 역사 실화에서 제재를 취하였는데, 『송사(宋史)』·「조보전(趙普傳)」에 상세히 기록되어 있다. 작품을 보면 사료에 근거하여 구체적이고 세밀하게 중요한 사건의 내용과 경위가 표현되어 있다. 간편한 복장에 두건을 묶은 조보는 반듯하게 두 손을 맞잡은 채 예를 갖추어 당당하고 차분하게 말하고 있으며, 용포를 입고 상석에 앉아 있는 조광윤은 얼굴을 옆으로 하고 몸을 기울여 주인이 하는 말을 조용히 듣고 있어, 두 사람이 무릎을 맞대고 허물없이 이야기를 나누는 마음 상태를 매우 정확하게 포착하였다. 조보의 아내는 문 옆에 공손하게 서서 손으로 술잔과 접시를 받쳐 든 채 기다리고 있다. 대청 안에는 은촉(銀燭)이 높이 비추고 있고, 바닥에는 양탄자가 깔려 있으며, 좌석 앞에는 술안주가 놓여 있다. 문지방에는 목탄 화로가 놓여 있는데, 그 안에는 따뜻하게 데운 술 한 주전자와 고기 굽는 석쇠가 놓여 있어, 깊은 밤에 따뜻한 술과 구운 고기 및 안주인이 친절하게 귀한 손님을 모시는 장면이 펼쳐져 있다. 이는 사서(史書)에 기록된, "두꺼운 자리가 깔린 방 안에 앉아서 타오르는 숯불에 고기를 굽고, 보(普)의 아내는 술을 권하였다[設重茵地坐堂中, 熾炭燒肉, 普妻行酒]"라는 내용과 완전히 부합된다.

〈빙방도〉의 작자인 예단은 선덕 기간에 화원에 소집되어 들어갔다. 그는 인물·산수·화훼 등 각 분야에 뛰어나 황제의 깊은 관심과 사랑을 받았다. 이 작품이 채택한 제재는 삼국 시대의 형주자사(荊州刺史) 유표(劉表)가 은사(隱士)인 방덕공(龐德公)을 초빙했던 고사(故事)에서 내용을 취했는데, 『후한서(後漢書)』·「방공전(龐公傳)」에 기록되어 있다. 화면을 보면 방공은 무명옷에 짚신을 신었고, 밭을 갈

〈유해희섬(劉海戱蟾)〉〈軸〉

(明) 유준(劉俊)

유해희섬(劉海戱蟾) : "유해가 두꺼비와 장난치다"라는 의미로, '유해(劉海)'는 곧 '유해아(劉海兒)'를 가리킨다. 유해아는 손에 돈 꾸러미를 들고 다리가 세 개 달린 두꺼비 위에 올라 앉아 놀고 있는 전설 속의 선동(仙童)을 가리킨다.

〈빙방도(聘龐圖)〉〈軸〉

(明) 예단(倪端)

북경 고궁박물원 소장

다가 괭이자루를 손에 짚은 채 유표를 영접하고 있다. 그의 형상은 산속에 은거하면서 평생 농사를 지으며 살아가겠다는 의지를 분명히 보여주고 있다. 유표는 관과 곤룡포를 정숙하게 착용하였고, 몸을 굽혀 초빙하는 태도가 공손하여, 정성을 다하는 마음이 단번에 드러난다. 이 그림은 내용과 경위를 상세하게 서술하는 부분에서도 고사성(故事性)이 매우 짙다.

인격이 높고 절개가 굳음을 기리고 찬양한 명현은, 주로 과거 앞 시대의 재능이 출중하고 인품과 덕망이 높았던 어진 사람들과 지조가 있는 선비들을 가리키는데, 이러한 그림을 통해 현재의 황제들이 현명한 인재를 구하기 위해 온힘을 다하고 있음을 보여주려고 하였다. 이러한 제재의 창작은 매우 많아, 심지어 황제까지도 여기에 참여할 정도였다. 홍무(洪武) 시기에 왕중옥(王仲玉)의 〈도연명상(陶淵明像)〉〈軸; 북경 고궁박물원 소장)은 도연명이 옷소매를 휘날리며 홀가분하게 관직에서 물러나 은거하기 위해 돌아가는 모습을 백묘(白描) 기법으로 그렸다. 화면 속의 주인공은 풍채가 대범하고 소탈하다. 같은 시기에 주위(周位)도 한 폭의 백묘화인 〈연명일방도(淵明逸放圖)〉〈頁; 대만 고궁박물원 소장)를 그렸다. 여기에서 도연명은 술에 취해 시동(侍童)에게 의지하여 귀가하고 있다. 도연명의 흐트러진 의관과 비틀거리는 걸음걸이에서, 어떤 속박에도 구속 받지 않는 자유분방한 자세를 엿볼 수 있다. 선덕 시기에 마식(馬軾)·이재(李在)·하지(夏芷)가 합작하여 그린 〈귀거래혜도(歸去來兮圖)〉〈卷; 요녕박물관 소장)는 귀거래사의 순서에 따라, 단을 나누어 도연명이 관직을 그만두고 돌아가는 정경을 묘사하였는데, 쓸쓸히 배를 타고 돌아가는 도중에 맑게 흐르는 물을 보며 시를 짓고, 구름을 뚫고 나온 산봉우리를 감상하며, 쓸쓸히 서 있는 소나무를 어루만지며 머물다가, 나그네에게 길을 묻고, 농부가 봄에 밭갈이 하는 것을 지켜보며, 어린아이를 바라보며

문(門)을 살피는 것 등등의 장면들로 되어 있다. 이것은 도연명이 자연 산천을 사랑하여, 전원생활에 대한 염원을 가지고 속세를 떠나는 모습과, 얼마 안 되는 봉록을 위해 허리를 굽히지 않는 고결하면서 속되지 않은 인품을 표현하였다. 선종(宣宗)인 주첨기(朱瞻基)도 직접 〈무후고와도(武侯高臥圖)〉(卷; 북경 고궁박물원 소장) 한 폭을 그렸는데, 제갈량이 와룡강(臥龍崗)에 은거할 때, 베개를 높이 하고 편안히 누워서 한쪽 무릎에 손을 얹은 채 길게 휘파람을 부는 모습을 표현하였다. 이는 그가 깊은 산중에 칩거하거나 방랑하는 행색과는 또 다른 고사(高士)의 풍모를 강조한 그림이다.

용감무쌍하고 충성스런 장수와 신하를 높이 선양하는 것은 곧 신민(臣民)으로 하여금, 신하의 절개를 다 바친 옛 사람들을 본받고 공훈과 업적을 세우도록 격려하려는 뜻을 지니고 있다. 현존하는 대표작으로는 상희(商熹)의 〈관우금장도(關羽擒將圖)〉(軸; 북경 고궁박물원 소장)가 있다. 이 그림은 삼국의 촉나라 장수였던 관우의 수엄칠군(水淹七軍)·방덕(龐德)을 생포한 사건·고부(高阜)에서 심문한 고사를 묘사하고 있다. 작품의 내용에는 희극적인 긴장감이 풍부하고, 인물들의

수엄칠군(水淹七軍) : 관우가 조조의 일곱 부대의 군대를 거느린 우금(于禁)과 방덕(龐德)을 상대로 수공(水攻)을 펼쳐 일곱 부대의 군대가 물에 잠기게 되어, 방덕이 생포된 역사적 실화.

〈사선공수도(四仙拱壽圖)〉
(明) 상희(商熹)

개성도 뚜렷하다. 특히 관우의 용맹하고 위엄 있는 거동과 자태는 세인들의 마음속에 영웅의 형상을 심어주었는데, 대단히 전형성을 띠고 있다. 이 밖에 남훈전(南熏殿)에 있는 역대 현신상(賢臣像)들 가운데에는 명대의 궁정화가가 그린 문신상과 무장상(武將像)들도 있는데, 한대의 주아부(周亞夫)·송대의 악비(岳飛) 등과 같은 대형 족자 그림들이 그것들로, 이 작품들도 역시 교훈적인 의미를 지니고 있다.

② 제후 초상화 및 궁중 행락도

제후 초상화는 주로 기록 그림·기념·제사에 사용되었고, 궁중 행락도는 궁정 생활의 반영을 중시하였는데, 이 두 분야는 모두 황실의 필요에 따라 직접 제작되었다.

제후 초상화는 예로부터 이미 일정한 법칙이 형성되어 있었다. 즉 제왕의 출중하고 범상치 않은 용모와 더할 수 없이 높은 지위, 그리고 천하를 위협할 수 있는 기세를 분명하게 드러내야 했다. 그래서 이러한 도상(圖像)은 초상화의 사실적이고 생동적인 외적 묘사와 내적 정신의 표출이라는 원칙을 준수하면서도, 더 미화시켜야 했을 뿐 아니라, 심지어는 신격화의 요소까지도 갖추어야 했다. 명대 제후들의 조복상(朝服像−조회와 연회 때 입는 예복 차림의 모습)은 비교적 규격화된 요소들을 많이 드러내고 있다. 그 중에서도 제왕은 비범한 기질의 공통점을 지니고 있으면서 어느 정도 각자의 개성을 드러내고 있는데, 일부 초상들은 여전히 강한 사실성을 보여준다. 예를 들면 〈명(明) 성조(成祖) 좌상(坐像)〉(軸)은 체격이 크고 훤칠하며 긴 수염을 나부끼고, 광대뼈가 튀어나왔으며, 두 눈에는 기백이 넘치고, 굳센 기백과 도량이 더욱 가득하여, 문헌에 기록되어 있는 장대한 체구·멋진 수염·오똑한 코·짙은 눈동자 등의 신체 특징과 모두 똑같다. 또 〈명 선종(宣宗) 좌상〉(軸)을 보면, 강건한 모습에 얼굴은 포동포동하고, 곱슬곱슬한 구레나룻과 짧은 수염이 있으며, 도량이 넓고 영민

하며 용맹스러워 보이는데, 현존하고 있는 여러 작품들 속의 선종의 형상과 완전하게 일치한다. 개국 황제인 주원장(朱元璋)의 경우는 서로 전혀 다른 두 종류의 초상화가 있다. 하나는 단정하고 장엄한 형상이고, 다른 하나는 괴이한 '저상(豬相-돼지상)'인데, 이는 특정한 시대와 특정한 인물이 만들어 낸 특별한 예이다. 괴이한 돼지상은 '의상(疑相-의심스러운 상)'이라고 불리기도 하는데, 아마도 자신을 신격화함으로써 천하를 도모하려고 하였거나, 혹은 의도적으로 자신을 추하게 변화시켜 사람들의 이목을 혼란시키려고 했던 것 같다. 이러한 형상은 주원장이 정권을 획득하기 위한 정치적 필요성과 의심이 많았던 천성과도 밀접한 관계가 있다. 그의 시대가 지나고, 그가 사망하면서 이러한 종류의 의상은 더 이상 출현하지 않았다.

〈명(明) 성조(成祖) 좌상(坐像)〉(軸)
작자 미상

제왕 행락도는 황실의 궁정 생활을 반영함과 동시에, 제왕의 초상화 성질도 지니고 있다. 일정한 생활 정경을 표현함으로써 생활 정취를 묘사하는 데 취지가 있어, 기법은 비교적 사실적이며 일정한 줄거리를 가지고 있을 뿐만 아니라, 제왕의 형상도 비교적 활발하여, 현실적으로 역사 가치가 비교적 높다. 현존하는 선종 시기의 주요한 작품으로는 상희(商熹)의 〈선종행락도(宣宗行樂圖)〉(軸; 북경 고궁박물원 소장)가 있는데, 위대한 걸작이라 할 만하다. 이 작품은 선종이 봄날 교외로 나들이가는 정경을 묘사하였다. 화면 속 선종의 신체와 조복은 실제와 조금도 차이가 없을 만큼 사실성이 뛰어나고, 기타 물상들의 묘사도 구체적이고 섬세하다. 예를 들면 황제의 수렵과 오락을 시중들고 돌아오는 수행원들은 모두 수염이 없는 매끈한 얼굴의 내시 태감(太監)들이며, 묘사된 자연 환경은 문헌에 기록된 것과 같은 남원(南苑)의 모습이다. 작품의 인물 형상·복식부터 기물·환경·장면에 이르기까지 모두 역사의 원래 모습을 재현하고 있어 매우 진귀한 형상 자료를 남겨놓았다. 이와 같은 종류의 행락도에는 작자 미상의 〈선종(宣宗) 궁중 행락도〉(卷; 북경 고궁박물원 소장)가 있다. 선종이 궁중의 정원에서 각종 체육경기 장면을 보면서 즐기는 장면을 묘사하고 있으며, 활쏘기·축국(蹴鞠-옛날식 공차기 놀이)·마구(馬球)·추환(捶丸)·투호 등의 종목들을 포괄하고 있는데, 구체적이고 세밀하여 중요한 역사적 가치가 있다.

③ 현실 제재의 인물화

명대 궁정화가의 작품들에는 현실 생활의 인물화 표현은 그리 많지 않다. 그러나 관료들의 회합을 반영한 아집도(雅集圖-풍아스러운 모임을 제재로 그린 그림)는 오히려 매우 성행하여, 당시 미담으로 전해오는 중요한 사실들을 남겨주고 있다. 현존하는 작품들로는 사환(謝環)의 〈행원아집도(杏園雅集圖)〉(卷)와 여기(呂紀)·여문영(呂文英)이 합작하여 그린 〈죽원수집도(竹園壽集圖)〉(卷), 작자 미상의 〈오동회도상(五同會圖像)〉(卷) 등이 있다.

〈행원아집도〉[진강시(鎭江市)박물관 소장]의 작자인 사환은 영락(永樂) 시기에 궁정에 들어가 선덕 황제의 총애를 받아, 여러 차례에 걸쳐 임금이 직접 쓴 시문·그림·금화 등을 하사받았으며, 금의위(錦衣衛)의 백호(百戶)·천호(千戶)·지휘(指揮) 등의 관직도 받았다. 또한 조정의 중신(重臣)들과 교의가 매우 두터워, 늘 그림과 글을 주고받았다. 정통 2년(1437년) 봄 3월 초하루에 내각대신 '삼양[三楊 : 양사기(楊士奇)·양영(楊榮)·양부(楊溥)] 등이 양영의 관저인 행원에 모였을 때 사환도 초청을 받는데, 모임의 여가 시간을 틈타 사환에게 〈행원아집도〉를 그려 기록하도록 하였다. 작품에는 이때 모였던 사람들의 서로 다른 나이와 외모의 특징 및 관직의 지위와 복식이 사실적으로 묘사되어 있을 뿐만 아니라, 인물의 초상화 성질까지 갖추도록 하였다. 또한 관직에 맞게 조합하고 위치를 정하여, 각자의 신분과 지위를 분명하게 표현하였는데, 이는 이전의 아집도가 고상한 풍류의 분위기와 문인들의 의식을 과장하는 데 치중하고, 인물의 형태와 외모를 묘사하는 것은 그다지 중요시하지 않았던 격식을 변화시켜, 명대 아집도의 새로운 양식을 창조하였다. 이로써 아집도의 고아한 정취는 비록 부족하게 나타나지만, 진실성은 오히려 매우 강해져서 중요한 역사가치를 지닌다.

지속적으로 유행한 많은 관료들의 아집도들은 모두 〈행원아집도〉의 양식을 모방하였다. 예를 들면 〈죽원수집도〉(卷; 북경 고궁박물원 소장)는 홍치(弘治) 연간에 여러 관료들이 이부상서(吏部尚書) 도탁(屠倬)·호부상서(戶部尚書) 주경(周經)·어사(御使) 여종(侶鍾) 등 세 사람의 60세 생일을 축하하기 위해, 주경의 관저인 죽원(竹園)에 모여 축하 연회를 베푼 역사적 사실을 묘사한 것으로, 작품의 구도·구성·위치·동태가 모두 〈행원아집도〉를 모방하였으며, 공필중채(工筆重彩)의 화법까지도 서로 닮았다. 낙관이 없는 〈오동회도상〉(卷; 북경 고궁박물원 소장)은 관리이자 학자였던 오관(吳寬)·이걸(李杰)·왕오(王鏊)·진경(陳璚)·오홍(吳洪) 등 다섯 명이 한 자리에 모인 정경을 그린 것으로, 그 격식도 〈행원아집도〉를 모방하였다. 이러한 종류의 그림들은 초상 위주의 아집도로서, 명대의 새로운 창작물이라 불릴 만하다.

④ 궁정 인물화의 예술 특색

명대 궁정 인물화의 예술 형식은, 사실적인 수법으로 정확하게 물상(物象)의 외적인 형체와 용모를 표현하는 데 치중하고, 줄거리의 흥미성과 화면의 장식성을 추구하였다. 하지만 인물의 내면세계를 드러내거나, 현실의 사상의 심도(深度)를 훈계하거나, 화가의 진실한 감정을 드러내는 데 치중하는 방면에서는 오히려 비교적 표면적이고 천

공필중채(工筆重彩): 정교하고 세밀하면서도 여러 가지 색을 사용한 중국화의 기법을 가리킨다. 중국 회화의 초기 단계에서 주요한 지위를 차지한다.

박해 보여, 송대(宋代)의 그림들처럼 사람들의 마음을 크게 감동시키거나 사람들로 하여금 깊은 생각을 불러일으키는 역작(力作)은 부족하다. 명대 화법의 풍격은 주로 송대의 '원체(院體)'를 계승하였으며, 또 이전 시대의 유명 화가들의 영향을 받기도 하였다. 당대(唐代) 오도자[吳道子-당나라 때의 화가 오도현(吳道玄)]의 전통을 취한 것으로는 상희의 〈관우금장도(關羽擒將圖)〉 속의 철선묘(鐵線描)와 순채묘(純菜描)가 있으며, 북송 이공린의 백묘법을 본받은 것으로는 왕중옥(王仲玉)의 〈도연명상〉 속의 난엽묘(蘭葉描)가 있고, 원대 안휘(顏輝)의 풍모를 모방한 것으로는 황제(黃濟)의 〈여검도(厲劍圖)〉가 있다. 남송의 '원체'가 가장 성행하였는데, 이당(李唐)과 유송년(劉松年)을 본받아 비교적 세밀하고 깔끔하며 근엄하고 화려한 것으로는 유준(劉俊)의 〈설야방보도(雪夜訪普圖)〉·상희의 〈선종행락도〉·사문(史文)의 〈송음무금도(松蔭撫琴圖)〉가 있다. 마원(馬遠)·하규(夏圭)의 굳세고 분방하며 한결같이 간결하고 청담한 것으로는, 주견심(朱見深)의 〈세조가조도(歲朝佳兆圖)〉와 주단(朱端)의 〈홍농도호도(弘農渡虎圖)〉 등이 있다.

(2) 산수화

명대 궁정 산수화는 화원 제도의 변천에 따라 비교적 뚜렷한 단계성을 나타냈는데, 초창기와 홍성기로 나뉜다.

① 원대 화가들의 정서를 계승한 명대 초기의 산수화

명나라 초, 징집에 응하여 궁궐에 들어온 화가들의 대부분은 원나라에서 명나라로 편입되어 왔기 때문에, 원대에 성행했던 문인화가 그들에게 큰 영향을 끼쳤으며, 따라서 명대 초기의 화원에까지 그 풍격을 유입시켰다. 예를 들면 조원(趙原)·성저(盛著)·곽순(郭純)·주불(朱芾)·탁적(卓迪) 같은 화가들은 거의 원나라 사대가와 성무(盛懋)를 본받았으며, 오대(五代)의 동원(董源)과 거연(巨然)을 추종

철선묘(鐵線描): 수묵 인물화에서 의복의 주름 문양을 표현하는 기법의 하나이다. 선의 외형 모습이 마치 철사와 같다고 하여 붙여진 이름이다. 이것은 선의 굵기의 변화를 없애고, 굳세고 힘찬 원필(圓筆) 선으로 표현하는데, 철선묘로 구륵하여 이루어진 의복의 선은 항상 너무 많아서 서로 겹쳐져 아래로 처지는데, 마치 '조의출수(曹衣出水-물에서 막 나와 옷이 몸에 착 달라붙은 것과 같은 모습)'와 같다.

순채묘(純菜描): '청채묘(菁菜描)'라고도 하며, 옷 주름이 순채 잎과 같다고 하여 붙여진 이름이다.

난엽묘(蘭葉描): 수묵 인물화에서 옷 주름을 그리는 방법의 한 가지로, 온화하게 그리다가 점차 선을 굵게 하여 붓을 떼는 기법이다. 그 모양이 마치 부드러운 난초의 잎과 같다고 하여 붙여진 이름이다.

하였다. 현존하는 조원의 작품인 〈임동원하산독서도(臨董源夏山讀書圖)〉(軸)·〈합계초당도(合溪草堂圖)〉(軸; 상해박물관 소장)는 모두 동원을 따르고 있으며, 성저의 〈추강독조도(秋江獨釣圖)〉(頁; 대북 고궁박물원 소장)는 그의 숙부인 성무의 화풍과 매우 흡사하다. 곽순의 〈적벽도(赤壁圖)〉(軸; 북경 수도박물관 소장)는 성무의 화법에다 북송의 이성(李成)·곽희(郭熙)의 수석(樹石) 기법을 겸하여 갖추고 있으며, 탁적의 〈수계도(修禊圖)〉(卷)도 송대 화가들을 계승하고 있다.

북송의 이성·곽희 산수화파는 원대에 이르러서도 일정한 지위를 차지하고 있었다. 이로 인하여 명대 초기의 궁정화가들 가운데에도 추종자가 있었는데, 예를 들면 여홍(茹洪)과 곽순 같은 화가들이다. 한편 원대에 종적을 감추었던 남송 시대 마원·하규의 산수는 명대 초기에도 배척되었다. 명나라 성조는 이들의 작품을 다음과 같이 질책하였다. "이 그림은 잔산잉수(殘山剩水)로서 안일함에 치우친 송대의 것인데, 여기에서 무엇을 취할 수 있겠는가![是殘山剩水, 宋僻安之物也, 何取焉.]"[명(明), 엽성(葉盛),『수동일기(水東日記)』권2]

② 양송(兩宋)을 하나로 융합한 명대의 '원체(院體)' 산수화

선덕부터 홍치 연간은 화원 발전의 전성기로서, 남송의 마원·하규 화법에 뛰어났던 절강 지역의 화가들이 대량으로 화원에 진입하였는데, 대진(戴進)·예단(倪端)·왕악(王諤) 등을 꼽을 수 있다. 이들은 모두 솜씨와 재주가 뛰어난 자들로서, 남송의 '원체' 화풍을 아주 빠르게 전파하고 유행시켰다. 동시에 북송의 이성·곽희 유파도 한 걸음 더 확장되었는데, 예를 들면 마식(馬軾)·주단 등이 그들이며, 나아가 남·북송 화풍을 한데 융합하여 명대의 '원체' 산수화풍을 형성하였는데, 그 대표적인 화가는 이재(李在)이다.

왕악은 홍치·정덕(正德) 연간에 활동했던 화가이며, 산수는 마원을 추종하여 그 풍격이 거의 똑같았는데, 그림을 본 효종은 "왕악은

잔산잉수(殘山剩水): 전쟁에 패했거나 변란 후 황폐해진 나라의 풍경을 표현하는 말로, 송나라가 북방 민족에게 수도 변경(汴京)을 빼앗기고 절강 항주에 도읍을 정한 후 통치 지역이 급속하게 협소해지고, 모든 예술 성향이 이전과 달라졌는데, 특히 산수화가 근경(近景)을 부각시키고 중경과 원경을 흐릿하게 표현하는 변각 구도로 바뀌고, 시문이 은유 화풍으로 변한 것을 비평하는 말로 인용되고 있다.

〈강각원조도(江閣遠眺圖)〉
(明) 왕악(王諤)
북경 고궁박물원 소장

해조수지(蟹爪樹枝) : 나뭇가지 끝이 꽃게의 집게발처럼 생겼다 하여 붙여진 말이다.

오늘날의 마원이다[王諤, 今之馬遠也]"(명·엽성, 『수동일기』 권2)라고 칭찬할 정도였다. 현존하는 〈강각원조도(江閣遠眺圖)〉(軸; 북경 고궁박물원 소장)의 대각선 구도와 허실상생(虛實相生)의 경계(境界)·정교하고 엄격한 구성과 조형·힘차고 강한 용필(用筆)·세련된 대부벽준(大斧劈皴)·농담에 정취가 담겨 있는 먹색 등, 모두가 마원이 남긴 운치를 깊이 체득하고 있다.

주단(朱端)은 정덕 연간의 화가로서 풍격이 북송의 곽희에 가깝다. 그의 〈연강원조도(煙江遠眺圖)〉(軸; 북경 고궁박물원 소장)는 전경산수(全景山水)에 삼원[三遠 : 고원(高遠)·심원(深遠)·평원(平遠)]을 갖추어 이성·곽희 화파의 기세를 드러내고 있다. 해조수지(蟹爪樹枝)·험준하고 우뚝 솟은 산석(山石)·힘차고 예리한 필선·정교하고 섬세한 구륵과 선염은 더욱 곽희의 모습을 지니고 있다. 주단은 궁정 산수화가들 중에서 이성과 곽희를 따르는 대표적 인물이라고 할 수 있다.

이재(李在)는 남송·북송의 산수를 겸비하고 있는데, "섬세하고 윤택한 것은 곽희를 따랐고, 호방한 것은 하규와 마원을 본받았다.[細潤者宗郭熙, 豪放者宗夏圭·馬遠.]"[명(明), 하교원(何喬遠), 『민서(閩書)』 권 135] 그의 〈활저청봉도(闊渚晴峰圖)〉(軸; 북경 고궁박물원 소장)는 곽희와 너무 똑같아서, 이재의 낙관을 파내고 그 자리에 '곽희(郭熙)'의 낙관을 집어넣은 다음, 송대의 그림이라고 사칭하기도 하였다. 〈이상수서도(圯上授書圖)〉(頁; 대북 고궁박물원 소장)는 클로즈업 기법으로 경물을 취하고, 대부벽준과 절로묘(折蘆描)를 운용하여 마원과 매우 가깝다. 한편 〈산수(山水)〉(軸; 북경 고궁박물원 소장)는 남·북송을 하나의 용광로에 용해시켜, 높고 심원한 경치와 우뚝 솟은 산세·게의 집게발 같은 나뭇가지 등은 곽희의 화풍을 지니고 있는가 하면, 거칠고 힘찬 용필과 준법(皴法)은 마원으로부터 취하였다. 이와 같은 융합 추세는 많은 궁정화가들의 산수에서 엿볼 수 있지만, 양자의 결합은 그리 성숙되지 못하여 새로운 의경이라고 하기에는 부족했다.

절로묘(折蘆描): 갈대가 꺾인 모양을 모방한 선묘법.

〈삼우백금도(三友百禽圖)〉(軸)
(明) 변경소(邊景昭)
대북 고궁박물원 소장

(3) 화조화

명대 궁정 화조화의 예술 성취는 사람들의 주목을 가장 많이 받고 있다. 이는 다양한 풍격 양식을 형성했을 뿐만 아니라, 후세에도 비교적 큰 영향을 주었기 때문이다. 대표적인 화가로는 변경소(邊景昭)·손륭(孫隆)·임량(林良)·여기(呂紀) 등이 있다.

① 변경소의 공필중채(工筆重彩) 화조화

변경소는 영락·선덕 시기에 활약한 화가로서, 무영전 대조(待詔)를 역임하였으며, 화조에 뛰어났다. 주로 송대의 '원체' 전통을 계승하였는데, 황전(黃筌)의 공필사생법(工筆寫生法)을 따랐으며, 또한 일정하게 새로운 의경도 이루었다. 그의 화조는 정교하고 섬세하지만 기교적인 매너리즘에 빠지지 않았으며, 우아하고 아름다우면서도 유약한 아름다움으로 흐르지 않았다. 그의 작품은 섬세하고 신중하며 미려한 가운데 중후하며 소박한 기질을 표출하고 있어, '당대(當代)의 변란(邊鸞)'이라는 명예를 얻었다.

현존하는 대표작으로는 〈삼우백금도(三友百禽圖)〉(軸; 대북 고궁박물원 소장)가 있는데, 소나무·대나무·매화를 배경으로 각종 날짐승 백 마리를 배치하였다. 이는 문무백관들이 천자에게 조배(朝拜)하는 것을 은유한 것으로, 하늘의 뜻을 따른다는 상징적 의미를 나타낸 길상(吉祥) 장식화에 속한다. 화면에는 백 마리 새들의 미세하고 작은 부분까지 정교하고 섬세하게 묘사되어 있어, 그 품종 하나하나를 분별할 수 있으며, 표정과 태도에서도 살아 움직이는 생동감이 묻어난다. 소나무·대나무·

〈죽학도(竹鶴圖)〉(軸)
㈜ 변경소
북경 고궁박물원 소장

변란(邊鸞) : 당나라 때의 관리이자 화
가로, 화조화(花鳥畫)가 독립된 화과
(畫科)로 자리 잡는 과정에서 중요한
역할을 하였다. 그는 화조와 절지초
목(折枝草木)에 뛰어났으며, 또한 벌과
나비를 그리는 데에도 탁월했다. 작품
으로는 〈매화산다설작도(梅花山茶雪
雀圖)〉가 『당송원명화대관(唐宋元明
名畫大觀)』에 수록되어 전해지고 있다.

매화는 힘차고 강건한 용필에 수묵을 위주로 비교적 세련되게 표현
되어, 전 화폭이 눈부시게 아름다운 가운데 청아한 운치를 겸비하
고 있다. 〈죽학도(竹鶴圖)〉(軸: 북경 고궁박물원 소장)의 묘사 내용도 역
시 군자(君子)·장수(長壽)의 뜻을 함축하고 있다. 한 쌍을 이룬 백학
의 자태와 표정을 세밀하게 그렸으며, 흰색 날개와 붉은색 정수리 및

검은색의 긴 목·짧은 꼬리·긴 다리 모두를 정교하게 처리하였다. 특히 색채의 강렬한 대비는 선학(仙鶴)의 새하얗게 눈부신 아름다움을 한층 돋보이게 한다. 배경의 푸른 대나무와 맑은 샘물·비탈은 수묵법을 운용하였는데, 윤곽을 그린 후에 짙고 옅은 먹색으로 약간의 훈염(暈染)을 더하여 주변 환경의 고요하고 그윽함을 강조하였다. 선명하고 화려함에 청아함이 결합된 작품은 뛰어난 조화를 이루어, 그 격조가 이미 부귀하고 화려했던 송대의 '원체'와는 판이하게 다르다.

변경소가 창립한 화조화풍은 이미 당시에 하나의 화파를 이루었으며, 추종자들로는 아들인 변초선(邊楚善)·변초방(邊楚芳), 사위 장지신(張志信), 외손자 유존승(俞存勝) 및 등문명(鄧文明)·나적(羅績)·유기(劉琦)·노조양(盧朝陽) 등이 있었다. 선종 주첨기의 많은 어필 화조들도 그의 화풍을 모방하였는데, 예를 들면 〈화하리노도(花下狸奴圖)〉·〈원희도(猿戲圖)〉·〈삼양개태도(三羊開泰圖)〉·〈호중부귀도(壺中富貴圖)〉·〈자모계도(子母鷄圖)〉(모두 대북 고궁박물원 소장) 등이 그것들이다. 정덕(正德) 3년에 장세통(張世通)은 『선덕보회(宣德寶繪)』 화책의 후발(後跋)에서 이렇게 말하고 있다. "건국 초기에 변경소가 그린 여덟 폭의 긴 춘경(春景)이 있는데, 당시 어필(御筆−선종 주첨기의 작품) 또한 대부분 변경소 작품의 의취를 모방하였으며, 경축일에 대신들에게 하사하였다.[國初邊景昭有八節長春之景, 當時御筆亦多仿其意, 于令節賜大臣.]" 홍치 연간에 스스로 문호(門戶−화파)를 세운 여기(呂紀)는, 처음에 화조화에서 역시 오로지 그의 공필중채를 따랐으니, 그의 영향이 얼마나 오랫동안 지속되었는지 알 수 있다.

② 손륭(孫隆)의 채색몰골(彩色沒骨) 화조화

손륭은 선덕 연간에 궁궐에 들어가 봉직하였다. 그는 "영모(翎毛)·초충(草蟲)을 그릴 때, 화면 전체를 채색으로 선염(渲染)하였으며, 서숭사(徐崇嗣)와 조창(趙昌)의 몰골법(沒骨法)을 체득하여, 생생한 의취가 넘쳐흐른다."[畵翎毛·草蟲, 全以彩色渲染, 得徐崇嗣·趙昌沒骨圖法, 饒有生趣.][명(明), 서심(徐沁), 『명화록(明畵錄)』권6] 그의 채색몰골법(彩色沒骨法)은 서승사와 조창에 근원을 두고 있으며, 또 남송의 양해(梁楷)와 법상(法常)의 수묵사의법(水墨寫意法)과 원대의 왕연(王淵)·장중(張中)의 채색사의법(彩色寫意法)도 흡수하였다. 이처럼 먹과 채색, 그리고 몰골과 사의를 겸한 새로운 화풍을 형성하여, 궁정 화조화 가운데 스스로 일파를 이루었다.

  손륭은 몰골법을 운용하여 풍부하고 다양한 변화를 시도했다. 예를 들면 먹을 위주로 하기도 했고 때로는 채색을 주로 사용하기도 하였으며, 혹은 순전히 사의 기법만을 취했는가 하면, 윤곽선을 그리는 구륵법을 함께 사용하기도 했지만, 이 모두 질박하고 편안한 정취를 지니고 있다. 〈부용유아도(芙蓉遊鵝圖)〉(軸; 북경 고궁박물원 소장)는 채색몰골법을 위주로 하였으며, 부용과 태호석(太湖石)은 활달한 필치의 사의법으로 그렸고, 헤엄치는 거위는 몰골에 약간의 구륵을 가미하여, 정교한 공필 기법과 자유로운 사의 기법을 결합함으로써 생기 있는 정취가 넘쳐흐른다. 〈설금매죽도(雪禽梅竹圖)〉(軸; 북경 고궁박물원 소장)는 수묵사의 기법을 위주로 하면서 약간의 담채를 가미하였다. 하늘은 화청색(花靑色)에 먹을 섞어 훈염(暈染)하였고, 흰 면을 남겨둠으로써 쌓인 눈을 표현했으며, 매화나무 가지는 거친 붓질로 윤곽과 질감을 표현했으며, 바위와 비탈진 언덕은 발묵법으로 처리하였다. 또 흰 할미새는 배경을 어둡게 함으로써 그 윤곽이 드러나게 한 다음 구륵을 가미하였다. 이와 같이 사의에 몰골을 겸한 화법은 일반적인 사의수묵화와는 차이가 있을 뿐 아니라, 특색을 지니고 있다. 〈화조초충도(花鳥草蟲圖)〉(卷; 길림성박물관 소장)는 다양한 화법들을 함께 사용하고 있다. 쥐·가지·내복(萊菔 – 한약재로 쓰이는 무)·해오라기·청개구리와 수련은 모두 대상의 형태와 질감 및 기질에 근거

화조초충도(花鳥草蟲圖)(卷) (일부분)
(明) 손륭(孫隆)
길림성박물관 소장

하여 필묵으로 표현하였다. 때로는 정교한 공필 기법을 사용하고 때로는 사의 기법을 사용하였으며, 또 때로는 구륵을 하고 때로는 선염(渲染)을 사용함으로써, 정교한 섬세함과 간결한 세련됨·곱고 아름다움·정갈한 우아함 등 서로 다른 의경과 운치를 마음껏 드러냈다. 〈화조초충도〉(冊; 상해박물관 소장)는 화법과 정취가 위의 그림과 비슷하여, 손륭의 전형적인 풍격임을 알 수 있다.

채색몰골 화조화법은 서숭사(徐崇嗣)가 창립한 후 그 전통이 끊어진 지 이미 수백 년이 되었다. 이후 손륭에 이르러 개선·발전시켜 화원 내에서 매우 빠르게 유행하였으며, 또한 훗날의 문인화에까지 영향을 미쳤다. 선종 주첨기의 몇몇 화조는 손륭의 것과 비슷한데, 〈과서도(瓜鼠圖)〉(卷)·〈연포도(蓮浦圖)〉(卷)(모두 북경 고궁박물원 소장)는 손륭의 〈화조초충도〉(卷) 가운데 과서(瓜鼠-쥐와 오이)가 그려진 단락이나 해오라기·추하(秋荷-가을철의 시든 연)가 그려진 단락과 매우 닮았다. 선덕 시기의 궁정화가였던 주좌(朱佐)가 그린 〈화조육단(花鳥六段)〉(卷; 북경 고궁박물원 소장)도 손륭에게 깊은 영향을 받았다. 홍치 연간에 활동한 곽후(郭詡)가 그린 화조도 역시 몰골법을 사용하였는데, 〈청와초접도(靑蛙草蝶圖)〉(卷; 상해박물관 소장) 같은 그림은 필묵이 한층 자유분방하다.

③ 임량(林良)의 수묵사의(水墨寫意) 화조화

임량은 성화(成化)·홍치(弘治) 연간에 활약한 궁정화가로, 금의지휘의 관직을 지냈다. 화조화 작품에는 공필채색과 수묵사의의 두 종류가 있는데, 수묵화로 이름을 얻었을 뿐 아니라, 스스로 일파(一派)를 형성하였다. 그의 화법은 송대의 '원체'에 근원을 두고 있지만, 오히려 남송의 자유분방하고 간결한 화풍을 더 많이 흡수하였다. 또 강건하고 거칠며 분방한 '절파(浙派)'의 영향을 받았음도 뚜렷할 뿐 아니라, 초서(草書)까지도 함께 수용하였다. 선택한 제재들은 대부분 웅건하고 광활하거나 혹은 자연의 정취가 넘치는 참매·기러기·갈까마귀·참새·꿩·까치 등과 같은 날짐승들과 푸른 소나무·고목·물억새와 갈대·물풀 등 야생 초목들이다. 힘차고 자신감 넘치는 방일함과 기세가 웅건하고 활달한 필묵으로 용맹스럽고 거친 야생의 정취가 풍부한 생물들을 표현하였다. 특히 이 양자(兩者)의 결합은 적절하고 매우 아름다워, 마치 살아 움직이는 듯하다. 명나라의 강소서(姜紹書)는 『무성시사(無聲詩史)』에서 이렇게 말하고 있다. "수묵으로 그린 연기 자욱한 수면이 출몰하고, 물오리와 기러기가 지저귀는 자태가 매우 맑고 심원해 보인다. 운필이 힘차면서도 초서와 비슷하여, 보는 사람으로 하여금 감동을 느낄 수 있게 한다.[取水墨爲煙波出沒, 鳧雁嗷唳容與之態, 頗見淸遠. 運筆遒上, 有類草書, 能令觀者動色.]"

그런데 그의 수묵사의법은 또한 분방한 붓질 몇 번으로 대충 그려낸 것도 아니고, 형사(形似)도 추구하지 않았지만, 묘사한 물상의 조형은 매우 정확하여, 유속(類屬)과 품종의 하나하나까지도 다 구분할 수 있다. 또 한 번의 대담한 큰 붓질을 하면서도, 늘 비교적 섬세한 윤곽선으로 보완함으로써 짜임새를 드러냈다. 그래서 그의 사의 화조는 민첩하면서도 신중함을 잃지 않았고, 자유분방하지만 법도에 어긋나지 않았다. 또 내적 감정의 운치를 추구하면서도 외적 형태에서 벗어나지 않았고, 자유분방하면서도 거칠거나 저속함에는 빠지지 않았다. 이 때문에 화원 내에서 크게 유행할 수 있었다.

임량의 현존하는 작품들은 수묵사의화가 대부분인데, 대표작으로는 〈쌍응도(雙鷹圖)〉(軸)·〈송학도(松鶴圖)〉(軸)(둘 다 광동성박물관 소장)·〈노안도(蘆雁圖)〉(軸)·〈관목집금도(灌木集禽圖)〉(卷)(둘 다 북경 고궁박물원 소장) 등이 있다. 이러한 작품들에 그려진 날짐승들은 일반

〈쌍응도(雙鷹圖)〉(軸)
(明) 임량(林良)
광동성박물관 소장

적으로 모두 짙고 힘찬 먹선으로 구조와 윤곽을 그려 내면서, 간간이 수묵으로 선염(渲染)하여, 형체가 견실하고 날개가 풍만하며, 사실적이면서도 또한 생동감 있게 보이도록 하였다. 나무와 바위를 그린 배경은 거의 활달한 필선과 발묵 기법으로 윤곽·질감·태점을 처리하여, 자유롭고 약동적이며, 투박하면서 박력이 있다. 이처럼 거친 가운데 섬세하고, 분방하면서도 절도가 있으며, 또 강건함 속에 공교한 아름다움을 함축하고 있을 뿐 아니라, 기세가 웅강하면서도 또한 각자의 품성을 갖추고 있는 화풍은, 그의 전형적인 면모를 반영하고 있다.

임량의 화조화는 당시에 자연스럽게 하나의 화파를 이루었는데, 그 화법을 따르는 화가들로는 아들인 임교(林郊)와 제자인 소절(邵節) 및 구천(瞿泉)·유소운(劉巢雲) 등이 있다. 여기(呂紀)도 화조를 처음 배울 때 임량을 모방해서 그렸는데, 무명 시절에는 "대개 여기가 그린 작품에, 대부분 거짓으로 임량의 이름을 썼다.[凡紀所作, 多假書良名.]"[명(明), 이개선(李開先), 『한거집(閑居集)』 序]

〈추수취금도(秋樹聚禽圖)〉(軸)
(明) 임량

④ 여기(呂紀)의 공필과 사의를 겸한 화조화

여기는 홍치 연간의 궁정화가로, 관직은 금의지휘(錦衣指揮)에 이르렀다. 그의 화조는 "초기에는 변경소를 배우다가, 후에는 당·송의 여러 화가들을 모방하여, 비로소 그 오묘함에 이르렀다.[初學邊景昭, 後摹仿唐宋諸家, 始臻其妙.]"[명(明), 서심(徐沁), 『명화록(明畫錄)』 권6] 그와 관련된 기록들을 종합해보면, 그는 궁궐에 들어가기 전에는 주로 변경소의 공필중채 화조를 추종하였는데, 화원에 들어가서 초기에는 임량의 수묵사의화를 본받다가, 그 후에는 당·송의 명화들을 임모하며, 마침내 자신만의 풍격을 형성하였다. 작품에는 거칠고 투박한 것과 정교하고 섬세한 두 가지의 면모가 있는데, 공필채색법으로 유명하다. 그가 그린 것들은 대부분 봉황·학·공작·원앙 같이 색이 곱고 무늬가 알록달록하며 찬란하고 진귀한 날짐승들인데, 정교하고 섬세하게 구륵하고 곱고 선명한 색으로 훈염하였고, 배경은 벼랑의 고목·비탈진 언덕의 큰 바위·모래톱에 흐르는 물 등 웅장한 경관으로 돋보이게 하였다. 아울러 대범하고 힘찬 필법과 물기 흥건한 수묵을 사용하여 화려한 아름다움과 청아함·부귀함과 자유분방함을 유기적으로 융합하여 하나의 양식을 이루었다. 또 공필과 사의·색채와 수묵의 조화로운 결합을 통해, 작품이 정교하고 화려한 가운데 웅장하고 광활한 기세를 갖추게 하는 새로운 격식을 만들어냈기 때문에, "당대에 독보적이다[獨步當代]"라는 명예를 얻었다.

여기가 그린 공필채색 화조화의 대표작으로는 〈계국산금도(桂菊山禽圖)〉(軸; 북경 고궁박물원 소장)가 있다. 작품 속 산새와 화훼의 윤곽선이 매우 정교하고 섬세하며, 형태는 정확하고, 채색은 선명하며 화려하다. 또 나무와 바위에 사용된 선은 힘차고 강하며, 준염(皴染)은 거칠고 호방하며, 먹색은 짙고 무겁다. 이처럼 거친 것과 섬세한 것의 결합, 공교하면서도 문아한 필법, 다양하면서도 우아한 색은, 여기의 전형적인 풍격을 반영하고 있다. 〈추로부용도(秋鷺芙蓉圖)〉(軸)와 〈추저수금도(秋渚水禽圖)〉(軸)(둘 다 대북 고궁박물원 소장)도 정교하고 단정한 화조화에 속한다.

여기의 또 다른 성향인 수묵사의화는, 간결하고 분방한 가운데 때때로 정교하고 섬세한 윤곽선과 빈틈없는 조형이 보이며, 자유분방하면서도 법도를 벗어나지 않고, 형(形)과 신(神)·질(質)과 세(勢)를 겸비하고 있다.

준염(皴染) : 나무와 암석의 질감과 입체감을 나타내기 위해 선과 먹으로 음영(陰影)을 표현하는 기법.

〈추저수금도(秋渚水禽圖)〉(軸)
(明) 여기(呂紀)
대북(臺北) 고궁박물원 소장

〈잔하응로도(殘荷鷹鷺圖)〉(軸; 북경 고궁박물원 소장)와 같은 그림은 발묵과 점·선염으로 처리한 연잎에 몇 가닥의 옅고 부드러운 선으로 잎맥과 윤곽을 세세하게 묘사하여, 자신이 그리고 싶은 대로 표현하였으면서도 질서정연함을 드러내고 있다. 또 투박한 선과 짙은 먹으로는 어지럽게 퍼져 있는 갈대밭을 그렸고, 백묘의 가는 선으로는 놀라서 달아나는 백로를 그려서, 거칠고 투박함과 가늘고 섬세함의 대비가 강렬하다. 이는 사의적 기법에 정교한 화법을 융합한 것으로, 이와 유사한 풍격의 작품으로는 〈응작도(鷹鵲圖)〉(軸; 북경 고궁박물원 소장)·〈한설산계도(寒雪山鷄圖)〉(軸; 대북 고궁박물원 소장) 등이 있다.

여기의 화조화풍을 추종한 화가들은 매우 많았는데, 조카인 여고(呂高)·여당(呂棠)·여원칠(呂遠七), 생질인 섭쌍석(葉雙石), 제자인 초증(肖增)·유준(劉俊)·육일(陸鎰)·호진(胡鎭) 등이 있었다. 이들은 여기를 스승으로 섬겼으며, 정석(鄭石)·은선(殷善)·은해(殷偕)·은굉(殷宏)도 또한 그의 화법을 따랐다. 그가 보여준 공필과 사의의 융합 경향은 후세에도 확실하게 영향을 미쳤는데, 주지면(周之冕)의 '구화점엽(鉤花點葉)' 체제는 곧 문인화 가운데 공필과 사의를 결합한 유파이다.

구화점엽(鉤花點葉) : 먼저 담묵의 정교한 선으로 꽃 모양의 윤곽을 그린[鉤花] 다음에 채색을 하고, 잎은 꽃과는 달리 몰골기법의 색깔 있는 점이나 먹 점으로 그린 것[點葉]을 말한다.

| 제2절 |

청대의 궁정회화

만주족이 건립한 청(淸) 왕조는 정치 교화와 감상의 필요에 따라 궁정회화의 창작을 매우 중시하였다. 이들은 한족의 문화 전통을 계승함과 동시에 자신들의 민족 색채도 융합하였으며, 아울러 혁신과 변화를 더함으로써, 기구·제도·직함·대우·내용·풍격 등 모든 방면에서 송대나 명대와는 달랐다. 이 시기의 궁정회화는 비록 이미 종

〈강희(康熙) 황제 조복상(朝服像)〉

결 단계에 들어서 있었지만, 독특한 사회적·역사적 조건에 따라, 어떤 부분에서는 명대보다 크게 진보하여, 전체적으로 회화가 발전하는 데에 촉진 작용을 하였다.

청대의 궁정회화도 마찬가지로 초창기·번성기·쇠퇴기의 세 단계를 거쳤으며, 기구·제도·풍격 등도 이와 함께 발전과 변화의 과정을 거쳤다. 초창기에 속하는 순치(順治)·강희(康熙) 연간은 기구가 매우 불완전한 상태였고, 제도는 역시 아직 확정되지 못하여, 화가들은 명확한 직함과 등급이 없었으며, 지위는 장인들과 유사했고, '원체'의 풍격도 아직 형성되지 못했다. 번영기에 속하는 옹정(雍正)·건륭(乾隆) 연간에 이르러 화원 기구가 점차 설립되고, 제도도 날로 엄밀해지면서 화가들의 지위도 높아졌다. 또 창작 활동이 매우 활발해져 제재의 내용과 풍격 양식이 한층 풍부해지고 다채로워졌으며, 각자 뛰어난 재능을 마음껏 발휘하였다. 특히 많은 외국 선교사들이 궁정에 들어와 봉직하면서 서양의 화법이 전파되어, 중국 화법과 서양 화법이 결합된 새로운 화풍이 한때 성행하였다. 쇠락기에 속하는 가경(嘉慶) 이후에는 기구와 제도가 모두 허술해지고, 창작 상황도 갈수록 열악해져, 유명 화가들이 그다지 출현하지 못하였다.

회화 기구와 명칭

청대의 궁정 안에는 화가의 창작을 관리하는 전문기구가 설치되었지만, '화원'이라 불리는 정식 명칭은 없었고, 기타 각종 명칭으로 불렀으며, 시기에 따라 몇 차례 변화가 있었는데, 그 상황이 명대와 비슷했다.

청대는 비록 화원이라는 명칭은 없었지만 화원의 실체는 있었기 때문에, 당시의 문헌에서 '화원(畫院)'이라 불리는 명칭을 찾아볼 수

〈건륭(乾隆) 황제 조복상〉(軸)

있다. 건륭 황제는 여러 차례에 걸쳐 언급하였는데, 예를 들면 『어제시(御製詩)』 5집에 있는 「당대(唐岱)의 〈만목도(萬木圖)〉 제시(題詩)」 가운데에서는 "그 해에 화원에서 종사한 사람[畫院當年供奉人]"이라고 말하고 있으며, 4집에 있는 「김정표(金廷標)의 〈비파행(琵琶行)〉 제시」의 제어(題語) 가운데에서는 "화원에는 능히 이와 같이 해석하여 창작할 수 있는 자가 실로 적다[畫院中能作如此解者實少也]"라고 언급하고 있다. 또 3집에 있는 「왕병(王炳)의 〈방조백구춘산도(仿趙伯驅春山圖)〉 제시」에서는 이렇게 말하고 있다. "왕병은 화원의 학생으로 자연의 이치에 따라 창조할 수 있는 자이다.[王炳爲畫院學手可造化者.]" 또 일부 궁정화가들은 낙관을 할 때 스스로를 '화원공봉(畫院供奉)'이라고 하였는데, 예를 들어 『서청고감(西淸古鑑)』에 실려 있는 그림에는 양관(梁觀) 등 일곱 명이 '畫院供奉'이라 적고 있으며, 〈황조예기도(皇朝禮器圖)〉를 보면, '종사한 여러 신하들의 관직명' 가운데 "畫院供奉 周本(주본), 畫院供奉 顧軺(고전), 畫院供奉 賈全(가전)"이라고 씌어 있다.

사실 청대에는 화원의 기구와 명칭의 변천이 비교적 많았고, 상황도 명대에 비해 훨씬 복잡했는데, 이로 인해 제도의 실제 상황을 반영하지 못하고 두루뭉술하게 '화원'이라고 불렀다. 그 기구들로는 화화처(畫畫處)·화작(畫作)·화원처(畫院處)·여의관(如意館)·내정작방(內廷作坊) 등이 있었다.

(1) 화화처(畫畫處)와 화작(畫作)

강희 연간에 '내무부(內務府) 조판처(造辦處)'를 설립하고 각지에서 뛰어난 장인들을 모집하여, 황실을 위해 전문적으로 각종 공예품을 제작하게 하였다. 처음에는 양심전(養心殿) 주위에 설치하였다가, 나중에는 무영전(武英殿) 북쪽 백호전(白虎殿)의 뒷방으로 옮겼는데, 이 곳은 명대에 인지전(仁智殿)이 있었던 곳이다. 강희 32년(1693년)에 각종 작방(作坊-수공업장)을 설립하기 시작하였는데, '화작'은 곧 그 중 하나로서, 구성원들이 지위가 낮은 공장(工匠)들이었기 때문에, 이 기구는 궁정화가들을 통일적으로 관리하는 권한을 갖지는 못하였다.

옹정 연간에는 조판처 아래에 또 하나의 '화화처'를 설치하였고, 맡은 일이 끝나면 화작 내에 소속하게 하였다. 화화처는 내정(內廷)과 원명원(圓明園) 등에 나누어 설치하였으며, 자녕궁(慈寧宮)·함안궁(咸安宮)·재궁(齋宮)·남훈전(南熏殿)·이정서사(怡情書史)·춘우서화(春雨舒和)·화일서장(化日舒長)·심류독서처(深柳讀書處)·기하향(芰荷香) 등지를 포괄하였으니, 곧 화화처는 하나의 임시적이고 분산된 작방이었다.

(2) 화원처(畫院處)

늦어도 건륭 원년(1736년)에 이미 '화원처'가 출현하였는데, 이곳 역시 조판처에서 관할하는 작방 가운데 하나로서, 당시에는 원외랑(員外郎) 진매(陳枚)와 7품관 혁달새(赫達塞)가 그곳을 책임지고, 황제의 뜻을 받들어 화가들의 창작을 지도하고 조직하였으니, 그 성격은 이미 화원 기구에 속하였다.

건륭 27년(1762년)에 이르러 '화원처'는 '법랑처(琺瑯處)'에 합병됨으로써 이 기구는 마침내 해체를 선고받았다. '화원처'의 소재지는 이미 여러 차례 변경되었는데, 처음에는 자녕궁에 있다가 후에는 함안궁으로 옮겨갔으며, 다시 남훈전(南熏殿)으로 이전하였다. 이 밖에 원명원에도 조판처가 있었지만, 이곳에서도 여러 차례 옮겨 다녔다.

(3) 여의관(如意館)

'여의관'도 건륭 원년(1736년)에 개설되어 조판처에 예속되었지만, 이곳은 독립적인 어용 미술 기구의 성격을 지녔다. 이곳은 화작(畫作－그림 제작)·옥작(玉作－옥기 제작)·아작(牙作－상아 제품 제작)·표작(裱作－표구 제작) 등 다섯 개의 작방이 합병하여 만들어졌는데, 주로 회화 창작에 종사하면서 옥기나 상아 등 정교하고 아름다운 공예품도 함께 제작하였다. 이곳은 원명원의 복원문(福園門) 내의 동쪽에 위치하였으니, 즉 20경(二十景) 중 하나인 '동천심처(洞天深處)'의 동북부에 해당한다.

건륭 27년(1762년) 이전에는 여의관과 화원처가 함께 존립하면서 궁중화가들을 집중 관리하는 기구가 되었다. 이 두 곳은 분담하여 협조하였기 때문에 인원은 서로 조절할 수 있었다. 이후 화원처와 법랑처가 합병되고, 일부 유명 화가들이 여의관으로 들어가면서, 여의관이 곧 유일한 화원 성격의 기구에 속하게 되었다.

〈건륭 황제 고장상(古裝像)〉(軸)

함풍(咸豐) 10년(1860년)에 영국·프랑스 연합군이 원명원을 불태울 때 여의관도 함께 불탔다. 동치(同治) 3년(1864년)에 자금성의 북오소(北五所)에 따로 '여의관'을 지었는데, 청나라 말기까지 거기에 있었다.

(4) 내정작방(內廷作坊)

자금성 서편 6궁 서남쪽에 계상궁[啓祥宮 : 동치(同治) 시기에 '태극전(太極殿)'으로 고침]이 자리하고 있으며, 이곳에서는 가장 우수한 몇몇 화원 화가와 옥·상아나 코뿔소 뿔·상감 등을 잘 다루는 명장들을 관할하였는데, 또한 '내정작방'이라고도 불렸으며, 그 기능은 여의관과 대체로 비슷했다. 황제가 초춘(初春-음력 정월)에 원명원에 들어가 거주하면, 계상궁에 있는 한 그룹의 인원들도 수행하여 여의관에 따라 들어갔다가, 겨울철에 황제가 자금성으로 돌아오면 여의관에 있었던 이들 인원들도 다시 계상궁으로 돌아왔다. 그래서 이 두 곳은 실제로는 동일한 기구이면서, 두 곳에 위치하였던 것이다.

화가의 명칭·등급·대우

청대에 궁정 안에서 봉직한 화가들은 그 명칭이 대단히 많았을 뿐 아니라, 매우 두루뭉술하여 직무의 성격을 갖추지 못하고 '공봉(供奉)' 혹은 '행주(行走)' 등으로 불렸다. 또 몇몇 명칭들도 전문적인 관직명은 아니었고, 높고 낮은 등급의 구분만 있었다. 예를 들면 '화화인(畵畵人)'·'화원공봉후선(畵院供奉候選)'·'화화백당아(畵畵柏唐阿)'·'학수백당아(學手柏唐阿)' 등이 그것이다. 일반 화가들은 모두 공장(工匠-공예가)의 계열에 속하였으며, 단지 황제의 총애를 받은 극소수의 화가들만이 말단 벼슬을 얻을 수 있었다.

(1) 화가의 명칭과 등급

청대 초기에 조판처에서 관할한 장인들을 '남장(南匠)'과 '북장(北匠)'의 두 종류로 구분하였는데, 솜씨가 뛰어난 많은 장인들과 화가들은 거의 남방 지역에서 왔기 때문에 통틀어서 '남장'이라고 불렀다.

옹정·건륭 연간(1723~1795년)에 이르러서는 화가를 통틀어 '화화인'이라고 불렀다. 다만 근무하는 궁전이 다른 점에 근거하여 구체적으로 '남훈전 화화인'·'계상궁 화화인'·'여의관 화화인'·'함안궁 화화인'·'예기관(禮器館) 화화인'·'춘우서화(春雨舒和) 화화인' 등으로 불렀다.

'화원처'와 '여의관' 내에서 비교적 유명한 극소수만이 대외적으로 스스로를 '화원공봉' 혹은 '화원공봉후선'이라 불렀다. 이 둘 가운데 '화원공봉'의 지위가 비교적 높았고, 후자는 아직 관찰 중에 있어서 '화화인'보다 지위가 낮았다.

'화양인(畫樣人)'은 조형·색채·공예 부분의 설계사를 가리키며, '화장(畫匠)'은 일반적인 회화의 수공(手工) 노동에 종사하였다. 이들의 등급은 모두 '화화인'보다 낮은 순수한 공장(工匠)에 속했다.

'화화인'보다 등급이 낮은 것으로는 '화화백당아'가 있었다. 이는 만주족 가운데 사회적 지위가 지극히 낮거나 품급이 없는 하인으로, 화원에 '화화인'을 공급하는 도제(徒弟)에 해당했다. 또 '학수백당아'는 연습생인데, 주로 그림을 배우고 익히는 일을 하였으며, 이 중에는 화두방(畫斗方-신년에 써 붙이는 마름모꼴의 정사각형 그림)이나 연화(年畫-설날 실내에 붙이는 그림, 즉 歲畫) 같은 저급한 작품들을 맡아 그리기도 하였다. '소랍(蘇拉)'은 가장 낮은 심부름꾼이나 잡부였다.

'화화인'보다 높은 등급은 몇몇 관리직(管理職) 관원인데, 즉 여의관을 주관하는 관원인 '주사(主事)'와 화원처의 주관(主管) 관원으로, 이들은 조판처나 기타 여러 작방이나 처(處)의 주요 관원들보다 지위가 높았다.

(2) 화가의 대우

청대의 궁정화가는 옹정조에 이르러 비로소 등급에 따라 대우를 받았다. 가장 높은 대우는 매월 봉급으로 은 8량(兩), 공비(公費-사무비)로 은 3량을 주었으며, 등급에 따라 점차 줄어들었다. 그러나 이는 대우에 따라 등급을 나눈 것이지, 정확한 등급 제도는 아직 확정되지 않았다.

건륭 6년(1741년)에 이르러서야 비로소 정식으로 '화화인'을 1·2·3등급으로 구분하였으며, 1등급은 매월 봉급으로 은 8량과 공비 3량을 지급 받았고, 2등급은 6량과 3량을 받았으며, 3등급은 4량과 3량을 받았는데, 등급에 들지 못한 화가에게는 6량 이하로 지급되었다. 이러한 대우는 공장(工匠)들 가운데 가장 높은 것이었다.

'화화인'은 일반적으로 외관(外官-지방관)이 될 수 없었으며, 또 품급이 없는 정대(頂戴-청나라 때 관직을 구별하는 모자)를 착용하였지만 소수의 예외도 있었다. 어떤 화가는 황제의 특별한 은총을 입고, 회시(會試)에 참가하여 관원이 될 수 있었다. 건륭 19년(1754년)의 유지(諭旨-황제가 내린 명령)에는 이런 내용이 있다. "서양(徐揚)과 양서련(楊瑞蓮)에게 은상(恩賞)으로 거인(擧人-향시에 합격한 사람) 직위를 주고, 모두 회시(會試)를 보게 한다.[徐揚·楊瑞蓮加恩賞給擧人, 一體會試.]" 서양은 건륭 31년(1766년)에 회시를 거친 후에 곧 내각중서(內閣中書)가 되었다. 또 직접 관직을 받은 자도 있었다. 반달리사(班達里沙) 같은 화가는 만주족 출신으로 백당아에서 호군(護軍)에 임명되었고, 김정표(金廷標)와 김곤(金昆)은 7품 관직을 받았으며, 지두화가(指頭畫家-붓 대신 손가락이나 손바닥에 안료를 묻혀서 그리는 화가)인 부분(傅雯)은 정원을 초과하여 별도로 효기위(驍騎尉 : 정6품)에 임명되었다. 장종창(張宗蒼)은 호부주사(戶部主事 : 정6품)를 받았고, 진매(陳枚)는 관직이 내무부원외랑(內務府員外郎 : 종5품)이었으며, 낭세녕(郎世寧)은 사후(死後)

회시(會試) : 명·청 시대에 향시(鄕試)에 합격한 거인(擧人)들을 대상으로 중앙 정부가 3년마다 치르는 과거시험.

에 3품인 시랑(侍郞)의 직함이 내려졌다. 청나라 말기에 자희(慈禧-서태후)가 집정할 때에는 화가들의 지위가 갑자기 크게 높아져서 '화화인'을 '화사(畵士)'로 고쳐 불렀고, 총애를 받은 화가는 2품부터 7품에 이르는 관직을 받기도 하였다.

화원(畵院) 관리 제도

청대 화원의 관리 제도는 송대만큼 완벽하지는 못했지만, 명대에 비해 엄밀하여, 채용 심사·작품 심의·우수한 자를 장려하고 미진한 자를 징계하는 상벌 제도 등 여러 방면에서 모두 조목별로 규정을 정한 장정(章程)이 있었다.

(1) 채용 심사 제도

청대에 화가들이 궁정에 진출하는 가장 보편적인 경로는 인재를 천거하는 것으로, 조정의 신하와 지방 관리가 조정에 추천하였다. 옹정조(雍正朝) 때에는 조정에서도 정기적으로 취지를 하달하면, 광동 순무(巡撫)·양광(兩廣-광동과 광서) 총독·월해관(粤海關-광동의 세관)과 구강관(九江關)의 감독(監督)·소주(蘇州) 직조(織造) 등 관아에서 선발하고 추천하여, 조판처에 보내 단기간의 심사를 거친 뒤, 황제에게 올려 채용 여부를 결정하였다. 화가들은 황제의 윤허를 받은 후에 궁궐에 들어가 일정 기간 동안 시험적으로 채용되었다가, 황제가 작품을 보고 허락하면 비로소 정식으로 궁정화가가 되었는데, 개별적으로 여기에서 불합격하면 원래의 소속으로 돌아가야 했다.

민간에서 활동하던 직업화가들 중에는 그림을 직접 헌정하며 자신을 추천하는 자도 있었다. 예를 들면 서양(徐揚)은 건륭 16년(1751년)에 홍력(弘歷-건륭 황제의 이름)이 제1차 남순(南巡-남방 순시)을 위해 소주에 도착했을 때, 삼가 공손하게 화책(畫册)을 진상한 것으로 인해 입궁하게 되었다. 또 김정표는 건륭 22년(1757년)에 홍력이 제2차 남순을 할 때 진상한 그림이 좋은 평을 받아 입궁하게 되었다.

사회에서 명성이 비교적 높았던 일부 화가들도 황제의 지명을 받아 궁궐에 뽑혀갔다. 순치(順治) 때 황응심(黃應諶) 같은 화가는 부름에 응하여 입궁하였고, 건륭 44년(1779년)에는 초상화가인 육찬(陸燦)을 특별히 불러 어용(御容)과 공신상(功臣像)을 그리게 하였다.

적지 않은 화가들 중에는 부자간에 서로 이어서, 혹은 형제 모두가 그림에 뛰어나서, 또는 사제간에 서로 계승하는 등의 관계로 인해 함께 입궁하거나, 차례로 화원에 들어오기도 하였다. 예를 들면 냉매(冷枚)는 건륭 시기에 이미 나이가 많아, 황제의 윤허를 받아 그의 아들 냉감(冷鑑)이 입궁하여 그를 돕다가 후에 궁정화가가 되었다. 왕개(王玠) 같은 경우는, 옹정 5년(1727년)에 그가 사망하자, 그의 아들 왕경학(王勁學)이 즉시 입궁하여 아버지를 대신하였다. 또 여성(餘省)과 여치(餘稚) 형제는 모두 그림을 잘 그려, 건륭 2년(1737년)에 함께 입궁하였고, 장종창(張宗蒼)은 입궁한 후에 그의 제자 방종(方琮)과 왕병(王炳)도 잇따라 입궁하여 봉직하였다.

궁내에서 공장(工匠)의 지위에 있던 일부 화장(畫匠)과 화양인(畫樣人)은 황제의 특별한 주목을 받아 화화인으로 승진할 수 있었다. 만주족 하인계급인 '소랍(蘇拉)' 가운데 화원의 학생을 거쳐 '학수백당아'와 '화화백당아'로부터 차츰차츰 화화인으로 승진한 자들도 있었다.

(2) 심의 제도의 확립

화가들은 중대한 전례(典禮)·정치·군사 활동을 표현하거나 제후를 위한 '어용'을 그리기 위해서는 반드시 먼저 밑그림을 그려, 심의와 비준을 거쳐야 했다. 심의와 비준에 합격해야 비로소 정식으로 확

<만수원사연도(萬樹園賜宴圖)>(軸)(일부분)
작자 미상

삼거릉(三車凌) : 액로특몽고(厄魯特蒙古) 사이백특부(杜爾伯特部)의 세 사람의 수령, 즉 거릉(車凌)·거릉오파십(車凌烏巴什)·거릉몽극(車凌蒙克)을 일컬음.

대된 밑그림으로 정해질 수 있었으며, 완성한 후에 다시 제출해서 통과되어야만 했다. 예를 들면 <건륭평정서역전도(乾隆平定西域戰圖)> 동판화는 건륭 황제가 건륭 29년(1764년)에 낭세녕(郎世寧－167쪽 참조)에게 초고를 그리도록 명하였고, 30년(1765년)에 또 왕치성(王致誠)·애계몽(艾啓蒙)·안덕의(安德義)에게 다른 초고를 그리도록 명한 후에, 자신이 직접 고른 다음 다시 광동 해관(海關)에서 프랑스로 운송하여 동판화를 제작하도록 하였다.

중대한 내용의 작품을 창작할 때는 많은 화가들이 합작하였는데, 이를 '합필화(合筆畫)'라고 불렀다. 이러한 작품은 항상 황제가 직접 조직하고 파견한 화가들에 의해 이루어졌다. <만수원사연도(萬樹園賜宴圖)> 같은 작품은 건륭 20년(1755년)에 피서산장에서 두이백특부(杜爾伯特部)의 삼거릉(三車凌)을 접견한 사실을 기록하였는데, 곧 낭세녕을 최고 책임자에 임명하고, 왕치성에게는 주필(主筆)을 맡겨, 중국 화가와 서양의 화가가 합작해서 완성하였다. 또 건륭 3년(1738년)에는 〈양정도(養正圖)〉 화책을 그리도록 분부하면서, "당대(唐岱)는 산수를, 손호(孫祜)는 계화(界畫)를, 정관붕(丁觀鵬)은 인물을 그리도록 하라[着唐岱畵山水, 孫祜畵界畵, 丁觀鵬畵人物]"라고 지명하였다.

계화(界畫) : 중국 전통의 화법으로, 자[尺]를 사용하여 반듯하며 섬세하고 입체적인 느낌을 갖도록 그리는 방식으로, 주로 건물을 그리는 데 사용되었다.

　궁정을 장식하는 일부 산수·화조·인물화에 대해서는 황제가 때로 관여하기도 하였지만, 모든 작품을 흠정(欽定-황제의 명으로 제정함)하지는 않았다. 명절과 축하 의식에 쓰이는 길상화는 주로 화가가 스스로 선정하였다. 그래서 청대 궁정화가의 창작은 비교적 자유로웠으며, 제재와 풍격도 풍부하고 다채로웠다.

(3) 상벌 제도

　청대의 화가들은 폭넓게 황제의 환심을 사 항상 칭찬과 장려를 받았지만, 상을 하사하는 데는 제한이 있어, 주로 돈과 물품을 주거나 혹은 식량과 공비(公費)의 액수를 올려주었다. 때로는 화가에게 일종의 특별 휴가를 주기도 하였다.

　화화인에 대해 의외의 징벌을 내리기도 하였으나 처벌이 엄격하지는 않았고, 일반적으로는 비판·경고 정도였다. 처벌이 비교적 중한 자는 감봉하거나 급여를 중단했고, 가장 심한 경우에는 해직시키고 제명하였는데, 명대에 비하면 매우 관대한 편이었다.

주요 궁정화가

　청대에는 궁정에서 봉직했던 화가들이 매우 많아서 이름이 알려진 자만 대략 2백여 명이나 된다. 이들 대부분은 직업화가였으며, 그중에는 선교사 신분으로 궁궐에 들어온 외국 화가들도 있었다. 이러한

예는 이전 시대에는 찾아볼 수 없었고, 청대에만 있었던 일이다. 일부
화가는 내정에서 봉직하지 않는 '사류(士流)' 화가이거나 대신(大臣)이
었는데, 황제의 뜻을 받들어 회화 활동에 참여하였고, 작품에 '臣'자
낙관을 하였으므로, 궁정회화 창작의 일부분으로 볼 수도 있다.

(1) 순치(順治)·강희(康熙)·옹정(雍正) 연간의 궁정화가들

순치 연간에는 맹영광(孟永光)·장독행(張篤行)·왕국재(王國材)·황
응심(黃應諶) 등이 있었고, 강희 시기에는 왕숭절(王崇節)·고명(顧銘)·고
현룡(顧見龍)·손부(孫阜)·왕경명(王敬銘)·섭조(葉洮)·유구수(劉九穗)·추
원두(鄒元斗)·문영풍(文永豐) 등이 있었다. 강희·옹정 사이에는 왕운
(王雲)·초병정(焦秉貞)·냉매·심유(沈喻−'沈喩'라고도 함)·서구(徐玖)·

〈사녀도(仕女圖)〉〈冊〉

(淸) 초병정(焦秉貞)

김영희(金永熙)·여희장(畬熙璋)·고천준(顧天
駿)·추문옥(鄒文玉)·서명세(徐名世)·이선(李
鱓)·반달리사(班達里沙)·손위봉(孫威鳳) 등
이 있었다. 이 가운데 강희 연간의 초병정과
냉매가 가장 유명했다.

초병정의 자는 이정(爾正)이며, 산동 제
녕(濟寧) 사람이다. 강희 시기에 흠천감(欽天
監)의 오관정(五官正)이 되어 내정에서 복무
하며 크게 주목을 받았다. 인물·산수·화
조의 각 분야에 뛰어났으며, 특히 인물을
잘 그렸는데, 전통적인 공필중채를 위주로
하면서 서양의 기법을 참작하여, 청대 '원
체' 인물화의 새로운 풍격을 창조하였다. 칙
명을 받고 그린 〈경직도(耕織圖)〉〈冊〉는 '촌락
의 풍경과 농삿일로 고단한 농가의 모습을

매우 정교하고 섬세하게 표현'하여 황제가 매우 소중히 여겼으며, 판
에 새겨 대신들에게 하사하였을 뿐 아니라 전국에 선양하기도 했다.

냉매의 자는 길신(吉臣), 호는 금문화사(金門畫史)이며, 산동의 교
주[膠州 : 지금의 교현(膠縣)] 사람으로, 초병정의 제자이다. 강희 35년
(1696년) 즈음에 입궁하였으며, 옹정 시기에 잠시 궁을 나갔다가 건륭

조에 다시 입궁해서 건륭 7년(1742년)까지 재직하였다. 인물과 계화를 잘 그렸으며, 특히 사녀화에 뛰어났는데, 화법은 초병정과 비슷했고, 정교한 공필에 간결한 사의 기법을 지녀, 섬세하면서도 맑고 아름답다. 냉매의 가장 중요한 창작 활동은 강희 56년(1717년)에 최고 책임자가 되어 열세 명의 화가들과 함께 〈강희육순만수도(康熙六旬萬壽圖)〉(卷)를 합작한 일이다. 이 작품은 상·하 두 수권(手卷-두루마리)에 수십 리에 이르는 긴 거리에서의 생일 축하 장면을 상세하게 묘사하였는데, 방대하고 웅장한 대작이라 부를 만하다.

(2) 옹정(雍正)부터 건륭(乾隆) 연간까지의 궁정화가들

옹정부터 건륭 연간까지는 김곤(金昆)·하전(賀輇)·당대(唐岱)·낭세녕(郎世寧)·진선(陳善)·진매(陳枚)·오장(吳璋)·정관붕(丁觀鵬)·정관학(丁觀鶴)·장위방(張爲邦)·왕경학(王勁學)·대정(戴正)·복륭안(福隆安)·심원(沈源)·대원(戴垣) 등이 있었다. 건륭 시기에는 진사준(陳士俊)·왕잠(王岑)·왕치성(王致誠)·정지도(程志道)·손호(孫祜)·여성(餘省)·여치(餘稚)·주곤(周鯤)·장종창(張宗蒼)·노담(盧湛)·오역(吳棫)·김정표(金廷標)·애계몽(艾啓蒙)·장우림(張雨霖)·요문한(姚文瀚)·장정언(張廷彥)·가전(賈全)·정양(程梁)·심영휘(沈暎輝)·육수시(陸授詩)·육준서(陸遵書)·방종(方琮)·원영(袁瑛)·서양(徐揚)·왕병(王炳)·양대장(楊大章)·황증(黃增)·사수(謝遂)·이병덕(李秉德)·나복민(羅福旻)·두원지(杜元枝)·하청태(賀清泰)·안덕의(安德義)·반정장(潘廷章)·육찬(陸燦) 등이 있었다. 이 가운데 건륭조에 많은 유명 화가들이 속출하여 청대 '원체화(院體畫)'의 기초를 다졌는데, 중요한 화가들로는 김정표·정관붕·당대·장종창·서양·여성·여치 등이 있다.

김정표(金廷標 : ?~1767년)의 자는 사규(土揆)이며, 오정[烏程 : 지금의 절강 호주(湖州)] 사람이다. 건륭 22년(1757년)의 제2차 남순(南巡) 때

〈백묘나한도(白描羅漢圖)〉(冊)를 보임으로써 내정에 들어갔으며, 건륭
32년(1767년)에 병으로 사망하였다. 인물·산수·화훼를 잘 그렸고, 백
묘법에 뛰어났으며, 전통 방면을 계승한 솜씨가 매우 뛰어나 건륭 황
제의 깊은 신임을 받았다. 봉직한 10년 동안 80여 폭에 이르는 작품
들을 창작하였는데, 대부분 인물고사에 속한다. 예를 들면 〈고현우
은도(高賢遇隱圖)〉(軸)는 공자의 제자인 자로(子路)가 학문의 길을 물었
다는 고사를 그린 것인데, 송나라 화가의 운치를 많이 지니고 있다.

정관붕(丁觀鵬)은 순천(順天 : 지금의 북경) 사람으로, 옹정 4년(1726
년)에 동생 관학(觀鶴)과 함께 궁정에 들어갔다가, 건륭 35년(1770년)에
나왔다. 인물·불상·초상을 잘 그렸고, 백묘에 뛰어났다. 명나라 말
기의 정운붕(丁雲鵬)을 본받아, 과장된 조형과 기이하고 고풍스런 기
질을 보였다. 또 일찍이 낭세녕과 왕치성에게 유화를 배워 중국과 서
양의 화법이 융합된 화풍도 갖추었다. 〈홍력세상도(弘曆洗象圖)〉(軸;
북경 고궁박물원 소장)는 정운붕의 도석인물화(道釋人物畵)를 본받았는

〈홍력세상도(弘曆洗象圖)〉〈軸〉
(清) 정관붕(丁觀鵬)
북경 고궁박물원 소장

데, 건륭 황제를 불교의 청정한 신선 세계에 들여보내는 화면은 그 구성이 매우 기이하고 독특하다. 그의 불화(佛畵)는 건륭의 칭찬과 깊은 관심을 받아 일등 화화인으로 승진하였다.

　　당대(唐岱 : 1673~?)의 자는 육동(毓東), 호는 정암(靜巖)이며, 만주의 정람기(正藍旗) 사람으로, 작위를 물려받아 효기참령(驍騎參領)을 지냈다. 그림을 좋아하여 산수의 명가인 왕원기(王原祁)에게 배우면서부터, 강희 황제가 수시로 궁정으로 불러 그림을 그리게 하였고, '화장원(畵狀元)'이라는 금인(金印)을 하사하였다. 옹정 시기에 정식으로 내정에 들어와 봉직하였으며, 건륭 11년(1746년)을 전후하여 궁을 떠나 내무부총관(內務府總管)을 역임하였다. 산수에 뛰어났는데, 풍격

<십만도(十萬圖)><(册)의 1
(淸) 당대(唐岱)
북경 고궁박물원 소장

〈십만도〉(册)의 1
(淸) 당대

은 왕원기에 가까웠지만, 한층 섬세하고 오밀조밀하며 격식을 지켜 일정한 장식성을 지녔다. 〈십만도(十萬圖)〉(册; 북경 고궁박물원 소장)는 청록 채색 작품으로, 정교하고 단정한 가운데 비교적 강한 도안성(圖案性)을 보여주고 있다.

장종창(張宗蒼 : 1686~1756년)의 자는 묵존(黙存), 호는 황촌(篁村)이며, 오현(吳縣 : 지금의 강소 소주) 사람이다. 처음에는 하천 공사를 관리하는 주부(主簿) 신분이었으나 건륭 16년(1751년)에 황제가 남순할 때 〈오중십육경도(吳中十六景圖)〉(册)를 진상하여 황제의 분부에 따라 궁정에 들어가 봉직하다가, 건륭 19년(1754년)에는 특별히 호부주사(戶部主事)에 임명되었다. 산수화를 잘 그렸는데, 왕원기를 본받았으며,

황정(黃鼎)의 문하를 거쳐, 산·바위·숲·나무는 거의 물기 없는 건필과 담묵을 사용하였으며, 기상은 맑고 성대하다.

서양(徐揚)의 호는 운정(雲亭)이며, 강소 소주 사람으로, 문인 출신이다. 처음에는 감생(監生-명·청 시대의 국자감 학생)이었으나, 건륭 16년(1751년)에 처음 남순할 때 소주에서 진상한 화책이 황제의 마음에 들어, 곧 상경하여 직책을 부여받았는데, 입궁하자마자 1등 화화인의 대우를 받았다. 건륭 18년(1753년)에는 은상(恩賞)이 더해져 거인(擧人) 자격이 주어짐으로써 회시에 참가할 수 있도록 허락되었다. 건륭 31년(1766년), 과거에 합격하여 내각중서(內閣中書)가 되었으나, 계속해서 궁궐에 남아 건륭 41년(1776년)까지 그림을 그렸다. 인물·산수·화조·계화 등 각 분야에 뛰어났으며, 전통을 중시하면서도 서양의 화법을 융합·도입하였다. 일찍이 칙명을 받들어 중요한 궁정의 여러 그림들을 창작하는 데 참여하였으며, 규모도 거대하고 수량도 많으며 장면도 웅장한데, 〈만수경전도(萬壽慶典圖)〉·〈황태후만수도(皇太后萬壽圖)〉·〈평정금천전도(平定金川戰圖)〉 등이 그러한 것들이다. 가장 저명한 것은 두 질의 〈건륭남순도(乾隆南巡圖)〉이다. 건륭 29년(1764년)에 그는 명을 받들어, 왕휘(王翬) 등이 합작하여 그린 〈강희남순도(康熙南

〈건륭남순도(乾隆南巡圖)〉(卷) (일부분)
(淸) 서양(徐揚)

巡圖)〉를 모방하여 〈건륭남순도〉 12권을 그렸다. 이 작품은 비단 바탕에 채색으로, 6년의 기간을 거쳐 건륭 34년(1769년)에 이르러서야 완성되었다. 건륭 36년(1771년)에 또 명을 받아 제2차 〈건륭남순도〉 12권을 그렸는데, 종이 바탕에 채색으로 4년에 걸쳐 완성하였다. 두 질의 내용은 구도가 모두 서로 비슷한데, 다만 바탕이 종이와 비단이라는 차이만 있다. 화법은 정교하고 섬세한 선으로 인물을 묘사하였고, 초점투시법으로 건물을 그려, 이미 중국과 서양이 결합된 화풍을 보여주고 있다.

여성(餘省)·여치(餘稚) 형제는 강소 상숙(常熟) 사람으로, 건륭 2년(1737년)에 추천에 의해 함께 입궁하였다. 화조에 뛰어났는데, 일찍이 화조의 명가이자 대학사(大學士)였던 장정석(蔣廷錫)에게 사사하면서, 공필중채법을 배워 한층 세밀하고 정제되었을 뿐만 아니라, 서양(西洋)의 화법도 흡수하여 명암·요철(凹凸)을 중시함에 따라, 궁정 내에서 유명한 화조화가가 되었다. 현존하는 여성의 〈해천군학도(海天群鶴圖)〉〈軸)와 여치의 〈구작쟁춘도(鳩雀爭春圖)〉〈軸)(둘 다 북경 고궁박물원 소장)는 여(餘) 씨 화조화의 전형적인 풍모를 반영하고 있다.

(3) 건륭조 때에 내정에서 봉직한 외국의 화가들

청대에 궁정에는 여섯 명의 외국 선교사 화가들이 차례로 궁에 들어와 봉직하였다. 이들의 주요 활동 시기는 건륭 연간으로, 낭세녕(郎世寧)·왕치성(王致誠)·애계몽(艾啓蒙)·하청태(賀淸泰)·안덕의(安德義)·반정장(潘廷章)이 그들이다. 이들은 서양 화법으로써 중국의 전통 화법을 개혁하여 새로운 풍격의 유파를 형성함에 따라, 당시에 그 영향이 매우 컸다.

낭세녕(郎世寧 : 1688~1766년)은 이탈리아 사람으로 밀라노에서 출생했으며, 본명은 Giuseppe Castiglione이다. 강희 54년(1715년)에 선교사 신분으로 중국에 왔고, 이어서 그림을 잘 그려 곧 궁에 들어와 봉직하였으며, 건륭 31년(1766년)에 사망할 때까지 궁궐에서 거의 52년 동안이나 그림을 그렸다. 인물·초상·짐승·화조에 뛰어났으며, 건륭 연간에는 원명원(圓明園)에 서양 건물을 짓는 데 설계 책임과 감독을 맡음으로써, 정3품의 '봉신원경(奉宸苑卿)' 관직이 제수되었다. 그는 서양 화법과 중국 화법을 이용하여 실물과 똑같이 그려내어 황제의 깊은 신임을 받았다. 일찍이 중대한 내용을 창작하는 사업에도 많이 참여하였는데, 예를 들면 건륭이 피서산장에서 두이백특부(杜爾伯特部)와 휘특부(輝特部)의 몽고 귀족들을 접견했던 사실을 묘사한 사실화(史實畵)인

〈건륭대열도(乾隆大閱圖)〉〈軸〉
(清) 낭세녕(郎世寧)
북경 고궁박물원 소장

〈만수원사연도(萬樹園賜宴圖)〉〈軸-157쪽 참조〉와 〈마술도(馬術圖)〉〈軸〉(둘 다 북경 고궁박물원 소장)를 그렸다. 또 동판화인 〈평정서역전도(平定西域戰圖)〉를 기초하고 그림을 그렸으며, 〈격등악랍작영도(格登鄂拉斫營圖)〉〈卷; 북경 고궁박물원 소장〉와 〈마상작진도(瑪瑺斫陳圖)〉(대북 고궁박물원 소장) 등과 같은 군사화도 창작하였다. 또 중요한 축전 활동을 기록한 사실화인 〈건륭대열도(乾隆大閱圖)〉〈軸〉·〈홍력초록도(弘曆哨鹿圖)〉〈軸〉(둘 다 북경 고궁박물원 소장) 등도 그렸다. 이외에도 수많은 제후의 초상화와 행락도를 그렸는데, 인물의 자태와 용모·행적과 업적·궁정의 생활 정황 등을 사실적으로 재현하였다. 〈건륭제와 후비(后妃) 반신상(半身像)〉〈卷; 미국 프리어미술관 소장〉·〈평안춘신도(平安春信圖)〉〈軸〉·〈홍력설경행락도(弘曆雪景行樂圖)〉〈軸〉·〈건륭무금도(乾隆撫琴

圖〉〈軸〉(모두 북경 고궁박물원 소장) 등이 그것들이다. 또한 감상을 위하여 조수도(鳥獸圖)를 창작하였는데, 예를 들면 〈십준도(十駿圖)〉〈軸〉·〈오단도(午端圖)〉〈軸〉(둘 다 북경 고궁박물원 소장) 등이다. 한편 그는 궁궐 내에 많은 학생들을 받아들여 유화 기법을 전수해주었는데, 반달리사·왕경학·왕유학(王儒學)·정관붕·장위방·대정·심원 등이 그들이다. 이처럼 낭세녕은 서양 화법을 청대의 궁정에 전해준 첫 번째 외국 화가라고 할 수 있다.

왕치성(王致誠 : 1702~1768년)은 프랑스 사람으로, 본명은 Jean Denis Attire이다. 건륭 3년(1738년), 중국에 와서 〈삼왕래조야소도(三王來朝耶穌圖)〉를 건륭에게 헌정하고 찬사를 받아 입궁하여, 31년을 봉직하였다. 유화에 뛰어났는데, 그가 그린 인물 초상과 역사화는 명암과 광영(光影) 효과를 강조하였다. 일찍이 〈만수원사연도〉〈軸〉를 창작하는 데 참여하였고, 또 액노특(厄魯特)의 여러 수령들을 위해 유화로 초상을 그렸는데, 현재 서베를린 국립민속박물관에 8폭이 소장되어 있다. 왕치성이 그린 중국화 형식의 작품은 그리 많지 않다. 현존

〈십준도(十駿圖)〉〈册〉 (일부분)
(淸) 왕치성(王致誠)
북경 고궁박물원 소장

하는 작품으로는 〈십준도(十駿圖)〉(冊; 북경 고궁박물원 소장)가 있는데, 이 작품은 건륭이 타는 열 마리의 말들을 그린 것으로, 구도가 정확하고, 질감이 매우 강하며, 입체감이 풍부하여, 수준이 매우 높다.

애계몽(艾啓蒙 : 1708~1780년)은 체코슬로바키아의 보헤미아 사람으로, 본명은 Ignutius Sikeltart이다. 건륭 10년(1745년)에 중국에 입국하여, 궁궐에 들어가 36년 동안 봉직하였다. 인물·짐승을 잘 그렸으며, 중요한 원화(院畵)의 창작에도 적지 않게 참여하였는데, 〈건륭평정서역전도〉 동판화의 원본 그림과 〈건륭숭경황태후만수경전도(乾隆崇慶皇太后萬壽慶典圖)〉(卷) 등을 예로 들 수 있다. 중국화 형식의 작품으로는 〈팔준도(八駿圖)〉(북경 고궁박물원과 대북 고궁박물원에 나뉘어 소장)가 있는데, 8폭의 거대한 족자[軸]인 이 작품은 몽고족 부락에서 진상한 준마들을 그린 것으로, 기세가 웅장하며 말의 몸과 털이 마치 실물을 보는 듯이 사실적이다. 〈십준견도(十駿犬圖)〉(冊; 북경 고궁박물원 소장)는 서양의 진귀하고 유명한 사냥개 열 마리를 그린 작품이다. 서양 화법으로 세밀하게 묘사하여 입체감이 매우 강하지만, 단지 필묵이 비교적 딱딱하고 형상의 생기가 부족하여, 낭세녕이나 왕치성과 비교하면 뒤떨어진다.

반정장(潘廷章)은 이탈리아 사람으로, 본명은 Joseph Penzi이다. 건륭 36년(1771년)에 중국에 입국하여, 그 다음해에 북경에 상경하였다가 궁궐에 들어가, 줄곧 건륭 말년까지 재직하였다. 초상화를 잘 그렸는데, 현존하는 작품은 거의 없으며, 하청태와 합작한 〈곽이객공마상도(廓爾喀貢馬像圖)〉(卷; 북경 고궁박물원 소장) 가운데 뒤쪽에 그려진 두 마리의 말이 곧 그 자신이 손수 그린 것이다. 서베를린 국립민속박물관에 소장되어 있는, 그가 애계몽과 함께 그린 7폭의 유화 초상은, 자광각(紫光閣)에 공신상을 그리기 위한 초안으로, 인물의 조형이 정확하고 수준도 높다.

하청태(賀淸泰 : 1735~1814년)는 프랑스 사람으로, 본명은 Louis Ole Poirot이다. 건륭 35년(1770년)에 중국에 입국하여, 그 이듬해쯤 궁궐에 들어갔다. 산수·인물·짐승에 뛰어났으며, 만주어와 한문에도 정통했다. 현존하는 작품은 많지 않은데, 〈분록도(賁鹿圖)〉(軸; 북경 고궁박물원 소장)는 기본적으로 서양 화법을 채용하였는데, 그의 풍격과 수준을 반영하고 있다.

안덕의(安德義 : ?~1781년)는 이탈리아 사람으로, 본명은 Joannes Demascenus Salusti이다. 건륭 27년(1762년)에 궁궐에 들어갔으며, 일찍이 〈건륭평정서역전도〉 동판화의 원본 그림을 제작하는 데 참여하였는데, 화법은 매우 공교하고 세밀하지만, 약간 판에 박힌 듯 딱딱하다.

(4) 가경(嘉慶)부터 광서(光緒) 연간까지의 궁정화가들

이 시기에는 화가의 수가 급격히 감소하였고, 유명 화가도 드물다. 건륭부터 가경까지의 시기에 약간 이름이 있는 화가들로는, 풍녕(馮寧)·심환(沈煥)·심경란(沈慶蘭)·장예덕(莊豫德) 등이 있으며, 도광(道光)부터 광서까지의 시기에는 심진린(沈振麟)·심정(沈貞)·심전(沈銓)·심사걸(沈士杰)·심사유(沈士儒)·초화귀(焦和貴)·진조봉(陳兆鳳)·장개(張愷)·굴조린(屈兆麟) 등이 있다.

(5) '臣'자 낙관 그림

화가들이 성명 앞에 '臣'이라는 글자를 낙관한 것을 모두 '臣'자 낙관 그림이라고 부르지만, 이러한 낙관을 한 작자들이 모두 궁정화가는 아니기 때문에, 일률적으로 '원화(院畫)'의 부류에 넣을 수는 없다. 그러나 이런 작품들은 모두 황제에게 진상되었고, 또 황실을 위해 충성을 다했으며, 그들이 선택한 제재·내용·정취·풍격 등이 황가의 미술 색채를 띠고 있어서, 궁정회화 창작과 밀접한 관계를 보여준다.

청대에 '臣'자를 낙관한 그림은 크게 몇 가지 정황으로 분류할 수 있다. 궁정화(宮廷畫)는 화원 화가들이 궁정에서 그린 그림으로, 대부분 '臣'자를 서명하였다. 종실화(宗室畫)는 황족의 구성원들 가운데 그림에 뛰어난 자가 황제의 뜻을 받들어 그린 다음, 군신의 예의에 따라 역시 '臣'자로 낙관 서명하였는데, 강희의 아들인 신군왕(愼郡王) 윤희(允禧)와 건륭의 족제(族弟)인 고산패자(固山貝子) 홍오(弘旿)가 그 예이다. 대신화(大臣畫)는, 그림을 잘 그리는 몇몇 대신들이 황제의 명을 받들어 그림을 그리거나 혹은 황제를 기쁘게 하기 위해 그림을 바치면서 모두 '臣'자를 썼는데, 호부시랑 왕원기(王原祁)·이부좌시랑 송준업(宋駿業)·대학사 장정석(蔣廷錫)·형부시랑 여종만(勵宗萬)·예부시랑 추일계(鄒一桂)·예부상서 동방달(董邦達)·내각시독학사(內閣侍讀學士) 장약징(張若澄) 등이 있다. 민간화(民間畫)는 몇몇 민간의 직업화가들이 총애를 얻기 위해 그림을 진상하면서 종종 맨 앞에 '臣'자를 덧붙였다. 김정표가 입궁하기 전에 올렸던 〈백묘나한도(白描羅漢圖)〉(冊)가 그러한 경우이다.

청대 '원화'의 예술 특색

청대 궁정회화의 창작은 명대에 비해 활발하였고, 제재도 광범하여 "만상(萬象)을 망라하였다[包羅萬象]"라고 할 수 있으며, 풍격도 다양하여 "서로 기이함을 견주고 아름다움을 다투었다[爭奇鬪艷]"라고 할 만하다. 비록 궁정회화가 '원화'를 주도할 만한 통일된 격식이나 화풍을 형성하지는 못했지만, 화원 밖의 그림과 후세에는 뚜렷한 영향을 미쳤다.

(1) 제재 내용

청대의 '원화'는, 회화의 과목(科目)별로 분류해보면, 거의 전통적으로 형성되어온 모든 방면들을 다루고 있다. 즉 도석·인물·초상·사녀·풍속·산수·화훼·조류·짐승·계화 및 매란국죽(梅蘭菊竹) 등을 포괄하고 있다. 또 내용의 성격별로 분류해보면, 기실화(紀實畫)·초상화·장식화·종교화·역사화·도안화의 여섯 종류로 귀결되는데, 각 종류에 따라 또 세부 조목을 나눌 수 있다.

① 기실화(紀實畫)

그 시대의 현실 생활을 묘사한 작품으로, 주로 중요한 현실적·역사적 의의를 지닌 사건이나 활동을 구체적으로 담고 있다. 청 왕조의 전성 시기에는 중대한 정치·군사 사건들이 발생하였고, 긴요한 정치적 조치들이 시행되었으며, 성대한 의전 활동도 거행되었는데, 이때마다 화가들을 조직하여 이를 기록하게 함으로써, 당시 왕조의 문무를 처리하는 뛰어난 능력과 위대한 공적 및 예의대국임을 선양하게 하였다. 이러한 종류의 작품들은 정치적인 필요에 가장 긴밀하면서도 직접적으로 복무하였다. 또 가장 구체적이고 가장 사실적으로 당시의 현장과 경물을 묘사하고 있어, 청대의 정치·군사·사상·문화 등 사회생활의 진귀한 역사적 장면을 이해할 수 있어, 중요한 역사적 가치를 지니고 있으며, 또한 청대 원화들 가운데 가장 가치 있는 작품이라고 할 수 있다. 이러한 작품들은 좀 더 구체적 항목으로 나누면, 순행도(巡幸圖)·전사도(戰事圖)·연연도(筵宴圖)·만수도(萬壽圖)·대혼도(大婚圖)·대열도(大閱圖)·봉사도(奉祀圖)·추선도(秋獮圖-가을철에 사냥하는 장면의 그림) 등과 황실의 일상생활을 반영한 행락도(行樂圖)와 절경도(節慶圖-명절을 경축하는 장면의 그림) 등을 포괄한다.

현존하는 작품들 가운데 중요한 역사적 가치를 지닌 작품들도 적지 않은데, 순행도 중에는 강희 28년(1689년) 제2차 남순(南巡-남방 순시)의 전 과정을 왕휘(王翬)가 주관하여 제작한 〈강희남순도(康熙南巡圖)〉 12권과 서양(徐揚)이 그린 〈건륭남순도(乾隆南巡圖)〉 12권 등 두 질이 있다. 전사도 중에는 낭세녕이 주도하여 그린 〈건륭평정서역전도〉 동판화 16장(북경 고궁박물원에 한 질 소장)과 전유성(錢維誠)의 〈평정준갈이도(平定準噶爾圖)〉(卷; 중국 국가박물관 소장)가 있다. 또 연연도 중에는 〈만수원사연도(萬壽園賜宴圖)〉(軸)·〈마술도(馬術圖)〉(軸)·요문한(姚文瀚)의 〈자광각사연도(紫光閣賜宴圖)〉(軸)(모두 북경 고궁박물원 소장)가 있으며, 만수도(萬壽圖) 중에는 〈강희육순만수경전도(康熙六旬萬壽慶典圖)〉(卷)의 건륭 시기 임모본·〈숭경(崇慶)황태후만수경전도〉(卷)·〈건륭팔순만수경전도〉(卷)(모두 북경 고궁박물원 소장)가 있다. 기타 각 항목들 중에는 〈광서대혼도(光緖大婚圖)〉(册)·〈건륭대열도(乾隆大閱圖)〉(軸)·〈옹정제제선농단도(雍正帝祭先農壇圖)〉 상권(上卷)·〈새

첩락(帖落) : 실내의 벽에 붙이는 글씨나 그림.

편방(扁榜) : 그림 또는 글씨를 써서 방안이나 문 위에 걸어놓는 널조각으로, 편액이라고도 부른다.

두방(斗方) : 중국 전통의 서화 표구 장식의 하나이다. 1척(尺)이나 2척 크기의 네모난 서화나 혹은 시폭(詩幅)으로, 연화(年畫)와 비슷한 형식이다.

당련(堂聯) : 거실에 경사스런 말을 적어 붙이는 대련.

〈효현순황후상도(孝賢純皇后像圖)〉(軸)
작자 미상

연사사도(塞宴四事圖)〉(軸)·진매(陳枚)의 〈월만청유도(月曼淸遊圖)〉(冊)·김곤(金昆) 등의 〈빙희도(冰嬉圖)〉(卷)(모두 북경 고궁박물원 소장) 등이 있는데, 또한 대표성을 지닌 중요한 작품들이다.

② 초상화(肖像畫)

황제와 후비 및 조정 대신과 소수민족 부락의 왕공 귀족들의 초상을 포괄한다. 그 중에는 황제와 황후 초상의 수량이 가장 많고, 완벽한 구조를 갖추었다고 할 수 있다. 서양의 화법이 전해짐에 따라 매우 사실적으로 묘사되었고, 심지어는 유화 초상까지 출현하였다. 어용상(御容像) 중에는 조복상(朝服像)·편복상(便服像)·융장상(戎裝像-군장을 갖춘 초상)·불장상(佛裝像)으로 구별된다.

③ 장식화(裝飾畫)

궁실 내의 장식과 진열용 그림을 말하는데, 주로 첩락(帖落)·편방(扁榜)·두방(斗方)·당련(堂聯)·책상 위에 놓는 감상용 병풍이나 벽에 거는 족자·칸막이 등 감상과 장식 기능을 지닌 산수·화조·인물·계화 등을 가리키며, 또한 일부 절령화(節令畫)도 이 부류에 속한다.

④ 역사화(歷史畫)

대대로 전해오는 전통 제재나 혹은 이전 시대의 역사 고사에서 취했는데, 예를 들면 영희도(嬰戲圖-어린아이들이 장난치며 즐겁게 노는 모습을 그린 그림)·화랑도(貨郎圖-황아장수 그림)·행려도(行旅圖)·역사고실·전설고사·문학전고(文學典故) 등이 있다.

⑤ 종교화(宗敎畫)

청대의 종교화를 보면, 한편으로는 전통 도

석화의 내용을 계승하였고, 다른 한편으로는 자신들의 종교적 신앙을 강조하였다. 그래서 매우 많은 라마교 불상들이 출현하였으며, 아울러 서장(西藏)의 '당가(唐卡)' 회화 형식이 유행하였다.

⑥ 도안화[圖樣畫]

도안·설명이나 삽화·설계도 작용을 하는 작품이다. 궁궐 내의 화양인(畫樣人)이 전문적으로 큰 제전에 쓰이는 그릇·의관과 복식·궁전 건축·황실의 원림에 필요한 도안이나 설계도면을 그렸으며, 또는 경전과 문헌에 삽화를 그리기도 하였는데, 일부 화화인들도 이러한 작업에 참여하였다.

(2) 풍격 양식

청대 원화의 풍격 면모는 비교적 다양하다. 일반적으로 말하면 인물화는 공필중채를 위주로 하면서 백묘와 담채도 겸하였다. 화조화는 송대 황 씨[黃氏-황전(黃筌)과 황거채(黃居寀) 부자]의 공필사생법을 계승하였고, 또 청나라 초기 운수평(惲壽平)의 '상주파(常州派)' 영향을 받아 몰골채색법을 운용하였다. 산수는 대부분 청나라 초기의 '사왕(四王)'파 계열에 속했으며, 또한 정교한 계화 산수도 있었다.

가장 뚜렷한 현상은 중국과 서양의 화법이 결합된 화풍의 출현과 유행이며, 나아가 회화의 각 화과(畫科)들간에 심화된 융합 현상이다. 낭세녕 등 외국 화가들이 궁궐에 들어가 봉직하면서 서양의 사실적 기법을 전해주었지만, 황제의 애호와 중국화의 전통 특색에 적응하기 위해서는 어쩔 수 없이 추가로 개조해야만 했다. 따라서 중국과 서양의 화법이 결합된 새로운 면모가 형성되었다. 작품에서 운용한 명암법은 대상의 형체 구조 자체의 기복(起伏)·요철(凹凸)과 조형 비례의 정확성을 강조했고, 주변 환경에서 자연 광선의 영향으로 형성된 음영(陰影)·투영(投影)과 강렬한 명암 대비는 배척했다. 아울러 정

당가(唐卡) : 당알(唐嘎)·당객(唐喀)이라고도 부르며, 티베트어의 음역이다. 채색 비단에 표구하여 걸어놓고 모시는 종교 권축화이다. 당가는 티베트족 문화 가운데 일종의 특색 있는 회화 예술 형식으로, 제재의 내용은 티베트족의 역사·정치·문화와 사회생활 등 다양한 영역을 다루므로, 티베트족의 백과전서라고 할 수 있다. 전해오는 당가는 대부분 장전불교(藏傳佛教)와 관련된 작품들이다.

사왕(四王) : 청대 회화사에서 유명한 하나의 회화 유파로, 그 구성원이었던 왕시민(王時敏)·왕감(王鑑)·왕휘(王翬)·왕원기(王原祁) 등 네 명이 왕 씨여서 붙여진 명칭이다.

교한 먹 선과 섬세한 색채 선염으로 거칠고 투박한 터치와 통면 색채를 대신함으로써, 물상으로 하여금 입체감과 질감을 풍부하게 했고, 또한 필묵의 운치까지 갖추게 하여, 중국 화가들과 감상자들이 받아들일 수 있게 했다.

　서양화에서 풍경을 묘사하는 데 운용하는 투시법에는 초점투시(焦點透視)와 투영투시(投影透視)의 두 종류가 있다. 전자는 고정된 하나의 시점(視點)에서 주변의 사물을 관찰하고 표현하며, 가까이에 있는 큰 물체와 멀리 있는 작은 물체가 모두 동일한 시평선(視平線)에 놓이고, 또 하나의 소실점에 집중된다. 동시에 광선과 투영된 그림자를 그려냄으로써, 화면으로 하여금 풍부한 입체감과 공간감을 지니게 한다. 이러한 종류의 화법은 단지 소수의 중국 화가들만이 체득하고 있었으며, '선법화(線法畵)'라고 불렸다. 후자인 투영투시법은 시점을 매우 높게 잡아, 입체 투영의 각도에서 경물을 취하기 때문에 그 범위가 광활하고, 화면의 경물은 근대원소(近大遠小)의 투시 관계를 가질 뿐만 아니라, 또한 동일한 하나의 점으로 소실되지 않아, 평원(平遠)·심원(深遠)·고원(高遠)의 경관을 겸할 수 있다. 아울러 층차감과 깊이감이 풍부하여 중국과 서양이 결합된 화풍의 산수 계화를 그리는 데 가장 훌륭한 기법을 형성하였다. 누각(樓閣) 계화를 잘 그린 중국의 궁정화가들은 항상 이 화법을 선택하였는데, 냉매의 〈피서산장도〉(軸; 북경 고궁박물원 소장)가 그 예이다. 궁정 안에서 출현한 중국과 서양이 결합된 화풍은 비록 성숙한 양식으로 발전하지는 못했지만, 한 시기에 영향을 미침에 따라, 중국화의 조형 표현 수단을 풍부하게 하고 전통 회화의 변혁 속도를 가속화시킨 그 적극적인 역사적 작용에 대해서는 결코 소홀히 할 수 없다.

[본 장 집필 : 單國强 / 번역 : 유미경]

| 제3장 |

직업화가와
문인화가의 병존 시대

대진(戴進)·오위(吳偉)와 절파(浙派)

명대 전기(前期)는 대진(戴進)이 창시한 '절파(浙派)'와 오위(吳偉)가 건립한 '강하파(江夏派)'가 궁정회화와 더불어 화단에서 어깨를 나란히 하며, 남송의 '원체(院體)'를 주로 따르는 예술 조류를 함께 구축하였다.

'절파'라는 명칭은 명대 말기에 처음 나타나는데, 동기창(董其昌)은 『화선실수필(畫禪室隨筆)』에서 이렇게 말하였다. "이 시대의 명사인 대문진(戴文進)은 무림(武林) 사람인데, 이미 절파의 안목을 지니고 있었다.[國朝名士僅戴文進爲武林人, 已有浙派之目.]" '강하파'라는 명칭은 즉 명나라 말기부터 청나라 초기에 걸쳐 등장하는데, 서심(徐沁)의 『명화록(明畫錄)』과 강소서(姜紹書)의 『무성시사(無聲詩史)』에는 다음과 같이 기록되어 있다. "이저(李著)는…… 처음에 심주(沈周) 일파를 따라 배우며, 그 화법을 터득하였다. 당시 오위의 인물화를 중시하자, 곧 바꾸어 시류를 좇아, 필선을 구사하는 것이 비슷하지 않은 부분이 없더니, 마침내 강하 일파를 이루었다.[李著……初從學沈周之門, 得其法. 時重吳偉人物, 乃變而趨時, 行筆無所不似, 遂成江夏一派.]"

이처럼 두 화파 모두 동일한 스승을 연원으로 하는 계통에 속한다. 즉 모두 남송의 마원(馬遠)과 하규(夏圭)가 이룩한 '수묵창경(水墨蒼勁)'의 화풍을 주로 본받았기 때문에 비교적 일치된 필묵의 풍격을 지니게 되어, 간결한 세련미와 거칠고 힘차며 풍부한 운동감과 기세를 갖추었다. 또 서로 비슷한 예술 의취를 추구하여, '행가(行家-직업

무림(武林) : 절강성 항주시 서쪽에 있는 영은(靈隱)·천축(天竺) 등 여러 산을 총칭하는 말로, 항주(杭州)의 옛 명칭이다.

화가)'적인 습성과 세속적인 정서 등이 닮았다. 그래서 이 두 화파는 사실상 같은 예술 유파에 속하며, '강하파'는 '절파'의 지류라고도 할 수 있다.

대진의 생애와 창작

(1) 일생의 행적

대진은 '인선지치(仁宣之治-'인'을 베풀어 다스림)'라 불리는 명 왕조의 번성기에 생활하였으면서도, 오히려 뜻하지 않은 좌절과 충격으로 인하여 인생의 진로가 순탄치 못했다. 비교적 정확하고 자세하게 기록되어, 믿을 만한 그 시대의 문헌에 의하면, 그의 인생 경로는 대략 초기·중기·말기의 세 시기로 구분할 수 있다.

① 초년-고향에서의 생활

대진은 명나라 태조 홍무(洪武) 21년(1388년)에 태어났으며, 자는 문진(文進)이고, 호는 정암(靜庵) 혹은 옥천산인(玉泉山人)이며, 절강 전당(錢塘 : 지금의 항주) 사람이다. 그의 아버지인 대경상(戴景祥)은 화공이었는데, 대진은 어려서 가문의 영향을 받아 일찍이 금이나 은으로 머리 장식품을 가공하는 수공업에 종사하였으며, 그가 만든 인물이나 화조는 실물처럼 정교하였다. 어느 날 시장에서 자신이 만든 작품들이 녹여져 금이나 은 조각으로 바뀌는 것을 보고 매우 실망하여 그림을 배우기로 뜻을 바꾸었다. 영락 초기인 16~17세에 이르러서는 필묵이 이미 범상치 않았다.[명(明), 장조(張潮), 『우초신지(虞初新志)』 권8]

영락 초기에 대진은 아버지를 따라 당시의 수도이던 남경에 갔다가, 수서문(水西門)에 들어설 무렵 짐꾼의 보따리를 빼앗아 도망치는 날치기를 목격하고는 즉시 그 사람의 초상을 그려 마침내 보따리를 되찾을 수 있게 하였다.[명(明), 주휘(周暉), 『금릉쇄사(金陵瑣事)』 권2] 이

는 대진이 어린 시절부터 실물과 꼭 닮은 초상을 잘 그려 냈으며, 사물을 묘사하는 재능이 매우 뛰어났음을 말해준다.

영락 5년(1407년) 그의 나이 20세 때, 아직 남경에 있었는데, 조정 관료들의 요청에 응하여 퇴직하고 고향으로 돌아온 병부원외랑 단목지(端木智)의 60세 생일을 위해 〈귀전축수도(歸田祝壽圖)〉(卷)를 그렸다. 이 또한 그 당시 대진의 그림이 사람들에게 특별한 호감을 받고 있었음을 대변해준다. 후에 그는 고향으로 돌아와 꾸준히 연구하였는데, 영락 말기인 36~37세에 이르러서는 그의 이름이 국내에 널리 알려졌다.

② 중년-북경에서의 객지 생활

대략 선덕 5년부터 6년 사이(1430~1431년)에 대진은 부름을 받고 상경하였으며, 궁정의 화원에 들어가 인지전 대조(待詔)가 되었으며, 동료 화가였던 사환(謝環)·이재(李在)·예단(倪端)·석예(石銳) 중에서도 회화적 재능이 가장 뛰어났다. 어느 날 인지전에서 그림을 그리면서 마음에 꼭 드는 화법으로 〈추강독조도(秋江獨釣圖)〉를 그려 진상하였다가, 오히려 사환에게 질투와 모함을 받고 배척당하여 화원을 떠나야 했다.[명(明), 육심(陸深), 『엄산외집(儼山外集)』·「춘풍당수필(春風堂隨筆)」]

대진은 화원에서 나온 후에도 오랜 기간 북경에 머물렀다. 그는 한적하게 떨어져 살면서, 세속에 물들지 않고 자유롭게 하고 싶은 일들을 즐기며 가난한 생활 속에서도 소박하게 살았다. 명예와 이익을 탐내지 않고, 시문과 서화를 벗 삼아 온화한 심성을 기르며, 정교하고 심오한 회화 예술을 통해 화가나 명사들과 교유하였다. 그와 왕래한 화가들 가운데, 관직이 태상소경(太常少卿)에 이르렀고, 묵죽으로 이름난 하창(夏昶)과의 관계가 가장 돈독하였다. 정통(正統) 원년(1436년)에 하창은 대진을 위해 긴 두루마리에 〈상강풍우도(湘江風雨圖)〉를 그려주자, 그는 그 작품에서 〈죽설산방도(竹雪山房圖)〉란 이름을 취하여 자신이 거처하는 곳의 이름을 '죽설산방'이라고 지었다. 그리고 내각대학사(內閣大學士) 양사기(楊士奇)·양영(楊榮)·예부시랑 왕직(王直) 등을 초빙하여 이 작품의 제시·서문·발문 등을 쓰게 하였다. 그가 교유했던 인사들의 대부분은 덕망이 높은 조정 대신들이었는데, 그 중에서도 특히 왕직(王直)과는 허물없이 지내는 막역한 사이였다. 왕직은 대진을 위해 여러 차례 그림을 그렸고, 소장한 작품에는 제시를 써주었으며, 대진의 초상화에 찬문을 쓰기도 하였다. 뿐만 아니라 그가 당한 처지의 불공평함에 대해 호소하기도 하였다.[명(明), 왕직(王直), 『억암문후집(抑庵文後集)』·「어사사정순도화기(御賜謝廷循圖畫記)」] 대진이 북경을 떠날 때 왕직은 특별히 「송대문진귀전당(送戴文進歸錢塘)」이란 시를 지어 증정하기도 하였다.

대진이 정통 7년(1442년)을 전후하여 북경을 떠났을 때, 그의 나이는 55세 무렵이었으니, 북경에서 11~12년 정도 지낸 셈이다.

③ 말년-항주로의 귀향

대진은 북경에서 곧바로 고향에 돌아와 문하생들을 가르치며 그림 그리는 일에 전념하였다. 또한 그림을 통해 친구들과 폭넓게 교유함으로써, 나이가 들어갈수록 명성은 더욱 높아졌다. 그가 사는 호산(湖山)의 초가집은 사방으로 등나무와 온갖 꽃들이 자랐고, 문에는 푸른 회나무와 큰 버드나무가 줄지어 있는 고요하고 아늑한 환경이었다. 그러나 그의 집을 방문하려는 수레와 말들이 넓은 논길을 분주하게 왕래하여, 집안은 마치 시장과 같이 소란스러웠다. 그림을 구하려는 사람들은 대진의 작품 한 점을 얻으면 황금을 얻은 것처럼 귀하게 여기게 되면서, 대진의 생활도 안정되고 부유해졌다.

대진은 천순(天順) 6년(1462년) 가을, 향년 75세로 세상을 떠났다. 그가 개척한 화풍을 본받고 배우려는 자들이 매우 많았는데, 아들 대천(戴泉)·딸 대 씨·사위 왕세상(王世祥)은 모두 가법을 전수받아 터득하였다. 문하생으로는 방월(方鉞)·하지(夏芷)·하규(夏葵)·중앙(仲昻) 등이 있었으며, 사숙(私淑) 제자로는 진경초(陳景初)·진기(陳璣)·오정(吳珵)·송신(宋臣)·왕질(汪質)·사빈거(謝賓擧)·하적(何適)·석박중(釋樸中) 등이 있었다.

(2) 화풍의 변화

대진의 화풍은 비록 남송의 마원과 하규를 주로 본받았지만, 전통도 또한 매우 폭넓게 계승하고 있다. 뿐만 아니라 여러 화가들의 장점들을 흡수하여, 이를 철저히 융합하고 계승함으로써 자신의 독특한 면모를 창출해 냈다. 대진의 초기·중기·말기의 풍격 변화 역시 비교적 크며, 각각의 변화 발전 과정을 지니고 있다.

① 초년-공필채색 인물과 남송 '원체' 산수를 주로 그렸다.

대진이 남송 '원체'로부터 그림 공부를 시작한 것은 그 당시 항주의 예술 분위기와 밀접한 관계가 있는데, 이는 청나라의 고복재(顧復在)가 『평생장관(平生壯觀)』에서 다음과 같이 평론한 것과 같다. "대정암(戴

靜庵-대진)은 남송 화원 화가들의 화법을 전공하였는데, ……그 이유를 살펴보면, 정암은 전당(錢塘) 사람으로, 남쪽으로 넘어온 여러 제왕들이 임안(臨安-지금의 항주)에 화원을 설립하였고, 또 이당(李唐)·유송년(劉松年)·마원(馬遠)·하규(夏圭)의 저속한 필법이 화원에서 으뜸이 되어, 3백 년 동안이나 그 화풍이 사람들을 더럽게 오염시키며 더욱 그칠 줄 몰랐기 때문이다.[戴靜庵專攻南宋院中人法……取所由, 靜庵 錢塘人, 皆因南渡諸帝立畫院于臨安, 而以李·劉·馬·夏諸俗筆爲院中之冠, 致 三百年來其流風尤漸染于人未艾也.]" 20세 때 그린 〈귀전축수도(歸田祝壽 圖)〉(卷; 북경 고궁박물원 소장)는 남송 '원체'의 영향을 깊이 받았다. 즉 대각선 구도·길고 구불구불한 가지를 늘어뜨린 소나무·부벽준으로 처리한 산과 바위에 타니대수준법(拖泥帶水皴法)을 겸한 것 등이 이를 말해준다.

초년에 인물을 꼼꼼하고 단정하게 그린 것은 그의 경력과 관련이 있다. 그는 금속으로 장식품을 만드는 일을 하다가 그림을 배웠으므로, 젊은 시절에는 실물과 똑같은 초상을 잘 그렸다. 또 사찰에 벽화도 자주 그렸는데, 이러한 작업들은 모두 정교하고 섬세한 기교와 재능을 필요로 하기 때문에, 인물을 그릴 때 정연하고 꼼꼼한 화법에서 출발한 것은 당연했다고 할 수 있다. 현존하는 〈달마부터 혜능까지 육대 조사상[達摩至慧能六代祖師像]〉(卷; 요녕성박물관 소장)은 인물들의 옷 주름에, 나부끼며 살랑거리는 난엽묘(蘭葉描)와 힘차고 완숙하며 거침없는 금현묘(琴弦描)를 운용하였다. 이는 오도자와 이공린의 전통을 직접 계승한 것이며, 나무와 바위를 배경으로 삼은 화법은 유송년의 엄정하고 세밀한 화법을 취한 것으로, 화면 전체의 화풍과 면모가 단정하고 정교하여, 비록 제작 연도와 낙관은 없지만 초기에 그린 것임을 알 수 있다.

타니대수준법(拖泥帶水皴法) : 물기가 많은 걸쭉한 진흙을 사용한 것처럼, 간결하게 맺고 끊는 맛이 없는 준법.

난엽묘(蘭葉描) : 바람을 맞아 잎이 쫙 펴지는 난과 같다 하여 붙여진 명칭이다. 붓을 시원스럽고 빠르게 구사하여 왼 삐침과 오른 삐침이 능숙하며, 묘사된 선이 마치 바람에 나부껴 펄럭이는 끈처럼 유연하게 느껴진다.

금현묘(琴弦描) : 길고 가늘며 팽팽하여 탄력이 강한 거문고 줄과 같아서 붙여진 이름이다. 털이 길고 가늘며 예리한 붓을 사용하여 선을 그리기 시작해서, 끝날 때까지 붓끝이 거의 드러나지 않도록 중봉으로 처리한다. 붓은 비교적 빠르고 곧거나 혹은 비스듬하게 구사하여 선의 굵기가 일정하고 가늘지만, 힘차고 탄력이 풍부하여 마치 선을 튕기면 소리가 울릴 것처럼 느껴진다.

〈달마부터 혜능까지 육대 조사상[達摩至
慧能六大祖師像]〉〈卷〉 (일부분)

(明) 대진(戴進)

요녕성박물관 소장

〈달마부터 혜능까지 육대 조사상〉〈卷〉
(일부분)

(明) 대진

요녕성박물관 소장

② 중년—여러 화법을 폭넓게 본받고, 포괄적으로 수용·축적하
여, 풍격이 다채롭지만 아직 정형화되지 않았다.

대진은 북경에 거주할 당시 일찍이 한 번 화원에 들어간 적이 있
었는데, 당시 궁정화가들이 숭상했던 화풍은 그에게 자연스럽게 영
향을 주었다. 예를 들면 예단과 이재는 남송의 마원·하규와 북송의

〈달마부터 혜능까지 육대 조사상〉(卷) (일부분)

(明) 대진

요녕성박물관 소장

이성·곽희를 함께 본받았고, 석예는 성무를, 사환은 형호(荊浩)·관동(關仝)·이미[二米-미불(米芾)과 미우인(米友仁) 부자]를 따랐다. 그래서 대진도 마원과 하규·이성과 곽희·성무·이미의 작품을 추종하여 배움에 따라, 그의 중년 작품들 가운데 이러한 현상이 모두 나타나고 있다. 대진은 화원을 나온 후에 더 많은 문인화가와 사대부 공경(公卿)들과 접촉하면서, 송·원의 문인화 전통 또한 필연적으로 그의 예술 영역에 젖어들게 되었다. 그래서 이 시기 화풍의 특징을 보면, 첫째는 풍격의 다양함이며, 둘째는 각종 화법이 서로 섞이고 맞물린 채 10여 년간 작품의 변화를 탐색함에 따라, 작품의 면모에서 전후 순서가 명확하지 않다는 점이다.

그는 주로 남송 '원체'의 작품을 추종하였는데, 〈하산피서도(夏山避暑圖)〉(軸; 일본 도쿄 소장)는 하규의 화법을 배웠고, 〈금대송별도(金臺送別圖)〉(卷; 상해박물관 소장)는 〈귀전축수도〉에 가깝지만 문인화의 자유로운 필선을 더 많이 첨가하였다. 예컨대 마음 내키는 대로 그린 인물의 선, 들쑥날쑥한 산석(山石)의 태점, 끌고 잡아 누른 활필(闊筆)의 선염(渲染) 등이 그것이다.

남·북송의 화법을 하나로 융합시킨 작품으로는 〈동경산수도(冬景山水圖)〉(軸; 일본 소장)가 있다. 북송의 이성·곽희의 화법을 위주로 하고, 남송의 마원·하규 화법으로 보조하였는데, 대각선으로 경물을 나누는 마·하의 구도법을 사용하여 중경(中景)의 주산(主山)을 특별히 강조하였다. 또 마·하의 부벽준을 운용하는 동시에, 이·곽의 촘촘하고 세밀한 준법(皴法)을 섭취함으로써, 짧고 뾰족한 붓끝으로 종횡으로 엇갈리는 준찰구작(皴擦鉤斫)을 구사하여, 자유분방하게 퍼져나가 정해진 형식에 얽매이지 않은 세필준(細筆皴)을 형성하였다. 〈춘경산수도(春景山水圖)〉(軸)는 위의 그림과 같은 사경(四景) 병풍의 하나에 속하지만, 오히려 마·하의 화풍을 위주로 하면서 이·곽으로 보조하여, 힘차고 간결하며 웅건하다. 〈계교책건도(溪橋策蹇圖)〉(軸)와 〈산수도(山水圖)〉(軸)(둘 다 대북 고궁박물원 소장)는 남·북송의 화풍을 융합하는 추세를 보여주고 있다.

그의 풍격에는 원대(元代) 성무(盛懋)의 산수와 가까운 〈귀주도(歸舟圖)〉(卷; 소주박물관 소장)가 있는데, 정통 6년(1441년)에 그렸다. 화면은 빽빽한 구도에, 능숙하고 단정한 화법과 맑고 아득하며 촉촉한 경물의 정취가 성무와 매우 흡사하다. 이 밖에도 〈송암소사도(松巖蕭寺圖)〉(軸; 일본 오사카시립미술관 소장)와 〈청우도(聽雨圖)〉(軸; 일본 소장)도 서로 비슷하다. 이러한 경향의 화풍은 말년에는 거의 볼 수 없다.

송·원의 문인화를 모방한 작품들은 중년 시기에도 빈번하게 출현하다가, 말년에 이르러서는 점차 사라졌다. 주공양(朱孔暘)의 〈묵죽

준찰구작(皴擦鉤斫) : 준(皴)은 필선으로 산이나 바위의 결이나 무늬를 그리는 기법을 말하며, 찰(擦)은 준필에서 변화한 표현 기법으로, 붓을 화면에 문지르듯 구사한다 하여 찰필(擦筆)이라고도 하는데, 주로 물상의 중후하고 멀고 아득한 효과를 강조하는 데 응용되는 기법이다. 구작(鉤斫)이란, 붓을 운용하는 기법 가운데 하나로, 산이나 바위를 그릴 때 외적 형태의 결이나 무늬의 윤곽선을 그리는 것을 '구(鉤)'라 하고, 그 외적 형태의 윤곽 안에 붓으로 찍어 내리듯 하여, 머리 부분은 강하고 두껍게 하고, 끝 부분은 가볍고 가는 필선으로 음양과 요철을 표현하는 것을 '작(斫)'이라 한다.

도(墨竹圖)〉와 합권한 〈묵송도(墨松圖)〉(卷)는 순전히 문인 수묵사의법(水墨寫意法)만을 모방하여 그렸는데, 거친 붓질로 그린 경사지와 가는 선으로 그린 수북한 풀 더미는 하창(夏昶)에 가깝고, 나무를 휘감고 있는 등나무 가지와 흩어진 낙엽은 초서의 필법을 띠고 있다. 이는 조맹부와 오진의 화법에서 스스로 터득한 것으로, 형상[形]과 대상물의 내면 본질[質]을 함께 갖추었을 뿐만 아니라, 정신을 숭상하면서도 사실적으로 그리려고 추구함으로써 문인화의 의경과 운치를 물씬 갖추었다. 〈방연문귀산수(仿燕文貴山水)〉(軸; 상해박물관 소장)는 미불(米芾)과 고극공(高克恭)의 운산(雲山) 묵희(墨戲)를 모방하여 그렸는데, 동기창은 발문에서 "맑고 화창한 하늘은, 평범한 날의 본래 모습을 그린 것이 아니다[淡蕩淸空, 不作平日本色]"라고 하였다. 〈장송오록도(長松五鹿圖)〉(軸; 대북 고궁박물원 소장)는 고극공과 황공망의 화풍을 함께 취하여, 원대 문인화의 격조를 짙게 띠고 있다.

③ 말년-자신만의 독특한 면모를 형성하였다.

말년의 작품은, 첫째, 남송의 마원·하규 화풍을 본받아 간결하고 힘차며, 한층 자유롭게 변화하였다. 운필(運筆)에서 힘찬 느낌과 강도를 더하였고, 물기를 촉촉이 머금은 수묵은 웅건하고 광활하며, 구도는 간략하고, 경물은 특징만을 묘사하였다. 특히 필묵의 구사가 민첩하고 변화가 풍부한 가운데 마음껏 자유로워, 작품들로 하여금 살아움직이는 느낌과 강건한 기운이 풍부하게 하였다. 대표적인 작품들로

는 〈휴금방우도(携琴訪友圖)〉(卷; 독일
베를린박물관 소장)·〈춘산적취도(春山
積翠圖)〉(軸; 상해박물관 소장)·〈어락도
(漁樂圖)〉(卷; 미국 프리어미술관 소장)·
〈춘유만귀도(春遊晚歸圖)〉(軸)·〈설
경산수(雪景山水)〉(軸)(둘 다 대북 고궁
박물원 소장) 등이 있다.

둘째, 여러 화가들의 장점을 융
합하여, 직업화가와 문인화가의 의
취를 겸비한 집대성(集大成)의 풍격
을 형성하였으며, 다양한 종류의 필
묵을 운용하여 물상의 진실한 모습
을 정교하고 능숙한 기교로 표현했
을 뿐 아니라, 또한 우의(寓意)와 상
징이나 필묵의 정취를 통하여 주제
의 감정이나 혹은 의경의 분위기를 밝혀주는 문인의 구상(構想)이 담
겨 있다. 대표적인 작품들로는 〈남병아집도(南屛雅集圖)〉(卷)·〈관산행
려도(關山行旅圖)〉(軸)·〈종규야유도(鍾馗夜遊圖)〉(卷)(모두 북경 고궁박물
원 소장) 등이 있다.

오위(吳偉)의 생애와 창작

(1) 생애

오위는 대진의 뒤를 이은 '절파'의 대가이다. 그의 일생은 대진처
럼 그렇게 처절한 좌절을 겪지는 않았지만, 궁정화가에서 직업화가
로 전환한 경력을 가지고 있다. 또한 그의 생활 경험과 개인적인 심정

에서 대진과 여러모로 공통점이 있기 때문에, 대진의 화풍을 계승한 것 역시 우연만은 아니었다. 그의 생애는 초기·중기·말기의 세 단계로 나눌 수 있다.

① 소년 시절-강남 지역을 유람하다.

오위는 명나라 영종(英宗) 순천(順天) 3년(1459년)에 태어났으며, 호북 강하(江夏) 사람으로, 자는 사영(士英) 또는 차옹(次翁)이며, 호는 소선(小仙)이다. 몰락한 관료 집안 출신으로, 할아버지인 오용렴(吳用廉)은 하남 남양부(南陽府) 예주(豫州)와 하북 대명부(大名府) 개주(開州)의 지주(知州)를 역임하였다. 아버지인 강옹(剛翁)은 향시에 합격하였으며 서화에도 뛰어났다. "강옹은 성품이 고고하고 뛰어났지만, 연단(煉丹)에 몰두하다 집안이 망했다.[翁性高華, 用燒丹破其家.]"[명(明), 주휘(周暉), 『금릉쇄사(金陵瑣事)』 권3]

오위가 서너 살 되었을 때 아버지가 세상을 떠나면서 집안이 날로 가난해지자, 호광(湖廣-호북성과 호남성)의 좌포정사(左布政使) 전흔(錢昕)이 맡아서 길렀다. 그는 어려서부터 총명하고 그림 그리기를 몹시 좋아하여 전흔의 깊은 신임을 받았다.[명(明), 어익(魚翼), 『해우화원략(海虞畫苑略)』]

오위는 약관(弱冠)의 나이에 객지인 금릉에서 생활하며 그림을 통해 앞날을 도모하였다. 17세에 남경에 이르러 태부(太傅)인 성국공(成國公) 주의(朱儀)를 방문하여 배알하였다. 오위의 시원스럽고 대범한 태도와 범상치 않은 뛰어난 재능에 크게 감동한 주의는 깜짝 놀라 '소선(小仙-나이 어린 신선)'이라 부르며, 자신의 문하객(門下客)으로 받아주었다. 그 이후 계속해서 평강(平江)의 백진예(伯陳銳)·태자태보(太子太保) 병부상서 왕고(王翶)·태보신녕(太保新寧) 백담우(伯譚佑) 등과 사귀면서 명성이 날로 높아졌다.[명(明), 주휘, 『금릉쇄사』 권3]

② 청년 시절-처음 북경에 가다.

오위의 나이 20세가 넘어 북경에 상경하자, 부유하고 권세 있는 자들이 앞 다투어 영접하였다. 태사(太師) 영국공(英國公) 장무(張懋)·태부(太傅) 보국공(保國公) 주영(朱永)·부마도위(駙馬都尉) 주공(周公) 등이 잇달아 객사에서 맞이하며 환대하였다.[명(明), 주휘, 『금릉쇄사』 권3]

그 후 헌종으로부터 입궁하라는 부름을 받고 인지전의 대조(待詔)가 되었는데, 금의위진무(錦衣衛鎭撫)라는 관직과 함께 깊은 신임과 총애를 받았다. "어느 날 헌종이 오위를 불렀는데, 마침 그는 술에 취해 있었다. 환관이 부축하여 비틀거리며 대전에 들자, 임금은 〈송천도(松泉圖)〉를 그리라고 명하였다. 오위는 꿇어앉은 채 먹물을 쏟아서, 손 가는 대로 칠하여 완성하였다. 이에 임금이 감탄하며 이르기를, '진정 신선의 붓질이로다'라고 하였다.[一日被詔, 正醉, 中官扶掖入, 跟蹌行殿中, 上命作'松泉圖', 偉跪翻墨汁, 信手塗成. 上嘆曰, 眞仙筆也.]" 그러나 그는 개성이 매우 강했다. "오위는 우직하고 기질이 강직하여, 그릇된 사람이라 여기면, 비록 극진히 청하여도 응하지 않았으며, 원

〈무릉춘도(武陵春圖)〉
(明) 오위(吳偉)
북경 고궁박물원 소장

래 친한 사이라도 한 마디만 도리에 어긋나면 즉시 벼루를 박차고 일어났다. 그는 궁정을 출입하면서도 총애 받는 환관을 천시하여, 그림을 요구해도 대부분 주지 않았다. 그래서 총애 받는 환관들이 수차례 그의 결점을 들추어 냈고, 결국 얼마 지나지 않아 남경으로 돌아가게 되었다.[偉戇直, 有氣岸, 非其人, 雖篤請不應, 卽素昵, 一言不合, 輒投硯起. 其出入掖庭, 奴視中貴, 人求畫, 又多不與. 于是中貴人數短之. 居無何, 放歸南都.][명(明), 하교원(何喬遠), 『명산장(名山藏)』]

오위는 남경으로 돌아온 후 정처없이 천하를 떠돌며 호방한 유람객이 되어, 속세를 떠난 은사들과 교유하면서 성격이 더욱 강직하고 분방해졌다. 또 기녀들과도 스스럼없이 어울려 진탕 술을 마시며 주색에 빠졌다.[명(明), 강소서(姜紹書), 『무성시사(無聲詩史)』]

③ 중년 시절-다시 북경에 가다.

오위가 30여 세 되었을 때, 효종이 즉위하면서 다시 그를 궁궐로 불러들여, 처음보다 더 높은 금의백호(錦衣百戶) 관직을 수여했다. 뿐만 아니라 '화장원(畫壯元)'이라는 도서를 하사하였고, 무창(武昌)에 있는 선영의 묘소에 성묘를 다녀오라는 윤허와 함께, 특별히 북경의 서가(西街)에 거처도 마련해 주었다.[오위, 〈인물사단(人物四段)〉(卷), 이렴(李濂)의 제발(題跋); 상해박물관 소장]

오위는 비록 이처럼 특별한 환대를 받았지만 결코 명예와 부귀에 연연하지 않으며, 2년 후에 다시 병을 핑계 삼아 귀향하였다. 돌아와서도 진회(秦淮-남경성 안쪽으로 흐르는 강) 동쪽 강가에 거주하며 유흥가와 놀잇배가 모여 있는 금릉을 왕래하였다. 또 산천을 유람하면서 마음껏 향락적 생활 방식을 즐겼다.[명(明), 하교원, 『명산장』]

정덕(正德) 3년(1508년), 무종(武宗)은 관리를 보내 세 번째로 그를 입궁하게 하였으나, 그는 길을 나서기도 전에 과음으로 인해 50세의 나이로 급작스럽게 사망하였다.[오위, 〈인물사단〉(卷), 이렴의 제발(題跋),

상해박물관 소장] 그가 창시한 '강하파(江夏派)'의 추종자는 매우 많았는데, 알려진 사람들로는 장로(張路)·팽순경(彭舜卿)·시우(施雨)·정문림(鄭文林)·나소(羅素)·주방(朱邦)·장숭(蔣嵩)·사문(史文)·이저(李著)·왕조(汪肇)·진자화(陳子和)·장항(張恒)·장사산(張似山)·설인(薛仁)·장귀(蔣貴)·왕의(王儀)·형국현(邢國賢)·송등춘(宋登春)·주약길(朱約佶)·요일천(姚一川)·묵장(墨莊)·만방치(萬邦治)·만방정(萬邦正)·오빈(浯濱)·석천(石泉) 등이 있었으며, 마침내 '절파'는 빛나는 명성과 세력을 형성하게 되었다.

(2) 회화 풍격

오위의 창작에는 인물이 대부분을 차지하고, 산수가 그 다음이며, 화조는 드문 편이다. 화풍은 다양한 면모를 보여주는데, 거친 필선을 위주로 하고 있다.

① 인물화

오위가 그린 인물화의 제재는 비교적 광범위하여, 역사 인물·전설 고사·도석(道釋) 신선·문인(文人) 일사(逸事)·풍속과 사회 상황·사녀·선비·어부와 나무꾼 등을 포괄하고 있다. 특히 세속 생활의 묘사에 열중하여 세속 인물들의 희노애락의 감정을 표현하였다. 매우 사실적으로 그려진 형상들도 대부분 현실 생활에서 취한 것으로, 평범하고 소박하며 '세속적인 기질[俗氣]'을 충분히 표출하였는데, 이는 신흥 시민 계층의 심미 취향을 반영한 것이다. 예를 들면 〈가무도(歌舞圖)〉(軸; 북경 고궁박물원 소장)는 진회(秦淮)에 있는 기루(妓樓=기생집)의 어린 여자와 춤추며 노래하는 열 살짜리 기녀인 이노노(李奴奴-이 씨 성을 가진 기녀)가 기루의 유객(遊客)들을 위해 공연하는 정경을 묘사하였다. 이노노의 작고 깜찍함은 마치 사람들이 마음대로 가지고 노는 하나의 장난감 같아서 오히려 안쓰러움을 느끼게 한다. 유객들은 머리를 긁적이거나 수염을 어루만지기도 하고, 어깨를 추켜들며 실눈을 뜨고 그의 공연을 보는 모습에서, 환락을 즐기는 심경을 생생하게 표현해 냈다. 이처럼 환락 장소에서 마음껏 즐기는 생활 정경을 노골적으로 표현한 것은 과거의 작품에서는 흔치 않다. 또 〈무릉춘도(武陵春圖)〉〈(卷; 북경 고궁박물원 소장) 같은 작품은 기녀 제혜진(齊慧眞)이 정원에 조용히 앉아서, 멀리 광서(廣西)의 변방을 지키고 있는 사랑하는 연인 부생(傅生)을 그리워하는 정경을 그린 것이다. 오위는 슬프면서도 원망스러운 애잔한 감정과 사람들을 감동시킬 만큼 빼어난 모습을 표현함과 동시에 그녀가 간직하고 있는 굳은 정절과 변함없는 애정을 찬미하고 있다. 이처럼 기루에서 생활하는 기녀에 대해 대담하게 칭송한 것은 뚜렷한 세속 관념을 보여주는 것이다.

오위 인물화의 주요한 풍격은 두 종류이다. 하나는 세필화(細筆畵)인데, 고개지와 이공린의 공필백묘의 전통을 계승하였다. 〈철적도(鐵笛圖)〉〈(卷; 상해박물관 소장)는 성화(成化) 갑진년(甲辰年 : 1484년), 26세 때 그린 초기의 작품으로, 원대의 문인 양유정(楊維楨)이 하녀들과 정원에서 피리를 연주하며 노는 정경을 묘사하였다. 화법은 이공린의 백묘법을 모방하였는데, 그 섬세하고 정제됨이 오묘한 경지를 깊이 터득하였다. 〈세병도(洗兵圖)〉〈(卷; 광동성박물관 소장)는 홍치(弘治) 병진년(丙辰年 : 1496년)의 38세 때 그린 중년의 작품에 속하는데, 내용은 천병신장(天兵神將-하늘의 군대와 신의 장수)과 요괴가 전쟁하는 장면

을 그린 것으로, 백묘화법이 더욱 힘차고 강건해졌다. 〈가무
도(歌舞圖)〉(軸)는 홍치 계해년(癸亥年 : 1503년)의 45세 때 그린
작품으로, 구사한 선을 보면 가늘지만 힘차고 시원스러운
가운데, 갑자기 꺾이고 모가 나면서도 단단한 필선을 병행하
고 있으며, 먹색 또한 농담(濃淡)의 변화를 갖추고 있어 말년
의 성숙한 풍격을 보여준다.

　다른 하나는 거칠고 투박한 조필화(粗筆畫)이다. 이 화법
은 오도자와 양해(梁楷)의 간결하고 힘찬 사의화법에 뿌리를
두고 있다. 〈선녀도(仙女圖)〉(軸; 상해박물관 소장)는, 인물의 온
화하고 점잖은 형상은 오도자에게서 취했고, 옷 주름을 절
로묘(折蘆描)로 처리한 것은 양해의 감필화(減筆畫)에 가까
워, 풍격이 세련되고 자유롭다. 〈유음독서도(柳蔭讀書圖)〉(軸;
북경 고궁박물원 소장)는 마원·하규의 화법을 더 많이 본받아,
거칠고 간결하며 힘차고 강건하다.

② 산수화

　오위의 산수화는 대진을 추종하면서 남송의 마원·하규를 주로
본받아, 더욱 거칠고 힘차며 거리낌이 없다. 명나라의 이개선(李開先)
은 『중록화품(中麓畫品)』에서 이렇게 평하였다. "소선(小仙-오위)의 작
품 근원은 문진(文進-대진의 字)으로부터 비롯되어, 필법이 한층 빼어
난데, 첩첩이 우뚝 솟은 산과 봉우리를 그리는 데는 문진보다 뛰어나
지 못하지만, 돌 조각이나 한 그루 나무는 거칠고도 또한 간결한 것
이 문진보다 낫다.[小仙其源出于文進, 筆法更逸, 重巒疊嶂非其所長, 片石一
樹粗且簡者, 在文進之上.]" 이러한 본연의 산수화는 경치가 간결하고,
용필은 힘차고 굳건하며, 준(皴)과 선염을 함께 구사하였고, 수묵은
산뜻하고 시원스러워, 힘차고 웅대한 기세를 갖추고 있다. 이는 "마치
초나라 사람들이 거록(鉅鹿)에서 전쟁할 때, 맹렬한 기세로 횡폭하게

〈선녀도(仙女圖)〉(軸)
(明) 오위
상해박물관 소장

감필화(減筆畫) : 간필화(簡筆畫)라고
도 하며, 눈으로 보고, 마음속에 기억
하여, 손으로 그리는 등의 활동을 통
하여, 객관 형상의 가장 전형적이고
가장 두드러지는 주요 특징을 찾아낸
뒤, 평면화·규격화의 형식과 간결하
고 대범한 필법으로 개괄적이면서도
식별 가능하고 상징성 있도록 표현한
그림을 말한다.

거록(鉅鹿) : 하북성 평향현(平鄕縣)에
속하며, 진대(秦代) 말에 항우가 진나
라 군대를 크게 무찌른 곳이다.

<유음독서도(柳蔭讀書圖)>(軸)
(明) 오위
북경 고궁박물원 소장

굴며, 일시에 공격한 것 같다.[如楚人之戰鉅鹿, 猛氣橫發, 加乎一時.]"[오
위, <인물사단(人物四段)>(卷), 이렴(李濂)의 제발(題跋); 상해박물관 소장] 대
표적인 작품으로는 <임류독서도(臨流讀書圖)>(軸; 상해박물관 소장)·<설

경산수〉(軸; 북경 고궁박물원 소장) 등이 있다.

오위의 몇몇 산수화는 수묵사의 화법에 원대의 필묵을 융합하여 집대성한 풍격을 보여주는 것도 있다. 작품에 담은 경치는 비교적 진실하고, 구도는 변화가 많으며, 원근(遠近)과 허실(虛實)의 관계를 강구하여, 사실적이면서도 기세와 의취를 함께 추구하였다. 필묵도 대상을 결부시켜 융통성 있게 운용하였는데, 즉 측봉와필(側鋒臥筆)·중봉원필(中鋒圓筆)·파필갈묵(破筆渴墨)·활필발묵(闊筆潑墨)을 서로 겸하였다. 또 힘차고 완곡하고 강건하고 부드럽고 거리낌 없고 함축적인 것을 함께 운용함으로써, 필묵의 운동감을 유지하고 있을 뿐만 아니라, 필묵의 정취도 매우 풍부하다. 〈계산어정도(溪山漁艇圖)〉(軸; 북경 고궁박물원 소장)는 복잡한 경치·탄력적인 필묵·세련되고 능숙한 기교가 돋보인다. 〈장강만리도(長江萬里圖)〉(卷; 북경 고궁박물원 소장)는 사의적인 화법을 자유롭고 빠르게 구사하여, 길고 긴 장강의 충만한 기세와 장엄한 물결을 전달하려는 데 집중하였다.

오위 산수화의 전체적인 면모는 거칠고 힘차며, 자유분방하고 호쾌하며, 겉으로 다 드러나고, 힘과 운동감과 기세가 풍부하여, 법도와 공교함과 신중함을 엄정하게 강구했던 '원체화'와 달랐다. 뿐만 아니라 형사(形似)에서 벗어나 꾸밈없는 우아함을 함축한 '문인화'와도 구별되는 일종의 새로운 예술 유형을 수립하였다. '절파'의 추종자들이 주로 오위의 화풍을 계승하면서, 그 예술 특색도 또한 '절파'의 기본 특징을 이루었다.

'절파' 후기의 여러 화가들

대진과 오위를 본받아 배운 '절파'의 후학들 가운데 장로(張路)와 왕조(汪肇)는 다른 영역에서 일정한 업적을 세웠다. 그러나 기타 추종

측봉와필(側鋒臥筆) : 붓을 옆으로 기울여 납작한 필선을 구사함.

중봉원필(中鋒圓筆) : 붓을 똑바로 세워 중심에 힘을 모아 원만하고 탄력 있는 필선을 구사함.

파필갈묵(破筆渴墨) : 붓을 갈라지게 펴서 농담의 변화를 구사하는데, 물기가 적은 까칠까칠한 먹의 질감을 나타냄.

활필발묵(闊筆潑墨) : 붓에 수묵을 흥건하게 적셔, 화면에 물기가 마르기 전에 농담의 변화를 주며 번지게 함.

자들 대부분은 한결같이 모방만을 일삼는 창의력 없는 형식으로, 지나치게 간소하며, 거칠고 난폭한 취향을 따르고, 필묵이 겉으로 드러나며, 격조가 거칠고 속되어, 결국 저속한 폐단을 형성함으로써 후세에 배척당하기에 이르렀다.

(1) 장로(張路)

장로의 자는 천치(天馳)이고, 호는 평산(平山)이며, 상부(祥符 : 지금의 하남 개봉) 사람으로, 인물과 산수를 잘 그렸다. 그의 인물화는 매우 뚜렷한 특색을 지닌 데 반해, 산수화는 크게 못 미쳤는데, 명나라의 첨경봉(詹景鳳)은 『첨씨소변(詹氏小辨)』에서 이렇게 기술하고 있다. "인물 묘사는 오사영(吳士英-오위)을 본받아, 구도가 잘 갖추어져 있고, 옷 주름을 묘하게 잘 처리하였으며, 용필은 힘차면서 씩씩하고, 붓을 구사함이 신속하고 민첩하며, 또한 스스로 웅장하니, 당대(當代)의 명가라 할 만하다. 그러나 혹여 산·바위·물을 더하면, 곧 혼탁한 저속함에 빠져 볼 만한 것이 없다.[寫人物師吳士英, 結構停妥, 衣褶操挿入妙, 用筆矯健, 而行筆迅捷, 亦自雄偉, 足當名家. 但或加一山一石一水, 便入濁俗, 不足觀.]"

그의 인물화는 처음에는 오도자의 화법을 수용하였고, 이후에는 대진과 오위가 즐겨 사용했던 수묵사의 화법을 배웠다. 인물의 형상은 비록 간결하지만 조형은 매우 정확하며, 자태와 표정을 사실 그대로 그리는 데 중점을 두어, 거칠고 투박하면서도 섬세함을 볼 수 있다. 옷 주름에는 절로묘와 정두서미묘(釘頭鼠尾描)를 운용하여, 선의 기복에 힘이 있고 붓을 움직이는 속도 또한 민첩하여, 탄력적인 건장한 기세를 갖추었으면서도 소홀하게 다룬 부분은 없다. 특히 그가 그린 인물 형상은 질박하면서도 대범하며, 비록 세속적이지만 저속하지 않고, 매우 절제되어 있다. 대표적인 작품으로는 〈취소여선도(吹簫

정두서미묘(釘頭鼠尾描) : 붓을 대는 시작 부분은 못 대가리처럼 작고 납작한 점이고, 밑쪽으로 갈수록 쥐꼬리처럼 길고 가늘어지는 선묘를 말한다.

〈정주대월도(停舟待月圖)〉
(明) 장로(張路)

女仙圖)〉〈軸; 북경 고궁박물원 소장)·〈망월도(望月圖)〉〈軸; 제남시박물관 소장) 등이 있다.

(2) 왕조(汪肇)

왕조의 자는 덕초(德初)이고, 호는 해운(海雲)이며, 안휘 휴녕(休寧) 출신으로, 산수·인물·화조를 잘 그렸다. 산수와 인물은 대진과 오위를 본받았으나, 어설프고 조잡한 필선이 많아 특별히 볼 만한 것이 없지만, 화조화는 비교적 조예가 깊었다. 왕조는 저명한 화조화가인 도성(陶成)의 구륵법을 배웠고, 여기에 대진과 오위의 웅건한 필법을 융합하여, 투박함과 섬세함이 서로 조화를 이루었고, 형상에 운치를

갖춘 화조화의 새로운 면모를 창조하였다. 첨경봉이 『첨씨소변』에서
역시 다음과 같이 비교적 적절하게 평가하였다. "간략하게 그린 소
소한 화조는 소탈하고 사랑스러우며, 또 도운호[陶雲湖—도성(陶成)]의
토끼와 사슴을 모방하여 그린 것도 훌륭하다. 비록 도운호의 정신

〈호계삼소도(虎溪三笑圖)〉(軸)
(明) 왕조(汪肇)

과 자유로운 의취에는 미치지 못하지만, 호방하고 비범하여 마치 생동하는 기운이 느껴지는 듯하다. 바위는 비록 높고 험하여 구분되지 않지만, 먹 색이 윤택하고 선명하여, 보는 이를 감동시키기에 충분하다. 단지 산수를 그린 것은 억지스러움이 있다.[草草小花鳥瀟灑可愛, 仿陶雲湖兎·鹿亦佳. 雖不迨陶精思逸趣, 亦自豪縱不凡, 宛然有生動氣. 石雖峻嶒不分, 而墨潤色鮮, 亦足動人. 惟寫山水乃是强作.]"

대표작으로는 〈유금백한도(柳禽白鷴圖)〉(軸; 북경 고궁박물원 소장)가 있다. 이 그림을 보면 백한(白鷴-흰 꿩)은 공필구륵법으로 그렸으며, 날아가는 제비는 윤곽을 그린 후에 먹으로 덧칠하여 형태에 진실감과 생동감이 있어, 도성의 영향을 받은 것이 뚜렷하다. 나무와 바위 및 강기슭은 투박한 수묵을 운용하였는데, 이는 마원·하규의 화풍을 취한 것이다. 이처럼 간결한 배경에 정교하고 섬세한 화조를 곁들인 화법은 의심할 나위 없이 명대의 궁정화가인 여기(呂紀)의 화법을 모방한 것으로, 능숙한 가운데 섬세함이 담겨 있다. 〈노안도(蘆雁圖)〉(軸; 북경 고궁박물원 소장)는 수묵사의 화법으로 갈대와 기러기를 그렸지만, 형태가 매우 사실적이어서 화법이 명대의 궁정화가인 임량(林良)과 비슷하다. 동시에 여러 마리의 기러기들의 공교하고 졸렬한 형태와 초서 같은 필법으로 묘사한 갈대는 오중(吳中-지금의 강소성 소주 지방)의 문인화가인 심주(沈周)와도 가까우며, 거친 가운데 섬세함이 있는 것이, 직업화가와 문인화가의 풍격이 결합된 작품이라고 할 만하다.

'절파'의 마지막 인물인 남영(藍瑛)

남영은 명대 말기에 절강 항주 지역에서 활동한 화가로, 그가 절강 사람에 속한다 하여 청대 초기의 여러 회화사에서는 남영을 '절파'에 포함시켰는데, 옹정(雍正) 연간의 장경(張庚)은 『도화정의식(圖畵

精意識)』에서 처음으로 이렇게 주장했다. "이 화파는 대진이 창시하여, 남영이 완성하였다.[是派也, 始于戴進, 成于藍瑛.]" 또 다른 저서인 『국조화징록(國朝畫徵錄)』에서도 이렇게 주장했다. "그림에 절파가 있는데, 대진에서 시작되어, 남영에 이르러 최고조에 이르렀다.[畫之有浙派, 始自戴進, 至藍爲極.]" 이후 여러 회화사에서 그의 주장을 받아들여, 마침내 '절파의 마지막 인물'이 되었다. 사실 남영과 '절파'는 직접적인 계승 관계가 없으며, 화풍 또한 일치하지 않는다. 그래서 어떤 회화사에서는, 남영이 스스로 하나의 풍격을 수립하여 '무림파(武林派)'를 창립했다고 주장하기도 한다.

(1) 생애와 행적

남영의 자는 전숙(田叔)인데, 스스로를 동곽노농(東郭老農)·동고접수(東皋蝶叟)라 불렀으며, 다른 서명으로는 서호외사(西湖外史)·오산농(吳山農)·산수(山叟)·접수(蝶叟)가 있으며, 말년의 호는 석두타(石頭陀)였다. 절강 전당 사람으로, 그의 일생은 초기·중기·말기의 세 시기로 구분할 수 있다.

① 어린 시절-화업(畫業)에 뜻을 세우다.

남영은 명나라 만력 13년(1585년)에 태어났다. 비교적 빈한한 가정에서 태어나 어린 시절부터 학업을 포기하고 회화에 몰두하였다. 처음에는 정교하고 섬세한 계화와 사녀화부터 그리기 시작하였는데, 송대의 원화를 본받았다. 건륭 때의 『항주부지(杭州府志)』에는 이렇게 기록하고 있다. "세밀하게 궁정 모습과 계화 및 옷 주름을 그렸는데, 무엇이든 모두 살아 움직여서, 송대 화원의 여러 화가들을 능가하였다.[細描宮樣·界畫·衣褶, 色色飛動, 突過宋畫苑諸人.]" 또 『도회보감속찬(圖繪寶鑑續纂)』에는 이렇게 기록되어 있다. "궁녀 치장을 한 사녀들은, 소년 시기에 취미로 즐겨 그렸다.[宮粧仕女, 乃少年遊藝.]"

② 청·중년기-각지를 유람하다.

남영은 20세를 전후하여 바깥세상으로 나와 각지를 두루 유람하며, 명가들을 찾아 방문하여, 문인화의 전통을 배우기 시작하였다. 아울러 문인 사대부들과 폭넓게 교유하면서 문인화가의 대열에 들어섰다. 23세 때에는 강소 화정(華亭)에 가서, 대화가인 손극홍(孫克弘)을 예방하고 〈주죽도(朱竹圖)〉를 그려 가르침을 청하기도 하였다. 또 수장가(收藏家)인 주민중(周敏仲)과 서화가인 동기창(董其昌)·진계유(陳繼儒)를 차례로 찾아

〈추산홍수도(秋山紅樹圖)〉
(明) 남영(藍瑛)

가, 그들이 소장하고 있던 송·원 시대의 명작들을 감상하고 임모하면서 옛것을 배우는 데 열중하였다. 뿐만 아니라 지방에 거주하는 문호·시인·화가들과 폭넓게 교유하며, 자주 시화사(詩畫社-시인이나 화가들의 단체)에도 참가하여 함께 시를 짓고 그림을 그리면서, 차츰 문인화가들의 활동 영역으로 들어섰다.

〈방조옹산수도(仿趙雍山水圖)〉(軸)
(明) 남영

중년 이후에는 교유의 폭을 더욱 넓혀갔으며, 화풍 또한 성숙해져서 스스로 하나의 풍격을 이루었다. 이 기간에 양문총(楊文驄)과 왕래하면서 마사영(馬士英)과도 사귈 수 있었다. 이처럼 문호들에 의해 화단에 그의 이름이 알려짐에 따라, 60세 이전에 이미 최고의 명성을 누리게 되었다. "한때 왕공 귀족들은 (남영의) 조그마한 그림 한 폭이라도 얻으면 마치 진귀한 보물처럼 여기고, 서로 답례하는 것을 아끼지 않았다.[一時王公貴卿獲片紙尺幅有如珍寶, 相與酬答, 無不傾倒.]"[청(淸), 위징(魏徵), 『강희전당현지(康熙錢塘縣志)』]

〈남원녹초비접도(南園綠草飛蝶圖)〉〈軸〉

(明) 남영

③ 말년-고향에 돌아와 제자들을 가르치고 그림을 팔다.

명 왕조가 멸망한 후 남영은 각지에 흩어진 문인화가들과 연락이 끊기자, 곧 고향인 전당에 돌아와 제자들을 가리치고 그림을 팔면서 평범한 노후를 보냈다. 이 시기에 그린 작품들이 매우 많고, 풍격 또한 더욱 힘차다. 그는 강희 3년(1664년), 향년 80세로 세상을 떠났다.

남영은 자신만의 새로운 화풍을 완성함에 따라 추종자들이 매우 많았다. 아들 남맹(藍孟)·손자 남심(藍深)·남도(藍濤)는 모두 가학을 계승하였으며, 학생으로는 유도(劉度)·진선(陳璇)·왕환(王奐)·풍식(馮湜)·고정(顧呈)·전부(田賦)·오눌(吳訥)·오구(吳球)·소의(蘇誼)·주세패(周世沛)·남회(藍洄)·하사봉(何士鳳) 등이 있었다.

(2) 회화 예술

남영은 태어나서 죽을 때까지 일생 동안 직업화가로 살면서도 꾸준히 노력하여 문인화가의 대열에 들어갔다. 그는 화법에서 정교하고 능숙한 기예를 터득하는 한편, 문인화의 전통을 흡수하여 '절파'와도 다르고 또 '오파(吳派)'와도 다른 독특한 면모를 형성하였다. 이 때문에 회화사에서 '무림파(武林派)'라고 부르는 것도 어느 정도 합당하다.

남영은 다재다능하여 산수·인물·화조·죽석·난초에 이르기까지 모두 뛰어났지만, 특히 산수화로 가장 명성을 얻었다. 산수화는 초기·중기·말기에 따라 변화가 있는데, 초기에는 이당파(李唐派)의 원체화 영향을 깊이 받았으며, 다른 한편으로는 당인(唐寅)이 배운 이

〈계산설제도(溪山雪霽圖)〉(軸) (일부분)
(明) 남영
대북(臺北) 고궁박물원 소장

당의 면모와도 비슷하다. 즉 천계(天啓) 3년(1623년), 39세 때 그린 〈계
산설제도(溪山雪霽圖)〉(軸; 대북 고궁박물원 소장)는 화면의 경치가 복잡
하고 구도는 충만하며, 용필(用筆)은 중봉(中鋒)을 사용하여 원숙하
고 매끈하며, 섬세하고 깔끔하며, 채색은 수려하고 담아하며, 장식
성이 강하여, 원체화(院體畵)의 공교하고 신중하면서 수려하고 윤택
한 특색을 비교적 강하게 드러내고 있다. 중기의 화풍은 다양한 변화
를 이루고 있는데, 이당·조영양(趙令穰)·조맹부를 모방하였는가 하
면, 미불·황공망·오진·왕몽의 화풍도 본받아, 작품의 구도에 변화

가 많고 자유로우며, 색채 대비가 풍부할 뿐 아니라, 필묵 구사도 유창하고 대담해졌다. 말기인 60세 이후에는 주로 미불과 원나라 사대가(四大家)를 본받아, 차분하고 안정적인 화풍 대신 고아한 가운데 힘 있는 화풍으로 변했으며, 구도와 필묵이 모두 한층 정교하고 간결해졌다. 또 경치는 탁 트이고 광활하며, 공백이 증대되었고, 노련해진 용필과 명쾌해진 먹색에, 질박하고 담박하며 생동감 있는 아름다움이 풍부해졌다. 대표적인 작품들로는 58세 때 그린 〈방송원산수(仿宋元山水)〉(冊)와 61세 때 그린 〈산수〉(冊)(둘 다 대북 고궁박물원 소장)와 71세 때 그린 〈산수〉(冊)와 74세 때 그린 〈백운홍수도(白雲紅樹圖)〉(軸)(둘 다 북경 고궁박물원 소장)가 있다.

남영의 성숙한 화풍의 예술적 특색은, 첫째, 고화(古畫)를 매우 많이 모방하였을 뿐 아니라, 당시 명가들이 고화를 모방하여 그린 작품들에서도 많은 것을 터득한 점이다. 그래서 이당을 모방한 당인과 가깝고, 황공망을 모방한 심주와 가까우며, 미불을 모방한 진순(陳淳) 등과도 가까워, 그 면모가 송·원의 원작과는 거리가 매우 멀다. 둘째는, 기법의 능숙함과 형식의 변화를 중시한 반면, 기운·정신·필묵의 정취 등 내적 요소에 대해서는 비교적 소홀한 점이다. 이 때문에 기교의 표현이 밖으로 노출되거나 과장되었고, 조형의 짜임새도 기이한 변형으로 나아가, 시각 효과는 강렬하지만, 오히려 의미심장한 운치는 부족하다. 셋째는 산수의 대부분은 자연실경(自然實景)에서 '지상산수(紙上山水)'로 바꾸었는데, 각 유파의 산·나무·사람·사물 등은 모두 고정되고 또 간결화된 몇 개의 모형으로 만들어서, 필요에 따라 배치함으로써, 사실감이 부족하고 추상적 요소가 많다는 점이다. 이렇게 남영의 풍격은 자신의 일파를 이루어 '절파'와도 뚜렷하게 구별되었다.

지상산수(紙上山水) : 실제의 경치를 그린 것이 아니라, 작자가 화면 위에 인위적으로 상상하여 그려낸 산수.

'오파(吳派)'의 지도자 심주(沈周)와 문징명 (文徵明)

명대 중기에 이르러 '원체(院體)'와 '절파(浙派)'가 쇠락하자 소주 지역에서 심주와 문징명이 창립한 '오파(吳派)'가 일어났다. 이들은 송·원의 문인화 전통을 계승하여 한 시대의 새로운 화풍을 수립함과 동시에, 문인화가 화단의 주류를 차지하도록 하여, 그 영향이 수백 년 동안 이어졌다. '오파'의 갑작스러운 출현은 독특하고 탄탄한 지역적 우세와, 또 그 유구한 회화 전통의 연원(淵源)을 지니고 있었기 때문에 가능했다. 그 중에서도 명대 초기 오문(吳門─강소성 소주 오현 지방의 옛 이름) 선배들의 선구적 작용은 간과할 수 없다.

오문의 여러 선구자들

소주는 강남의 살기 좋은 고장이자 인문(人文)의 집결지로서, 비록 원나라 말기의 전란과 명나라 초기의 무거운 조세와 학정을 겪었지만, 변함없는 문인 사대부들의 활동 중심지였다. 원나라 사대가(四大家)인 황공망(黃公望)·오진(吳鎭)·예찬(倪瓚)·왕몽(王蒙)은 강남 일대에서 활발하게 창작 활동을 하며 확고한 문인화의 근거지를 구축하였다. 이 때문에 명대 초기의 소주(蘇州)를 중심으로 한 문인화가들은 주로 원나라 사대가의 규범을 따르면서 묵묵히 화업에 전념하였다. 이들 대다수는 벼슬에 대한 뜻을 접고 산림에 은거하며 글씨나 그림으로 즐거움을 삼았다. 이들이 추구한, 재능을 감추고 때를 기다리는 처세 방식과 속세를 벗어난 청아한 생활 정취는, 원대에 자연과 더불어 자유로운 생활을 즐기던 문인들과 상통하는 부분이 매우 많았으며, 수많은 인사들 또한 원대의 문인화가들과 직접 교유하기도 했다. 이로 인하여 회화에서 송·원의 문인화를 본받아 배우는 것은 필연적인 일에 속했다. 그들은 예술에서의 창의성이 부족했고, 성취도 그다지 높지 않았지만, 문인화의 전통을 연속시키고 전달해 줌으로써 '오파'의 형성에 중요한 작용을 하였다. 이 기간에 활동한 저명한 화가들로는 왕불(王紱)·서분(徐賁)·두경(杜瓊)·유각(劉珏)·사진(謝縉)·요수(姚綬) 등이 있었다.

(1) 왕불(王紱)

왕불(1362~1416년)의 자는 맹단(孟端)이고, 호는 우석생(友石生)이며, 강소 무석(無錫) 사람이다. 명나라 초기에 상경하여 직무를 담당하였으나, 얼마 지나지 않아 사건에 연루되어 산서(山西) 대동(大同)으로 좌천되었다. 그곳에서 20년 동안 변방 수비병으로 생애를 보내고, 건문(建文) 2년(1400년)에 강남으로 돌아와 무석의 구룡산(九龍山)에 은거하여 그림을 가르치며 살았다. 영락(永樂) 원년(1403년)에 뛰어난 글씨로 인해 문연각(文淵閣)에서 직무를 맡게 되었으며, 이후 중서사인(中書舍人)에 임명되었으나 병으로 세상을 떠났다.

산수를 잘 그렸는데, 왕몽을 위주로 하여 원나라 사대가를 배웠다. 영락 2년(1404년)에 그린 〈산정문회도(山亭文會圖)〉(軸; 대북 고궁박물원 소장)는 구도가 복잡하고 산세가 깊으며 준염(皴染)이 촘촘하고 민첩한 것이, 왕몽을 배운 전형적인 작품이다. 또 여러 화가들의 화법을 융합한 작품들도 있는데, 〈연경팔경도(燕京八景圖)〉(卷; 중국 국가박물관 소장)·〈추림서사도(秋林書舍圖)〉(軸; 미국 클리블랜드미술관 소장) 등

이다. 그의 묵죽은 특히 유명하여 '국조제일(國朝第一─나라에서 제일이다)'이라는 명성을 얻었는데, 가깝게는 원대 화가에게서 배웠고, 멀리는 문동(文同)과 비슷하여, 가늘고 길면서 굳세고 힘차며, 총명하고 이지적인 자태를 주요 풍격으로 삼았다.

(2) 서분(徐賁)

서분(1335~1393년)의 자는 경문(勁文)이고, 호는 북곽생(北郭生)이며, 본적은 사천(四川)인데, 후에 장주(長洲 : 지금의 소주)로 옮겼다. 관직이 하남포정(河南布政)에 이르렀으나, 사건에 연루되어 옥사했다. 시(詩)와 사(詞)에 뛰어났으며 산수를 잘 그렸는데, 동원(董源)과 예찬(倪瓚)의 화법을 취하여 필묵이 힘차고 맑으며 윤택하다. 〈촉산도(蜀山圖)〉(軸; 대북 고궁박물원 소장)는 서분의 대표적인 작품으로, 화면은 가을 나무와 첩첩이 이어진 산으로 경관이 복잡하며, 산과 바위를 피마준(披麻皴)으로 그렸다. 용필(用筆)은 원만하고 시원스러우며 부드러운 가운데 강함을 지녀, 동원의 화풍과 원대 화가들의 의경을 함께 갖추고 있다.

(3) 두경(杜瓊)

두경(1396~1474년)의 자는 용가(用嘉)이고, 호는 녹관도인(鹿冠道人)이며, 오[吳 : 지금의 소주시(蘇州市)] 출신으로, 사람들은 그를 동원선생(東原先生)이라고 불렀다. 『성조실록(成祖實錄)』·『선종실록(宣宗實錄)』을 편찬하는 데 천거되었고, 또 지방지를 저술하는 일에도 참여하였지만, 한결같이 관직에 나서지 않고 고향에서 제자들을 가르치며 시를 읊고 그림 그리는 일을 즐겼다. 시와 그림에 뛰어났는데, 산수는 동원과 왕몽을 본받아, 대부분 물기가 적은 건필을 사용하였고, 담묵으로 바림을 하여 풍격이 빼어나고 힘이 있다. 조동로(趙同魯)·심항길(沈恒吉) 및 심주가 모두 그의 문하생들이어서 '오파' 형성에 매우 큰 작용을 하였는데, 동기창이 다음과 같이 말한 것에 잘 나타나 있다. "심항길은 두동원(杜東原-두경을 말함)에게 그림을 배웠고, 석전(石田-심주의 호) 선생의 그림은 항길에게 전수되었으며, 동원은 몸소 남촌(南村-소주 지역의 화단)을 길러 내는 데 이르렀으니, 이곳은 오문화파의 발원지이다.[沈恒吉學畫于杜東原, 石田先生之畫傳于恒吉, 東原己接陶南村, 此吳門畫派之岷源也.]"[두경(杜瓊), 〈남촌별서도(南村別墅圖)〉(卷), 동기창의 발(跋); 상해박물관 소장]

현존하는 작품들 가운데 〈우송도(友松圖)〉(卷; 북경 고궁박물원 소장)는 두경이 성숙기에 그린 대표작으로, 문인이 사저에서 손님을 맞이하는 정경을 그린 것이다. 필묵은 섬세하고 채색은 고우며, 산과 바위는 거의 물기가 적은 피마준으로 그렸는데, 화법은 왕몽과 예찬이 섞여 있다. 〈남촌별서도(南村別墅圖)〉(册; 상해박물관 소장)는 원나라 말기의 문인인 도종의(陶宗儀)가 병란을 피해서 소송(蘇松)에 지은 개인 정원을 그린 것으로, 모두 10폭에 이른다. 섬세한 선으로 윤곽을 그리고, 물기가 적은 준찰을 함께 운용하면서 약간의 색채도 더하여, 화면의 분위기가 청아하다. 이일화(李日華)는 제찬(題贊-인물이나 사물을 찬양하는 내용의 글)에서 이렇게 썼다. "원대의 쓸쓸하고 적적함에 가까우면서도, 당·송의 주도면밀함을 잃지 않았다.[接元之蕭散而不失唐宋之縝密.]"

〈하운욕우도(夏雲欲雨圖)〉(軸)
유각(劉珏)
북경 고궁박물원 소장

(4) 유각(劉珏)

유각(1409~1472년)의 자는 정미(廷美)이고, 호는 완암(完庵)이며, 장주(長洲 : 지금의 소주) 출신으로, 관직은 산서안찰첨사(山西按察僉事)를 지냈다. 시와 문장에 뛰어났으며 글씨와 그림을 잘 그렸다. 산수는 오진·왕몽을 주로 본받아, 풍격이 힘차고 울창하다. 〈하운욕우도(夏雲欲雨圖)〉(軸; 북경 고궁박물원 소장)는 오진의 화법을 모방하여, 첩첩이 쌓인 여름 산에 떨기를 이룬 나무들이 무성하며, 피마준은 섬세하고 치밀하며, 먹색은 층차가 풍부하고, 복잡한 경치와 질서정연한 먹색·웅장한 기세 등은 원대 화가들의 정취를 다분히 지니고 있다.

(5) 사진(謝縉)

사진(14세기)의 자는 공소(孔昭)이고, 호는 난정생(蘭亭生)·심취도인(深翠道人)이며, 또 다른 호는 규구도인(葵丘道人)이다. 중주(中州 : 지금의 하남) 사람으로, 잠시 오중(吳中)에 살았다. 산수는 조맹부·왕몽·조원(趙原) 등 여러 화가들의 화법을 본받았다. 영락 16년(1418년)에 그린 〈담북초당도(潭北草堂圖)〉(軸; 절강성박물관 소장)는 같은 시대의 화가인 두경에게 그려준 것으로, 산봉우리는 쭉 이어지며 층층이 겹치고, 숲은 울창하고 무성하며, 준법은 빽빽하고, 기품과 정취가 고아하며 혼후한 것이, 곧 다분히 왕몽의 필의(筆意)를 지니고 있다.

(6) 요수(姚綬)

〈추강어은도(秋江漁隱圖)〉(軸)
(明) 요수(姚綬)
북경 고궁박물원 소장

요수(1423~1495년)의 자는 공수(公綬)이고, 호는 곡암(谷庵)이며, 또 다른 호는 운동일사(雲東逸史)로, 절강 가흥(嘉興) 사람이다. 천순(天順) 연간에 진사가 되어 감찰어사(監察御史)에 임명되었고, 성화(成化) 초에는 영녕부(永寧府)를 맡았으나, 후에 사직하고 돌아와 은거하였다. 산수·대나무와 바위를 잘 그렸는데, 산수는 오진·왕몽을 배웠고, 말년에는 조맹부의 화풍을 따르는 데 온 힘을 쏟았다. 성화 병신년(1476년)의 54세 때 그린 〈계산어은도(溪山漁隱圖)〉(軸; 북경 고궁박물원 소장)는 수묵 준염이 촉촉하고 고아하며 혼후한데, 오진 화파에서 배운 것이다. 〈심상산수(心賞山水)〉(冊; 상해박물관 소장)는 곧 그가 오진·왕몽·조맹부·고극공 등 여러 화가들의 다양한 화법을 모방했음을 반영하고 있는데, 필법은 간결하지만 신묘함은 다 갖추었다.

심주(沈周)

심주는 '오파'의 창립자로, 그는 오문 선배들의 영향과 지도하에

송·원 문인화의 전통을 계승하고 발전시켜 새로운 양식을 창립하였다. 아울러 예술 방면에서 오문의 여러 화가들을 직접 지도하였는데, 유명한 화가인 문징명(文徵明)과 당인(唐寅)이 모두 그의 학생이었다. 그의 선도에 의해 오문의 회화는 일약 화단의 주류가 되었기 때문에, 심주는 자연스럽게 '오파'의 지도자가 되었다.

(1) 생애와 경력

심주(1427~1509년)의 자는 계남(啓南)이고, 호는 석전(石田)이며, 장주(長洲 : 지금의 강소성 소주) 사람이다. 명문 집안 출신으로 증조할아버지 심량침(沈良琛) 때 상성(相城)으로 이주하여, 우아하게 서화를 즐기며 왕몽과 친하게 교유하였다. 할아버지인 심징(沈澄)은 벼슬에 나가는 것을 좋아하지 않고 고상하게 은거하는 것을 즐겼으며, 시문에 뛰어났고, 서화 감상을 즐거움으로 삼았다. 큰아버지인 심정균(沈貞均)은 시와 그림이 훌륭했는데, 시는 진계(陳繼)에게 사사하였고, 그림은 두경에게 배웠으며, 화풍은 동원·거연·왕몽으로부터 근원하였다.

심주는 어려서부터 가정환경의 영향을 받아 문예도 지극히 좋아하였는데, 시문은 진계의 아들인 진관(陳寬)에게 배웠으며, 회화 수업은 두경·유각에게 받았고, 일찍이 조동로(趙同魯)를 스승으로 모시기도 하였다.

심주는 나이는 어리지만 어른스러워, 11세 때 아버지 대신 양장(糧長)이 되어, 남경(南京) 청선(聽宣)에 가서 백운시(百韻詩)와 즉흥적으로 지은 〈봉황대가(鳳凰臺歌)〉로 인해 양장의 노역을 면할 수 있었다. 18세 때에는 가정을 이루었고, 28세 때에는 소주지부(蘇州知府) 왕호(王澔)의 추천으로 '현량방정(賢良方正)'이 되었으나, 끝내 사양하고 응하지 않았다. 34세 때에는 마침내 양장의 노역을 벗어날 수 있었다.

양장(糧長) : 명대에 전조(田租)를 재촉하고 징수하던 직역(職役).

심주는 평생 동안 명예에는 뜻을 두지 않고, 죽을 때까지 선비로 지냈는데, 그는 다음과 같은 지은 시를 지어 그 뜻을 밝히고 있다. "추악한 공명은 아무것도 싫으니, 고독한 세상의 한 사나이는 한가롭구나.[骯髒功名何物忌, 畸零天地一夫閑.]"[명(明), 심주(沈周), 『심석전선생시문집(沈石田先生詩文集)』·「제화기북해선생(題畫寄北海先生)」] 그는 고향마을에 은거하면서 '유죽거(有竹居)'를 지어놓고 수시로 친구들을 초청하여 문인들의 고상한 모임[文會雅集]을 주선하며, 시를 읊거나 그림을 그리고 골동품을 감상하기도 하였다. 오관(吳寬)·도목(都穆)·문림(文林)·문징명(文徵明)과는 격의 없는 사이였다고 할 수 있는데, 그 중에서도 오관과의 우정이 가장 돈독했다. 일찍이 심주는 오관을 위해 〈문정행자도(文定行者圖)〉(卷)를 그리기 시작하여, 3년 만에 완성하고는 제시(題詩)에서 이렇게 말하였다. "자색(紫色) 패옥(佩玉)도 없이 그대에게 드리기가 부끄럽구려, 더구나 황금 추 하나도 달지 못했음에랴. 그대 위해 열흘 동안 산 하나를 그렸고, 그대 위해 닷새 동안 물 하나를 그렸다오.[贈君恥無紫玉玦, 贈君更無黃金槌. 爲君十日畫一山, 爲君五日畫一水.]" 이처럼 심주는 우정을 돈독히 하였으며, 부모에게는 효심을 다하여 공경했는데, 어머니가 외출할 때면 반드시 모시고 다녔다. 아버지가 세상을 떠난 후에는 그에게 벼슬을 하라고 권하는 사람도 있었지만, 어머니를 봉양하기 위해 거절하였다. 말년에는 순무(巡撫)인 왕서(王恕)와 팽례(彭禮)가 자신들의 부서에 남아주길 바랐지만, 어머니를 봉양하기 위해 모두 거절하기도 하였다. 형제애도 남달라, 동생 심소(沈召)가 어려서 병을 앓자 그를 보살피며 1년 넘게 같이 지냈다. 이와 같은 심주의 효행과 품성은 당시 사람들에게 많은 찬사를 받았다.[명(明), 문징명, 『보전집(甫田集)』·「심선생행장(沈先生行狀)」 권25]

심주의 성정은 온화하고, 도량은 넓고 깊었다. 일찍이 비천하고 사소한 일일지라도 꺼리지 않는 성격이어서, 태수의 관저를 수리할 때도 백성으로서 해야 할 직무를 다하였다.[명(明), 하교원(何喬遠), 『명산장(名山藏)』] 다른 사람이 도난당한 책을 도로 구입하여 보상도 받지 않고 잃어버린 사람에게 돌려주면서도 끝내 책을 훔쳐서 판 사람의 이름을 밝히지 않았다. 장사치나 심부름꾼이 종이를 가지고 와서 그림을 부탁하더라도 흔쾌히 응해주며 조금도 언짢아하지 않았다.[명(明), 문징명, 『보전집』·「심선생행장(沈先生行狀)」 권25] 이러한 심주의 인품과 사람 됨됨이는 오중 지역 사람들로부터 깊은 존경을 받았고, 그의 작품 또한 칭송을 받으며 널리 유포되었다. 이는 왕오(王鏊)가 〈석전묘지명(石田墓志銘)〉에 기록한 그대로이다. "가깝게는 북경에서부터 멀리는 복건·호북·사천·광동 지역에 이르기까지, 심주의 작품을 구매하여 진귀한 완상품으로 여기지 않는 곳이 없었다. 풍류와 문장이 한 시대를 풍미하면서, 그의 작품 또한 성행하였다.[近自京師, 遠至閩楚川廣, 無不購求其迹, 以爲珍玩. 風流文翰, 照映一時, 其亦盛矣.]"[명(明), 왕오(王鏊), 『진택집(震澤集)』]

심주는 80세의 나이에도 정신이 또렷하여 평상시처럼 그림을 그렸는데, "푸르스름한 턱에 휘날리는 수염은, 마치 신선과 같았다.[碧頤飄須, 儼如神仙.]" 정덕(正德) 4년(1509년) 8월 2일, 향년 83세를 일기로 삶을 마감하자, 제자인 문징명이 행장(行狀)을 찬술하였고, 절친한 친구인 왕오가 묘지명을 썼다.

(2) 화풍의 변화 발전

심주는 그림에 대한 재능이 뛰어나서 산수·화조·인물 등 각 분야를 잘 그린 화단의 만능인이었을 뿐만 아니라, 여러 화가들의 다양한 장점을 두루 취하고 하나로 융합하여 집대성한 풍모를 보여주었다. 이에 대해 왕치등(王穉登)은 『오군단청지(吳郡丹靑志)』에서 이렇게 평가하였다. "그의 그림은 당·송의 이름난 화가들 및 이전 왕조의 훌룽한 화가들부터, 위아래로 천 년에 걸쳐 수많은 선배 화가들을 다 섭렵하였는데, 선생은 총체적으로 조리 있게 통달하여, 그 정미함을 받아들이지 않음이 없었다.[其畵自唐·宋名流及勝國諸賢, 上下千載, 縱橫百輩, 先生兼總條貫, 莫不攬其精微.]" 그의 산수화가 가장 명성이 높았으며, 영향 또한 가장 컸는데, 산수화의 초기·중기·말기의 변화 가운데에서 그 주체 풍격의 변화 과정을 살펴볼 수 있다.

① 초기-기초 확립 단계

심주의 나이 40세 이전은 초기에 속한다. 이 시기는 아직 집안의 영향에서 벗어나지 못하였고, 두경·유각 등의 노스승들로부터 지도를 받았기 때문에, 화법은 왕몽을 주로 본받으면서 동원과 거연도 함께 취하였다. 이 때문에 산수의 포치(布置-배치)가 복잡하고, 구성은 엄격하며, 필법은 섬세하고 예리하며, 풍격은 정교하고 주도면밀하다. 천순(天順) 8년(1464년)의 38세 때 그린 〈유거도(幽居圖)〉(軸; 일본 오사카시립미술관 소장)는 심주의 현존하는 작품 가운데, 연도가 기록된 낙관이 가장 이른 시기에 해당되는 작품이다. 화면의 배치와 구도는 유각의 〈청백헌도(清白軒圖)〉에 가까우며, 화법은 동원·거연을 주로 본받았으면서 왕몽의 화풍도 수용하였다. 글씨는 심도(沈度)에게 배워, 세련된 아름다움과 단정함을 지녀, 초기의 전형적인 면모를 반영하고 있다.

〈산수도〉(軸)

(明) 심주(沈周)

② 중기-성숙 단계

대략 40세부터 58세까지로, 그 기간은 다시 두 단계로 나눌 수 있다. 즉 50세 이전은 전환 단계에 속하며, 50세 이후는 성숙 단계이다.

전환 단계의 화풍을 보면, 섬세한 필법으로부터 점차 거친 필법으로 바뀌었고, 경치는 복잡한 것에서 간결하게 변했으며, 크기는 소폭에서 대작으로 바뀌었다. 작품에는 성김과 촘촘함이 서로 번갈아 나타나고, 강함과 부드러움이 서로 조화를 이루며, 중봉(中鋒)과 측필(側筆)을 함께 사용하고, 긴 윤곽선에 짧은 터치를 함께 구사함으로써, 다양한 종류의 기법들이 융합된 형체와 기세를 나타내고 있다. 대표적 작품인 〈여산고도(廬山高圖)〉(軸; 대북 고궁박물원 소장)는 41세 때, 스승인 진관(陳寬)의 70세 생신을 축하하기 위해 그린 작품인데, 화풍은 아직 왕몽을 주로 본받아 '세심(細沈−섬세한 필법의 심주)'의 면모에 속하지만, 화폭이 매우 커서 이미 40세가 넘어서 비로소 개척한 대작의 특징을 보여주고 있다.[명(明), 문징명, 『문대조제발(文待詔題跋)』卷上] 〈위원아집도(魏園雅集圖)〉(軸; 요녕성박물관 소장)는 43세 때의 작품으로, 정교하고 섬세한 가운데 거칠고 강건한 취향이 드러나며, 왕몽과 동원·거연 및 황공망의 화법도 겸하고 있어, 전형적인 전환기의 면모를 지니고

〈방동거산수도(仿董巨山水圖)〉(軸)
(明) 심주

중봉(中鋒) : 붓끝을 점획의 가운데에 두고 운행하는 것으로, 서법에서 가장 주요한 운필법의 하나이다.

측필(側筆) : 서법에서 붓끝은 점획의 바깥쪽을 향하도록 하고, 붓의 중간 부위가 획의 안쪽을 향하도록, 붓을 기울여서 진행하는 운필법이다.

있다. 50세 때 그린 〈산수〉(軸; 대북 고궁박물원 소장)에는 그가 쓴, "미불인 듯하지만 미불이 아니고, 황공망인 듯하지만 황공망이 아니며, 흥건한 수묵에 맑고 고아함이 넘쳐난다[米不米, 黃不黃, 淋漓水墨餘淸蒼]"라는 화제가 있는데, 여러 가지 화법을 융합하려는 추세를 엿볼 수 있다. 발문을 쓴 글씨도 시원스러우면서 호리호리한 것에서 황정

견의 영향이 드러나는데, 이 또한 전환기의 서풍(書風)에 속한다.

성숙 단계의 화풍은 이미 기본적인 '조심(粗沈-거칠고 투박한 필법의 심주)'의 면모를 형성하였다. 이 시기의 화법은 동원·거연·황공망을 기본으로 삼고, 왕몽과 예찬의 화법을 함께 수용하였으며, 필묵은 혼후하고 거칠지만 측필보다는 중봉을 더 많이 구사하였다. 경치는 간결하고 탁 트여 시원스럽지만, 형체의 묘사는 아직도 비교적 세밀하여, 거침없는 간결한 붓질로 투박한 나무와 커다란 잎을 그린 작품은 많지 않다. 현존하는 작품 가운데 54세 때 그린 〈송석도(松石圖)〉(軸; 북경 고궁박물원 소장)는 이미 수묵의 거친 필선을 운용하였지만, 소나무의 형태는 아직도 정교하며, 솔잎과 솔방울의 윤곽과 점이 일사불란하여, 투박하고 거친 가운데 세밀함을, 강건함 가운데 부드러움을 보여주고 있다. 54세 때의 작품인 〈호구송객도(虎丘送客圖)〉(軸)와 56세 때 그린 〈축수도(祝壽圖)〉(軸)(둘 다 천진예술박물관 소장)를 보면, 화면의 짜임새는 동원과 거연에게서 취하였고, 준법과 점은 왕몽에 속하며, 중봉을 운용한 필선에서는 이미 거칠고 강건하며 힘차고 예리함이 드러나, 거친 필선의 취향을 보여주고 있다. 57세 때의 작품인 〈고목한천도(古木寒泉圖)〉(軸; 북경 고궁박물원 소장)는 간결한 '양단(兩段)'식 구도에, 나무와 바위의 간소한 윤곽선과 준법, 그리고 거칠고 힘찬 붓질에서 전형적인 '조심'의 풍모가 드러나고 있다.

③ 말기-완숙 단계

심주는 58세 때부터 스스로를 '백석옹(白石翁)'이라 불렀다. 아울러 그림에도 이 낙관을 사용하였기 때문에, 이후 20여 년을 말기라 할 수 있다. 만년에 이르러 그의 마음은 오진에게 기울면서, 홍건한 수묵으로 변화가 많은 묵법을 섭취하였으며, 거친 붓으로 표현했던 산수도 웅건하면서 힘차고 무게감이 응축된 혼후함을 추구하였다. 아울러 남·북종의 화풍을 하나로 융합하여 원대 화가들의 필묵을

송대의 산수에 응용함에 따라, 집대성의 면모를 보여주었다. 예를 들어 66세 때의 작품인 〈경강송원도(京江送遠圖)〉(卷; 북경 고궁박물원 소장)는, 구도가 간단하고, 준법 처리는 짧고 거칠며, 선은 단정하면서 힘이 있고, 먹 색은 짙으면서 윤기를 머금고 있으며, 기세가 웅장한 것이 전형적인 '조심'의 본래 면모에 속한다. 66세 때 그린 〈야좌도(夜坐圖)〉(軸; 대북 고궁박물원 소장)를 보면, 수묵의 선염과 점 터치는 짙고 옅은 운치가 있어, 오진을 주로 본받아 그린 대표작임을 알 수 있다. 68세 때의 작품인 〈방대치산수(仿大痴山水)〉(軸; 북경 고궁박물원 소장)는 황공망의 넓고 아득함·왕몽의 섬세하고 윤택함·오진의 웅혼함을 한데 융합하여 집대성한 풍격을 보여주고 있다. 70세 전후에 그린 〈창주취도(滄洲趣圖)〉(卷; 북경 고궁박물원 소장)는 처음부터 끝까지 원나라 사대가인 오진·황공망·왕몽·예찬의 화법을 순서에 따라 응용하였고, 또 다른 화가들의 장점도 함께 취하여 필묵이 형상에 맞게 구사되었으며, 변화도 풍부하여, 집대성하는 기법이 최고의 단계에 이르렀다.

(3) 예술 특색

심주의 예술 창작은 '오파' 회화의 기본 특색을 확립하였다. 가장 선명한 부분은 산수화의 제재와 내용 방면에서 잘 나타나는데, 심주의 산수화 제재는 사실(寫實)·서정(抒情)·옛것의 모방[仿古] 등 세 종류로 나눌 수 있다.

사실산수(寫實山水)의 내용은 명승지를 찾아가 유람하는 장면·장원(莊圓)에서 조용히 살아가는 장면·문인들과 모여서 시·서·화를 즐기는 장면·지인을 방문하거나 송별하는 장면 등 몇 가지 유형이 있다. 이러한 유형의 발생과 성숙은 오문의 여러 화가들에게 중요한 계몽의 작용을 하였다. 사실산수는 진실하게 자연의 본래 정취를 재현할 뿐만 아니라, 진솔하고 절실한 주관적 느낌을 담아 냄과 동시에, 문인의 정서와 품격 및 이상도 함께 표현하였다.

<복엄청계도(複崦淸溪圖)>(軸)

(明) 심주

서정산수는 주관적인 의지와 취향의 표현을 요지로 삼았기 때문에, 자연 풍광의 대부분은 상상하여 가공함으로써, 자오(自娛-스스로 즐기며 만족함)·견흥(遣興-흥을 돋우어 함께 즐김)·적의(適意-마음에 맞게 함)하였다.

옛 산수를 모방한 것은 여러 화가들의 화법을 두루 배워 그 정교함과 오묘함을 추구하였으며, 융합하고 관철시킴으로써, 그것을 집대성한 것이다. 이와 같은 것들은 문징명의 창작에서도 마찬가지로 체현되어 있다.

심주 산수화의 예술 형식은 전통의 학습을 중시했을 뿐만 아니라, 새로운 의경의 창립도 강조하였으며, 또한 특정한 시대의 분위기와 심미 의취를 부여하였다. '오파'의 여러 화가들은 비록 구체적인 풍격에서 각자의 특색을 지니고 있었지만, 이러한 한 가지 점에서만큼은 모두 공통적이었기 때문에, 명대 최고의 유파를 형성할 수 있었다. 심주는 비록 거친 풍격과 섬세한 풍격의 두 가지 화풍을 유지하였지만, 실은 거칠고 투박한 필선으로 자신의 특색을 더욱 잘 표현하였다. 필묵에서는 송대 '원체'와 명대 '절파'의 강인함과 역동감을 섭취하여 붓질이 강건하고 힘이 있었고, 비교적 정갈하게 다듬어진 산석의 윤곽선과 작불식(斫拂式)의 단필 준법을 주로 사용하였다. 또 원대 화가들의 함축적인 필치도 보유하였는데, 예를 들면 중봉(中鋒)의 용필과 여유롭고 빼어난 메마른 준법을 비교적 많이 사용하여, 묵직한 가운데 혼후함이 드러난다. 먹 색은 호방하며 물기를 많이 머금고 있으며, 또 농담의 변화도 중시하여 기세가 충만하고 신중하면서 힘차다. 이러한 필묵 형식은 원대 화가들이 표현했던 '부드러운 가운데 단단함을 띠고 있는 것[軟中帶硬]'을 '강인한 가운데 유연함이 있는 것[剛中有柔]'으로 변화시켜, 운필에서 '뼈대[骨架]'의 작용을 더욱 강화했을 뿐만 아니라, 또한 절파의 지나치게 겉으로 드러남[外露]과 한결같이 거칠고 사나운 화풍을 피하였다. 구도와 조경 방면에서는 복잡하거나 간략하거나 간에 모두 산천의 광대한 '세(勢)'를 강조하여, 원대 화가들의 공허하고 적막한 분위기를 바꾸어버렸다. 또한 꾸밈없이 소박한 '질(質)'에 뜻을 두어, 졸렬함 가운데 공교함이 담겨 있으니, 절파의 지나치게 꾸민 느낌과는 달리 그의 산수 경지는 평담(平淡)·질박(質朴)·굉활(宏闊)하다.

심주의 화조화도 매우 뚜렷한 특색을 지니고 있는데, 그는 원대 전선(錢選)의 채색몰골법과 남송 법상(法常)의 수묵조간법(水墨粗簡法 –수묵으로 거칠고 간결하게 그리는 화법)을 함께 취하여, 세련된 용필과 소박하고 우아한 담색(淡色)으로, 정연하고 간략하며 분방하고 약간 졸렬한 듯한 느낌을 지닌 화조를 그려냈다. 그리하여 문인 수묵화조화의 전통을 발전시켜, 후세의 진순(陳淳)·서위(徐渭)에게 매우 큰 가르침을 주었다.

작불(斫拂) : 서화의 용필 중 위에서 아래로 짧게 찍어서 삐치듯이 획을 긋는 것을 말한다. 예를 들면 '永'자팔법에서 제7획(啄)과 제8획(磔)을 긋듯이 하는 것을 말한다.

문징명(文徵明)

문징명은 심주의 학생으로, 똑같이 송·원 문인화의 전통을 계승하였다. 다만 치중했던 방향이 달랐기 때문에 자신만의 풍격을 이룰 수 있었다. 추종자들 또한 매우 많아서, '오파' 가운데 가장 영향력 있는 화가였을 뿐만 아니라, '오파'의 기수라고까지 불리며 심주와 함께 이 화파의 지도자가 되었다.

(1) 생애와 행적

문징명(1470~1559년)의 원래 이름은 벽(壁)이고, 자가 징명이다. 후에 항렬을 따라 징중(徵仲)으로 바꾸었으며, 호는 형산(衡山)이고, 장주(長洲) 사람이다. 아버지 문림(文林)은 일찍이 온주(溫州) 영가(永嘉)의 지현(知縣)을 지냈기 때문에, 문징명은 3세 때 가족과 함께 온주로 가서 9세 때 오관(吳寬)에게 고문(古文)을 배웠다. 19세 때에는 또한 그 지역에 거주하면서 이응정(李應禎)으로부터 글씨를 배웠으며, 20세 때에는 심주에게 그림을 배웠다. 26세부터 53세까지 향거(鄕擧 -향시)에 열 번이나 응시했지만 모두 낙방하였다. 그러나 이 기간에 서화의 명성은 이미 오중(吳中) 지역뿐 아니라 멀리까지 순식간에 알려졌으며, 당인(唐寅)·장령(張靈)·서정경(徐禎卿)·축윤명(祝允明)·왕총(王寵)·채우(蔡羽) 등의 화가들이나 문사들과 교유하며, 늘 시와 그림을 주고받았다.

가정(嘉靖) 계미년(癸未年 : 1523년)에는 강소(江蘇) 순무(巡撫)인 이윤사(李允嗣)의 추천을 받아, 공생(貢生)의 자격으로 입경하여, 한림원 대조로서 『무종실록(武宗實錄)』을 편찬하는 데 참여하였다. 그는 북경에 머물며 조정에서 당직을 서야 하는 수고로움과 명을 받아 문서를 제작해야 하는 무미건조함을 직접 겪었다. 또 조정에서 신하들

공생(貢生) : 명·청 시기에 각 성에서 제1차 과거시험에 합격한 사람.

(왼쪽) 〈산수도(軸)〉
(明) 문징명(文徵明)

(오른쪽) 〈임계유상도(臨溪幽賞圖)〉
(明) 문징명

이 곤장을 맞는 참혹함과 관료 사회의 험악함을 눈으로 보고는 여러 차례에 걸쳐 귀향하겠다는 상소를 올렸으며, 결국 북경에 거주한 지 4년 만에(1527년) 윤허를 얻어 고향으로 돌아왔는데, 이때 그의 나이 58세였다.

　문징명은 소주로 돌아와 집 동쪽에 서재를 짓고, '옥경산방(玉磬山房)'이라고 이름 짓고는, 이곳에서 날마다 시를 짓고 읊으며 지냈다. 후에는 글씨를 쓰고 그림을 그리며 지냈는데, 각지에서 그림을 구하려는 자들이 줄지어 찾아왔지만, 그는 누구에게든지 싫은 기색을 하지 않고 다 응해주었다. 오직 "세 부류에게만은 그려주지 않는다[三不

〈설경(雪景)〉
(明) 문징명

효제충신(孝悌忠信) : 부모에게 효도
하고, 형제간에 화합하며, 임금에게
충성하고, 친구간에 신의를 지키는
네 가지 미덕을 말한다.

作"라고 규정하였는데, 즉 번왕(藩王)과 환관 및 외국인에게는 그림을 그려주지 않았으며, 일찍이 다음과 같이 말한 적이 있다. "나는 늙어서 자연으로 돌아와, 그저 자유롭게 지낼 뿐이거늘, 어찌 다른 사람들의 눈과 귀를 즐겁게 해주는 놀이감을 제공해줄 수 있겠는가.[吾老歸林下, 聊自適耳, 豈能供人耳目玩哉.]"[주도진(周道振) 편집·교정, 『문징명집(文徵明集)』·「문가(文嘉)·'선군행략(先君行略)']

문징명의 성품은 곧고 조용하며 다른 사람의 도움 받기를 싫어하여, 가난하면서도 평온한 생활을 즐겼다. 오히려 주변 사람들의 위급함을 보면 돕기를 좋아하였다. "집안이 여유롭진 않았지만, 고인이 된 사람의 자제나 가난한 친척 및 주변 사람들에게는 더욱 후하게 대하였다.[家無餘貲, 而于故人子弟及貧親戚周之尤厚.]"[주도진(周道振) 편집·교정, 『문징명집』·「문가(文嘉)·'선군행략'] 그가 명성을 얻은 후에는 작은 그림도 재물로서의 가치를 지니게 되자, 수많은 임모본들이 만들어져, 진품과 함께 위작들이 난무하였지만, 그는 이것을 문제 삼지 않았다. "이 때문에 선생의 서화가 나라 안팎으로 널리 보급되어, 왕왕 진품은 열에 둘도 안 될 정도였다. 그러나 오중 지역의 주변에 거주하던 자들은, 선생의 작품으로 거의 40년을 윤택하게 살았다.[故先生書畵遍海內外, 往往眞不能當贗十二. 而環吳之裏居者, 潤澤于先生之手幾四十年.]"[명(明), 왕세정(王世貞), 『엄주산인사부고(弇州山人四部稿)』·「문선생전(文先生傳)」 권83] 그의 사람됨은 말이 신중하고 행동이 청렴했으며, 효제충신(孝悌忠信)을 몸소 실천하면서 평생 동안 어긋나지 않았으며, 부인과도 일생을 해로하였다. 형제와 친구들을 사랑으로 대하고, 그들이 어려움을 당하면 온 힘을 다해 도와주었으며, 사람을 대할 때 온화하여 한 번도 면전에서 책망한 적이 없었다.

일을 처리함에서도 최선을 다하여 구차함이 없었다. "사람들에게 답하는 간단한 서찰은, 마음에 들지 않는 경우가 적었는데, 반드시 두번 세 번 상대방과 입장을 바꿔 생각하기를 귀찮아하지 않았다.[答人簡札, 少不當意, 必再三易之不厭.]"[명(明), 황좌(黃佐), 『태천집(泰泉集)』·「장사좌랑한림원대조형산문공묘지(將仕佐郎翰林院待詔衡山文公墓誌)」 권54] 따라서 그의 서화 작품은 나이가 들수록 더욱 정교하고 아름다워졌다. 그의 인품 도덕과 시문서화(詩文書畫)는 세상 사람들이 모두 소중하게 여겼으며, 세상 각지의 문인들이 소주에 오면 그를 방문하지 않는 자가 없을 만큼 재능과 학문이 전국적으로 알려졌고, 가문의 명성은 사람들에게 널리 칭송되었다.

문징명은 가정(嘉靖) 을미년(1559년) 2월 2일에 향년 90세로 생을 마쳤다. 그가 창립한 화풍은 추종자들이 매우 많아 저서에 나타나는 문 씨 가족만도 30여 명에 이르고, 학생과 사숙 제자들 가운데 이름이 알려진 자도 30여 명이나 된다.

(2) 화풍의 변화

문징명의 예술적 재능은 출중하여 시문과 서화 모두에 뛰어났으며, 그림에서는 산수·인물·난죽·화훼 등 모든 부문을 잘 그렸지만, 특히 산수로 유명했다. 산수의 화풍은 역시 초기·중기·말기의 변화

〈난정수계도(蘭亭修禊圖)〉(卷)
(明) 문징명

가 있다.

　초기는 30세부터 42세 전후까지인데, 42세 이전에는 이름을 '벽(璧)'이라 하다가, 그 후에는 '징명(徵明)'으로 개명하였으며, 44세 이후부터는 완전히 바꾸었기 때문에, 개명하기 이전 시기를 초기로 삼는것이다. 이 단계에서는 심주를 스승으로 모셨고, 아울러 조맹부의 화풍도 익혀, 꼼꼼하고 정교함을 주로 하면서, 거친 필선도 함께 구사하였다. 예를 들면 38세 때의 작품인 〈우여춘수도(雨餘春樹圖)〉(軸; 대북 고궁박물원 소장)는 청록의 짙은 채색으로 단정하고 섬세하게 그렸는데, 필선에 약간의 미숙함과 나약함이 보인다. 42세 때의 작품인 〈남창기오도(南窗寄傲圖)〉[卷; 천진시문관회(天津市文管會) 소장]는 수묵담채를 운용하여 심주 이전의 황공망·예찬까지 거슬러 올라가, 소탈하며 담박하고 고아하다.

　중기는 44세 이후부터 60여 세까지이다. 이 시기에는 조맹부와 왕몽을 주로 본받아, 청록이나 수묵을 막론하고 모두 공교하고 섬세함을 위주로 하였다. 49세 때의 작품인 〈혜산다회도(惠山茶會圖)〉(卷; 북경 고궁박물원 소장)는 청록채색화로, 조맹부의 화법을 배워, 경물이 비교적 간결하고, 필법은 섬세한 가운데 치졸한 느낌을 지녔다. 53세

〈혜산다회도(惠山茶會圖)〉(卷) (일부분)
(明) 문징명
북경 고궁박물원 소장

〈혜산다회도〉(卷) (일부분)
(明) 문징명
북경 고궁박물원 소장

때의 작품인 〈채색산수(彩色山水)〉(軸; 요녕성박물관 소장)는 천강산수 (淺絳山水)인데, 왕몽과 황공망을 주로 본받았으며, 섬세하고 촘촘한 태점(苔點)이 보인다. 60세 때의 작품인 〈석호청승도(石湖淸勝圖)〉(卷; 상해박물관 소장)는 수묵 천강으로 그렸는데, 필묵은 정교하면서 간결 하고, 풍격은 빼어나고 소박하면서 완곡하고 함축적이다.

천강산수(淺絳山水) : 엷은 붉은색과 남색을 위주로 하면서, 옅은 먹을 섞 어서 그린 산수화를 가리킨다.

　　말기는 60여 세부터 90세까지로, 거칠고 섬세한 두 종류의 화법 을 모두 갖추었지만, 본래 뛰어났던 세필화는 더욱 정교해졌고, 거 친 필법은 힘찬 방향으로 나아갔다. 예를 들면 78세 때 그린 〈강남 춘도(江南春圖)〉(軸; 대북 고궁박물원 소장)를 보면, 배치와 형세는 탁트 여 시원스럽고, 경치는 맑고 아름다우며, 용필은 짜임새가 있고, 풍 격은 간결하며 세련되었다. 이는 공필담채의 전형적인 면모이다. 80 세 때의 작품인 〈진상재도(眞賞齋圖)〉(卷; 상해박물관 소장)는 청록 채색 에 원나라 사대가의 수묵법을 융합하여, 정교하면서도 고아하고 힘 이 있는 청록산수의 걸작이다. 같은 해의 작품인 〈고목한천도(古木寒 泉圖)〉(軸; 대북 고궁박물원 소장)는 수묵의 거친 필선으로 그렸으며, 구 도가 풍만하고, 용필은 거칠고 강건하여, 웅장한 경계와 충만한 기

〈곡항귀주도(曲港歸舟圖)〉(軸)
(明) 문징명

세를 보여주는데, 문징명이 만년에 이르러 거친 필법으로 그린 대표
작이다.

(3) 예술 특색

문징명 산수화의 본래 면모는 세필화이며, 그 중 가장 뛰어난 것
은 청록산수이다. 그는 조맹부를 주로 본받으면서, 조백구(趙伯駒)와
조백숙(趙伯驌)의 화풍도 함께 취했으며, 나아가 원나라 사대가와 미
불 부자의 필묵도 융합하였다. 따라서 다채로운 면모와 직업화가와
문인화가의 성향을 겸한 소청록(小靑綠) 산수가 형성되었다. 산석은
윤곽선 안에 가는 준선과 촘촘한 점을 병행하여 구사하였다. 용필은
공교하고 섬세하며 치졸한 가운데 강건하고 신중하며 엄밀함이 보이
고, 채색은 청록에 자석(赭石)·화청(花靑)을 배합하여, 선명하고 화려
한 가운데 담박함과 우아함이 느껴진다. 수묵이든 혹은 천강산수든,
곧 왕몽의 주도면밀함과 황공망의 개운하고 신성함 및 조맹부의 빼
어난 우아함을 취하여, 재기 넘치고 윤택하며 아름다운 풍격을 구성
하였으며, 비교적 짙은 문인학자풍의 분위기를 띠고 있다.

문징명의 산수화 가운데 줄곧 거친 필법으로 그린 것은 바로 심
주의 영향을 받은 것이며, 또한 마원·하규의 거칠고 강건한 필법과
조맹부가 고목죽석(枯木竹石)을 그릴 때 서예 기법을 그림에 도입한
운필법 및 오진의 분방하고 호쾌한 묵법을 융합함으로써, 거칠고 간
결하며 호방하고 장엄한 격조를 드러낸다.

문징명의 난초와 대나무도 매우 유명한데, 조맹부의 화법을 터득
하여, 막힘없이 시원스럽고 빼어나며 소탈하여, '문란(文蘭)'이라 불렸
다. 인물·화훼화는 그다지 많이 창작하지 않았지만, 이 또한 정교하
고 섬세한 화법을 위주로 하여 수려하고 우아하며 고상하면서 고풍
스럽다.

당인(唐寅)과 구영(仇英)

　'오문사가(吳門四家)' 가운데 당인과 구영은 회화의 사승(師承-스승으로부터 이어받는 계통) 관계와 예술 추구에서 서로 닮은 점이 매우 많다. 특히 스승에게 전수받은 방면에서 두 사람 모두 주신(周臣)을 스승으로 섬긴 적이 있다. 명나라의 강소서(姜紹書)가 쓴 『무성시사(無聲詩史)』의 기록에 의하면, "당육여(唐六如-당인)의 화법은 동촌(東村-주신의 호)에게서 전수 받았다.[唐六如畫法, 受之東村.]" 또 서심(徐沁)은 『명화록(明畫錄)』에서 구영에 대해 이렇게 기록하고 있다. "처음으로 그림 그리는 일에 종사할 때, 주동촌(周東村)이 특별히 여겨 그를 가르쳤다.[初執事丹靑, 周東村異而敎之.]" 이처럼 주신은 두 사람 모두의 스승으로서, 그의 뛰어난 '원체' 화풍은 두 학생에게 일정한 영향을 끼쳤다.

화업의 스승, 주신(周臣)

　주신의 자는 순경(舜卿)이고, 호는 동촌(東村)이며, 고소(姑蘇-오늘날의 강소성 소주) 사람으로, 대략 경태(景泰) 원년(1450년)에 태어나 가정(嘉靖) 14년(1535년)에, 향년 80여 세를 일기로 생을 마쳤다. 그가 스승으로 따랐던, 같은 군(郡)에 살았던 진섬(陳暹)은 원로 직업화가였다.
　주신은 산수와 인물을 잘 그렸는데, 화면의 구성 및 배치는 주도면밀하고 안정되어, 남송 '원체'를 주로 본받아 이당(李唐)과 마원(馬

遠)의 영향을 가장 깊게 받았으며, 아울러 송·원의 여러 화가들의 화법도 함께 섭취하여 자신만의 풍격을 형성하였다. 쭉 이어진 산은 웅장하고 험준하며, 용필은 예리하고 힘차며 정연하다. 먹 색은 짙고 침착하여, 조예가 깊은 '행가(行家-전문적인 직업화가)'의 공력을 반영하고 있다. 산수화의 대표작인 〈춘천소은도(春泉小隱圖)〉(卷; 북경 고궁박물원 소장)는 배춘천(裴春泉)이 은거하면서 잠깐 쉬는 장면을 그린 것이다. 구도는 근경을 위주로 하여, 주체를 강조하였으며, 나무와 바위의 윤곽과 준선은 강건하고 험준하며, 사물의 형태는 정확하고 엄밀하다. 또 산석(山石)의 부벽준은 짙은 수묵을 사용하여 중후한 기세를 나타내고 있다. 이러한 것들은 모두 '원체'의 특색을 보여주는 것이다. 동시에 시원스럽게 탁 트인 원경을 배치하였으며, 물상에 따라 강하거나 부드럽고 가볍거나 무겁게 각기 다른 필법을 구사하였고, 인물과 가옥은 담묵과 가벼운 채색으로 그렸다. 이러한 것들은 또한 일부 문인화의 기법을 섭취함으로써 자신의 면모를 나타냈다. 〈산재객지도(山齋客至圖)〉(軸; 상해박물관 소장)는 고원(高遠) 구도법을 채용하여, 근경과 원경의 조형이 견실하고 또렷하며, 중경은 텅 비어 있는 듯 몽롱하다. 근경의 언덕과 원경의 산봉우리는 모가 나고 딱딱한 소부벽준과 괄철준(刮鐵皴)을 운용하였고, 굳세고 견실한 바위의 골격을 표현해 냈으며, 원경 기슭의 수북한 나무와 구름·안개는 또한 농담의 수묵 점과 선염으로 아른아른하게 처리하여, 미점(米點)으로 그린 구름 낀 산과 매우 유사하다. 전체적으로 보면 그림에 소밀(疏密)의 질서가 있으며, 엄정한 가운데 맑고 신성함이 보이는 것이, 남송의 '원체'에서 새롭게 태어났을 뿐만 아니라, 또한 북송의 이성·곽희의 화법과 문인화의 표현 기법까지 융합해 넣었다. 주도면밀하며 웅건하고 힘차

면서도 또한 고요하고 광활하며 빼어나고 아름다운 풍격은 이미 전문적인 직업화가로 인정받았으며, 또 당시 문인들이 추앙한 바이기도 하다.

주신의 인물화도 공력이 깊고 정교하며, 조형은 세련되고 정확하다. 또 선의 운용은 강건하고 유려하며, 표정과 태도는 진실하고 생동감이 있다. 대표작인 〈유민도(流民圖)〉(冊; 미국 클리블랜드미술관과 호놀룰루미술관에 나뉘어 소장)는 스물다섯 명의 고향을 잃고 떠도는 걸인들을 그린 것이다. 노인·어린이·병자·장애인은 물론이고, 잘생긴 자·못생긴 자·현명한 자·어리석은 자가 모두 마치 살아 있는 듯이 생생하다. 이는 서심이 『명화록』에서 다음과 같이 평한 것과 같다. "늙은 모습과 기이한 자태, 면밀함과 한산하고 쓸쓸함이, 각각의 표정과 태도에 극진히 잘 드러나 있다.[古貌奇姿, 綿密蕭散, 各極意態.]" 이 그림의 창작 의도는, 그 스스로 "세속을 경계하고 힘쓰게 하는 것[警勵世俗]"이라고 적었는데, 즉 사람들에게 인애(仁愛)의 마음을 불러일으켜, 이들처럼 살 곳 없이 떠돌며 어쩔 수 없이 구걸해서 살아갈 수밖에 없는 유민들을 불쌍히 여기도록 하여, 두루 구제하고자 한 것이다. 실제로 이 그림은 당시의 사회 현실 가운데 특히 하층민들의 고통스런 생활을 진실하게 반영하고 있다. 이러한 종류의 풍속화는 명대에는 매우 드물다.

당인(唐寅)의 불우한 생애

(1) 어려서부터 재기가 넘치다.

명나라 성화(成化) 6년(1470년) 3월 4일, 당인은 강남의 수려하고 번화한 도시인 소주에서 태어났다. 그가 태어난 해의 간지가 경인(庚寅)년으로 띠가 호랑이에 해당되었기 때문에, 이름을 인(寅)이라 하였고,

자는 백호(伯虎), 또 다른 자를 자외(子畏)라고 하였다.

당인의 아버지인 당광덕(唐廣德)은 상인이었는데, "장사를 하면서도 선비 행세를 하였으며", 성 안의 저잣거리에 작은 가게를 차려놓고 육포와 술을 팔았던 것 같다. 그래서 당인은 스스로 이렇게 말하였다. "나의 어린 시절을 헤아려보면, 도살하고 술을 파는 집에 살면서, 칼을 벼리고 피를 씻어내곤 했다.[計僕少年, 居身屠酤, 鼓刀濯血.]" [명(明), 당인(唐寅), 『당백호전집(唐伯虎全集)』 권5·「여문징명서(與文徵明書)」] 당인은 어려서부터 총명하고 지혜로워, 그의 아버지는 아들의 장래 발전을 위해 가정교사를 초빙하여 수업을 받도록 하였다. 그러나 워낙 개구쟁이여서 간섭받기를 싫어하였고, 늘 친구들과 어울려 말썽을 피우며 노는 것을 좋아했는데, 그 중에서도 가마꾼·잡부·백정·잡상인 등과 같은 하층민들과 노는 것을 좋아했다. 그 스스로 「여문징명서(與文徵明書)」에서 다음과 같이 말하고 있는 것에서 잘 알 수 있다. "과거에 나는 땅을 파고 전쟁놀이를 하거나, 닭을 쫓고 꿩을 잡으며, 가마꾼·심부름꾼·도살꾼·잡상인들과 어울렸다.[昔僕穿土擊革, 纏鷄握雉, 攙雜輿隸屠販之中.]"

이후 당인은 청소년 시기에 문징명·장령(張靈)·도목(都穆)·서정경(徐禎卿) 등과 교유하면서 좋은 친구가 되었다. 그렇지만 그의 행동에는 과거의 자유분방했던 습성이 남아 있어, 성격이 활달하고 속박받기 싫어했던 이웃에 사는 장령과 가장 절친했는데, 두 사람은 옷을 벗고 물똥싸움을 한 적도 있었다. "알몸으로 연못 안에서, 손으로 물을 치며 서로 싸웠는데, 이것을 수전(水戰)이라 한다.[赤立泮池中, 以手擊水相鬪, 謂之水戰.]"[명(明), 황로증(黃魯曾), 『오중고실기(吳中故實記)』] 두 사람은 호구(虎丘-소주의 유적지)에서 함께 노닐기도 하고, 가중정(可中亭)에 앉아 시를 읊으며 벌주 마시기를 하기도 하였다.[명(明), 우동(尤侗), 『명사의고(明史擬稿)』] 또 풍류재자(風流才子)였던 축윤명(祝允明)

과도 매우 절친하여, 당인·장령·축윤명 등 세 사람은 눈이나 비가 오는 날이면 거지로 분장을 하고는, 북을 치며 가락에 맞춰 '연화락(蓮花落)'을 부르면서 구걸하여 모은 돈으로 술을 사, 야외에 있는 암자로 나가 질탕하게 마셨다. 오직 문징명은 사람됨이 침착하고 점잖으며, 농담하는 것도 좋아하지 않는 성품이라, 당인을 볼 때마다 법도를 갖추라고 타일렀다. 문징명이 25세 때 지은 〈간자외(簡子畏)〉란 시에는 당시 당인의 행동을 다음과 같이 묘사하고 있다. "성격이 대범하여 집안을 돌보지 않으며, 그의 성품과 기질은 호탕하고 분방하다. 높은 누대에 올라 큰소리로 가을 달을 부르며, 술을 마시다가 깊숙한 골방에서 약간 취기가 오른 밤이면 기생을 끌어안는다.[落魄迂疏不事家, 郎君性氣屬豪華. 高樓大叫秋觴月, 深幄微酣夜擁花.]"[명(明), 문징명, 『문징명집』] 당인은 17세 때부터 그림을 그리기 시작하였다. 주이(周詒)의 어머니를 위해 그린 〈정수당도(貞壽堂圖)〉〈卷〉에는 심주가 쓴 글도 있어, 이 시기에 분명히 심주와 교류가 있었음을 알 수 있다. 18세 때, 그도 심주를 위해 그린 〈왕오학주도(王鏊壑舟圖)〉에 제시를 썼다. 이 시기는 주로 심주에게 그림을 배웠기 때문에, 초기의 화풍은 심주의 영향을 크게 받았다.

당인은 19세 때 서정서(徐廷瑞)의 둘째 딸을 아내로 맞이하여 혼인하였다. 부모를 공양하게 됨에 따라, 생활도 안정되었다. 그러나 24~25세 때 집안에 불행이 겹치면서 2년 사이에 "부모와 처자가 잇따라 세상을 떠나자, 상여가 줄을 잇고, 어린 자식들은 목을 놓아 통곡했다.[父母妻子蹲踵而歿, 喪車屢駕, 黃口啾啾]"[명(明), 당인, 『당백호전집』 권5·「여문징명서」] 결혼한 지 얼마 되지 않은 여동생마저 갑자기 죽자 집안은 순식간에 몰락해갔다. 재산 관리에 밝지 못했던 당인은 빈궁하고 궁색한 어려움에 빠지게 되자, 1년도 안 되어서 흰머리가 생길 정도였다. 26세 때 지은 〈백발시(白髮詩)〉에서는 비통함을 이렇게

연화락(蓮花落) : 송나라 때 처음 시작되었고, 명나라 때 형성되었으며, 청나라의 강서(江西) 신간(新幹)에서 '연화락'이 성행하였다. 또한 '낙리연(落離蓮)'이나 혹은 '요전수(搖錢樹)'라고도 불렸으며, 신간 지역에서는 '할자희(瞎子戱)'라고 불렀다. 이는 당시 맹인 거지가 지나가면서 부르는 민간의 노래를 가리킨다. 그 내용은 대부분 사람들에게 선행을 권하는 글귀나 권선징악, 혹은 상서롭고 행복한 삶의 내용을 위주로 하였다.

탄식하고 있다.

"맑은 아침에 거울을 보니, 검었던 머리에 흰 머리가 있어, 불현 듯 만감이 교차하여, 두 눈에 갑자기 눈물 흐르며 슬퍼지는구나. 생 각할수록 그리움 더하지만, 나를 지탱하게 하는 정신과 육체를 어찌 나약하게 하겠는가? 짧은 수명은 하늘에 달렸으니 어찌할 수 없다지 만, 명성만은 반드시 젊은 시절에 이루리라.[淸朝攬明鏡, 玄首有華絲, 蒼然百感興, 兩泣忽成悲. 猶思固逾度, 般衛豈及衰? 夭壽不疑天, 功名須壯 時.]"[명(明), 당인, 『당백호전집』]

그러나 자유분방하여 얽매이기를 싫어하고 세상을 업신여기는 불 손한 태도의 본성은 오히려 고통을 잊지 못하는 그에게 위로가 되었 다. 부모의 단속과 통제를 받지 않게 된 당인은, 옛날처럼 친구들과 모여 시를 지으며 밤새도록 술을 마시고, 큰 도박판에 끼어 도박을 하거나 유흥가를 떠돌면서, 마음속의 공허감과 번뇌를 떨쳐내고자 하였다.

(2) 과거에서 퇴출당하다.

당인이 26세 때 진실한 친구였던 축윤명은 이렇게 충고하였다. "자네가 선친의 뜻을 이루고 싶다면, 마땅히 제때에 직업을 가져야 하네. 만약 자네가 원하는 것만 한다면, 두건도 벗어버리고, 과거에 나갈 책도 불태워버리게. 지금 서당에 이름만 올려놓고, 책은 보지 도 않으면, 어찌 하려는가?[子欲成先志, 當且事時業. 若必從己願, 便可褫 襕幞, 燒科策. 今徒藉名泮盧, 目不接其冊子, 則取舍奈何?]"[명(明), 축윤명, 〈당백호묘지명〉] 당인은 마침내 놀기 좋아하는 마음을 추스르기로 결 심하고, "바깥 출입을 삼가면서 왕래를 끊고" 1년 동안 전념하여 열 심히 경서를 읽었다. 대략 27세 때 그는 복건(福建)의 구선산(九仙山) 구선사(九仙祠)에 가서 기도하고 꿈을 꾸었는데, 꿈속에서 자신이 잘

못 가고 있는 방향을 지적해달라고 기도하였다. 꿈에서 깨어난 후, 먹[墨] 만(萬) 통을 바쳤으며, 그 후 당인은 '몽묵정(夢墨亭)'을 세웠고, 축윤명은 〈몽묵정기(夢墨亭記)〉를 지었다. 홍치(弘治) 11년(1498년)의 29 세 때, 그는 시험삼아 천부(天府) 향시에 응시하여 1등인 해원(解元)에 합격하고 곧바로 '南京解元(남경해원)'이라는 인장을 새겼다. 그 해 말, 강양(江陽)의 거인(舉人)인 서경(徐經)과 함께 배를 타고 북경에 갔으며, 다음해 회시(會試)에 참가하였다. 뜻밖에도 1499년 2월 27일 제2 교시 회시 후에 급사중(給事中-벼슬 이름) 화창(華昶)은, 주시관(主試官-시험을 주관하는 관리) 정민정(程敏政)이 사전에 문제를 유출시켰다고 폭로하는 일이 벌어졌다. 이때 서경과 당인은 뇌물을 받고 문제를 팔아서 이익을 챙기는 부정한 일에 참여했다는 혐의를 받고, 정민정과 함께 투옥되어 엄한 형벌과 고문을 당했다. 그 해 6월 초에 형이 확정되었는데, 서경과 당인은 "연줄을 동원하여 뇌물을 주고 진급을 도모했다"는 죄명으로, "속도(贖徒-벌금을 내고 형벌에서 풀려난 무리)"라는 판결을 받고, "충리(充吏-말단 관리)역에서 축출되어" 죽는 날까지 과거에 나갈 수 없게 되었다. 당인은 자신이 하급 관리가 되었던 것을 수치스럽게 여겨, 겨울 내내 외부 출입을 하지 않다가, 고향으로 돌아왔다.

해원(解元) : 명·청 시대에 과거 향시에서 수석으로 합격한 사람을 일컫는 말.

(3) 그림을 팔아 살아가다.

당인은 고향으로 돌아온 후 사람들의 비웃음을 살 만큼 생활이 곤궁해졌다. 집안 사정 또한 엉망이 되어, "어린 종들이 책상을 차지하고, 부부는 서로 반목했으며[童奴据案, 夫妻反目]", 후처로 맞이한 부인마저도 그를 버리고 나가버렸다. 의욕이 떨어져 행동이 더욱 의기소침해진 그는 늘 술로 시름을 달래거나 기생들과 지내며 우울함을 해소하고자 하였다. 한편 부처의 말씀을 좋아하고 명리학과 점성학을 연구하여 스스로 '육여거사(六如居士)'라 불렀으며, '逃禪仙吏(도선

선리)'라는 인장을 새겼다. 40세 때에는 도화암(桃花庵)과 몽묵정(夢墨亭)을 지어놓고 자주 친구들을 불러 시를 짓고 술을 마시며 즐겼다. 자신을 '도화암주(桃花庵主)'라 부르며, 다음과 같은 〈도화암가(桃花庵歌)〉도 지었다.

"술에서 깨어보면 꽃 앞에 앉아 있고, 취하면 또 꽃 아래에서 잠드네. 깨인 듯 취한 듯 하루하루 지나고, 꽃이 피었다 지니 해도 바뀌네. 늙어 꽃 속에서 술에 취해 죽기를 바랄 뿐, 거마(車馬) 앞에서 허리 굽혀 절하기 원치 않네. 동분서주함은 부귀한 자들의 정취요, 술잔과 미인은 가난한 자들의 인연이라. 부귀를 빈천한 자와 비한다면, 하나는 땅바닥에 있고 하나는 하늘에 있으리라. 그러나 꽃과 술을 거마에 비한다면, 그들은 혹사당하겠지만 나는 한가로움을 얻을 것이로세. 남들은 나를 미쳤다고 비웃지만, 나는 그들의 간파하지 못함을 비웃는다네…….[酒醒只在花前坐, 酒醉還來花下眠. 半醒半醉日復日, 花落花開年復年. 但願老死花酒間, 不願鞠躬車馬前. 車塵馬足貴者趣, 酒盞花枝貧者緣, 若將富貴比貧者, 一在平地一在天. 若將花酒比車馬, 他得驅使我得閑. 別人笑我忒瘋癲, 我笑他人看不穿…….]"

또 일찍이 〈방백태부자영(倣白太傅自詠)〉이란 시에서 이렇게 읊고 있다. "고고한 마음은 나를 잊을 수 있음을 자신하는데, 은자(隱者)가 어찌 속세에 물들지 않은 몸을 더럽히겠는가. 바야흐로 부귀를 모르는 바 아니나, 옷과 책과 술이 있어 가난하지 않다네.[高情自信能忘我, 隱者何妨獨潔身. 無所不知方是富, 有衣典酒未爲貧.]"[명(明), 당인, 『당백호전집』 권3] 이 무렵 당인은 주신에게 그림을 배웠는데, 남송 시대의 이당·마원·하규의 '원체' 화풍을 주로 본받았다. 또 생계를 위해 글과 그림을 팔기 시작하였는데, 일찍이 시에서 이렇게 말하였다. "금단(金丹)을 단련하거나 좌선을 하지 않았고, 장사를 하거나 농사도 짓지 않았네. 한가롭게 청산을 화폭에 담아 팔면서도, 인간들의 부

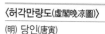

〈허각만량도(虛閣晚凉圖)〉
(明) 당인(唐寅)

정한 돈을 벌려고 하지 않았네.[不煉金丹不坐禪, 不爲商賈不耕田. 閑來寫
幅靑山賣, 不使人間造孽錢.]"[명(明), 당인, 『당백호전집』·「언지(言志)」] 당인
은 시문과 서화에 모두 뛰어났고, 회화에서도 산수·인물·화조에 모
두 능했기 때문에, 고상한 사람이나 속인이 함께 감상할 수 있는 작
품을 그리는 데 뛰어났으며, 명성이 전국 각지에 널리 알려졌다. 그
러나 그림을 팔아 생계를 유지하였으므로, 가정 형편은 부유하지 않
았으며, 또한 수시로 곤경에 처했는데, 그 비통함을 이렇게 토로하였
다. "열흘 동안 비바람 불어 참으로 혼미하니, 여덟 자식들은 아내를

붙들고서 배고프다고 조르네. 믿는 것은 늙고 세상물정 모르는 실없는 나뿐인데, 시를 쓴 부채 하나 사러 오는 사람 없네.[十朝風雨苦昏迷, 八口妻孥并告饑. 信是老天眞戱我, 無人來買扇頭詩.]"[명(明), 당인, 『당백호전집』] 경제 형편이 어려워지자, 36세 때 문징명을 찾아가 돈을 빌렸는데, 결국 갈등이 생겨 거의 왕래하지 않았다.

(4) 강서 지역으로 가다.

정덕(正德) 9년(1514년) 가을, 강서의 영왕(寧王)인 주신호(朱宸濠)는 '양춘서원(陽春書院)'을 지었는데, 그는 평소 당인과 문징명의 명성을 존경하여, 사람을 보내 후한 금품을 주고 두 사람을 소주로 초청하였다. 문징명은 점잖게 거절하였지만 당인은 생활이 어려웠기 때문에 예물을 받고 초빙에 응하였다. 즉시 집을 떠나 팽려(彭蠡–지금의 강서성에 있는 파양호)를 건너 남창(南昌)에 이르렀다. 그러나 반 년이 지난 후 영왕의 야심을 알아차리고 거짓으로 미친 척하며 다니다가, 다음해 9월에 고향으로 돌아왔다. 정덕 14년(1519년)에 영왕은 결국 모반을 꾀하다 죽임을 당하였고, 당인은 먼저 도피하여 다행히 1차로 화를 면하였다.

당인의 말년은 고향에 거주하면서 거의 출타하지 않고 오로지 시문과 서화에 뜻을 두고, 덧없이 생계를 도모하고 스스로 즐기며 지냈다. 51세 때에는 〈서주화구도(西洲話舊圖)〉(軸)에 이렇게 적었다. "술에 취해 노래하고 미친 듯 춤추며 지낸 50년, 꽃 속에서 즐기다가 달 속에서 잠드네. 온 나라 가득히 이름을 떨쳤어도, 주머니엔 술값 한 푼 없음을 누가 믿으랴. 책을 통해 얻은 지식만으로 학자라 불림을 스스로 부끄러워하건만, 사람들은 말하기를 신선일 것이라고 하네. 대수롭지 않은 공부할 장소를 얻었으니, 내 앞의 한 조각 하늘도 잃지 않으리.[醉歌狂舞五十年, 花中行樂月中眠. 漫芳海內傳名字, 誰信腰間沒

酒錢. 書本自慚稱學者, 衆人疑道是神仙. 些須做得功夫處, 不損胸前一片天.]"
[명(明), 당인, 〈서주화구도(西洲話舊圖)〉(軸) 자제시(自題詩); 대북 고궁박물원 소장] 50세 이후에는 병마가 찾아와 마음먹은 대로 그림을 그릴 수 없어, 그저 간략하게 완성시킨 작품들이 대부분이다. 당인은 가정(嘉靖) 2년(1523년) 12월 2일, 병으로 인해 향년 54세로 생을 마쳤다. 유족으로는 딸이 하나 있었는데, 왕총(王寵)의 아들 자양(子陽)에게 시집 갔다. 딱한 사정을 안타깝게 여긴 친구들이 돈을 모아 장례를 치러주었는데, 묘는 소주성 외곽인 횡당(橫塘)에 있다.

당인의 예술 재능

(1) 회화 사승(師承)과 풍격 변화

당인은 산수·인물·화조 등 각 분야에 모두 뛰어났고, 또 화법이 다양하여 그림의 면모에도 각각 차이가 있다. 이 점에 대해서 비평가들은, 스승들로부터 폭넓게 전수를 받았기 때문이라고 말한다. 예를 들면 왕치등(王穉登)은 『오군단청지(吳郡丹青志)』에서 이렇게 지적하고 있다. "비평가들이 그의 그림에 대해 이르기를, 멀리는 이당(李唐)을 연구하였을 뿐만 아니라, 여러 화가들의 기법을 받아들였고, 가깝게는 심주와 교유한 것이 거의 절반을 차지한다.[評者謂其畫, 遠攻李唐, 足任偏師. 近交沈周, 可當半席.]" 또 왕세정(王世貞)은 『엄주산인사부고(弇州山人四部稿)』에서 이렇게 평했다. "백호(伯虎-당인)는 재능이 뛰어나, 송나라의 이영구·범관·이당·마원·하규부터, 전대(前代-원나라)의 오진·왕몽·황공망 등 여러 대가들에 이르기까지, 분석하고 연구하지 않은 것이 없으며, 붓놀림은 지극히 빼어나고 아름다우며, 주도면밀하면서도 운치와 절도가 있지만, 단지 약간 유약할 뿐이다.[伯虎才高, 自宋李營丘·范寬·李唐·馬·夏, 以至勝國吳興·王蒙·黃數大家, 靡不研

解, 行筆極秀潤, 縝密而有韻度, 惟小弱耳.]" 강소서(姜紹書)는 『무성시사(無聲詩史)』에서 이렇게 말한다. "당육여의 화법은 동촌(東村 : 周臣의 호)에게서 배웠다.[唐六如畫法, 受之東村.]" 현존하는 작품들을 종합해 보면, 확실히 당인은 많은 스승들에게서 영향을 받았음을 알 수 있다. 일찍이 심주·두근(杜菫)·주신을 주로 본받아 배우는 한편, 위로 거슬러 올라가 북송의 이성·범관·곽희와 남송의 사대가, 그리고 원대의 황공망·왕몽·조맹부 등 여러 화가들로부터도 영향을 받았다. 산수화 방면에서는 거친 풍격과 섬세한 풍격의 두 가지 면모를 보여주고 있다. 인물화 또한 공필중채와 담색백묘 및 수묵사의 등 여러 화법에 모두 능했다. 화조화는 심주를 주로 본받았다.

당인의 산수화는 비교적 뚜렷한 사승의 연원과 풍격 변화의 흐름을 나타내는데, 크게 초기·중기·말기의 세 시기로 구분할 수 있다. 30세 이전은 초기에 속하는데, 16세에 문징명과 교유를 맺었고, 17세 때에는 심주와 알게 되면서 그림을 그리기 시작하여 영향을 받았으며, 특히 오문의 문인화 풍격은 그에게 큰 영향을 미쳤다. 이 시기에 그렸던 작품은 거의 남아 있지 않지만, 심주와 문징명에게 약간의 영향을 받은 흔적은 확인할 수 있다. 예를 들면 17세 때 그린 가장 초기 작품 중 하나인 〈정수당도(貞壽堂圖)〉(卷; 북경 고궁박물원 소장)에 오일붕(吳一鵬)은 이렇게 적었다. "병오년(丙午年)에 자외(子畏-당인의 자)의 나이 겨우 17세에 지나지 않았는데, 산·돌·나뭇가지는 전주(篆籀-고대의 서체인 전서와 주문) 같고, 인물의 옷 주름은 철사 같다. 어린 나이에 예술적 조예가 이와 같으니, 어찌 천부적으로 타고난 것이 아니겠는가.[歲丙午, 子畏年止十七, 而山石樹枝如篆籀, 人物衣褶如鐵絲. 少詣若是, 豈非天授.]"

작품의 필묵 표현을 보면 특히 전주(篆籀) 서체 필법이 많다. 그러나 구도·조형·의취는 오문화파의 문인 산수화와 매우 가까운데, 예

〈황모저소경도(黃茅渚小景圖)〉(卷)

(明) 당인

상해박물관 소장

컨대 '양단식(兩段式)'의 전후(前後) 두 단의 풍경으로 이루어진 구도,
구륵과 준필이 견고하고 단단한 근경의 산과 바위, 거칠고 간결한 준
염(皴染)으로 처리한 원경의 산봉우리, 보잘것없고 간략한 인물 형태
및 평화롭고 고요한 의경(意境) 등이 그것이다. 특히 그 질서정연한
평대(平臺)의 윤곽선이나, 윤곽선과 점을 서로 번갈아가며 그린 나뭇
잎은 심주를 따른 것이 분명하고, 산석의 피마준·난시준(亂柴皴)은
황공망과 왕몽으로부터 본받은 것이다. 20여 세 때 그린 〈황모저소
경도(黃茅渚小景圖)〉(卷; 상해박물관 소장)는 가늘면서 힘차고 예리한 용
필, 난시준에 가까운 철사준 및 단정한 비탈과 바위의 선이 모두 위
의 그림과 거의 흡사하면서도, 원대 이래의 문인화 전통과도 다르지
않다.

　30세부터 40세까지는 당인의 중년 시기로, 31세 때 주신을 스승
으로 모시면서부터 남송의 '원체'를 주로 본받는 화풍으로 바뀌면서,
필묵은 강건하고 날카로워졌으며, 거친 필선의 산수 풍격이 형성되었

난시준(亂柴皴) : 장작이 어지럽게 흐
트러져 있는 듯한 모양의 준법.

는데, 이는 왕치등이 『오군단청지』에서 다음과 같이 평한 것과 같다. "화법은 침울하고, 풍골(風骨)은 매우 험준하며, 평범하고 소소한 것들을 민첩하게 처리하였으며, 농후함을 추구하는 데 힘써, 긴 강과 첩첩이 쌓인 산봉우리는 끝없이 이어진다.[畫法沉鬱, 風骨奇峭, 利落庸瑣, 務求濃厚, 連江疊巘, 灑灑不窮.]" 동시에 초기의 심주 및 원대 화가들에게서 계승한 다양한 화법들도 대단히 많이 보유하고 있기 때문에, 그의 그림 풍격은 주신과는 다르다. 이는 이일화(李日華)가 『미수헌일기(味水軒日記)』에서 다음과 같이 평한 것과 같다. "동촌은 공교하고 세밀하면서 원숙하고, 백호는 빼어나게 윤택하면서도 고상하니, 기운이 자연히 다르다.[東村工密而蒼老, 伯虎秀潤而超逸, 氣韻自然不同.]"

<기려귀사도(騎驢歸思圖)>(軸)
(明) 당인
상해박물관 소장

대략 31세 무렵에 회시(會試)를 보고 돌아왔을 때 그린 <기려귀사도(騎驢歸思圖)>(軸; 상해박물관 소장)는 중첩된 산석을 힘찬 부벽준으로 그린 것으로 보아 이미 주신의 영향을 엿볼 수 있고, 또 초가집과 인물은 간략한 선으로 간결하게 묘사하여 아직 심주의 여운이 남아 있어, 두 사람의 화풍을 수용한 과도기의 면모를 나타내고 있다. 33세 때 그린 <풍목도(風木圖)>(卷; 북경 고궁박물원 소장)는 건장한 두 그루의 고목을 그린 것으로, 용필은 침울하고 힘이 있으며, 수묵의 윤곽과 선염은 짙고 무거우며, 거칠고 투박한 필선의 면모를 더 많이 지니고 있다. <산석(山石)>(軸; 대북 고궁박물원 소장)에는 그가 직접 쓴 다음과 같은 시가 있다. "소나무 사이의 초가집은 바위를 의지하여 지었네, 바위 아래 은

은한 풀꽃은 노대(露臺)를 휘감았구나. 누군가 사립문 두드리는 소리
에 학 꿈을 깨어보니, 밝은 달 아래 멀리서 옛 동무가 와 있네.[松間草
閣依巖開, 巖下幽花繞露臺. 誰扣柴扉驚鶴夢, 月明千里故人來.]" 이 작품의
화법은 주신의 〈산재객지도(山齋客至圖)〉와 매우 흡사하며, 전형적인
'원체' 풍격을 나타내고 있는데, 35세 때 그린 것 같다.

　　이 밖에도 〈송계독조도(松溪獨釣圖)〉(軸)·〈관폭도(觀瀑圖)〉(軸)(둘
다 대북 고궁박물원 소장) 또한 주신의 '원체' 산수를 따른 것에 속하며,
35~36세 때 그린 것이다. 이후 당인은 송·원의 여러 화가들을 두루
배워, 거친 필선의 산수 속에 그의 화법을 융합하여, 면모도 또한 변
화하였다. 예를 들면 37세 때 그린 〈왕오출산도(王鏊出山圖)〉(卷; 북경
고궁박물원 소장)는 화면이 꽉 찬 구도에, 산세가 웅장하며, 인물은 정
교하고 섬세하다. 또 용필은 반듯하고 힘차며, 산세는 소부벽준을 위
주로 하여 '원체'의 주요 특징들을 계속 유지하고 있다. 그러나 가늘
고 세련된 선과 조화로운 먹 색은 또 심주와 문징명의 화법을 융합
한 것으로, 웅건한 가운데 맑고 윤택함을 보여준다. 같은 해에 그린
〈패대실경도(沛臺實景圖)〉(頁; 북경 고궁박물원 소장)는, 화법에서는 이당
을 본받았으나, 맑고 옅은 선묘와 선염으로 처리된 원경의 운무·산
봉우리와 거친 필점으로 그린 수북한 나무떨기들은 분명히 고극공의
운산(雲山)을 모방한 것으로, 남송과 원대 화가들의 화법을 하나로
융합하고자 한 것이다. 같은 해에 그린 〈관산행려도(關山行旅圖)〉(軸;
북경 고궁박물원 소장)의 구불구불한 곁가지와 가장귀가 있는 나무 형
태와 정교하고 섬세한 윤곽선은 모두 북송의 이성·곽희와 비슷하
다. 그러나 농담의 변화를 중시한 윤택한 먹 색은 또한 원대 오진(吳
鎭)의 장점을 흡수하였는데, 이것 역시 북송과 원대 화가들의 장점을
결합하려고 시도한 것이다. 그래서 당인이 36세부터 40세 사이에 그
린 산수화 중에는 거칠고 섬세한 두 가지 풍격이 섞여 나타나는데,

〈패대실경도(沛臺實景圖)〉(頁)
(明) 당인
북경 고궁박물원 소장

이는 성숙되기 전의 과도기 단계에 속한다. 거친 필법에 치중한 것들로는 〈춘유여기산도(春遊女幾山圖)〉(軸; 상해박물관 소장)·〈간천청풍도(看泉聽風圖)〉(軸; 남경박물관 소장) 등이 있으며, 섬세한 필법의 취향을 나타낸 작품들로는 〈남유도(南遊圖)〉(卷; 미국 프리어미술관 소장)·〈함관설제도(函關雪霽圖)〉(軸; 대북 고궁박물원 소장) 등이 있다.

40세부터 54세까지는 당인의 말기에 속하는 시기로, 점차 본격적인 세필산수의 면모를 형성하였다. 그 전형적인 풍격은 다음과 같다. 즉 풍광의 분위기는 간략하고 맑고 깨끗하며, 근경은 두드러지고 원경은 간결하다. 또 용필은 대부분 섬세하고 힘찬 중봉(中鋒)을 구사하여, 가늘고 곱지만 유약하지 않으며, 힘이 있으면서도 운치가 있어, 강건함과 부드러움이 서로 조화를 이루었다. 또한 준법(皴法)의 변화가 풍부하여, 짧게 찍거나, 준을 길게 하거나, 선의 방향을 따라 붓을 구사하거나, 붓을 역행(逆行)하거나, 붓을 모나게 꺾거나, 둥글게 회전하는 등의 기법들을 서로 교체하면서 사용하여, 어떤 준법인지 분간할 수 없는데, 복잡하지만 오히려 혼란스럽지 않고, 섞여 교차하면서도 질서가 있으며, 민첩하고 융통성이 있으면서도 이치에 부합한다. 그리고 먹 색은 촉촉하게 물기가 있으며, 또 변화가 풍부하여, 화면 가득하면서도 촉박함은 느낄 수 없고, 세련된 여유로움과 한가한 느낌을 지니고 있다. 그리하여 전체적인 풍격은 섬세하고 면밀하며 평담하면서 맑고 심원하다.

대표적인 작품으로는 47세 때 그린 〈산로송성도(山路松聲圖)〉(軸; 대북 고궁박물원 소장)가 있는데, 화면에는 근경의 세 그루의 큰 소나무와 여러 층으로 된 폭포 및 경관을 감상하는 주인과 하인을 중점적으로 묘사하였는데, 필묵이 정교하고 섬세하다. 또한 원경의 중첩된 산과 깎아지른 듯 우뚝 솟은 산봉우리는 매우 간략하게 처리되었고, 용필도 간결하여, 전체 화면이 허실(虛實)의 조화를 이루어 그림의 경계가 맑고 상쾌하다. 같은 시기에 그린 〈낙하고목도(落霞孤鶩圖)〉(軸; 상해박물관 소장) 역시 서로 유사한 구도를 보여주고 있는데, 용필에서는 세필의 뛰어남이 더욱 돋보이며, 준법도 다양해져 난시준과 피마준을 결합하였고, 먹 색 또한 청아하고 고상하다. 50세 때 그린 〈쌍감행와도(雙鑑行窩圖)〉(册; 북경 고궁박물원 소장)는 강건함과 부드러움이 서로 조화를 이룬 풍모를 보여준다. 산석은 견고하고 뾰족한 가운데 원만한 기세를 나타내고 있으며, 준법은 더욱 다양하게 변화하여 피마준이 세필장준(細筆長皴-가는 필선으로 그린 길다란 준)으로 발전 변화하였으며, 소부벽준은 중봉단작(中鋒短斫-중봉으로 짧게 찍어 내림)으로 바뀌었다. 후경(後景)에 위치한 산봉우리의 대부벽준도 변하여 먹색 부분이 하얀 '담부벽준(淡斧劈皴-담묵으로 그린 부벽준)'과 더

〈진택연수도(震澤煙樹圖)〉(軸)
(明) 당인

욱 가늘고 힘찬 선으로 발전하였으며, 심지어는 세밀한 붓을 이용하여 잔잔한 물결 무늬를 가늘게 묘사하기도 하였다. 50세 때 그린 〈서주화구도(西洲話舊圖)〉(軸; 대북 고궁박물원 소장)는 유일하게 근경을 클로즈업하여 그린 것으로, 중경과 원경을 생략하여 구도가 더욱 시원스럽다. 필법도 유달리 공교하고 섬세하며, 나무와 바위의 윤곽 준법은 섬세한데, 오직 나뭇가지와 무성한 잎은 붓을 떨면서 그린 흔적이 있는 것으로 보아, 병환 중이어서 마음먹은 대로 붓을 움직이지 못한 것 같다. 당인의 성숙기의 면모인 세필화는 남·북종을 하나로 융합하여, 실로 직업화가와 문인화가의 특색을 함께 지니고 있다. 이는 성대사(盛大士)가 『계산와유록(溪山臥遊錄)』에서 다음과 같이 평한 것과 똑같다. "백호는 송설(松雪-조맹부의 호)의 청아한 아름다움을 참조하였다. 그 준법은 비록 북종과 비슷하지만, 실은 남종의 정수를 터득한 것이다.[伯虎參松雪之淸華. 其皴法雖似北宗, 實得南宗之神髓也.]"

당인의 인물화 역시 여러 화가들의 기법을 두루 취하여, 그림의 면모가 다양하다. 그가 30세 때 회시에 참가하기 위해 북경에 가서 두근(杜菫)과 서로 알게 되었는데, 두근은 백묘와 공필채색법에 매우 뛰어났다. 당인의 작품에도 약간의 백묘 인물과 공필채색 인물이 있는데, 화법이 두근과 서로 비슷한 것으로 보아 그의 영향을 받았을 뿐 아니라, 동시에 북송의 이공린과 당나라의 전통을 융합하여 받아들였음이 분명하다. 30여 세 때 당인은 주로 주신에게 배웠고, 아울러 멀리 남송의 마원·하규의 화법까지 계승하여, 줄곧 비교적 강건하고 자유분방한 수묵인물화를 그렸다. 이 때문에 동기창은 그의 인물화를 이렇게 평하였다. "당백호는 비록 이희고(李晞古-이당)를 배웠으며, 또한 이백시(李伯時-이공린)에게도 깊은 영향을 받았다. 그래서 인물·배·수레·누관(樓觀-누각과 도교 사원) 등 뛰어나지 않은 것이 없다.[唐伯虎雖學李晞古, 亦深于李伯時, 故人物·舟車·樓觀無所不工.]"[서방달(徐邦達), 『역대서화가전기고변(歷代書畫家傳記考辨)』·「구영의 생몰년과 기타[仇英的生卒年和其他]」, 상해인민미술출판사, 1983년]

현존하는 작품 가운데 〈도곡증사도(陶穀贈詞圖)〉(軸; 대북 고궁박물원 소장)는 공필채색으로 그린 작품으로, 두근의 〈완고도(玩古圖)〉(卷; 대북 고궁박물원 소장)와 서로 비교하면, 사녀의 얼굴을 묘사한 삼백법(三白法), 인물 옷 주름의 금침묘(金針描) 및 파초·대나무 잎·나뭇가지의 화법 등이 모두 매우 흡사하여, 두근을 본받은 것이 분명한데, 단지 당인의 기법이 더욱 정교하고 능숙하며, 기개도 한층 전아하다. 또 다른 공필중채화(工筆重彩畫)인 〈왕촉궁기도(王蜀宮妓圖)〉(軸; 북경

삼백법(三白法) : 코·눈썹·턱의 아랫부분 등 얼굴 곳곳에 흰색을 칠하여 명암을 표현하는 기법.

〈보계도(步溪圖)〉(軸)
㈜(明) 당인
북경 고궁박물원 소장

고궁박물원 소장)는 당대(唐代)의 사녀(仕女) 화법을 취하여 얼굴에 삼백법을 시도하였고, 옷 주름은 철선묘를 사용하였으며, 형상은 포동포동하고 함치르르하며, 색채는 화려하고 아름답다. 공필담색으로 그린 〈반희단선도(班姬團扇圖)〉(軸; 대북 고궁박물원 소장)는 사녀의 조형·선의 운용·점경(點景)한 접시꽃 등이 모두 두근과 가깝다. 그리고 백묘인물화인 〈음중팔선도(飮中八仙圖)〉(卷; 요녕성박물관 소장)는 또 두근과 이공린의 화법을 함께 취하여, 용필은 강건하고 유창하며, 형상은 나부끼는 듯 자유롭고 아름답다. 수묵사녀화인 〈추풍환선도(秋風紈扇圖)〉(軸; 상해박물관 소장)는 주로 주신과 이당의 영향을 받아, 옷 주름은 구엽묘(韭葉描−부춧잎처럼 날렵한 선의 묘사)와 절로묘를 운용하였고, 붓질은 힘차고 약동적이며, 멈춤과 바뀜[頓挫] 및 기복이 있고, 형상은 간결하고 세련되면서도 생생하여, 사의(寫意)의 운치가 풍부하다.

점경(點景) : 산수화에서 사람이나 동물, 혹은 사물을 화면의 곳곳에 작게 그려 넣어 정취를 더하는 것.

당인의 화조화는 주로 심주의 화법을 따르면서도 송·원대의 문인화를 겸하여, 수묵화법의 뛰어남을 보여준다. 예를 들면 〈고사구욕도(枯槎鸜鵒圖)〉(軸; 상해박물관 소장)는 심주를 모방하여, 서법의 필운(筆韻)이 많이 느껴진다. 〈묵매도(墨梅圖)〉(軸; 북경 고궁박물원 소장)는 공교함과 소박함이 서로 뒤섞여, 송·원대 문인 화훼화의 의취를 지니고 있다.

(2) 예술 특색

당인 회화의 예술 특색은 심주·문징명·구영 등 세 사람과 공통점이 있는데, 예를 들면 남·북종의 장점을 망라하여 시·서·화의 결합을 강조하였으며, 필묵의 정취를 중시하였고, 나아가 직업화가와 문인화가의 장점을 서로 겸하여 추구한 점이다. 동시에 선명한 개성을 갖추고 있어, 풍격 면모 자체가 갖춘 특색 외에도, 제재가 함축하고 있는 비교적 강렬한 사상성을 표현하였으며, 구상이 제목에 딱 부합되면서 정교하고, 상투적인 격식에 빠지지 않았다.

당인 작품의 제재는 전통을 심각하게 타파하지는 않았지만, 이를 처리하는 방면에서는 사상성을 매우 중시하였다. 불우한 경력에서 형성된 사상의 변화·처세 태도·인생철학은, 정도는 다르지만 모두 그의 창작에 반영되어 있으며, 주관적인 요소가 비교적 강하다. 작품에서 드러나는 사상 감정과 심미 취향은 비록 봉건 문인 사대부의 범주를 벗어나진 못했지만, 그러나 뜻을 잃어버린 한 시대 문인의 슬픔과 원망·불만·분노·실망을 하소연하는 방향으로 더욱 기울었다. 이 때문에 심주나 문징명과 비교해보면, 감정 표출이 더 직접적이고 개성적 색채가 더욱 농후함과 동시에, 비유·우의(寓意)·풍자·자황(自況–남을 자신과 비교함)의 기법이 더 많은 편이다. 이러한 특색은 인물화에 가장 선명하게 체현되어 있는데, 예를 들면 〈동음청몽도(桐陰淸夢圖)〉(軸; 북경 고궁박물원 소장)는 고사(高士) 한 사람이 오동나무 그늘 아래에서 눈을 감고 잠시 휴식을 취하고 있는 장면을 그린 것으로, 그 표정과 자세가 한없이 나태하고 느긋해 보인다. 제시(題詩)에 적힌 "이 생애에서는 이미 공명 바라는 마음을 버렸으니, 고요한 꿈속에서나마 옛날 삼공(三公)의 지위에 이를 수 있지 않겠는가[此生已謝功名念, 淸夢應無到古槐]"라는 구절로부터 보건대, 이 그림은 자신의 처지에 비추어서 그린 것임을 알 수 있다. 즉 부귀공명에 대한 뜻을 접고, 할 일 없이 놀고 지내는 번민의 심경을 표출한 것으로, 두근의 화풍에 가깝다. 또한 이미 원숙한 조맹부의 조체(趙體) 서법에 기울고 있는 것을 근거로 판단해보면, 30세 때 회시에서 좌절한 후 얼마 되지 않은 시기에 그린 것으로, 곧 그 당시의 상황을 사실적으로 반영한 것이다. 33세 때 그린 또 다른 그림인 〈풍목도(風木圖)〉(卷; 북경 고궁박물원 소장)는 효자인 황지순(黃志淳)이 양친을 잃고 슬퍼하는 모습을

古槐 : '槐(괴)'는 회화나무를 뜻하는 말로, 옛날 중국 주(周)나라 시대에, 조정에 화화나무 세 그루를 심어 가장 높은 벼슬인 삼공(三公)이 앉는 좌석의 표지로 삼았던 데서 유래하였으며, 높은 벼슬을 은유하여 표현한 것이다.

묘사한 것이다. 실제로는 또한 당인이 이 작품을 통해 자신의 애통함을 기탁하였다. 그 이유는 자신도 얼마 전에 연속으로 불행이 겹쳐, 25세 때 부모가 세상을 떠났고, 전처와 여동생까지도 연달아 죽었기 때문이다. 30세 때에는 파면까지 당했기 때문에, 화면 속 인물들의 슬피 우는 표정과 태도가 더욱 절실하고 간절하게 묘사될 수 있었으며, 필력 또한 웅건하다.

설령 역사 고사에서 제재를 취한 인물화라 할지라도, 당인은 항상 심오한 의미를 함축시키거나 혹은 관료 세계의 부패를 조롱하기도 하고, 혹은 세태의 변천을 풍자하기도 하였다. 예컨대 〈왕촉궁기도(王蜀宮妓圖)〉(軸; 북경 고궁박물원 소장) 같은 작품은 전촉(前蜀) 후주(后主)의 궁궐에 있는 네 명의 악기(樂妓)들의 형상을 그린 것으로, 인물의 자태가 온화하고 화려하며 광채가 나지만, 제시(題詩)의 내용을 보면 오히려 통치자의 음란하고 부패한 생활에 대한 규탄을 표명하고 있다. 〈도곡증사도(陶穀贈詞圖)〉는

〈왕촉궁기도(王蜀宮妓圖)〉(軸)
(明) 당인
북경 고궁박물원 소장

북송 초기의 고사 실화에서 제재를 취했는데, 북송의 대신 도곡(陶穀)이 강남 지역에 사절로 나갔을 때, 종주국의 사자로서 지나치게 자만하여 도덕군자인 양 거들먹대며 오만한 기세로 사람들을 무시하였다. 이를 보고 한희재(韓熙載)가 곧 집안의 무희인 진약란(秦蒻蘭)을 여관 종업원의 여자 친구로 분장시켜 빗자루로 마당을 쓸게 하였는데, 진약란의 미모에 반한 도곡은 서로 친밀하게 사귀다가 헤어질 때 사(詞)를 지어 증정하였다. 다음날 남당(南唐)의 이(李) 후주가 연회를 베풀고 도곡을 초대하였는데, 이 자리에서도 도곡은 여전히 도덕

군자인 양 가식적인 태도를 보였다. 이에 이 후주가 곧 바로 진약란을 불러 술을 권하고 노래를 부르게 하자, 그녀는 도곡이 써준 사를 노래로 불러 도곡으로 하여금 당황하여 어쩔 줄 몰라 하며 얼굴이 붉어지도록 난처한 지경에 처하게 하였다. 화면에는 도곡이 진약란에게 은밀히 만나 사를 전해주는 장면을 그린 것으로, 당인은 시 한 수를 지어 도곡의 가식적인 얼굴 모습을 폭로하고 있는데, 그 요지는 옛것을 빌려 오늘을 풍자하면서, 관직에 오른 귀족들의 가식적인 작태를 비판하고, 시대의 폐단을 경고하려는 뜻을 함축하고 있다.

또 다른 두 폭의 사녀화인 〈반희단선도(班姬團扇圖)〉(軸; 대북 고궁 박물원 소장)와 〈추풍환선도(秋風紈扇圖)〉(軸; 상해박물관 소장)의 주제는 거의 비슷하다. 〈반희단선도〉는 서한 시대의 궁녀였던 반희의 〈선시(扇詩)〉에 근거하여 창작한 것으로, 궁중의 부녀자들이 나이 들어 늙고 버림받는 것에 대해 두려워하는 심정을 표현하였는데, 이는 화가가 제시에서 말한 그대로이다. "항상 가을철이 되면 싸늘한 바람이 따뜻한 온기를 빼앗는 게 두렵구나. 상자 속에 버려진 채, 은혜로운 정도 중도에 끊기는구나.[常恐秋節至, 涼飇奪炎熱. 棄捐篋笥中, 恩情中道絶.]" 이처럼 부녀자들의 운명에 대한 관심을 표출하는 것을 중시하였다. 〈추풍환선도〉는 미인들이 겪는 늦가을의 상흔을 어렴풋이 묘사하고 있는데, 이 그림을 빌려 세태의 변천을 풍자하고 있으며, 이는 제시에서 지적하고 있는 점과 같다. "가을이 오니 비단부채 고이 접어 보관해놓고, 가인들은 무슨 일로 그토록 슬퍼하는가. 세상 물정 자세히 들여다보시게, 대체 그 누가 권세의 성쇠를 따르지 않겠는가.[秋來紈扇合收藏, 何事佳人重感傷. 請把世情詳細看, 大都誰不逐炎凉.]" 동시에 다른 사람들이나 자신까지도 가련하게 여겨, 뜻을 잃은 사람의 심정을 그려내고 있다. 이러한 상황에 대해 항원변(項元汴)은 이 그림을 평하면서 다음과 같이 지적하였다. "당자외(唐子畏-당인) 선생

항원변(項元汴) : 1525~1590년. 자는 자경(子京)이고, 호는 묵림(墨林)이며, 또 다른 호는 묵림산인(墨林山人)·묵림거사(墨林居士)·향엄거사(香嚴居士)·퇴밀암주인(退密庵主人)·퇴밀재주인(退密齋主人)·혜천산초(惠泉山樵)·묵림눈수(墨林嫩叟)·원앙호장(鴛鴦湖長)·칠원오리(漆園傲吏) 등이다. 절강 가흥(嘉興) 사람이며, 명나라 때의 유명한 감정가이자 수장가(收藏家)였다.

은 풍류재자지만, 모함을 당하고 쫓겨나, 억울하게 뜻을 이루지 못하
였으며, 비록 여러 번 거짓으로 미친 척 세상을 조롱하며 스스로를
위로도 해보았지만, 그를 알아보지 못하는 자들로부터 야유를 받은
경우가 이미 여러 차례였다. 이 그림과 이 시는 아마도 자신의 상처

를 스스로 풀어놓은 것 같다.[唐子畏先生, 風流才子, 而遭讒被擯, 抑鬱不得志, 雖複佯狂玩世以自寬, 而受不知己者揶揄亦已多矣. 此圖此詩, 蓋自傷自解也.]"

당인의 작품이 지닌 또 하나의 예술 특징은 구상의 정교함인데, 인물과 경치를 모두를 중시하여, 경관이 작품의 의미를 잘 반영하도록 함에 따라, 불필요한 군더더기 경물이 거의 없다. 이는 주로 인물의 활동을 중심으로 하는 산수화 속에 반영되어 있는데, 〈기려귀사도(騎驢歸思圖)〉를 예로 들 수 있으며, 제시(題詩)에 따르면 이렇게 말하고 있다. "구걸해도 얻을 수 없어 책 싸들고 돌아와, 예전처럼 나귀 타고 청산으로 향하네. 얼굴 가득 풍상과 고초로 찌들었는데, 촌뜨기 내 아내가 마주하는 것은 우의(牛衣-남루한 옷)로세.[乞求無得束書歸, 依舊騎驢向翠微. 滿面風霜塵土氣, 山妻相對有牛衣.]" 이로부터 추측컨대 회시에 낙방하고 돌아왔던 31세 무렵에 그린 것임을 알 수 있다. 화면에는 홀로 나귀를 탄 사람이 쓸쓸히 험준한 산 고개를 지나 인적이 드문 주막으로 가는 장면을 묘사하고 있는데, 그 의미가 단순하지 않은 한 폭의 행려산수도(行旅山水圖)로서, 당시 실의와 비통함을 견딜 수 없어 서둘러 귀향했던 심경을 그대로 그려내고 있다. 이 때문에 작품의 분위기가 비교적 험준하고 쓸쓸하며 황량하다.

또 17세 때인 소년 시기에 그린 〈정수당도(貞壽堂圖)〉(卷; 북경 고궁박물원 소장) 역시 비록 기법은 아직 미숙하지만 경물은 주제와 잘 어울리도록 선택하였다. 정수당은 주희정(周希正)의 어머니가 갓난아이들을 양육하며 살았던 집을 비유한 것으로, 희정과 동생 희선(希善)은 어려서 아버지를 잃었으며, 어머니가 청상과부로 40년을 살면서 정성을 다해 두 아들을 길렀다. 후에 희정이 과거에 합격하여 관직을 얻게 되자, 특별히 집을 짓고 팔순 노모를 봉양하면서 어머니의 정절과 장수를 표창하기 위해 '정수당(貞壽堂)'이라고 이름을 지으니, 그 지역의 선비들이 줄지어 와서 축하해주었다. 이 그림의 한가운데에는 정수당이 그려져 있고, 주희정의 어머니는 건물 가운데 단정하게 앉아 있다. 두 아들은 곁채에 공손하게 서 있으며, 별장 밖 다리 부근에는 축하하기 위해 찾아온 손님들이 있다. 거실 왼쪽은 바위 언덕을, 오른쪽은 잔잔한 호수를 접하고 있으며, 마당 안에는 송백나무가 푸르고, 건너편에는 푸른 산이 구불구불 이어져 있어, 구성과 경치의 안배가 모두 칭송과 축하의 의미를 담고 있다. 또 〈동산도(桐山圖)〉(卷; 북경 고궁박물원 소장)는 태호(太湖) 기운데 우뚝 솟아 있는 동산(桐山)을 그린 것이다. 화면의 한쪽 가장자리에는 끝없이 맑고 넓은 호수가 펼쳐져 있고, 다른 쪽은 가파른 산봉우리가 병풍처럼 둘러싸고 있어, 태호의 드넓음과 동산의 험준함을 선명하게 강조하였는데, 구도가 상투적인 틀에 빠지지 않았다. 또 〈왕공배상도(王公拜相圖)〉(卷; 북경 고궁박물원 소장)는 험준한 산길로써, 왕오(王鏊)가 재상에 임명되어 맡은 바 책임은 무겁고 갈 길은 아직도 멀다는 것을 나타내 주고 있어, 그 구상이 매우 교묘하다. 또 〈쌍감행와도(雙鑑行窩圖)〉(册)를 보면, 가옥의 뒤쪽은 높은 산에 기대어 있고, 앞쪽으로는 큰 바위들이 줄지어 있으며, 연못의 물은 동서 양쪽으로 거울처럼 맑으니, 그곳의 형상이 '쌍감행와(雙鑑行窩)'라는 제목의 뜻을 나타내고 있다.

구영(仇英), 그림으로 생계를 유지했던 생애

(1) 여러 주장이 분분한 출생과 사망 연대

구영의 자는 실부(實父)이고, 호는 십주(十州)이며, 본적은 태창(太倉)인데, 소주로 이사하였다. 그의 출생과 사망 연대에 대해서는 여러 가지 주장들이 있다. 고증에 의하면, 그의 사망 연도는 이미 확정할 수 있는데, 이는 구영이 그린 〈직공도(職貢圖)〉(卷; 북경 고궁박물원 소장) 뒷면에 있는 팽년(彭年)이 쓴 발문에 근거한 것으로, 이렇게 씌어 있다. "실부(實父-구영의 字)의 이름은 영(英)이며, 오인(吳人-소주 사람) 이다. 어려서 동촌(東村) 주군신(周君臣)을 스승으로 모시고, 그 화법을 다 터득하였으며, 특히 임모(臨摹)에 뛰어났다. 동촌이 세상을 떠나고, 20년 동안 강남에서 독보적인 존재였으나, 이제는 다시 볼 수 없게 되었구나.[實父名英, 吳人也. 少師東村周君臣, 盡得其法, 尤善臨摹. 東村旣歿, 獨步江南者二十年, 而今不可複得矣.]" 연도를 기록한 낙관은 "嘉靖壬子臘月旣望[가정(嘉靖) 임자년 음력 섣달 16일]"이라고 되어 있으며, 같은 해 9월 16일에 쓴 문징명의 발문에서는 구영이 이미 작고했다고 언급하지 않았다. 이 때문에 구영은 가정 31년 임자년(壬子年 : 1552년) 9월 16부터 12월 16일 사이에 사망하였음이 분명하다.[서방달(徐邦達), 『역대서화가전기고변(歷代書畫家傳記考辨)』·「구영의 생몰년과 기타(仇英的生卒年和其他)」, 상해 인민미술출판사, 1983년]

〈정금청완도(停琴聽阮圖)〉〈軸〉
(明) 구영(仇英)

구영의 출생연도에 대해, 역대 회화사에서는 모두 그가 장수하지 못하고 한창 나이에 죽었다고 기록하고 있는데, 문가(文嘉)는 구영의 〈옥루춘색도(玉樓春色圖)〉에 이렇게 기록하고 있다. "구영은 뛰어난 재주를 타고나, 그림의 이치를 훌륭하게 터득하였으나, 한창 나이에 결국 시들어, 남겨진 작품들은 하찮은 산수(山水)뿐이다.[仇生負俊才, 善得丹靑理, 盛年遽凋落, 遺筆空山水.]"[청(淸)·변영예(卞永譽), 『식고당서화회고화(式古堂書畫匯考畫)』 권27] 동기창도 『화선실수필(畫禪室隨筆)』에서 "구영은 단명했다[仇英短命]"라고 말하고 있기 때문에, 모두 향년을 50세 전후라고 하는 데 근거하여 추정하면, 출생연도는 홍치(弘治) 15년 임술년(壬戌年 : 1502년)이다.[서방달(徐邦達), 『역대서화가전기고변(歷代書畫家傳記考辨)』·「구영의 생몰년과 기타(仇英的生卒年和其他)」, 상해 인민미술출판사, 1983년], 혹은 홍치 13년 경신년(庚申年 : 1500년)[주도진(周道振), 「여림가야동지상토

(與林家冶同志商討)」, 『타운(朶雲)』제5기에 수록, 상해서화출판사(上海書畫出版社), 1983년], 혹은 홍치 11년 술오년(戊午年 : 1498년)[단국림(單國霖), 「구영생평활동고(仇英生平活動考)」, 고궁박물원 편, 『오문화파연구(吳門畫派研究)』에 수록, 자금성출판사, 1993년]으로 추정되기 때문에, 향년 51·53·55세 등 여러 주장들이 있다. 이처럼 아직 확정된 주장은 없지만 그 차이는 그리 크지 않다.

(2) 경력과 교우

구영은 빈한한 집안 출신으로, 일찍부터 칠공(漆工) 일을 했는데, 장조(張潮)의 『우초신지(虞初新志)』에는 이렇게 기록되어 있다. "처음에는 칠공이었는데, 건물에 그림을 그리는 일도 겸하였으며, 후에는 그림을 전업으로 하게 되었다.[其初爲漆工, 兼爲人彩繪棟宇, 後徒而業畫.]" 청년 시대에는 주신(周臣)에게 그림을 배웠다. "처음 그림을 그릴 때, 주동촌이 특별히 여겨 그를 가르쳤다. 당·송 화가들의 그림을 임모하면, 모두 원작을 능가하였다.[初執事丹靑, 周東村異而敎之. 摹唐宋人畫, 皆能奪眞.]"[명(明), 서심(徐沁), 『명화록(明畫錄)』권1. 안란(安瀾) 편, 『화사총서(畫史叢書)』3집을 보라. 상해 인민미술출판사, 1962년.] 주신은 가정 14년(1535년)에 사망하였기 때문에, 구영이 그림을 배운 것은 30세 전후에 해당하는데, 그가 가정 11년(1532년)의 35세 때 그린 〈원거도(園居圖)〉(卷; 대북 고궁박물원 소장)에는 이미 이당·유송년의 화법이 나타나고 있어, 사사(師事)했던 시간을 증명할 수 있다. 청년 시기에 교유했던 스승 같은 선배로 문징명이 있는데, 정덕(正德) 12년(1517년)에 문징명이 48세일 때, 일찍이 갓 20세였던 구영에게 채색으로 〈상군상부인도(湘君湘夫人圖)〉(軸)를 그려달라고 청할 정도였으니, 두 사람의 왕래가 얼마나 일찍부터 시작되었는지 짐작할 수 있다.

구영은 같은 시대 사람들과의 교유가 비교적 밀접하였는데, 서로 알고 지내던 오중(吳中-소주 지역)의 시인·화가·서법가들로는, 왕수(王守)·왕총(王寵)·문팽(文彭)·문가(文嘉)·문백인(文伯仁)·팽년(彭年)·진순(陳淳)·육치(陸治)·육사도(陸師道)·주천구(周天球)·허초(許初)·장봉익(張鳳翼) 등이 있으며, 이들 모두는 일찍이 구영의 그림에 발문을 짓고 시를 썼다. 구영은 이러한 문인들과 예술 교우 관계를 맺어 자신의 명성을 선양했을 뿐만 아니라, 예술적으로는 '오파(吳派)'의 영향도 깊게 받았다. 이로써 그가 근원으로 삼았던 주신의 남송 '원체' 풍격은 점차 다른 풍격으로 바뀌어, 굳세고 강하며 엄정하던 것에서 맑고 편안하며 빼어나게 아름다운 방향으로 나아갔다.

구영이 생계를 위해 그림을 팔게 되자, 그의 뛰어난 그림들이 몇몇 수장가들의 특별한 관심을 받게 되었을 뿐 아니라, 빈번한 교류도 이루어졌다. 어떤 이들은 구영을 집으로 초대하여 그곳에 머물면서 그림을 그리도록 하였고, 혹은 선금을 지불하고 그림을 그리게 하면서, 자신들이 수장하고 있던 수많은 전 시대의 명작들을 제공하며 임모하도록 요구하기도 하였다. 이는 구영으로 하여금 송·원대의 여러 화가들의 작품을 폭넓게 섭렵할 수 있는 좋은 계기가 되어, 작품 수준이 빠르게 향상되었다.

이 가운데 가장 열성적이었던 인물은 수장(收藏)의 명가(名家)인 항원변(項元汴)이었다. 그는 일찍이 구영을 초청하여 객사에서 10여 년을 머물도록 하였는데, 그 시기는 대략 가정 20년대로서, 구영의 나이 40여 세 때이다. 그가 항원변을 위해 그린 작품으로는, 가정(嘉靖) 26년(1547년)이라고 서명한 〈수선납매도(水仙臘梅圖)〉(軸)·〈임송원육경(臨宋元六景)〉(冊)(둘 다 대북 고궁박물원 소장) 및 제작 연도가 기록되지 않은 〈송계횡적도(松溪橫笛圖)〉(軸)·〈초음결하도(蕉蔭結夏圖)〉(軸)·〈동음청화도(桐蔭淸話圖)〉(軸) 등이 있다. 또 항원변의 동생인 항원기(項元淇)를 위하여 그린 〈도촌초당도(桃村草堂圖)〉(軸; 북경 고궁박물원 소장)

가 있다.

곤산(昆山)의 주육관(周六觀)도 구영을 초빙하여 그림을 그리게 했다. "주육관은 소주에 사는 부자로, 구영을 초빙하여 그의 집에서 모두 6년이나 지내도록 하고는, 그의 모친의 90세 생신을 축하하기 위해 〈자허상림도(子虛上林圖)〉를 그리게 하고, 천금(千金)을 주었다. 술과 안주의 대부분이 상방(上方)보다 나았으며, 매달 반드시 등불을 밝히고 기녀들을 모아 노래하고 춤추는 연회를 여러 차례 베풀었다.[周六觀, 吳中富人, 聘仇十州主其家凡六年, 畫'子虛上林圖'爲其母慶九十歲, 奉千金, 飮饌之半逾于上方, 月必張燈集女伶歌宴數次.]"[청(淸), 저인(褚人), 『견호집(堅瓠集)』] 이 그림에 자신이 쓴 제발을 보면, 창작 시기는 가정 정유년(丁酉年 : 1537년)부터 임인년(壬寅年 : 1542년)까지로, 그의 나이 40세 전후였다.

작품을 주문한 또 다른 중요 인물은 장주(長州)의 진관(陳官)이었다. "십주(十州─구영의 호)와 절친하여, 관사의 산정(山亭)에서 서로 느긋하게 몇 해를 보내기도 하였다.[與十州善, 館之山亭, 屢易寒暑, 不相促迫.]"[명(明), 구영의 〈직공도(職貢圖)〉(卷) 뒷면에 쓴 팽년(彭年)의 발문; 북경 고궁박물원 소장] 구영이 그를 위해 그린 것으로는 〈직공도〉·〈도원선경도(桃園仙境圖)〉(軸; 천진시예술박물관 소장)·〈계산서은도(溪山栖隱圖)〉[軸; 허백재(虛白齋) 소장] 등이 있는데, 말년에 그린 것들이다. 이 밖에도 서종성(徐宗成)·왕헌신(王獻臣)·주봉래(周鳳來)·화운(華雲) 등이 구영의 작품을 고정적으로 주문하였다.

구영은 시문에는 뛰어나지 못하여, 그림 그리는 일에만 전념하였다. "그림을 그릴 때, 귀로 성대하고 떠들썩한 북과 피리 소리·가득

〈죽하청천도(竹下聽泉圖)〉(軸)
(明) 구영

상방(上方) : 황실에서 사용하는 각종 물건들을 생산·저장·공급하는 일을 담당하던 관청.

한 마차 소리를 듣지 않았는데, 그것은 벽을 사이에 두고 있는 여인을 돌아다보는 것을 경계하는 것과 같았으니, 그 방법이 역시 고난에 가까웠다.[作畵時, 耳不聞鼓吹·闐駢之聲, 宛如隔壁釵釧戎顧, 其術亦近苦也.]"[명(明), 동기창, 「화선실수필」. 심자승(沈子丞) 편, 『역대논화명저회편(歷代論畵名著匯編)』을 볼 것. 문물출판사(文物出版社), 1982년.] 그러나 바로 이러한 각고의 노력이 그의 그림 재능을 끊임없이 정진시켰고, 아울러 다른 화가들이 시도할 수 없는 훌륭한 대작들을 창작할 수 있게 하였다. 또 그 작품들은 사회에서 인정과 칭찬을 받게 되었고, 나아가 '오문사가(吳門四家)'의 대열에도 오를 수 있게 되었다. 그가 수립한 화풍 또한 적지 않은 화가들이 추종하였는데, 직접 전수받은 인물로는, 딸인 구주(仇珠)·손자인 구세상(仇世祥), 학생인 우구(尤求)·심완(沈完)·정환(程環) 등이 있었으며, 심석(沈碩)과 주축(朱竺)도 역시 그의 화법을 추종하였다.

구영의 정교한 회화 기예

구영은 산수화와 인물화로 유명했으며, 간혹 화훼를 그리기도 하였다. 그림의 내용은 크게 옛 작품을 모방한 것·전통 제재·현실 내용 등 세 종류로 나눌 수 있다.

옛 작품을 모방한 그림들은 비교적 원작에 충실하였으며, 대부분은 기본기를 훈련하거나 전통을 폭넓게 학습하기 위해서 그린 것이다. 예를 들면 〈임초조중흥서응도(臨肖照中興瑞應圖)〉(卷; 북경 고궁박물원 소장)는 남송의 초조(肖照)가 그린 육단본(六段本-6단으로 된 그림)의 원래 면모를 비교적 충실하게 보유하고 있다.

전통 제재들은 구상을 통해 독창적인 것을 고안해 내어, 그 자신만의 새로운 의경을 갖추고 있으며, 청신하고 명쾌하여, 고상한 사람

〈인물고사(人物故事)〉〈册〉 '귀비효장(貴妃
曉妝)'
(明) 구영
북경 고궁박물원 소장

과 속인이 함께 감상할 수 있다. 예를 들면 〈인물고사(人物故事)〉〈册;
북경 고궁박물원 소장〉는 양귀비가 아침에 화장을 하거나, 피리를 불어
봉황을 부르거나, 또 명비[明妃-전한(前漢) 원제(元帝) 때의 궁녀인 왕소군
(王昭君)]가 변방으로 떠나거나, 심양(潯陽)의 비파(琵琶) 등의 내용을
선택하였다. 이러한 것들은 옛 화가들도 일찍이 여러 차례 그렸던 것
이지만, 구영은 사건의 줄거리에 따라 세심한 안배와 생동감 넘치는
형상의 묘사를 통해 사람들의 마음을 사로잡았다.

현실 생활을 표현한 산수와 인물화는 비교적 광범위한 영역에서
취사선택하였다. 즉 명승고적·고산대천(高山大川)·강남의 원림·세

심양(潯陽)의 비파(琵琶) : 당나라의
시인 백거이(白居易)가 좌천되어 임지
로 가다가, 심양강에서 들려오는 절창
의 비파소리를 듣고, 그 여인을 찾아
만나보니, 자신과 처지가 비슷했다.
그리하여 그 여인에게 장장 612자에
이르는 긴 시를 지어 바쳤는데, 이것
이 바로 유명한 〈비파행(琵琶行)〉이며,
바로 이 내용을 가리킨다.

속의 상황·문인들의 우아한 모임·은사(隱士)들의 은거 등을 모두 하
나하나 화면에 담아 내어 정확하게 각자의 특색과 정취를 전달하였
다. 또 항상 화면에는 환희와 희열·명랑하고 탁 트임·구속받지 않는
대범함·의기양양한 분위기가 넘쳤다. 예를 들면 〈연계어은도(蓮溪漁
隱圖)〉〈軸〉·〈도촌초당도〉〈軸〉(둘 다 북경 고궁박물원 소장)·〈선산누각도
(仙山樓閣圖)〉(대북 고궁박물원 소장)는 빼어난 산하의 아름다움을 모아
훌륭한 이상적 정취를 표현하였다. 〈유하면금도(柳下眠琴圖)〉〈軸; 상해
박물관 소장〉·〈송계횡적도〉〈軸; 대북 고궁박물원 소장)는 고사(高士)들의
형상을 묘사하였는데, 기개와 도량이 비범하고, 풍모가 호방하고 대

범하며, 맑고 고상하면서도 괴팍하지 않아서 사람들에게 친근감을 느끼게 해준다. 이처럼 구영의 그림은 고상한 사람과 속인(俗人)이 함께 감상할 수 있어서, 보는 이들의 마음을 한층 즐겁고 편안하게 해준다.

구영의 화풍은 남송의 '원체'로부터 완전히 새롭게 태어났을 뿐 아니라, 문인화와 송·원대 화가들의 장점을 두루 섭렵하여 자신만의 특색을 형성하였으며, 또한 다양한 면모를 보여주고 있다. 그의 산수는 수묵과 청록의 두 가지 화법으로 구분할 수 있는데, 수묵산수는 남송의 '원체'를 위주로 하면서 문인화의 기법을 겸하여, 고아하고 자유로운 정취를 갖추고 있다. 예를 들면 〈계산누각도(溪山樓閣圖)〉(頁; 북경 고궁박물원 소장)에는, 특이한 풍광·힘찬 소나무 가지·높고 가파른 산석·힘차고 예리한 용필(用筆) 및 소부벽준 등과 같은 '원체'의 전통이 남아 있다. 그리고 좌우 대칭 구도를 통하여 평형을 추구하였으며, 선(線)의 운용은 가늘고 힘찬 선으로 함축하여, 심각하고 뚜렷한 흔적이 적다. 준법(皴法) 가운데에는 단작(短斫-짧게 찍어 내림)을 섞어 넣어, 자유자재로 민첩하다. 먹 색은 경쾌함과 담담함이 조화를 이루어 색조가 명쾌한데, 이러한 것들 또한 문인화의 화법을 나타내어, 총체적인 화풍에서 자신만의 새로운 풍격을 이루었다. 예컨대 양한(楊翰)이 『소석헌화담(掃石軒畫談)』에서 다음과 같이 말한 바와 같다. "필선 하나하나가 모두 마치 철사 같고, 시작과 끝이 분명하고, 운치와 정감이 있으며, 또한 듬성듬성한 기운이 다분하여, 마치 당나라 사람이 쓴 소해(小楷)와 마찬가지로 보는 사람으로 하여금 한없이 탐색하게 한다.[筆筆皆如鐵絲, 有起有止, 有韻有情, 亦多疏散之氣, 如唐人小楷, 令人探索無盡.]"

청록산수는 구영의 가장 대표적인 영역으로, 남송의 이조[二趙-조백구(趙伯駒)와 조백숙(趙伯驌)]를 근원으로 삼았으며, 아울러 조맹부와 문징명의 화풍도 겸하여, 마침내 정교하면서도 맑고 화려한 풍격의

〈도촌초당도(桃村草堂圖)〉〈軸)

(明) 구영

북경 고궁박물원 소장

이소도(李昭道) : 당나라 때의 화가로, 북종화(北宗畵)의 창시자인 이사훈(李思訓)의 아들이다. 청록산수에 뛰어났다.

독특한 면모를 형성하였다. 그 중에서도 〈옥동선원도(玉洞仙源圖)〉〈軸)와 〈도촌초당도〉는 비교적 정교하고 섬세하며, 이조(二趙)를 주로 본받아, 산석은 구륵을 위주로 청록의 짙은 색채를 칠했고, 자색(赭色-홍갈색)을 깔아, 선명한 가운데 청아함을 드러낸다. 〈연계어은도〉〈軸)와 〈귀분도(歸汾圖)〉〈卷; 북경 고궁박물원 소장)는 비교적 간략하고 자유분방하며, 조맹부와 문징명의 영향을 주로 받아, 풍광이 광활하고 아득하며, 필선은 가늘고 힘차며 간결하고 세련되었다. 또 필법은 단정한 가운데 구애받지 않은 자유로움이 돋보이고, 산석은 구륵에 준작(皴斫)을 겸하였으며, 색채는 담색을 위주로 하면서 약간의 짙은 색을 사용하여, 전체적인 격조가 맑고 아름다우며 명쾌하다.

이 두 가지 성향의 청록산수는 모두 정교하지만 경박하지 않고, 곱고 아름답지만 저속하지 않아 새로운 모범을 수립하였다. 동기창도 깊이 감탄하며 『용대집(容臺集)』권6에서 다음과 같이 평하였다. "이소도(李昭道) 일파는 조백구와 조백숙인데, 이들은 정교함이 지극하면서도 사기(士氣-문인적인 기질과 풍격)를 지니고 있어, 후에 이들을 모방한 화가들은 그 정교함을 얻었지만 그 고아함은 터득할 수 없었으니, 원대의 정야부(丁野夫)와 전순거(錢舜擧) 같은 자들이 그들이다. 그런데 대략 5백 년이 지나 구실부(仇實父-구영)가 등장하자, 문태사(文太史-문징명) 같은 이가 추앙하며 따랐는데, 문태사도 당시에 일가를 이룬 화가였지만, 구영에게 겸손하지 않을 수 없었다.[李昭道一派爲趙伯駒·伯驌, 精工之極又有士氣, 後人仿之者, 得其工不能得其雅, 若元之丁野夫·錢舜擧是也. 蓋五百年而有仇實父, 在若文太史極相推服, 太史于此一家畫, 不能不遜仇氏.]"

구영의 인물화 역시 정교하고 섬세한 채색과 거칠고 간결한 수묵의 두 가지 화법이 있다. 공필인물화에서는 특히 사녀화가 가장 유명하다. 세련된 아름다움을 지닌 몸매와 붓끝에서 우러나는 섬세한 필치·우아하고 부드러운 분위기는 공필채색의 전통을 널리 발전시켜, '구파(仇派)'의 새로운 사녀화풍을 창립하였다. 왕치등은 『오군단청지(吳郡丹靑志)』에서 이렇게 예찬하였다. "푸른빛에 약간의 금빛을 발하고, 울긋불긋한 비단들이 정교하고 화려하며 아름답고 빼어난 것이, 옛 화가들에게 뒤지지 않는다.[至于發翠毫金, 絲丹縷素, 精麗艷逸, 無慚古人.]" 대표적인 작품으로는 〈인물고사도〉(冊)와 〈수죽사녀도(修竹仕女圖)〉(軸; 상해박물관 소장) 등이 있다. 거친 필선의 수묵 인물은 마원(馬遠)과 두근(杜堇)의 화법을 취하였으며, 또 문아하고 빼어나며 소탈한 기운을 갖추고 있다. 화면의 물상들은 간결하게 묘사하였으며, 선의 운용은 세련되었는데, 힘차고 강하게 꺾인 절로묘(折蘆描)를 쓰거나 혹은 부드럽고 유창한 난엽묘(蘭葉描)를 사용하기도 하였다. 인물의 기질 또한 시원스럽고 청아하여 '원체(院體)'나 '절파(浙派)'와는 차이가 있다.

'백양(白陽)'·'청등(靑藤)'의 사의 화조화

중국 전통의 수묵사의(水墨寫意) 화조화는 임량(林良)·심주(沈周)·당인(唐寅) 등의 노력에 힘입어, 명대에 이르러 이전에 볼 수 없었던 발전을 이루었다. 이들의 뒤를 이어 진순(陳淳)과 서위(徐渭)가 또 다시 새로운 공헌을 하였는데, 특히 서위의 발묵대사의(潑墨大寫意)는 후세에 끼친 영향이 더욱 심원하다.

진순(陳淳)

진순(1483~1544년)의 자는 도복(道復)이고, 호는 백양산인(白陽山人)이다. 소주 사람으로, 시와 그림을 즐기던 관료 집안에서 태어났는데, 할아버지 진경(陳璚)은 관직이 남경좌부도어사(南京左副都御史)에 이르렀으며, 오관(吳寬)·심주와 절친한 사이였고, 수장(收藏)하기를 좋아하여 미우인(米友仁)의 〈운산도(雲山圖)〉·〈대요촌도(大姚村圖)〉 등을 소장하고 있었다. 아버지인 진월(陳鑰)과 문징명의 아버지 문림(文林)은 서로 매우 가까운 사이로, 평생 벼슬길에 나가지 않았다. 이러한 가정환경 속에서 자란 진순은 어려서부터 그림을 좋아하여 문징명을 스승으로 모시고 '입실제자(入室弟子)'가 되었다. 다만 개성이 매우 강하고 자유분방한 생활은 당인과 비슷하였다. 그는 일찍이 여러 학생들의 전례에 따라 태학(太學)에 들어갔으나, 비각(秘閣)에 남는 것을 거절하고 고향에 돌아와 은거하기를 자원하였다. 아마도 그가 어

비각(秘閣): 송나라 때 설립된 관청으로, 숭문원(崇文院) 내에 설치되었다. 조정의 각종 서적 진본(眞本)과 궁정의 고화(古畵)와 묵적(墨迹) 등을 수장하는 업무를 담당하였다.

〈묵화조정(墨花釣艇)〉
(明) 진순(陳淳)
북경 고궁박물원 소장

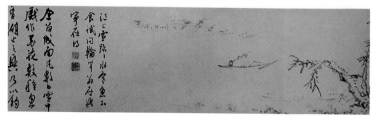

〈화고모란도(花觚牡丹圖)〉

(明) 진순

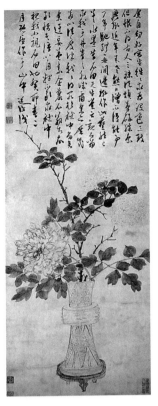

려서부터 미우인의 작품을 보아온데다 성격의 분방함으로 인하여, 비록 문징명에게 그림을 배웠지만 그림은 오히려 그 스승과 같지 않았다. 이전에 어떤 사람이 일찍이 두 사람을 비교하면서, 진순의 그림은 "거리낌이 없고 자유분방하며 천진난만한데[橫肆縱恣, 天眞爛然]", 이는 문징명의 화법을 맹목적으로 추종하지 않은 결과라고 하였다. 또 문징명의 그림은 '방정함[正]'으로써, 진순의 그림은 '기이함[奇]'으로써, 그리고 문징명의 그림은 '우아함[雅]'으로써, 진순의 그림은 '고상함[高]'으로써 설명하며, 두 사람 모두 "최고의 경지에 도달할 수 있었다[登峰造極]"고 지적하였다.[전윤치(錢允治), 『백양선생집(白陽先生集)』·「序」] 이른바 '기이함[奇]·방정함[正]·고상함[高]·우아함[雅]'의 구분은 문징명과 진순의 예술 형식의 풍격에서 그 취향이 서로 달라, 일률적이기를 강요할 수 없었음을 말해주는 것으로, 문징명은 당시 화단에서 명성이 드높았던 데 반해, 진순은 오히려 '반역' 정신이 있었던 듯하다. 바로 이러한 점 때문에 진순은 오히려 '문파(文派-문징명 화파)' 가운데 자신만의 영역을 구축할 수 있었을 뿐 아니라, 회화사에서도 문징명의 자제들이나 기타 제자들보다 위치가 높았다.

진순의 중요한 공헌은 사의(寫意) 화훼에 있다. 초기의 필법은 조심스럽고 신중함이 스승과 매우 흡사한데, 중년 이후부터는 분방함으로 바뀌면서, 개성이 뚜렷해지고, 자신만의 면모를 갖추었다. 이러

한 면모에서는 심주에게 영향을 받았음을 뚜렷하고 쉽게 엿볼 수 있
다. 특히 그가 묘사한 대상물의 대부분은 밭에서 흔히 볼 수 있는 화
초 및 채소와 과일들이다. 그리고 이 대상물들에게 초연하게 속세를
벗어난 인격적 이상을 부여하였다. 조형에서는 단정하게 마름질한 절
지(折枝)를 많이 그려 완정하고 단정한 인상을 준다. 그의 작품은 한
가지 형식을 반복해서 운용하는데, 예를 들면 〈병련도(瓶蓮圖)〉는 많
은 종류들이 있지만 각각의 작품마다 모두 달라, 어떤 것은 오래된
술잔과 제기(祭器)이고, 어떤 것은 골동 도자기이며, 또 연꽃이나 연
잎 가운데에 그려 넣기도 하고, 혹은 창포를 끼워 넣기도 하고, 혹은
자고(慈姑-소귀나물)를 곁들여, 큰 틀에서는 같으면서도 작은 변화를
주었다. 진순은 또 여러 종류의 〈묵화도(墨花圖)〉(卷)를 그
렸는데, 매화·난초·대나무·국화·수선(水仙)·산다(山茶)·
모란·수국·연꽃·계화(桂花-물푸레나무)·옥잠 등 사계절의
꽃들을 하나의 두루마리에 그렸다.

   이러한 형식을 최초로 시도한 작품은, 문헌 기록에 따
르면 왕유(王維)의 〈설중파초(雪中芭蕉)〉에서 시작된 것 같
은데, 현존하는 작품으로는 남송의 화가가 그린 〈백화도
(百花圖)〉(卷)가 있다. 이 작품은 비록 채색은 하지 않았지
만, 가늘고 섬세한 필선으로 구륵한 것은 황전(黃筌)의 체
계에 속한다. 그러나 진순은 수묵사의를 위주로 하면서
꽃 하나에 시 하나를 썼는데, 청신하고 담박하여 문인의
우아한 정취가 넘쳐난다. 이러한 형식은 진순에 의해 발휘
된 이후 많은 화가들이 따라 하였다. 진순은 채색 화훼 작
품도 그렸는데, 초기에는 색채가 화려하고 필법은 약간 번
잡한 감이 있지만, 말년에 이를수록 담아하고 단정해졌
으며, 62세 때 그린 〈모란도(牡丹圖)〉가 그러한 예이다. 이

〈화죽도(花竹圖)〉〈軸〉

(明) 진순

낙가준(落茄皴) : 동양화 준법의 하나로, 미불(米芾)이 사용한 독특한 점법(點法)이다. 즉 횡점(橫點)들을 연결하여 선을 이루고, 점을 모아서 조각[片]을 이루며, 점으로 준(皴)을 대신하여, 화면 가득 점으로 채워 넣는 것을 말한다.

밖에도 진순은 미 씨(米氏-미우인)의 운산도(雲山圖)를 그렸는데, 이는 그의 집안에 소장되어 있었던 것과 밀접한 관계가 있으며, 대표적인 작품으로는 〈엄화산도(罨畫山圖)〉가 있다. 이 그림은 지금의 강소 의흥(宜興)에 위치한 형계(荊溪)의 풍광·구름과 안개에 덮인 산과 나무를 묘사하였는데, 비록 "미우인의 필법을 본받았다[效米家筆法]"라고 하였지만, 실은 미우인보다 필법의 변화가 많고, 준(皴)·찰(擦)·점(點)·염(染)을 모두를 사용하여, 단지 낙가준(落茄皴)만으로 처리하지 않았다. 그리고 그 필세는 날아오르는 듯한 동적 상쾌함을 지니고 있으며, 먹의 운용은 호쾌하고 왕성하다. 이 그림은 진순의 말년 작품으로, 그림을 완성하고 얼마 되지 않아 세상을 떠났다. 그래서 그의 예술 작품은 장수하지 못한 아쉬움을 더해주고 있다.

진순의 아들인 진괄(陳括)의 자는 자정(子正)이고, 호는 타강(沱江)인데, 가법을 전수받아 역시 화조를 잘 그렸으며, 작품으로는 〈이화백연도(梨花白燕圖)〉가 있다. 진괄보다 약간 늦은 주지면(周之冕 : 1521~?)은 자가 복경(服卿)이고, 호는 소곡(少谷)이며, 소주 사람이다. 화조로 명성을 얻었으며, '구화점엽(鉤花點葉)' 화법을 창시하여 스스로 하나의 화파라고 일컬었다. 손극홍(孫克弘, 1533~1611년)의 자는 윤집(允執)이고, 호는 설거(雪居)이며, 화정(華亭 : 지금의 상해 송강) 사람이다. 화훼를 좋아하여 〈백화도(百花圖)〉〈卷〉를 그렸는데, 채색을 하였으며, 필법은 정교하고 단정하다.

서위(徐渭)

서위(1521~1593년)의 자는 문장(文長)이고, 호는 천지산인(天池山人)·청등거사(靑藤居士) 등이며, 절강 소흥 사람으로, 문학가·희곡가·서화가였다. 아버지인 서총(徐鏓)은 운남 거진(巨津) 등지의 현관

(縣官)을 지냈다. 후에는 사천 기주부(夔州府) 동지(同知)로 전근하여 부임하였으나, 반 년을 채우지 못하고 고향으로 돌아와 첩을 얻어 아들을 낳았는데, 그가 바로 서위이다. 그가 막 백 일이 되었을 무렵 아버지가 세상을 떠났지만, 다행히 계모인 묘 씨(苗氏)와 형들의 보살핌을 받으며 자랐다. 서위는 어려서부터 총명하여 6세에 서당에 들어가 8세에는 팔고문(八股文) 짓는 것을 배웠다. 또 서예·거문고·검술 등을 익히며 원대한 꿈을 품고, 20세에 곧 산음현(山陰縣) 수재(秀材 ─과거 과목의 일종)에 합격하였다. 그러나 이후로 향시에 여덟 차례나 응시하였지만 모두 낙방하였고, 급기야 집안에 변고까지 겹치자, 할수 없이 글을 가르치며 겨우 생계를 꾸려나갔다. 이런 상황에서도 그의 시문과 학문에 대한 조예는 나날이 더욱 심오해져서, 소면(蕭勉)·진학(陳鶴)·양가(楊珂)·심련(沈鍊) 등과 더불어 '월중십자(越中十子)'로 불렸다.

이 시기에 바로 왜구들이 동남 연해에 출몰하여 피해를 입히자, 호종헌(胡宗憲)은 병부시랑 겸 검도어사총독(檢都御使總督)으로서 동남 지역 일곱 개 성의 군무를 맡아, 왜구와 투쟁할 조직을 결성하였다. 그는 서위의 명성을 듣고 서기(書記)로 초빙하였고, 왜구에 대항하여 싸운 명장인 척계광(戚繼光)·유대유(俞大猷)와 함께 군사기밀에 참여하였다. 이때가 서위의 일생에서 가장 자신만만하던 시기였는데, 원굉도(袁宏道)는 『서문장전(徐文長傳)』에서 이렇게 묘사하고 있다. "문장(文長─서위의 자)은 볼 때마다 갈포 옷에 검은색 두건을 두르고, 세상일에 대해 거리낌 없이 말하여, 호공(胡公─호종헌)이 대단히 좋아하였다. 이때 공(公 : 호종헌)은 여러 변방의 군사들을 감독하였는데, 진강(鎭江) 남쪽에 거동하였다. 병사들은 그를 두려워하여, 무릎을 꿇고 말하면서 뱀처럼 설설 기고, 감히 고개도 들지 못했지만, 문장은 부하의 한 사람으로서 전혀 개의치 않았다. 이를 두고 사람들

구화점엽(鉤花點葉) : 명대(明代)의 화조화(花鳥畵) 화파의 하나이며, 주로 화가 주지면(周之冕)을 대표로 삼는다. 주지면은 화조화를 잘 그렸는데, 화법은 진순(陳淳)의 사의(寫意)와 육치(陸治)의 공필(工筆)에서 장점들을 본받았다. 그의 그림은 채색이 선명하고 아름다우며, 신비하고 고상한 운치가 넘쳐났는데, 왕왕 구륵법을 이용하여 꽃을 그렸고, 잎은 먹 점으로 그렸기 때문에, 당시에 이를 구화점엽파(鉤花點葉派)라고 불렀다.

팔고문(八股文) : '시문(時文)'·'제예(制藝)'·'제의(制義)'·'팔비문(八比文)'·'사서문(四書文)' 등으로도 불렸으며, 과거제도에서 규정한 일종의 특수한 문체이다. 팔고문은 전적으로 형식에 치중하여 내용을 따지지 않았으며, 문장은 반드시 지켜야 할 격식과 글자 수가 정해져 있었다.

은 그 단정하고 곧음이 유진장[劉眞長-진(晉)나라 문제(文帝) 때의 재상이었던 유담(劉惔)]이나 두소릉(杜少陵-두보) 같다고들 하였다. 마침 흰 사슴을 잡게 되자, 문장에게 표(表-임금에게 올리는 상소문)를 짓도록 권하였다. 표를 지어 올리자, 영릉[永陵 : 가정(嘉靖) 황제 주후식(朱厚熜)]이 기뻐하였다. 공(公)은 이 일로 인해 문장을 더욱 특별하게 여기게 되었고, 일체의 상소문은 모두 그에게 쓰도록 하였다.[文長每見, 則葛衣烏巾, 縱談天下事, 胡公大喜. 是時公督數邊兵, 威鎭江南. 介胄之士, 膝語蛇行, 不敢擧頭, 而文長以部下一諸生傲之. 議者方之劉眞長·杜少陵云. 會得白鹿, 屬文長作表. 表上, 永陵喜, 公以是益奇之, 一切疏計, 皆出其手.]"

그러나 가정 41년(1562년)에 간사한 재상인 엄숭(嚴嵩)이 실각하면서 호종헌은 탄핵을 당하여 하옥되자, 서위도 5년간의 병영 생활을 끝냈다. 그리고 3년 후 호종헌은 재차 체포되어 옥중에서 자살하였는데, 이 소식을 들은 서위는 큰 충격을 받고 이전에 앓았던 '뇌풍(腦風-정신병)'이 재발하여 자신의 연보(年譜)를 써놓고 여러 차례 자살을 시도하였으나 실패하였다. 의처증으로 인해 후처를 죽임에 따라 하옥되어 사형을 당하게 되었으나, 장원변(張元汴)이 나서 여러 방면으로 구명 활동을 하여 7년 후에 출옥하게 되었다. 그러나 이후의 생활은 빈곤과 병마가 겹쳐 결국 고독한 가운데 세상을 떠났다.

서위의 일생은 평탄치 못하고 불우하였다. 그의 재능을 알아주는 이를 만나지 못하여 의탁할 제자도 없었다. 그래서 가슴속에 품은 뛰어난 기질은 시가와 문장으로 표출되는 것 외에, 글씨와 그림의 필묵을 통하여 표현해 냈다. 일찍이 그가 그린 한 폭의 〈묵포도도(墨葡萄圖)〉(軸)는 포도나무 한 줄기를 그렸는데, 마음 가는 대로 점경(點景)을 하거나 색을 칠하여 완전히 물상의 속박에서 벗어났으며, 형사에도 얽매이지 않고 단지 대의(大意)만 살려놓아, 필획 속에서는 일종의 도도하면서도 출중한 기운이 느껴진다. 그림 위에 쓴 시에는 이렇게 적혀 있다. "반평생을 실의에 빠져 있다보니 벌써 늙은
이가 되어, 홀로 선 서재에는 저녁바람만 불어오네. 붓끝
에서 나온 소중한 보배는 팔 곳이 없어, 들녘 등나무 가운
데 하릴없이 던져놓았네.[半生落魄已成翁, 獨立書齋嘯晚風. 筆
底明珠無處賣, 閑抛閑擲野藤中.]" 이 시를 통해 그는 임용되지
못한 애통함을 기탁하고 있다. 또 다른 〈석류도(石榴圖)〉도
역시 이와 같은 의도를 내포하고 있는데, 시에서 이렇게 읊
고 있다. "깊은 산속에 석류가 익어, 해를 향해 한껏 입을
벌렸네. 깊은 산중이라 따는 사람 적으니, 알알이 투명한
구슬 떨어지네.[深山熟石榴, 向日便開口. 深山少人收, 顆顆明珠
走.]" 이처럼 등용되지 못했을 때에는 또한 스스로에 대해
약간 가련해하고 안타까워하기도 했다.

그러나 〈황갑도(黃甲圖)〉에서는, 더 이상 참지 못하고 한
바탕 꾸짖고 있는데, 시든 연잎 아래로 한 마리 참게가 옆
으로 기어가고 있으며, 시에서는 이렇게 적고 있다. "벼 익
는 강촌에 때마침 게가 살쪄가고, 미늘창 같은 두 집게발
로 진흙탕을 말끔하게 청소하네. 종이 위에 뒤집어놓고 몸
을 살펴보니, 동그란 것이 마치 동탁의 배꼽 같구나.[稻熟江
村蟹正肥, 雙螯如戟挺淸泥. 若敎紙上翻身看, 應見團團董卓臍.]"

〈묵포도도(墨葡萄圖)〉〈軸〉

(明) 서위(徐渭)

동탁(董卓)은 동한(東漢)의 권신으로, 그의 배꼽은 크고 지방이 두꺼
워 불을 붙일 수 있을 정도였다고 하는데, 서위는 바로 동탁 같은 부
류의 인물들을 꾸짖고 있다. 또 한 폭의 〈묵화도(墨花圖)〉〈卷〉에서도
이렇게 말하고 있다. "늙은이가 먹 흥건히 갈아 유희를 즐기니, 사계
절 꽃과 풀들이 모두 뒤섞였네. 그림에 두어 가닥 필선이 부족함을
탓하지 말게, 근래에 천도도 많은 착오가 있다네.[老夫遊戲墨淋漓, 花
草都將雜四時. 莫怪畫圖差兩筆, 近來天道夠差池.]" 여기서 말한 '천도(天

道)'는 전체적인 명나라 정권의 정치로 이해할 수 있는데, 이러한 질책은 매우 대담한 것이다. 그는 자신에 대한 불공평한 대우와 생의 분노로 말미암아 권력자들을 풍자하며 서슴지 않고 욕을 하였으며, 심지어는 "천도도 착오가 있다"고 지적할 정도였다. 이는 이미 개인이 당면한 범주를 넘어서, 부패한 암흑 정치에 대한 불만을 토로한 것이다.

그가 일찍이 그렸던 또 다른 〈묵화도〉(卷)에는 이렇게 썼다. "단청(丹靑-그림) 따위를 무심하게 보지 마라, 소리 없는 큰 물결이 이미 천 년을 용솟음치고 있다네.[莫把丹靑等閑看, 無聲濤里涌千秋.]" 그의 작품은 한 시대의 목소리를 대표하고 있을 뿐만 아니라 가장 강렬한 소리로서, 일반 문인화가들의 필묵 유희와는 전혀 달랐다. 서위는 필묵의 형식에서 대담한 실험과 창작을 시도하였다. 그는 진정으로 예찬(倪瓚)의 "몇 번의 간결하고 자유로운 붓질로, 형태의 닮음을 추구하지 않고, 가슴속의 고아한 기상을 그려 낸다[逸筆草草, 不求形似, 聊寫胸中逸氣]"는 이론을 실천하였다. 곧 얽매이지 않는 자유로운 필묵으로 자신의 감정을 직접적으로 표현해 내고자 하였다. 이는 바로 그 자신이 "하늘의 호연지기를 가리키니 봄 천둥이 치네[指天浩氣響春雷]"라고 말했던 바와 같다. 한편 그의 필묵 조형 속에서 격렬하게 요동치고 있는 마음을 엿볼 수 있을 것 같다. 서위의 그림은 일반적인 작품들과 달라서, 당시 사람들이 이해하고 받아들이기는 어려웠지만, 오히려 후세 사람들에게는 수많은 방향을 제시해주었으며, 지금에 이르기까지도 그의 영향은 여전히 남아 있다.

'남진북최(南陳北崔)'와 증경(曾鯨)의 인물 초상화

명나라 말기, 인물화의 '중흥'

〈옥천자다도(玉川煮茶圖)〉
(明) 정운붕(丁雲鵬)

문인화가 성행한 이후, 사대부 화가들은 산수와 화조 창작에 빠져 편안하고 자유롭게 지내면서도, 인물화 창작에 대해서는 소홀히 하였다. 또한 송대 이후 종교에 대한 열기가 점차 감소하면서 석굴이나 사원 건축의 수량은 물론이고 규모에서도 이전에 미치지 못했다. 인물화 창작의 사회적 수요도, 종교가 쇠퇴함에 따라 가장 중요한 고객을 잃게 되었다. 이러한 원인들로 인해 명대의 인물화 창작은 전체 중국 회화사에서 저조한 상태에 머물게 되었다. 이후 명나라 말기에 이르러 인물화가 조금씩 중시되자, 정운붕(丁雲鵬)·오빈(吳彬)·진홍수(陳洪綬)·최자충(崔子忠)·증경(曾鯨)·사빈(謝彬) 등 인물 초상화가들이 등장하면서, 마치 하나의 작은 '중흥'이 출현한 듯했다.

정운붕(丁雲鵬 : 1547~1621년)의 자는 남우(南羽)이고, 호는 성화거사(聖華居士)이며, 안휘 휴녕(休寧) 사람으로, 도석(道釋) 인물을 그리는 데 뛰어났다. 〈오상관음도(五像觀音圖)〉(卷; 미국 캔자스의 넬슨박물관 소장)는 초기의 대표작이다. 다섯 종류의 서로 다른 관음의 모습을 그렸는데, 용필(用

筆)이 가늘고 섬세하며, 배치가 시원스럽고, 바탕에 칠한 남색은 관음의 흰색 의복을 돋보이게 해주어, 담아하면서도 화려하고 부귀해 보인다. 정운붕은 말년에 이르러 용필이 거칠고 분방해졌다. 〈대사상(大士像)〉(軸; 북경 고궁박물원 소장)은 관음이 동자를 품에 안고 있는 것으로, 마치 한 폭의 〈모영도(母嬰圖)〉 같은데, 이러한 배치는 전통 관음상에는 없었다. 거기에다 구불구불하고도 평행한 옷 주름을 사용

〈백마태경도(白馬馱經圖)〉(軸)
㈜ 정운붕

〈선산누각도(仙山樓閣圖)〉
㈜ 정운붕

(왼쪽) 〈소상도(掃象圖)〉(軸) (일부분)
㈜ 정운붕

(오른쪽) 〈소상도〉
㈜ 정운붕

하여, 오히려 서양의 〈성모상(聖母像)〉과 매우 비슷하다. 이탈리아 선교사 마테오 리치(Matteo Ricci–1552~1610년)는 16세기 중엽, 중국에 입국하여 여러 차례 남경 일대에서 활동하였는데, 그때 〈성모상〉 등의 동판화 작품도 가지고 왔다. 아마도 정운붕이 그것을 보고 영향을 받았을 가능성이 있으며, 이는 서양의 회화가 중국의 회화에 최초로 영향을 미친 사례로 보아야 할 것이다.

오빈(吳彬)의 자는 문중(文中)이며, 복건 포전(蒲田) 사람이다. 그의 산수화는 기이한 색채를 지니고 있는데, 특이하고 괴상한 형태의 산석이 조합해 내는 기묘한 의경은 완전히 그의 주관적인 상상에서 나온 것으로, 독특한 풍격을 갖추고 있다. 오빈은 또한 도석 인물화가이기도 하다. 〈오백나한도(五百羅漢圖)〉(卷; 미국 클리블랜드박물관 소장)는 등장인물이 매우 많고, 장면도 굉장히 크며 다양한 정경들을 담고 있어, 이해하기가 쉽다. 다만 나한상들의 신체가 마르고 왜소하며, 얼굴 표정도 괴이하고 익살스러워 우스꽝스럽다. 이는 당·송 시대의 장엄하고 지적인 조형과는 크게 다르다. 〈불상도(佛像圖)〉(북경 고궁박물원 소장)는 석가모니가 큰 바위에 부들방석을 깔고 가부좌한 모습을 그린 것이다. 인물의 옷 주름은 거칠고 무거운 철선묘를 운용하여 규칙성 있는 구성을 드러내며, 꾸밈 없고 소박하면서도 혼후해

보이며, 받침돌의 주름은 마치 물살이 소용돌이치는 모양 같은데, 이는 그의 기이한 산수준법(山水皴法)과 일치한다.

정운붕과 오빈의 도석 인물화는 그 자체가 기본적으로 함축하고

(왼쪽) 〈불상도(佛像圖)〉(軸)
(明) 오빈(吳彬)
북경 고궁박물원 소장

(오른쪽) 〈문행쌍금도(文杏雙禽圖)〉(軸)
(明) 오빈

〈오백나한도(五百羅漢圖)〉(卷) (일부분)
(明) 오빈
미국 클리블랜드박물관 소장

있는 의미는 이미 크게 감퇴하였으며, 그 창작도 오로지 종교적인 목적만을 위해서가 아니었고, 상당 부분은 감상 가치를 띠고 있었다.

진홍수(陳洪綬)와 최자충(崔子忠)

명나라 말기의 인물화가들 가운데 진홍수와 최자충은 화단에서 공인받은 대표적 화가들인데, 이들 두 사람은 중국의 남방과 북방에서 각각 출생했기 때문에, 당시 '남진북최(南陳北崔)'라고 찬양하였다. 이는 중국인들이 뛰어난 인물을 표창하는 습관일 뿐이지, 결코 이들의 예술적 풍격이 같다는 의미는 아니다.

(1) 최자충(崔子忠)

최자충(?~1644년)의 자는 청인(靑蚓)이며, 산동 채양(菜陽) 사람이다. 북경에 거주하면서 일찍이 현학(縣學)의 생원(生員)이 되었으나, 과거에 불리하자 이를 포기하고 전적으로 그림 그리는 일을 업으로 삼았다. 동기창이 북경에 와서 첨사부(詹事府) 일을 관장할 때, 최자충은 그를 찾아가 그림을 선물하고, 동기창에게 인정받고 싶어했다. 그의 성격은 좀 괴팍한 편이어서 왕래하는 사람들도 거의 없었고, 또 그림을 팔아 생계를 유지하려고도 하지 않아 생활이 매우 궁핍하였다. 1644년에 명 왕조가 멸망하자 흙집에 들어가 굶어죽었다.

전해지는 최자충의 작품은 많지 않지만, 소수의 작품이나마 살펴보면, 그가 그린 제재의 대부분은 역사와 신선 인물고사에 관한 것들이다. 1626년에 그린 〈장운도(藏雲圖)〉(軸; 북경 고궁박물원 소장)는 당대의 시인인 이백(李白)에 관한 고사를 묘사한 것이다. 화가는 이백이 병에 구름을 담는 세부적인 장면을 직접 묘사하지 않고, 직접 묘사한 것은 구름을 감상하는 장면이다. 이는 그가 표현하고자 하는 것

현학(縣學) : 지방 행정단위인 현(縣)에서 설립한 교육기관.

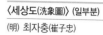

이 결코 고사 그 자체가 아니고, 이러한 제재를 빌려 일반 사람과 다른 행적을 찬송하고 칭찬하려는 데 있었음을 말해준다. 배경의 산석과 수목의 필법 구성에는 송대 화가들의 산수 풍격이 남아 있는데, 이는 직업화가의 전통이기도 했다.

1638년에 그린 〈행원연집도(杏園宴集圖)〉[미국 경원재(景元齋) 소장]는 휴녕(休寧)에 사는 친구였던 어중(魚仲)에게 선물한 것이다. 화면에는 두 친구가 살구나무 정원에서 서로 만나는 전경을 묘사하였는데, 아마도 그들 자신이거나 혹은 그들 자신을 상징하는 사람일 수도 있다.

〈운림세동도(雲林洗桐圖)〉(軸)
(明) 최자충

그림 속의 주인과 손님의 모습은 마치 시가(詩歌)나 문장에 대해 토론하고 있는 것 같은데, 이 장면은 보는 이로 하여금 도연명의 다음 시구(詩句)를 상기시켜준다. "기묘한 문장을 함께 감상하며, 의심스러운 뜻을 서로 함께 분석하네.[奇文共欣賞, 疑義相與析.]" 이 그림의 주제는 친구 간의 우의를 찬양하는 데 있는데, 배경과 인물의 색채가 밝고 화려하며 조화로워, 우의가 돈독한 분위기를 더욱 돋보이게 해준다. 이는 최자충이 심혈을 기울여 그린 부분으로, 단지 인물의 자태와 살구나무의 묘사는 우리에게 구영(仇英)의 〈야연도 이원도(野宴桃李園圖)〉를 상기시켜주는데, 산석의 표현 방식에서 바위의 예리함이 매우 비슷하다. 이는 직접적인 관련은 없지만, 구영은 옛것을 모방하는 최고 전문가였기에, 예리한 바위의 표현은 북송 산수화를 본받은 것으로, 최자충은 일종의 고전적 표현 방법을 추구한 것이다. 이는 직업화가들의 전통적인 행로를 밟은 것으로, 기법에서 당시 문인화의 커다란 흐름에 휩쓸리지 않았다.

〈운중계견도(雲中鷄犬圖)〉(軸)는 최자충이 신선 고사의 제재를 그린 것으로, 서로 다른 두 폭의 그림이 전해지고 있는데, 하나는 미국 클리블랜드박물관에, 다른 하나는 대북 고궁박물원에 소장되어 있다. 이 그림은 동진(東晉)의 허손(許遜)에 관한 고사를 묘사하고 있다. 허손은 도를 터득한 선비였는데, 일찍이 전 가족 스물네 명과 닭·개까지 모두 이끌고 승천한 인물로, 도교 신도들에게 추앙받는 진인(眞人-도교에서 도를 터득한 사람을 일컫는 말)이었다. 두 작품에 등장하는 인물의 수나 필법이 서로 다른데, 그 중 하나의 화법은 비교적 섬세하고, 다른 하나는 거칠다. 이는 아마도 그 작품들을 그렸던 시기가 초기와 말기라는 시간의 차이가 있기 때문일 것이다. 최자충이 쓴 제발(題跋)에 의하면, 그가 이 작품을 창작할 때 동일한 제재의 수많은 고대의 밑그림들을 보았으며, 그도 이 밑그림들을 모방하였지만, 그것에 제약을 받지는 않았다. 그가 근거로 삼은 고대의 밑그림들은 오늘날 찾아볼 수 없기 때문에 서로 비교해볼 수는 없다. 다만 그의 작품은 우리들로 하여금 왕몽(王蒙)의 〈갈치천이거도(葛稚川移居圖)〉를 떠오르게 하는데, 특히 교묘하게 일치하는 점은, 왕몽의 이 작품 역시 두 종류의 다른 필체로 그려졌다는 점이다. 즉 하나는 섬세하고 하나는 거칠며, 하나는 초기의 작품이고 다른 하나는 말기의 작품이라는 점이다. 비록 그들이 묘사한 인물고사는 같지 않지만, 추구하려는 내용 자체는 신선들을 묘사하는 데 있지 않고, 제재를 빌려서 '이가피세(移家避世-집을 떠나 은거한다)'의 사상을 표현하려고 하였다. 원나라 말기에 활동한 왕몽과 명나라 말기의 최자충 두 사람은 모두 정치적·사회적으로 불안정한 시기에 처해 있었기에, 그들 모두 현실적으로 우여곡절이 많았다. 때문에 그들은 동일한 제재를 반복해서 그리면서, 화면을 통해 똑같은 심정을 기탁하였으니, 이것은 결코 우연이 아니었다.

〈운중계견도(雲中鷄犬圖)〉(軸)
(明) 최자충
대북(臺北) 고궁박물원 소장

화중구우(畫中九友) : 청대(淸代) 초기에 시인 오위업(吳偉業)이 지은 〈화중구우가(畫中九友歌)〉에서 명말(明末) 청초(淸初)의 아홉 화가들, 즉 동기창(董其昌)·양문총(楊文聰)·정가수(程嘉燧)·장학증(張學曾)·변문유(卞文瑜)·소미(邵彌)·이유방(李流芳)·왕시민(王時敏)·왕감(王鑑)을 찬양한 데에서 유래한 말이다.

굴원(屈原) : 원래의 성명은 굴평(屈平, 기원전 약 340~기원전 약 278년)으로, 자가 원(原)이지만, 통상 굴원이라고 부른다. 또 스스로 이름을 정칙(正則), 자를 영균(靈均)이라고도 불렀다. 전국 시대 말기 초나라의 단양(丹陽) 사람으로, 초나라 왕족이다. 그는 회왕(懷王)에게 충성을 하였지만, 여러 차례 쫓겨났으며, 회왕 사후에도 경양왕(頃襄王)이 그에 대한 중상모략을 곧이곧대로 믿어 귀양을 보냈는데, 마침내 그는 골라강(汨羅江)에 투신하여 자살했다. 그는 중국에서 가장 위대한 낭만주의 시인의 한 사람으로 인정받는 세계적인 문인이다. 그는 『초사(楚辭)』 및 그러한 문체(文體)를 창립하였다. 대표작으로는 〈이소(離騷)〉·〈구가(九歌)〉 등이 전해진다.

〈구가(九歌)〉 : 『초사(楚辭)』의 한 편명(篇名)이다. 원래는 전설 속에 나오는 상고 시대 가곡의 명칭인데, 굴원이 민간의 제신(祭神) 음악을 개작하거나 덧붙여 만들었다. 모두 〈동황태일(東皇太一)〉·〈운중군(雲中君)〉·〈상군(湘君)〉·〈상부인(湘夫人)〉·〈대사명(大司命)〉·〈소사명(小司命)〉·〈동군(東君)〉·〈하백(河伯)〉·〈산귀(山鬼)〉·〈국상(國殤)〉·〈예혼(禮魂)〉 등 11편으로 되어 있다. 〈구가〉는 이 중 〈국상〉 속의 한 편명인데, 그 내용은 초나라를 위하여 전사한 장병들을 추도하고 찬미하는 내용이다. 굴원이 강남으로 추방될 때 지었다고 전해진다.

최자충이 추구한 기이하고 고풍스런 표현은, 실제로는 명대 전기(前期)의 궁정화가와 직업화가들로부터 비롯하였다. 그는 오랜 전통 기법을 습득·계승하고, 또한 거기에 기타 몇몇 문인들의 사상 감정을 더하여, 자신만의 독특한 예술 풍격을 형성하였다.

(2) 진홍수(陳洪綬)

화중구우(畫中九友) 가운데 한 사람인 오위는 시를 지어 이렇게 말하였다. "40년 이래 쇠퇴하지 않은 자 누구인가, 북쪽에 최청인(崔青蚓)이요 남쪽에 진장후(陳章侯)라.[四十年來誰不朽, 北有崔青蚓南有陳章侯.]" 여기에서 장후(章侯)는 곧 진홍수(1598~1652년)이다. 그의 호는 노련(老蓮)이며, 절강 제기(諸暨) 사람이다. 그는 과거시험을 치르는 과정에서 최자충과 같은 불행을 겪었다. 하지만 성격은 최자충과 달랐다. 그는 술과 여자를 좋아하였고, 방랑 기질이 있었다. 진홍수는 저명한 학자인 유종주(劉宗周)와 황도주(黃道周)에게 배웠으며, 사회적 교제도 비교적 폭넓었다. 1642년에 일찍이 국자감생으로 들어갔다가, 내정공봉(內廷供奉)에 뽑혀, 역대 제왕도(帝王圖)를 그리게 되었다. 당시에 시국이 불안정했기 때문에 그는 궁정화가가 되는 것을 원치 않아서, 그 다음해에 고향으로 돌아왔다. 1645년에 청나라 군대가 절강을 공격하자, 진홍수의 스승과 친구 등 수많은 이들이 명 왕조를 위해 절개를 지키다가 죽었다. 그는 청나라 군대에게 잡혀 죽을 고비를 넘기고, 도망친 후 삭발하고 승려가 되어, '회승(悔僧)'·'회지(悔遲)'·'지화상(遲和尙)' 등으로 호를 바꾸었다.

진홍수는 천부적으로 재주가 뛰어난 화가였는데, 전해지는 말에 따르면, 4세 때 3m가 넘는 관우상을 그렸고, 14세 때 그린 작품은 돈을 받고 팔았다고 한다. 현존하는 목판화는 19세 때의 작품으로, 저명한 초나라의 시인이었던 굴원(屈原)의 〈구가(九歌)〉에 삽화로 제작한 것인데, 그 특수한 인물화 풍격은 이미 기본이 형성되어 있었다. 그는 유명한 희극 문학의 삽도화가(揷圖畫家)이자 지패화(紙牌畫-화투·트럼프와 유사한 놀이기구인 지패에 그리는 그림)의 설계자였는데, 현존하는 작품들로는 『서상기(西廂記)』의 삽도·〈수호엽자(水滸葉子)〉·『박고엽자(博古葉子)』 등의 목판화가 있다. 어린 시절에 그는 일찍이 항주부학(杭州府學)에 전해오던 이공린이 그린 공자 및 72제자 석각상을 보고 반복해서 임모하였고, 또 저명한 절파 화가인 남영(藍瑛)의 지도를 받을 수 있었는데, 이러한 과정은 당연히 그의 인물화와 산수화의 기초가 되었다.

진홍수의 인물화 조형은 매우 기괴하고, 얼굴은 왕왕 길게 늘여 과장하였으며, 옷 주름의 구성은 내부의 골격 구조에 따르지 않고 마음 내키는 대로 구사함에 따라, 많은 현대의 평론가들은 그를 '변형주의(變形主義)'의 범주에 포함시키고 있다. 그러나 정작 진홍수 본인의 입장에서 보면, 이는 이미 오랫동안 침잠되었던 옛 화법을 추구한 것에 지나지 않았다. 1638년의 작품인 〈선문군수경도(宣文君授經圖)〉(軸; 미국 클리블랜드박물관 소장)는 바로 그가 추구했던 이러한 종류의 대표작이라고 할 수 있다. 이때는 그의 나이 41세의 장년이었고, 이 그림은 마침 60세 생일을 맞은 고모를 위해 그렸기 때문에, 특별히 진지하게 최선을 다해 제작하였다. 선문군은 학문이 매우 높은 여성 학자로서 자녀 교육에 뛰어났는데, 전진(前秦)의 황제 부견(苻堅)이 이를 알고 난 뒤, 그녀의 집에 학당을 설치하게 하고, 생원 120명에게 『주관(周官)』이라는 책을 배우도록 하였다. 『주관』이라는 책은, 어떻게 국가를 다스리는가에 대해 전문적으로 알려주는 고전 문헌으로서, 당시에는 이 책을

〈선문군수경도(宣文君授經圖)〉(軸)
(明) 진홍수(陳洪綬)
미국 클리블랜드박물관 소장

〈송음고사도(松陰高士圖)〉〈軸〉
(明) 진홍수

읽고 이해할 수 있는 사람이 없었다. 아마도 진홍수의 고모 역시 지식을 갖춘 과부였기 때문에, 이러한 고사를 빌려 고모를 칭송했던 것 같다. 비록 이렇게 비유가 지나친 부분이 없지 않지만, 작품 자체는 한 폭의 역사 인물 고사화임에 틀림없다. 그는 역사적인 사실을 추적하기 위해 대청의 설계 및 탁자 위의 진열 외에, 인물의 조형과 복식에 대해서도 심도 있게 고찰하고 연구하였다. 시녀들의 가녀린 몸매와 땅에 끌리는 긴 치마, 남자들의 과장된 얼굴과 폭이 넓은 두루마기의 옷소매는 모두 육조(六朝) 시대의 인물 조형을 모방한 것들인데, 아마도 고개지의 〈여사잠도(女史箴圖)〉·〈열녀인지도(列女仁智圖)〉 등의 작품들에서 참고했을 가능성이 매우 높다. 육조 시대의 인물화는 표현 기교가 발전함에 따라 조형이 간결하면서도 세련되고, 한편으로는 꾸밈없고 소박한 특징도 지니게 되었는데, 진홍수는 바로 이러한 풍격을 따르는 데 중점을 두었다. 이는 절친한 친구였던 장대(張岱)가 그의 〈수호엽자〉를 평가하면서 다음과 같이 말한 것과 같다. "고풍스런 용모·옛날 복식·옛날의 투구와 갑옷·옛날의 기계들은, 장후가 스스로 배우고 풀어서 그린 것들이다.[古貌·古服·古兜鍪·古鎧胄·古器械, 章侯自寫其所學問.]"

'悔僧(회승)'·'悔遲(회지)'라는 낙관이 적힌, 현존하는 수많은 작품들은 모두 명나라가 멸망한 후에 그린 진홍수의 작품들이다. 1650년에 그린 〈귀거래도(歸去來圖)〉〈卷; 미국 호놀룰루미술관 소장〉는 진홍수의 오랜 친구인 주양공(周亮工)을 위해서 그린 것이다. 주양공은 서화

수장가이자 감상가로서 『독화록(讀畵錄)』이라는 책을 썼으며, 진홍수를 대단히 높게 평가하였다. 그러나 명나라가 멸망한 후 주양공이 청 왕조의 관직을 맡음에 따라, 두 사람의 관계는 멀어졌다. 주양공은 여러 차례 그림을 요구하였으나 진홍수는 미루기만 하고 그려주지 않다가, 마침내 이 그림을 주었다. 〈귀거래도〉는 도연명의 유명한 산문인 〈귀거래사〉에서 제재를 취한 것으로, 송·원 이래 많은 사람들이 가장 좋아했던 제재이다. 다만 진홍수는 이전의 화가들을 따라 하지 않고, 그 산문의 뜻을 진지하게 해석하여 그리면서, 자신의 생각에 따라 편집하였을 뿐 아니라, 제목도 새롭게 구성하여 도연명의 고상한 정절과 생활 정취를 묘사하였다. 또한 그림을 채국(採菊-국화를 따다)·기력(寄力-자신의 기력을 의탁하다)·종출(種秫-수수를 심다)·귀거(歸去-돌아가다)·무주(無酒-술이 없다)·해인(解印-가지고 다니던 관인을 풀어 놓다)·세주(貰酒-외상으로 술을 마시다)·찬선(灒扇-부채에 물을 뿌리다)·각궤(却饋-선물을 거절하다)·행걸(行乞-구걸하다)·녹주(漉酒-술을 거르다) 등 열한 개의 줄거리로 나누어 그렸다. 또한 하나하나의 줄거리마다 한 장씩의 독립된 화면으로 이루어져 있고, 제목과 함께 짧은 설명문이 있어, 하나의 사상을 표현해내고 있다. 인물의 조형과 복식은 여전히 '육조(六朝) 시대 풍격'의 특징을 지니고 있지만, 그 자태에는 감정의 색채가 매우 짙다.

예를 들면 '채국'에서 국화에 입을 맞추듯 입가에 갖다 댄 것은, 사랑이 매우 지극하다는 것을 표현한 것이다. 글귀에서는 이렇게 쓰고 있다. "국화가 필 때면, 사내종은 술을 가져 오니, 내가 다른 사람에게 무엇을 더 구하겠는가[黃花初開, 白衣酒來, 吾何求于人哉.]" '해인'은 도연명이 관인(官印)을 풀어서 어린 하인에게 주고, 고개를 들어 바람을 맞으며 꼿꼿하게 서 있는 자세를 그려, 정의감에 불타 의연히 나서고 후회하지 않는 정신에 착안하였다. 제문(題文)에서는 이렇게

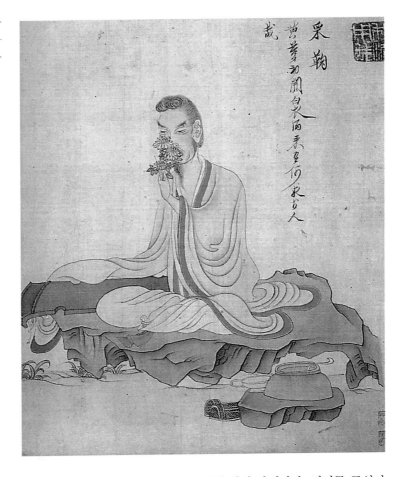

말하였다. "입에 풀칠이나 하려고 벼슬길에 나섰다가, 허리를 굽실거
려야 하기에 떠나니, 어지러운 세상에 처신하는 도리로다.[餬口而來,
折腰則去, 亂世之出處.]" '귀거'는 도연명이 지팡이를 짚고 가는데, 미풍
이 그의 허리띠를 흔들고 있는 장면을 그린 것으로, 이는 서둘러 급
히 돌아가고 싶어 하는 심정을 표현한 것이다. 글귀에서는 이렇게 말
하고 있다. "솔밭 경치가 나를 그리워하니, 내가 이에 돌아가야 하지
않겠는가![松景思余, 余乃歸歟.]" 도연명의 형상은 매우 소탈하면서도
풍격 있게 묘사되어, 글귀와 연계되는데, 이 작품을 주양공에게 선물
로 보낸 데에는 오랜 친구에 대한 충고의 깊은 뜻이 담겨 있었다. 문
헌에는 주양공이 이 그림을 받았을 때의 심정이 어떠했는지에 대해

서는 기록되어 있지 않지만, 사실상 그는 계속 청
왕실에서 관직을 맡고 있었으며, 이후에 죽임을 당
하는 화를 맞이하였다. 흥미로운 것은, 주양공이 파
직당한 후에 기억을 더듬어 이 사건을 기록한『진
홍수전기(陳洪綬傳記)』를 쓸 때, 일부러 그림을 증정
했던 시기는 명 왕조가 망하기 전이라고 언급하였
는데, 그는 당연히 친구의 충고를 듣지 않은 것에 대
해 후회했을 것이다.

진홍수의 다른 작품들인 〈승암잠화도(升庵簪花
圖)〉(북경 고궁박물원 소장)·〈아집도(雅集圖)〉(상해박물
관 소장)·〈은거십육관도(隱居十六觀圖)〉(대북 고궁박물
원 소장) 등은 모두 가장 우수한 인물화 작품들인데,
각각의 작품들마다 심오한 사상과 완벽한 예술적
구상이 포함되어 있다. 〈서원아집도(西園雅集圖)〉(卷;
북경 고궁박물원 소장)는 진홍수의 마지막 작품인데,
절반을 그렸을 때 병이 위중하여 중지하였으며, 나
머지 절반은 그가 세상을 떠나고 73년 후인 1725년

〈하화도(荷花圖)〉(軸)
(明) 진홍수

에 이르러, 저명한 양주(揚州)의 화가인 화암(華嵒)이 완성하였다. 인
물화 외에도 산수화와 화조화에서 진홍수는 최고의 창조성을 지닌
화가였다. 그의 대담한 절제와 참신한 구상, 농후한 장식 분위기 및
강렬한 개성의 표현은 중국 회화 사상 독특한 영역을 수립하여 오늘
날까지도 영향을 미치고 있다.

증경(曾鯨)과 파신파(波臣派)

초상화는 명대에 사회적으로 반드시 필요한 전문 직종으로 보존

되어 왔는데, 기교나 기법들이 종종 부자(父子) 혹은 사제 관계를 통해 전수되었으며, 화가의 창작과 생활 방식 또한 보통의 장인들과 다를 바 없었다. 단지 그들이 종사하는 일은 예술 노동으로 인식되어, 약간 사람들의 존중을 받아, '선생' 혹은 '화사(畫士)'라고 불렸다. 민간 초상화가들 가운데 우수한 자는 자주 소집되어 궁정에서 근무하기도 하였다. 그러나 궁정이든 민간이든 간에 초상화 작품에는 작자의 이름이 적혀 있지 않다. 그래서 회화사에 기록된 초상화가에 대해서는 지금도 그의 작품을 확인할 수 없는데, 이러한 현상은 증경이 출현하면서 비로소 바뀌게 되었다.

(1) 증경(曾鯨)

증경(1564~1647년)의 자는 파신(波臣)이며, 복건 포전(莆田) 사람으로, 남경에서 살았다. 그는 직업화사(職業畫師)로서 초상화에서 뛰어난 성과를 이루어 사대부들의 관심을 끌었고, 또 집으로 초대되어 초상을 그렸다. 기록에 의하면, 그가 그린 유명한 인사들 중에는 동기창·진계유(陳繼儒)·왕시민(王時敏)·누견(婁堅)·황도주(黃道周) 등이 있다. 초상화는 대상을 직접 마주보고 그려야 하기 때문에, 증경의 생활은 항상 유동적일 수밖에 없어, 남경·항주·오진·영파와 송강 일대에서 활동하였다. 그가 초상을 그려 얻는 수입은 적지 않았는데, 그 이유는 그가 매번 한 지역에 갈 때마다 거주 조건에 대해 매우 꼼꼼하게 따졌기 때문이다. 또한 "살아 있는 듯한 초상은, 마치 거울에 비친 모습같이, 오묘하게 표정을 그려내어[磅礴寫照, 如鏡取影, 妙得神情]" 사람들에게 대단한 존중을 받았다.

전해오는 증경의 작품들을 고찰해보면, 그의 초상화 풍격의 성숙기는 대략 50세 전후이며, 70세에 이르기까지는 창작에 대한 정력이 가장 왕성한 시기였다. 1616년에 그린 〈왕시민소상(王時敏小像)〉(軸; 천진시예술박물관 소장)은 현존하는 가장 초기의 작품 중 하나이다. 왕시민은 문인화가인데, 초상을 그린 당시의 나이는 25세에 지나지 않았지만, 옅은 색의 도포와 적삼을 입고, 머리에는 관과 두건을 썼으며, 손에는 주미(塵尾-사슴 꼬리로 만든 노리개)를 들고서, 책상다리를 한 채 부들 방석 위에 앉아 있다. 용모는 맑고 수려하며 매우 영민해 보이지만, 표정에서는 문인다운 엄숙함과 당당함이 엿보이는 게, 소년에게서 어른스러움이 드러난다. 이는 왕시민이 관료 집안 출신으로, 엄격한 교육을 받은 출신 경력과도 잘 부합된다. 또 구도 배치를 보면, 일반 민간 초상화처럼 화면에 가득 차도록 인물을 매우 크게 그리는 것과는 형식을 달리 하여, 인물이 약간 작고, 화면 아래쪽에 배치하여, 비교적 큰 공백을 남겼다. 이리하여 화면 가득 신묘한 분위기를 풍기며, 평온하면서 선의(禪意)를 지니고 있어, 인물의 생생한 흥취가 두드러진다.

공백을 잘 이용함에 따라 인물의 성격과 흥취를 강조하는 표현기법은, 증경의 초상화에서 가장 뛰어난 특징이다. 1622년에 그린 〈장자경상(張子卿像)〉(절강성박물관 소장)이 그 좋은 예이다. 장자경은 유명한 의사이자 시문에도 남다른 재능을 지녔는데, 당시에 뛰어난 의술에 가려진 학자라는 평가를 받았다. 화면 속의 장자경은 푸른 두루마기에 붉은색 신을 신고 있으며, 손으로 수염을 만지면서 걸어가고 있는 모습인데, 마음 상태가 소탈하고 편안해 보인다. 화면은 아래로 길쭉한 구도로, 인물의 형체는 화면 전체 높이의 약 3분의 1을 차지하고 있다. 그 배치는 화면의 절반 아래쪽에 두었으며, 배경에는 아무것도 그리지 않아 마치 하늘은 높고 대지는 광활한 대자연의 풍경 속으로 걸어가는 듯한 느낌을 준다. 자비롭고 인자한 얼굴의 섬세한 묘사는 병든 사람들과 세상을 구제하는 장자경의 형상과 잘 어울린다. 또 넓은 공백을 남긴 것은 학자이면서 은자(隱者)의 풍채를

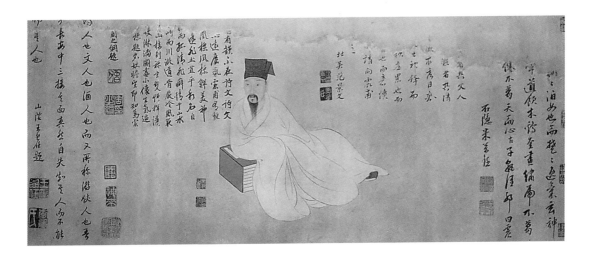

〈갈일룡상(葛一龍像)〉(卷)
(明) 증경(曾鯨)
북경 고궁박물원 소장

표현한 것으로, 화면 속의 인물 형체는 비록 작지만, 인격은 오히려 더욱 높고 크게 보인다.

인물의 동태 묘사와 환경 및 도구의 선염(渲染)을 통해 인물의 성격을 강조하거나 부각하는 것은 중국 인물화의 전통적인 표현 기법인데, 바로 이 방면에서 증경은 그 운용이 매우 뛰어나고 능숙하였다. 〈갈일룡상(葛一龍像)〉(卷; 북경고궁박물원 소장)은 한 폭의 가로[橫] 구도로서, 주인공은 오건(烏巾)에 흰색 겁(袷-옷깃이 가슴 앞에서 교차되는 긴 옷)을 입고 책에 기대어 앉아 있다. 갈일룡은 '서치(書痴-책벌레·독서광)'로서, 책을 사서 소장하는 데는 돈을 아끼지 않다가, 결국 파산한 인물이다. 증경은 바로 이러한 특징을 잘 포착하여, 배경에는 어떠한 도구도 배치하지 않고 단지 책만을 강조하였다. 그리고 인물의 자태와 복장을 통해 호탕한 멋을 표현해 냈다. 그림에서 책과 사람의 관계는, 바로 임화정(林和靖)이 매화를 처자로 삼고 선학(仙鶴)을 자녀로 여겼던 것과 마찬가지다.

많은 평론가들은 증경 초상화의 중요한 의미는 얼굴 부분을 묘사하는 데 서양화의 요철법(凹凸法)을 받아들인 것이라고 한다. 사실 요철법은 중국 회화에서도 강조되었던 표현 기법으로서, 동기창은

오건(烏巾) : 검정색 두건으로 오각건(烏角巾)이라고도 하며, 옛날에 대개 은거하며 벼슬을 하지 않은 사람들이 쓰는 모자였다.

임화정(林和靖) : 967~1024년. 북송(北宋)의 유명한 문장가로, 본명은 임포(林逋)이며, 항주(杭州) 고산(孤山) 사람이다. 그는 평생 결혼을 하지 않아, 슬하에 자녀가 없었다. 그래서 그는 매화를 아내로 삼고 학을 자식으로 삼으며 살았다고 한다.

|제3장| 직업화가와 문인화가의 병존 시대 293

『화지(畫旨)』에서 이렇게 말하고 있다. "옛 사람들이 그림을 논하면서 말하기를, 붓으로 그림을 그리기 시작하면 곧 요철(凹凸)의 형태가 있다고 하였다.[古人論畫有云, 下筆便有凹凸之形.]" 다만 중국 인물화의 요철법과 서양의 표현 방법이 같지는 않다. 증경의 초상화는 평시평광(平視平光)을 채용하여 대상물 고유의 높낮이와 기복에 중점을 두었는데, 즉 '삼백[三白 : 액(額-이마)·비(鼻-코)·순(脣-입술)]' 방법이 곧 요철법이다. 이처럼 증경은 전통 요철법의 기초 위에 서양 명암법의 장점을 수용하여, 인물 얼굴 자체의 기복 구조에 입체감을 더하였다. 증경이 이룩한 초상화의 중요한 의의는, 원대 왕강(王繹)의 전통을 계승하면서 민간 화가들의 기법과 기교를 수용하여, 초상화의 창작 목적을 기념성(紀念性)에서 감상성(感賞性)으로 전환시킨 데 있다. 이를 위해 얼굴 부분의 표정 묘사를 더욱 강조하였고, 인물의 자태가 말해주는 의미를 정확하게 관찰하여 포착하였다. 나아가 공간의 여백을 교묘하게 처리하여, 전통 초상화의 창작이 새로운 수준에 이르도록 하였다.

(2) 파신파(波臣派)

증경에게는 한 무리의 제자와 추종자들이 있었는데, 이들을 '파신파'라 부르며, 이들 가운데 사빈(謝彬)의 성취가 가장 높았다. 사빈(1601~1681년)의 자는 문후(文侯)이며, 절강 상우(上虞) 사람이다. 그는 증경의 화법 기교를 계승하였으며, 착상에 문인 취향을 더하였다. 1653년에 그린 〈주규석상(朱葵石像)〉(북경 고궁박물원 소장)은 완전히 수묵 필선만을 사용하고 색채는 일절 쓰지 않았다. 주규석[이름은 무시(茂時)]은 유학자의 복장을 하고 돌 위에 앉아 있는데, 수척하고 파리한 모습에 옅은 미소를 띠고 있다. 배경의 큰 소나무와 울창한 숲은 항성모(項聖謨)가 그렸다. 이 그림은 두 사람이 합작한 것이지만

항성모(項聖謨) : 1597~1658년. 명나라 말기와 청나라 초기에 활동했던 유명한 화가로, 처음의 자(字)는 일(逸)이고, 나중의 자는 공창(孔彰)이며, 호는 역암(易庵)이고, 또 다른 호는 심다(甚多) 외에 여러 가지가 있다. 절강 가흥(嘉興) 사람으로, 항원변(項元汴)의 손자이다.

조금도 어색함이 없다. 또한 항성모는 전서(篆書)로 "松林般薄(송림반박-소나무 숲에서 다리를 쭉 펴고 편안하게 쉬면서 즐김)"[장자(莊子)의 '解衣般薄' 고사에서 응용]이라는 네 글자를 썼는데, 이것이 곧 그림의 표제(標題)로, 주제를 명확히 밝혀주며, 문인의 폭넓은 사상을 표현해주고 있다. 〈송도산선도(松濤散仙圖)〉(길림성박물관 소장)는 항성모의 초상을 그린 것으로, 주제는 앞의 그림과 비슷한데, 다만 인물 형태를 보면, 자태부터 입고 있는 복장까지 더욱 소탈하고 대범하다. 배경의 소나무 숲은 항성모가 그린 것으로, 두 화가의 관계가 상당히 가까웠음을 알 수 있다.

[본 장 집필 : 單國強 / 번역 : 유미경]

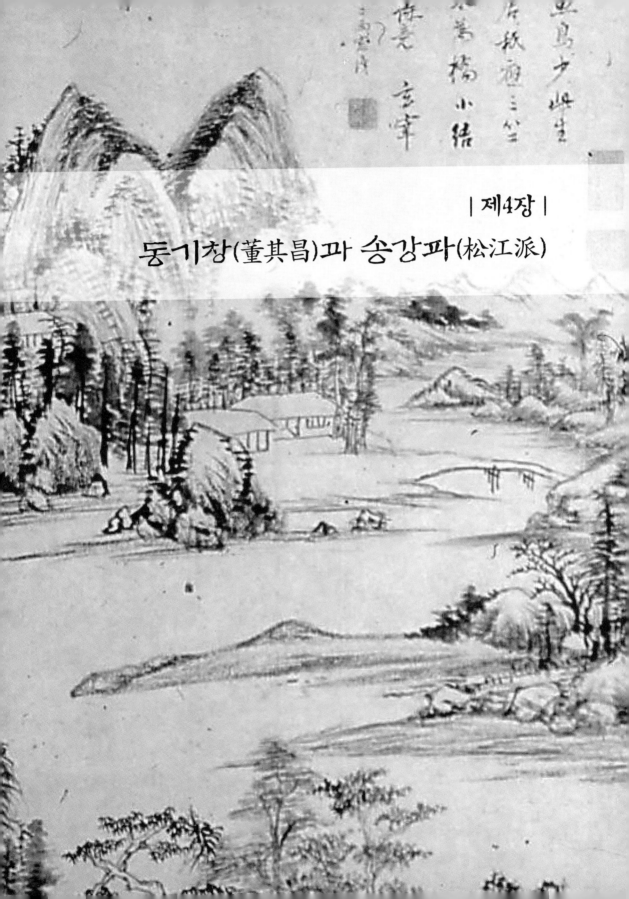

제4장

동기창(董其昌)과 송강파(松江派)

오문(吳門)의 쇠퇴와 송강(松江)의 흥기

명나라 말기, 만력(萬曆)부터 숭정(崇禎) 연간에 중국 화단의 중심은 소주(蘇州) 지역에서 점차 송강(松江) 지역으로 옮겨갔다. 이러한 변화는 오문화파와 송강화파의 성쇠의 역사를 바꾸어놓았고, 결국에는 송강화파가 압도적으로 우위를 차지함에 따라, 명나라 말기 이후 화단에 가장 현저한 영향을 끼친 화가가 출현하였으니, 그가 바로 동기창(董其昌)이다.

오문(吳門) 후학(後學)의 여러 화가들

가정(嘉靖) 38년(1559년)에 '오문(吳門) 사대가(四大家)' 가운데 최후의 한 사람이었던 문징명(文徵明)이 세상을 떠났다. 오문 사대가 가운데 그가 가장 오래 살았고, 가장 오랫동안 오문 화단을 이끌어왔기 때문에, 그 문하의 제자들이 가장 많았고, 화법의 전파도 가장 왕성하였다. 그가 세상을 떠난 후 융경(隆慶)·만력 연간의 오문 화단은 주로 문징명의 자제들과 문하생들에 의해 한때 흥성했던 오문화파의 국면을 지탱해갔다. 그래서 '문 씨 일파(文氏一派)'라는 명칭도 생겨났다. 문 씨 가족들 가운데 그림으로 세상에 알려진 사람은 큰아들인 문팽(文彭)·둘째아들인 문가(文嘉)·조카인 문백인(文伯仁)이 있었으며, 제자들로는 진도복(陳道復)·전곡(錢穀)·육치(陸治)·왕곡상(王穀祥)·주천구(周天球)·육사도(陸師道) 등이 있었다. 그 중 진도복은

〈왕백곡반게암도(王百穀半偈庵圖)〉(軸)
(明) 문가(文嘉)
북경 고궁박물원 소장

어려서부터 문징명에게 시문·서화를 배웠으며, 후에는 더욱 철저하게 수묵사의(水墨寫意) 화훼를 그려, 다른 학생들과는 다른 자신만의 세계를 구축하였다. 그래서 문징명도 "서화는 자신만의 방법이 있다[書畵自有門徑]"라고 말한 적이 있었다. 문팽·왕곡상·주천구는 문징명에게 글씨뿐만 아니라 그림, 즉 화훼와 난·대나무 따위를 위주로 배웠지만, 문 씨 회화의 주체인 산수를 전수받아 익히지는 않았다. 이 때문에 문 씨 회화의 주요 전수자들로는 문가·전곡·육치 등을 꼽는다.

문가(文嘉 : 1501~1583년)의 자는 휴승(休承)이고, 호는 문수(文水)이며, 문징명의 둘째아들로서 화주학정(和州學正)의 관직에 올랐다. 시문과 서화에 뛰어났으며, 산수와 화훼·인물 등을 잘 그렸다. 산수화로는 〈임동원계산행려도(臨董源溪山行旅圖)〉, 원림(圓林) 소경(小景)으로는 〈왕백곡반게암도(王百穀半偈庵圖)〉, 인물화로는 〈한림종규도(寒林鐘馗圖)〉 등이 있다. 이처럼 그는 여러 측면에서 다른 화과(畵科)의 면모를 표현해 내고 있다. 주요 화풍은 시원스럽고 빼어나며 고상함을 특징으로 하는데, 이는 곧 가법을 전수하여 발전시켜온 것이다. 그는 친구들의 부탁을 받아 원림을 제재로 한 소경산수(小景山水)를 많이 그렸는데, 〈왕백곡반게암도〉와 유사한 작품으로 〈곡수원도(曲水園圖)〉 등이 있다. 이 작품들은 소주 원림의 특징 및 문인의 생활 정취 등 지방의 특성을 표현하였고, 또 심주·문징명·당인 같은 여러 선배 화가들의 예술 전통도 계승하였다. 문가는 고서화 감정에도 뛰어나 『검산당서화기(鈐山堂書畵記)』를 저술하였다. 문팽·문가 형제와 그 당시 최고의 수장가였던 항원변이 주고받았던, 현존하는 서찰에 의하면, 항 씨가 작품을 구매하고자 할 때는 문 씨 형제가 항상 참여하여, 때로는 중개인으로, 혹은 그를 대신하여 감정하기도 했음을 알 수 있다. 이는 두 형제가 예술 창작 활동뿐만 아니라 예술품을 취급하는 상업 활동에도 종사했음을 말해준다.

문백인(文伯仁 : 1502~1575년)의 자는 덕승(德承)이고, 호는 오봉산인(五峰山人)이며, 문징명의 조카이다. 산수와 인물을 잘 그렸는데, 문 씨의 자제들 가운데 화법이 가장 뛰어난 문파의 으뜸 가는 전수자이다. 가법 외에도 왕몽의 수묵 화법을 본받았고, '삼조[三趙 : 조영양(趙令穰)·조백구(趙伯駒)·조맹부(趙孟頫)]의 채색법도 겸하여 배웠다. 명화로 알려진 〈도문유색도(都門柳色圖)〉는, 고원상(顧元祥)이 그림에 쓴 시에 따르면, 남경 일대의 경치를 그린 것으로, 필묵이 담박하고 시원스러우며 소탈하여, 그의 작품들 가운데 색다른 풍격에 속한다. 〈방호도(方壺圖)〉는 파도 치는 망망한 바다 가운데의 신선들이 산다는 전설 속의 섬을 그린 것으로, 화법은 섬세하고 채색은 농염한데, 이는 '삼조'의 채색 기법을 따른 작품이다. 〈태호도(太湖圖)〉는 태호의 경치를 묘사한 것으로, 여유롭고 세련된 필묵으로 호수와 산과 어촌을 그렸는데, 한없이 넓고 아득한 태호가 호수와 산의 아름다운 경치와 어우러져 있어, 〈방호도〉와는 또 다른 경치를 형성하고 있다. 〈만학송풍도(萬壑松風圖)〉는 왕몽의 화법을 온전하게 모방하여, 구도가 주도면밀하고, 필묵에 박력이 있는 문백인 화법의 공력을 그대로 볼 수 있다. 이 때문에 문백인을 오문의 후학들 가운데 일

<태호도(太湖圖)>(軸)

㈜ 문백인

북경 고궁박물원 소장

인자라고 부를 만하다.

전곡(錢穀 : 1508~?)의 자는 숙보(叔寶)이고, 호는 경실(馨室)이며, 장주(長州 : 지금의 오현) 사람이다. 문징명으로부터 시문과 서화를 배워 산수에 뛰어났으며, 인물과 난초·대나무도 잘 그렸다. 그의 전형적인 작품인 <호구소경도(虎丘小景圖)>는 소주의 아름다운 명승지인 호구의 경치를 그린 것으로, 화법은 문징명을 완전히 모방하여, 필묵이 비교적 소박하다. 〈구지원도(求志園圖)〉는 소주의 문인인 장봉익(張鳳翼)의 정원을 그린 것이다. 만일 〈호구소경도〉가 문징명의 거친 필법과 유사하다면, 이것은 문징명의 섬세한 필법의 한 종류를 모방한 것이라 할 수 있다. 이외에도 〈산가작수도(山家勻水圖)〉·〈설산책한도(雪山策寒圖)〉 등이 있는데, 이 또한 문 씨와 비슷하여, 전곡의 작품은 대부분 스승의 화법에서 벗어나지 않았음을 보여준다.

육치(陸治 : 1496~1577년)의 자는 숙평(叔平)이며, 오(吳 : 지금의 소주) 사람으로, 태호(太湖)에 둘러싸여 살았다 하여, 호가 포산자(包山子)이다. 일찍이 축윤명·문징명에게 시문과 서화를 배웠다. 산수와 화조를 잘 그렸는데, 화법이 짜임새가 있게 한층 성숙했기 때문에, 당

〈호구전산도(虎丘前山圖)〉(軸)
㈜ 전곡(錢穀)
북경 고궁박물원 소장

시 사람 왕세정(王世貞)은 "진실하지만 교묘하지 않다[眞而不妙]"라고 평하였다. 산수화는 짙고 물기 적은 먹의 준찰(皴擦)을 능숙하게 사용하여, 웅장하고 힘차며 높고 험한 풍격을 보여주는데, 너무 지나쳐서 혐오감을 주기도 한다. 대표작으로는 〈삼봉춘색도(三峰春色圖)〉·〈운봉림

〈단양즉경도(端陽卽景圖)〉〈軸〉

(明) 전곡

상해박물관 소장

곡도(雲峰林谷圖)〉·〈대우행화도(帶雨杏花圖)〉 등이 있다.

'오파(吳派)'의 쇠퇴와 '송강파(松江派)'의 흥기

문징명의 제자들이 활발하고 힘차게 오문 화단을 지탱하고 있을 당시, 바로 한 시대 화단의 거장으로 떠오르고 있던 동기창은 앞 시기에 대해 이미 다음과 같이 지적하였다. "오중(吳中-강소 소주)은 육숙평(陸叔平-陸治) 이후부터 화도(畫道)가 쇠락하였다.[吳中自陸叔平後, 畫道衰落.]" 그리고 오중의 회화가 때마침 쇠락하고 있을 때, 바로 한 줄기 새롭게 흥성하는 예술 역량이 솟아오르고 있었다. 새로운 예술 역량이 일어난 원인은 다양하지만, 직접적인 원인은 오문 회화가 쇠락하면서 다른 일부 화가들의 새로운 사고를 불러일으켰을 뿐 아니라, 또한 그로부터 긍정적인 것과 부정적인 것의 교훈을 획득하려고 시도함으로써, 새로운 회화 예술을 건립하였는데, 이것이 곧 송강 지역의 회화였다.

당시 오문과 송강 두 지역의 화가·평론가들은, 이미 누가 옳고 누가 그른지, 또 누구의 품격이 높고 누구의 품격이 낮은지에 대해 한 바탕 뜨거운 논쟁을 벌였다. 화정(華亭) 사람 범윤림(范允臨)은 일찍이 이렇게 말하였다.

"글씨를 배우는 자가 진첩(晉帖-동진 시대 왕희지 등이 남긴 글씨의 업적)을 배우지 않으면, 결국은 하품(下品)이 되는데, 그림 또한 마찬가지이다. 송·원의 저명한 화가들인 형호(荊浩)·관동(關同)·동원(董源)·범관(范寬) 같은 이들과, 그 아래로 자구(子久-황공망)·숙명(叔明-문징명)·거연(巨然)·자앙(子昻-조맹부)은 그림의 법칙이 엄격하여 화가들의 모범이자 장인 중의 거장들이었으며, 이들은 모두 공부를 충분히 하였기 때문에 스스로 깊은 견식을 갖출 수 있었다. 지금의 오문 사람들은 글자 한 자도 모르고, 옛 사람들의 진품 한 장도 보지 않았으면서, 언제나 자신의 작품이 최고라고 여기며, 산 하나 물 하나, 풀 한 포기 나무 한 그루만 그려서 시장에 펼쳐놓고 쌀과 바꾸고 있으니, 무슨 좋은 그림을 그리겠는가. 그 중에는 유명한 화가의 화법을 본받은 자도 있지만, 오로지 알고 있는 것이 형산(衡山-문징명) 한 사람뿐이어서, 약간 비슷하게 흉내만 내어, 겨우 그 겉모습만 비슷할 뿐, 일찍이 그 신묘한 이치를 터득하지 못했다. 그러면서도 말하기를, '나는 형산을 배웠노라'라고 한다. 이는, 형산이 취했던 모든 화법은 송·원의 여러 화가들에게서 얻었으며, 또 온 힘을 다해 그 정수를 터득하였기 때문에, 홀로 한 시대를 풍미하면서도 시들지 않았다는 것을 모르기 때문이다. 그러한즉 오문 사람들이 형산의 원래 스승들을 추적하여 배우지 않는다면, 곧 위로는 옛 사람들을 따를 수 없고, 다음 세대에도 형산을 잃어버리지 않겠는가![學書者不學晉轍, 終成下品, 惟畵亦然. 宋元諸名家, 如荊·關·董·范, 下逮子久·叔明·巨然·子昻, 矩法森然, 畵家之宗工巨匠也, 此皆胸中有書, 故能自具丘壑. 今吳人不識一字·不見一古人眞迹, 而輒師心自創, 惟塗抹一山一水, 一草一木, 卽懸于市中, 以易斗米, 畵那得佳耶. 間有取法名公者, 惟知有一衡山, 少少仿佛摹擬, 僅得其形似皮膚, 而曾不得其神理. 曰'吾學衡山耳.' 殊不知衡山皆取法宋元諸公, 務得其神髓, 故能獨擅一代, 可垂不朽. 然則吳人不追溯衡山之祖師而法之乎, 卽不能上追古人, 下亦不失爲衡山矣.]"

범윤림은 문장 속에서 오문화파가 처한 상황에 대해 지적하고 있는데, 즉 오문의 뒤를 이은 화가들은 단지 하나의 화풍, 곧 심주와 문징명의 화풍만을 모방·답습하고 있었다. 특히 심주가 세상을 떠난 이후로는 오직 문징명만을 배우고 익힐 뿐, 더 이상 새롭고 참신한 화풍을 개척할 능력을 갖고 있지 않았다. 중요한 점은 오문화파를 추종했던 화가들이 다음과 같은 사실을 소홀히 했다는 것이다.

즉 선배 화가들이 새로운 화풍을 개척하여 화단에서 훌륭한 그림을 그릴 수 있었던 것은, 그들이 송·원의 여러 화가들의 화법을 깊이 있게 학습했음은 물론이고, 그들의 회화 예술의 진행 과정에 대해서도 꼼꼼히 연구했으며, 또한 실천 과정에서 반복하여 깨닫고 체험함으로써, 그 심오한 이치를 터득할 수 있었기 때문이라는 사실을 이해하지 못하고 있었다는 점이다. 또한 후배 화가들은 "오로지 알고 있는 것이 형산 한 사람뿐이어서[惟知有一衡山]", 그들이 모사해놓은 것은 "겨우 그 겉모습만 비슷할 뿐, 일찍이 그 내면의 이치를 터득하지 못했다.[僅得其形似皮膚, 而曾不得其神理.]"

범윤림은 오문화파가 날로 쇠락해가는 또 다른 요인에 대해서도 언급하였다. 그것은 바로, "산 하나 물 하나, 풀 한 포기 나무 한 그루만 그려서 시장에 펼쳐놓고, 쉽게 쌀과 바꾸고 있다[惟涂抹一山一水, 一草一木, 即懸于市中, 以易斗米]"라고 한 말이다. 이는 화가들의 창작이 상품화·공리화(功利化) 되어가고 있음을 밝힌 것이다. 사실 오문 회화의 상품화 현상은 명나라 중기에 이미 만연되었다. 당시 오문 지역의 도시경제 가운데 수공업이 상당히 발달하였는데, 골동 서화를 사고팔거나 가짜 서화를 제작하는 업종도 적지 않았다. 심덕부(沈德符)가 지은 『만력야획편(萬曆野獲編)』의 「가골동(假骨董)」 항목 가운데에는 이런 기록이 있다. "골동품에는 예로부터 위조품이 많았는데, 오문 지역이 특히 심했고, 문인들도 모두 이를 빌어 먹고살았다.[骨董自來多贗, 而吳門尤甚, 文人皆借發餬口.]" 이는 오문의 골동품 매매가 성행하였으며, 대부분이 위조품이었음을 말해준다.

심주와 문징명까지도 예외는 아니었다. 『패문재서화보(佩文齋書畫譜)』에는 심주에 대해 이렇게 기록하고 있다. "간혹 어떤 사람이 위조품을 그려 와서 제목을 써달라고 하면, 흔쾌히 이에 자연스럽게 응하였다. 가깝게는 수도인 북경에서부터, 멀리는 복건·절강·사천·광주에서까지 진귀한 골동품으로 사들이지 않는 것이 없었다.[或有人作贋品以求題售, 亦樂然應之. 近自京師, 遠自閩·浙·川·廣, 無不購求以爲珍玩.]"

문징명은 말년에 명성이 매우 높아 그의 그림을 구하려는 자들로 집안이 넘쳐났으며, 어떤 이들은 큰돈을 들여 경쟁적으로 사들였다. 그러나 "제자들 중에도 위작(僞作)을 그리는 자들이 매우 많았지만, 징명은 이를 금지하지 않았다.[但門下贋作者頗多, 徵明不禁.]" 유명 화가조차도 그림을 팔아 생활하면서, 심지어는 간혹 위작을 만들기도 하였는데, 하물며 여타 화가와 추종자들이 그림을 팔아서 생계를 유지한다는 것은 이상한 일이 아니었다. 실로 서화 작품의 상품화는 서화 창작에서 제재와 내용·형식과 풍격뿐 아니라 심미 취향에 이르기까지 영향을 미쳤다. 그 적극적인 일면을 보면, 몇몇 문인화가들은 사회적인 요구에 적응하기 위해 약간의 세속적인 정서를 첨가하였다. 이로 인해 작품은 더욱 강렬한 시대적 분위기를 띠게 되었고, 화법에서도 직업화가와 문인화가의 기법을 겸함으로써, 고상한 사람이나 속인(俗人)이나 함께 감상하기에 이르렀는데, 이러한 현상은 분명히 회화의 발전을 촉진하였다. 그러나 부정적인 영향도 뚜렷하게 나타났다. 오문 대가들의 그림을 모방하는 풍조가 유행하면서, 평범하거나 혹은 세속적인 그림으로 바뀌게 된 것이다. 예를 들면 구영(仇英)의 화법을 모방하는 것을 배워, 소주화(蘇州畫)를 대량으로 생산함에 따라 순수한 상품화로 타락시켰는데, 이것이 곧 '소주편자(蘇州片子)'라고 불리는 한 종류의 위조 그림이다.

오문의 후학자들이 오직 한 화가만을 배움에 따라, 예술 창작과 전통 사이의 폭넓은 관계에서 매우 커다란 단절이 생겼다. 이 때문에 어떻게 하면 고대 예술 전통을 회복시켜 회화 창작에 반영시킬 수 있을까 하는 문제가 곧 송강 화가들이 고심하고 토론한 부분이었다. 이는 바로 범윤림이 다음과 같이 말한 바와 같다. "이러한 뜻을 송강(松

江)의 여러 화가들이 알았기 때문에, 문도[文度-조좌(趙左)의 字]·현재 (玄宰-동기창)·문경(文慶) 같은 여러 어른들이 힘써 옛 사람들을 따를 수 있었으며, 각자 스스로의 일가를 이루었다.[此意惟雲間諸公知之, 故文 度·玄宰·文慶諸公能力追古人, 各自成家.]" 그래서 송강의 화가들은 송·원 시대의 훌륭한 화가들의 화법을 익히는 데 노력하였다. 그들은 옛것을 배우면서도 옛것에 예속되지 않았고, 다른 사람의 범주에 예속되지 않으려고 한계를 설정하여, 이미 그들이 추구하는 취지를 이루었다.

그 가운데 동기창은 가장 중요한 화가였다. 그는 '온양고법(醞釀古 法-옛법을 숙성시켜 적절히 조화시킨다)'을 제시하며, 이렇게 말하였다. "글씨를 배우는 것과 그림을 배우는 것은 다르다. 글씨를 배우는 데 는 고첩(古帖)이 있어서 임모나 모방하기가 쉬우므로, 반드시 송·당 시기의 각첩이 아니어도, 현세에 전해지는 것을 보고 형상을 묘사하 면 곧 비슷하지만 ……그림은 그렇지 않다. 반드시 옛법을 숙성시켜 적절히 조화시키는 것이 반드시 필요하며, 그림을 그릴 무렵에는, 각 자 본받아 배운 사승(師承)이 있게 된다.[學書與學畫不同, 學書有古帖, 易于臨仿, 卽不必宋唐時刻, 隨世所傳, 形模輒似……畫則不然, 要須醞釀古法, 落筆之頃, 各有師承.]" 동기창이 주장한 '온양(醞釀)'의 뜻은, 고대 명작 을 대할 때 대충 훑어보고 지나치지 말고, 반드시 익숙해질 때까지 반복해서 자세히 살펴보고, 추론하고, 두드려보고, 짐작해보고, 만 져봄으로써, 그 붓의 경로를 찾고 그 필법을 연구하여, 정신을 모아 마음으로 요점을 헤아린 후에라야 비로소 가슴속에 자연스럽게 이 루어진다는 것이다. '온양' 외에도 동기창은 옛것을 배우고 숭상하면 능히 변화할 수 있다고 생각했다. 그는 말하기를, "옛 사람을 배우고 변하지 못하면, 이는 곧 울타리 사이에 갇힌 물건이 되고 만다[學古 人不能變, 便是籬間堵物.]" 또 "거연(巨然)은 북원(北苑-동원)을 배웠고, 원장(元章-미불)도 북원을 배웠으며, 황자구(黃子久-황공망)도 북원을 예우(倪迂) : 예찬의 다른 이름으로, 극단적으로 결벽하고 속진(俗塵)을 꺼려하여 기이한 언동을 많이 했기 때문에, 주변에서 부른 이름이라고 한다.

배웠고, 예우(倪迂)도 북원을 배웠지만, 이들은 서로 달랐다. 옛 법을 배우고 익히면서, 만약 숙성시켜 적절히 조화시키지 못한다면, 이는 변통(變通-요령, 융통성)을 모르는 것으로, 다른 사람이 한 것을 그대로 임모한 것과 같다[巨然學北苑, 元章學北苑, 黃子久學北苑, 倪迂學北苑, 而各各不相似. 學習古法, 若不知醞釀, 不曉變通, 他人爲之與臨本同]"라고 하였다. 즉 필법 하나하나가 원본과 서로 같은 것은 단지 임모본에 지나지 않는다는 뜻이다. 이러한 주장은 바로 오문 화단에 일침을 가한 말이다. 송강의 화가들은 동기창의 회화 사상의 영향으로 '온양'과 '변통'의 양대 화법을 결합시켜, 회화 창작에서 실천하였다. 이로 인해 송강 화단은 상대방인 오문 화단보다 훨씬 쉽게 새로운 분위기를 조성할 수 있었다.

이러한 새로운 분위기는 어떻게 형성되었으며, 또 어떻게 구체적으로 표현되었는가? 먼저 오문 회화의 과거 인습이 극에 이르자, 마침내 송강 회화가 바로잡게 되었는데, 그 과정에서 점차 송강 회화의 풍격이 확립되었다. 두 지역의 회화가 서로 우열을 다툴 때, 일부 초탈한 화가와 평론가들은 두 지역의 화법에 대해 비교하거나 또는 약간의 절충된 의견을 제시하기도 하였다. 바로 그들이 논의하는 과정에서 때마침 송강의 회화가 화법상에서 형성한 요소 및 그 장점과 특징을 간파해 낼 수 있었다. 예를 들면 강도(江都) 출신의 당지계(唐志契)는 『회사미언(繪事微言)』에서 이렇게 지적하였다. "소주의 그림은 이치[理]를 따지고, 송강의 그림은 붓[筆]을 따진다.[蘇州畫論理, 松江畫論筆.]" "이치에 의존하는 것이 지나치면 딱딱하며 어리석기 쉽고, 중복되기 쉬우며, 정해진 틀에 갇히기 쉽고, 허약함에 구속되어 생기를 잃기 쉬운데, 그 폐단도 유행하여 서로 전하여 베끼는 도장(圖障)이 된다. 붓에 의지하는 것이 지나치면 방종하기 쉽고, 정성을 잃기 쉬우며, 허전해지기 쉽고, 나무와 바위가 납작하고 얇아서 삼면(三面

-입체감)이 없어지기 쉬운데, 이 폐단도 유행하여 어린아이의 그림처럼 그리게 된다.[任理之過, 易板痴, 易疊架, 易涉套, 易拘攣無生意, 其弊也流而爲傳寫之圖障. 任筆之過, 易放縱, 易失款, 易寂寞, 易樹石偏薄無三面, 其弊也流而爲兒童之描塗.]" 오문 사대가(四大家)의 그림을 보면, 그들이 필묵 표현을 중시하지 않았다고 말할 수 없다. 심주·문징명·당인의 수묵화도 매우 높은 예술적 조예를 이루었으며, 공필화에 뛰어났던 구영도 먹선으로만 그린 작품이 있다. 그러나 사대가의 그림은 확실히 송대 회화의 사실(寫實)적 솜씨를 중시하였고, 심주가 중반 후기에 대형 그림을 개척함으로써 수묵화가 발전했던 것을 제외하면, 나머지 화가들은 모두 짜임새 있는 화법으로 발전하였다. 그 후학들의 옛것을 모방만 하는 인습이 폐단을 낳으면서, 당지계가 지적했던 그러한 병폐들이 확실히 모두 발생하게 되었다. 송강의 화가들, 즉 동기창·고정의(顧正誼)·막시룡(莫是龍) 같은 사람들은, 원대 문인화의 쓸쓸하면서도 시원스럽고 생동감 넘치는 필묵 정취에 대해 마음속 깊이 감동받았다. 그래서 그들은 필묵 자체의 표현을 더욱 중시하게 되었고, 이것이 곧 결과적으로 송·원 문인화를 주로 본받아 따르게 되었지만, 그 본뜻은 오문 후학자들의 폐단을 바로잡는 데 있었다. 사실 송강의 화가들이 이치를 중시하지 않은 것은 아니다. 단지 당·송의 회화처럼 산은 이렇게 그려야 하고, 물은 이렇게 그려야만 한다는 화리(畫理)에 지나치게 예속되지 않았으며, 필묵 화법의 이치와 정취를 통일시키는 데 더욱 중점을 두었던 것이다.

화단의 중심지였던 두 지역의 국면이 바뀐 것은 진실로 회화 역사 발전 자체의 법칙이 그렇게 작용했기 때문이다. 그렇다면 어째서 송강 한 곳에서만 일어날 수밖에 없었던 것일까? 이는 송강 지역의 지리적 환경·경제 발전 상황·역사 인문 상황 등 여러 요소들과 밀접한 관계가 있다. 송강은 원대(元代)에 부(府)를 설치하여 명대(明代)까지

부(府) : 당대부터 원대까지의 행정구역 단위로, 현(縣)보다 한 단계 높다.

이어졌으며, 만력(萬曆) 연간에 이르러 세 개의 현(縣), 즉 화정(華亭)·상해(上海)·청포(靑浦)를 관할하였는데, 화정이 중심지였다. 오송강(吳淞江)이 송강(松江)의 북쪽 변방을 돌아 흐르면서, 위로는 태호(太湖)·전산호(殿山湖)의 여러 물줄기들을 받아서 물길이 빽빽하게 펼쳐져 있기 때문에 택국(澤國-호수가 많은 지방)이라 불렸다. 그 중에서 쌍원묘(雙圓泖)·태묘(太泖)·장묘(長泖)가 가장 아름다워, 이들을 아울러 '삼묘(三泖)'라 불렀다. 명승지로는 '구봉(九峰)'이 최고인데, 화정의 경계 안에 있는 아홉 개의 산봉우리를 말한다. 바로 구봉과 삼묘가 송강 지역의 아름다운 산수 전체를 구성하였는데, 지극히 수려한 호반의 정취가 수묵산수화의 창조에 영감을 주면서 자연스럽게 그림의 본보기를 제공하였다. 송강 지역은 큰 바다에 인접해 있어서 원래 경제 상황은 그다지 발달하지 않았지만, 명나라 중·후기부터 차츰 경제 중심지가 되었다. 이 지역에서는 특히 면직물과 비단이 많이 생산되었는데, 도시 상품경제가 발전함에 따라 상업과 수공업의 집산지가 되어, '의피천하(衣被天下-'옷이 천하를 덮는다'라는 뜻)'라는 명칭을 얻었다. 경제의 발전으로 인해 일찍부터 인문 방면에 뛰어난 인물들이 활동했던 송강은, 다시금 문학가·예술가들이 활약하는 장소가 되었다.

명나라 사람인 하양준(何良俊)은 『사우재총설(四友齋叢說)』에 이렇게 기록하였다. "우리 송강 문물의 융성은 자연스럽게 이루어진 것이다. 대략 소주가 장사성(張士誠)에게 점거되면서부터 절강 서쪽의 여러 군(郡)들은 전쟁터가 되었다. 그러나 송강은 피해가 좀 적었는데, 그것은 봉우리와 호수 사이의 바다 위로 모두 군대를 피할 수 있었기 때문에, 각지에서 명사들이 이곳으로 몰려들면서, 그들에게 영향을 받아 점차 감화된 것이 가장 큰 이유이다.[吾松文物之盛, 亦有自也, 蓋由蘇州爲張士誠所据, 浙西諸郡皆爲戰場, 而吾松稍懈, 峰泖之間之海上皆可避兵, 故四方名流薈萃于此, 熏陶漸染之功爲最也.]" 일찍이 송강 일대로 난

장사성(張士誠) : 1353년 원나라에서 난을 일으킨 중국의 장군.

을 피해 온 원나라 말기의 화가인 예찬에 대해서도, 하양준은 『사우재총설』에서 이렇게 기록하고 있다. "원나라 말기에 난을 당하자, 집을 버린 채 거룻배를 타고, 오호삼묘(五湖三泖) 사이를 정처 없이 떠돌아다녔다.[遭元末之亂, 遂棄家乘扁舟, 飄然于五湖三泖之間.]" 또 화정현 서북쪽에는 '일봉소은(一峰小隱)'이 있는데, 원대의 황공망이 말년에 살았던 곳으로, 그가 그린 〈구봉설제도(九峰雪霽圖)〉·〈구주봉취도(九珠峰翠圖)〉는 모두 송강의 명승지인 구봉의 경치를 묘사한 명작들이다. 역사의 기록에 의하면, 당시 이곳에 머물렀던 화가들 중에는 왕몽과 오진 등도 있었다. 동기창 등이 가장 숭배했던 원나라 사대가들은 송강 일대와 매우 밀접한 관계가 있다.

명나라 초기에 대각체(臺閣體) 서법의 대표자였던 심도(沈度)·심찬(沈粲) 및 초서에 뛰어났던 장준(張駿) 등은 모두 송강 출신으로서, 송강의 인문적 자원을 끌어 모아 심오한 예술의 연원을 구현하였다. 송강이 흥기했던 원인을 말한다면, 가장 먼저 출현한 송강의 화가들이 있는데, 이들 대부분은 비교적 좋은 가정환경과 수준 높은 문학·예술적 소양을 지닌 송강의 권문세가 자제들로, 고정의·손설거(孫雪居)·막시룡 등이 대표적인 인물들이다. 이들의 사회적 지위와 학식 수양은, 후학들이 존경하는 고향의 훌륭한 선비이거나 혹은 좋은 스승 및 유익한 친구가 되게 해주었는데, 중요한 추종자들로는 동기창·진계유(陳繼儒)·조좌(趙左) 등이 있었다. 그 후 동기창이 관직에 나가 직위가 날로 높아지면서, 송강의 '폭발호(暴發戶-벼락부자)'가 되었다. 예술에서도 그의 벼슬길과 같이 일취월장하며 고금을 총망라했을 뿐만 아니라, 일가를 이루어 송강 화단의 핵심 인물이 되었고, 아울러 한 시대의 풍격을 홀로 지배하였다. 추종자인 조좌는 죽을 때까지 그림만 그렸고, 송욱(宋旭)은 먼저 심주의 화법을 배웠으나, 나중에는 소주와 송강 두 지역 화법의 독특한 풍격을 융합하여 변화·발전시켰다. 송강 후기에 활약한 화가들인 심사충(沈士充)·이조형[李肇亨 : 승려 가설(珂雪)]·진렴(陳廉)·섭유년(葉有年) 등도 모두 그의 문하에서 배출되었다. 진계유는 선비의 신분으로 여러 사람들과 사귀었는데, 그림에서는 오직 매화나 묵필(墨筆) 운산(雲山) 같은 한 분야를 빼어난 필치로 간결하게 표현한 문인다운 작품을 즐겨 그렸다. 그렇지만 그의 학식과 예술 견해가 송강의 화가들에게 미친 영향을 결코 낮게 평가해서는 안 된다. 이 점에 대해 일찍이 당지계는 그를 '松江派頭[송강파의 우두머리]'라고 불렀다. 한편 송강의 여러 화가들은 어떤 공통된 풍격의 특징을 지니고 있었는데, 그 때문에 청나라의 장경(張庚)이 『도화정의지(圖畫精意識)』에서 '송강파(松江派)'라고 총괄하여 불렀다. 구체적으로 말하면 그들 각자의 풍격은 당연히 구별되며, 이 때문에 회화사에서 화가들의 본적·서로 다른 화법·직접적인 사승 관계에 따라, 고정의는 화정파(華亭派), 조좌는 소송파(蘇松派), 심사충은 운간파(雲間派)를 창시했다고 분류한다. 그러면서도 총칭하여 '송강파'라고 한다.

송강의 여러 화가와 화파들

고정의(顧正誼)는 자가 중방(仲方)이고, 호는 정림(亭林)이며, 송강 사람으로, 만력 연간(1573~1620년)에 중서사인(中書舍人)을 지냈다. 산수는 처음에 원나라의 마완(馬琬)을 배우다가 나중에는 황공망·왕몽·오진 등을 주로 본받았다. 그 중에서 '산을 그릴 때 대부분의 꼭대기를 방형(方形)으로 그리는 것'은 황공망을 본받은 것이다. 한편 산이 첩첩이 겹쳐서 화면 가득 차 있는 작품은 분명히 왕몽의 그림에서 영향을 받은 것이며, 필묵 운용은 부드럽고 자연스러우며 여유로운 것을 주요 특징으로 삼았다. 원대 화가들의 화풍에서 변화한 이러한 작품들은 일찍이 화정에서 한때 성행하였다. 고정의와 마찬가

마완(馬琬) : 생몰년 미상. 중국 원말(元末) 명초(明初)의 화가로, 자는 문벽(文璧)이고, 호는 노둔생(魯鈍生)·관원인(灌園人)이다. 산수를 잘 그렸으며, 동원·거연·미불을 본받았는데, 특히 황공망에 심취하여, 천강산수(淺絳山水)에 뛰어났다. 작품으로는 〈교수유거도(喬岫幽居圖)〉·〈춘산청제도(春山清霽圖)〉·〈설강도관도(雪崗渡關圖)〉 등이 전해지고 있으며, 저서로는 『관원집(灌園集)』이 있다.

지로 화정의 저명인사였던 막시룡이나 이들보다 좀 후배인 동기창도 황공망을 바탕으로 삼았다. 명나라 말기에 사조제(謝肇淛)는 『오잡조(五雜組)』에서 이렇게 말하였다. "운간(雲間-'송강' 지역)의 후무공(侯懋功)과 막정한(莫廷韓-막시룡)은 대치(大痴-황공망)를 추종했는데, 눈에 보이는 만물의 형상은 그러하지 못했으며, 중서사인(中書舍人) 고중방(顧仲方-고중의)과 태사(太史) 동현재(董玄宰-동기창)의 원류는 모두 여기에서 나왔다. 그러나 곽희와 동원의 법을 이루기는 어렵겠지만, 대치(大痴-황공망)의 법을 이루기는 비교적 쉽다. 이 때문에 근래 화가들의 의발(衣鉢-스승으로부터 법통을 이어받음)이 마침내 화정(華亭-동기창의 '송강파'를 가리킴)으로 쏠리게 되었다.[雲間侯懋功·莫廷韓步趨大痴, 色相未化, 顧仲方舍人·董玄宰太史源流皆出于此. 然爲董源·郭熙則難, 爲大痴較易, 故近日畵家衣鉢遂落華亭矣.]" 그는, 고정의와 동기창은 황공망을 본받아 배워서, 화정의 기풍을 개창할 수 있었다고 지적하였다. 분명한 것은 세 사람 가운데 고정의가 지닌 필묵의 조예가 막시룡보다 높았기 때문에, 동기창에게 영향을 줄 수 있었다는 점이다. 또 이들 세 사람은 송강 지역의 회화 기풍을 개창한 화가들일 뿐 아니라, 화정에서 권세 있는 명문 집안이었기 때문에 '송강파' 혹은 '화정파'로 불렸다.

진계유(陳繼儒 : 1558~1639년)의 자는 중순(仲醇), 또 다른 자는 미공(眉公)이고, 호는 미공(麋公)이며, 화정 사람이다. 『무성시사(無聲詩史)』에는 그에 대해 이렇게 기록하고 있다. "21세에 제생(諸生)에 보충되었다가, 28세 때 포기하고, 돌아가 소곤산(小昆山)의 양지바른 곳에 띠집을 지었는데, 큰 대나무는 흰 구름에 닿았으며, 그 속에서 향을 피우고 편안히 앉아서 쉬니, 도량이 넓었다.[二十一補諸生, 二十八棄去, 退而結茅小昆山之陽, 修竹白雲, 焚香宴坐其間, 豁如也.]" "그의 서법은 소식과 미불 두 사람 사이에 있으며, 틈틈이 산수와 기이한 바위를 그렸고, 매화와 대나무를 그렸는데, 모두가 사람들의 예상을 뛰어넘는

후무공(侯懋功) : 1522~1620년. 강소 오현(吳縣-지금의 소주) 출신으로, 산수에 뛰어났으며, 전곡(錢穀)을 통해 문징명의 화법을 전수받았으며, 후에는 왕몽·황공망을 본받았다.

제생(諸生) : 명(明)·청(淸) 시기에 시험에 합격하여, 부(府)·주(州)·현(縣)의 각급 학교에 입학하여 공부하는 생원(生員)을 가리킨다.

훌륭한 것이었다.[其書法在蘇·米二公之間, 間作山水奇石, 梅竹點染, 皆出人意表.]" 현존하는 매화와 대나무 그림은, 용필이 시원스럽고 자유로울 뿐 아니라, 마음 내키는 대로 그려 넣어 한적하고 우아하여, 문인들의 필묵 유희 가운데 한 가지 전형이 되었다. 그가 그린 산수는 대부분 미불의 운산(雲山)을 모방한 것에 속하는데, 필법이 모호하여 윤곽선과 준(皴)이 많이 보이지 않는다. 또 비록 소수이긴 하지만, 송·원의 화법을 따라 모방한 작품들도 있다. 현존하는 또 다른 몇몇 산수화들을 보면, 대부분 용필이 다르고 면모도 독특한데, 이는 거의 다른 사람이 대신 그린 것들이다. 그는 "선비가 그림을 그리는 것은, 마치 범치이(范鴟夷)가 19년 동안 세 차례나 천금의 재산을 모았던 것처럼, 뜻이 그림을 그리는 데 있지 않고, 그저 기량을 보여주는 데 있을 뿐이다[儒士作畫, 如范鴟夷三致千金, 意不在此, 聊示伎倆]"라고 여겼다. 그가 기술한 남북분종설(南北分宗說)에서는 '방외(方外-속세를 떠남)' 일가를 특별히 개설하였는데, 사실 그 속뜻을 보면 자신이 "마치 속세를 떠나 화식(火食-불에 익힌 속세의 음식)을 먹지 않는 사람인 것처럼[如方外不食咸口火之人]" 허풍을 떠는 면도 없지 않다. 예술 창작에서는, 더욱 단도직입적으로 "방도에 있는 것이 아니라, 필묵에 있다[不在蹊徑, 而在筆墨]"라고 제창하여, 당시 문인 사대부 가운데 비교적 명성이 높았다.

조좌(趙左)의 자는 문도(文度)이며, 화정 사람으로, 어려서 송욱(宋旭)에게 그림을 배웠다. 또 항상 동기창·진계유 같은 저명한 화가들과 왕래하며 많은 작품들을 감상·임모하였고, 여러 사람들의 작품을 고루 수장하였다. 동원·황공망 등 옛 사람들의 화법을 익힌 기초 위에서, 용필이 여유롭고 빼어나며 바림[烘染]이 적절한 회화 풍모를 창출해 내어, 송강 지역 화가들 가운데 주목받는 인물이 되었다. 그의 작품은 송강 지역의 자연환경에서 많은 영감을 얻어, 항상 봉우리와 호수·구름 덮인 산봉우리·어촌·나루터 등등 수려한 물가 풍광

범치이(范鴟夷) : 범려(范蠡)를 가리키며, 초(楚)나라 사람으로, 자는 소백(少伯)이다. 기원전 494년에 월(越)나라 왕 구천(句踐)이 오(吳)나라 왕 부차(夫差)에게 패하자, 구천을 따라 오나라에 노예로 끌려갔는데, 그의 지략으로 목숨을 건져 구천과 함께 월나라로 돌아왔다. 이후 범려는 구천으로 하여금 와신상담(臥薪嘗膽)하게 하여, 20여 년 뒤에 오나라를 멸망시키고 복수를 했다. 범려는 구천 다음으로 권력과 부귀를 누릴 수 있었으나, 구천을 더 이상 섬길 수 없는 군주라고 생각하여, 가족을 데리고 떠나게 되는데, 여기에서 토사구팽(兎死拘烹)이라는 고사가 유래하게 된다. 이후 범려는 제나라로 가서 농사를 지어 엄청난 돈을 벌었다고 한다. 그의 현명함을 전해들은 제나라 왕은 그를 재상으로 삼았으나, 그는 또 얼마 지나지 않아 모든 재산을 이웃과 친지들에게 나누어 주고 제나라를 떠나게 된다. 그 후 도(陶-오늘날의 산동 지방)에 가서 장사를 하여 또 큰돈을 벌었으나, 이 돈도 결국 모든 사람들에게 골고루 나누어주고 말았다. 그는 이렇게 세 번이나 큰 권세를 누리고 큰돈을 벌었지만, 항상 물러날 때를 알고 물러남으로써, 세상 사람들에게 본보기가 되었다.

이 출현하는데, 바로 이것들이 여유롭고 빼어나며 은은한 필묵과 절묘하게 어우러져, 서로를 돋보이고 빛을 발하게 해준다. 이러한 점은 의심할 나위 없이 그의 스승인 송욱의 영향을 받은 것이다.

송욱(宋旭 : 1523~1602년)은 원래 가흥(嘉興) 석문(石門) 사람이었는데, 송강으로 이주하여 고정의·손극홍 등 송강 지역 화가들과 밀접하게 왕래하면서 늘 그림에 대해 서로 토론하고 연구하였다. 송욱의 그림은 주로 오문화파로부터 변화해왔지만, 또 한편으로는 오대(五代)의 관동(關仝)·송나라 초기의 이성(李成)·범관(范寬)의 그림들을 특별히 높게 평가하면서, "(좋은 산수화를 소장하고자 하는 소장자들에게는-역자), 이들 세 화가의 작품들은, 가히 진정한 가치가 있는 작품이다[(然藏畵者-역자), 方之三家, 猶諸子之于正經矣]"라고 여겼다. 또한 송욱은 송대 회화의 전통적 예술 인식을 중시하였는데, 이는 필연적으로 조좌에게 영향을 주었을 것이다. 『무성시사』에는 조좌의 화론 한 단락을 기록하고 있는데, 그 주요 취지는 "화폭이 큰 산수를 그릴 때는, 기세를 얻는 것을 위주로 힘써야 한다[畵山水大幅, 務以得勢爲主]"라는 것으로, 그는 경물을 그리는 것에 대해서는, 단지 "전적으로 그 형세가 잘 정돈될 수 있는 곳을 생각하는 것[全在想其形勢之可安頓處]"을 기초를 삼고, "그런 다음에 그리기 시작해야, 비로소 의미가 있다[然後落墨, 方有意味]"라고 여겼다. 이러한 인식은 송·원 회화의 전통을 주로 계승한 오문의 화풍과도 비슷한 부분이 있다. 이 때문에 조좌가 소송파(蘇松派)를 창립한 것은, 그것이 오문과 송강 두 화파의 화법도 겸용할 수 있었다는 것을 말해주며, 또한 "송강의 그림은 붓[필법-역자]을 따진다[松江畵論筆]"라는 지방 특색까지 반영해 낼 수 있었을 뿐 아니라, 송강화파가 주로 본보기로 삼은 동원·거연·황공망 계열의 산수화 전통의 이러한 취지를 따랐으며, 또한 작품으로 하여금 송강 지역 자연의 특수한 면모를 선명하게 구현해 내도록 해주었다. 이 때문에 그는 "송강화파를 개척한 사람으로, 가장 먼저 손꼽히며[開松江畫派者, 首爲屈指]", "오문화파 아래의 소송(蘇松) 일파는 그가 처음으로 계보를 열었고[吳下蘇松一派乃其首創門庭也]", "실제로 운간(雲間-송강현의 옛 명칭)의 기풍을 열었다[實開雲間風氣]"는 평가를 받으면서, 동기창과 어깨를 나란히 할 만큼 명성을 얻었고, 또한 이조형[李肇亨 : 승려 가설(珂雪)]·진렴(陳廉) 등 여러 추종자들이 그를 따랐다.

심사충(沈士充 : 생몰년 미상)의 자는 자거(子居)이며, 화정(華亭) 사람이다. 산수화뿐 아니라 백묘 인물에도 뛰어났다. 산수는 송무진(宋懋晉)에게 배웠는데, 무진의 자는 명지(明之)이고, 송강 사람이다. "그림은 조천리(趙千里)·오중규(吳仲圭-오진)·황자구(黃子久-황공망)를 본받았으며, 필묵이 매우 빼어나고 윤택하며, 구학(丘壑-산수)이 아름답고 심오했다.[畫法趙千里·吳仲圭·黃子久, 而筆墨秀潤, 丘壑倩深.]" 심사충은 조좌와 송무진 두 사람 모두를 배웠기 때문에, 그의 그림은 황공망·오진을 모방할 수 있었고, 또 조백구(趙伯駒)·유송년(劉松年) 등 당시 문인화가들이 중시하지 않았던 산수에도 능했다. 이 밖에 그는 일찍이 〈백묘대사(白描大士)〉 인물화도 그렸는데, 송강 화가들 중에서는 아주 보기 드문 제재에 속하는 것으로, 이는 대략 일찍부터 그가 교류했던 송강의 유명한 인물화가인 정운붕과 일정한 관계가 있다. 그러나 심사충은 여전히 송강파의 산수화에 근접한 그림을 잘 그렸다. 다만 그의 필선은 좀 딱딱하고 자질구레하여, 조좌처럼 여유롭고 빼어나며 능숙하지는 못하다. 청대 중기 이후에 진조영(秦祖永)이 신사충을 운간파(雲間派)로 간주한 주요 원인은, 아마 조좌와 다르게 보았기 때문일 것이다. 방훈(方熏)도 말하기를, "운간파는 자잘하고 처량하며 혼란스러운 것이 폐단이다[雲間派爲破碎凄迷之弊]"라고 하였는데, 이는 바로 심사충 화풍의 특징을 잘 지적한 비평이다. 심사충 역시 동기창의 주요 대필인(代筆人) 가운데 한 사람이었다.

동기창(董其昌)의 생애와 예술

동기창의 생애

동기창(1555~1636년)의 자는 현고(玄宰)이고, 호는 사백(思白)·향광(香光)이다. 본적은 변주[汴州 : 지금의 하남 개봉(開封)]인데, 북송 왕조가 남쪽으로 옮겨갈 때 "다시 화정(華亭)으로 이주하였다." 집안이 가난하여 일찍이 평호(平湖)의 풍 씨(馮氏) 서당에서 글을 가르치며 살았다. 한편 몇몇 친구들과 장공시(章公視)의 도백재(陶白齋)에서 모임을 결성하여, 선배 시인들을 본받아 익혔다. 그는 이 기간 동안 명나라 말기 선종(禪宗)의 대사(大師)인 달관(達觀)과 감산(憨山)의 감화와 가르침을 받았고, 또 친구인 오응빈(吳應賓)·원종도(袁宗道)·당문헌(唐文獻) 등 여러 사람들과 함께 참선하며 도를 논하기도 하였다. 이시기의 생활과 학문 수양 경험은 그의 서화 창조와 이론 주장에 지극히 중요한 작용을 하였다. 만력(萬曆) 17년(1589년), 동기창은 북경의 회시에 참가하여 이갑(二甲)에서 일등으로 진사에 합격하고, 한림원 서길사(翰林院庶吉士)에 제수되었는데, 이를 시작으로 관직에 들어섰다. 만력·태창(泰昌)·천계(天啓)·숭정(崇禎)의 4대에 걸쳐 벼슬을 하였으며, 관직이 남경예부상서(南京禮部尚書)에 이르렀고, 태자태보(太子太保)로 퇴직하였다. 세상을 떠난 후에는 복왕(福王)이 문민(文敏)이란 시호를 내렸다.

그의 관직은 여러 차례 승진을 거듭하였지만, 그 여정은 결코 순탄치 않아, 여러 원인으로 인하여 집에서 20여 년을 지내야 했다. 그 첫 번째는, 그가 황제의 장자인 주락(朱洛)에게 강론하는 관직을 맡았을 때, 당시 군신들이 왕세자의 책봉이 잘못되었음을 아뢰는 사건에 참여하였다가 어쩔 수 없이 병을 핑계로 귀향하였다. 두 번째는, "호광(湖廣−오늘날의 호북과 호남 지역에 해당)의 학정(學政)을 감독하면서 청탁을 받아주지 않아 세도가들의 노여움을 샀기" 때문에 "갑자기 관직에서 물러나야 했다." 세 번째는, 천계 5년에 남경예부상서를 제수하였지만, "당시 정국은 환관들의 세력이 막강하여, 당쟁의 화가 혹독"하였기에, 물러나기를 청하여 화를 면하였다. 동기창은 관직에서 밀려났거나, 혹은 스스로 귀향하여 은거했거나 간에, 관직의 승진과 재산의 증식에는 아무런 장애가 되지 않았다. 만력 40년(1612년) 3월 16일, 동기창의 고향에서 "백성들이 동 씨를 습격한" 사건이 발생하였다. 송강 지역 세 현(縣)의 군중 만여 명이 동기창의 집에 불을 질러 "네 채의 가옥이 불에 타고, 가산이 대부분 사라져버리자", 동기창은 가족들을 데리고 밖으로 도망쳤는데, 그 원인은 동기창의 가족들이 고향에서 오만하고 무례하게 행동하며, 부녀자들을 겁탈하고 마을 사람들을 함부로 유린했기 때문이었다. 이로 인해 동기창의 관직 경력과 가정·정치·경제의 지위에 커다란 변화가 발생하여, 그의 예술 창작도 심각한 영향을 받았다.

동기창의 화풍 변화

동기창은 봉건 사회의 사대부로서, 그림을 배운 경력은 다른 문인들과 같았고, 또한 과거를 통해 정상적으로 관직에 나갔다. 그는 일찍이 화정(華亭)의 유명 인사였던 막여충(莫如忠)·육수성(陸樹聲)의 집에서 배웠다. 동기창의 전반적인 그림 공부 경력을 보면, 50세 무렵

전에는 그가 그림을 배우기 시작해서부터 스스로 일가를 이루기까지의 단계이다. 『과운루속서화기(過雲樓續書畫記)』에는, 동기창의 한 화책(畫册)에 대해 기록하고 있는데, 거기에서 동기창은 이렇게 쓰고 있다. "나는 정축년(丁丑年) 4월 조일[朝日-천자가 조정에 나가는 날]부터 그림을 배웠는데, 육종백(陸宗伯) 문정공(文定公) 집의 객사에서 우연히 한번 그려보게 되었다.[予學畫自丁丑四月朝日, 館于陸宗伯文定公之家, 偶一爲之.]" 이것이 바로 그가 그림을 배우기 시작한 것이다. 또 『화선실수필(畫禪室隨筆)』에서는 이렇게 쓰고 있다. "나는 어려서 자구(子久-황공망)의 산수를 배웠다.[余少學子久山水.]" 이후 만력 19년(1591년)부터 이후 12년 동안은 원대 화가들의 그림을 모방하지 않았으며, 전적으로 송대의 회화만을 익혔다. 그는 35세에 진사에 급제하였고, 45세 때 병을 핑계로 고향에 돌아왔다. 이 기간 동안 세 번에 걸쳐 북경과 강남 사이를 오갔으며, 후에는 다시 5년 동안 집에서 지냈다. 이 기간은 그의 예술 경력 가운데 가장 중요한 시기 중 하나이다.

그는 일찍이 한세능(韓世能)과 항 씨(項氏-항원변)의 '천뢰각(天籟閣)' 등 당시 저명한 수장가들 및 몇몇 친구들이 소장하고 있는 고서와 명화들을 보고 배웠다. 아울러 오대(五代) 동원(董源)의 〈소상도(瀟湘圖)〉·〈용숙교민도(龍宿郊民圖)〉·송대 강삼(江參)의 〈천리강산도(千里江山圖)〉·곽희(郭熙)의 〈계산추제도(溪山秋霽圖)〉·조영양(趙令穰)의 〈강향청하도(江鄕淸夏圖)〉·조백구(趙伯駒)의 〈춘산독서도(春山讀書圖)〉·원나라 조맹부의 〈작화추색도(鵲華秋色圖)〉 등에 이르기까지 유명한 작품들을 지속적으로 수집하였다. 그는 수시로 이 명화들을 보고 배우며 임모하였는데, 그 방법 가운데에는 중요한 세 가지가 있었다.

첫째는, 고대 밑그림상의 전형적인 장법(章法)과 수석(樹石) 화법을 취하여 임모하는 것이었다. 그는 "옛 화가들이 대작을 그릴 때, 서너 개의 큰 부분들을 합치는 것만으로도, 전체 구도가 이루어지는[古

장법(章法) : 서예나 그림에서 전체 폭의 글자나 물상의 배치, 즉 한 폭의 서예 작품이나 그림에서의 전체적인 짜임새를 가리킨다.

人運大軸, 只三四大分合, 所以成章]" 예술 특징을 파악하여, 일반적으로 각 명가(名家)들의 전형적인 구조를 선택해서 취하였다. 그는 일찍이 『집고수석고(集古樹石稿)』 한 권을 완성하였는데, 이는 몇몇 유명한 작품들에 있는 나무와 돌의 윤곽을 그려 낸 것이다. 그 가운데 송나라 조백숙(趙伯驌)의 〈만송금궐도(萬松金闕圖)〉를 임모하여 그린 뒤, 소나무 그리는 법에 대해서 이렇게 적고 있다. "전부 가로 점[橫點]과 세로 점[竪點]만을 사용하였고, 먹을 쓰지 않았으며, 녹색 물감으로 이를 보완했으니, 결국 미불(米芾)의 그림도 역시 왕유(王維)를 배웠음을 알 수 있으며, 모두 마아구(馬牙鉤)로 그린 것은 아니다.[全用橫點·竪點, 不用墨, 以綠汁助之, 乃知米畫亦是學王維也, 都不作馬牙鉤.]"

둘째, 그는 옛 사람들의 작품 속에 담긴 필묵과 채색을 깨닫고 본받는 것을 특별히 중시하였다. 예를 들면 만력 무술년(1598년)에 〈송인축본산수(宋人縮本山水)〉(冊)에 쓴 발문에서는 이렇게 말하고 있다. "이 그림은 범중립(范中立-범관)의 것이라고 전해오는데, ……자세히 살펴보니, 고아하고 간결하며 담박한 것이 마힐(摩詰-왕유)의 운치가 있으며, 또 거연의 기세도 겸하고 있는 것으로 보아, 영구(營丘-李成)의 것이 확실하다.[此幅相傳范中立……諦玩之, 其古雅簡淡, 有摩詰之韻, 兼巨然之勢, 定是營丘也.]" 또 "그림은 가살스럽게 매끈한 붓질을 금해

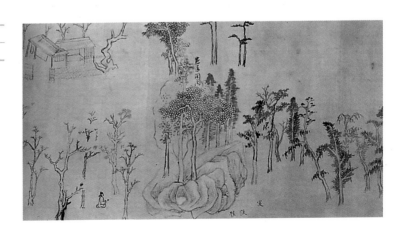

야 하며, 모서리 부분을 전절(轉折)하려고 붓에 의해 부림을 당해서
는 안 되는데, 오직 이 그림만이 이 점을 터득하였다. 이른바 전절이
라 하는 것은 끊어질 듯 끊어지지 않고, 이어질 듯 이어지지 않는 곳
에 힘쓰는 것을 말한다.[畫忌筆滑, 欲其觚棱轉折, 不爲筆使, 惟此幅得之.
所謂轉折者在斷而不斷·續而不續處着力.]" 그 가운데 "먹 기운의 농담과
선염의 운용[墨氣濃淡渲運]" 및 "가살스럽게 매끄러운 붓질을 금해야
한다[畫忌筆滑]"는 등의 먹 운용의 특징은, 바로 그가 고대 명가(名家)
들의 명작의 예술적 사승 관계와 풍격 특징을 판정하고 파악하는 그
주요 착안점이었으며, 또한 이러한 기초 위에서 그의 예술사론(藝術
史論)의 관점이 확립되었음을 말해준다. 그 중에는 "남종(南宗)은 곧
왕마힐(王摩詰)이 처음으로 선담(渲淡)의 묵법을 운용하였다[南宗則王
摩詰始用渲淡]"라는 남북종설(南北宗說)과 "필묵의 정묘(精妙)함으로써
논한다면, 곧 산수(山水)는 결코 그림과 같지 못하다[以筆墨精妙論, 則
山水絶不如畫]"라는 주장, 그리고 "고아하고 간결하며 담박한[古雅簡
淡]" 풍격을 추구하는 예술 창작론도 포함되어 있다.

셋째, 옛 화가들의 회화 밑그림과 자연 산수에 대해 반복해서 비
교하고 검증하였다. 그는 정신과 생각을 집중하여 자연의 아름다운
경치를 관찰하였는데, 관찰과 체험에는 그만의 독특한 방법이 있었
다. 예를 들면 다음과 같은 것이다. "내가 병신년(丙申年)에 지절사(持
節使)로 장사(長沙)에 갈 때를 생각하니, 소상(瀟湘)을 지나던 중에, 갈
대와 어망, 물가의 나무 덤불, 작은 초가집과 산속의 오솔길, 아기자
기한 산과 멀리 보이는 제방 등 그 하나하나가 이 그림[〈소상도(瀟湘
圖)〉를 가리킴]과 같아서, 그곳에 직접 가지 않아도 사람들로 하여금
다시금 소상의 나그네가 되게 해준다.[憶余丙申持節長沙, 行瀟湘道中, 蒹
葭漁網, 汀洲叢木, 茅庵樵徑, 晴巒遠堤, 一一如此圖, 令人不動步而重做湘江
之客.]"

〈임화정시의도(林和靖詩意圖)〉
(明) 동기창
북경 고궁박물원 소장

물아(物我) : '외물(外物)과 자아'라는 뜻으로, 동양화에서는 단순히 사물을 그리는 것이 아니라, 사물에 투영된 자아를 그려야 한다고 주장한다.

이 때문에 그는 다음과 같은 결론을 내렸다. "화가는 옛 사람을 스승으로 삼고, 이어서 자기 스스로 노력하며 발전해가야 하며, 여기에서 더 나아가면 응당 천지자연을 스승으로 삼게 된다.[畫家以古人爲師, 已自上乘, 進此當以天地爲師.]" 동기창은 이러한 단계에서 송대의 명화를 임모하여 배우고 깨닫는 데 온 힘을 쏟았다. 더불어 시종일관 자기가 깨닫고 이해한 것을 핵심으로 삼았다. 즉 단순한 임모를 배운 것이 아니라, 회화 속의 물아(物我) 모순의 재차 해결이라는 예술 표현 명제를 띠고서 송나라 화가들을 배우는 것으로 전환하였다. 그래서 동기창은 50세 전후에 회화 예술의 방향과 이론 인식에서 이미 기초가 확고하게 정립되었다. 이후부터 바로 그의 화학(畫學)은 두 번째 발전 단계로 진입하였다. 동기창은 50세 이후 10여 년간 집중적으로 옛 사람에게서 변화를 추구하였고, 또 자연에서 변화를 추구하였으며, 자신의 예술 이상을 실현하려고 힘썼다. 만력 신해년(辛亥年 : 1611년) 정월, 동기창은 일찍이 〈산수(山水)〉(卷)를 그리고는 이렇게 썼다. "내가 예전에 우군(右軍-왕희지) 부자의 글씨를 말하면서, 제나라·양나라에 이르러 그 풍류가 홀연히 끊어졌다가, 당나라 초기부터 우세남(虞世南)과 저수량(褚遂良) 같은 분들이 그 서법을 크게 바꾸어, 우군의 글씨와 서로 부합하지 않는 듯이 부합하니, 우군 부자의 글씨가 거의 다시 살아난 것 같다고 하였다. 이 말은 이해하기가 그리 쉽지 않은데, 대개 임모는 가장 쉬우나, 정신과 기운은 전하기가 어렵기 때문이다. 거연은 북원(北苑-동원)을 배웠고, 황자구(黃子久-황공망)도 북원을 배웠으며, 예원진(倪元鎭-예찬)도 같이 북원을 배웠지만, 각각 서로 같지 않았다. 일반 사람들로 하여금 그리 하도록 하면 임모본과 똑같으니, 만약 이와 같다면 어떻게 후세에 전해질 수 있겠는가.[余嘗謂右軍父子書, 至齊梁時風流頓盡, 自唐初虞·褚輩, 一變其法, 乃不合而合, 右軍父子殆如復生. 此言大不易會, 蓋臨摹最易, 神氣難傳故也. 巨然學北苑, 黃子久學北苑, 倪元鎭學北苑, 等學北苑耳, 而各各不相似, 使俗人爲之, 與臨本同, 若之何能傳世也.]"

그는 회화사의 발전 속에서 결론을 도출해 낼 수 있었는데, 곧 서화는 응당 시대에 따라 변화해야 하므로, 따라서 그는 전통에 대해 다음과 같이 매우 단호한 태도를 취하였다. "밝음은 해와 달을 돌려주고, 어둠은 허공을 돌려주는데, 네가 돌려줄 수 없는 것은, 네가 아니고 누구인가.[明還日月, 暗還虛空, 不汝還者, 非汝而誰.]"* 그리고 현실 세계에 대해서는 "아는 것이 허황되면 곧 청산과 흰 구름을 멀리하고, 허황됨에서 벗어나면 비로소 흰 구름과 청산을 느끼게 된다[知幻卽離青山白雲, 離幻卽覺白雲青山]"라고 여겼다. 동기창은 눈에 보이는 것은 인연에 따라 생기는 환상에 지나지 않기 때문에, 만물을 창조하는 역할을 할 수 없다고 생각하였다. 이후 그는 갈수록 화단에서 정통의 자리에 머물기를 강렬하게 원했다. 그리고 직접적으로 원나라의 조맹부·명나라의 문징명과 서로 비교하면서, "같은 것은 단일한 것만 못하다[同能不如獨勝]"라고 공언하였다. 이처럼 장점은 선양하고 단점은 피하면서 새로운 화풍을 창설하는 데 힘썼다. 동기창의 자부심과 사명감은, 그 자신이 오문 화가들을 뛰어넘어 조맹부와 어깨를 나란히 한다고 생각하게 했다. 심지어는 조맹부를 넘어 곧바로 왕유·동원에 접근하기 위해 주력하여, 곱고 섬세하고 신중하며 호방하고 거칠며 정교한 화풍을 버리고, 생경하고 빼어나며 담아한 새로운 풍격의 창조를 시도하였다. 이 밖에도 동기창은 특히 그림 외의 다른 공부와 수양을 강조하여, "많은 책을 읽고, 수만 리에 이르는 여러 곳들을 다니며 직접 체험할 것[讀萬卷書, 行萬里路]"을 주장하

* 석가모니가 제자인 아난에게 한, 다음 말에 빗대어 표현한 말이다. 즉 "모든 것을 돌려줄 수 있는 것은, 자연히 네가 아니지만, 네가 돌려줄 수 없는 것은, 네가 아니고 누구이랴.[諸可還者, 自然非汝, 不汝還者, 非汝而誰.]" 이는 우리가 가진 육신을 비롯한 모든 물건은 남에게 돌려줄 수 있지만, 단지 자신의 진성(眞性)만은 돌려줄 수 없다는 뜻이다.

여, 글씨와 그림·시와 그림·선(禪)과 그림의 연계를 강력히 시도함으로써, 회화의 표현 기교와 내적 함의를 풍부하게 하고자 하였다. 그래서 50~60세 이후에는 수많은 시의화(詩意畵)와 선(禪)의 경지를 표현한 '화선(畵禪)' 작품들을 창작하였는데, 이러한 작품들과 그가 표현하고자 했던 평담(平淡)하면서 꾸밈없는 경지[天眞]는 상충되지 않고, 서로 표리 관계를 이루었다.

동기창의 일생은 시작부터 끝까지 예술 창작을 탐색하여 발전·심화시켰으며, 동시에 처음부터 끝까지 창작 의식도 명확하였다. 그래서 그의 화학(畵學) 경력은 어떤 의미에서 보면 개인적인 실천 가치를 초월하였으며, 명대 말기 화단이 당면했던 예술적 과제와 그 해결 및 발전의 주요한 경로를 직접 체현해 냈다.

동기창의 회화 예술

동기창은 가장 부지런하게 창작한 서화가(書畵家) 중 한 사람인데, 비록 전해오는 수많은 작품들을 고증해보면 대필과 위작도 적지 않지만, 그러나 진적(眞迹)의 수량이 역시 많다. 이들로부터 그의 회화의 진면목과 예술 특징을 확인할 수 있다. 동기창의 회화 작품들을 종합하여 살펴보고, 필묵의 표현에 대해 말하자면, 크게 세 종류로 구분할 수 있다. 첫째는 필법 표현을 위주로 한 것인데, 대부분 황공망·예찬의 작품을 본받았다. 둘째는 묵법 표현을 위주로 한 것으로, 대부분 동원·거연·미 씨 부자(미불과 미우인-역자)와 오진의 작품을 본받았다. 셋째는 채색 산수로, 일종의 필묵 운용을 변혁하여 표현한 것에 속한다. 그러나 이러한 분류법은 당연히 절대적인 것은 아니다.

첫 번째 종류에 속하는 전형적인 작품들로는 〈고일도(高逸圖)〉·〈증가헌산수도(贈稼軒山水圖)〉·〈운산소은도(雲山小隱圖)〉·〈관산설제도(關山雪霽圖)》 등이 있다. 이 작품들의 뚜렷한 특징은, 필법이 분명하다는 점인데, 화면의 산과 바위는 붓으로 윤곽을 그린 후에 약간의 준점(皴點)을 더하여, 층차가 뚜렷하고, 필법은 평담하면서 중후하다. 나무는 줄기와 가지를 그린 후에 왕왕 짙은 묵필(墨筆)을 가로로 중첩하여 잎을 그렸는데, 먹은 진하지만 뭉치지 않았고, 차례차례 중첩하였지만 딱딱하지 않으며, 근경과 원경 사이는 거의 호숫가나 시냇물로 간격을 두었다. 비탈진 섬이나 물가 기슭이 있는 곳에는, 묵필을 이용하여 호수 안쪽으로 끌어들였으며, 매우 적은 물결을 그렸고, 또 넓은 면적의 공백을 남겨 호수와 시냇물을 대신하였다. 전체적인 화면의 물상은 맑고 시원스러워 눈에 역력하다. 동기창은 또렷하고 분명한 필법을 운용하면서도, 단순하거나 솔직한 선으로는 물상의 윤곽을 거의 그리지 않았다. 대신 비교적 물기 적은 담묵의 거친 필촉으로 마치 준찰(皴擦)하듯이 윤곽을 그리다가, 간혹 묵필로 다시 그림을 그려 나가기도 했다. 이처럼 배치가 끝난 산수(山水)와 수석(樹石)은 대체적인 윤곽을 그린 후에 다시 세밀하게 준염(皴染)으로 처리하였다. 실제로 그는 주요한 부위를 파악한 후, 요철·경

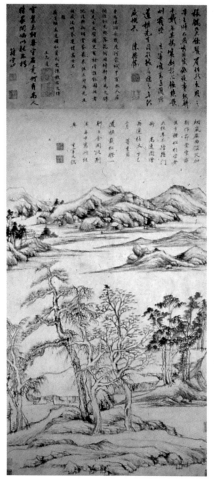

〈고일도(高逸圖)〉(軸)
(明) 동기창

중·향배(向背)·명암만을 구분해 내어, 우선 물기가 적은 담묵의 붓으로 준찰하고, 반드시 강조해야 할 부위는 좀 짙은 묵필로 다시 처리한 후에, 한층 더 짙은 묵필로 산과 바위 사이에 분포된 나무 덤불을 그려 냈다. 그 효과는 구도의 층차가 분명할 뿐만 아니라, 각 부분마다의 나무와 바위들도 쾌청하게 볼 수 있다. 그가 말했던 "붓을 들어 그림을 그리면, 곧 오목하고 볼록한 형상이 있어야 한다[下筆便有凹凸之形]"라는 것은 물상의 명암과 앞뒤[向背]를 가리키는 것이 아니고, 하나하나의 필획마다 가지고 있는 풍부한 입체감과 변화를 말하는 것

〈방장승요산수(仿張僧繇山水)〉

(明) 동기창

천진(天津)예술박물관 소장

추획사(錐劃沙) : 중국 회화의 전통 기법 가운데, 용필(用筆)의 공력(功力)을 형용하는 말이자, 또한 중봉(中鋒)의 용필에 대한 일종의 비유적인 표현이다. 송곳 끝으로 모래 속에 획을 그을 때, 양쪽 가장자리의 모래는 반드시 균일하게 돋아 오르게 되고, 중간은 곧 매우 깊숙한 하나의 선을 이루게 된다. 또한 선의 시작과 끝 부분을 중간 부분과 서로 비교해보면, 뚜렷하게 뾰족한 모양이 없고, 둥근 형상을 나타낸다. 그것은 서법의 중봉(中鋒) 필법 및 그와 유사하게 혼후하고 충만하며 입체감이 있는 선의 형상을 정확하게 체현해 내는데, 이를 표현한 말이다.

옥루흔(屋漏痕) : 서예 용어로, '빗물이 새어 흐른 자국'이라는 뜻인데, 마치 지붕에서 샌 빗물이 조금씩 모여 물방울을 형성하고, 서서히 흘러내린 자국처럼, 처음에는 둥근 점이었다가 흘러내리면서 획을 이루어, 곧지 않고 약간 꿈틀거리는 듯하며, 원활하고 생동감 있는 필체를 말한다.

이다. 물상을 그려 내야 한다는 속박에서 벗어나기 위해, 최대한으로 필묵의 표현을 두드러지게 하였는데, 그는 한 방면으로는 "선비가 그림을 그릴 때는 응당 초서·예서·기이한 글씨 법을 사용하여 그려야 한다[土人作畵當以草隸奇字之法爲之]"라고 강조하였고, 다른 한 방면으로는 직접 서법에서 구사하는 용필의 정수를 취하여 화법 속에 융합시켰다. 즉 서법 가운데 '추획사(錐劃沙)'·'옥루흔(屋漏痕)'·'일파삼절(一波三折-621쪽 참조)' 등과 유사한 필법을 운용하고자 하였다. 회화는 비록 서법과 다른 장르지만, 동기창 등 문인화가들의 입장에서 보면, 만일 서법에서 구사하는 다양한 용필법을 그림에서 취하지 않는다면, 아마 그림을 그리는 기법이 다시 정교한 솜씨만을 추구하는 방향으로 흘러가지 않을까 두려웠던 것 같다. 그래서 그는 예찬이 그림을 그릴 때 주로 측필을 많이 사용하여, 필법이 거칠고 각박해짐으로써 물기가 적고 옅은 먹과 서로 잘 융합될 수 있었다는 점에 대해 대단히 높게 평가하였다. 이 밖에도 그는 또한 예찬 그림의 기초 위에 동원과 황공망 등의 혼후한 필묵을 융합하여, 예찬 필묵의 건조함을 촉촉하고 윤택하게 변화시켰다. 이로 인해 예찬 그림의 황량한 냉기와 건조한 적막함을 바꾸어, 물기가 촉촉하고 평온하며 담담한 자연의 독특한 예술 풍격을 창조하였다.

동기창의 또 다른 종류의 작품은, 동원·거연·미불·미우인·오진 등의 회화를 본받음과 더불어 묵법을 위주로 한 것들인데, 예를 들면 〈동정공활도(洞庭空闊圖)〉·〈방미운산도(仿米雲山圖)〉 등이 있다. 〈동정공활도〉는 미우인의 〈소상기관도(瀟湘奇觀圖)〉를 배워 모방한 작품으로, 이런 종류의 작품들 가운데에서도 동기창의 운묵법(運墨法)의 특징을 확실하게 볼 수 있다. 그가 사용한 먹 색은 충차가 분명한데, 일반적으로 축축한 먹으로 훈염하는 기법은 거의 사용하지 않음으로써, "먹이 흥건하고 모호하여 분명하지 않은 것[墨潞模糊而無分曉也]"을 피하였다. 옅은 먹으로 경계를 정한 산석의 윤곽에 다시 준(皴)을 그리거나, 어떤 것은 중후한 맛이 나는 촉촉한 먹으로 직접 운산(雲山)을 그렸으며, 혹은 하얗게 남겨놓아 옅은 구름을 표현하기도 하였다. 그의 작품은 먹에 물기를 감소시켜 붓이 먹을 흡수할 것을 강조함으로써, 미우인·오진의 작품에서 수묵의 물기를 흥건하게 하여 바림하는 기법이 지나치게 침울하고 모호하여 사람들로 하여금 '싫증[發膩]'을 느끼게 하는 것을 변화시켜, 훨씬 상쾌하면서 윤기가 흐르고 아름답게 하였다.

또한 송·원의 수묵산수화와 한 가지 점에서 분명하게 다른 부분도 있다. 즉 동기창은 다양하고 선명하게 '묵분오채(墨分五彩)'가 지닌 먹색의 단계적 차이의 대비(對比)를 운용하였다는 점이다. 흑·백이라는 큰 차원의 대비 외에도, 농(濃)·초(焦)·습(濕)·윤(潤)·고(枯)·담(淡)이 조성해 내는 먹 색의 충차간의 대비 관계도 있다. 동기창이 구사한 용묵(用墨)은 충차가 분명하고 풍부했고, 또한 그가 용필을 중요시했기 때문에, 먹 색 가운데 뚜렷한 필선의 골격이 존재하도록 하였다.

〈방미가산수(仿米家山水)〉(軸)

(明) 동기창

무석시(無錫市)박물관 소장

묵분오채(墨分五彩) : "먹은 곧 색이다[墨卽是色]"라는 말로, 물로 먹의 농담(濃淡)을 조절하여 사물의 다섯 가지 색깔의 느낌을 표현하는 것을 가리킨다. 비록 화가들마다 '오색'에 대한 주장은 달라서, 혹자는 일컫기를 초(焦)·농(濃)·중(重)·담(淡)·청(淸)이라고도 하며, 혹자는 농(濃)·담(淡)·건(乾)·습(濕)·흑(黑)이라고도 하지만,

그것이 의미하는 내용에 대해서는 모두 공통적이다. 즉 흑색은 변화가 풍부하여, 마치 청(靑)·황(黃)·자(紫)·취(翠) 등 여러 가지 색상과 마찬가지로 사물의 기운이 생동하는 본래의 모습을 그려 낼 수 있다는 것이다.

아울러 물상의 고저(高低)나 향배(向背)에만 전적으로 의존하지 않고, 먹의 색과 요철(凹凸)의 형상을 드러내어 먹 운용에서의 풍부한 변화와 독립적인 심미 가치를 충분히 체현하였다.

동기창의 채색 산수는 두 종류로 요약할 수 있다. 하나는 색으로 먹을 대신한 산수화인데, 그 화법은 먹으로 그린 산수와 그다지 큰 차이가 없다. 단지 옅은 붉은색과 청록색으로 수묵을 대신하거나, 혹은 먹과 색을 번갈아가며 사용하여 화면이 매우 침착하면서도 화려한데, 예를 들면 〈임화정시의도(林和靖詩意圖)〉·〈두릉시의도(杜陵詩意圖)〉 등이 그러하다. 또 다른 채색 산수는 이른바 장승요(張僧繇)의 몰골화(沒骨畵) 전통을 본받은 작품으로, 기본적으로 짙은 붉은색과 녹색으로 화면에 훈염을 하고, 몇몇 나무와 바위의 대략적인 윤곽도 옅은 선으로 그려 냈지만, 충분히 뚜렷하지는 않다. 이러한 작품들은 표면적으로 보면, 동기창이 옛 화법을 보존하려고 했던 일종의 사고(師古-옛것을 본받다) 작품인데, 실제 작품을 보더라도 선명하고 아름다운 채색 산수지만 어색하게 억지로 꾸미지 않고, 순진하면서도 소박하고 평담(平淡)한 의경을 표현해 냈다.

동기창의 회화는 필묵의 심미 가치와 필묵 표현의 능력을 향상시키는 방면에서, 단지 문인화의 전통을 계승했을 뿐만 아니라, 또한 새로운 발전을 향하여 큰 걸음을 내디뎠다. 그가 필묵 가치에 대해 추구한 목적은, 주로 솔직하고 소박한 문인의 포부와 평담하고 천진한 의경을 화면에 담아 내려는 데 있었다. 그는 담의(淡意)를 표현하기 위하여, 첫째, 그림을 물상의 속박으로부터 벗어나게 하여, "대자연에 부림을 당하는[즉, 형상을 사실적으로 묘사하는 데 연연한다는 뜻-역자] 사람이 되지 않도록[不爲造物役者]" 하였다. 그리고 "각양각색의 차이들을 간추려 묶어서, 하나의 상(相)으로 마름질해 내는[束括萬殊, 截成一相]" 서법의 붓 운용을 거울삼아, 가장 능숙하면서 풍부

몰골화(沒骨畵) : 윤곽선이 있는 구륵화와 대치되는 개념으로, 윤곽선 없이 곧장 먹이나 채색으로 형체를 그리는 기법.

(위·아래) 〈화금당도(畫錦堂圖)〉〈卷〉
(明) 동기창

한 표현 능력을 갖춘 필법을 취하여 물상을 그려 내는 그림의 필법을 대신하려고 했다. 둘째, 이론적으로 그가 제시한 담(淡)의 표현이라는 것은, "다양한 오묘함 속으로 깊이 파고 들어가 탐구하고 체득하여, 독창적으로 만물의 본보기를 표현해 낸다[潛行于衆妙之中, 獨立于萬物之表]"라는 것이다. 이것이 곧 "붓을 대면 올록볼록한 형태가 나와야 한다"는 것으로, 이 '이상취진(離相取眞)'은 형태에 담겨 있는 이성적인 내용을 표현하는 것이다. 그는 이로부터 더 나아가, 필묵 표

이상취진(離相取眞) : 외형적인 모양에서 벗어나 내면에 숨어 있는 진면모를 취함.

현 속에 지나치게 다듬어 오히려 어색한 흔적이 남는 것을 반대하였으며, 아울러 '생(生-생소함과 새로움)'으로 '숙(熟-숙련된 매너리즘)'을 타파해야 하고, 또 '졸(拙-서툴고 보잘것없음)'으로 '능(能-매끄러운 능숙함)'을 깨뜨려야 한다고 주장하였다. '생(生)'과 '졸(拙)'이 함축하고 있는 의미는, 곧 그려 낸 물상에 대한 조형이자 언어, 다시 말하면 필묵 자체 표현의 특징이다. 조형에서 졸(拙)함은 마치 '외행(外行-비전문가)'이 그린 것처럼 그림의 이치[畫理]를 구석구석까지 꼼꼼히 따지지 않는 것이며, 필묵에서 졸(拙)함은 바로 다듬고 꾸미거나 과도하게 능숙한 그림 기교의 표현을 없애버리는 것이다. 졸(拙)함으로써 생(生)함을 구현한다는 것은, 그 모습이 서툴고 까칠하거나 숙련되지 않은 듯한 형태를 취하지만, 실제로는 일종의 능숙함을 벗어난 능숙함으로 표현함으로써, 가능한 한 물상의 정형화된 형태를 없애는 것이다. 이것이 바로 평담자연(平淡自然)한 그림 경지의 첫 번째 의미이다.

평담천진(平淡天眞-평범하고 꾸밈이 없이 자연스러움)한 그림의 경지[畫境]는 일종의 의경(意境)인데, 만일 동기창이 부여한 평담천진의 뜻이 어떤 점에서 송·원의 화가들과 다른가를 말하면, 그것은 바로 그가 선의(禪意)에 포함된 평담천진의 의미를 이용하고 있다는 것이다. 혹자는 평담천진의 최고 경지는 곧 선의라고 말하기도 한다. 동기창은 일찍이 자신의 서재를 '화선실(畫禪室)'·'묵선헌(墨禪軒)'이라고 불렀는데, 명칭만 보더라도 그림에 '선(禪)'을 표현하고자 했음을 알 수 있다. 또한 일찍이 예술 창작 실천 과정에서, 유한한 자아로써 무한한 자연세계를 추구해 나갔는데, 결국 "모든 기이한 봉우리들을 다 찾아서 초고(草稿)를 그리는[捜盡奇峰打草稿]" 것이 불가능하다고 느꼈다. 선학(禪學)은, 현실의 존재를 허망하고 덧없다고 여기며, 찰나의 순간도 쉬지 않고 흘러 변하지 않는 것이 없는 일시적인 존재로 간주하는 사상인데, 이는 동기창에게 예술 창작론의 근거를 제공하였다. 즉 나를 기준으로 경물을 보든지, 혹은 경물을 기준으로 나를 보든지 간에, 둘 다 어떤 것이 경물이고 어떤 것이 나인지 알 수가 없다는 것이다. 그래서 결국은 물아합일(物我合一-대상물과 나 자신이 하나가 됨)함으로써 물아양망(物我兩忘-대상물과 나 자신의 한시적 경계를 초월함)의 경지로 나아가려고 하였다. 그렇다면 과연 이 경지는 무엇인가? 이는 곧 본질적으로 선(禪)의 '무념위종(無念爲宗-생각이 없는 무념을 요지로 삼다)'·'무주위본(無住爲本-머무르지 않는 것을 근본으로 삼다)'의 뜻이다. 일찍이 문인회화가 표현하고자 했던 평담천진이란, 원래 화가의 순수한 감정과 본성·성령(性靈)을 가리키는데, 여기에는 이미 자연 만물과 아무런 차이가 없이 함께 존재하여, 마치 완전히 자유자재하다는 것을 표현하고 있다. 이는 원래 문인회화가 추구했던 평담

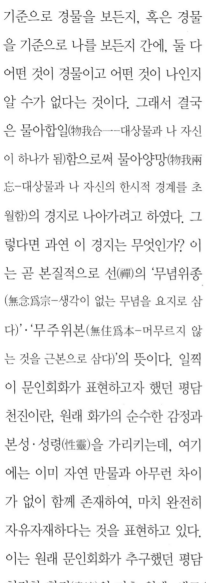

〈전강초당도(剪江草堂圖)〉(軸)
(明) 동기창

천진한 화경(畫境)의 기초 위에, 새로운 이성(理性)의 내용을 주입한 것이며, 내용과 형식에서도 한층 새로움을 획득하였다.

　　동기창 회화의 독특한 추구와 표현은, 중국 회화 역사의 발전에서 필연적으로 체현된 것이며, 또한 당시 사회의 역사 발전도 그렇게 되도록 하였다. 문인화는 회화라는 수단을 이용하여 감정과 뜻을 나타내고 개성을 표현할 것을 강조한다. 이는 필연적으로 회화의 발전을

표현 대상물인 객관 대상과 창작자 사이의 모순적 관계를 해결하는데 집중시켰다. 자연을 그리든, 혹은 옛 화가들의 작품을 모사하든간에, 결국은 모두가 화가 자신의 자아 표현에 대한 제한이거나 속박이다. 그리고 회화는 결코 객관 대상에 대한 묘사로부터 완전히 벗어날 수 없기 때문에, 자연과 옛 사람들을 뛰어넘는 것은, 물즉아(物卽我-경물이 곧 나이고)·아즉물(我卽物-내가 곧 경물인)·물아합일(物我合一)이라는 예술 경로를 걷는 것보다 더 나은 방법은 없다. 뿐만 아니라 실제로 만사만물은 모두 나의 감각으로 인해 제한되는 존재이기때문에, 이는 철학적으로 주관유심주의(主觀唯心主義)에 속한다. 그러나 예술에서 주관적 의경(意境)을 형상화할 때에는, 바로 시간과 공간의 사유적 합리성을 전도시킴으로써, 더욱 커다란 정도로 화가가객관적 속박으로부터 벗어날 수 있도록 해주며, 더불어서 객관적 물상을 종속적 지위에 놓이게 해준다. 이런 의미에서 말하자면, 동기창의 회화 및 그 이론은 중국 회화 역사의 발전에 대해 적극적인 의의를 가지며, 이는 문인회화의 발전이 명대 말기에 최고의 경지에 도달한 것이다.

동기창의 남북종설(南北宗說)

명나라 말기인 만력(萬曆) 연간, 화단에 출현한 남북종설(南北宗說)은 중국 회화사에서 가장 중요한 예술 이론 가운데 하나이다. 남북종설은 당대(唐代)의 왕유(王維)·이사훈(李思訓) 이후 산수화의 역사에 대한 청산과 비평의 기초 위에서 확립되었으며, 회화 역사의 연구와 창작 이론 및 작품 평론의 기준 등 종합적인 내용을 포괄하는 이론학설을 제시하였다. 이는 문인회화 이론이 명나라 말기까지 발전한 필연적 산물이며, 아울러 명대 말부터 청대의 전체 시기에 걸쳐 회화 창작 및 이론 발전에 심각한 영향을 미쳤는데, 이러한 이론을 완성했을 뿐 아니라, 그것을 종합하여 체계적 학설로 만든 인물이 바로 동기창이다.

남북종설의 필연적 발생

이른바 남북종설의 주요 내용은 동기창이 『용대별집화지(容臺別集畫旨)』에서 밝힌 바로 이 단락에서 찾아볼 수 있다.

"불교에는 남종과 북종의 두 종파가 있으니, 당나라 때 처음으로 나뉘었다. 그림에서의 남(南)과 북(北) 두 종파도 당나라 때 나뉘었는데, 그 사람(의 출신지)이 남이고 북이라는 것이 아니다. 북종은 이사훈 부자(父子)의 착색산수(着色山水)가 전해 내려와 송나라의 조간·조백구·조백숙(의 화법-역자)이 되었으며, 마원·하규의 무리에 이르렀

선담(渲淡) : 담묵으로 반복하여 선 염함으로써 요철(凹凸)이나 음양 효과 등을 나타내는 동양화의 한 가지 표현 기법.

구작(勾斫) : 용필(用筆)법에서 선(線)의 운용법을 가리키는 말로, 구(勾)는 가늘고 긴 선으로 하는 것이고, 작(斫)은 짧고 굵은 선으로 하는 것이다. 구작은 주로 윤곽과 구조를 표현하는 것으로, 대부분 중봉(中鋒)의 붓을 사용한다. 수목(樹木)·건물·배 등은 모두 선으로 윤곽을 그리는데, 사용하는 선의 굵기와 무게와 깊이는 변화해야 하는데, 가까운 곳에서부터 멀어질수록 가볍고 옅어 보인다.

다. 남종은 왕유가 처음으로 선담(渲淡)을 사용하여 구작(勾斫)의 법을 일변시켰는데, 그것이 전하여 장조·형호·관동·동원·거연·곽충서·미불 부자(의 화법-역자)가 되었으며, 원나라의 사대가에 이르렀다. 이것은 육조(六祖-혜능) 이후에 마구(馬駒)·운문(雲門)·임제(臨濟) 등의 자손들이 흥성하고, 북종이 쇠미해진 것과 마찬가지다. 요컨대 마힐(摩詰-왕유)은, 구름에 쌓인 산봉우리와 바위의 모습은 멀리 천기(天機)에서 나오고, 필의(筆意)는 자유롭게 움직이면서 조화(造化)에 참여했다고 했다. 동파(東坡-소식)도 오도자와 왕유의 벽화에 대해 찬(贊)하면서 역시 말하기를, '나는 왕유(의 그림-역자)에게 아무것도 문제 삼을 것이 없다'라고 했는데, 지언(知言-도리에 맞는 말)이다.[禪宗有南北二宗. 唐時始分, 畫之南北二宗, 亦唐時分也. 但其人非南北耳. 北宗則李思訓父子着色山水, 流傳而爲宋之趙幹·趙伯駒·伯驌以至馬·夏輩. 南宗則王摩詰始用渲淡, 一變勾斫之法. 其傳爲張璪·荊·關·董·巨·郭忠恕·米家父子, 以至元之四大家. 亦如六祖之後有馬駒·雲門·臨濟兒孫之盛, 而北宗微矣. 要之摩詰, 所謂雲峰石迹, 迥出天機, 筆意縱橫, 參乎造化者. 東坡贊吳道子·王維畫壁亦云, '吾于維也無間然.' 知言哉.]"

이 밖에도 『화지(畫旨)』에는 또 다른 한 구절이 있는데, 위에서 밝힌 분종설(分宗說)의 뜻과 같은 내용이다.

"문인(文人)의 그림은 왕우승(王右丞-왕유)으로부터 시작되었으며, 그 후로는 동원·거연·이성·범관이 적자(嫡子)이다. 이용면(李龍眠-이공린)·왕진경(王晉卿-왕선)·미남궁(米南宮-미불) 및 미우인은 모두 동원과 거연으로부터 나올 수 있었다. 곧바로 원나라의 사대가인 황공망·왕숙명(王叔明-왕몽)·예원진(倪元鎭-예찬)·오중규(吳仲圭-오진)에 이르기까지 모두가 바르게 전해졌다. 본 왕조의 문징명·심주는 또한 먼 훗날 그 법을 접하여 전수받았다. 마원·하규 및 이당·유송년 같은 사람은 이대장군(李大將軍-이사훈)의 화파이니, 우리들이 배워서는

안 된다.[文人之畫, 自王右丞始, 其後董源·巨然·李成·范寬爲嫡子. 李龍眠·
王晉卿·米南宮及虎兒皆從董·巨得來. 直至元四大家黃子久·王叔明·倪元鎭·
吳仲圭, 皆其正傳. 吾朝文·沈, 則又遠接衣鉢. 若馬·夏及李唐·劉松年, 又是大
李將軍之派, 非吾曹當學也.]"

이 두 문장의 논지를 종합해보면, 동기창이 남북종설에 대해 제
시한 기본 이론의 개요를 살펴볼 수 있다. 하나의 역사적인 현상으로
서, 이러한 예술 이론의 출현은 개인에 의해 우연히 이루어질 수 있
는 것은 절대 아니다. 동기창과 같은 시대에 활동했던 몇몇 화가들과
회화 이론가들도 유사한 관점을 제시한 바 있다. 예를 들면 첨경봉
(詹景鳳)은 원나라 사람인 요자연(饒自然)의 『산수가법(山水家法)』에 이
렇게 썼다.

"청강(淸江) 요자연이 앞서 지은 『산수가법(山水家法)』은 참으로 훌
륭하다고 할 만하다. 그러나 산수에는 두 화파가 있으니, 하나는 일
가(逸家)이고, 다른 하나는 작가(作家)인데, 또한 이를 행가(行家)와 예
가(隸家)라고도 부른다. 일가는 왕유·필굉(畢宏)·왕흡(王洽)·장조(張
璪)·항용(項容)에서부터 시작되었으며, 그 후로 형호·관동·동원·거
연 및 연숙(燕肅)·미불·미우인이 그 정통파가 되었지만, 이로부터 거
의 2백여 년 동안 맥이 끊어졌다. 그러나 그 후에 원나라 사대가인 황
공망·왕몽·예찬·오진이 먼 훗날 원류를 접하였다. 본 왕조에 이르러
심주와 문징명의 그림이 이를 본받았다. 작가는 이사훈·이소도 및 왕
재(王宰)·이성·허도녕(許道寧)에서 시작되었다. 그 후 조백구·조백숙
및 조사준(趙士遵)·조자징(趙子澄) 모두가 정통 전수자가 되었다. 남송
에 이르러 마원·하규·유송년·이당이 또 그 적파(嫡派)가 되었다. 본
왕조에 이르러서는 대진·주신(周臣)이 곧 그것을 전수받았다. 일가와
작가를 겸한 묘한 자들로 말하자면, 범관·곽희·이공린이 시조이며,
그 뒤로 왕선(王詵)·조영양(趙令穰)·적원심(翟院深)·조간·송도(宋道)·

연숙(燕肅) : 991~1040년. 자는 목지
(穆之)이며, 청주(靑州 : 지금의 산동 청
주) 사람이다. 그는 기계 제작에 뛰어
났는데, 평생 동안 대단히 많은 발명
과 창조를 이루었다. 또한 음률(音律)
에도 통달했으며, 시를 짓고 그림을
그리는 데에도 능통했으므로, 송나라
때의 가장 다재다능한 저명한 과학자
로 일컬어진다.

송적(宋迪)과 남송의 마화지(馬和之)가 모두 그 파(派)이다. 원대에는 육광(陸廣)·조지백(曹知白)·고사안(高士安)·상기(商琦)가 거의 그에 가깝다. 만일 문인(文人)이 그림을 배운다면 반드시 형호·관동·동원·거연을 근본으로 삼아야 하고, 만일 필력이 따라주지 않으면, 곧 원나라 사대가를 주로 본받아야 하지만, 비록 후자에 속한다고 하여 정통파에서 벗어난 것은 아니며, 남송의 화원(畫院) 및 명대의 대진 같은 화가들은, 비록 생동감이 있고 기운(氣韻)은 있지만, 문인들이 배울 바가 아니다. 대부분 그림 배우는 사람들을 보면, 강남파는 동원과 거연을 주로 본받고, 강북파는 이성과 곽희를 본받으며, 절강에서는 이당·마원·하규를 본받는바, 이러한 풍조의 습속은 옛날부터 오래도록 변하지 않은 것이다.[淸江饒自然先所著山水家法, 可謂盡善矣. 然而山水有兩派, 一爲逸家, 一爲作家, 又謂之行家·隸家. 逸家始自王維·畢宏·王洽·張璪·項容, 其後荊浩·關仝·董源·巨然及燕肅·米芾·米友仁爲其嫡派, 自此絶傳者幾二百年, 而後有元四大家黃公望·王蒙·倪瓚·吳鎭遠接源流. 至吾朝沈周·文徵明畫能宗之. 作家始自李思訓·李昭道及王宰·李成·許道寧. 其後趙伯駒·趙伯驌及趙士遵·趙子澄皆爲正傳. 至南宋則有馬遠·夏圭·劉松年·李唐, 亦其嫡派. 至吾朝戴進·周臣乃是其傳. 至于兼逸與作之妙者, 則范寬·郭熙·李公麟爲之祖, 其後王詵·趙令穰·翟院深·趙幹·宋道·宋迪與南宋馬和之, 皆其派也. 元則陸廣·曹知白·高士安·商琦幾近之. 若文人學畫, 須以荊·關·董·巨爲宗, 如筆力不能到, 卽以元四大家爲宗, 雖落第二義, 不失爲正派也, 若南宋畫院及吾朝戴進輩, 雖有生動, 而氣韻然, 非文人所當師也, 大都學畫者, 江南派宗董源·巨然, 江北則宗李成·郭熙, 浙中乃宗李唐·馬·夏, 此風氣之所習, 千古不變者也.]"

또 진계유도 『언폭여담(偃曝餘談)』에서 이렇게 말하였다.

"산수화는 당나라 때부터 변하기 시작하여, 대략 두 종파가 있었으니, 이사훈과 왕유가 그들이다. 이사훈의 것은 송나라의 왕선·곽희·장택단(張擇端)·조백구·조백숙 및 이당·유송년·마원·하규에게 전해졌으니, 이들은 모두 이파(李派)이다. 왕유의 것은 형호·관동·이성·이공린·범관·동원·거연 및 연숙·조영양·원나라 사대가에게 전해졌으니, 이들은 모두 왕파(王派)이다. 이파는 딱딱하고 세밀하여 사기(士氣-선비의 기질)가 없다. 왕파는 공허하고 쓸쓸한데, 이것은 또한 혜능(慧能)의 선(禪)이며, 신수(神秀)가 이를 수 있는 것이 아니다. 정건(鄭虔)·노홍일(盧鴻一)·장지화(張志和)·곽충서(郭忠恕)·대소미(大小米-미불·미우인 부자)·마화지·고극공·예찬 등의 무리는 또한 속세를 떠나 불에 익힌 음식을 먹지 않는 사람들 같으니, 녹특한 골상(骨相)을 갖춘 자들이다.[山水畵自唐始變, 蓋有兩宗, 李思訓·王維是也. 李之傳爲宋王詵·郭熙·張擇端·趙伯駒·伯驌以及于李唐·劉松年·馬遠·夏圭皆李派. 王之傳爲荊浩·關仝·李成·李公麟·范寬·董源·巨然以及于燕肅·趙令穰·元四大家皆王派, 李派板細無士氣, 王派虛和蕭散, 此又慧能之禪, 非神秀所及也. 至鄭虔·盧鴻一·張志和·郭忠恕·大小米·馬和之·高克恭·倪瓚輩, 又如方外不食咸□火人, 另具一骨相者.]"

동기창·첨경봉·진계유 등 세 사람의 학설을 비교해 보면, 그 주요 공통점은 모두 당나라 때 왕유와 이사훈을 대립시켜 두 파로 구분하였으며, 더불어서 왕유는 높여 선양하고 이사훈은 낮추어 비난하는 관점을 지니고 있다는 점이다. 다른 부분은, 동기창과 진계유는 선종이 남·북 두 종(宗)으로 구분되는 것으로써, 왕유와 이사훈의 두 파로 나누어 비유했으며, 첨경봉은 일가(逸家)와 행가(行家)로 나누었는데, 이들 세 사람이 두 화파에 속하는 역대 화가들을 배열한 데에도 각각 차이가 있어, 첨 씨와 진 씨는 일가와 행가를 겸한 부류와 속세를 떠난[方外] 일파(一派)를 따로 나누었다. 이처럼 세 사람의 학설은 서로 다른 점도 있지만, 그들이 파(派)를 나눈 실질은 서로 같다는 것을 어렵지 않게 발견할 수 있다. 이들 세 사람보다 약간 늦은 명나라

신수(神秀)·혜능(慧能) : 대통(大通) 신수(神秀, 606~706년)와 육조(六祖) 혜능(慧能, 638~713년)은 각각 북종선(北宗禪)과 남종선(南宗禪)을 일으켰는데, 신수 선사의 북종선은 점진적으로 깨달음에 도달한다는 점수주의(漸修主義) 선법을, 남종선의 혜능 선사는 갑자기 깨달음에 이른다는 돈오주의(頓悟主義) 선법을 펼쳤다.

말기에 심호(沈顥)는 『화진(畫塵)』에서 이렇게 주장하였다.

　"선가(禪家)와 화가(畫家)에는 모두 남종과 북종이 있고, 나누어진 것도 같은 당나라 시대이며, 시운(時運)도 서로 알맞았다. 남종은 왕마힐(王摩詰-왕유)이 질박하고 수려한 양식을 구사하여, 묻어나는 기운이 그윽하고 담담했으며, 문인들을 위한 화파(畫派)를 창시했다. 형호·관동·필굉·장조·동원·거연·이미(二米-미불과 미우인 부자)·자구(子久-황공망)·숙명(叔明-왕몽)·송설(松雪-조맹부)·매수(梅叟-오진)·우옹(迂翁-예찬) 등과 명대의 심주·문징명 같은 이들에게까지 이어져, 지혜로운 등불이 꺼지지 않았다. 북종은 곧 이사훈·조백구·조백숙·마원·하규와 대문진(戴文進-대진)·오소선(吳小仙-오위)·장평산(張平山-장로) 같은 이들인데, 날로 이단(異端)의 방법을 좇아 세속에 전해졌다.[禪與畫俱有南北宗, 分亦同時, 氣運復相敵也, 南則王摩詰, 裁構淳秀, 出韻幽澹, 爲文人開山, 若荊·關·宏·璪·董·巨·二米·子久·叔明·松雪·梅叟·迂翁, 以至明之沈·文, 慧燈無盡. 北則李思訓·伯駒·伯驌·馬遠·夏圭以至戴文進·吳小仙·張平山輩, 日就狐禪·衣鉢塵土.]"

　심호(沈顥)는 왕유 계열을 남종이자 문인화로 여겼으며, 이사훈 계열은 북종이자 행가화(行家畫-직업화가의 그림)로 간주하였다. 이것은 곧 첨경봉이 제시한 일가화(逸家畫)와 행가화이며, 동기창·진계유가 제시한 남·북 이종화(二宗畫)의 본뜻과 서로 같은 것이다. 첨경봉이 원나라 요자연의 저서 『산수가법』에 발문을 쓴 만력 갑오년(1594년) 8월은, 동기창의 나이 40세로, 마침 북경에서 강관(講官)에 임명되어 황태자인 주상락(朱常洛)을 위하여 강학(講學)을 하고 있던 때이다. 동기창의 화학(畫學) 이론의 형성 과정으로부터 알 수 있는 것은, 그는 그 이전에는 아직 첨 씨가 발문에서 밝힌 것과 같은 체계적인 인식을 하지 못했던 것 같다. 첨 씨는 일가·행가·일가와 행가를 겸한 부류 등 세 개의 파로 구분하여 주장하였고, 이 세 파에 해당하는 과거의 여러 화가들을 상세하게 나열하였다. 나아가 일가는 정파(正派)이며, 행가는 "문인들이 배워서는 안 된다[非文人所當師]"라는 예술 관점을 확립한 것은 당연히 동기창보다 앞섰다. 비록 첨 씨는 발문에서 선종이 남종과 북종으로 나뉜 것을 이용하여 일가와 행가의 분립에 비유하지는 않았지만, 이미 훗날 출현할 남북종설의 원형을 분명히 드러내고 있다.

남북종설의 탄생은 곧 문인화가 심화되고 발전해야 할 필요성에 부응한 것임과 동시에, 또한 심각한 예술 역사성의 요소를 지니고 있었다. 일찍이 수묵산수화가 흥성했던 초기에, 오대의 화가인 형호가 지은 『필법기(筆法記)』에서는 다음과 같이 비교하고 있다. "왕우승(王右丞-왕유)의 필묵은 부드럽고 고우며, 기운은 고상하고 맑으며, 교묘하게 형상을 묘사하여 그렸고, 또한 천진한 생각을 자아내게 한다. 이 장군(李將軍-이사훈)은 사물에 대한 이치의 깨달음이 깊고 생각이 원대하며, 필적(筆迹)이 매우 정교한데, 비록 공교하고 화려하지만, 먹의 운치는 크게 잃었다.[王右丞筆墨宛麗, 氣韻高淸, 巧寫象成, 亦動眞思. 李將軍理深思遠, 筆迹甚精, 雖巧而華, 大虧墨彩.]" 『필법기』의 전체 글을 보면, 형호는 아직 왕유와 이사훈의 회화를 두 종류의 전형으로 삼아 비교한 것이 아니라, "수묵운장(水墨暈章-수묵만의 새로운 문채로 표현하는 기법)" 같은 것은 "우리 당대(唐代)에 흥기했다[興吾唐代]"라고 말한 다음, 여러 화가들의 산수화의 서로 다른 화법과 서로 다른 풍격의 특징을 서술하고 평가하였다. 그는 필묵을 운용하여 산수를 표현하는 것을 중요시했으며, 또 붓과 먹을 '육요(六要)' 가운데 포함시켜, 사혁(謝赫)의 '육법(六法)'을 대체하였다. 왕유와 이사훈에 대한 형호의 다른 견해는 남북종설의 역사적 시초라 할 수 있다. 이후 왕유는 문인회화의 이상적인 목표가 되었으며, 소식(蘇軾)의 추앙을 받은 뒤, 다시 한 번 긍정되고 제고되었다.

남북종설의 요점

남북종설은 동기창이 남북으로 나뉜 선종(禪宗)의 역사적 사실을 예로 들어, 중국의 고대 산수화에도 남북으로 나뉜 선종처럼 다른 두 화파가 존재하고 있음을 증명하고자 한 것이다. 아울러 이것으로 인하여 하나는 폄하하여 비난하고, 하나는 높여 선양하려는 태도를 표명한 일종의 회화 이론이다. 그는 일찍이 이렇게 주장하였다. "이 소도 일파는 조백구·조백숙인데, 지극하게 정교하면서 또 선비다운 기질과 품격[士氣]도 있었으며[李昭道一派, 爲趙伯駒·伯驌, 精工之極, 又有士氣]", "거의 오백 년이 지나서 구영이 출현하였는데, 옛날에 문태사(文太史-문징명)는 지극히 서로 추앙하고 따랐다.[蓋五百年而有仇英, 在昔文太史極相推服.]" 더욱이 "실부(實父-구영)는 그림을 그릴 때, 귀로 성대하고 떠들썩한 북 소리와 피리 소리·가득한 마차 소리를 듣지 못했는데, 그것은 마치 벽을 사이에 두고 있는 여인을 돌아다보는 것을 경계하는 것과 같았으니, 생각해보면 그 방법도 역시 고난에 가까웠다.[實夫作畫時, 耳不聞鼓吹·闐駢之聲, 宛如隔壁釵釧戒, 顧其術亦近苦矣.]" 그래서 이 화파는 정교할 뿐만 아니라 사기(士氣)도 있어서, 마치 북종의 선(禪)에서 "억겁의 세월이 지나서야 비로소 보살을 이루는 것[積劫方成菩薩]"과 같다.

그는 또 다른 측면, 즉 화가의 수명이 길고 짧은 것으로 이렇게 논하였다. "지나치게 세밀하고 조심스럽게 그리는 것은, 대자연의 조화에 부림을 당하는 것이니, 이에 수명이 손상될 수 있으며, 대개 생기가 없다. 황자구(黃子久-황공망)·심석전(沈石田-심주)·문징중(文徵仲-문징명)은 모두 80세가 넘도록 장수하였고, 구영은 단명하였으며, 조오흥(趙吳興-조맹부)은 60여 세에 생을 마쳤다. 구영과 조맹부는 비록 품격은 다르지만, 모두 배우는 자의 무리이지, 그림으로 자신의 뜻을 기탁하거나 그림으로 즐긴 사람들은 아니었다. 그림에 기탁하거나 즐긴 것은 황공망으로부터 비로소 이 분야가 시작되었다.[至于刻畫細謹, 爲造物役者, 乃能損壽, 蓋無生機也, 黃子久·沈石田·文徵仲皆大耋, 仇英短命, 趙吳興止六十餘, 仇與趙雖格不同, 皆習者之流, 非以畫爲寄, 以畫爲樂者也. 寄樂于畫, 自黃公望始開此門耳.]" 따라서 그는 남종선(南宗禪)처럼 "단번에 여래의 경지에 뛰어 들어갈 수 있는[可一超入如來地也]" 황공망 일파의 화법을 수긍하였다.

동기창이 제시한 남북종설의 주요 내용은 "그림으로 기탁하고, 그림으로써 즐긴다[以畫爲寄, 以畫爲樂]"라는 사상인데, 이는 그가 그림을 논한 요지의 기본 관점이며, 또 문인화론 가운데 "그저 스스로 즐길 뿐이다[聊以自娛]"라는 사상을 계승하여 발전시킨 것이다. 이로부터 나아가, 회화 창작관(創作觀)에서 그는 "화사(畫史)의 종횡습기(縱橫習氣)"를 반대하였는데, 그 중에는 "대자연의 조화에 부림을 당하는[爲造物役]" 섬세하고 신중한 화법을 반대하며, 또한 옛 화가들의 상투적인 방식에 빠져 단순히 그들의 작품을 임모하는 것을 반대하고, 순식간에 깨달음에 이르는 남선식(南禪式) 방법으로, 자연과 고인(古人)의 화법을 함께 취하여, 흉중구학(胸中丘壑-창작에 임할 때, 화가가 품고 있는 이상적인 산수의 이미지)을 창조해 낼 것을 주장하는 내용이 포함되어 있다.

나아가 회화 평론관(評論觀)에서는 남종을 선양하고 북종을 폄하하는 관점을 명백하게 지니고 있었다. 심지어는 자신이 숭상했던 왕유·동원·거연·원나라 사대가 계열의 문인화가들에 대해서도, 그들의 작품에 포함되어 있는, 종횡습기의 습성을 비판하면서, "종횡습기는, 곧 황공망도 끊지 못했다[縱橫習氣, 卽黃子久未能斷]"라고 지적하였으며, 교의에 얽매이지 않고 자신의 수행 방식으로 돈오(頓悟)의 경지에 이르는 남종선(南宗禪)의 최고 경지의 사상을 통해, "공교하게

종횡습기(縱橫習氣) : 평소에 몸에 밴 좋지 않은 법도에 따라, 얄팍한 기교를 부리는 습성.

그리려고 하면 할수록 더욱 본질에서 멀어진다[轉工轉遠]"라는 요점을 밝혀 냄으로써, 문인화를 순수하게 변화시켰다. 사실 동기창의 화사 평론에는 많은 모순점들이 있다. 즉 조백구·조백숙의 그림에 사기(士氣)가 있다고 인정한 점과 황공망의 그림에 '종횡습기'가 있다고 비평한 점이 곧 그 한 가지 예이다. 이러한 모순된 평가는, 또한 동기창이 송·원 회화의 진수를 계승하여, 한 시대의 집대성자가 되었음을 나타내준다.

[본 장 집필 : 肖燕翼 / 번역 : 유미경]

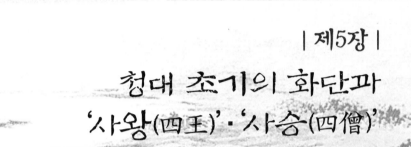

| 제5장 |

청대 초기의 화단과
'사왕(四王)'·'사승(四僧)'

명말·청초의 화가들 대부분은 하늘이 무너지고 땅이 꺼지는 듯한 왕조의 교체를 겪게 되면서, 기백과 절개를 중시하는 한 무리의 화가들이 출현하였다. 바로 그들은 청대 초기의 창신(創新) 의식이 풍부한 생명력을 대표하였으며, 공현(龔賢)을 대표로 하는 '금릉팔가(金陵八家)' 등의 화가들의 붓끝에서 나온 실경산수(實景山水)는 청대 초기의 산수 화단에 활력을 불어넣었다. 고숙[姑熟―지금의 안휘 무호(蕪湖)]파의 우두머리인 소운종(蕭雲從)의 예술 활동은, 당시 화단에 간결하고 힘차며 자유로운 산수화풍을 유행시켰고, 또 평민 계층을 위해 판화와 철화(鐵畵)의 밑그림을 제공하였디. 항성모(項聖謨)의 붓끝에서 전개되는 나뭇가지 하나·잎사귀 한 장은 심령을 울리고도 남을 정도였다. 정가수(程嘉燧)의 고상하고 은일한 그림의 경지와 대본효(戴本孝)의 차갑고 고요한 그림 풍격은, 이들과 황산(黃山)이 맺었던 끊을 수 없는 인연에서 얻어진 예술의 큰 성과였으며, 화가들이 대자연을 중시하여 본받은 심미 취향을 반영하고 있다. 이 방면에서 '사승[四僧: 홍인(弘仁)·팔대산인(八大山人)·곤잔(髡殘)·석도(石濤)]'은 오묘함을 찾아 참모습을 창조해 내고[搜妙創眞], 생각과 감정을 그려 내는[寫心抒情] 높은 수준에 도달하였다. 특히 석도는 산수화 창신 이론을 완정하게 수립하여, 후세의 모범이자 대대로 좌표가 되었다.

청대 초기의 화단에는 또 다른 한 부류의 예술 사조가 존재하고 있었는데, 그 세력은 대단하여 청나라 조정에서도 정통 회화로 인정하기에 이르렀다. 이들이 곧 '사왕[四王: 왕시민(王時敏)·왕감(王鑑)·왕휘(王翬)·왕원기(王原祁)]'으로, 명대 말기의 동기창을 따라 '복고' 경향의 산수화를 답습하였는데, 그들은 조정과 강남 지역에 매우 큰 영향을 미쳤다.

오력(吳歷)·운수평(惲壽平)은 '사왕'과 대단히 복잡한 예술 관계를 맺고 있기 때문에, 창신 의식에서는 '사왕'과 이 두 사람을 비교할 방법

황산(黃山): 중국의 삼산오악(三山五嶽) 가운데 삼산의 하나로, 구름이 많아 운산(雲山)이라고도 불리며, 경치가 빼어나게 아름다워 '천하제일기산(天下第一奇山)'이라는 명예로운 이름으로도 불린다.

이 없다. 그러나 일반적으로 오력은 서양 화법을 이용하여 경물을 구사하는 데 뛰어났고, 운수평은 몰골채색 사생(寫生)으로 이름 떨쳤다.

창신과 복고가 병존했던 청대 초기의 화단에서, 화가마다 최고의 기량을 발휘하여 각자의 성취를 이루었지만, 이 두 집단의 화가들 사이에는 서로 교류하고 왕래하는 예술 현상이 남아 있었다. 그러나 이후 회화사의 발전에서 보면, 진정으로 예술 발전을 추진한 것은 '사왕'이 아니고, 오히려 공현이나 '사승' 등과 같은 진보적 사고를 지닌 변혁적인 화가들이었으며, '사왕'이 예술에 미친 공헌은 단지 전통 산수화를 귀납하고 총정리한 것에 지나지 않았다.

창신(創新)에 몰두한 청대 초기 금릉(金陵)·환절(皖浙)의 화단

금릉과 금릉 지역의 화가들

육조(六朝) 시대의 고도(古都)인 금릉(金陵)은 장강(長江)과 접하여 남쪽에 자리하고 있으며, 일찍이 명나라 초기의 수도였는데, 영락(永樂) 원년(1403년)에 명나라 성조(成祖)인 주체(朱棣)가 북경에 도읍을 정하면서 금릉은 제2의 수도가 되어, 북경에 상응하는 수많은 정부 기관들이 남게 되었다. 성 안으로 흐르는 진회하(秦淮河) 가에 자리한 과거장은 과거를 통해 벼슬길에 나가고자 했던 수많은 문인들을 불러들였을 뿐만 아니라, 금릉성을 강남에서 가장 중요한 문화도시로 만들었다. 강남의 풍요로운 경제 자원과 발달한 상품경제는 이렇게 역사적으로 이름난 도시의 원동력이 되었다.

1644년에 대청(大淸) 제국이 명 왕조를 멸망시키자, 그 옛날 번성하여 눈부시게 화려하고 방탕하던 금릉성은 어둠과 정적에 휩싸였다. 청대 초기의 통치자들은 한족(漢族) 문인들을 달래기 위해 금릉 일대의 옛 왕조 유민들을 매우 중시하였다. 예를 들면 명나라 홍광(弘光) 정권에서 예부상서를 지낸 전겸익(錢謙益)을 솔선해서 맞아들여 예부시랑의 관직을 주고 비서원(秘書院)의 일을 관장하게 하였다. 이처럼 청대 초기의 고압적 통치와 높은 관직의 유혹에 직면하게 되었지만, 민족정기와 절개가 충만했던 금릉 일대의 문인들은 소수민족의 통치에 굴복하여 신하가 되기를 원치 않아, 적지 않은 문인들은 타고난 서화(書畫) 재주에 의지하여 권력에 제약받지 않고 이 상업도시 안에서 그림으로 생계를 유지하는 길을 선택하였다. 동시에 옛 도시의 지나간 사건들과 옛 정서는 그들로 하여금 한없이 회상 속에 빠져들게 하여, 그들의 그림과 시 속에 표현되었다.

명대 말기와 청대 초기에 금릉 지역에서 활동했던 화가들의 수는 거의 백여 명에 달했다. 비교적 이름이 알려진 화가들은 대부분 외지에서 온 사람들로, 그 중에는 금릉에 정착하여 살았던 공현(龔賢)과 이곳으로 이주해온 고잠(高岑) 등이 있었으며, 또 금릉 토박이 고수들로는 엽흔(葉欣)·호조(胡慥) 등도 있었다. 이 때문에 오늘날 '금릉화파'라는 주장이 있기는 하지만, 학계에서 인정하고 있는 것은 청나라 장경(張庚)이 『국조화징록(國朝畫徵錄)』에서 제시한 '금릉팔가(金陵八家)', 즉 공현·번기(樊圻)·고잠·추철(鄒喆)·오굉(吳宏)·엽흔·호조·사손(謝蓀)이며, 이 가운데 예술의 조예가 가장 깊고 큰 영향을 미친 사람은 공현이다.

금릉팔가(金陵八家)의 예술 형성

금릉팔가의 출현은, 이와 서로 부합되는 역사적 환경·경제 조건 외에도, 또한 매우 중요한 예술 전통의 영향이 있었다. 금릉에서는 일찍이 육조(六朝) 시기와 오대(五代)의 남당(南唐) 시기에 고대 회화사에서 두 차례에 걸친 전성기가 있었는데, 이는 금릉이 당시에 그 나라의 수도(首都)였다는 점과 관련이 있었다. 7백 년 후, 금릉이 그 풍부하고 두터운 지역 문화로 홀로 주도하던 무렵, 오문과 송강의 여러 화파들은 이미 쇠퇴하여 몰락하는 처지가 되었고, 무림파(武林派) 역시 흥성기를 지나고 있었다. 그러나 이들 화파의 회화 예술은 금릉의 화가들에게 풍성한 영양분을 직접적으로 제공하였다. 오문의 화가들은 온화한 필묵으로 기유산수(紀遊山水-유람하며 기록하는 산수)와 실경산수(實景山水)의 독특한 풍격을 중시하여, 금릉의 화가들이 경물을 취할 때 그 시야를 금릉성 주변의 산야(山野)와 구릉으로 향하도록 인도하였다. 무림파의 우두머리였던 남영(藍瑛)은 일찍이 명대 말기에 금릉에서 활동하였는데, 그는 비록 예능 장인[藝匠] 출신이지만 문인들과 교류하는 것을 좋아했기 때문에, 그의 산수화는 문인화의 기풍을 융합해 나갔다. 또 그는 송·원대의 회화를 숭상하고 여러 화가들의 우수한 화학(畫學) 사상을 결집하여, 금릉의 화가들로 하여금 전통 예술에 대한 뜨거운 애정을 촉발시키는 데 일정한 작용을 하였다.

금릉 화가들의 예술 특징을 살펴보면, 생활과 전통을 중시하고, 실경산수를 즐겨 그렸으며, 화면 구성에서는 청아하고 참신한 기운과 풍격을 추구한 공통점이 있다. 특히 공현은 시와 문장에 뛰어났으며, 저술과 제자들을 가르치는 데에도 탁월하여, 화가들 가운데 단연 독보적이었다. 나머지 일곱 명의 화가들은 예술상에서는 재주와 솜씨가 많았던 반면, 학문적 수양은 적었는데, 이는 남영의 예술 노선이 이들에게 영향을 주었기 때문이라고 하지 않을 수 없다.

금릉팔가의 예술 성취

(1) 공현(龔賢)

공현(1618~1689년)의 자는 반천(半千)이고, 또 다른 자는 야유(野遺)이며, 호는 시장인(柴丈人)이다. 곤산(昆山 : 지금의 강소 지역) 사람으로 몰락한 관료 집안에서 태어났다. 어려서 금릉에 이주하였으며, 젊어서는 일찍이 명나라 말기의 '복사(複社)'에 참여하여 간신 완대월(阮大

복사(複社) : 명나라 말기에 출현한 문인들의 결사체로, 숭정 2년(1629년)에 오강(吳江-지금의 강소에 속함)에서 성립하였으며, 운간(雲間-송강 지역)의 몇몇 단체와 절서(浙西)의 문사(聞社), 강북(江北)의 남사(南社) 등 각 지역의 문인 결사체 10여 곳이 연합하여 성립했다. 주요 지도자로는 장부(張溥)·장채(張采) 등이 있었다.

鉞)에 반대하는 투쟁을 하였다. 명나라 말기에는 많은 문인화가들의
대부분이 '복사'에 참여했는데, 예컨대 방이지(方以智)·오위업(吳偉業)
등이 그들이다. 명나라가 멸망한 후, '복사'의 구성원들은 서둘러 투
쟁의 대상을 청나라 정부로 전환하였다. 공현은 금릉을 떠난 후 장강

〈금릉팔가산수도(金陵八家山水圖)〉〈冊〉

(淸) 공현(龔賢) 등

의 북쪽 양주(揚州)·해안(海安)과 북방의 여러 지방들을 유랑하였는데, 이렇게 읊었다. "어릴 때 일찍이 나라를 떠났는데, 어느덧 백발이 되어 초췌해졌네. 형가(荊軻)의 전기(傳記)도 읽어보지 않고서, 단칼에 영웅 되려 했음이 부끄럽구나.[短衣曾去國, 白首尙飄蓬. 不讀荊軻傳, 羞爲一劍雄.]" 그는 거의 50세가 다 되어서야 금릉성 교외에 위치한 청량산(淸凉山)에 정착하여, 반묘원(半畝園)을 짓고, 산이나 그리면서 그럭저럭 여생을 보냈다. 그러면서도 청 왕조에 항거했던 영웅들의 역사를 본받았다. 또한 문자옥(文字獄)의 피해를 입고 죽은 절친한 친구 함가화상(函可和尙)을 늘 잊지 않고 생각하면서, 그의 민족정기와 절개를 유지하고자 하였다. 함가화상처럼 절조를 굳건히 지킨 공상임(孔尙任) 등과도 밀접하게 왕래하였는데, 공상임의 명극(名劇)인 〈도화선(桃花扇)〉은 곧 공현과 교류하며 왕래하던 중에 완성된 것이다.

공현의 고집스럽고 타협할 줄 모르는 개성과 확고한 정치 성향은 그의 견실하고 엄격한 예술 풍격을 형성한 직접적인 동력이었다. 그는 산수에 뛰어났는데, 한편으로는 동원·미불과 미우인 부자·황공망·오진·심주 등 창의력이 풍부한 선현들의 작품을 깊이 연구하였고, 다른 한편으로는 옛 화가들의 창신(創新) 의식을 계승하고 전수하는 것을 중시하여, 이렇게 말했다. "옛 사람의 서화는 대자연과 뿌리가 같으며, 음양과 원리가 같다. 만약 지금의 화가들처럼 모사하는 것을 타고난 재주로 여기고, 스승의 말을 그대로 따라 하는 것을 최고의 지혜로 여겨서는 안 된다. 그렇다면 지금 그림을 배우는 자들은 마땅히 어떻게 해야 하는가? 말하건대, 마음으로 만물의 근원을 궁구하고, 눈으로 산천의 형세를 다 파악하여, 진(晉)·당·송의 사람들에게서 깨달음을 얻으면, 곧 터득할 수 있다.[古人之書畫, 與造化同根, 陰陽同候. 非若今人泥粉本爲先天, 奉師說爲上智也. 然則今之學畫者當奈何? 曰, 心窮萬物之源, 目盡山川之勢, 取證于晉·唐·宋人, 則得之矣.]" 그가 만물을 찾아

형가(荊軻) : 전국 시대 위(衛)나라의 자객으로, 연(燕)나라 태자였던 단(丹)을 위하여 진왕(秦王)을 죽이려다 실패하여 죽임을 당했다.

문자옥(文字獄) : 중국의 역사에서, 학자나 관리들이 쓴 글이 황제나 권력자의 노여움을 사 투옥되거나, 심지어 목숨을 잃는 화를 당한 사건들을 가리킨다.

탐구하려는 안목은 금릉성 교외에 있는 촉녕진(蜀寧鎭) 산맥의 구릉과 계곡들에 집중되어 있었으며, 사물을 관찰하는 안목이 옛 사람들보다 뛰어났다. 공현은 스스로, "나는 대자연을 스승으로 삼았으니, 어찌 동원과 황공망을 알겠는가?[我師造物, 安知董·黃]"라고 하였다. 실제로 공현은 대자연을 본받아 배우는 기초 위에서, 동원과 황공망의 예술 언어를 구분하여 강화함으로써, 서로 다른 두 가지 풍격의 작품들을 창작하였는데, 사람들은 이를 '흑공(黑龔)'과 '백공(白龔)'으로 부른다. 이른바 '흑공'은 적묵법(積墨法)을 운용하여, 비교적 물기가 적은 먹으로 차곡차곡 쌓아올려 필획 하나하나가 서로 맞닿아, 먹의 기운은 짙어지고 거무스레하면서도 칙칙하지 않으며 힘이

적묵법(積墨法) : 메마른 옅은 먹 위에 점차 짙은 먹으로 덧칠하는 동양화 화법의 하나로, 먹이 층층이 겹쳐져 쌓이므로 묵직한 분위기를 풍긴다.

〈산수도〉
(淸) 공현

있다. 산석(山石)은 두판(豆瓣)·소부벽(小斧劈)·우점(雨點) 등의 준법을 많이 사용하였는데, 그는 이러한 종류의 준법들이 '정경(正經–정통)'이라고 보았다. 예를 들면 그의 〈계산무진도(溪山無盡圖)〉(卷; 북경 고궁박물원 소장)는 고풍스럽고 중후하면서도 한적한 정취가 있는데, 이는 동원 계열의 강남 산수화풍을 발전시킨 것이다. '백공'은 곧 간결한 필법[簡筆]과 관련이 있는데, 조형 언어는 주로 황공망으로부터 유래하여, 붓질이 매우 간결하고 엄숙하다. 물상의 바깥 윤곽을 강조하였으며, 물기가 적고 옅은 먹을 사용하였다. 비탈과 바위는 황공망 풍격의 피마준을 즐겨 운용하였지만, 여전히 자신만의 취향을 지니고 있다. 예를 들면 그의 〈산수도〉(冊; 북경 고궁박물원 소장)는 '백공'과 '흑공' 등 독특한 산수화 언어를 한데 모아놓았다. 그는 권운(卷雲)·우모(牛毛)·철선(鐵線)·귀면(鬼面)·해삭(解索) 등의 준법(皴法)들을 "모두 정통이 아닌 이단[旁門外道]"으로 간주하였는데, 공현 산수화에서 준법의 다양한 변화가 결핍된 것은, 그가

가졌던 이와 같은 편견과 관계가 있다고 할 수 있다.

공현은 고국에 대한 인식과 열정이 충만하고 뜨거웠던 문인 가운데 한 사람이었는데, 그의 근심과 격분은 모두 그가 지은『초향당집(草香堂集)』에 응축되어 있으며, 그의 고상한 인격과 독특한 그림 솜씨는 그림을 배우려는 수많은 젊은이들을 매료시켰던, 고대의 걸출한 미술 교육자이기도 했다. 후세 사람들은 그의 화학(畫學) 사상을 편집 수록하여『화결(畫訣)』을 완성하였고, 그가 전수한 산수 그리는 법을 배우는 절차를 모아서『과도화고(課徒畫稿)』를 엮어내기도 하였다. 청나라 초기의 금릉에서는 화보(畫譜)를 편찬하는 풍조가 크게 유행하였는데, 이 방면에는 공현과 함께 명성을 얻었으며, 또한『개자원화전(芥子園畫傳)』의 편찬자인 왕개(王槪)도 있었다.

(2) 번기(樊圻)

번기(1616~?)의 자는 회공(會公)·흡공(洽公)이며, 금릉 사람이다. 산수·화훼·인물 등을 잘 그렸고, 그의 형 번기(樊沂)도 또한 그림에 뛰어났다. 두 사람은 회광사(回光寺) 부근에 울타리도 허술한 아주 간소한 집을 짓고 함께 살면서 화업에 열중하였는데, 주양공(周亮工)은 이를 가리켜 "마치 신선 가운데 있는 사람과 같다[肖肖如神仙中人]"라고 하였으니, 번 씨 형제의 고상하고 자유로운 성정을 충분히 엿볼 수 있다. 왕탁(王鐸)은 번기의 그림에 대한 애정이 각별하여, 일찍이 번기가 그린 소경산수에 제시를 써주며 칭찬을 아끼지 않았다. 번기의 산수는 송대의 조영양과 원대 조맹부의 정신과 운치·기품을 체득하였다. 현존하는 〈채색산수〉(冊; 북경 고궁박물원 소장)는 모두 금릉 일대의 산천 풍물을 그린 것들로, 기법이 정교하고 사실적이면서도 방경(方硬)하고 깔끔하며 고상한 필치를 잃지 않았다. 번기는 사녀화에도 솜씨가 있어, 조용하고 정숙하며 단정하고 우아한 정취를 지니고 있으며,

화조화는 맑고 담담한 아름다움이 있다.

(3) 고잠(高岑)

고잠(생년은 미상이며, 대략 강희 연간에 사망)의 자는 울생(蔚生)이며, 절강 항주 사람으로, 금릉에서 오래 살았다. 그는 특히 산수에 뛰어났으며, 처음에는 승려인 칠처(七處)에게 배웠으나, 화풍의 대부분은 남영(藍瑛)을 모방하였는데, 송·원의 명화들을 좇아 그림을 배우는 과정을 거치면서, 그의 화풍은 송·원과 심주의 '조심(粗沈-거친 풍격의 심주)' 필법에 가까워지게 되었다. 〈곡구유거도(谷口幽居圖)〉(冊頁; 상해박물관 소장)는 그의 전형적인 화풍을 대표하는 작품으로, 북송과 명대의 오문(吳門) 지역 두 화파의 산수화법을 교묘하게 결합함으로써, 금릉의 산수에 대한 그의 특별한 애정이 절절하게 반영되어 있다. 고잠이 이와 유사한 의도로 그린 작품에는 〈추산만목도(秋山萬木圖)〉(軸)·〈만산창취도(萬山蒼翠圖)〉와 〈산거도(山居圖)〉(軸) 등이 있다.

(4) 추철(鄒喆)

추철(대략 명말·청초에 활동)의 자는 방로(方魯)이며, 강소 오현 사람으로, 아버지를 따라 금릉을 여행하다가 결국 이곳에 정착하게 되었다. 추철이 가장 잘 그린 것은 산수였으며, 수묵 화훼도 겸하여 그렸는데, 그의 성격은 대범하여 안빈낙도(安貧樂道)하였다. 고잠과 서로 같은 점은, 추철도 북송 산수화가들의 사실(寫實) 정신과 오문 화가들의 자유로운 문인 정취 및 자신의 가학(家學)을 한데 융합하여 그리는 데 노력했다는 점이다. 주양공이 『독화록(讀畫錄)』에서 추철에 대해 언급한 것에 따르면, "그림은 그의 아버지[鄒典]를 본받아, 소나무를 특히 기이하고 빼어나게 그렸다[畫宗其父(典), 圖松尤奇秀]"라고 한다. 그의 그림은 아버지의 그림과 마찬가지로, "의경(意景)이 고상하고 빼

어나며[筆意高秀]", "달콤한 세속과 단절했다.[絕去甛俗.]" 추철의 〈송림
승화도(松林僧話圖)〉(軸; 상해박물관 소장)에 있는 소나무 숲은 그 아름답
고 소탈함이 속세를 벗어났다고 말할 수 있을 만큼, 그림의 경지가 그
윽하고 고요하며 한적하다. 용필은 단정하고 힘차며, 먹 색은 물기가
적고 옅으며, 태점은 짙고 무겁게 처리하였다. 구도는 송대 화가들의
고상하고 광활한 화의(畫意)를 취하여, 현존하는 추철의 그림들 가운
데 가장 뛰어난 작품에 속한다. 이 밖에도 〈설경산수도〉(軸)·〈강남산
수〉(冊)·〈석성제설도(石城霽雪圖)〉(軸) 등이 전해오고 있다.

(5) 오굉(吳宏)

　오굉(대략 명말·청초에 활동)의 자는 원도(遠度)이고, 호는 죽사(竹史)
이며, 본적은 강서(江西)인데, 금릉에서 성장하였다. 그는 어려서부터
그림을 배웠으며, 그림을 직업으로 삼은 이후에는 "스스로 자신의 길
을 개척하면서, 다른 사람에게 기대어 구속당하려고 하지 않았다.[自
辟一徑, 不肯寄人籬落.]"[주양공(周亮工), 『독화록(讀畫錄)』] 순치(順治) 10
년(1653년), 그는 황하를 건너 설원(雪苑)을 유람하면서, 그의 화풍을
크게 변화시켜, 그림의 기세가 웅장하며, 필묵이 거침없는 곳에서는,
더할 수 없이 자유분방한 자태가 드러난다. 그는 연자기(燕子磯)·막
수호(莫愁湖) 등지와 같은 금릉 근교의 실경들을 즐겨 그렸는데, 준법
을 자유롭게 구사하여, 하엽준(荷葉皴)·난시준(亂柴皴) 등 여러 준들
을 하나의 산에 함께 구사하여 그렸으며, 필법과 배경 선택은 모두
웅장하고 광활한 기세를 지녔다. 주양공은 그를 북송의 범관(范寬)과
서로 비교하면서, 이렇게 말하였다. "기상이 웅대한 장부로서, 사람
됨됨이와 필(筆)이 모두 화통하고 여유가 있어, 세상 사람들의 번거
롭고 자질구레한 모습이 조금도 없다.[偉然丈夫, 人與筆俱闊然有餘, 無
世人一毫瑣屑態.]" 그의 〈한천소수도(寒泉疏樹圖)〉(冊頁; 북경 고궁박물원

소장)는 소경산수(小景山水) 계통이지만, 화면 전체의 필묵이 시원스럽고 대범하다. 구도에서는 열고 닫음[開合]이 자연스러울 뿐 아니라, 순박하고 혼후하면서 생기가 넘친다. 거의 백 리에 가깝게 이어진 장대한 경관을 그린 〈막수호·연자기양경도(莫愁湖·燕子磯兩景圖)〉(卷; 북경 고궁박물원 소장)는 곧 화가의 거시적인 포착과 섬세하고 치밀한 사실적인 예술 재능을 표현하였다.

(6) 엽흔(葉欣)

엽흔(대략 명말·청초에 활동)의 자는 영목(榮木)이며, 운간(雲間 : 지금의 상해 송강) 사람으로 금릉에서 잠시 머물렀다. 성격은 괴팍하였지만, 주양공과의 교류는 매우 밀접하고 우호적이었다. 금릉의 명승지를 즐겨 그렸는데, 금릉팔가 가운데 엽흔의 화풍이 가장 맑고 수려하며 온화하고 담박한데, 오굉과 비교해보면 각각 양강음유(陽剛陰柔)의 아름다움이 뚜렷하다. 〈도화서옥도(桃花書屋圖)〉(軸; 북경 고궁박물원 소장)는 그의 준법이 집중되어 있는데, 운용한 준법들은 오굉과 서로 비슷하다. 그러나 엽흔의 용필은 가볍고 부드러운 가운데 모가 나고 꺾이는 것도 잃지 않았으며, 높고 광활하며 맑은 풍광은 북송 화가들의 정취를 약간 풍긴다.

(7) 호조(胡慥)

호조(명말·청초에 활동)는 '호조(胡造)'라고도 쓰며, 자는 석공(石公)이고, 금릉 사람이다. 그는 권법 무술에 크게 통달하였고, 산수·인물을 잘 그렸으며, 특히 국화를 그리는 데 뛰어났다. 그의 산수는 광활하고 혼후하며, 국화는 서리가 내리는 추위에도 의연하다. 현존하는 〈갈홍이거도(葛洪移居圖)〉(扇頁; 북경 고궁박물원 소장)는 동진 시대의 연단술가였던 갈홍이 온 가족을 데리고 광동의 나부산(羅浮山)으로 이주해가는 정경을 그린 것인데, 산석은 거칠고 힘차면서도 고아하고 혼후하며, 조형은 거칠고 투박하며 험준하다.

(8) 사손(謝蓀)

사손(대략 명말·청초에 활동)의 자는 상서(緗西)·천령(天令)이며, 강소 율수(溧水) 사람이다. 그는 금릉팔가 중에서 유일하게 화조를 정교하게 잘 그렸고, 화풍 또한 가장 정교했다. 〈홍련도(紅蓮圖)〉(册頁; 북경 고궁박물원 소장)는 그의 정교한 작품 가운데 하나로, 사손은 쌍구법(雙鉤法)으로 붉은 연꽃과 청록색 잎을 그렸다. 이 기법은 남송의 원체(院體)에서 유래한 것으로, 세련되고 정교하며 생기가 넘친다. 그는 산수도 잘 그렸으며, 화풍은 화조화와 비슷하여, 수려하고 우아하며 맑고 아름다운데, 〈청록산수도〉(軸) 등이 그러한 것이다.

사실 금릉 지역의 화가들 가운데 공현을 제외한 나머지 일곱 화가 수준의 예술적 성취에 도달했던 화가들은 적지 않았다. 문인으로는 위지황(魏之璜)·장풍(張風) 등이 있었으며, 승려화가로는 칠처(七處) 등이 있었고, 은사(隱士)로는 성단(盛丹)·성림(盛琳)·무단(武丹)·유육(柳堉)·요윤재(姚允在)·호종인(胡宗仁)·호옥곤(胡玉昆)·진탁(陳卓) 등등이 있었다. 이들 화가들이 조성한 예술 활동은 금릉성 안팎에서 반 세기 이상 동안 지속되었다.

소운종(蕭雲從)과 항성모(項聖謨)의 창작 활동

(1) 고숙파(姑熟派)와 소운종의 예술 공헌

고숙[지금의 안휘 무호(蕪湖)]은 안휘 남쪽에 있는 수륙 교통의 요충지로서, 미곡(쌀-역자) 상인들이 운집해 있었다. 번영한 상업사회의 문화 예술에 대한 갈구는 문인화가들을 이곳으로 모여들게 하여, 작품을 그려 팔 수 있도록 함으로써, 고상한 사람과 속인이 함께 감상할 수 있는 묵필(墨筆)과 청록산수를 창작해 냈다. 소운종을 선두로 하는 소 씨 가족[동생 운천(雲倩)·아들 일양(一暘)·조카 각우(閣友) 등]들은 고숙파의 주축이었으며, 방조증(方兆曾)·손거덕(孫据德)·황월(黃鉞) 등은 모두 고숙파의 중요한 화가들이었다.

고숙파의 우두머리인 소운종은 고숙파의 가장 높은 성과를 대표한다. 소운종(1596~1673년)의 자는 척목(尺木)이고, 호는 묵사(黙思)·무민도인(無悶道人) 등이며, 안휘 무호 사람이다. 젊은 나이에 권신인 위충현(魏忠賢)이 조정에 해를 입힌 추악한 행동을 한 데 불만을 품고, 동생 운천과 함께 복사(複社)에 참가하여 대항하였다. 명대 말기의 부패한 정치로 인해 과거시험에서 여러 차례 낙방하자, 그는 정치에 대한 환상을 완전히 버리고 시문과 회화에 몰두하여 『매화당유고(梅花堂遺稿)』·『역존(易存)』·『운통(韻通)』·『두율세(杜律細)』 등(미간행)을 저술하였다. 그의 성품은 강직하여 권력에 영합하지 않았는데, 태평현(太平縣)의 관료였던 호계영(胡季瀛)은 소운종의 명성을 듣고 만나기를 청했지만 소운종은 세 차례나 거절하였다. 그러자 호 씨가 보낸 병사들에 의해 새로 지은 채석기(采石磯)의 태백루(太白樓)로 잡혀간 뒤, 풀려나는 조건으로 그림을 그려 내라고 강요당하자, 어쩔 수 없는 상황에서 소운종은 병든 몸으로 온 힘을 다하여 〈광로(匡盧)〉·〈아미(峨嵋)〉·〈태대(泰岱)〉·〈형악(衡岳)〉 등 네 폭의 벽화를 그려 주었다. 이 벽화는 당시 최고의 걸작으로 일컬어졌으며, 그로부터 얼마 되지 않아 그는 세상을 떠났다. 소운종은 산수에 가장 뛰어났으며, 그 다음으로 인물을 잘 그렸다. 그의 아버지도 또한 화가였기 때문에, 소운종은 어려서부터 집안의 예술적 영향을 받으며 자랐다. 장경(張庚)은 『국조화징록(國朝畫徵錄)』에서 이렇게 평하였다. 소운종은 "화법을 본받는 데에만 몰두하지 않고, 스스로 일가를 이루었으며, 필치도 깨끗하고 경쾌하며 뛰어났다.[不專宗法, 自成一家, 筆亦淸快可喜.]" 그는 예술상에서 송·원대의 정수를 폭넓게 접하고 취하여 "하나의 화법만을 평생 추구하지[從一而終]" 않았으며, 또한 주로 고향 마을 주변과 안휘 남쪽 일대의 실경을 그렸는데, 필묵은 반듯하고 힘차면서, 수척하고 물기가 적으며, 윤곽선을 그리는 데 중점을 두었다. 그의 〈채색산수〉(卷; 북경 고궁박물원 소장)를 보면, 산석(山石)은 모두 자석(赭石-붉은색 돌)을 이용했으며, 짜임새가 복잡하지만 명랑하다. 또한 구륵이 많고 준(皴)은 적으며, 선염으로 준을 대신하였고, 필묵에서는 힘찬 기운이 느껴진다. 이처럼 도법(刀法)과 매우 흡사한 그의 용필법은 목각 장인들의 판화 제작에 매우 적합한 기법이었기 때문에, 그의 〈태평산수전도(太平山水全圖)〉는 목각본이 전해오고 있다. 또한 철 공예의 장인이었던 탕천지(湯天池)와의 왕래는 새로운 공예 회화, 즉 철화(鐵畵) 제작을 촉진시켰고, 탕천지에게 여러 차례 밑그림을 제공하는 계기도 되었다. 뿐만 아니라 그는 절강 지역을 왕래하면서 절강 산수의 화풍 형성에도 영향을 주었다.

(2) 항성모로부터의 영혼의 외침

명말·청초에 수수(秀水 : 지금의 절강성 가흥)의 항 씨 가족들은 명성이 널리 알려진 서화가 집안이었다. 서화의 수장과 감정에 대해 말하자면, 먼저 항원변(項元汴)을 꼽을 수 있고, 서화 창작에서는 항원변의 조카인 덕신(德新)이 일가를 이루었다고 할 수 있다. 그러나 가장 뛰어난 인물은 항원변의 손자인 항성모였다.

항성모(項聖謨 : 1597~1658년)의 자는 공창(孔彰)이고, 호는 이암(易庵)이며, 별호는 송도산선(松濤散仙) 등이다. 풍요로운 가학(家學)의 연원(淵源)은 어린 항성모에게 예술적 소양을 키워주었는데, 그는 집안에 수장되어 있던 역대 명화들을 줄곧 감상하고 세심하게 살피며 자

<대수풍호도(大樹風號圖)><軸>
(淸) 항성모(項聖謨)
북경 고궁박물원 소장

<산수도(山水圖)><軸>
(淸) 항성모

랐다. 특히 송·원의 진귀한 작품들과 문징명의 온화하고 세련된 화풍은 그에게 큰 감동을 주었다. 순치(順治) 2년(1645년)에 청나라 군대가 화성(禾城 : 가흥)을 파괴하면서 항 씨 집안의 부유하고 풍족했던 안정적 생활은 철저하게 무너졌으며, 조상 대대로 수장해오던 작품들도 청나라 군대에게 빼앗겼다. 친구들의 도움으로 항성모는 어렵게 동강(桐江)으로 도망쳤지만, 이미 집안은 몰락하고 말았으며, 이후 가정 형편은 극도로 어려워졌다. 그러나 그의 사기는 위축되지 않았으며, 그림을 팔아 살아가면서도 권력과 부귀영화에 결코 연연하지 않았다.

항성모는 세상에 대한 분노와 현실에 대한 강렬한 증오의 감정을 그의 산수화와 인물화 속에 쏟아 냈다. 그는 바람에 요동치는 큰 나무의 형상으로 자신 마음속에 쌓인 비통함과 슬픈 감정을 표현해 냈다. 특히 마른 나뭇가지가 해질 무렵 찬바람에 흔들거리는 모습을 잘 그렸는데, 이러한 격렬한 감정이 잘 나타난 작품으로는 <대수도(大樹圖)><頁>·<유수도(楡樹圖)><頁>와 가장 뛰어난 작품으로 알려진 <대수풍호도(大樹風號圖)><軸; 북경 고궁박물원 소장> 등이 있다. 특히 <대수풍호도>는 한 노인이 지팡이를 잡고 나무 아래 서 있고, 굽지 않은 큰 나무는 바람을 맞으며 당당히 서 있는 장면을 그렸다. 작자는 이러한 장면을 통해, "천지가 뒤바뀌더라도, 뜻을 바꾸지 않는다

[翻盆易地, 志不移也]"는 명나라에 대한 충성 사상을 체현해 냈다. 표현 기법을 보면 매우 사실적이지만 문인의 고결함을 잃지 않았으며, 구도가 시원스럽고 광활하며, 기세도 웅장하고 호방하다. 항성모는 묵필산수와 화훼도 잘 그렸는데, 그림에는 명나라 문징명의 소탈하고 꾸밈없는 정취가 남아 있다.

정가수(程嘉燧)와 대본효(戴本孝)의 예술 면모

(1) 두 지역에서 이름을 떨친 정가수

정가수(1565~1644년)의 자는 맹양(孟陽)이고, 호는 송원(松圓)·게암(偈庵)이며, 말년에 불교에 귀의하여 해능(海能)이라는 법명을 얻었다. 안휘 휴녕 사람으로, 어려서는 무릉[武陵 : 지금의 호남 상덕(常德)]에 잠시 살았으며, 후에는 가정(嘉定 : 지금의 상해에 속함)에 거주하였다. 말년에는 우산[虞山 : 지금의 강소 상숙(常熟) 부근]으로 이주하였다가, 마지막으로 1640년에 신안(新安)으로 돌아왔다. 그는 명대의 저명한 시인으로, 안휘와 가정 두 지역에서 활동하였고, 이 지역들에서 명성이 높았다. 그는 전후칠자(前後七子-21쪽 참조)의 옛것을 모방하는[摹古] 풍조를 강렬하게 배척하면서, 마땅히 인격을 먼저 확립하고 시격(詩格)을 다시 세워야 한다고 강조하였다. 저서로는 『송원랑도집(松圓浪淘集)』·『파산흥복사지(破山興福寺志)』·『송원게암집(松圓偈庵集)』 등이 있으며, 그의 시론(詩論)은 매우 자연스럽게 회화에 대한 자신의 심미관을 결정하였다.

그는 산수를 잘 그렸으며 화조에도 뛰어났다. 산수는 예찬·황공망의 운율(韻律)에서 덕을 보았으며, 행필(行筆)은 물기가 적고 담박하면서 섬세하고 깔끔하며, 점경(點景)과 선염(渲染)은 주도면밀하다. 그리고 차분하고 고아하며 고풍스러운 것이, 조악하고 속된 아름다움은 완전히 제거하였다. 그 지역의 세도가들은 그와 당시승(唐時昇)·누견(婁堅)·이유방(李流芳)을 아울러서 '가정사선생(嘉定四先生)'이라고 불렀으며, 청대 초기의 화가인 오위업(吳偉業)이 그린 〈화중구우가(畵中九友歌)〉에는 그와 함께 동기창·왕시민·왕감이 함께 서 있다. 〈추림책장도(秋林策杖圖)〉(軸; 북경 고궁박물원 소장)를 보면 정가수만의 독특한 자유로움과 아름답고 소탈한 풍격을 느낄 수 있는데, 이 작품은 장년기 때 그린 것이다. 구도는 예찬(倪瓚)의 '일강양안(一江兩岸 —하나의 강과 양쪽 기슭)'의 배치법을 취했는데, 나무와 돌의 구성은 신중하고 엄밀하며, 기상은 적막하지만, 경계는 고아하고 자유롭다. 필묵은 물기가 적고 엷으며 수려하고 우아한데, 그의 이러한 화풍은 분명 황산화파(黃山畵派)의 기조를 어느 정도 확립하였다.

(2) 필묵에 운치가 넘치는 대본효

대본효(戴本孝 : 1621~1693년)의 자는 무전(務旃)이고, 호는 응아(鷹阿) 등이며, 안휘 휴녕 사람이다. 그의 아버지인 대중(戴重)은 명나라가 멸망하자 의병 2천 명을 거느리고 절강 호주(湖州)에서 청나라 군대에 대항하였는데, 의병군이 패하자 대본효는 중상을 입은 아버지를 등에 업고 응아산(鷹阿山)으로 피신하였다. 그 후 대중은 삭발하고 승려가 되었지만, 끝내 옛 명나라의 산하를 잊지 못하다가 굶어죽었다. 아버지 세대의 민족정기와 절개는 대본효에게 깊은 영향을 미쳐, 그의 사상을 주도하였는데, 그는 항상 "만주족 산천에서 비통하게 살고 있는 일을 유독 부끄럽게 여기며[獨慚滿壑悲生事]", "푸른 하늘 오두막집 앞에서는 이미 눈물조차 말라버린[碧落廬前淚已枯]" 처절함에 빠져 있는 상태로, 일생 동안 그림을 팔아 하루하루를 살았으며, 세상에 아무것도 바라지 않았다.

그는 강희(康熙) 초년에 황산·태산·북경·태원·화산 등지를 유람하였는데, 도중에 점강(漸江)·왕사정(王士禎)·부산(傅山)과 같은 명사들과 알게 되었다. 후에 또 북경에서 난주(蘭州)로 가면서, 서부 지역의 웅혼하고 높은 준령과 끝없이 펼쳐지는 광야를 다시 한 번 체험하였다. 말년에는 산동·남경·안휘 등지를 두루 다녔으며, 저서로는 『전생시고(前生詩稿)』·『여생시고(餘生詩稿)』와 같은 여러 문집들이 있다.

대본효의 마음속에는 풍부한 감정 세계가 자리하고 있었으며, 그는 시문에 뛰어나서 그의 그림에도 탁월한 문학적 재능과 심오한 사상을 충분히 구현하였다. 대본효는 어려서부터 서화에 뛰어났으며, 진(晉)·당(唐)의 명적들을 즐겨 수장하였지만, 애석하게도 곤궁에 처해 떠돌아다니던 중에 모두 훼손되었다. 그는 주로 산수를 잘 그렸는데, 대략 중년 초기부터 진정한 회화 활동을 시작하였다. 처음에는 오문화가인 심주와 문징명을 근본으로 삼았지만, 명산대천을 두루 유람한 후에는 화풍이 돌변하였다. 즉 심주·문징명의 세필 풍격을 추종하면서 부드럽고 유약함에 쉽게 빠져들었던 폐단을 깨끗이 씻어내고, 가슴을 시원스럽게 활짝 열고 황산(黃山)·화산(華山)의 웅장하고 험준한 경관을 곧바로 그려 넣었으며, 아울러 원대 화가들의 고필(枯筆) 산수에 대해서도 한층 깊이 있는 정신적 깨달음을 얻게 되었다. 〈설교한매도(雪嶠寒梅圖)〉(卷; 북경 고궁박물원 소장)는 대본효의 풍격을 상징하는 작품에 속하는데, 이 작품은 그가 일생 동안 보았던 거대한 산과 험준한 고개를 그린 것으로, 설산(雪山)은 겹겹이 에워싸고 있기도 하고 혹은 쭉 뻗어 있기도 하여, 그 자태가 다양하기 그지없으며, 용필은 메마르고, 초묵(焦墨)을 위주로 했지만, 여전히 화려한 맛이 느껴지는 것이, 화가 특유의 예술적 풍모를 드러내 보여주고 있다. 그림 속의 늙고 처량한 매화나무는 은사(隱士)의 뜰을 빼곡히 에워싸고 있으며, 문 앞에는 한 마리의 외로운 학이 눈 속에서 살피며 걸어가는 모습인데, 이는 그야말로 작자가 동경하던 쓸쓸하고 적막한 세계이다.

대본효의 회화 예술은 청대 초기에 특별한 작용을 하였는데, 그와 친교를 맺었던 산수화가들은 모두 붓에 물기가 적은 필치인 고필(枯筆)에 뛰어났다. 예를 들면 점강·곤잔·공현 등이 그들로, 대본효의 고필 구사는 이들 중에서도 최고의 경지에 이르렀다.

'사승(四僧)'의 예술 창조

청대 초기의 화단에서 가장 개성 있고 가장 풍부한 생명력을 지닌 것은 '사승(四僧)'으로 대표되는 화가 집단을 꼽을 수 있다. 이들의 생활 상태는 높은 지위와 부유한 생활을 누리던 '사왕(四王)'과는 판이하게 달랐으며, 더욱 중요한 것은 그들은 '사왕'과는 분명히 다른 예술 경로를 확고하게 견지했다는 것이다. 이들은 산천과 천지·만물을 스승으로 삼아 가슴속에 품은 감정을 직접 표출함으로써, 각자 독특한 예술 풍격을 창립하였다. 이들은 "공동 운명으로 연결되어 있어, 각자 길은 다르지만 이르는 곳은 같고, 같은 길을 가면서도 도달하는 곳이 다른[共同的命運連與殊途同歸和同途異歸]" '사승'의 공통된 화풍을 구성하였다.

홍인(弘仁) : 적막한 영혼과 황량하고 쓸쓸한 화풍

(1) 적막했던 일생

홍인(1610~1664년)의 본래 성은 강(江)이고, 이름은 도(韜)이며, 자는 육기(六奇)이다. 명나라가 멸망한 후에 출가하여 승려가 되었는데, 법명은 홍인(弘仁), 자는 점강(漸江), 호는 무지(無智)이며, 안휘 흡현(歙縣) 사람이다. 그는 어려서부터 외롭고 가난하였지만, 왕무애(汪無涯)의 문하에 들어가 각고의 노력으로 공부하였으며, 글로써 어머니에게 효도하여, 마침내 명나라 말기에는 수재(秀才)가 되었다. 그러나 명나라가 멸망한 후 청나라 군대가 안휘에 진입하면서, 과거에 합격하여 벼슬을 하려고 했던 홍인의 꿈은 물거품이 되었다. 이에 그는 안휘 남쪽에서 청나라 군대에 대항했던 민족의 영웅 김성(金聲) 등에게 제사를 드리고, 곧바로 복건에서 황제라 칭했던 당왕(唐王) 주율건(朱聿鍵)의 휘하에 들어가 청나라에 대항하는 투쟁에 참여하였다. 투쟁 활동은 1646년 8월에 당왕 정권이 청나라 군대에 의해 패할 때까지 계속되었다. 홍인은 그 다음해에 무이산(武夷山)으로 들어가 고항법사(古航法師)에게 계(戒)를 받고 승려가 되었으며, 몇 년 후 다시 고향에 돌아와 태평흥국사(太平興國寺)·오명사(五明寺) 등지에서 머물렀다. 그는 입적하기 전 일곱 차례 남경에 가서 명(明) 효릉(孝陵)에 제사 지냈으며, 또 여섯 차례나 북경에 가서 명릉(明陵)을 참배하며, 온 마음속에 자리 잡고 있는 충효와 절의를 그곳에 모두 쏟아부었다. 그의 청나라 정부에 대한 적개심은 세속의 생활에 대한 무관심으로 바뀌어, "새들도 다 돌아간 석양이 되도록 시를 읊으니, 시내에는 차가운 달빛만이 고깃배를 비추는[吟到夕陽歸鳥盡, 一溪寒月照漁舟]" 생활에 심취하였다. 54세를 일기로 세상을 떠나자, 그의 뜻에 따라 친구들이 탑 앞에 두루 매화를 심었으니, 후세 사람들은 그를 '매화고납(梅花古衲-매화 고승)'이라 불렀다.

명(明) 효릉(孝陵) : 중국 강소성 남경시에 있는 명나라 태조(太祖) 주원장(朱元璋)과 황후 마 씨(馬氏)의 능.

(2) 쓸쓸하고 담담한 그림

홍인은 시와 문장에 능했으며, 〈화게(畵偈)〉라는 시문이 있는데, 이러한 문학적 소양은 그의 회화 예술에 영양분이 되었다. 그는 주로 산수에 뛰어났으며, 소나무와 매화를 잘 그렸고, 가끔 인물도 그렸다. 초기에는 소운종의 지도를 받아 그 야위고 단단한 형태를 터득하였으며, 또 위로는 원나라 예찬(倪瓚)의 작품을 추종하여 속되지 않고 청신한 정신을 얻었지만, 그는 언제나 "감히 말하건대, 천지가 나

의 스승이다[敢言天地是吾師]"라
고 하였다. 황산의 소나무처럼
그의 예술적 뿌리도 황산의 바
위 속에 깊이 박혀 있었는데,
예찬이 태호(太湖)의 비탈과 바
위를 그렸던, 물기가 적고 옅은
필묵을 터득하여, 황산의 소나
무·샘·바위에까지 확장시켜 구
사했으며, 이는 그가 일생 동안
그렸던 회화의 제재이기도 했
다. 뛰어난 작품으로는 〈서암송
설도(西巖松雪圖)〉(軸; 북경 고궁
박물원 소장)가 있다. 물기가 적
은 붓과 옅은 먹으로 황산의 설
경을 그렸는데, 산석은 간결하
고 또렷한 기하 형태를 띠고 있
다. 또 층층이 쌓여 있으면서

들쑥날쑥한 것이 운치가 있고, 분위기는 황량하고 적막하며, 기품은
마치 그의 사람 됨됨이를 닮은 듯 험준하고 도도하다. 필선은 강하고
굳세며 힘찬데, 먹을 금(金)처럼 아껴 썼다. 이처럼 고상하고 깨끗하
며 맑은 작품을 그 당시 사람들은 즐겨 감상하였다. 곧 주양공이 다
음과 같이 말한 그대로이다. "강남 사람들은 (홍인의 그림이-편저자) 있
느냐 없느냐에 따라 고아함과 속됨을 결정하였으니, 이는 옛 사람들
이 예운림(倪雲林-예찬)을 중시한 것과 같다. 그러나 모두가 말하기를
점강(漸江-홍인)의 그림이 운림의 그림을 충분히 감당하고도 남는다고
한다.[江南人以有無定雅俗, 如昔人之重倪雲林, 然咸謂得漸江足當雲林.]" 이

밖에도 그는 〈고사단적도(古槎短荻圖)〉(軸)와 〈도암도(陶庵圖)〉(軸) 등을 그렸다.

(3) 홍인과 '황산파(黃山派)'

홍인이 황산 일대에서 펼친 예술 활동은 '황산파'의 형성을 대대적으로 촉진시켰다. '황산파'란, 오늘날의 사람들이 명말·청초에 맑고 새로운 화풍으로 오로지 황산의 풍광만을 그린 화가군(畫家群)을 특별히 가리키는 말이다. 이 가운데 자질이 가장 우수한 화가는 매청(梅淸)인데, 그는 유독 황산의 구름을 잘 그렸다. 또 '해양사가[海陽四家, 일명 '신안사가(新安四家)'라고도 함]'도 있었는데, 홍인 외에 사사표(查士標)·손일(孫逸)·왕지서(汪之瑞)가 그들이다. 이들은 휘주[徽州 : 지금의 안휘 흡현(歙縣)] 일대에서 활동하면서 예찬과 황공망을 필묵의 스승으로 삼아 황산의 운해(雲海)에 깊이 빠져들었다. 작품에는 생활의 분위기가 짙게 배어 있지만, 고상하고 황량하여 속세를 떠난 운치가 있다. 점강(漸江-홍인의 호)의 예술 성취는 외지의 화가들이 황산에 와서 생활을 찾도록 유인하였는데, 석도·대본효의 산수화 성취는 바로 황산의 운해에서 잉태된 것이다.

팔대산인(八大山人) : 묵점(墨點)보다 눈물 자국이 더 많다

(1) 무언(無言)의 한 평생

팔대산인(1626~1705년)의 본명은 주탑(朱耷)으로, 호는 팔대산인·설개(雪個)·개산(個山) 등이며, 강서 남창 사람으로 명나라 종실(宗室) 출신이다. 그는 명나라 태조 주원장(朱元璋)의 열일곱째 아들인 영헌왕(寧獻王) 주각(朱權)의 후예로서, 소년 시절에 추천을 받아 제생(諸生)이 되었으며, 한창 득의양양할 때 명 왕조가 멸망했는데, 이는 그로 하여금 호화롭고 부유한 왕실 생활을 잃게 하였다. 19세 때부터 그는 거짓으로 벙어리 행세를 하며 삭발하고 승려가 되었다가, 후에 다시 환속하였지만, 생활 속에서 참선과 도(道)를 수행하고 유교를 숭상하였다. 한동안은 미치광이처럼 가장하고 문에 '啞(벙어리 아-역자)'자를 붙여놓고 사람들과 왕래하지 않았다. 항상 다 떨어진 신발을 질질 끌고, 더러운 옷을 입은 채, 저잣거리에서 큰소리로 고함을 지르면서 미치광이처럼 춤을 추며 돌아다녔다. 그가 비록 이와 같이 처신하였지만, 청나라 관청에서는 결코 그를 방관하지 않았다. 임천(臨川)의 지방관 호역당(胡亦堂)은 이미 54세가 된 주탑에게 청나라 조정을 위해 목숨을 바쳐 충성하라고 권고하자, 주탑은 미치광이 증상으로 그에게 회답하였다. 주탑이 세상일이나 인간사에 대해 냉담했던 정도는 홍인과 서로 비슷했다. 다른 점은, 주탑이 정신적으로 받은 충격과 자극은 그로 하여금 행위나 활동에서 평상심을 잃게 만들었는데, 그의 무관심 속에는 순수한 광기와 비범함이 함께 담겨 있었다는 사실이다. 그는 말년에 북란사(北蘭寺)에 잠시 거주하였는데, 엽단(葉丹)은 〈과팔대산인(過八大山人)〉이란 시에서 당시 그의 상황을 이렇게 묘사하였다. "단칸방 오가처(寤歌處)에는, 쓸쓸히 먼지만 가득하네. 쑥대는 우거져 집안을 컴컴하게 덮었는데, 시와 그림은 참선의 진리에 이르렀네. 세상사를 등지고 명예를 버린 채 늙어가니, 패망한 나라의 산천과 같은 신세로구나……[一室寤歌處, 蕭蕭滿席塵. 蓬蒿藏戶暗, 詩畫入禪眞. 遺世逃名老, 殘山剩水身…….]"

〈수목청도(水木淸圖)〉

(淸) 주탑(朱耷)

〈춘산미운도(春山微雲圖)〉
(淸) 주탑

(2) 팔대산인의 화조화 언어

팔대산인은 화조에 뛰어났으며, 또한 고필(枯筆-물기가 적은 붓)로 산수 그리기를 좋아하였다. 예술에서는 황공망의 고아함과 동기창의 활달하고 상쾌한 풍격을 숭상하였다. 또 일찍이 명대의 임량(林良)·진순(陳淳)·서위(徐渭)의 자유분방한 화조화 필묵을 정밀하게 연구하기도 하였다. 팔대산인의 그림에 있는 필선 하나하나와 모든 조형에는 쓸쓸하고 적막한 심정과 영혼이 반영되어 있다. 즉 그가 그려낸 조류(鳥類)들은 모두 눈을 부릅뜨고 노려보는 모습을 하고 있어, 세상에 대한 분노와 현실에 대해 증오의 감정으로 충만해 있으며, 조형은 부드럽고 자연스러우며 풍만하고 또한 매우 생동감이 있어, 마치 손만 대면 바로 날아가 사람들을 외면해버릴 것 같다. 사실 이러한 형상은 작자의 화신(化身)이며, 선명한 상징적 의미를 지니고 있다. 그의 구도는 전체적으로 큼직한 여백을 남기고 있어, 흔히 사용하지 않는 방법으로 훌륭한 효과를 거두고 있다. 또 용필은 분방하면서도 함축성을 지니고 있으며, 먹의 운용은 농담·건습의 변화가 매우 풍부하고, 정서는 도도하면서 냉담하고 준엄하다.

가장 대표성을 지닌 화조화는 〈욕금도(浴禽圖)〉(軸; 북경 고궁박물원 소장)로서, 작자는 한 마리의 구관조가 깃털을 후비면서 날개를 드러내고 있는 것을 그렸는데, 새의 자태는 극도로 과장되어 있으며, 여기에 비스듬히 서 있는 성긴 버드나무는 처량함을 더해주고 있다. 위가 크고 아래가 작은 바위는 팔대산인 특유의 조형으로, 짙은 태점과 검은 새의 먹 색이 서로 호응하고 있다. 화가의 낙관인 '八大山人'

을 쓰면 "哭之笑之['울다가 웃다'라는 뜻]"라는 글자 형태가 되었는데, 이는 명나라가 멸망했지만 어찌할 수 없는 것에 대한 회한과 슬픔을 표현한 것이다. 이와 같이 비유적인 깊은 뜻을 함축하고 있는 팔대산인의 화조화는 적지 않은데, 예를 들면 〈공작도(孔雀圖)〉[軸; 상해 유해속(劉海粟)미술관 소장]는 두 마리 공작새가 위쪽이 무겁고 아래가 가벼운 태호석 위에 서 있고, 화면의 윗부분에는 그가 쓴 이런 제시가 있다. "孔雀名花雨竹屛, 竹梢强半墨生成. 如何了得論三耳, 恰是逢春坐二更.[공작(孔雀)·명화(名花)·우죽(雨竹)을 그린 세 폭의 병풍이 있는데, 대나무 끝의 잎사귀는 화면의 태반에 먹이 살아 이루어졌네. 어찌 삼이(三耳)에 대한 이야기를 알았는지, 때마침 봄을 맞으러 이경(二更)부터 앉아 있네.]" 이 시는 머리에 화령(花翎)을 착용한 청나라 조정의 비굴한 환관들이 황제를 받들기 위해 공손히 기다리는 수고를 빗대어 풍자한 것인데, 거꾸로 서 있는 태호석(太湖石)은 마치 청나라의 통치가 안정되기 어렵다는 것을 상징하고 있는 것 같다. 작자는 선명하고 윤기가 흐르는 먹과 함께, 힘차고 강건한 느낌의 운필을 시도하고 있다. 특히 그림 속의 큰 여백은 주체를 충분히 돋보이게 해주는데, 여백을 공교하게 응용한 것 또한 팔대산인 화조화의 특색 가운데 하나이다. 예를 들면 〈묘석화훼도(猫石花卉圖)〉〈卷〉와 〈고목한아도(枯木寒鴉圖)〉〈軸〉 같은 작품들이 대표적이다.

팔대산인의 산수는 특별한 풍격을

〈공작도(孔雀圖)〉: 이 그림의 구체적인 모습과 '삼이(三耳)'의 고사를 자세히 알아야 아래 시(詩)를 이해할 수 있다.

이 그림의 화면은 한 덩어리의 파손된 석벽(石壁)인데, 석벽의 모퉁이에는 모란과 대나무 잎이 있으며, 석벽 아래에는 한 덩어리의 바위가 있고, 바위 위에는 두 마리의 공작이 앉아 있다. 이러한 소재들은 원래 화조화의 전통적 정취지만, 이 그림은 변형하여 처리함으로써 새롭게 예술적으로 창조하여, 오히려 추하고 기괴한 풍격을 드러내고 있다. 바위는 뾰족하고 불안정하며, 공작은 기이하고 추하기가 이를 데 없다. 꼬리에는 단지 세 개의 공작 깃털만이 있다.

"세 개의 귀[三耳]"는 『공총자(孔叢子)』 속에 나오는 '장삼이(臧三耳)'에서 유래한 말이다. 장(臧)은 노비[奴才]인데, 노비의 본성은 아첨을 잘하여 오히려 상대방을 기분 나쁘게 하고, 시키는 대로 절대 복종하며, 타인을 고자질하는 것이어서, 보통 사람보다 귀가 하나 더 필요했다. 화면 속의 공작은 당연히 고급 관료나 환관을 상징한다. 또 청대(淸代)에 관원 중에 머리에 삼안화령(三眼花翎=공작의 깃털 중 눈동자 모양의 문양이 세 개 있는 깃털)을 꽂는 것은 높은 등급의 관원에게만 해당되었는데, 이는 황제가 하사하는 것이며, 당연히 고급 관료나 환관을 상징한다. 그리고 "이경부터 앉아 있다[坐二更]"라는 표현은 단도직입적으로 고급 관료나 환관들을 풍자한 것이다. 원래 강희(康熙) 황제가 남순(南巡)할 때 환관들이 줄줄이 따라가 영접했는데, 황제는 오경(五更-새벽 3시부터 5시 사이)에나 도착할 예정인데, 고급 관료나 환관들은 일찌감치 이경(二更-저녁 9시부터 11시 사이)부터 나와 기다리며 아부했던 것을 비유한 것이다. 이 시에서 공작은 바로 ▶▶

〈호석취금도(湖石翠禽圖)〉

(淸) 주탑

화가인 팔대산인과 사이가 좋지 않았던 강서순무(江西巡撫) 송락(宋犖)을 가리킨다.

지니고 있는데, 하나는 듬성듬성하며 성긴 것이고, 다른 하나는 빽빽하고 면밀한 두 종류가 있다. 대부분은 갈필(渴筆)을 사용하였지만, 때로는 축축한 담묵으로 선염하거나 물기가 적은 붓으로 준찰(皴擦)한 것도 있으며, 화면의 기운은 막힘없이 시원하고 평화로운데, 예를 들면 〈산수도〉(册)와 〈산수도〉(軸) 등이다.

곤잔(髡殘) : 완고한 성격과 산하에 대한 열렬한 사랑

(1) 곤잔의 파란만장한 생애

곤잔(1612~약 1692년, 또는 1671년 이후라고도 함)의 자는 개구(介丘), 호는 석계(石谿)·석도인(石道人) 등이며, 속성(俗姓)은 유(劉)이고, 무릉[武陵 : 지금의 호남 상덕(常德)] 사람이다. 그는 어려서부터 경사(經史)를 좋아했으며, 30세 때에는 항청(抗淸) 투쟁에 참가하였다. 1644년에 투쟁에 실패한 후 고향을 떠돌며, 계곡에서 돌을 베개 삼아 잠자고, 피를 마시며 갈증을 달래고, 오줌으로 발을 따뜻하게 하며, 비를 피해 호랑이 굴에서 지내는 생활을 하다가, 석 달 후에 삭발하고 승려가 되어, 이름난 옛 사찰들을 떠돌아다녔다. 그의 나이 42~43세 때 금릉의 대보은사(大報恩寺)에 와서, 그 깊고 탄탄한 선학(禪學)과 불교 교리를 바탕으로 『대장경(大藏經)』을 교정하여 출간하였다. 10년 후에는 금릉 남쪽 교외에 있는 우수산(牛首山)의 유서사(幽棲寺)·조당사(祖堂寺)로 옮겨 다니며 지내다가, 참선한 채 그대로 입적하였다.

곤잔의 성정은 강직하고 곧아서 아첨할 줄 몰랐으며, 말수도 적었지만, 정정규(程正揆)와는 매우 절친하였다. 또 일찍이 청나라에 저항했던 사상가 고염무(顧炎武)와 함께 명 효릉에 제사를 지내기도 하였다. 이처럼 속세를 떠나 승려가 되었지만 한순간도 명 왕조의 강산과 명나라 조정의 역대 조상들을 잊지 않았다. 그는 젊어서부터 유람을 좋아하여, "오월(吳越) 지방을 두루 떠돌아다녔으며", 황산·천대 (天臺)·안탕(雁蕩) 등지에 그의 발자취를 남겼다. 곤잔은 여행·독서· 견문을 중시하여 이렇게 말했다. "당연히 이 두 다리에 부끄러워하 리라, 일찍이 천하의 명산들을 다 돌아보지 못하였으니. 또한 당연히 이 눈이 무뎌지도록 방치한 것을 부끄러워하리라, 만 권의 책을 읽지 못하였으니. 또한 두 귀에게는 아직 지자(智者)들의 가르침을 다 듣고 기억하지 못함을 부끄러워하노라.[當慙愧這雙脚, 不曾閱歷天下名山. 又當 慙此眼鈍置, 不能讀萬卷書. 又慙兩耳未嘗記受智者敎海.]" 실제로 이는 그 가 곧 "만 권의 책을 읽고, 만 리 길을 다니려고[讀萬卷 書, 行萬里路]" 했던 목표를 표명한 것이다.

〈창취릉천도(蒼翠凌天圖)〉(軸)

(淸) 곤잔(髡殘)

(2) 곤잔의 예술 개성

시와 그림에 능했던 곤잔은 산수에 특히 뛰어났는 데, 여러 명산들을 유람함으로써 그의 시야는 넓어졌 고, 금릉에서의 교유는 회화의 소양을 증강시켜주었다. 그의 그림을 보면, 초기에는 명대 말기의 오문 화가인 사시신(謝時臣)의 복잡하고 빽빽한 산수화풍에서 좋은 점을 많이 수용하였다. 또 명대의 심주·동기창의 작품 들을 주로 본받았으며, 이전 시대로 거슬러 올라가 원 나라 말기의 사대가와 오대(五代) 거연(巨然)의 필묵에서 고아하고 힘차며, 빼어나고 윤택하면서도 짙고 울창한 작품들을 탐구함에 따라, 그의 고아하고 윤택하며 세 밀하고, 원숙하면서 발랄하며 깊고 고요한 화풍을 형 성하였다. 〈창암첩학도(蒼巖疊壑圖)〉(軸; 북경 고궁박물원 소장)는 이러한 특색을 가장 잘 갖춘 작품인데, 비록 황 공망과 왕몽의 필치가 남아 있으나, 이미 자신만의 면모를 이루고 있다. 화면의 구성을 보면 복잡함을 장점으로 잘 살렸으며, 비어 있는 부분에는 구름이나 하늘가 혹은 흐르는 시내로 남겨놓았다. 또한 행필(行筆)은 우아하고 발랄하며 복잡하고, 혈맥은 거침없이 이어지면서, 막힘이 없이 단숨에 완성했다. 이 작품 역시 그의 여타 산수 작품들과 마찬가지로 약간의 자석(赭石)과 화청(花靑)을 사용한 천강산수(淺絳山水)에 속하는데, 이는 곧 곤잔의 그림에 심원하고 창망한 정경을 한층 더해줌으로써, 고국의 산하에 대한 연민을 표현해 냈다. 이외에도 곤잔에게는 〈창취릉천도(蒼翠凌天圖)〉(軸)·〈운동유천도(雲洞流泉圖)〉(軸) 등의 작품들이 전해오고 있는데, 모두 이러한 화풍에 속한다.

석도(石濤) : 반항의 예술과 방황의 인생

(1) 석도, 방황할 수밖에 없었던 일생

석도(1640~약 1718년)의 원래 성은 주(朱)이고, 이름은 약극(若極)이며, 소자(小字-어릴 때의 이름)는 아장(阿長), 법명은 원제(原濟), 호는 석도(石濤)·대척자(大滌子)·고과화상(苦瓜和尙)·청상노인(淸湘老人) 등이다. 광서 계림(桂林) 사람으로, 명나라 종실이며, 정강왕(靖江王) 수겸(守謙)의 제11대손이다. 석도는 원래 그의 아버지인 주형가(朱亨嘉)의 왕위를 계승하여, 적어도 일생 동안 부귀를 누릴 수 있었다. 그러나 앞에서 서술한 세 명의 화승(畵僧)들과 마찬가지로, 왕조의 교체는 석도로 하여금 마땅히 누릴 수 있었던 지위와 부귀영화를 잃게 하였다. 다만 다른 점은 명 왕조가 멸망할 당시 석도는 아직 유년이었기 때문에, 왕조가 바뀌고 시대가 달라짐에 따라 그 가족이 겪어야 했던, 나락으로 떨어지는 재난을 느낄 수 없었다는 점이다. 그가 출가하여 승려가 된 것은, 석도의 아버지가 내부 알력에 의해 죽임을 당하자, 당시 내궁태감(內宮太監)이었던 자가 그를 사찰로 보냈기 때문이다. 이처럼 석도의 경우는 세 명의 화승들이 그랬던 것처럼 그렇게 청나라 정부에 대해 뼈에 사무치는 원한을 품지는 않았다.

성년이 된 후에도, 석도의 민족의식은 여전히 매우 냉담했다. 그의 나이 17세 때에는 강소 상숙(常熟)에 가서 청나라에 굴복한 전겸익(錢謙益)을 찾아가 만났다. 심지어는 강희 23년(1684년)에 청나라 성조(聖祖) 현엽(玄燁)이 남순(南巡)할 때, 석도는 '신승(臣僧)'의 신분으로 양주에 가서 어가(御駕)를 영접하고, 〈접가시(接駕詩)〉를 지었으며, 〈해안하청도(海晏河淸圖)〉를 그리기까지 하였다. 또 얼마 지나지 않아 그는 북경에 가서 3년 동안을 배회하며, 청나라 종실인 보국장군(輔國將軍) 박이도(博爾都)에게 아부하는 데 진력하였다. 이때 수많은 고화들을 임모하여 박이도에게 보내는가 하면, 당시 조정에서 관직을 지내던 왕원기(王原祁)와 합작으로 〈죽석도(竹石圖)〉를 그려 선물하기도 하였다. 수도인 북경에 있는 동안, 석도는 왕공대신들과 폭넓게 교류하며 많은 작품들을 증정하였지만, 이러한 처세에도 불구하고 석도에게 그 어떤 정치적 기회나 예우도 주어지지 않자, 3년 후에는 실망한 채 남방으로 돌아왔다. 그가 73세에 접어들었을 때, 시를 한 수 지어 자신의 처량하고 무의미했던 일생을 정리하였다.

"50년 동안 헛되이 큰 꿈을 꾸었으나, 야망은 한 조각 흰 구름이었네. 지금의 살아 있는 대머리 노인은 원래의 내가 아니요, 지난 세월의 쇠약한 사내가 오히려 내 모습일세. 대척초당(大滌草堂-석도가 머물던 초당)은 누추하기 짝이 없으니, 고과화상(苦瓜和尙-석도의 호)의 눈물은 마를 날 없네. 더 일찍 명예에서 벗어나지 못한 일이 오히려 혐오스러운데, 필묵은 사람들에게 진짜니 가짜니 하고 말하도록 만드네.[五十年來大夢春, 野心一片白雲煙. 今生老禿原非我, 前世衰陽却是身. 大滌草堂聊爾爾, 苦瓜和尙淚津津. 猶嫌未逐逃名早, 筆墨牽人說眞假.]"

〈유화양산도(遊華陽山圖)〉〈軸〉

(淸) 석도(石濤)

'사승' 가운데 행적이 가장 폭넓었던 사람은 석도였는데, 그는 광서의 전주(全州)를 떠난 후, 소상(瀟湘)을 건너, 동정(洞庭)을 지나, 여산(廬山)에 올랐다가, 강서·강소·절강의 여러 성(省)들을 유람하였으며, 그 가운데에는 상숙·무석·항주·가흥·송강·남경 등이 포함되어 있다. 강희 초년에는 안휘 선성(宣城) 경정산(敬亭山)의 여러 사찰들에서 15년 동안이나 거주하였다. 이 기간 동안 여러 차례 황산(黃山)을 탐방하였고, 매청(梅淸)·매경(梅庚)·왕주(汪注) 등과 같은 은사(隱士) 화가들과 교류하였다. 그 후 남경에서 8년을 살면서 정수(程邃)·대본효(戴本孝)·왕개(王槪) 등과 사귀었다. 다시 양주·천진·북경에서 살다가 50세가 넘어서야 양주(揚州)에 정착하였다. 또한 합비(合肥) 태수 장견이(張見易)의 약속에 응하여 합비 지역을 유람하였으며, 양주에 있을 때는 그림을 팔거나 정원과 능을 설계해주며 생계를 유지하였다. 사후에 양주에 묻히면서, 고통스런 떠돌이 생활과 모순으로 점철된 일생을 마쳤다.

(2) 석도 예술의 새로운 진전

'사승' 가운데 후세에 영향력이 가장 컸던 인물은 석도였다. 석도는 정치적으로는 다른 세 명의 화승들처럼 뚜렷한 민족적 입장을 지니지는 못했지만, 예술에서는 당시 그 누구보다도 짙은 반골 정신을 지니고 있었다. 이러한 현상은 그의 그림과 이론상에 충분히 나타나 있다.

석도는 산수·매죽(梅竹)·인물을 잘 그렸으며, 각 분야에 조예가 깊었는데, 특히 산수가 가장 뛰어났다. 그는 "일생 동안 울적한 마음을 쏟아 낼 곳이 없어, 오로지 시와 그림에 기탁했으니, 때로는 속 시원하게 큰소리로 부르짖는 것처럼, 때로는 근심스럽고 슬프게 오랫동안 우는 것처럼, 필묵 속에 담아 내지 못하는 것이 없었다.[一生鬱勃之氣, 無所發泄, 一寄于詩畫, 故有時如豁然長嘯, 有時若戚然長鳴, 無不以筆墨之中寓之.][소송년(邵松年), 『고연췌록(古緣萃錄)』] 그의 그림은 모두 극도로 뜨겁게 대자연을 사랑하는 격앙된 감정이 넘쳐흐르고 있다. 석도는 젊은 시절 황산에 있을 때, 매청의 산수에서 영향을 받아, 그 수려하고 맑으며 청신한 형태를 터득하였다. 또 남경에서의 교류 과정은 그의 예술적 시야를 넓혀주었으며, 특히 북경에서는 관료들의 집안에 소장되어 있던 역대 선현들의 작품들을 마음껏 감상하고 임모할 수 있는 기회도 얻었다. 그러나 그는 추호도 이전 사람들의 자취를 순수하게 추종하지만은 않았는데, 이 점에 대해 그는 『화어록(畫語錄)』에서 다음과 같이 언급하였다. "이것은 내가 어떤 화가를 위해 노역을 하는 것이지, 그 화가의 기법이 나를 위하여 쓰이는 것이 아니다. 설령 어떤 화가와 똑같이 그린다 하더라도, 이 또한 그가 먹다 남긴 찌꺼기를 먹는 격이니, 나에게 무슨 소용이 있겠는가![是我爲某家役, 非某家爲我用也. 縱逼似某家, 亦食某家殘羹耳, 于我何有哉!]" 아울러 이렇게 강조하였다. "옛 사람의 수염이나 눈썹이 나의 얼굴에서 자랄 수 없다. 옛 사람의 폐와 장기를 나의 뱃속에 집어넣을 수는 없다. 나는 스스로 나의 폐와 장기를 일으키고, 나의 수염과 눈썹을 기르리라…….[古之須眉, 不能生在我之面目. 古之肺腑, 不能安入我之腹腸. 我自發我之肺腑, 揭我之須眉…….]" 또 자연을 스승으로 삼겠다는 의지로써 이렇게 주장했다. "황산은 나의 스승이요, 나는 황산의 친구이다.[黃山是我師, 我是黃山友.]" 그는 일생 동안 마음껏 유람하며 "기이한 봉우리를 다 찾아내서 초고(草稿)를 그리며[搜盡奇峰打草稿]" 견실한 기초를 다졌다.

석도의 일생에서 가장 많이 묘사한 경치는 황산으로, 예를 들면 〈황산도〉(軸)·〈산수〉(冊)·〈산수청음도(山水淸音圖)〉(軸) 등이 있다. 가

접 장례에 참석하였다고 한다. 저작으로는 『모자(牟子)』 2권이 있으며, 이를 〈이혹론(理惑論)〉이라고도 한다. 이는 현존하는 중국 최초의 불교(佛敎) 관계 저작이다.

〈회양결추도(淮揚潔秋圖)〉(軸)

(淸) 석도

절북(浙北) : 절강의 북부 지역을 가리
키는데, 구체적으로는 항주(杭州)·가
흥(嘉興)·호주(湖州)를 포함하는 지역
을 일컫는 말이다.

모융(牟融)의 『이혹론(理惑論)』 : 모융
(?~79년)은 한(漢)나라 때의 학자이자
현신(賢臣)으로, 자는 자우(子優)이며,
북해(北海) 안구(安丘) 사람이다. 어려
서부터 박식하여, 『대하후상서(大夏侯
尙書)』를 수백 명의 제자들에게 가르
쳤으며, 지방관으로 나가 있던 3년 동
안 그 현(縣)에는 송사가 한 건도 없
었다고 한다. 삼공(三公)의 지위인 사
공(司空)의 관직에 올랐으며, 그가 세
상을 떠나자 한나라 장제(章帝)는 직

장 유명한 작품은 〈수진기봉도(搜盡奇峰圖)〉(卷; 북
경 고궁박물원 소장)인데, 한없이 분방하고 대범한
필치로 왕몽의 밀체(密體) 화풍을 강화하였으며,
그가 50세 때 북경·천진을 유람하면서 그린 전성
기의 대표작이다. 이 그림은 그가 유람했던 명산
들의 정수를 다 모아놓은 것으로, 두루마리의 끝
에는 작자의 친필 기록이 있는데, 북송 시대 곽희
의 산수화가 제창한 '가망(可望)'·'가유(可遊)'·'가
거(可居)'의 창작 이론을 긍정하면서, 작자는 마땅
히 창신 의식을 갖추어야 함을 강조하는 내용이
다. 전체 그림은 수많은 봉우리들이 첩첩이 둘러
싸인 채 펼쳐져 있으며, 산석을 묘사한 선들은 격
정으로 충만해 있고, 산세의 구도에 따라 격렬한
기복을 이루고 있다. 또 태점은 짙고 무거우며, 필
묵은 자유분방하여, 작자의 평온하지 못한 내면
세계를 보여주고 있다.

석도가 널리 유람하면서 마음껏 구경한 발자취를 따라서, 그의
붓끝에서는 끊임없이 회양의 〈회양결추도(淮揚潔秋圖)〉(軸), 또 무석의
경치를 그린 〈혜산도(惠山圖)〉·절북(浙北) 지역을 그린 〈여항간산도(餘
杭看山圖)〉(卷) 등이 출현했다.

석도의 회화 예술은 결코 산수에만 국한되지 않고, 인물과 화죽
(花竹)에서도 또한 성취를 이루었다. 그의 인물화에는 언제나 심오한
사상적 내용이 함축되어 있는데, 〈수우도(睡牛圖)〉와 〈대우탄금도(對
牛彈琴圖)〉(軸) 같은 그림들이 그러하다. 후자는 북경 고궁박물원의
소장품으로, 『홍명집(弘明集)』 권1인, 한(漢)나라 모융(牟融)의 『이혹론
(理惑論)』 가운데, 소에게 거문고를 연주해주는 것을 제재로 삼았는

〈회양결추도〉(軸) (일부분)

(淸) 석도

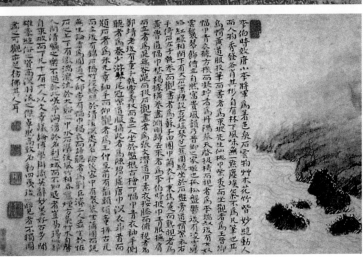

데, 사실은 이를 빌려서 작자의 고독하고 세상을 업신여기는 냉소적인 심경을 표현한 것이다. 화면 구도는 간결하며, 사람과 소의 관계는 지극히 긴밀하다. 소는 고개를 쳐들고 공손하게 경청하는 모습인데, 마치 사람의 마음을 헤아리는 듯하다. 소의 신체는 메마른 붓으로 준찰하였으며, 필법은 매우 자유롭다. 인물의 옷 주름은 물기가 많은 필선으로 윤곽선을 그렸는데, 굵고 투박하면서도 간명하다. 가는 선으로 윤곽을 처리한 얼굴은 정확하고 세밀한데, 석도 자신의 모습을 그린 것으로 생각된다.

석도의 묵죽은 대범하고 자유자재하며, 한없이 분방하여 얽매이지 않았는데, 항상 그림 속에서 스스로 "소리 높여 여가[與可-북송 시대의 문인화가인 문동(文同)]를 부르노라[高呼與可]"라고 하면서, 선현들의 예리한 창신의 정신과 끊임없이 소통하고자 하였으며, 일찍이 여러 폭의 〈묵죽도(墨竹圖)〉를 그렸다.

(3) 석도의 화론(畫論)에 대한 공헌

석도의 회화 이론에서의 성취는 청대에 가히 제일로 꼽을 수 있는데, 변혁정신과 자아의식으로 충만해 있는 그의 사상은 『화어록(畫語錄)』[일명 『석도화어록』 혹은 『고과화상화어록(苦瓜和尙畫語錄)』이라고도 함]에 집중되어 있다. 1961년 상해인민미술출판사에서 출판한 『화보(畫譜)』는 석도의 결정판이라 할 만하다. 책은 모두 18장으로 이루어져 있는데, 석도의 산수화 창작에 관한 이론뿐만 아니라, 그의 회화 미학 사상까지도 반영되어 있다. 이 책의 핵심 사상은 어떻게 옛 화법을 대해야 하고, 산수화의 창작 법칙을 어떻게 이해해야 하는가에 중점을 두고 있다. 또한 화가와 객관 대상 및 창신(創新)과 법도(法度)의 관계를 체현하였는데, 이것이 곧 그가 책의 첫 장에서 제시한 '일화(一畫)'설이다. 석도는 자신감 있게 이렇게 강조하였다.

"법(法)이 있으면 반드시 화(化)가 있는데[有法必有化]", "화(化)"는 바로 "내가 나의 법을 운용하는 것[我用我法]"이며, 법을 변화시키려면 반드시 "법을 분명히 이해해야 한다[了法]." 그리고 고법(古法)을 학습하는 것은 "옛것을 빌려 오늘을 여는 것이며[借古開今]", 필묵의 법은 "몽양(蒙養─일심전력으로 학습하고 연구하여 정신적·육체적 내공과 수양을 키우는 것)"의 생활로부터 얻을 수 있기 때문에, 마땅히 "기이한 봉우리들을 다 찾아서 밑그림을 그려놓아야[搜盡奇峰打草稿]" 물상과 내가 온전히 일체가 되어 "마침내 대척(大滌)의 경지로 돌아가게 된다.[終歸之于大滌.]" 석도는 예술 형상을 묘사할 때 반드시 "불사지사(不似之似─닮지 않은 닮음)"를 기준으로 삼아야 한다고 생각하였다. 이는 곧 주관 정신과 객관 세계가 예술적으로 통일을 이루어야 함을 지적한 것으로, 회화의 요지는 "붓과 먹을 빌려서 천지만물을 그려내어, 나를 즐겁게 하는 행위[借筆墨以寫天地萬物而陶泳乎我也]"라는 것이다.

석도의 회화 이론은, 힘써 변법(變法)을 추구하고 새로움을 추구하는 후세의 화가들에게 중대한 정신적 작용을 하였다.

대척(大滌) : '대척(大滌)'은 석도(石濤)의 호로서, 원래의 의미는 "앞으로 한 걸음 나아가기 위해, 기존의 것들을 한번 깨끗이 씻어 낸다"라는 뜻인데, 여기에서는 석도의 호를 비유적으로 표현하여 원래의 뜻을 구사한 것이다.

'청초(淸初) 육대가(六大家)'의 회화 공력

청대 초기의 통치자들은 한족 지역의 정치적 통치를 실현하기 위하여 문자옥(文字獄)으로 문인들의 반청(反淸) 의식을 제압하였다. 또한 과거시험에서 '팔고문(八股文)'을 관료 선발의 기본 표준으로 삼아, 한족 문인들로 하여금 번거로운 고증학 속에 빠져들도록 유인하였다.

이러한 학술 관념에 제약을 받은 화가들은 필연적으로 그들의 회화 예술에 복고적 경향이 출현하도록 초래하였는데, 이보다 앞서 명대 말기를 풍미했던, 동기창의 옛것을 베끼는[摹古] 관념이 청대 초기의 옛것을 모사하는[擬古] 풍조를 위한 예술 기초를 다져놓았으며, 그 영향을 깊이 받은 '사왕(四王─왕시민·왕감·왕휘·왕원기)'이 바로 이 화학(畫學) 사조의 추동자이자 실천자들이었다. 이들이 주로 활동했던 곳은 소주의 남쪽 일대(왕휘·왕원기는 일찍이 청나라 궁정에, 그들의 옛것을 베끼는 풍조를 전파하였다)였지만, 나중에는 정통 예술로 받들어졌다. 그들은 대자연을 본받아 배우는 것을 중시하거나 자신의 회포를 표현하는 데 역점을 둔 것이 아니라, 이와 반대로 옛 사람들의 필묵 속에 깊이 빠져 있어, "원나라 화가들의 필묵으로 송나라 화가들의 산수를 이어나가고, 당나라 화가들의 기운(氣韻)으로 윤택하게 하였다.[以元人筆墨連宋人丘壑, 而澤以唐人氣韻]" 이들이 오대의 동원과 거연·'원나라 사대가'와 명대 오문화파 및 동기창 등의 산수화 표현 방법을 총체적으로 정리하고 탐구하고 토론한 측면에서는 일정 정도 예술적으로 공헌한 바가 있다. 이들의 필묵 기법을 보면 건필(乾筆)과 담묵(淡墨)을 이용하여 산천의 수려함을 표현하는 데 뛰어났지만, 조형에서는 왕휘를 제외하고 거의 모두가 이전 화가들의 형식을 취하여 신선한 분위기가 결핍되었다. 다만 이전 화가들의 필묵에 대한 각자의 기호가 다름에 따라, 화풍에서는 약간의 차이가 있다. 왕시민(王時敏)은 평화롭고 담담하며 솜씨가 노련했다. 왕감(王鑑)은 치밀하고 수려하며 예쁘고 명랑했으며, 왕휘(王翬)는 변화가 풍부하여 평범한 가운데 화려함을 드러냈다. 왕원기(王原祁)는 생졸(生拙)하면서도 혼후하고 힘차면서도 자유롭다.

'사왕(四王)'과 더불어 '청초 육대가'로 불리는 오력(吳歷)과 운수평(惲壽平)은 '사왕'과 지역적으로나 풍격 면에서 밀접한 관계를 맺고 있는데, 오력 산수화의 투시법과 운수평 화조화의 몰골법은 이들이 창조해낸 새로운 성과였다.

노련한 솜씨의 왕시민(王時敏)

왕시민(1592~1680년)의 자는 손지(遜之), 호는 연객(煙客)·서려노인(西廬老人) 등이며, 강소 태창(太倉) 사람이다. 그의 할아버지인 왕석작(王錫爵)은 명대 만력 연간(1573~1620년)의 상국(相國-재상)이었으며, 아버지는 한림원 편수(編修)를 지냈다. 명나라 말기에 왕시민은 음직(蔭職)으로 태상시소경(太常寺少卿)을 지냈기 때문에, 사람들은 그를 '왕봉상(王奉常)'이라 부르기도 했다. 불안하고 혼미했던 명나라 말기의 통치는 벼슬길에 나선 왕시민에게 두려움을 안겨주어, 그는 서둘러 고향에 돌아와 은거하였다. 청나라 군대가 남하하여 태창을 공격하려고 할 때, 그는 가족과 재산을 지키기 위해 "마을 어른들과 함께 성문까지 나가 항복하여 맞이하였다.[遂與父老出城迎降.]"[왕증무(汪

음직(蔭職) : 과거를 거치지 않고 조상의 음덕으로 관직에 진출하는 것.

曾武),『외가기문(外家紀聞)』이후로 왕시민은 줄곧 그림 그리는 일과 가르치는 일에만 전념하였으며, 다시 벼슬길에 돌아가려는 마음을 먹지 않았다. 이처럼 그는 홍인이나 팔대산인 등과는 다른 생활 경력과 인생 태도를 가졌으며, 이는 당연히 그의 예술 개성에도 영향을 미쳤다.

선조 대대로 관직을 지냈던 왕 씨 가문은 왕시민에게 풍부한 문화유산을 남겨주었다. 그는 청년 시기부터 경사자집(經史子集)을 탐독할 수 있었고, 선현들의 작품을 두루 임모하며 수많은 명가(名家)의 장점들을 익혀 견실한 기초를 확립하였다. 왕시민은 평소에도 "진귀한 명작을 하나 얻을 때면, 눈을 감고 깊은 생각에 잠겨 있거나, 눈을 똑바로 뜨고 말없이 바라보기도 하였으며, 칭찬을 들으면, 곧 큰 소리를 지르며 침상을 돌기도 하고, 손뼉을 치며 펄쩍펄쩍 뛰기도 했는데, 정작 자신은 그렇게 미친 듯이 날뛰는 것을 알지 못했다.[每得一秘軸, 閉目沈思, 瞪日不語, 遇有賞會, 則繞床大叫, 附掌跳躍, 不自知其酣狂也.]"[장경(張庚), 『국조화징록(國朝畫徵錄)』] 이 내용만 보더라도 그가 전통 예술에 얼마나 깊이 심취해 있었는지를 충분히 짐작할 수 있다.

왕시민이 회화의 진로를 모색하는 데 핵심적인 역할을 한 사람은 동기창이었는데, 동기창은 왕석작의 부탁을 받고 온 정성을 다해 그의 손자인 왕시민을 지도하였다. 왕시민은 동기창을 따라 옛것을 모방하고 임모하는 가운데 발전해가는 것에 중점을 두어, 계속적으로 동원·미우인·오진, 특히 황공망의 필의(筆意)를 세심하게 탐구하였다. 그는 대부분 묵필을 사용하였고, 또 채색화도 그렸지만, 옛날 화

〈방예운림산수도(仿倪雲林山水圖)〉(軸)

(淸) 왕시민(王時敏)

경사자집(經史子集) : 중국 육조(六朝) 시대의 서적 분류법으로, '경'은 경서(經書), '사'는 사서(史書), '자'는 『논어』·『맹자』 등의 자서(子書), '집'은 각종 시(詩)·부(賦) 등을 말한다.

《방왕유강산설제도(仿王維江山雪霽圖)》
(軸)
(淸) 왕시민

소미점(小米點) : 미점준(米點皴)이라
고도 하며, 북송(北宋) 때 미불과 미우
인 부자가 처음으로 구사하였기에 붙
여진 이름으로, 중국의 산수화, 특히
문인화에서 흔히 사용되는 준법의 하
나이다. 주로 강남의 비온 후 몽롱한
운무의 분위기와 빗속의 촉촉한 산천
을 표현하는 데 사용되는 준법이다.
미불이 구사한 미점(米點)은 시원스럽
고 커서 '대미점(大米點)'이라고 하며,
아들인 미우인이 구사한 미점은 약간
작아서 '소미점(小米點)'이라고 한다.

가들의 작품과 거의 똑같았다. 한편 동기창 이후로 전통 문
인화의 산수화 성취를 광범위하게 선양하여 '누동파[婁東派 :
태창파(太倉派)로도 불린다]'의 창시자가 되었으며, 장경으로부
터는 '국조화원영수(國朝畵苑領袖-이 나라 미술계의 우두머리)'
라는 칭송을 받기도 하였다.

왕시민의 뛰어난 재능은 일찍부터 발휘되어 훌륭한 작품
이 매우 많다. 가장 출중한 작품으로는 〈두보시의도(杜甫詩
意圖)〉(册) · 〈추산백운도(秋山白雲圖)〉(軸) · 〈낙목한천도(落木寒
泉圖)〉(軸) · 〈우산석별도(虞山惜別圖)〉(軸) 등을 꼽을 수 있다.
〈우산석별도〉는 1668년 그의 나이 77세 때 그린 것으로, 복
건(福建)의 연초상인 대서양(戴瑞陽)에게 증정한 작품인데,
이를 근거로 17세기 중엽에 중국에는 이미 담배의 매매가 이
루어졌음을 알 수 있으며, 동시에 왕시민과 상인들의 밀접
한 관계도 이해할 수 있다. 이 그림은 우산의 경치를 전경식
(全景式) 구도로 그린 것으로, '사왕'파들이 항상 사용했던 배
치법이기도 하다. 필법은 황공망과 예찬을 섞어서 취하였으
며, 건필담묵(乾筆淡墨)으로 산석을 준찰하였고, 사이사이에
소미점(小米點)을 구사하였다. 필법은 섬세하면서 빼어나고, 원만하며
힘이 있다. 원경에는 운무가 피어올라, 전체 화면의 분위기는 시원스
럽고 상쾌하며, 참신한 풍격이 선명하게 드러난다.

청록(靑綠)에 뛰어났던 왕감(王鑑)

왕감(1598~1677년)의 자는 원조(圓照)이고, 호는 상벽(湘碧) · 염향암
주(染香盦主)이며, 강소 태창 사람이다. 왕감의 가정환경은 왕시민과
매우 비슷했고, 매우 훌륭한 문화적 분위기도 또한 그러했다. 그의

할아버지인 왕세정(王世貞)은 명대 문단(文壇)의 '후칠자(後七子)' 가운데 한 사람이었으며, 집안에는 소장품이 매우 많아서 왕감이 옛것을 보고 배울 수 있는 기본적인 조건을 제공해주었다. 왕시민과 다른 점은, 진사에 합격한 왕감은 명대 말기에 관직이 염주태수(廉州太守)에 이르렀는데, 청나라가 들어서자 한 번의 관직을 지낸 후 태창에 은거하여 오로지 산수에만 전념하며 일생을 마쳤다는 것이다.

왕감의 예술 행적과 심미 취향은 왕시민과 다른 것이 전혀 없으며, 그 또한 '누동파'의 거장으로서 왕시민과 함께 '이왕(二王)'으로 불렸다. 조형과 붓의 운용에서 왕감은 비교적 사실에 충실하였고, 허실(虛實)이 교차하는 변화도 적었다. 예를 들면 〈몽경도(夢境圖)〉(軸; 북경 고궁박물원 소장) 같은 그림은 구름과 안개가 보이지 않고 공간감(空間感)도 강하지 않지만, 청록 채색에서만큼은 타인을 뛰어넘었는데, 회화사에는 그를 이렇게 기술하고 있다. "정교하고 세밀한 작품은, 여전히 섬세하면서도 고아함을 잃지 않았고, 연미(姸美)함이 넘쳐난다. 비록 짙은 청록으로 그렸지만, 일종의 서권기(書卷氣-문인의 은근한 품격)가 종이와 먹 사이에서 뿜어져 나오니, 진실로 후학의 지침이 될 만하다.[工細之作, 仍能纖不傷雅, 綽有餘姸, 雖靑綠重色而一種書卷之氣, 盎然紙墨間, 洵爲後學津梁.]"
[장경(張庚), 『국조화징록(國朝畫徵錄)』]

왕감 산수화의 언어(言語-표현 기법) 구성은 비교적 풍부한데, 이는 모두 이전 화가들의 작품으로부터 얻은 것이다. 예를 들면 언덕과

후칠자(後七子) : 명나라 후기인 가정(嘉靖)·융경(隆慶) 연간(1522~1566년)의 문학 유파를 가리키는 말로, 그 구성원들은 왕세정을 비롯하여 이반룡(李攀龍)·사진(謝榛)·종신(宗臣)·양유예(梁有譽)·서중행(徐中行)·오국륜(吳國倫) 등 일곱 사람이다.

〈방고방산운산도(仿高房山雲山圖)〉(軸)
(淸) 왕감(王鑑)

점태(點苔) : 동양화에서 나뭇가지나 바위 위에 낀 이끼를 표현하기 위해 점처럼 찍어서 표현하는 것을 가리킨다.

바위는 황공망에게서 취했으며, 점태(點苔)는 오진과 닮았고, 먹의 운용은 예찬에게서 배웠으며, ……청록 채색은 심주와 문징명의 청명하고 깔끔한 풍격을 종합하였다. 현존하는 작품으로는 〈방황공망산수(仿黃公望山水)〉[軸; 천진(天津)예술박물관 소장]·〈하일산거도(夏日山居圖)〉(軸; 남경박물원 소장)·〈방고산수도(仿古山水圖)〉(冊; 상해박물관 소장) 등이 있다.

가장 특색 있는 작품은 〈장송선관도(長松仙舘圖)〉(軸; 북경 고궁박물원 소장)인데, 그의 나이 70세 때인 말년의 작품으로, 친구의 장수를 기원하기 위해 그린 것이다. 이 그림은, 구도는 물론이고 물상의 구성 및 용필 등에서 왕몽의 밀체(密體) 산수를 따르지 않은 곳이 없다. 우모준(牛毛皴)과 층층이 겹쳐 있는 소나무 가지·절벽 등은 일찍이 왕몽의 그림에서 보아왔던 것과 유사하다. 또 그림 속에서 문인의 은거 생활을 주제로 삼은 것도 왕몽이 일생 동안 제재로 삼아 그렸던 것이다. 전체적인 그림의 분위기는 아득하며 심오하고, 그림의 경계는 쓸쓸하고 적막하며 짙고 중후하다. 산의 절벽과 소나무 가지의 기복 있는 필선은 함께 율동을 이루어 일정한 운동감을 자아내고 있다. 소나무 줄기에는 약간의 자석(赭石)을 사용하였고, 아울러 화청(花靑)으로 가지와 잎을 칠하여, 소청록(小靑綠) 산수화법을 섭취하였다.

자연의 정취를 교묘하게 터득한 왕휘(王翬)

왕휘(1632~1717년)의 자는 석곡(石谷)이고, 호는 경연산인(耕煙散人)·조목산인(鳥目山人) 등이며, 말년의 호는 청휘주인(淸暉主人)으로, 강소 상숙(常熟) 사람이다. 그의 가정환경은 부유했고, 어려서부터 그림을 좋아하여 가학(家學)을 계승하였는데, 그의 할아버지인 왕재사(王載仕)와 큰아버지인 왕환오(王豢鰲)는 모두 그림에 뛰어났다. 그는

평생을 강남에서 평온하고 안정적으로 생활하였
는데, 평화로운 그의 생활에 변화를 가져온 것
은 그의 문화생인 송준업(宋駿業)이었다. 강희 30
년(1691년)에 왕휘의 추천으로 먼저 궁궐에 들어간
송준업은 대작인 〈강희남순도(康熙南巡圖)〉(卷) 제
작을 주관하였다. 왕휘는 이 일로 인해 강희 황제
로부터 대단한 칭찬을 받았으며, '산수청휘(山水淸
暉)'라는 어제(御題)가 쓰인 부채와 함께 관직도 하
사받았다. 그러나 60세였던 왕휘는 궁정 생활을
무의미하게 여겨 사직하고 고향으로 돌아와 20여
년을 살다가 세상을 떠났다.

<연산적설도(連山積雪圖)〉(軸)
(淸) 왕휘(王翬)

　　젊은 시절 왕휘는 고향에 있는 장가(張珂)로부
터 황공망의 풍격을 배웠다. 훗날 왕감이 우산(虞
山)에 있다는 소식을 듣고 사람을 보내, 자신이
글을 쓰고 그림을 그린 부채를 증정하였다. 왕감
은 이를 보고 뛰어난 그의 재능에 감탄하여 왕휘
를 데리고 태창으로 돌아와, 친히 선현들의 명작
모사 방법을 가르쳐주었다. 또한 왕시민에게 보
내 배우게 함으로써, 역대 진본(珍本)들을 감상하
고 임모할 수 있는 기회를 더욱 많이 갖도록 하였다. 왕휘는 "송·원
대 화가들의 작품을 모방하고 임모하였는데, 아무리 사소한 부분도
원작과 똑같지 않은 곳이 없었으며[仿臨宋元人, 無微不肖]", 특히 황공
망의 필치를 터득하였다. 그는 왕감과 왕시민에게 깊은 감사를 표하
며 이렇게 말했다. "자구(子久-황공망)를 배웠으며, 두 선생님의 가르
침에서 힘을 얻었다.[學子久, 得力于二先生教.]" 한편 옛 작품들을 모방
하여 그리는 왕휘의 능력은 '이왕(二王-왕시민·왕감)'으로 하여금 탄복

〈임관동산수도(臨關仝山水圖)〉(軸)
(淸) 왕휘

을 자아내게 했는데, 일찍이 주양공도 왕휘의 재능에 대해 이렇게 말했다. "붓을 대면 곧 옛 화가들의 작품과 비슷하게 치달으니, 백 년 이래로 제일 뛰어난 사람이다.[下筆便可與古人齊驅, 百年以來, 第一人也.]" 심지어 그림을 판매하는 사람들은 왕휘가 임모한 모사품을 송·원의 진품으로 속여 팔았다.

이처럼 한결같이 옛것을 모방만 했던 '이왕'에 비해 왕휘가 훨씬 높은 차원에 이를 수 있었던 것은, 자연 산천에 대한 자신의 느낌을 옛 작품의 모방과 적절하게 융합하여 나아갔기 때문이다. 왕휘는 실경(實景)을 취하여 그림을 그리는 것을 매우 중시하여, 우산(虞山)의 12경(景) 등을 정교하게 그렸다. 그의 정교한 실경 묘사 공력은 〈강희남순도〉(卷)의 산천과 숲 속에 그대로 나타난다. 이는 그가 젊은 시절, 왕시민에게 그림을 배우면서 동남쪽의 여러 지역들을 두루 유람하며 생생한 기초를 닦았던 것과 관련이 있는데, 운남전(惲南田)은 이에 대해 이렇게 말했다. "옛 사람들의 필법을 운용하여, 눈앞에 펼쳐진 자연 산천을 그렸다.[用古人的筆法, 寫目前的丘壑.]" 즉 전통 문화적 소양을 자연 산천에 대해 관찰하고 체험하며 표현하는 데에까지 운용하여, 그의 그림에서는 어떠한 비슷한 조형도 없이 생생한 기운이 감돈다. 그의 이러한 작풍은 양진(楊晉)·고방(顧昉)·이세탁(李世倬) 등에게 영향을 주어, 왕휘를 선구자로 하는 '우산화파(虞山畫派)'를 형성하였다.

왕휘는 뛰어난 작품들이 매우 많으며, 창작 태도는 상당히 엄격하고 신중했는데, 이 가운데 가장 유명한 것으로는 〈산창독서도(山窗讀

書圖〉〉(軸)·〈여산백운도(廬山白雲圖)〉(軸)·〈우산풍림도(虞山楓林圖)〉(軸)
등을 꼽을 수 있다. 〈우산풍림도〉는 친구를 위해 그린 것으로, 초기
의 뛰어난 작품에 속하는데, 화풍이 청신하고 빼어나며 우아하여,
말년에 보여준 노련하고 질박하며 꾸밈없는 필묵과는 다르다. 우산
(虞山 : 강소 상숙의 서북쪽에 위치)의 가을 경치를 그린 이 작품은, 산림
이 매우 풍부한 형태를 갖추고 있으며, 산림 사이사이를 마른 나뭇
가지와 단풍으로 장식하거나, 자색(赭色-옅은 붉은색)과 화청(花靑)으
로 산과 비탈면을 칠하여, 경관이 시원스럽고 광활하며, 의지와 기개
가 맑고 심원하다. 화가는 원숙하게 건필(乾筆)로 산천의 구륵(鉤勒)과
준법(皴法)을 운용하였으며, 아울러 습필(濕筆)로 선염(渲染)하여 서로
보완함으로써, 한 폭의 청록산수의 특징을 살리는 데 중점을 두고
그렸다. 숙련된 여러 화가들의 필묵의 장점과 엄격하고 신중한 구도
의 기법을 취했음을 볼 수 있다.

필묵이 고아하고 혼후한 왕원기(王原祁)

왕원기(1642~1715년)의 자는 무경(茂京)이고, 호는 녹대(麓臺)이며,
강소 태창 사람으로, 왕시민의 손자이다. 왕원기는 왕시민이 끝까지
가지 못했던 벼슬길을 완주하였는데, 이는 그의 할아버지가 세상을
떠난 이후의 일이다. 왕시민은 손자인 왕원기가 선조들의 화업을 계승
하여 그림에 몰두하기를 바랐지만, 왕시민이 세상을 떠난 지 얼마 지
나지 않아 40세의 왕원기는 벼슬길로 전향하였다. 그는 순천낭시동고
관(順天郞試同考官)으로부터 점차 승진하여 내정(內廷)에 이르렀으며,
남서방(南書房)에서 공봉(供奉)이 되었다가 나중에는 호부좌시랑(戶部
左侍郞)에 올랐다. 그의 회화 솜씨는 강희제의 깊은 총애를 받았는데,
왕원기를『패문재서화보(佩文齋書畵譜)』편찬을 위한 총재로 임명하고,

1705년부터 1708년까지 궁정의 서화를 수집·정리·감정하도록 칙명을 내렸다. 이로부터 7년 후, 왕원기는 병으로 북경에서 세상을 떠났다.

왕원기는 유독 산수를 잘 그렸는데, 왕시민의 가학(家學)은 온전히 왕원기에게 그대로 전수되었다. 한편 그는 왕감과 왕휘의 장점도 받아들였을 뿐만 아니라, 위로는 오대의 형호·관동·동원·거연과 송대의 범관·조영양·미우인, 원대의 조맹부·고극공 '원나라 사대가'와 명대 동기창의 진수까지도 탐구하였다. 또 '사왕(四王)' 가운데 왕원기는 황공망을 가장 높이 존경하였는데, 그는 스스로 이렇게 말했다. "그림을 그릴 때 열과 성을 다 하지 않는 것을 수긍하지 않았는데, 혹시 자구(子久-황공망)를 배웠던 이러한 최선의 노력이 여기에서 조금이나마 드러나는가 보다.[落筆時不肯苟且從事, 或者子久些子脚汗氣, 于些稍有發現乎.]" 황공망을 계승한 천강산수(淺絳山水)는 먹필로 윤곽선을 그리고, 옅은 자색(赭色)으로 선염하는데, 그의 산수화 역시 황공망의 그림에서 형식을 취하였다. 즉 산석을 그릴 때 작은 돌들을 쌓아 올린 모양으로 그리는 것을 즐겼으며, 용필은 촘촘하고 면밀하였다. 왕원기의 산수는 진조영(秦祖永)이 『동음론화(棟蔭論畫)』에서 다음과 같이 말한 것과 같다. "옛것에서 힘을 얻어 심오한데, 중년에 이르러서는 빼어나고 윤택해졌으며, 말년에는 고아하고 혼후했다.[得力于古者深也, 中年秀潤, 晚年蒼渾.]" 그가 말년에 그린 산수화는 "능숙하면서도 속되지 않고, 생소하지만 어색하지 않으며, 담담하면서도 중후하고, 충만하면서도 청아한[熟不恬, 生不澀, 淡而厚, 實而淸]" 경계에 도달하여, 그 그림은 공력이 노련하고, 필묵이 질박하면서도 중후한 아름다움을 잘 갖추고 있다.

〈방대치산수도(倣大痴山水圖)〉(軸)
(淸) 왕원기(王原祁)

청나라 궁정에서의 회화 활동은 왕원기의 평생 회화 업적 가운데 중요한 부분을 차지한다. 다만 그는 궁중에서 활동하였지만 직업화가는 아니어서, 그의 화풍은 궁정의 직업화가들에게 본보기가 되었다. '사왕'의 옛 그림을 모방하는 풍조는 청대 초기에 궁정의 산수화단을 이끌었다. 당시 왕원기의 화풍을 따랐던 궁정화가들로는 당대(唐岱)·손우(孫祐)·장종창(張宗蒼) 등이 있었다. 왕원기의 궁중 회화 활동 가운데 가장 중요했던 것은, 70세 때 강희제의 생일을 축하하기 위해 여러 화가들을 거느리고 〈만수성전도(萬壽盛典圖)〉를 그린 것으로, 매우 장엄하고 훌륭하다.

왕원기 산수화의 뛰어난 작품들로는 〈부춘산도(富春山圖)〉(軸)·〈송계선관도(松溪仙館圖)〉(軸)·〈강향춘효도(江鄕春曉圖)〉(軸)·〈신완기족도(神完氣足圖)〉(軸)(모두 북경 고궁박물원 소장) 등이 있다. 이 가운데 〈신완기족도〉에 왕원기는 스스로 이렇게 썼다. "동원과 거연의 그림을 배우면 반드시 정신이 완전해지고 기운이 충족된다. 그러나 장법(章法)의 운용에 투철하지 못하면 기(氣)가 창성하지 못하고, 선염(渲染)이 자신의 것으로 되지 못하면 신(神)이 나오지 못하는데, 이것은 배움이 천박한 자들을 위하여 말할 수 있는 것이 아니다.[學董·巨畫必須神完氣足, 然章法不透則氣不昌, 渲染未化則神不出, 非可爲淺學者語也.]" 이러한 작품들은 왕원기가 말년에 그린 걸작들로서, 그가 일생 동안 숭배하고 추종했던 오대의 동원·거연에게서 터득한 것들을 응집해놓은 것이다. 구도는 평범한 가운데 기이함을 추구하였고, 배치는 주도면밀하며, 비탈진 바위는 겹겹이 쌓여 있어, 혼연일체를 이루며, 혈맥이 관통하는데, 필묵에서는 황공망의 건담(乾淡)한 자취를 추구하고자 진력하였다.

왕원기는 시문에도 뛰어나 『엄화루집(罨畫樓集)』이 전해오고 있으며, 화론에 관한 저서로는 『우창만필(雨窓漫筆)』·『녹대제화고(麓臺題畫稿)』가 있다. 이 저서들의 내용은 구구절절 사고(師古-옛것을 본받음)

와 방고(仿古-옛것을 모방함)에서 벗어나지 못하는 '사왕'의 심미관을 대표하고 있다.

'사왕'의 전수자들은 매우 많았는데, 먼저 출현한 '소사왕(小四王)', 즉 왕욱(王昱)·왕소(王愫)·왕신(王宸)·왕구(王玖)와, 건륭 말년에 활동한 '후사왕(後四王)', 즉 왕삼석(王三錫)·왕정지(王廷之)·왕정주(王廷周)·왕명소(王鳴韶)가 있었다. 이들은 모두 강소 지역의 상숙과 태창 일대에서 활동하였으며, 예술에서는 '사왕'을 그대로 모방하여 대대로 발전하지 못했다.

서방 문화의 영향을 받은 오력(吳歷)

오력(1632~1718년)의 본명은 계력(啓歷)이며, 자는 어산(漁山), 호는 도계거사(桃溪居士)이다. 집 뒤에 공자의 제자였던 언자(言子)의 우물이 있었는데, 물빛이 먹물 같아서 묵정도인(墨井道人)이란 호를 쓰기도 했으며, 강소 상숙(常熟) 사람이다. 그는 명나라 때 도찰어사(都察御史)를 지낸 오납(吳納)의 후손이었으나, 청 왕조가 들어서면서 가문은 날로 쇠진하였다. 오력은 어려서 아버지를 여의었지만, 좌절하지 않고 온 힘을 다해 학문에 정진하였는데, 경문(經文)은 진호(陳瑚)에게, 시는 전겸익(錢謙益)에게, 거문고는 진민완(陳珉阮)에게 배웠다. 명나라가 멸망했을 당시 오력은 겨우 12세밖에 되지 않았지만, 장성한 후에도 그의 마음은 여전히 망국의 상처를 잊지 못하고 명 왕조를 그리워하면서, 관료들과의 교류도 단절한 채, 다음과 같이 읊었다. "부평초 같이 십 년을 떠돌았지만 끝날 날 없어, 서대(西臺)를 향해 통곡하니 눈물은 마를 날이 없네. 도처에 새로 지은 저택들 황량하기만 한데, 몇몇 사람이 옛 벼슬을 그리며 탄식하네. 강변엔 봄은 가고 시정(詩情)만 남았는데, 변방 너머로 기러기 날아가고 눈이라도 올 듯이 춥네. 오늘도 전쟁의 참화는 그치지 않으니, 누구와 함께 실컷 취하여 낡은 낚싯대를 드리울까?[十年萍迹總無端, 慟哭西臺淚未乾. 到處荒涼新第宅, 幾人惆悵舊衣冠. 江旁春去詩情在, 塞外鴻飛雪意寒. 今日戰塵猶未息, 共誰沈醉老漁竿?]"[『묵정시초(墨井詩鈔)』]

오력은 어머니와 부인이 연이어 세상을 떠나자, 고독하고 쓸쓸한 마음을 불교 사상으로 채워가며, 우산(虞山)에 있는 흥복사(興福寺)의 승려이던 묵용(默容)과 절친하게 지냈다. 그러나 1672년에 묵용이 세상을 떠나자, 정신적으로 의지할 곳이 없던 오력은 차츰 천주교에 빠져들었다. 이후 벨기에 국적의 선교사이던 로게몬(魯日滿)과 사귀게 되면서, 51세 때에는 정식으로 천주교 신자가 되어 시몬(西滿-Simon)이란 세례명을 받고, 곧 마카오에 있는 예수회 수도원에 갔다. 6년 후, 오력은 선교사의 신분으로 상해와 가정(嘉定)에서 선교 활동을 시작하였다. 1718년에 87세의 오력은 상해에서 청빈한 일생을 마쳤으며, 저서로는 『묵정시초(墨井詩鈔)』·『삼파집(三巴集)』·『묵정화발(墨井畵跋)』이 있다.

오력은 어릴 때부터 그림 그리기를 매우 좋아했는데, 스스로 이렇게 밝히고 있다. "나는 어린 시절부터 그림을 배웠다. 닥치는 대로 마구 그렸지만, 고작 앵무새 수준을 넘지 못했다.[子稚年學畵, 搨撮塗抹, 不逾鸚哥.]" 초기의 그림은 '사왕'과 밀접한 관계가 있는데, 처음에는 왕감에게 배웠다. 또 왕시민을 주로 본받아 왕 씨 집안에 소장된 귀중한 그림들을 빠짐없이 감상했으며, 대체로 '사왕'이 임모한 그림들은 일일이 모두 섭렵하였다. 그는 옛 그림들을 직접 관찰할 때, "만일 기이한 그림을 보게 되면, 그 작품의 핵심 부분에 현혹되어 얼굴이 붉으락푸르락하며 안절부절못했다. 점차 정신이 맑아지고 기운이 안정되면 혈색이 돌아왔다. 감흥에 넘쳐 임모하고자 하면, 잡념이 없이 마음을 집중하여 바야흐로 옛 사람의 정신과 감정의 요체를 터득할

로게몬(魯日滿) : 1624~1676년. 본명은 Francois de Rougemont이다. 청나라 초기의 천주교 예수회 선교사들 중 한 사람이다. 벨기에의 마스트리히(Maastricht)에서 태어났으며, 1641년에 예수회에 가입하였다. 1654년에 선교사 자격을 획득하였으며, 몇 개월 후에 선교 신청을 제출하였다. 1658년 7월에 오문(澳門-마카오)에 도착한 다음, 항주(杭州)에서 1년 동안 머물렀고, 이어서 여러 곳들을 전전하다가 소주(蘇州)에 도착하였으며, 아울러 이곳에서 한 차례 성방(城防)에 복무하였다. 소주에서 그는 많은 천주교도들을 양성하는 등 중국에서 많은 활동을 하였다.

수 있었다.[如遇異物, 核心眩目, 五色無主. 及其神澄氣定, 則靑黃燦然. 要乘興臨摹, 用心不雜方得古人之神情要路.]" 그 가운데 가장 큰 도움을 받은 그림은 '원나라 사대가'와 명나라 당인(唐寅) 등의 산수화였다. 그러나 결국 그로 하여금 옛 사람들을 벗어나게 하고 '사왕'을 초월하게 해준 것은, 옛것을 모방하는 모고(摹古)가 아니라, 대자연에 대한 자신만의 진정한 느낌을 쏟아내어 표현하는 것이었다. 즉 "분본(粉本-밑그림)을 본보기로 삼지 않으니, 자연의 조화가 그의 붓끝으로부터 나왔다.[不將粉本爲規矩, 造化隨他筆底來.]" 오력의 초기 화풍은 왕감과 비슷하다. 즉 원대 화가들의 필법을 운용하여 들판과 초가집·고깃배와 갈매기 등을 묘사함에 따라, 풍격이 고아하고 깨끗하며 맑고 심원하다. 중년에는 천주교를 믿으면서, 서양 문화를 접촉할 기회가 비교적 많은 마카오(澳門)에서 여러 해를 살았다. 그는 이 기회를 통해 분명 어느 정도의 서양화들을 접함에 따라, 중·말년의 작품들은 경물의 원근의 투시 관계에까지 주의를 기울였는데, 예를 들면 〈유촌추사도(柳村秋思圖)〉(軸)와 〈호천춘색도(湖天春色圖)〉(軸)의 'S'형 구도는, 경물(景物)을 층층이 겹치게 하면서 먼 쪽으로 그려나갔다.

〈흥복암감구도(興福庵感舊圖)〉(卷; 북경 고궁박물원 소장)도 오력의 대표작인데, 천주교로 개종한 초기에, 세상을 떠난 친구를 그리워하며 그린 작품이다. 화면 속의 마른 나뭇가지는 바람에 흔들리고, 인적 없는 서재는 텅 비어 있어, 화가의 처량하고 슬픈 심정을 대변하고 있다. 앞뒤로 배치된 나무들은 층차가 분명하면서도 자연스럽게 섞여 있고, 우측의 구불구불하게 먼 방향으로 뻗어나간 담장은 화면의 깊이감을 더해주고 있다. 채색은 대담하게 석청(石靑)·석록(石綠)과 흰색을 매우 선명하게 처리하여, 고풍스럽고 아름다우면서도 속된 느낌은 없는데, 이렇게 색을 이용한 방법도 또한 오력이 지닌 특유한 수단이었다.

'사생정파(寫生正派)'를 개창한 운수평(惲壽平)

운수평(1633~1690년)의 또 다른 이름은 격(格)이고, 자는 정숙(正叔)이며, 호는 남전(南田)·운계외사(雲溪外史)·백운외사(白雲外史) 등으로, 강소 무진(武進) 사람이다. 명나라가 청나라로 바뀌는 시대에 살았던 운수평은 일찍부터 매우 이색적인 역정을 겪었다. 그의 아버지인 운일초(惲日初)는 '복사(複社)'의 구성원으로, 명대 말기의 폐정을 혁파하는 활동에 참여하였으나, 개혁이 실패로 끝나자 고향으로 돌아왔다. 1645년에 청나라 군대가 강남 지역을 석권하자, 승려로 가장한 운일초는 아들을 데리고 절강의 천대산(天臺山)·광주·복건 등지로 피난을 다녔다. 복건 지역을 떠돌아다닐 때, 운일초는 아들 수평을 데리고 청나라 군대에 항거하는 왕기(王祁)의 대열에 가세하였다. 군대가 또다시 패한 후에 운일초는 산속으로 도망쳤으나, 운수평은 포로로 잡혀 옥에 갇히고 말았다. 복건과 절강의 총독이었던 진금(陳錦)의 처가, 총명함이 남다른데다 그림을 잘 그리는 운수평을 보고 자신의 양자로 받아들였다. 어느 날 진금의 처가 운수평을 데리고 항주(杭州)의 영은사(靈隱寺)에 놀러갔는데, 공교롭게도 운일초가

〈방조맹부죽당고음도(仿趙孟頫竹堂高陰圖)〉(冊)

(淸) 운수평(惲壽平)

아들을 보고는 즉시 방장(方丈)의 말투를 흉내내며, 이 아이는 "반드시 출가해야지, 그러지 않으면 죽을 것입니다[宜出家, 不然且死]"라고 하여, 그 자리에서 운남전을 구하여 부자가 함께 귀가하였다.

10세 무렵에 집으로 돌아온 후, 운남전은 정식으로 그림을 배우기 시작하면서 그림을 팔아 생계를 해결할 때까지 빈한한 생애를 보냈다. '청나라 초기의 육대가' 가운데 성정이 가장 대범했지만, 생활은 매우 어려웠다. 또 정치적인 감정이 가장 농후한 집안이어서, 어린 시절의 고생은 두고두고 그의 마음을 무겁게 짓눌렀다. 결국 가문은 파탄하고 나라가 멸망하자, 그는 슬프고 괴로운 심정을 이렇게 읊었다. "영웅이 되어 죽지 않으면, 누가 능히 국토를 지키랴. 십 년이나 여전히 속세에 살고 있으면서, 아직도 벼슬할 준비조차도 못하고 있네.[不爲英雄死, 誰能國土看, 十年塵尚在, 猶有未彈冠.]"

운남전은 시와 문장에도 뛰어나 『구향관집(甌香館集)』이 전해오고 있다. 그가 처음 산수를 배울 때, 왕휘에게 미치지 못했기 때문에 화조로 바꾸었다는 주장도 있지만, 사실 운남전도 산수를 잘 그렸으며, 그만의 독특한 풍격을 갖추었다. 그가 어린 시절부터 그림을 배울 때, 주로 가문의 전통에서 시작했는데, 아버지의 사촌형인 운본초(惲本初)에게 산수를 익혔다. 송·원의 유명 화가들, 특히 왕몽을 주로 본받았으며, 이후 아름답고 소탈하며 수려한 풍격을 스스로 이루었는데, 그는 "담청록을 사용하였는데, 맑고 시원스러운 기풍이 마치 조대년(趙大年 : 조영양)과 비슷했으며, 석곡(石谷-왕휘)보다도 뛰어난 점이 많았다.[用淡靑綠, 風致瀟灑似趙大年(令穰), 勝石谷多矣.]"[전두(錢杜), 『송호화억(松壺畫億)』] 〈호산수경도(湖山水景圖)〉(軸; 북경 고궁박물원 소장)와 같은 그림은 초기에 그린 것으로, 왕휘와 서로 교류하던 시기였던 만큼 예술적으로 서로 영향을 주고받았다. 산수화풍은 왕휘에 비해 빼어나고 험준하면서도 간결하고, 구도는 탁 트여 시원스러우며, 의태(意態)가 수려하다.

운남전의 뛰어난 성취는 몰골(沒骨) 화훼화를 발전시켜 '사생정파(寫生正派)'를 확립한 데 있다. 그는 멀리 북송 시대에 서숭사(徐崇嗣)가 창립한 "오색(五色)으로 선염하여, 붓의 흔적이 보이지 않는[以五色染就, 不見筆迹]" '몰골법'을 계승하였고, 나아가 대상물을 보며 그리는 사생 기법과 결합하였다. 그는 "한 송이 꽃을 그릴 때마다, 반드시 그 꽃을 꺾어서 병에다 꽂아두고, 온 힘을 다해 묘사하였는데, 그 꽃의 생생한 향기와 살아 있는 색을 터득하여 이를 다 표현한 후에야 마쳤다.[每畫一花, 必折是花揷之瓶中, 極力描摹, 得其生香活色而後已.]" 이로써 "꽃이 살아 있는 것 같은[與花傳神]" 경지에 도달하였고, 색채 효과는 아름다운 투명함과 우아한 정갈함이 잘 어우러져, 인위적으로 꾸민 듯한 분위기가 전혀 없다. 운남전의 이러한 특징은 〈요정어조도(蓼汀魚藻圖)〉(軸; 북경 고궁박물원 소장)에 집중적으로 구현되어 있는데, 그림을 보면 얕은 연못에서 새끼 물고기 세 마리가 즐겁게 놀고 있고, 연못의 물풀들은 물 위에 떠서 살랑거리며, 연못가에는 가을 갈대와 단풍잎이 바람결에 따라 가볍게 흔들거리고 있다. 이 모든 물상들을 몰골사의(沒骨寫意) 기법으로 처리하여, 구륵을 하지 않았으며, 먹 색이 서로 어우러지고, 풀잎들이 자유자재로 교차하여 정취가 넘쳐난다. 당시 운남전의 그림은, "강남·강북을 막론하고, 집집마다 남전의 그림이 없는 집이 없었으니, 마침내 '상주정파(常州正派)'의 우두머리가 되었다.[無論

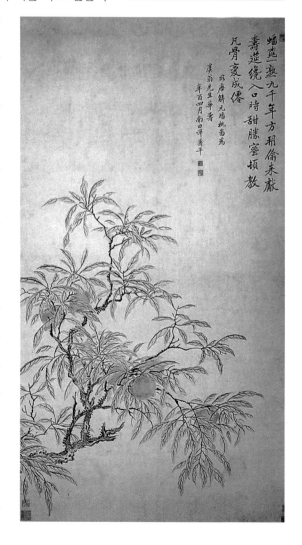

〈반도도(蟠桃圖)〉

(淸) 운수평

江南江北, 莫不家家南田, 戶戶正叔, 遂有'常州正派'之目.]"[장경(張庚), 『국조화 징록(國朝畫徵錄)』] 이처럼 운남전의 영향력이 대단했다는 것을 알 수 있는데, 이 화파에 속하는 화가들로는 마원어(馬元馭)·운빙(惲冰)·장 자외(張子畏) 등이 있었으며, 이들은 모두 운남전의 화조화풍에 깊숙 이 빠져들었다.

운남전의 회화 사상은 『남전화발(南田畫跋)』 속에 잘 드러나 있다. 그는 화가들이 그림을 그릴 때의 감정 역량에 대해 이렇게 강조하였 다. "필묵은 본래 감정이 없지만, 필묵을 운용하는 자가 감정이 없어 서는 안 된다. 그림을 그리는 사람은 감정을 충분히 흡수하여 표현함 으로써, 감상자로 하여금 감정이 생기도록 하지 않으면 안 된다.[筆墨 本無情, 不可使運筆墨者無情. 作畫在攝情, 不可使鑑畫者不生情.]" 그는 본 래 이것을 창작의 요지로 삼아, 화조화에서는 '평담천진(平淡天眞)'한 시적 정서를 가진 화의(畫意)를 묘사하는 데 중점을 두고, "평소에 몸 에 밴 좋지 않은 법도에 따라, 얄팍한 기교를 부리는 습성[縱橫習氣]" 을 깨끗이 씻어 냈으며, 산수화에도 자신의 감정을 주입하였다. 즉 "봄 산은 마치 미소를 짓는 것 같고, 여름 산은 마치 성을 내는 것 같 으며, 가을 산은 마치 화장을 한 것 같고, 겨울 산은 마치 잠을 자는 것 같네[春山如笑, 夏山如怒, 秋山如粧, 冬山如睡]"라고 하여, 가을을 주 제로 그릴 때는 모름지기 "가을은 사람들을 슬프게 하고, 또 사람들 을 사색에 젖게 하는[秋令人悲, 又能令人思]" 정경(情景)을 표현해 냈다. 만약 "그렇지 않으면, 늦가을 매미와 귀뚜라미 우는 소리를 듣는 것 만 못하다[不然, 不若聽寒蟬與蟋蟀鳴也]"라고 하였다. 운남전은 이처럼 예술 작품에서 가장 중요한 것은 감정의 진실함과 의취의 절실함이 라고 굳게 믿었다.

[본 장 집필 : 余輝 / 번역 : 유미경]

| 제6장 |

양주(揚州) 화단과
'양주팔괴(揚州八怪)'

| 제1절 |

청대 중기의 양주화파(揚州畵派)

청대 중기의 양주화파는 18세기 중국 회화사에서 가장 영향력 있는 집단으로서, 청대 중엽의 심미 취향의 변화를 집중적으로 반영하고 있다. 이 시기에 활동했던 산수화가인 방훈(方薰 : 1736~1799년)은 이렇게 지적했다. "국내의 화가들은, 석곡(石谷 : 왕휘)의 뇌롱(牢籠-새장·감옥)에 갇혀 있지 않으면, 녹대(麓臺 : 왕원기)의 계뉴(械杻-쇠고랑)에 묶여 있다.[海內繪事家, 不爲石谷牢籠, 卽爲麓臺械杻.]" 방 씨가 말하고 있는 '뇌롱'과 '계뉴'는 정통파의 추종자들을 가히 한마디로 표현한 것이라고 할 수 있다. 청대의 정통 화파는 '산수정종(山水正宗)'과 '화훼사생정파(花卉寫生正派)'를 포괄한다. 이른바 산수정종은 왕원기의 '누동파(婁東派)'를 추종하고 왕휘의 '우산파(虞山派)'를 존숭하고 본받는 것을 가리킨다. 한편 '화훼사생정파'는 운수평의 '비릉파(毗陵派)'를 계승·발전시킨 것을 말한다. 양주화파가 동남 지역에서 일어나던 시기에, 위에서 서술한 화파들은 상류 계층인 통치자들의 애호와 지지를 받으며 명성을 크게 떨치고 있었다. 그러나 그들을 추종했던 후학자들은 스승들의 화법에 얽매여, 독창적인 안목과 기법으로 스스로의 화법을 찾지 못함에 따라, 작품에는 개성이 없고 그저 진부한 것을 그대로 답습만 하고 있었다.

양주화파가 양주 지역에서 일어날 수 있었던 까닭은, 그러한 역사적 시기에 오직 양주에는 아주 참신한 심미 정취를 가진 수많은 애호가들이 집중되어 있었기 때문이다. 또한 이들은 참신한 예술 풍격을 표현할 수 있는 화가들에게 물질적 생활에 필요한 조건과 자유롭게 창작할 수 있는 공간을 제공해주었기 때문이다.

양주의 옛 명칭은 광릉(廣陵)이며, 우(禹)임금에게 조공을 바친 구주도(九州島) 가운데 하나였다. 이곳은 장강과 회수의 요충지에 위치함에 따라, 운하가 장강 입구까지 출입하였기 때문에, 예로부터 중국 동남 지역의 중심지가 되었다. 수·당 이래로 양주는 주요 경제·문화의 중심지로서, "불야성을 이루는 천하의 밤거리를 셋으로 나눈다면, 그 중 둘은 의심할 바 없이 양주일 것이다[天下三分明月夜, 二分無賴是揚州]"라고 할 정도로 명성을 떨쳤다.

18세기에 이르러 양주는 또 다시 최고의 번성 국면을 맞이하였다. 이곳의 상품경제가 날로 발전하면서 온갖 업종들이 번창하였고, 경제가 부유해지자 물자가 운집하고 조운(漕運)의 왕래가 빈번해졌다. 이에 따라 중국 동남 지역의 대도시를 이루었을 뿐 아니라, 엄청난 소비 능력을 갖추게 되었다. 청나라 사람 장신(蔣莘)의 『양주화방록(揚州畫舫錄)』에는 이렇게 기록되어 있다. "번화하기가 말할 수 없고 크기가 끝이 없었다.[繁華莫道太無端.]" 18세기 양주의 번성은 결코 그냥 이루어진 것이 아니고, 주로 소금 운송 상업의 흥성 덕택이었다. 청대에 양주의 저명한 학자였던 왕중(汪中)은 『광릉대(廣陵對)』에서 이렇게 지적하였다. "광릉 지역은 천하가 태평하니, 곧 바닷물을 끓여 소금을 만들었으며, 모든 백성들로 하여금 그것을 직업으로 삼아 먹고살도록 했다. 소부(少府-궁중에서 사용하는 각종 물품들을 관장하던 관청)에 알려, 넓은 농토의 힘을, 하천에 미치도록 전환하니, 온갖 물품들이 통과하여, 온 세상을 이롭게 하였다.[廣陵一城之地, 天下無事, 則鬻海爲鹽, 使萬民食其業. 上輪少府, 以寬農畝之力, 及川渠所轉, 百貨通焉, 利盡四海.]"

이 당시 양주는 염상(鹽商-소금 상인)을 위주로 하여, 폭넓은 시민 계층도 형성되어 있었는데, 상인·공장 주인·소상인 및 염상의 경영 관리 인원들이 여기에 포괄되었다. 그러나 상인들은 부를 축적하는 데에만 능할 뿐, '사민(四民−사·농·공·상)'의 맨 끝에 속해 있어, 봉건 관료들에게는 언급의 대상도 되지 못했다. 이러한 사회적 지위를 바꿀 수 있는 유일한 방법은 오직 "장사를 하면서 선비 행세를 하는 것[賈而儒]"이었다. '양주이마(揚州二馬)'로 불렸던 마일관[馬日琯 : 자(子)는 추옥(秋玉)]과 마일로[馬日璐 : 자(子)는 패혜(佩兮)] 형제는 휘주의 염상들 가운데 이름난 부호였다. 이 두 사람은 문화 예술을 지극히 좋아하여 오랫동안 문인 묵객들을 후원했을 뿐만 아니라, 무한한 관심과 애정을 쏟았다. 이들은 비록 고상(高翔) 같은 예술가와는 현격한 빈부의 격차가 있었지만, 서로 따지지 않고 교류하였다. 이 밖에도 개인의 재산이 국가의 재산과 필적할 만큼 거부(巨富)였던 염상 강춘(江春)은 문인 서화가들이나 기이한 재능을 지닌 자들을 예를 갖추어 초빙하였다. 심지어는 전 가족이 모두 문화 예술을 중시하여 '명류(名流−명사)를 대신 배출'할 정도였다. 예를 들면 그의 외손자 원매(袁枚)는 양주화파의 대가 가운데 한 사람이었다. 기타 수많은 다른 염상 부호들도 문인 명사들을 존중하였으며, 도서와 서화를 즐겨 수장하였다.

그 다음으로 상인들도 문인들을 본받아 고상하고 품위 있는 문화 활동을 주최함에 따라 양주의 문화가 활기를 띠게 되면서, 자연스럽게 수많은 문인과 서화가들의 관심을 집중시켰다. 이러한 풍조를 반영하듯 양주의 민간에는 "대청에 글씨나 그림이 없으면, 유서 깊은 집안이 아니다[堂前無字畫, 不是舊人家]"라는 속담이 있었다. 문화적인 가문으로 인정받기 위하여 염상들은 유명 작가들의 글씨나 그림을 구하는 데에는 어떠한 대가를 지불하는 것도 아까워하지 않았다. 다른 한편, 본래 자신들을 청아하고 고상한 사람들로 자부했던 문인화가들로 하여금 점차 현실에 직면하게 만들었다. 다시 말하면 상인들은 많은 재산을 가지고 있었지만 문아하고 고상함이 필요했고, 문인 서화가들은 문화적 재능은 지니고 있었지만 스스로 의식주를 해결해야 했다. 이 모든 상황들이 양주화파의 출현과 발전에 좋은 계기를 제공해주었다.

양주화파는 사실 하나의 조직이나 강령을 가진 화파가 아니며, 예로부터 줄곧 '팔괴(八怪-여덟 명의 괴짜)'로 불리고 있지만 기록 또한 완전히 일치하지는 않았다. 각종 문헌에 나열되어 있는 '팔괴'는 많게는 열다섯 명에 이른다. 그들은 다음과 같다. 복건 상항(上杭) 사람 화암(華嵒 : 1682~1756년)·산동 교주(膠州) 사람 고봉한(高鳳翰 : 1683~1748년)·안휘 휴녕 사람 왕사신(汪士愼 : 1686~1759년)·강소 흥화(興化) 사람 이선(李鱓 : 1686~1762년)·전당(錢塘)으로 이주한 절강 영파(寧波) 사람 진찬(陳撰 : 1686~?)·절강 전당 사람 김농(金農 : 1687~1763년)·복건 영화(寧化) 사람 황신(黃愼 : 1687~약 1772년)·양주 사람 고상(高翔 : 1688~1753년)·강소 흥화 사람 정섭(鄭燮 : 1693~1765년)·남경에 잠시 머물렀던 강소 남통(南通) 사람 이방응(李方膺 : 1695~1754년)·강소 회안(淮安) 사람 변수민(邊壽民 : 1690~?)·강소 남경 사람 양법(楊法 : 1690~?)·안휘 회녕(懷寧) 사람[상강(上江) 사람이라는 주장도 있음] 이면(李葂 : 1730~?)·한구(漢口)에 잠시 거주했던 강서 남창(南昌) 사람 민정(閔貞 : 1730~?)·본적은 안휘인데 양주로 이주한 나빙(羅聘 : 1733~1799년) 등으로 모두가 다 양주 출신인 것만은 아니었다. 또 평생 동안 양주에서 활동하지 않은 사람도 있다. 다만 고향이 같거나 또는 함께 예술 활동을 하는 친구이거나 혹은 스승과 제자 관계로 인해 포함된 사람도 있어, 이들의 사상과 예술은 대단히 복잡하게 연계되어 있다. 이들은 옹정(擁正-1722~1735년) 초기부터 건륭(乾隆-1735~1795년) 말년까지, 삶의 형태는 다르지만 추구하는 바가 같은 예술의 새로운 풍조를 양주 지역에서 집중적으로 펼쳐나갔다. '팔괴' 가운데 생애나 행실에 대해 고찰할 점이 남아 있는 화가들도 있지만, 대체적으로 말하면, 그들은 18세기에 양주를 중심으로 활동함으로써 회화의 새로운 풍조를 대표했던 화가군이다.

중국 후기 회화사에서 보면, 문인화의 발전에 따라 신분이 다른 두 부류의 화가들이 출현했는데, 하나는 문인화가이며, 다른 하나는 직업화가이다. 문인화가는 사회적 지위가 매우 높았고, 직업화가는 그림을 직업으로 삼아 생계를 유지해야 했기 때문에 시류에 따라 세속적인 것과 어울리지 않을 수 없었다. 17세기 후반에 이르러 문인화가들에게도 약간의 변화가 있었는데, 양주 일대에서는 더욱 뚜렷하게 나타났다. 18세기에 이르러 양주 지역의 상품경제가 번성함에 따라, 서화의 상품화도 본격화되었으며, 이로 인해 각지에서 서화를 생계수단으로 삼았던 예술가들이 이곳 서화 상품시장을 향해 대거 모여들게 되었다. 이러한 현상은 양주의 화단으로 하여금 백화제방(百花齊放)의 성황을 이루게 하여, 각 화가와 각 화파가 그 재능을 겨루고 승부를 다투었다. 문인화가와 직업화가의 두 가지 신분을 겸하고 있었던 양주화파의 화가는 비록 '괴짜가 여덟 명'이었지만, 실제로는 세 부류의 사람들로 구성되어 있었다. 첫째 부류는 정섭·이선·이방응을 대표로 꼽을 수 있는데, 이들 모두는 일찍이 학문이 뛰어났고, 관직에도 올랐으며, 정치적인 포부와 재능도 지녔었다. 그러나 벼슬길에서 뜻을 이루지 못하자, 양주에 와서 그림을 팔아 생계를 유지함에 따라, 그림 그리는 일을 직업으로 삼는 문인 직업화가가 되었다. 둘째 부류는 김농·고상·왕사신·이온을 대표로 꼽을 수 있으며, 이들 역시 문인 출신으로 학문과 재능이 출중한 인물들이었지만, 부패한 관료 사회를 목격함으로써, 평생 벼슬에 뜻을 두지 않은 채 안빈낙도한 사람도 있고, 혹은 공명(功名)을 떨치지 못하고, 부득이 "평민으로서 세상에 이름을 떨치며[以布衣雄世]", 글과 그림을 팔아 생계를 도모한 사람도 있다. 이들은 또 다른 유형의 문인 직업화가에 속한다. 셋째 부류는 화암·황신·나빙을 대표로 하는데, 이들은 모두 빈천한 집안 출신으로서 문화적 수양을 넓히는 데 피나는 노력을 하면서도, 어쩔 수 없이 일찍부터 그림을 파는 것으로 직업을 삼았던 문인화된 직업화가들이었다. 이 세 부류 화가들의 과거 상황을 보면 큰 차이가 있지만, 양주에서 그림을 팔았다는 점에서는 공통점이 있다. 이 외에 당시 상인들을 중심으로 하는 신흥 시민 계층들은 구시대 사상의 속박에서 점차 벗어나, 새로운 것을 좋아하고 기이한 것을 숭상하였으며, 자극적이고 격동적인 것들을 추구했다. 더불어 문화 예술상에서도 이러한 것들을 표현할 것을 요구하였는데, 양주화파는 이러한 시대의 요구에 따라 생겨났다. 그 중 봉건 관료의 대열에서 이탈한 문인은 물론이고, 빈천한 출신의 직업화가들도 모두 일정한 의미에서는 시민 계층에 의지하는 자유 직업인들이었다. 한편 그들은 문인의 풍부한 수양을 갖추고 있었기 때문에, 상인이나 장인들과 비교해 말하자면 문인이었다. 또한 그들은 이미 서화로써 직업을 삼은 자유 직업인들이었기 때문에, 글씨나 그림을 여가로 즐겼던 문인들과 비교해서 말하자면, 뭇 화공들과 같은 직업화가였다. 이처럼 복잡한 신분 문제는 그들로 하여금 화공처럼 여겨지게 하여 직업화가들과의 거리를 단축시켰고, 서화 작품을 사고파는 공·상업인과의 거리도 단축시켜, 아속(雅俗-고상함과 속됨) 관념에도 서서히 변화가 발생했다. 이러한 아속 관념의 점차적인 변화는 또한 당시 양주 시민 계층의 심미 기호가 반영된 것이었다.

'양주팔괴(揚州八怪)'

'양주팔괴'는 구체적으로 여덟 명의 화가를 가리켜 일컫는 말이지만, 여덟 명의 화가를 지목하는 주장들은 일치하지 않는다. 일반적으로 청나라 말에 연옥분(攀玉棻)이 『구발라실서화과목고(甌鉢羅室書畫過目考)』에 나열한 여덟 명을 공인하고 있는 실정이다. 연옥분이 언급한 화가는 김농(金農)·황신(黃愼)·정섭(鄭燮)·이선(李鱓)·이방응(李方膺)·왕사신(汪士愼)·고상(高翔)·나빙(羅聘)이다.

아(雅-고상함)와 속(俗-속됨)은 중국 전통문화에서 사람을 논하고 문장을 따지며 그림을 품평하는 기준 가운데 하나로서, 즉 품격 관념이자 행위 양식이다. 양주팔괴가 '괴이하다고 평가되는[目之爲怪]' 까닭의 관건은 '아(雅)'에 있는 것이 아니라, 행위와 예술에서 많든 적든 양주 시민 계층의 기호에 순응하여, 전통의 아속(雅俗) 관념의 제한성을 타파하고, 독립적인 정치의식을 형성했고, 사상 문화 등의 방면에서 봉건적 전통문화의 틀을 뛰어넘어, 근·현대 중국 회화 예술의 발전을 위한 새로운 방도를 개척해 낸 데에 있다. '팔괴'는 예술상에서 비록 각기 다른 면모와 독창적인 성과를 이루었지만, 서로 같은 점도 매우 많았기 때문에, 하나의 강대한 예술 조류를 형성할 수 있었다.

첫째, 그들은 대부분 지식인 계층 출신으로서, 일부는 과거시험을 통해 관직에 나갔지만, 결국은 그림을 팔아 청고(淸苦)하게 살아감에 따라, 서로 비슷한 생활 체험과 사상 감정을 지니고 있었다. 그

가운데 김농·왕사신·고상·황신·나빙은 평생토록 벼슬을 하지 않았고, 정섭·이선·이방응은 한 차례 낮은 관직을 지냈지만, 차례로 모두 쫓겨났다. 그들이 관료 사회의 부패에 분개했던 것은 백성들의 고통을 비교적 깊이 이해했고, 세태의 야박한 변화에 대해서도 깊이 체험했기 때문이다. 이로 인해 도도하고 속박되지 않는 성격을 형성하는 한편, 관료와 귀족들을 멸시하면서 자유분방하고 괴팍한 행위를 하였고, 항상 그림을 통해 평온하지 않은 심기를 표현해 냈다.

다음으로, 그들은 모두 예술에서 개성을 발휘하는 것을 중시하여, 새로운 것을 창조하는 데 힘썼다. 그림 속에서 형(形-외형)과 신(神-정신)의 관계를 표현하는 데에서는 모두 신비롭고 고상한 운치를 강조하였고, 수묵사의(水墨寫意) 기법을 잘 운용하였다. 또한 강렬한 주관적

<예불도(禮佛圖)>(册)
(清) 김농(金農)
북경 고궁박물원 소장

감정의 색채를 부여하였으며, 시·서·화의 유기적인 결합에 중점을 두었을 뿐만 아니라, 항상 서법에서 구사하는 필의(筆意)를 그림에 도입하였다. 이 때문에 '팔괴'의 작품들은 모두 뚜렷한 개성과 볼수록 새로운 맛이 느껴지는 필묵 정취와 청신하고 매우 자유분방한 예술 격조를 갖추었으며, 심오한 사유(思維)의 경지를 표현하였다. 그들의 작품은 대담하게 혁신을 창조하는 정신을 사람들에게 부여하여 강력하게 깨우쳐주었을 뿐 아니라, 후대 수묵사의화의 발전에도 적극적인 작용을 하였다.

김농(金農 : 1687~1763년)의 자는 수문(壽門)이고, 호는 동심(冬心)·계유산민(稽留山民)·곡강외사(曲江外史)·석야거사(昔耶居士) 등이며, 절강 인화(仁和 : 항주) 사람이다. '팔괴'의 우두머리라고 불릴 만큼 명성이 매우 높았다. 김농은 박학다재하

여 전각(篆刻)과 감정(鑑定)에도 뛰어났는데, 박학홍사(博學鴻詞)에 낙선하고는 억울한 심정에 각지를 두루 유람하였으며, 말년에는 그림을 팔면서 청렴한 생활을 하였다. 그는 50세가 되어서야 그림을 배우기 시작했지만, 학문이 깊고 풍부하여 훌륭한 명적(名迹)들을 많이 남겼으며, 서법의 기초 또한 매우 탄탄하여 마침내 한 시대의 명가(名家)가 되었다. 진조영(秦祖永)은 『동음론화(桐陰論畫)』에서 평하기를, "필법을 섭렵하여 예스러워졌으며, 화가들의 잘못된 습성에서 완전히 탈피하였다[涉筆卽古, 脫盡畫家習氣]"라고 하였다.

그는 산수·인물·화조를 모두 잘 그렸는데, 특히 묵매(墨梅)에 뛰어났다. 그가 그린 매화는 가지가 많고 꽃이 무성하며 생기가 넘치는데, 때때로 줄기는 담묵(淡墨)으로, 가지는 농묵(濃墨)으로 그리고, 둥근 꽃에 점으로 꽃술을 더하여 흑백이 뚜렷하다. 또 고졸한 금석(金石) 필의를 첨가하여, 질박하고 고아하며 힘찬 풍격을 형성하였다. 〈빙설지교매화도(冰雪之交梅花圖)〉(冊)는 가지와 줄기가 구불구불하고, 짙고 옅은 먹 색이 서로 잘 어우러졌다. 고졸하면서도 질박한 선으로 그린 둥근 꽃잎, 진한 먹 점으로 나타낸 꽃술의 배치는 복잡하지만 혼란스럽지 않고, 듬성듬성 성글지만 산만하지 않아서, 한 폭 한 폭 모두가 각각의 표정과 자태를 지니고 있다.

〈죽석한매도(竹石寒梅圖)〉(軸)
(淸) 김농

박학홍사(博學鴻詞) : 명·청대에 학문이 넓고 글을 잘하는 선비를 선발하던 과거 시험이다.

〈불상도(佛像圖)〉〈軸〉

(淸) 김농

북경 고궁박물원 소장

그의 산수는 의경(意境) 표현이 뛰어난데, 풍경이 간략하고, 필묵은 치졸하며, 조경(造境)이 특이하여, 그림을 뛰어넘는 운치를 지니고 있다. 예를 들면 〈산수인물〉(册; 상해박물관 소장) 가운데 〈채릉도(採菱圖)〉(頁)는 짙고 무거운 색채로 그렸고, 높은 곳에서 경치를 포착하여, 거침없이 한 번에 푸른 산을 쓱쓱 그리고, 호수 면에는 마름 잎들이 푸르게 비치고 있다. 곳곳에 마름을 따는 여자를 태운 작은 배가 그 사이에서 넘실대는데, 그 모습이 마치 제비가 쉴 새 없이 드나드는 것 같아, 시적(詩的) 정취가 물씬 묻어난다. 이와는 다른 〈원조도(遠眺圖)〉는 간결하고 담박한 격조로써 그림 속에서 또 하나의 그림을 보는 듯한 색다른 느낌을 표현하였다. 그의 인물화는 한층 더 고풍스럽고 소박하다. 대충대충 몇 번의 붓질로 묘사하여, 형사(形似)를 추구하지 않아, 매우 비전문가적인 양상을 보여주지만, 인물의 표정과 태도 및 특징은 오히려 매우 정확하게 포착하였다. 〈불상도(佛像圖)〉[軸; 연대시(煙臺市)박물관 소장]의 석가모니는 전신(全身)이 정면을 향해 있으며, 머리에 푸른 나발[靑螺節]이 있고, 붉은색 가사를 입었으며, 한쪽 어깨를 드러낸 채 두 손을 맞잡고 서 있는데, 표정과 태도가 편안하면서도 엄숙하고 경건하다. 얼굴은 강하고 단단한 철선묘(鐵線描)로 윤곽을 그려 낸 후 담채로 칠했는데, 풍만하면서도 유연한 풍채의 표현이 훌륭하다. 전신의 옷 주름은 고필(枯筆) 화법을 채용하고 있는데, 아래로는 권운(卷雲) 연좌(蓮座)와 접하고 있다. 이러한 선(線)들은 이리저리 옮겨 다니는 듯한 강한 운동감을 지니고 있어, 솟아오르며 요동치는 느낌을 준다. 또 석가모니의 양 옆에다 글씨를 써놓아, 불상이 더욱 두드러져 보이게 하는 효과가 있다. 그 서체는 해서에 예서를 겸하고 있으며, '칠서(漆書)'라 불리는데, 글씨와 그림이 잘 어울리고, 풍격이 독특하여 당시에 영향이 매우 컸다.

황신(黃愼 : 1687~1770년)의 자는 공무(恭懋)이고, 호는 영표자(癭瓢子)이며, 복건 영화(寧化) 사람이다. 어려시부터 가정이 빈곤하여 평생을 검소하게 살았다. 그는 평생 검소했지만 문화적 수양을 갖춘 직업화가로서, 전통 문인들이 제창한 문아한 작품을 못 그려서가 아니라, 당시 양주의 유행에 맞추기 위해 기꺼이 세속과 타협했다. 그는 어려서부터 그림을 그려 생계를 유지했다. 처음에는 상관주(上官周 -533쪽 참조)를 본받아 대부분 공필화(工筆畵)를 그렸으며, 중년 이후에는 거칠고 투박한 필선의 사의화로 바꾸었는데, 인물·산수·화조를 잘 그렸다. 그 중에서도 인물화가 가장 뛰어났다. 인물화의 제재는 대부분 신선·불교와 도교·역사 인물들로, 고상하고 우아한 제재들을 세속적인 형태로 바꾸어, 대부분 현실 생활 속의 형상을 취하고 있다.

〈복생수경도(伏生授經圖)〉(軸)를 보면, 인물의 비례가 정확하고, 필선은 정교하며 힘차고 유창하다. 산석(山石)의 윤곽과 준법은 신중하고 엄격하여, 초기의 공필 작품임이 분명하다. 〈어옹어부도(漁翁漁婦圖)〉(軸)는 늙은 어부가 등에 바구니를 메고서, 손에는 낚시 바늘을

〈어옹어부도(漁翁漁婦圖)〉(軸)
(淸) 황신(黃愼)
요녕성박물관 소장

쥐고 있는데, 바늘에는 한 마리 작은 물고기가 걸려 있다. 화면 속 어부는 웃음이 넘쳐나는 얼굴로 아내를 바라보면서 뭔가 가정의 일상사를 말하고 있는 것 같다. 어부의 아내는 고개를 돌려 자신의 남편을 바라보면서, 그가 하는 말을 귀담아 듣고 있는데, 서로 잘 호응하고 있는 이들의 자태에는 생동감이 넘친다. 인물의 옷 주름은 유사묘(遊絲描)와 철선묘로 처리하였는데, 혹은 구륵을 하기도 하고 선염을 하기도 하였으며, 혹은 힘차고 자유분방하며, 초서의 필법까지도 그림에 도입하는 대단한 공력을 갖추었다. 이 그림은 수묵 대사의화(大寫意畫)로서, 단지 어부의 얼굴 부위만을 간략하게 옅은 붉은색으로 처리하여, 스스로 새로운 의취를 창출해 냈다. 〈수석봉연도(漱石捧硯圖)〉(軸)·〈동파완연도(東坡玩硯圖)〉(軸)는 붓질이 매우 빠르고, 옷 주름은 기복의 변화가 질탕하며, 필선은 딱딱하게 꺾이거나 구불구불 얽히기도 하였고, 먹색은 농담을 번갈아가며 적절하게 사용하였다. 그리고 인물은 위풍당당하고, 기세는 왕성한 것이, 성숙기의 대표적인 화풍임을 알 수 있다. 〈취면도(醉眠圖)〉(冊頁)는 더 한층 대담하고 신속하게 그려, 복잡하고 구별이 쉽지 않은 가운데에서도 형상의 신비롭고 고상한 운치를 볼 수 있어, 그의 대사의(大寫意) 작품 중에서도 걸작에 속한다.

그의 화조화는 서위(徐渭)·석도(石濤)의 화법을 본받아, 역시 분방하고 거칠며 박력이 넘치고, 마음 내키는 대로 자유자재하게 그려, 화면에는 생기와 전원의 정취가 충만하여, 감상자로 하여금 사소한 물상과 경치에서도 자연계의 살아 움직이는 생동감을 느끼게 해준다. 또 화폭은 크지 않지만, 오묘한 정취가 끊임없이 솟아나와 자유분방하고 제약받지 않는 그의 개성을 더욱 잘 나타내주고 있다. 예를 들면 〈화조초충도(花鳥草蟲圖)〉(冊)와 〈국해도(菊蟹圖)〉(軸) 등은 전신사의(傳神寫意)를 중시하여, 예술의 개괄성이 매우 강하다. 정판교(鄭板橋-정섭)는 일찍이 그의 작품을 이렇게 평하였다. "모습이 흩어져

없어져버린 부분까지 그려 냈으니, 바로 실제 모습[眞相]은 없지만 진
짜 정신[眞魂]이 담겨 있다.[畫到神情飄沒處, 更無眞相有眞魂.]"

황신은 초서에도 뛰어났다. 그의 서체는 장초(章草)에서 탈화(脫化)

하여 나온 것으로, 그 메마르면서 힘찬 붓질을 그림 속에 응용하였기 때문에, 화면에는 비백(飛白)과 건조함·신속함의 흔적이 많이 남아 있다. 또 글씨와 그림이 서로를 수용하여, 리듬감이 넘치고, 사람들에게 조화로운 아름다움을 느끼게 해준다.

정섭(鄭燮 : 1693~1765년)은 여덟 명의 화가들 가운데, 사람들로부터 칭송을 가장 많이 받은 화가였다. 그의 자는 극유(克柔)이고, 호

〈죽석도(竹石圖)〉(軸)

(淸) 정섭(鄭燮)

는 판교(板橋)이며, 강소 흥화(興化) 사람으로, 일찍이 산동의 범현(范縣)·유현(濰縣) 지현(知縣)을 역임하였다. 관직에 있으면서 식량을 방출하여 이재민을 구제하는 사업을 하다가 세도가들에게 모함을 당하여 벼슬길에 뜻을 이루지 못하자, 사직하고 집으로 돌아온 뒤 양주에서 그림을 그려 팔아가며 생활하였다.

그의 시·서·화는 사상과 내용 방면에서 모두 폭넓고 깊이가 있다. 그는 문인의 그림이라고 하여 반드시 고상하고 우아할 필요는 없

〈죽석도(竹石圖)〉(屛)

(淸) 정섭

〈칠현도(七賢圖)〉(軸)

(淸) 정섭

고, 또 화공(畫工)의 작품이라 해서 반드시 세속적일 필요도 없다고 생각하였다. 문인화의 고아함은 그 고아함이 "천하에 공을 세워, 백성들을 사랑으로 보살피는[立功天下, 字養生民]" 정무(政務)를 본직으로 삼으면서, 글씨와 그림을 이 대아(大雅-군자의 고상함)를 해치지 않는 여가의 일로 삼는 데 있다. 정섭은 난초·대나무·바위를 잘 그렸는데, 특히 묵죽에 뛰어났으며, 서위·석도·팔대산인의 화법을 주로 본받아 수묵사의에 정통했다. 그는 전통을 계승하는 것은 "일곱을 배우고 셋을 버리며[學七撇三]", "그 뜻을 본받는 것이지, 그 자취나 형상 사이에 있지 않다[師其意不在迹象間]"라고 주장하였다. 창작 방법에서는, '안중지죽(眼中之竹)'·'흉중지죽(胸中之竹)'·'수중지죽(手中之竹)'의 세 단계 이론을 제시하였다. '안중지죽'은 객관 사물을 관찰하여 얻게 되는 인상이며, '흉중지죽'은 예술을 창작할 때의 구상으로, 객관 사물에 대한 본질 분석과 개인의 독특한 느낌 및 '이 뜻[此意]'의 특정한 예술 형식을 어떻게 표현할 것인가 하는 것을 포괄한다. '수중지죽'은 손에서 나와, 붓끝에서 표출되어, 서화의 바탕인 흰 비단에 드러난 화면의 형상이다. 이 세 가지는 서로 연계되어 있으면서도, 또한 다른 점이 있다. 정판교는 특별히 강조하기를 "참된 성정[眞性情]"과 "진정한 의기[眞意氣]"라고 요약하여 표현하였는데, 그가 자주 그려 낸 대나무는 바로 자신의 사상이자 인격화된 화신이었다. 예를 들면 〈유현서중화죽정년백포대중승괄(濰縣署中畫竹呈年伯包大中丞括)〉에 자신이 쓴 다음의 제시(題詩)를 보면 쉽게 이해할 수 있다. "衙齋臥聽蕭蕭竹, 疑是民間疾苦聲, 些小吾曹州縣吏, 一枝一葉總關情.[관가 서재에 누워 쏴쏴 흔들리는 대나무 소리 들으니, 백성들의 고통소리 듣는 것 같네, 나 같은 지방의 보잘것없는 벼슬아치들은, 가지 하나 잎새 하나에도 모두 정이 가는데.]" 이처럼 정판교는 화면의 대나무를 빌려, 백성들이

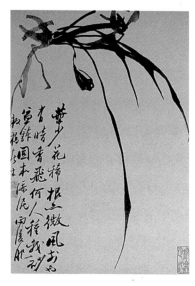

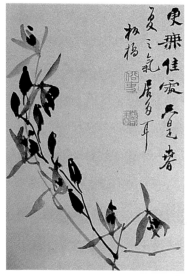

겪고 있는 어려움에 대해 무한한 동정을 후련하게 털어놓았다. 그는
또 이렇게 말했다. "무릇 내가 난초를 그리고, 대나무를 그리고, 바
위를 그리는 것은, 고생하는 세상의 모든 사람들을 위로하려는 것이
지, 세상의 모든 안락함을 누리는 사람들에게 제공하려는 것이 아니
다.[凡吾畵蘭·畵竹·畵石, 用以慰天下之勞人, 非以供天下之安享人也.]" 이로
인해, 그의 묵죽은 왕왕 꿋꿋하면서 고독하고 반듯하여, 일종의 도

도하면서 강하고 곧으며 "굳세어 길들여지지 않는 기질[倔强不馴之氣]"을 지니고 있다.

예술 기법에서는, "뜻이 붓보다 우선이다[意在筆先]"라고 강조하였고, 먹의 운용은 건담(乾淡)을 함께 겸하였으며, 필법은 가늘면서도 힘차고 굳세다. 구도는 성김과 빽빽함이 조화롭게 섞여 있는데, 간결하고 성글게 그린 것이 복잡하고 빽빽하게 그린 것보다 낫다고 여김에 따라, "맑게 여위어 고아하게 속세를 벗어난[淸癯雅脫]" 의취를 띠고 있다. 또한 시·서·화 3자의 결합을 중시함에 따라, 시문을 이용하여 요약해 냈으며, 서법(書法)과 글을 화면의 형상 안에 삽입해 넣음으로써 불가분의 통일체를 형성하였다. 특히 글씨에서 사용하는 용필법을 그림에 융합하였는데, 대나무를 그리는 것은 "서예에서 핵심이 되는 관건을 그림에 투입한 것[以書之關紐透入于畵]"인데, 난초 잎은 "초서 가운데 중수(中竪-한자에서 세로로 곧게 내린 획)와 장별(長撇-한자에서 길게 삐친 획)을 빌려 운용한 것[借草書中之中竪·長撇運之]"으로, 문인화의 특성을 한 걸음 더 발전시켰다. 이 때문에 정섭의 작품은 심오한 사상성을 지니고 있을 뿐만 아니라, 또한 의미심장한 예술 정취를 자아낸다. 대표 작품들로는 〈죽석도(竹石圖)〉〈軸〉·〈현애난죽도(懸崖蘭竹圖)〉〈軸〉·〈매죽석도(梅竹石圖)〉〈軸〉 등이 있다.

이선(李鱓 : 1686~1762년)의 자는 종양(宗揚)이고, 호는 복당(復堂)이며, 또 다른 호는 오도인(懊道人)으로, 강소 흥화 사람이다. 강희 50년에 과거에 합격하여, 53년에 공봉내정(供奉內廷)이 되었으며, 이후 산동 등현(滕縣)의 수령으로 임명되었으나, "상관의 명을 거슬렀다 하여 파직된 뒤 집으로 돌아와", 양주에서 그림을 팔아 생활하였다. 그는 어려서부터 그림 그리기를 매우 좋아하여, 16~17세 때 이미 이름이 알려졌으며, 공봉내정으로 있을 때에는 장정석(蔣廷錫)에게 그림을 배우기도 했고, 후에는 지두화가(指頭畵家) 고기패(高其佩)에게 가르침

장정석(蔣廷錫) : 1669~1732년. 한족(漢族)이며, 강소(江蘇) 상숙(常熟) 사람이다. 자는 양손(揚孫), 또 다른 자는 서군(西君)이며, 호는 남사(南沙)·서곡(西谷)·청동거사(靑桐居士) 등이다. 청대 중기의 중요한 궁정화가 중 한 사람으로, 사후에 문숙(文肅)이라는 시호를 받았다.

지두화가(指頭畵家) : 손가락이나 손바닥·손톱 등으로 그림을 그리는 화가.

을 구하기도 하였다. 양주에 거주하면서 석도의 필법에서 깨달음을 얻어, 마침내 파필발묵(破筆潑墨)으로 그림을 그려 냄에 따라 풍격에 대변화를 이루었다.

화훼를 그릴 때, 예를 들면 〈화훼도(花卉圖)〉(冊)는 호방한 붓질로 사의(寫意)를 전달하는 데 주력하였으며, 법도에 얽매이지 않아, 비록 손 가는 대로 휘저은 것 같으나, 먹을 운용하는 데 규칙이 있으며, 마음 내키는 대로 점경하거나 색을 칠하고, 좌우상하로 자유스럽게 그렸지만, 전체의 통일성과 층차감(層次感)을 잃지 않았다. 거침없이 붓을 내달려 마음 내키는 대로 그린 듯하고, 뭔가 빠진 듯해 보이는 가운데에도 법칙을 볼 수 있으며, 형사에 구속받지 않았으면서도 자연의 정취를 터득하였다. 〈초죽도(蕉竹圖)〉[軸; 광주(廣州)미술관 소장]는 비를 맞고 있는 대나무와 파초를 그린 것으로, 수묵에 물기가 많고, 필묵이 거침없이 자유로워 서위(徐渭)의 풍격이 느껴진다. 〈파초수아도(芭蕉睡鵝圖)〉[軸; 청도시(靑島市)박물관 소장] 같은 그림은 간단한 제재를 취했지만, 화면은 풍만하다. 잠자고 있는 거위를 그린 붓의 운용은 간결하고 세련되었고, 형태의 묘사가 실물과 똑같은데, 목을 돌려 몸을 웅크리고 주둥이를 깃털 속에 넣은 채 단잠에 빠져 있는 표정과 자태를 그대로 그려 냈다. 〈송석모란도(松石牡丹圖)〉(軸)는 하늘까지 자란

〈송석모란도(松石牡丹圖)〉(軸)

(淸) 이선(李鱓)

요녕성박물관 소장

파필발묵(破筆發墨): '파필(破筆)'이란, 그림을 그리거나 글씨를 쓸 때, 붓을 화면에 댄 다음 힘을 써서 붓대가리가 나아가는 방향으로 압력을 가하여, 붓대가리가 갈라지는 효과를 내도록 하는 것을 말한다. '발묵(潑墨)'이 ▶▶

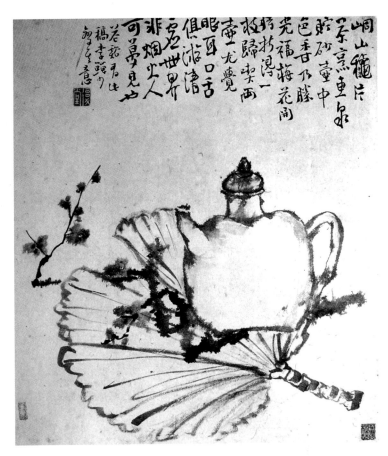

<**화훼도(花卉圖)**>〈冊〉

(淸) 이선

요녕성박물관 소장

◀◀ 란, 진한 먹물 덩어리를 화면에 떨어 뜨린 뒤, 그 먹물로 그림을 그리거나, 붓을 화면에 마구 두드려서 그리는 방법을 말한다.

<**가관도(加官圖)**>〈冊〉

(淸) 이선

영보재(榮寶齋) 소장

큰 소나무에 등나무 넝쿨이 얽히고설킨 채 늘어졌는데, 필력(筆力)이 상쾌하고 힘차다. 그 아래에는 모란이 무성하게 피어 있고, 옆에는 태호석이 놓여 있는, 매우 정교하고 단정한 한 폭의 사생(寫生) 작품 으로, 부귀와 장수를 간절히 바라는 뜻을 표현하였다. 구도는 차분 하고 단정하며 장중하고, 필치는 활발하고 자유분방하여, 장정석(蔣 廷錫)의 사생 풍격이 엿보인다. 당연히 그의 말년 무렵의 일부 작품들 은 확실히 약간 사납기만 하며, 필묵은 지나치게 거칠며 자유분방하 다. 좋지 않은 습관 때문에, 화면에는 변화가 좀 부족한 편이다. 그는 정섭·고상 등과 친밀하게 교류하였으며, 회화 방면에서는 김농과 어 깨를 나란히 하였다.

이방응(李方膺 : 1695~1754년)의 자는 규중(虯仲)이고, 호는 청강(晴江), 별호는 추지(秋池)이며, 강소 남통(南通) 사람이다. 옹정 8년에 산동 난산[蘭山 : 지금 산동 임기(臨沂)] 지현(知縣)으로 부임하였다. 그러나 상관에게 죄를 지었기 때문에 체포되어 감옥에 갇혔다가, 석방된 후에 안휘 잠산현(潛山縣) 현령에 임명되어 노주(潞州) 지부(知府)를 대리하였는데, 또 다시 무고를 당하여 파직되었다. 그는 20년간의 관직에서 승진과 좌천뿐 아니라 세상사의 어려움을 두루 겪다가, 말년에는 남경에 거주하면서 그림을 팔아 생활하였다. 김농·정섭과는 매우 돈독하게 지냈다.

그는 소나무·바위·난초·대나무를 잘 그렸는데, 말년에는 오로지 매화만을 그렸다. 그가 그린 매화는 가늘면서도 힘차기로 정평이 나 있다. 늙은 줄기에서 새 가지가 돋아나고, 비스듬히 기울어지고 구불구불한 것이 마치 "강철 줄기에 동(銅)으로 껍질을 두르고, 벽옥(碧玉) 가지가 난 것처럼[鐵幹銅皮碧玉枝]" 고아하고 힘차고 씩씩하며, 은은한 향기가 퍼져 나오는 듯한데, 〈묵매도(墨梅圖)〉(軸)·〈묵매도〉(册) 등이 그러하다. 소나무·바위·난초·대나무 또한 의취가 자유분방하며, 간결하고 빼어나면서 생생하다. 〈죽석도〉(軸)는 꼿꼿하게 우뚝 솟은 대나무 두세 그루에, 뾰족하고 단단한 바위를 배치하였는데, 신속하고 자유분방한 필법은 종횡무진 거칠 것이 없으며, 뾰족한 바위의 필묵은 간결하고, 대나무 잎은 바람에 자연스럽게 흔들리고 있다. 또 마음 내키는 대로 점경하거나 선염한 먹의 운치는, 농담(濃淡)이 뒤섞여, 쓸쓸하면서도 청아한 느낌을 주며, 늙거나 어린 대나무가 벼랑 끝에 매달려 세차게 몰아치는 바람과 싸우고 있는 광경을 생동감 넘치

〈창송괴석도(蒼松怪石圖)〉(軸)
(淸) 이방응(李方膺)

지부(知府) : 명·청대의 지방 행정단위인 부(府)의 장관.

〈풍송도(風松圖)〉(軸)

(淸) 이방응

게 표현해 냄으로써, 꺾이거나 굽히지 않는 강인한 인격을 찬미하고 있다. 이는 바로 그가 제시에서 다음과 같이 말한 바와 같다. "파란만장한 벼슬살이에서 여러 번 풍파를 겪고서, 대나무 심고 문 걸어 잠근 채 그림을 배운다. 일신이 온통 기백으로 가득했음을 스스로 비웃으면서도, 붓놀림은 여전히 사나운 바람을 사랑한다네.[波濤宦海幾飄蓬, 種竹關門學畫工, 自笑一身渾是膽, 揮毫依舊愛狂風.]"〈점어도(鮎魚圖)〉(軸; 양주시박물관 소장)를 보면, 메기의 등은 농묵으로, 메기의 복부는 담묵으로 처리하였는데, 지극히 세련된 선만을 이용하여, 두 마리의 포동포동하고 싱싱한 형태를 간단히 묘사해 내어, 감상자로 하여금 광활한 물의 고장 강남을 떠올리게 함과 동시에, 해마다 풍족하기를 바라는 아름다운 소망을 연상케 한다. 이로써 "의경은 이르렀지만 필묵의 표현은 아직 이르지 못하고(즉 작자가 나타내고자 하는 의경은 다 드러냈으면서도, 붓으로 형상을 세세하게 다 표현하지는 않았다는 뜻—역자)[意到筆不到]", "의경이 그림을 뛰어넘어 드러나는[景在畫外]" 예술 효과에 도달했다.

왕사신(汪士愼 : 1686~1759년)의 자는 근인(近人)이고, 호는 소림(巢林), 또 다른 호는 계동외사(溪東外史)이며, 안휘 흡현(歙縣) 사람이다. 일생을 청빈하게 살면서 양주에서 그림을 팔아 생계를 유지하였다. 어려서부터 글씨·그림·전각을 좋아한 왕사신은 천성적으로 매화를 좋아하여, 항상 양주성(揚州城) 교외에 있는 매화령(梅花嶺)에 가서 매화를 감상하며 매화를 그렸다. 54세 때 왼쪽 눈을 실명하였는데, 67세 때에는 오른쪽 눈의 시력마저 잃게 되자, 생활은 이루 말할 수 없이 어려워졌다. 그러나 예술에 대한 의지와 흥취는 조금도 감소되지 않아, 오히려 글씨나 그림은 "시력을 잃기 전보다 한층 정교하고 오묘하였다.[工妙勝于未瞽時.]" 김농과 친하게 지낸 그는 매화를 그릴 때 빽빽한 꽃술과 복잡하게 얽힌 가지를 많이 그린 것으로 정평이 나 있다. 일찍이 청담하고 빼어나게 아름다운 그의 매화를 보고, 김농

〈춘풍향국도(春風香國圖)〉(軸)

(淸) 왕사신(汪士愼)

북경 고궁박물원 소장

은 이렇게 평했다. "소림이 복잡하게 얽힌 가지를 그리니, 수많은 꽃과 꽃술들은 차가운 향기를 뿜어 내는데, 장엄한 파교(灞橋)는 눈보라 속에 있네.[巢林畫繁枝, 千花萬蕊, 管領冷香, 儼然灞橋風雪中.]"〈풍설매화도(風雪梅花圖)〉(軸; 양주시박물관 소장)와 같은 그림들이 그러하다.

파교(灞橋) : 서안성(西安城) 동쪽 12km 지점에 있는데, 한대(漢代)에 건립되었으며, 중국 역사에서 여러 방면에 매우 큰 영향을 미쳤던 다리이다. 나무와 돌로 교각을 쌓아 만들었다.

〈매화도(梅花圖)〉(軸)

(淸) 왕사신

상해박물관 소장

그가 그린 대나무·난초 등의 화훼는, "역시 고아한 운치가 흘러넘칠 듯한데[亦雅韻欲流]", 예를 들어 〈화훼(花卉)〉(冊; 요녕성박물관 소장)를 보면, 그 고풍스럽고 소박하며 가늘면서도 힘찬 팔분서(八分書-隸書의 일종)와 섬세하면서도 견고한 인장(印章) 새김이, 가늘면서도 힘찬 화풍 형성에 일정한 작용을 하였다.

고상(高翔 : 1688~1753년)의 자는 봉강(鳳岡)이고, 호는 서당(西塘)이며, 양주 사람이다. 어려서부터 그림을 좋아하여, 일찍이 정수(程邃)에게 산수를 배웠으며, 아울러 노년의 석도(石濤)와도 친구로 지내면서 석도를 매우 숭배하였고, 예술에서도 그의 영향을 받았다. 양주의 마일관·마일로 형제와의 교분이 가장 돈독했고, 김농과도 매우 일찍부터 알고 지냈다. 그의 시·서·화와 전각(篆刻)은 세인들이 매우 소중하게 여겼으며, 팔괴 가운데 산수를 잘 그리기로 유명했다. 그는 홍인(弘仁)과 석도의 화법을 취했고, 용필은 세련되었으며, 구도는 참신하고, 풍격은 수려하며 간결하다. 〈망이하도(蟒異河圖)〉(軸)·〈탄지각도(彈指閣圖)〉(軸)·〈산수〉(冊) 등이 여기에 속한다. 또 묵매(墨梅)도 잘 그렸는데, "가지를 성글게 그리고, 반개(半開)한 아름다운 꽃들은 지극히 화려한 연지색을 이용하여, 하나의 점으로 붉게 칠하였다.[畫疏枝, 半開蟬朶, 用玉樓人口脂, 抹一點紅.]"[김농, 『화매제기(畫梅題記)』] 그는 김농·왕사신·나빙과 함께 '화매성수(畫梅聖手-매화를 뛰어나게 잘 그리는 명인)'로 불렸지만, 현존하는 작품은 매우 적어서, 북경 고궁박물원과 상해박물관에 소장되어 있는 〈산수〉(軸)와 〈매화도〉(軸)를 통해 그 풍격의 일부를 볼 수 있을 따름이다.

나빙(羅聘 : 1733~1799년)의 자는 둔부(遯夫)이고, 호는 양봉(兩峰)이며, 원래 태어난 곳은 안휘 흡현인데, 양주에 와서 살았다. 견식이 넓고 학문을 좋아하였으며, 20세 무렵에는 김농에게 그림을 배웠는데, 아주 흡사하게 그리는 법을 익혀, 항상 김농을 위해 대필하였다. 일

〈탄지각도(彈指閣圖)〉(軸)

(淸) 고상(高翔)

찍이 세 번 상경하였는데, 〈귀취도(鬼趣圖)〉를 그린 것으로 인해 당시 문단(文壇)을 떠들썩하게 했다. 그는 산수·인물·화훼 등 각 분야에 뛰어났으며, 화법은 김농·석도·화암 등으로부터 영향을 받아, 매화

는 굵고 거친 가지와 큰 곁가지를 즐겨 그렸으며, 짙은 먹으로 선염하
였고, 꽃과 꽃술을 빽빽하게 그렸지만, 필세(筆勢)는 김농에 비해 중후
하다. 예를 들면 〈매죽쌍청도(梅竹雙淸圖)〉(軸; 요녕성박물관 소장)는 선
의 운용이 간략하고 질박하며, 형상은 기이하며 고풍스럽다. 그림 속
의 두 덩이 바위는 담묵으로 윤곽을 그렸고, 준찰은 거의 하지 않았
으며, 그 위에 짙은 초묵(焦墨)으로 몇 개의 태점만을 찍었는데, 중앙에

〈검각도(劍閣圖)〉〈軸〉
(淸) 나빙
북경 고궁박물원 소장

있는 매화나무는 꼿꼿하고 의젓하게 위를 향해 뻗었으며, 꽃은 활짝 피어 은은한 향기가 진동한다. 또 바위 뿌리 부분에는 한 무더기의 난초 속에서 자라난 두 그루의 대나무를 짙은 먹으로 그려 냈는데, 매화와 함께 서로 청아함을 견주고 있어, 격조가 빼어나고 고아한 것이 일반적인 느낌과는 다르다.

인물화는 구상이 특이하고, 풍격은 간결하며 소박하다. 이러한 점은 김농과 의취가 서로 비슷하지만, 조형이 비교적 정확하고, 필묵도 매우 능숙하여, 직업화가[行家]들의 요소를 더 많이 지니고 있다. 〈정경상(丁敬像)〉〈軸; 절강성박물관 소장〉은 현존하는 나빙의 명작으로, 조형은 과장되며, '괴이함' 가운데에서 아름다움이 엿보이고, 졸렬함 속에 재미있는 정취가 함축되어 있으며, 조형의 구상에 기발한 생각이 묻어난다. 이는 문인화의 천취(天趣)·인취(人趣)·물취(物趣)를 추구함으로써, 전통 초상화를 위하여 새로운 영역을 개척해 냈는데, 고대의 걸출한 만화(漫畫)라고 불릴 만하다. 이 밖에도 그의 산수화 가운데에는 〈검각도(劍閣圖)〉〈軸; 북경 고궁박물원 소장〉와 같이 복잡하고 정교한 작품도 있고, 〈소재도(蘇齋圖)〉〈軸; 상해박물관 소장〉처럼 간일(簡逸)하고 투박한 작품도 있다. 이를 통해 알 수 있듯이, 나빙은 다양한 표현 기법을 터득하고 있었으며, 정교하고 심오한 조예를 갖추고 있어, 팔괴 가운데 예술적 재능이 모든 분야에 걸쳐 발휘되었음을 알 수 있다. 그의 부인인 방완의(方婉儀), 아들인 윤소(允紹)·윤찬(允纘)은 나빙의 화법을 계승하였는데, '나가매파(羅家梅派)'라고 불린다.

|제3절|

화암(華嵒)과 양주의 기타 화가들

화암(華嵒 : 1682~1756년)은 창신(創新) 정신이 풍부하고 예술적 성
취가 탁월했던 화가로서, 그 명성은 '팔괴'에 뒤지지 않았다. 화암의
자는 추악(秋岳), 호는 신라산인(新羅山人)이며, 복건 상항(上杭) 사람
으로, 항주로 이주하였다가, 양주에 가서 오랫동안 살
았다. 평생을 서민으로 검소하고 소박하게 살았으며,
그림을 팔아 생활하였다. 그의 화조화는 당시 최고의
명성을 누렸는데, 명대의 진순(陳淳) · 주지면(周之冕)과
청대의 운수평(惲壽平) 등 여러 화가들의 장점을 흡수
하여 공필(工筆)에 사의(寫意)를 겸한 소사의(小寫意) 기
법을 형성하였다.

그는 자연 세계에서 살아가는 생물의 자연스러운
정취와 사람들의 진지하고 섬세한 체험을 포착하는
데 뛰어났는데, 화조의 감동적인 자태와 느낌 속의 풍
부하면서도 건강한 정취를 한데 융합하여, 생동감 넘
치는 다양한 자태와 형상을 창조해 냈다. 예를 들면
〈장미산조도(薔薇山鳥圖)〉(軸; 북경 고궁박물원 소장)는
화창하고 아름다운 봄날 나무 위에서 우짖는 새를 그
린 것으로, 생기가 넘친다. 화법을 보면, 세부까지 묘
사한 정밀성을 갖추고 있으면서, 또한 필묵에서의 간
결하면서 빼어난 생동감도 잃지 않았다. 특히 새 깃털

〈동음문도도(桐陰問道圖)〉(軸)

(淸) 화암(華嵒)

의 묘사가 매우 섬세하고, 무성한 소나무의 솔잎 하나하나까지 모두 표현하였지만, 나무와 바위의 배경은 지극히 간략하고 거친 필선으로 사의(寫意)하였다. 또 채색은 옅고 담아하며, 경계(境界)는 맑고 그윽하여, 그 자신만의 풍격을 갖춘 화풍을 형성하였다. 〈송서탁속도(松鼠啄粟圖)〉(軸)를 보면, 물기가 적은 건필(乾筆)로 구륵과 준법을 구사한 깃털은 정교하기 이를 데 없어, 털끝 하나까지 다 드러나며, 나무 줄기와 높은 가지는 거친 붓으로 간단히 처리함으로써, 투박함과 세밀함·동(動)과 정(靜)의 대비 효과가 서로를 돋보이게 할 뿐 아니라, 다람쥐의 작고 깜찍하며 재빠른 모습은 더욱 두드러져 보인다. 이처럼 신선한 세련미와 솔직하고 대범한 화조화의 풍격은 후세에 직접적인 영향을 주었다.

화암의 인물화는 진홍수(陳洪綬)나 왕수곡(王樹穀)·마화지(馬和之)의 장점을 터득하여 스스로 감필(減筆) 화법을 완성하였다. 그는 형상은 과장하면서도 형태는 변형시키지 않았으며, 필선은 마치 마하지의 '난엽묘(蘭葉描)'와 유사하여, 간결하면서도 세련되고 부드러우면서도 힘이 있다. 또 형사(形似)는 유지하면서 정신을 더욱 중시하여, 개성이 뚜렷할 뿐만 아니라 의경(意境)이 풍부하다. 〈천산적설도(天山積雪圖)〉(軸; 북경 고궁박물원 소장)를 보면, 높이 솟은 눈 덮인 봉우리 아래 한 명의 사람과 낙타 한 마리가 그려져 있는데, 나그네는 하늘 높이 날아가는 기러기를 올려다보고 있고, 하늘은 어

감필(減筆) : 옷 주름을 표현할 때 잔 주름을 과감히 생략하고 옷 형태의 대략적인 특징만을 표현하는 힘찬 필법.

〈도담욕압도(桃潭浴鴨圖)〉(軸)
(淸) 화암

둡고 까마득하여, 주위 환경의 선염은 황량한 적막함과 나그네의 심정을 매우 세밀하게 표현해 냈다. 〈자화상〉(軸; 북경 고궁박물원 소장)은 부드러운 붓과 가는 선으로 인물 초상을 그린 것인데, 거친 붓질의 사의 기법으로 배경을 그려 냈고, 인물을 매우 아름다운 산림과 흐르는 시내 속에 배치하여, 광경이 잘 어우러진다.

그의 산수화는 궁중의 원체(院體)·오파(吳派)·동기창(董其昌) 등 여러 화가들의 기법을 겸하여, 하나의 풍격에 구애되지 않았는데, 일반적으로 모두 간결하고 소탈하다. 〈백운송사도(白雲松舍圖)〉[軸; 천진시(天津市)예술박물관 소장]는 당인(唐寅)의 화법을 모방하여 한층 발전되었다. 소나무 잎은 화청(花靑)으로 그렸고, 소나무 줄기와 산속의 가옥은 옅은 자색(赭色)과 주표(朱磦)를 그렸으며, 담청(淡靑)으로 천강(淺絳)한 산석(山石)과 백색의 구름·물은 서로를 돋보이게 해주어, 산천은 고요하고 광활하며 변화무쌍하고, 티끌 하나 없이 깨끗해 보여, 지극히 아름다운 느낌을 준다. 이 때문에 주개(周凱)는 발문에서 이렇게 말하였다. "이 그림은 생지(生紙)에 그렸는데, 전청(靛靑-쪽잎으로 만든 파란색 염료)으로 소나무 가지를 그려, 더욱 신령스럽고 아득하며 어렴풋하다. 만일 육여(六如-당인)가 이것을 보았다면, 역시 깜짝 놀라 한 발 뒤로 물러났을 것이다.[此作于生紙, 用靛靑寫松權, 而虛靈縹緲. 卽使六如見之, 亦恐退讓一步.]" 〈계산맹우도(溪山猛雨圖)〉〈軸; 북경 고궁박물원 소장〉는 동기창의 필운(筆韻)이 훨씬 많이 느껴진다.

기타 양주의 화가들로는 다음과 같은 사람들이 있었다.

고봉한(高鳳翰 : 1683~1748년)의 자는 서원(西園)이고, 호는 남촌(南村)인데, 스스로 남부산인(南阜山人)이라 불렀으며, 산동 교주(膠州 : 지금의 膠縣) 사람이다. 일찍이 안휘 흡현(歙縣)의 현승(縣丞)을 지냈고, 관직에서 물러난 후 양주에서 거주

천강(淺絳) : 중국 회화의 한 기법으로, 먼저 수묵으로 윤곽선을 그리고 준법을 가한 다음, 옅은 붉은색이나 푸른색을 위주로 선염하는 것을 말한다.

〈층설단향도(層雪緞香圖)〉(軸)

(淸) 고봉한(高鳳翰)

북경 고궁박물원 소장

하였다. 55세 때에는 오른손을 쓰지 못하게 되자 왼손으로 작업하면서 호를 '상좌생(尚左生)'으로 바꾸었고, 인장도 '丁巳殘人(정사잔인)'·'老痹(노비)' 등으로 새겼다. 산수와 화훼를 잘 그렸는데, 산수는 송대 화가들의 화법을 따랐으며, 조영양(趙令穰)·곽희(郭熙) 일파에 가까웠다. 〈춘산도이도(春山桃李圖)〉(軸)는 경치가 사실적이고, 필묵이 섬세하며 신중한 것이 조영양과 비슷하다. 말년에 오른손이 마비된 후로는 자유분방하게 바뀌었는데, 58세 때 그린 〈만상송별도(灣上送別圖)〉(軸)를 보면, 꽃과 바위가 비교적 거침없이 시원스럽게 묘사되어, 양주팔괴와 같은 화풍을 보여준다. 또 〈모란도(牡丹圖)〉(冊)는 필묵이 수줍은 듯 차분하고, 채색은 선명하고 화려하여, 모란의 풍모를 잘 전달해주고 있다. 말년에 왼손으로 그리면서 한층 질박하고 힘차며 고졸해졌는데, 예를 들면 〈금수부귀도(錦繡富貴圖)〉(軸)를 보면 손길 닿는 대로 윤곽을 그렸고, 줄기와 잎은 어지럽게 흩어져 있으며, 산과 바위에 운용한 용필은 강하고 힘이 있어, 기이하고 힘차며 자유로운 격조가 느껴진다.

민정(閔貞 : 1730~?)의 자는 정재(正齋)이며, 강서 사람으로, 산수·인물·화조를 잘 그렸다. 대부분 사의 기법으로 그려, 필묵은 기이하고 자유분방하며, 가끔 공필화를 그리기도 했다. 그의 그림은 인물화가 가장 특색이 있는데, 공교하고 섬세한 백묘 작품인 〈환선사녀도(紈扇士女圖)〉(軸)가 있고, 감필사의(減筆寫意) 작품으로는 〈영희도(嬰戲圖)〉(軸; 북경 고궁박물원 소장)와 〈팔자관등도(八子觀燈圖)〉(軸; 양주박물관 소장) 등이 있다.

변수민(邊壽民 : 1690~?)의 초명은 유기(維祺)이고,

〈팔자관등도(八子觀燈圖)〉(軸)
(淸) 민정(閔貞)
양주(揚州)박물관 소장

자는 이공(頤公), 또 다른 자는 점승(漸僧)이며, 호는 위간거사(葦間居士)로, 강소 회안(淮安) 사람이다. 초기에는 빈곤하여 학생들을 가르치며 생활했지만, 중년에 이르러 그림으로 명성을 얻으면서 전국 각지를 유람하였고, 말년에는 회안·양주 지역을 왕래하며 지냈다. 그는 갈대와 기러기 및 사의 화훼 그림에 뛰어났으며, 특히 갈대와 기러기로 유명했다. 실제 갈대밭의 기러기들이 날아가고 자맥질하고 움직이고 정지해 있는 모습을 세밀하게 관찰하기 위하여, 일찍이 "갈대밭 가장자리에 초가집을 짓고[結茅葦際]" 기러기와 함께 어울려 지냈다. 따라서 그가 그린 갈대와 기러기는 형태가 사실적일 뿐만 아니라, 그들의 생태 습성까지도 잘 전달해주고 있다. 예를 들어 〈노안도(蘆雁圖)〉(軸)는, 용필이 질박하고 힘차며, 먹 색은 웅혼하고, 필묵 가운데 선이 어우러져 있으며, 먹은 아교를 머금고 있어 형상의 깃털에서 윤기가 흐르도록 해주며, 표정과 태도가 질박하다. 전해오는 작품들 가운데 갈대와 기러기를 그린 작품을 많이 볼 수 있는데, 한 가지 단점은 생동감이 없고 딱딱하다는 점이다.

원강(袁江)의 생몰연도는 미상이며, 자는 문도(文濤)이고, 강도(江都─지금의 양주) 사람이다. 그는 산수·누각·계화(界畫)뿐 아니라 화조도 잘 그렸는데, 젊어서는 구영에게 배웠으며, 후에는 송·원 명가들의 화법을 폭넓게 익혔다. 그가 그린 계화는 이전 화가들의 기법을 계승한 기초 위에, 생활 분위기를 더 농후하게 묘사하였다. 필법은 정교하고 단정하며, 채색은 미려하여, 풍격이 화려하고 웅장하다. 말년에 이르러 화풍이 더욱 성교하고 섬세해졌으며, 전체적인 기세는 웅대한데, 국부(局部)의 정교하고 오묘함은 아무리 보아도 싫증이 안 난다. 예를 들어, 신화 속의 봉래삼도(蓬萊三島)를 묘사한 〈해상삼산도(海上三山圖)〉(軸; 남경박물원 소장)를 보면, 망망대해 가운데 신선들이 산다는 선산(仙山)이 우뚝 솟아 있는데, 산세는 험준하

고 기이하기가 이를 데 없고, 누각은 정교하게 지어졌으며, 바다 주위
에는 소나무를 배치하였다. 밀려와 부서지는 파도와 뿌옇고 아득한
운무(雲霧)는, 완연히 신선들이 살고 있는 섬의 절경이다.

　　원요(袁耀)의 생몰연도는 알려져 있지 않으며, 자는 소도(昭到)이다. 강도(江都) 사람으로, 원강(袁江)의 조카인데, 산수·누각·계화와 화조를 잘 그렸다. 화풍은 정교하고 단정하여 원강과 비슷한데, 뛰어난 작품은 원강보다 낫다. 예를 들면 〈아방궁도(阿房宮圖)〉(軸)는 아방궁의 아름다운 경관을 그린 것으로, 수많은 누각과 건물, 정자와 다리 밑에 일렁이는 물결, 누각·인물을 그린 필치가 매우 섬세하고 생

〈아방궁도(阿房宮圖)〉(軸)

(淸) 원요(袁耀)

동감 넘친다. 또 가끔 화조도 그렸는데, 〈화훼도(花卉圖)〉(冊)와 같은
작품은 매우 뛰어나다.

[본 장 집필 : 金朋霏 / 번역 : 유미경]

제7장

만청(晚淸) 시기의 상해(上海) 화단

만청(晚淸)은 함풍(咸豐 : 1851~1861년) · 동치(同治 : 1862~1874년) · 광서(光緖 : 1875~1908년) · 선통(宣統 : 1909~1911년) 등 네 명의 황제가 재위했던 시기로, 중국 마지막 봉건 왕조의 최후의 시기이다. 이때의 청 왕조는, 안으로는 태평천국의 난과 그 뒤를 이어 일어난 의화단(義和團)의 난이 있었으며, 밖으로는 구미 열강의 무력 침범이 이어지는 등 내우외환이 끊이지 않아, 조정은 매우 위태로운 풍전등화의 상황에 처해 있었다. 이에 앞서 도광(道光) 22년(1842년)에 체결된 '남경조약(南京條約)'은 중국 근대사에서 최초의 불평등조약이었다. 조약에서는 상해(上海) 등 다섯 곳을 대외 통상의 개항지로 삼는다고 규정하였다. 이로부터 장강(長江) 하류에 위치한 작은 도시였던 상해는 매우 짧은 수십 년 사이에 경제적으로 급속하게 발전하였고, 인구가 급증하면서, 중국 동남부 지역의 가장 중요한 상업 도시가 되었다. 이처럼 상업 경제가 번영함에 따라 근대 도시가 형성되면서, 새로운 시민 계층과 시민 문화도 또한 점차 출현하였다. "호상(滬上-상해의 다른 이름)이 근래 남북의 요충지가 되니, 인문(人文)의 집결지로 여기게 되었다. 수많은 서화의 대가들도 이곳으로 몰려들었으며, ……아울러 이들은 모두 수묵[渲染]이나 채색 그림[丹靑]을 그리고, 금석(金石)을 새기거나 그림으로써, 삼절(三絶)보다 뛰어남을 다투니, 구하는 자는 조그마한 작품이라도 얻을 수 있으면 영광으로 여겼다.[滬上近當南北要衝, 爲人文淵藪. 書畫名家, 多星聚于此間……并皆渲染丹靑, 刻畫金石, 以爭長于三絶, 求者得其片紙尺幅爲榮.]"[왕도(王韜), 『영유잡지(瀛濡雜誌)』] 이처럼 상해 주변 지역의 수많은 화가들이 이 신흥 도시로 몰려와서 자신들의 예술품을 판매함에 따라, 상해는 점차 청대 중기의 양주(揚州)를 대신하는 새로운 예술 중심지를 형성하였다. 상해에서 활동한 수많은 화가들은, 비록 회화 풍격도 또한 서로 완전히 같지 않았을 뿐만 아니라, 또한 충분히 뚜렷한 사승(師承)의 체계도 없었지만, 그들의

남경조약(南京條約) : 제1차 아편전쟁(1840~1842년)에서 수세에 몰린 중국이 전쟁을 끝내기 위해 침략국인 영국과 체결한 조약으로, 1842년 8월 29일에 체결되었다. 그 결과 홍콩(香港)이 100년 동안 영국의 통치하에 양도되었으며, 상해(上海)를 비롯한 다섯 항구를 개방하기로 하여, 사실상 중국이 영국에 항복하며 체결한 불평등조약이다.

작품 가운데 통속적이어서 알기 쉬운 제재(題材)·시원스럽고 활기찬 필치·신선하고 고상한 색채는 공통적으로 추구하는 특징을 이루었다. 그래서 사람들은 이들을 '해상화파(海上畫派)' 혹은 '해파(海派)'라 부르게 되었다. '해파' 화가들 가운데 비교적 명성을 얻었고, 또 영향력이 있었으며, 특색을 갖춘 인물들로는 다음과 같은 사람들이 있었다. 즉 허곡(虛穀)·임웅(任熊)·임훈(任薰)·임예(任預)·임이(任頤)·오우여(吳友如)·전혜안(錢慧安)·오창석(吳昌碩) 등이 그들이다.

허곡(虛穀)의 생애와 예술

허곡은 승려로, 속성(俗姓)은 주 씨(朱氏)이고, 이름은 허백(虛白)이다. 도광(道光) 4년(1824년)에 태어났으며, 본적은 신안(新安 : 지금의 안휘 흡현)인데, 강소 양주(揚州)에서 살았다. 그가 그림을 배운 과정이나 사승 관계에 대해서는 거의 알려진 것이 없고, 젊은 시절에 청나라 군대에 재직하였으며, "월비(粤匪)가 난을 일으켰을 때 지휘관으로 참여하여 군대에서 능력을 발휘했으며[粤匪亂時, 以參將效力行間]"[양일(楊逸), 『해상묵림(海上墨林)』], 그 당시 "증문정공[曾文正公, 즉 증국번(曾國藩)]을 위해 초상화를 그리기도 하였는데"[양일, 『해상묵림』], 이러한 일들은 함풍(咸豐) 4년(1854년) 이후의 한 시기에 지나지 않았다. 이후 그는 "마음에 느낀 바가 있어, 승려가 되어 입산하였는데[意有感觸, 遂披緇入山]"[양일, 『해상묵림』], 안휘의 구화산(九華山)으로 출가하여 승려가 되었으며, 법명은 허곡이고, 호는 자양산민(紫陽山民)·삼십칠봉초당(三十七峰草堂) 등이다. 이후 허곡은 전국 각지를 유람하였는데, 주로 양주(揚州)·소주(蘇州)·상해 등지를 왕래하며, 그림을 팔아 생활하였다. 어떤 지역이든 그가 도착하기만 하면 그림을 구하려는 자들이 구름처럼 몰려들었고, 그는 그림을 그리다가 지쳐 싫증이 나면 곧 다른 곳으로 떠났다. 광서(光緒) 22년(1896년), 허곡은 상해성(上海城) 서쪽에 위치한 관제묘(關帝廟)에서 73세를 일기로 생을 마쳤다. 그가 세상을 떠나자 그의 제자였던 소주(蘇州) 사림사(獅林寺)의 방장(方丈) 염암(恬庵)이 태호(太湖) 주변에 있는 광복진(光福鎭)의 석벽에

월비(粤匪) : 청나라 말기에 광동·광서 지역에서 봉기했던 비적들로, 이들이 대부분 태평천국의 난 때 지도자들로 참여하였으므로, 태평천국의 난의 발단이 되었다.

증국번(曾國藩) : 1811~1872년. 청나라 말기의 보수 정치인이자 학자로, 태평천국의 난이 일어나자 농민을 조직한 상군(湘軍)의 최고사령관이 되어 난을 진압함으로써, 가장 영향력 있는 정치인이 되었다.

〈비파도(枇杷圖)〉(軸)
(淸) 허곡(虛穀)

그의 유골을 안장하였다.

허곡은 화훼·영모(翎毛)를 그리는 데 뛰어났으며, 산수에도 능했을 뿐 아니라, 또한 인물 초상화도 잘 그리는 등 작품의 제재가 비교적 광범위했다. 비평가들은 허곡에 대해, "낙필(落筆-붓을 들어 그리기 시작함)이 냉철하고 깨끗하여, 새로운 풍격을 열었다[落筆冷, 蹊徑別開]"[양일, 『해상묵림』]라고 하였고, 작품은 "냉철하면서도 심오하고, 운치가 있으면서도 기이하며, 풍격과 운율이 고상하고 초탈하여, 진정 속세의 화가가 그린 것 같지 않다[冷而雋, 韻而奇, 格律的高超, 眞好像是不食人間煙火物的]"[심약산(沈若珊), 『근대화가개론(近代畫家槪論)』]라고 평가하였다. 금어(金魚)·선학(仙鶴)·소채(蔬菜)·비파(枇杷) 등은 허곡이 매우 즐겨 표현했던 동물과 식물들인데, 그는 부드럽고 빼어나면서도 약간 떨리는 필촉, 우아하고 청신한 색채, 약간 과장된 조형으로 그려, 그러한 생물화(生物畫)들로 하여금 정취가 넘칠 수 있도록 하였다. 〈자수금장도(紫綬金章圖)〉(軸)·〈비파도(枇杷圖)〉(卷)(둘 다 북경 고궁박물원 소장)·〈송학도(松鶴圖)〉(軸; 소주시박물관에 소장) 등의 작품들은 그와 같은 종류의 제재를 그린 걸작들이다. 허곡의 산수화는 수량이 비교적 적지만, 매우 특색이 있는데, 그의 용필은 화조화처럼 느슨하고 부드러우면서 변화무쌍하고, 깔끔하면서도 맑고 고요하여, 역시 인간 세계를 벗어난 신선의 경계(境界)를 지니고 있다. 〈관조도(觀潮圖)〉(軸; 북경 고궁박물원 소장)·〈광복현수교사도(光福賢首敎寺圖)〉(卷; 남경박물원 소장) 등이 대표작이라 할 수 있다. 허곡은 또 적지 않은 초상화를 남겼는데, 그가 초상화를 그리는 데 뛰어났다는 사실은 이미 화사(畫史)에 기록되어 있다. 그가 당시 고관이었던 증국번의 초상을 그릴 수 있었던 것도, 그의 예술적 재능이 뛰어났기 때문이다. 『한송각담예쇄록(寒松閣談藝瑣錄)』의 저자인 장명가(張鳴珂)는 일찍이 동치(同治) 8년(1869년)에 소주의 사림사(獅林寺)에서 허곡과 만난 적이 있는데, 두 사람은 매우 즐겁게 이야기를 나누었으며, 허곡은 바로 그 자리에서 장명가의 초상화 한 폭을 그려주었다. 양일(楊逸)의 『해상묵림(海上墨林)』에 기록된 내용에 따르면, 허곡이 화가 호원(胡遠)의 서재인 기학헌(寄鶴軒)을 처음 방문하여 담소를 나누던 중에, 호원의 청을 받고 현장에서 생동감 넘치는 초상화를 그려주었는데, 호원은 몹시 기뻐하며 그 자리에서 그림에 시를 써서 기념하였다. 이외에도 허곡이 그린 또 다른 초상화인 〈월루상(月樓像)〉(북경 고궁박물원 소장)에는, 화가 양백윤(楊伯潤)이 쓴 시 한 수가 있는데, 그 시에는 "허곡이 나를 위해 초상을 그려주었네, 무명옷에 등(藤)으로 엮은 모자 쓰고 산에 사는 사람을[虛谷爲我曾寫眞, 布衣席帽山中人]"이라는 두 구절이 있는 것으로 보아, 허곡이 양백윤의 초상도 그렸음을 알 수 있다. 장명가에 따르면, 허곡은 "성격이 괴팍하고 사람들과 잘 어울리지 않아서, 서로 잘 아는 사이가 아니면, 작은 그림 한 장 얻기도 쉽지 않았다.[性孤峭, 非相知深者, 未易得其片楮也.]"[장명가, 『한송각담예쇄록』] 그래서 허곡이 초상화를 그린 인물들의 대부분은 그와 정이 깊었던 친구들이었음을 알 수 있다. 〈봉산조도도(篈山釣徒圖)〉(軸; 북경 고궁박물원 소장)에 그린 것은 관직을 버리고 항주(杭州)에 내려와 살았던 심인원(沈麟元)의 모습이며, 그 밖에 〈진찬요상(秦贊堯像)〉(軸; 북경 고궁박물원 소장)·〈유영지오십소상(劉咏之五十小像)〉[임백년(任伯年)과 합작](卷; 상해박물관 소장)·〈팽공상(彭公像)〉(軸; 북경 고궁박물원 소장·〈월루상〉(軸)·〈형봉화상상(衡峰和尙像)〉(軸)·〈대위노인상(大爲老人像)〉(軸; 소주시박물관 소장) 등은 모두 허곡이 그린 인물 초상화의 걸작

〈매학도(梅鶴圖)〉(軸)

(淸) 허곡

북경 고궁박물원 소장

들이다. 허곡이 그린 초상화는 얼굴 부위의 묘사에 중점을 두어, 조형이 정확하고, 선염이 적절하며, 입체감이 풍부하다. 그리고 옷 주름의 화법은 곧 그의 화조화와 마찬가지로, 부드럽고 빼어나면서도 소탈한데, 이 두 가지가 서로 조화를 이루어 매우 색다르다.

　만청 시기에 상해 화단에서 활동했던 다른 많은 화가들은 허곡의 예술을 숭앙했는데, 저명한 화가였던 오창석(吳昌碩)은 다음과 같이 매우 간략하게 평가하였다. "열 손가락으로는 향과 색과 맛을 고루 섞었고, 한 주먹으로는 과거와 현재와 미래를 타파했다.[十指參成色香味, 一拳打破去來今.]" 이 간단한 말 속에는, 그를 지극히 존경하고 숭상하는 뜻이 잘 나타나 있다.

해상(海上) 삼임(三任)

임웅(任熊)·임훈(任薰)·임예(任預)는 한 집안 출신들이다. 임웅과 임훈은 형제이고, 임웅과 임예는 부자 사이이다.

임웅(任熊 : 1823~1857년)의 자는 위장(渭長)이며, 절강 소산(蕭山) 사람으로, 도광(道光) 3년(1823년)에 가난한 농가에서 태어났다. 소년 시절에 아버지를 여의고, 홀어머니가 자녀들을 부양하며 어렵게 살았는데, 임웅은 효순한 아들로서 어머니와 어린 동생들을 보살피는 데 정성을 다하였다. 나이가 들자 임웅은 생계를 위해 고향의 민간 화가에게 초상화를 배웠지만, 이전의 것을 그대로 보고 베끼는 진부한 학습 방법을 견디지 못하여, 곧 그를 떠났다. 이후 젊은 시절의 임웅은 전국 각지를 유람하였다. 도광 26년(1846년)에 성도(省都)인 항주(杭州)에 도착한 임웅은 서호(西湖) 부근에서 오대(五代) 시기 관휴화상(貫休和尚)의 〈십육응진상(十六應眞像)〉 석각화를 보고, 너무 기쁘고 감격한 나머지 "그 아래에서 누워 잠을 잘[寢臥其下]" 정도였으며, 밤낮으로 사색하고 탐구하며 체득하였다. 도광 28년(1848년), 임웅은 항주에서 주한(周閑)을 사귀게 되어, 그의 집인 가흥(嘉興)의 범호초당(范湖草堂)에서 3년을 살았다. 이때 그는 종일 주한이 소장하고 있는 고대의 회화 작품들을 임모하면서, 뼈를 깎는 노력과 경험을 통해 새롭고 풍부한 영양분을 흡수함으로써 그림이 크게 발전하였다. 도광 30년(1850년), 임웅은 북쪽의 진강(鎭江) 지역을 유람하고, 다시 남쪽으로 돌아온 후, 절강 은현(鄞縣)에 살고 있는 절친한 친구였던 요섭

주한(周閑) : 1820~1875년. 자는 존백(存伯) 혹은 소원(小園)이며, 호는 범호거사(范湖居士)이고, 절강 수수[秀水-오늘날의 가흥(嘉興)] 출신이다. 화훼를 잘 그렸으며, 전각에도 뛰어났다.

(姚燮)의 대매산관(大梅山館)에서, 그를 위해 120폭에 달하는 시의화(詩意畫)인 〈요대매시의도(姚大梅詩意圖)〉(册; 현재 북경 고궁박물원과 상해박물관에 나뉘어 소장되어 있다)를 그렸다. 함풍(咸豊) 3년(1853년)에 임웅은 황국(黃鞠)의 딸과 결혼하여, 그 다음해에 임예를 낳았다. 함풍 5년(1855년), 임웅은 다시 진강에 갔다가 청나라 군대에서 근무하기도 했으나, 얼마 되지 않아 남쪽으로 내려와 소산(蕭山)·상해·소주 등지를 왕래하였는데, "집에 거처하면서 그림을 팔아, 점차 먹고 사는데 여유가 생기자, 어머니를 모시고 아내와 자식들을 부양하였다.[家居鬻畫, 稍足給米鹽, 以供高堂·蓄妻孥.]"[정문위(丁文尉), 『열산주패(列仙酒牌)』·「서(序)」] 함풍 7년(1857년)에 친구인 주한이 소산을 지나가는 길에 천대산(天臺山)의 명승지를 함께 구경하자고 약속하였으나, 임웅은 병을 앓고 있었기 때문에 동행할 수 없었다. 이를 애석하게 여긴 주한은 돌아가는 길에 임웅의 집에 와서 지내면서, 서로 많은 이야기를 나누고 즐거운 시간을 보냈는데, 임웅은 또한 병든 몸에도 불구

황국(黃鞠) : 1796(?)~1860년. 자는 추사(秋士)이고, 호는 국치(菊痴)이며, 송강(松江) 출신이다. 산수와 화훼를 잘 그렸다.

〈요대매시의도(姚大梅詩意圖)〉(册)

(淸) 임웅(任熊)

하고 고집스레 주한과 함께 그 지역의 상호(湘湖)를 유람하였다. 이때 두 사람은 "노 젓는 작은 배에, 술을 싣고 상호에 띄워[棹扁舟, 載酒泛湘湖]"[주한(周閑), 『임처사전(任處士傳)』], 술을 마시고 시를 읊으면서 즐거움을 만끽하였다. 이때 임웅은 병으로 이미 석 달 동안이나 문밖에도 나가지 못하고 있었다. 주한과 뱃놀이에서 돌아온 후 다시 병상에 누워 일어나지 못하다가, 그 해 10월에 병세가 더욱 악화되어, 같은 달 7일에 "오랫동안 유행하던 병(폐결핵)으로 갑자기 사망[渭長遽療死]"하였는데, 이때 그의 나이 겨우 35세였다.

임웅은 그림으로 유명했던 것 외에, 또한 "시를 읊거나 사(詞)를 짓는 데[吟詩塡詞]" 능했으며, "제자백가를 모두 섭렵하였고[諸子百家, 咸皆涉獵]", "말을 타고 달릴 줄 알았으며, 활을 민첩하게 잘 쏠 줄도 알았고, 씨름과 각종 유희에도 능했으며, 금석(金石)을 새길 줄도 알았다. 또한 오동나무를 베어 거문고를 만들거나 쇠를 녹여 퉁소와 피리를 주조할 줄도 알았는데, 모든 규격이 정확하게 맞았다. 또 스스

〈하화인물도(荷花人物圖)〉
(淸) 임웅

로 거문고 곡(曲)을 지을 줄 알아, 봄가을로 명절이나 좋은 날에는 이를 연주하며 즐겼다.[能馳馬, 能關弓霹靂射, 能爲攌跂諸戲, 能刻畫金石, 能斫桐爲琴·鑄鐵爲簫笛, 皆分寸合度. 能自製琴曲, 春秋佳日, 以之娛悅.]"[주한, 『임처사전』] 이처럼 그의 취미는 광범위하고 다재다능했는데, 이는 곧 그의 그림 실력을 높이는 데 크게 기여했다.

임웅이 그린 그림의 제재는 매우 광범위하여, 인물·화조·산수 등 모든 분야에 매우 뛰어났으며, 일반 화가들이 쉽게 터득할 수 없는 초상화 분야에서도 그는 우수한 실력을 갖추고 있었다. 〈화훼〉 4폭 병풍(북경 고궁박물원 소장)은 사계절의 꽃들을 그린 것으로, 구도가 들쑥날쑥하여 운치가 있으며, 색채는 청신하고 아름다우면서도 저속하지 않다. 〈자화상〉(軸; 북경 고궁박물원 소장)은 임웅의 매우 특색 있는 한 폭의 초상화 작품이다. 화면 속의 인물은 꼿꼿하게 몸을 세우고 똑바로 선 채, 두 눈은 앞쪽을 직시하고 있고, 두 입술은 꼭 다물어, 표정이 엄격해 보인다. 몸에는 폭이 넓고 큰 두루마기와 헐렁한 바지를 입었고, 발에는 헝겊신을 신고 있다. 오른쪽 어깨와 가슴 부위를 드러내고, 두 손은 꽉 쥐어 배에 대고 있다. 얼굴 부위의 표정과 자세는 분노에 찬 인물의 심정과 강인한 성격을 반영하고 있다. 임웅은 바로 자신을 세상에 대해 분개하고 증오하는 미친 사람으로 그려, 온화하고 법도 있는 문인의 기질은 조금도 보이지 않으며, 마치 길을 가다 온당치 못함을 보고 칼을 뽑아 구제해주는 협객의 모습 같다. 용필에서도 작자는 매우 창의적이어서, 인물의 얼굴과 맨살을 드러낸 신체 부분은 부드럽고 매끄러운데, 선염 기법을 비교적 많이 사용하였다. 그리고 의복은 반듯하고 딱딱한 필선을 사용하여 그려, 모서리 부분이 분명하다. 유연한 육체가 마치 한 무더기의 날카롭게 튀어나온 울퉁불퉁한 바위들 사이에 짓눌려 있는 것 같아, 양자의 대비가 매우 강렬하여, 화면에 극적인 효과를 더해주고 있다. 임웅은 자신을 비극적인 성격의 인물로 그려 냄으로써, 자신의 마음 상태를 진실하게 드러냈을 뿐만 아니라, 또한 이를 통해 그 시대의 맥락을 느낄 수 있게 해주었다. 임웅은 민간 미술과도 매우 밀접한 관계가 있는데, 〈검협전(劍俠傳)〉·〈고사전(高士傳)〉·〈우월선현전(于越先賢傳)〉 등 목판화의 밑그림을 그리기도 했다.

임훈(任薰)의 자는 부장(阜長)이며, 도광 15년(1835년)에 출생하였으니, 그의 형 임웅보다 꼭 열두 살 아래이다. 아버지와 형이 일찍 세상을 떠나는 바람에, 임훈은 행동에서나 그림 그리는 데에서 조숙했다. 동치(同治) 3년(1864년), 임훈은 절강 출신의 화가 임이[任頤 : 백년(伯年)]와 함께 영파(寧波)에서 그림을 팔았는데, 이때 그 지역의 많은 문사들과 사귀게 되었다. 동치 7년(1868년)에 임훈은 영파를 떠나 장강 하류에 있는 문화 도시인 소주(蘇州)로 가서 새로운 발전을 모색하고자 하였으며, 이후 그는 그곳에서 20여 년 동안이나 오래 거주하였다. 이 기간에 소산(蕭山)·상해·항주 등지를 왕래하면서 그림을 팔아 생계를 유지했는데, 명성이 점차 알려지면서 교제하는 사람들도 광범위해졌으며, 화가 오창석(吳昌碩)과도 이때 사귀었다. 임훈은 광서(光緖) 14년(1888년), 과도한 그림 창작으로 피로가 누적되어 급기야 사물을 볼 수 없을 만큼 시력이 저하되자, 곧 소주를 떠나 고향인 소산으로 돌아갔고, 동시에 그림 그리는 일을 중지하였다. 광서 19년(1893년), 임훈은 고향에서 세상을 떠났는데, 그의 나이 58세였으나, 그의 형인 임웅에 비하면 장수한 셈이다. 같은 해 겨울, 임훈의 아들 임양암(任養庵)마저 세상을 떠나자, 임웅·임훈 집안에 소장되어 있던 많은 서화 작품들은 거의 흩어져 없어졌다.

임훈은 회화 분야에 만능이었는데, "화훼를 잘 그렸으며, 용필이 힘차고 강건하여, 줄기와 가지가 유창하고 생동감이 넘치고, 인물화는 형인 임웅의 화법을 본받았으나, 기이하고 장대한 모습에서는 그

〈화조사병(花鳥四屛)〉

(淸) 임훈(任薰)

만의 창의력이 돋보인다. 만년에는 인물을 그릴 때 행초(行草)와 같은 운필법을 구사하여, 정신과 기운이 한층 뚜렷했으며, 한때 명성을 떨쳤다.[工花卉, 用筆勁健, 枝幹條暢, 人物畫得兄法, 然奇軀偉貌, 別具匠心. 晚年人物運筆如行草, 精氣愈顯, 名振一時.]"[오심곡(吳心穀), 『역대화사회전보편(歷代畫史匯傳補編)』] 임훈의 화조화는 꽃잎이나 새를 그릴 때, 곧고 힘찬 선으로 윤곽을 그린 다음 선명한 색채를 칠했는데, 그것으로부터 그가 화법을 계승한 명말(明末) 청초(淸初)의 화가인 진홍수(陳洪綬)의 흔적을 찾아볼 수 있지만, 거기에다 더욱 충만한 활력을 더하였다. 화폭의 구도는 화면 가득 충만하지만 옹색하지 않으며, 색채는 밝고 아름답지만 자극적이거나 저속하지 않다. 매우 고상한 품위를 유지하고 있는 것이다. 임훈의 화조화는 임이(백년)의 초기 작품의 풍격을 형성하는 데 막대한 영향을 주었다.

임이(任頤)는, 어릴 때의 이름이 윤(潤)이며, 자는 소루(小樓)였는데, 후에 이름을 이(頤)로 바꾸었고, 자는 백년(伯年)이다. 산양(山陽 : 지금의 절강 소흥) 사람으로, 도광 20년(1840년)에 태어났는데, 아버지인 임학성[鶴聲, 호는 송운(淞雲)]은 그 지역에서 좀 알려진 초상화가였다. 임이는 청년 시기에 불행하게도 태평천국의 난을 겪게 되었는데, 바로 그가 살았던 절강 일대는 청나라 군대와 태평군 사이에 격렬한 전투가 벌어졌던 곳으로, 그의 아버지가 전란 중에 세상을 떠났고, 그 자신은 태평군에게 잡혀가 깃발을 들고 다니는 기수에 충원되기도 하였다. 이후 천신만고 끝에 빠져나와 이곳저곳을 떠돌다가, 소주에 도착하여 임훈에게 그림을 배웠다. 상해에 온 후에는, 한때 서가회(徐家匯-상해의 번화가)의 토산만(土山灣)에 있는 천주교회 내 인서관(印書館) 회화부에 근무하던 유덕재(劉德齋)를 따라 크로키와 소묘(素描)를 배우기도 하였다. 또 얼마 후에는 소주·상해·항주를 왕래하며 그림을 팔아 생활하였고, 명성이 날로 알려지면서 마침내 상해 화단의 유명 화가가 되었다. 임이는 상해에 있을 때 수많은 화가들을 사귀었는데, 예컨대 고옹[高邕 : 옹지(邕之)]·호원[胡遠 : 공수(公壽)]·오창석 등은 서로 예술에 대해 토론하고 연구하는 사이였다. 그러나 임이는 만년에 아편을 흡입하는 나쁜 습관에 빠져, 건강이 급속하게 나빠졌으며, 결국 광서(光緖) 21년 11월 4일(1895년 12월 19일) 상해에서 향년 56세를 일기로 생을 마쳤다. 임이는 슬하에 1남 1녀를 두었는데, 딸 임하[任霞 : 우화(雨華)]와 아들 임근[任菫 : 근숙(菫叔)]도 모두 그림에 뛰어났으며, 특히 장녀인 임하는 임이가 만년에 체력이 약해져 병

〈천축치계도(天竺雉鷄圖)〉(軸)

(淸) 임이(任頤)

상에 있을 때, 아버지를 대신하여 그림을 그리기도 하였다.

임이는 일생 동안 다량의 작품을 창작했는데, 그 중에서도 화조·인물 고사화·인물 초상화가 가장 뛰어나고 수준도 매우 높았다. 그의 예술은 멀리는 명말 청초의 화가인 진홍수를 본받았고, 가까이는 허곡 및 임웅·임훈 형제의 영향을 받았다. 임이의 작품 특징은 조형이 정확하고, 형상이 생동감 넘치며, 필치가 활발하고, 선이 유창하며, 색채가 맑고 신선하다는 점이다. 임이의 화조화 가운데 항상 볼 수 있는 동물들로는, 공작·닭과 오리·까마귀·참새·원앙 등이 있는데, 작자는 색이나 먹의 농담 변화만을 응용하여 형태를 그려 내는 전통적인 '몰골(沒骨)' 화법의 기초 위에, 다시 새로운 기법을 창안하였다. 즉 필묵은 더부룩하게 요동치는 것이, 조류의 깃털을 묘사하는 데 매우 적합하여 살아 있는 듯했으며, 화훼의 화법은 구륵과 몰골법을 겸용하는 등 기법이 다양했다. 그림 속의 동물과 식물은 모두 질감이 풍부하다. 〈공작도(孔雀圖)〉(軸; 북경 고궁박물원 소장)·〈화조(花鳥)〉(4폭 병풍; 요녕성박물관 소장)·〈자등원앙도(紫藤鴛鴦圖)〉(軸; 상해박물관 소장) 등이 임이의 걸작으로 꼽힌다.

인물 고사화는 대부분 민간에 널리 알려진 민간 고사나 역사 고사의 중심 인물들을 제재로 삼았는데, 예를 들면 마고헌수(麻姑獻壽)·팔선과해(八仙過海)·풍진삼협(風塵三俠)·노자기우(老子騎牛)·동산사죽

(東山絲竹)·소무목양(蘇武牧羊)·목란종군(木蘭從軍) 등을 꼽을 수 있다. 〈군선축수도(群仙祝壽圖)〉의 12폭 통경(通景) 병풍(상해미술가협회 소장)은 한 건의 폭이 거대한 작품으로, 12폭의 그림 하나하나의 효과를 고려했을 뿐만 아니라, 하나로 합쳐졌을 때의 전체적인 기세도 고려하였다. 따라서 인물과 구름의 필선은 가늘지만 힘이 있으며, 색채는 곱고, 바탕에 칠한 금박의 효과로 인해 장엄하고 화려하며, 전체 그림은 벽화의 효과를 지니고 있다. '풍진삼협'은 임이가 비교적 많이 그렸던 제재 가운데 하나이지만, 매번 그릴 때마다 새로운 의취를 부여하여 상투적인 스타일에 빠지지 않았다. 이러한 그림들의 제재는 당대(唐代)의 전기고사(傳奇故事)인 『규염객전(虯髥客傳)』에서 얻었다. 동치 6년(1867년)에 그린 한 폭의 작품(북경 서비홍기념관 소장)은

<석농상(石農像)>(軸)
(청) 임이

'풍진삼협'인 규염객(虯髯客)·이정(李靖)·홍불녀(紅拂女) 등 세 사람이 객점(客店-여인숙)에서 마주치는 순간을 묘사하고 있는데, 화면은 희극적인 충돌 효과를 갖추고 있다. 또 광서 4년(1878년)에 그린 같은 제재의 그림(북경 고궁박물원 소장)은 세 사람이 함께 말고삐를 잡고 걸어가는 장면을 그렸는데, 통속소설 속에 자세하게 그리는 삽화의 형식을 갖추고 있다. 또 광서 8년(1882)에 그린 〈풍진삼협도(風塵三俠圖)〉(軸; 북경 고궁박물원 소장)는 규염객과 이정·홍불녀가 작별하는 장면을 그렸다. 이처럼 세 폭의 작품들은 각각 다른 특색을 갖추고 있다.

임이의 초상화는 당시 상해 화단을 대표하는 최고 수준이었다고 말할 수 있다. 그는 위로는 명대 말기의 '파신파(波臣派)'(이 책 294쪽 참조)의 전통을 계승하였고, 직접 아버지로부터 전수받았을 뿐만 아니라, 또한 동시에 그 시대 여러 화가들의 뛰어난 기교를 흡수하였으며, 아울러 서양 회화의 장점까지도 받아들임으로써, 자신만의 풍격을 형성하였다. "임백년은 백묘(白描) 초상화도 잘 그렸는데, 한때 소형 초상화를 그리는 데 최고 기량을 자랑하던 화가들까지도, 모두가 임백년에게 약간 첨가해주기를 청하였는데, 실제 인물과 똑같지 않은 것이 없었다.[任伯年兼善白描傳神, 一時刻集而冠以小像者, 咸乞其添毫, 無不逼真.]"[장명가(張鳴珂), 『한송각담예쇄록(寒松閣談藝瑣錄)』] 그의 아들 임근은 당시 평론들을 총결한 후 말하기를, 그의 아버지의 초상화는 "파신파 이후 제일인자이다[波臣派後第一手]"라고 하였으니, 임이는 그것만으로도 여한이 없을 것 같다. 임이가 그린 초상화는 선으로 형태를 그리는 것을 위주로 하고, 색채로 선염하는 것을 보조로 삼았는데, 그 선의 유창함과 조형의 정확함은 보는 이로 하여금 경이롭게 만든다. 동치 12년(1873년)에 그린 〈갈중화상(葛仲華像)〉(軸; 북경 고궁박물원 소장)은 전신입상(全身立像) 인물화로서, 소탈하면서도 대담하고 초연한 모습이다. 광서 13년(1887년)에 그린 〈고옹지상(高邕之

像〉〉(軸; 북경 고궁박물원 소장)은, 인물의 모습이 선비
걸인의 형상인데, 이마의 골격이 전환하는 곳을 담
묵으로 가볍게 한 번 쭉 그었는데도 해부학적 구조
와 완전히 일치하니, 그 뛰어난 감각이 놀랍다. 임이
는 또한 여러 차례에 걸쳐 절친하게 지내던 오창석
의 초상을 그렸는데, 그 가운데 광서 14년(1888년)에
그린 〈산한위상(酸寒尉像)〉(軸)과 광서 21년(1895년)에
그린 〈초음납량도(焦蔭納凉圖)〉(軸)(둘 다 절강성박물관
소장)가 가장 훌륭하다. 임이의 인물 초상화로는 또
한 〈삼우도(三友圖)〉(軸; 북경 고궁박물원 소장)·〈호공
수부인상(胡公壽夫人像)〉[軸; 북경 서비홍(徐悲鴻)기념관
소장]·〈기간천도(饑看天圖)〉(軸; 상해박물관 소장)·〈심
노정상(沈蘆汀像)〉(軸; 북경 고궁박물원 소장) 등의 걸작
들이 있다.

〈산한위상(酸寒尉像)〉(軸)
(淸) 임이
절강성박물관 소장

시사신문(時事新聞) 화가 오우여(吳友如)

자구(赭寇) : 청나라 통치계급이 태평천국(太平天國) 등 농민 의병들을 멸시하여 부르던 호칭.

    오우여의 이름은 가유(嘉猷)이고, 또 다른 이름은 오유(吳猷)이며, 원화(元和 : 지금의 소주) 사람으로, 대략 도광(道光) 20년(1840년) 무렵에 태어났다. 오유여는 『비영각화보(飛影閣畵報)』에 쓴 「소계(小啓)」에서 이렇게 말했다. "약관(弱冠-20세 무렵) 이후 자구(赭寇)의 난을 만나 상해로 피난을 왔는데, 이때 처음 그림을 배웠다.[弱冠後遭赭寇之亂, 避難來滬, 始習丹靑.]" 이를 근거로 추측해보면, 그가 소주(蘇州)를 떠났을 때가 대략 함풍(咸豐) 10년(1860년) 전후였다. 동치(同治) 3년(1864년)에 청나라 군대가 천경(天京 : 지금의 강소 남경)을 점령하여, 태평천국 군대가 패망하자, 오우여는 증국번(曾國藩)의 요청을 받고 〈극복금릉공신전적도(克服金陵功臣戰績圖)〉를 그렸는데, "조정에까지 알려져, 명성이 날로 높아졌다.[上聞于朝, 遂聲名日起.]"[성훈(盛鑣), 『청대화사증편(淸代畵史增編)』] 이후 광서(光緖) 10년(1884년), 오우여는 "점석재서국(點石齋書局)의 초빙을 받고 전문으로 화보(畵報)를 그렸는데, 풍속 기사를 그림으로 그렸다.[應點石齋書局之聘專繪畵報, 寫風俗記事畵.]"[양일(楊逸), 『해상묵림(海上墨林)』] 이때부터 그는 무려 10여 년 동안 신문의 시사화가로서의 창작 생활을 시작하여, 수많은 그림들을 그렸으며, 광서 24년(1898년)에 『점석재화보』가 정간하여 중지할 때까지 계속되었다. 이후에는 또한 자신이 『비영각화보』를 창간하였다. 오우여의 사망 시기는 알려져 있지 않다.

    아편전쟁 후, 상해는 대외 통상 항구로 개항됨에 따라 유럽과 미국·일본 등 여러 국가 사람들의 왕래가 날로 빈번해졌으며, 서양의 문물을 가장 먼저 접할 수 있었는데, 신문사를 열고 신문을 발행한 것은 그 한 예이다. 도광 30년(1850년)부터 시작하여 『신보(申報)』·『자림서보(字林西報)』·『상해신문(上海新聞)』·『상해항운일보(上海航運日報)』·『대미만보(大美晚報)』 등이 연달아 출간되었는데, 그 가운데 중문(中文) 신문인 『신보』의 역사가 가장 오래되었다. 이 신문의 창간자는 상해에서 사업을 하던 영국인 어네스트 메이저(Ernest Major : 1830?~1908년)였다. 이후 『신보』는 또한 『점석재화보(點石齋畫報)』라는 화보를 증간하였는데, 이 화보는 연사지(連史紙)에 석판으로 인쇄한 정기간행물로, 매월 10일에 발행되었으며, 매호(每號) 그림면에 8폭의 그림을 실어, 『신보』에 첨부하여 정기 구독자에게 배달되었다. 화보에 그림을 그린 사람은 오우여 외에도, 또한 장기[張淇 : 지영(志瀛)]·금계[金桂 : 섬향(蟾香)]·고월주(顧月洲)·부절[苻節 : 간심(艮心)]·주권[周權 : 모교(慕橋)]·전영[田英 : 자림(子琳)]·마자명(馬子明)·하원준[何元俊 : 명보(明甫)]·금정[金鼎 : 내청(耐青)]·대신[戴信 : 자겸(子謙)]·가성경(賈醒卿)·오자미(吳子美)·이환요(李煥堯)·갈존[葛尊 : 용지(龍芝)]·심매파(沈梅坡)·왕교(王釗)·관구안[管劬安 : 염자(念慈)]·김용백(金庸伯)·손우지(孫友之) 등 20여 명의 작가들이 있었는데, 이들은 오우여를 중심으로 신문회화 작가 집단을 형성하였다.

　『점석재화보』의 창간은 당시 발발한 중국과 프랑스 간의 전쟁이 계기가 되었으며, 따라서 화보의 서론 중에는 다음과 같이 기록되어 있다. "최근에 프랑스가 점점 불화를 조성하고 도전해옴에 따라, 조정에서는 군사를 사용하기로 결의하고, 적개심을 나타내자, 온 나라 안팎에서 함께 동참하여 준비하고 있는데, 그 일을 잘 하는 자가 전투 장면을 그리자, 시중에서 사람들이 구해보고는, 이야깃거리가 분분했다.[近以法越構釁, 中朝決意用兵, 敵愾之忱, 薄海同具, 其好

연사지(連史紙) : 주로 복건·강서 일대에서 생산되는 대나무를 재료로 만든, 질이 좋은 중국 특산 종이다. 쉽게 변색되거나 변질되지 않는 특성 때문에 귀중한 서적이나 서화·부채 등을 만드는 데 주로 사용되었다. 본래는 '연사지(連四紙)'라 하였는데, 잘못되어 '連史紙'가 되었다.

『점석재화보(點石齋畫報)』의 〈낙화유수(落花流水)〉

(淸) 오우여(吳友如)

事者繪爲戰捷之圖, 市井購觀, 恣爲談助.]" 동시에 그 전쟁을 제재로 하여 많은 그림들이 그려졌는데, 신문과 마찬가지로 두 나라 사이의 공수(攻守)와 승패 형세에 대해 보도하였다. 예를 들면『점석재화보』

의 첫 번째 그림인 〈역공북녕(力攻北寧)〉은 프랑스 군대가 북녕성을 포격하는 장면을 그린 것이며, 그 밖에도 〈자취요패(自取撓敗)〉·〈기륭징구(基隆懲寇)〉·〈오송형세(吳淞形勢)〉·〈법범마강(法犯馬江)〉·〈법인기시(法人棄屍)〉 등의 그림들은 모두 중국과 프랑스 간의 전쟁을 그린 것들이다.

이 밖에도 온 나라나 혹은 동·서양의 사회적인 뉴스 및 기사괴담(奇事怪談)들도 늘 화보에 등장했다. 『점석재화보』에 실린 그림들은 모두 서로 비슷한 격식을 갖추고 있다. 즉 장방형의 테두리 안에, 상단에는 글을 썼고, 아랫면에는 그림을 그려 넣었다. 대부분의 그림들은 전경식(全景式) 구도를 채용하여, 인물과 장면을 화면 중앙에 배치함으로써, 전체적으로 볼 거리가 가득하고 내용이 풍부하여, 여러 번 보아도 싫증이 나지 않았다. 또 거의 대부분의 그림들이 중국 전통의 '백묘(白描)' 화법을 채용하여, 흑백이 분명했는데, 이는 화가들이 신문의 시간적 촉박함을 따라야 했기 때문으로, 그림을 그릴 때 약품을 탄 물을 사용하여 특수한 종이를 펼쳐 직접 그렸으며, 그런 다음 석판인쇄 기술로 찍어 완성했다. 오우여 등이 제작한 『점석재화보』는 정기적으로 간행된 중국 현대 통속화 간행물의 효시라고 할 수 있다.

전혜안(錢慧安)과 상해의 화회(畫會)

　전혜안의 본명은 귀창(貴昌), 자는 길생(吉生)이고, 그림을 그릴 때 불렀던 호는 쌍관루주인(雙管樓主人)·청계초자(清溪樵子)이며, 호주(湖州 : 지금의 절강) 사람이다. 도광 13년(1833년)에 태어나, 어려서부터 그림을 익혔는데, 화암(華喦)·개기(改琦)·비단욱(費丹旭) 등의 화법을 배웠으며, 인물과 사녀화를 전문으로 그렸고, 상해에서 그림을 팔아 생활하였다. 전혜안의 그림에 대한 명성이 날로 높아지면서 강남 지역뿐만 아니라, 심지어는 멀리 북방의 연화(年畫-歲畫) 제작지인 양류청(楊柳靑)에서도 모두가 전혜안의 명성을 알 정도였다. 광서(光緒) 중기에 전혜안은 초청을 받고 북쪽으로 올라가게 되는데, 배를 타고 운하를 따라 천진 부근에 있는 양류청에 도착하였다. 양류청은 그 당시 '소소항(小蘇杭)'이라 불렸는데, 대운하 북단의 중요한 상품 집산지이자 문화 중심지로, 이곳의 목판 연화는 중국 북방 지역에 널리 알려져 있었으며, 남방 소주(蘇州)의 도화오(桃花塢)와 더불어 연화의 양대 생산지로 일컬어졌다. 전혜안은 양류청에 도착한 이후, "새로운 격식을 만들어 내기 위해, 많은 고전과 옛 사람들의 시구(詩句)를 모방하여, 색이 밝고 고르게 바뀌었으며, 고고하고 수려하였다.[爲出新裁, 多擬故典及前人詩句, 色改淡勻, 高古俊逸.]"[채승오(蔡繩吾), 『북경세시기(北京歲時記)』] 연화의 제재에서부터 표현 기법에 이르기까지 모두 신선한 요소를 주입하여, 작품 판매 영역을 크게 확장하였다. 전혜안이 '제건륭(齊健隆)'과 '애죽재(愛竹齋)'라는 두 화랑에서 차례로 거주했던 시기에는, 모두 백여 종에 이르는 새로운 그림 양식들을 그렸는데, 모두 화랑에서 목판에 새겨 인쇄하였다. 전혜안은 양류청에서 대략 1년여 동안 지내다가 다시 상해로 돌아왔다. 그의 이러한 경력은, 당시 상해에서 활동하던 수많은 화가들 중에 매우 보기 드문 사례이다.

전혜안은 양류청에 가기 전에도 이미 상해에서 큰 명성을 얻고 있었다. 선통(宣統) 원년(1909년), 상해성(上海城) 황묘(隍廟) 부근에 있는 예원(豫園) 득월루(得月樓) 내에서 '예원서화선회(豫園書畵善會)'가 창립되었는데, 전혜안의 인품과 회화 예술의 재능을 높이 평가했던 많은 화가들은 그를 회장으로 추대하였다. 그리고 다시 2년이 지난 선통 3년(1911년) 봄, 전혜안은 상해에서 향년 78세를 일기로 세상을 떠났다. 그의 아들인 전서성(錢書城)이 가법을 전수받았지만, 전혜안보다 먼저 세상을 떠났다. 그의 제자들로는 조화[曹華 : 반근(蟠根)] · 심심해[沈心海 : 조함(兆涵)] · 서상[徐祥 : 소창(小倉)] · 반재[潘賫 : 자서(子瑞)] · 조종수[曹鍾秀 : 힐정(擷亭)] · 석종서[石鍾嶼 : 수생(壽生)] 등이 있었는데, 모두 화파를 세울 수 있었으며, 비교적 유명한 화가들이다.

전혜안은 인물 사녀화에 가장 뛰어났으며, 화훼 · 과일 · 야채 그림도 상당한 수준에 올랐다. 인물 사녀화는 대부분 옛날 전설 고사를 제재로 삼았으며, 길상(吉祥)을 비유하여 표현하였다. 인물의 얼굴은 선염으로 잘 처리되어, 어느 정도 입체감을 이루며, 인물의 몸매는 호리호리하면서 비례가 정확하여, 다른 화가들의 그림에서처럼 머리는 크고 신체는 짧은 오류를 범하지 않았다. 〈마고헌수도(麻姑獻壽圖)〉(軸; 북경 고궁박물원 소장) · 〈팽다세연도(烹茶洗硯圖)〉(軸; 상해박물관 소장) · 〈잡화도(雜畫圖)〉(冊; 요녕성박물관 소장) 등은 모두 전혜안의 걸작들이다. 이 밖에도 『홍루몽(紅樓夢)』을 소재로 많은 그림을 그렸는데, 이 또한 새로운 형식을 창조한 것이다.

만청 시기의 상해에는 많은 화회(畫會-화가들 모임) 조직들이 출현

<팽다세연도(烹茶洗硯圖)>(軸)
(淸) 전혜안(錢慧安)
상해박물관 소장

하였는데, 이는 하나의 새로운 문화 현상이었다. 이러한 화회들은 과거 문인들이 즐겼던 아집(雅集) 활동의 기초 위에서 발전한 것이지만, 또한 이것과 완전히 같은 것은 아니었다. 함풍(咸豐) 말년에는 상해에 이미 '평화사화회(萍花社畫會)'가 조직되어 있었는데, 주칭[朱偁 : 몽려(夢盧)]·포동[包棟 : 자양(子梁)]·오대징(吳大澂)·왕례[王禮 : 추언(秋言)]·전혜안 등의 화가들이 이 협회의 회원들이었다. 그리고 '예원서화선회'는 화가들이 자발적으로 조직한 공익 자선단체로서, 상부상조하는 동업조합의 성격을 띠고 있었기 때문에, 화가들은 그림이 팔리면 그 가운데 일정 부분을 부담하여 기금을 조성하여, 그 돈으로 노약하거나 병으로 그림을 그릴 수 없는 회원들을 돕는 데 사용하였다. 이러한 조직의 성격으로 보아, 전혜안이 회원들의 추대를 받아 회장

이 된 것이, 동업자들의 마음속에서 그가 어떤 지위를 차지하고 있었는지를 알 수 있게 해준다. 전혜안의 신분과 그림은 과거 문인화가들과는 매우 달랐다. 그는 앞에서 언급했던 임웅·임훈·임예·오우여 등과 같이 전형적인 시민화가로서, 당시 상해 화단에서의 통속 예술의 주류 풍격을 대표하였다.

| 제5절 |

오창석(吳昌碩)과 그의 예술

오창석은 이름이 준경(俊卿)이고, 처음의 자(字)가 향박(香樸)이며, 중년 이후에 다시 창석(昌碩)이라 하였는데, '倉碩' 혹은 '倉石'이라고도 쓴다. 또한 별호(別號)가 부려(缶廬)·노창(老蒼)·고철(苦鐵)·대롱(大聾)·석존자(石尊者)·파하정장(破荷亭長) 등으로, 도광(道光) 24년 8월 1일(1844년 9월 12일)에 절강 안길현(安吉縣) 장오촌(鄣吳村)의 학자 집안에서 태어났다. 오창석은 유년 시절에는 아버지에게 글을 배우다가, 후에는 이웃 마을에 있는 서당에 다녔는데, 10세 무렵부터 인장(印章) 새기기를 좋아하자, 그의 아버지가 가르쳐주면서 이 분야에 처음 입문하였다. 함풍 10년(1860년)에 청나라 정부군과 태평천국 군대가 절서(浙西-절강성의 중서부 지역에 해당함) 지역에서 전투를 벌이자, 온 가족이 산속으로 피난을 떠났다가 남동생과 여동생이 잇달아 굶어죽었다. 그는 이후에 또 다시 가족들과 헤어져 다른 사람들의 일을 임시로 대신해주거나 온갖 힘든 일을 하며 하루하루를 보냈는데, 이렇게 호북과 안휘 등지를 여러 해 동안 떠돌다가, 21세가 되어서야 겨우 고향으로 돌아와 농사를 지었다. 오창석은 농사를 지으면서 틈틈이 독서에 열중하면서도 전각과 서예에 대해 깊이 탐구하였다. 22세 때에는 수재(秀才)에 합격하였다. 동치 11년(1872년)에는 오흥(吳興) 처녀 시주[施酒 : 계선(季仙)]와 결혼하였다. 결혼하고 얼마 지나지 않아 다시 집을 떠나 항주·소주·상해 등지를 돌아다니며, 스승을 찾아뵙고 친구들을 방문하였다. 그는 차례로 유월(俞越)에게 시와 사(詞)·

수재(秀才) : 부(府)·주(州)·현(縣)에 설치된 학교의 입학시험에 응시하여 합격한 자를 일컬음.

문자훈고(文字訓詁)를 배웠고, 양현(楊峴)에게서 서법을 배웠는데, 그와 평소에 교유하던 사람들로는 또한 장웅(張熊)·호원(胡遠)·포화(蒲華)·육회(陸恢)·시욕승(施浴升)·제정원(諸貞元)·심근(沈瑾)·반조음(潘祖蔭)·오운(吳雲)·오대징(吳大澂) 같은 화가·시인·수장가들이 있었다. 이 기간을 통해 오창석은 매우 많은 서화 진품들을 감상할 수 있었다. 나아가 서화 명작들을 임모하고 고찰함으로써 시야를 넓히고 도량을 닦아, 예술적 수양이 매우 높아졌다. 광서(光緒) 8년(1882년), 오창석은 가족을 데리고 소주로 이사했다가 후에 다시 상해에 와서 정착하였다.

그의 나이 30세가 넘었을 무렵에는 그림에도 흥미를 갖게 되었는데, 그는 대단히 훌륭한 서법의 기초를 갖추고 있었기 때문에, 전서(篆書)의 필법을 응용하여 화조화를 그렸으며, 아울러 친구 고옹(高邕)의 소개로 화가 임이(任頤)에게 그림을 배웠다. 임이는 오창석의 힘차고 혼후한 필묵에 대해 칭찬을 아끼지 않았고, 두 사람은 매우 친밀한 사이가 되어, 끝까지 돈독한 우의를 유지했다. 광서 22년(1896년)에 오창석은 안동현[安東縣 : 지금의 강소 연수(漣水)] 현령에 임명되었으나, 한 달 만에 사직하고 집으로 돌아왔다. 광서 30년(1904년) 여름, 오창석은 전각가(篆刻家)였던 섭위명(葉爲銘)·정인(丁仁)·오금배(吳金培)·왕식(王湜) 등 동호인들과 함께 항주의 서호(西湖) 가에 있는 인의루(人倚樓)에 모여 인장을 새기는 기술에 대해 깊이 있게 토론하였으며, 1913년 중양절(重陽節-음력 9월 9일)에는 항주에서 서령인사(西冷印社)를 설립하여, 오창석이 초대 사장에 추대되었다. 오창석은 평생 서화·전각·시사(詩詞)에 힘써, 수많은 작품들을 남겼다. 또한 열성적으로 후학을 양성하였는데, 진사증(陳師曾)·제백석(齊白石)·왕진(王震)·반천수(潘天壽)·진반정(陳半丁)·왕개이(王個簃)·사맹해(沙孟海) 등은 모두 그에게 배워 대가들이 되었다. 오창석은 1927년 11월 6일 상해에

문자훈고(文字訓詁) : 문장 전체의 의미를 해석하는 것이 아니라, 부분적인 문자나 자구(字句)의 의의를 해석하는 학문.

<철망산호도(鐵網珊瑚圖)>(軸)
(淸) 오창석(吳昌碩)

서 84세를 일기로 세상을 떠났다. 오창석은 슬하에 3남 1녀를 두었는데, 둘째아들 오함(吳涵)과 셋째아들 오동매(吳東邁)는 서화·전각에 뛰어나, 가풍을 물려받았다.

오창석의 회화 제재는 화훼가 주를 이루었다. 그는 비교적 늦게 그림을 배웠기 때문에, 40세가 되어서야 비로소 사람들에게 알려졌다. 그의 초기 작품들은 임이의 영향을 받았고, 이후에는 다시 조지겸(趙之謙)의 필법을 참고하여 응용하였으며, 다시 앞 시대로 거슬러 올라가 서위(徐渭)·팔대산인(八大山人)·양주팔괴(揚州八怪) 등 여러 화가들의 화법을 융합하고 관철하여, 자신만의 독특한 면모를 형성하였다.

오창석은 매화 그리기를 좋아하였으며, 묵매(墨梅)와 홍매(紅梅)를 겸하였는데, 대전(大篆)과 초서를 쓰는 필법을 운용하여, 홍건하고 호탕한 수묵을 구사함으로써, 풍부한 정취를 지니고 있다. 그는 일찍이 "고철도인매지기(苦鐵道人梅知己─고철도인과 매화는 서로 절친하다)"라는 시구를 지었는데, 시와 그림을 빌려 세상의 불합리한 것들에 분개하고 증오하는 심정을 토로했다.

오창석은 또한 난초를 즐겨 그렸는데, 난초의 고고하고 정갈한 성격을 드러내기 위해, 그림을 그릴 때 때로는 짙고 때로는 옅은 먹 색과 전서(篆書) 필법을 구사하여 그림을 완성했기에, 강하고 힘이 있어 보인다.

대나무를 그릴 때는 담묵으로 가볍게 줄기를 처리하고, 잎은 농묵으로 점을 찍듯이 그려, 성김과 촘촘함이 어우러져 풍부한 변화를 이루었으며, 때로는 소나무·매화·바위를 짝지어 '쌍청(雙淸)' 혹은 '삼우(三友)'를 조성함으로써 자신의 감정을 기탁하기도 하였다.

국화도 오창석이 항상 선택했던 그림의 제재로서, 국화 옆에 바위나 가늘고 긴 형태의 오래된 병[古瓶]을 배치하여, 국화의 상태와 서로 어우러져 아름다운 운치를 더하였다. 또 국화는 대부분 황색으로 그렸으며, 간혹 묵국(墨菊)과 홍국(紅菊)을 그리기도 했는데, 묵국은 초묵(焦墨)으로 그렸고, 잎은 대범하고 시원스런 붓질로 처리하여, 농담(濃淡)이 서로 어우러져 층차(層次)가 분명했다.

만년에는 모란(牡丹)을 비교적 많이 그렸는데, 꽃은 눈부시게 활짝 핀 모습으로, 선명하고 농염한 연지홍(胭脂紅)으로 그려, 비교적 수분을 많이 함유하였으며, 다시 짙고 빽빽한 가지와 잎이 서로 돋보이게 해주어 생기발랄해 보인다. 연꽃·수선·소나무와 잣나무 등도 오창석의 그림에서 늘 볼 수 있는 제재들이다. 채소와 과일 작품들 중에는 죽순·야채·조롱박·호박·복숭아·비파·석류 등도 자주 그려, 생활의 분위기가 물씬 풍긴다. 작품들은 채색과 수묵을 병용하여 혼후하고 고아하면서도 힘이 있다. 그리고 또한 그림 위에 쓴 시구(詩句)와 유창하게 뛰어난 글씨에다 고풍스럽고도 질박한 인장을 찍어, 시(詩)·서(書)·화(畵)·인(印)이 하나로 융합되게 하였으며, 근대 화조화에 지대한 영향을 미쳤다.

오창석의 서법 예술 또한 근대에서 중요한 지위를 차지한다. 그의 해서(楷書)는 안진경(顔眞卿)의 서체에서 시작하여 후에 다시 종요(鍾繇)의 서법을 익혔으며, 나아가 예서를 배우면

서 〈장천비(張遷碑)〉·〈숭산석각(嵩山石刻)〉·〈한사삼공산비(漢祀三公山碑)〉·〈석문송(石門頌)〉 등 한대(漢代)의 비문들을 두루 임모하였다. 중년 이후에는 수많은 금석(金石) 원문과 탁본들을 폭넓게 열람하고, 〈석고문(石鼓文)〉을 주요한 임모 대상으로 선택했다. 수십 년 동안에 걸쳐 거듭하여 깊이 연구하였을 뿐 아니라, 나아가 진(秦)·한(漢) 시대의 여타 문자들까지도 끊임없이 연구하여, 그가 쓴 석고문은 간결하고 힘차며, 자신만의 새로운 의경을 창출하여 독특한 풍격을 드러냈는데, 그 중에서도 60세 이후에 쓴 글씨들이 가장 뛰어났다. 만년에는 전서(篆書) 필법으로 초서(草書)를 썼는데, 필세가 용솟음치듯 자유분방하고 자신감이 넘쳐, 과거의 필법에 구속되지 않았다.

오창석은 또한 전각으로도 명성이 높았다. 그는 이 분야의 예술에서 정경(丁敬)·등석여(鄧石如)·오희재(吳熙載)·조지겸(趙之謙) 등 여러 명가들의 장점을 본받았으나, 후에는 이 명가들의 기법을 탈피하고, 직접 진·한 시대의 금석문자에서 직접 영양분을 흡수하면서 연구함으로써 기량이 향상되어, 인장의 문자가 장법(章法)의 법도에 부합되었을 뿐만 아니라, 변화가 무궁하였다. 문자를 새길 때는 대담하고 민첩하게 칼을 놀려서 단번에 완성하였고, 거의 꾸미지 않기 때문에 자연스럽고 고졸한 아름다움을 지녔다.

오창석은 비록 글씨와 그림을 팔고 전각을 새겨 생계를 유지하였지만, 그 문화 소양은 전통적인 문인에 더 가까웠다. 그의 예술은 전통 문인화(文人畫)가 상해(上海)라는 상품화된 사회 속에서 형성된 일종의 변이(變異)라고 할 수 있다.

만청 시기의 상해 화단에서 활동했던 화가들은 매우 많았는데, 위에서 소개한 몇몇 화가들은 영향력이 매우 컸고, 또 각자의 특색이 뚜렷했던 일부 화가들이다. 각종 사서(史書)들의 기록에 의하면, 비교적 유명했던 화가들로는 또한 장웅(張熊)·주웅(朱熊)·호원(胡遠)·예전

(倪田)·왕례(王禮)·육회(陸恢)·호석규(胡錫珪)·주칭(朱偁)·오경운(吳慶雲)·양백윤(楊伯潤)·포화(蒲華)·사복(沙馥)·왕진(王震) 등 백여 명에 이르렀으니, 참으로 뛰어난 재능을 갖춘 인재들이 넘쳐났음을 알 수 있다. 이들 모두가 함께한 노력 덕분에, 만청의 화단은 번영 국면을 맞이하였다.

[본 장 집필 : 聶崇正 / 번역 : 유미경]

제8장

명(明)·청(清) 판화의 예술 성취

판화는 명·청 시기에 고대 화사(畵史)에서의 눈부신 발전의 시기로 접어들게 되는데, 두 조대(朝代)의 판화 예술은 상대적으로 궁정·왕부(王府)의 관각(官刻)과 각 지역 서방(書坊)들의 사각(私刻) 및 문인과 고상한 선비들의 판화 활동에 집중되었고, 판화의 형식은 주로 삽도(揷圖) 판화(版畵)·목판(木版) 연화(年畵)·도보(圖譜) 등이었으며, 각인(刻印)의 운영 방식은 주로 크게 관각(官刻)과 사각(私刻)의 두 종류가 있었다.

관각본(官刻本) 중에 명·청의 조정(朝廷)과 왕부가 주관하여 각인한 도서(圖書)를 전판(殿版)이라 하는데, 주로 궁정·왕부 및 고위층 관료들이 향유하였다. 명대의 관각은 내부(內府)의 사례감(司禮監)에서 주관하였으며, 양경(兩京–남경과 북경) 13성(省)의 정부 기구 안에도 또한 관영(官營)의 각인업(刻印業)이 있었고, 영락(永樂) 연간부터 선덕(宣德) 연간까지(1403~1435년) 특히 흥성하였다. 청대의 전판 판화는 다권질(多卷帙–여러 권)의 방대한 체제가 줄줄이 출현하였으며, 그 규모와 품질이 전대(前代)를 뛰어넘었는데, 강희(康熙) 연간부터 건륭(乾隆) 연간까지(1662~1795년) 집중되었으며, 가경(嘉慶) 연간(1796~1820년) 초까지도 여전히 그 여파가 남아 있었다. 강희 12년(1673년)부터 전판 서적의 판각[書刻]은 모두 무영전(武英殿)에서 맡아서 처리하였는데, 승덕(承德)의 피서산장(避暑山莊)은 청나라 황제가 피서할 때, 또한 임시로 전판의 중심이었으며, 수시로 황명을 받들어 새기거나 그렸다.

명대 만력(萬曆) 연간(1573~1620년)에 흥기한 도시 수공업을 위주로 한 상업 경제와 비로소 번영하기 시작한 시민 문화는 민간 판화 예술의 발전 과정을 대단히 크게 촉진시켰다. 청대 말기에 이르러 명·청 판화 특유의 예술 구조와 격식을 형성하였다. 북방의 민간 판화는 주로 수도인 북경에 집중되었고, 남방의 삽도 판화는 주로 비교적 발달한 상업 도시와 문화 도시들이 중심이 되었는데, 각각 관련을 가

왕부(王府): 봉건 사회에서 등급이 가장 높은 귀족들의 저택을 말한다. 북경시 서성구(西城區)에 현존하는 왕부는 모두 청대에 지어진 것들인데, 친왕부(親王府)·군왕부(郡王府)·패륵부(貝勒府)·패자부(貝子府) 등 모두 네 등급으로 나뉜다.

서방(書坊): 옛날에 서적을 만들어 팔던 곳으로, 오늘날의 서점에 해당한다.

지면서도 차별성을 띠는 지방 풍격의 유파들을 형성하였다. 가장 두드러졌던 지역은 복건(福建)의 건양(建陽)·안휘(安徽)의 흡현(歙縣)·강소(江蘇)의 금릉(金陵-지금의 남경) 등지였는데, 그 중 흡현의 삽도 판화의 영향이 가장 컸다. 각지의 판화 내용은 모두 매우 풍부하여, 불경·경사(經史)·지방지(地方誌)·과학기술[科技] 서적 등의 삽도와 예술 도보(圖譜) 등이 있었는데, 특히 명·청대에 나날이 번성하던 소설 희곡 삽도는 시민 계층에서 광범위한 시장을 확보하였다. 도시와 농촌의 백성들에 의한, 풍부하고 다채로운 절기 중에 연화에 대한 수요가 목판(木版) 연화를 그리거나 각인(刻印)하는 활동을 자극하였다. 그리하여 청대에 이르러 강소 소주의 도화오(桃花塢)·천진(天津)의 양류청(楊柳靑)·산동(山東)의 유현[濰縣 : 유방(濰坊)의 옛 명칭]은 유명한 3대 목판 연화의 중심을 형성하였다.

명대 말기부터 문인화가(文人畫家)들이 예술 창작을 상업 사회와 유기적으로 결합하기 시작했는데, 예를 들면 명대 말기의 진홍수(陳洪綬)·소운종(蕭雲從), 청대의 왕개(王槪)·임웅(任熊)·전혜안(錢慧安)·고동헌(高桐軒) 등이다. 문인화가들은 많은 판화의 설계 작업에 참여하고 주관하여, 예술적인 측면에서 판화의 수준을 크게 향상시켰다.

각인가(刻印家)와 서적상들은 그림을 배우는 수많은 사람들의 요구에 영합하여 다양한 화보(畫譜)를 대량으로 각인함으로써, 전통 회화의 필묵 기교를 대대적으로 전파하였다. 또 회화와 거의 유사한 예술 효과에 도달하기 위해, 명대에는 두판(餖版-또우판)·공화(拱花) 등 다색 인쇄 기술들이 출현함으로써, 화보(畫譜)와 전보(箋譜) 등의 인쇄물을 채색의 세계 속으로 이끌어, 인쇄 예술이 비약적으로 발전하게 되었다.

명대 말기의 판화 중심들은 청대에도 여전히 계속 유지되었지만, 청나라 조정이 세속 문학에 대해 취한 억압 정책 및 청대 말기에 서

두판(餖版-또우판) : '목판수인(木版水印)'이라고도 하며, 색깔별로 목판을 따로 제작하여, 각 판에 원하는 색을 칠하여 짜 맞추어 컬러로 인쇄하는 방법인데, 그 모양이 마치 남경(南京) 지역의 전통 떡인 또우딩[餖飣]과 닮았다고 하여 붙여진 이름이다.

공화(拱花) : 중국 고대에 먹을 칠하지 않고 인쇄하는 방법이다. 요철(凹凸)의 두 판 사이에 끼워 넣고 압력을 가하여 판면에 문양이 돋아나게 하는 것으로, 현대 인쇄술 가운데 요철(凹凸) 인쇄와 서로 비슷하다. 볼록하게 튀어나온 선으로 문양을 표현함으로써, 그림 속의 행운유수(行雲流水)·화훼충어(花卉蟲魚)가 서로 돋보이게 해주어, 화면에 더욱 운치와 기품이 풍부하게 해준다.

양 인쇄술의 유입으로 인해, 청대의 삽도 판화는 발전이 제한되어, 명대의 판화 예술에 비해 뒤떨어졌다. 그러나 강희 연간부터 건륭 연간까지(1662~1795년), 전판(殿版) 판화·동판화(銅版畫)와 청대 말기의 문화판화(文化版畫) 및 각지에서 크게 흥기한 민간 목판 연화는 중국 고대 판화사상 최후의 눈부신 발전을 이루었다.

명·청의 궁정 판화

명·청의 전판(殿版) 판화

(1) 명대의 전판 판화

민간의 지방성(地方性) 삽도 판화가 흥성하기 전인 명나라 초기부터 융경(隆慶) 연간(1567~1572년)까지, 빛을 발했던 것은 황실의 전판(殿版) 판화였다. 명나라 황실은 불교를 독실하게 신봉하여, 궁정의 삽도 판화가 대부분 불교 제재에 집중되어 있었다. 영락(永樂) 연간(1403~1424년)의 궁정 판화는 홍무(洪武) 연간(1368~1398년)의 초창기를 거쳐, 종교 판화를 위주로 한 각인(刻印)의 절정기를 형성하여, 황실에서 불교를 숭상하는 데 따른 요구에 적응하였다. 예를 들어 내부(內府) 사례감(司禮監)에서 영락 연간에 새긴 〈성묘길상진실명경(聖妙吉祥眞實名經)〉·〈대비관자재보살총지경주(大悲觀自在菩薩總持經咒)〉·〈묘법연화경(妙法蓮華經)〉·〈인왕호국반야경다라니(仁王護國般若經陀羅尼)〉 등[모두 중국불교협회문물관(中國佛敎協會文物館) 소장]은 명대 전기 전판 판화의 최고 성취를 대표한다. 이러한 종교 전판 판화의 각인이 고조되는 추세는 성화(成化) 연간(1465~1487년)까지 줄곧 지속되어, 헌종(憲宗)이 서(序)를 쓴 〈출상관음보문품경(出相觀音普門品經)〉 권수(卷首)의 10면(面) 연식도(連式圖)·내부(內府) 경창각본(經廠刻本)인 〈석씨원류응화사적(釋氏源流應化事迹)〉 등이 출현하였다. 이러한 불교 제재의 판화는 거의 공통된 제작 원칙을 따랐는데, 구도가 꽉 차고, 인물

내부(內府) : 황궁 내에 필요한 기물을 제조하는 부서를 책임지고 감독하는 부서로, 곧 내무부(內務府)를 가리킨다.

연식도(連式圖) : 한 장면의 그림이 몇 페이지에 걸쳐 이어져 있는 그림.

이 매우 많으며, 조형이 치밀하고, 선이 빽빽하다. 또 장면이 웅장하고 아름다우며, 각인이 정교하여, 엄숙하고 장중하고 열렬한 종교적 분위기가 충만하다.

이 밖에 명대의 전판 판화는 또한 일부 일상생활이나 생산 활동과 관련된 제재에 주의를 기울였는데, 예를 들면 경태(景泰) 7년(1456년)의 내부각본(內府刻本)인 『음선정요(飮膳正要)』, 가정(嘉靖) 연간(1522~1566년)에 판각하여 농업 생산을 지도하는 데 사용된 『유편역법통서대전(類編曆法通書大全)』 등이 있다. 당시의 번왕부(藩王府)도 또한 이러한 일에 열중하였는데, 예를 들면 중주조부(中州趙府) 미경당(味經堂)은 도가(道家) 저작인 『수진필요(修眞必要)』를 주관하여 각인하였다. 이러한 종류의 판화 풍격은 북방의 생소하고 투박하면서 거칠고 간명한 풍격에 속하는데, 충분히 활발하고 자연스러우며, 생활과 근접해 있다.

(2) 청대의 전판 판화

명나라 조정과 마찬가지로 청나라 조정도 여전히 불교 판화를 판각하는 데 중점을 두었는데, 예를 들면 명대의 〈북장(北藏)〉[즉 〈용장(龍藏)〉] 등을 중각(重刻)하기도 하였다. 청대 초기부터 건륭(乾隆) 연간까지(1644~1795년)는 전판 판화의 전성 시기로, 청나라 조정의 특색을 갖춘 것이 형성된 것은 기실(紀實-실제 사건의 기록)·전장(典章-법령과 제도)·과기(科技)·농정(農政) 등의 서적들을 대량으로 간행하기 시작한 것인데, 그 규모가 전례를 찾아볼 수 없을 정도였다. 이는 청나라가 상승하던 시기여서, 정치를 잘 하는 데 집중한 필연적인 결과로, 여러 황제들은 황제의 위엄을 선양함과 동시에, 한족 문화의 정수를 흡수하기 위해 힘쓰면서, 그 통치를 유지·수호해 나갔다.

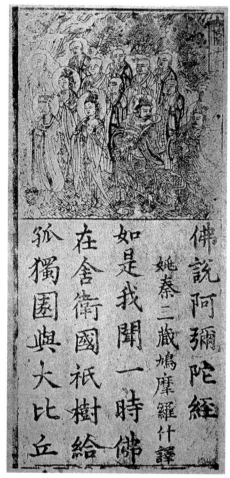

〈불설아미타경(佛說阿彌陀經)〉의 삽도
명나라 영락(永樂) 연간

번왕부(藩王府) : '번왕'이란 봉지(封地)나 혹은 봉국(封國)을 보유한 친왕(親王)이나 군왕(郡王)을 일컫는 말이다. 일반적으로 병권(兵權)을 보유하며, 진(鎭)을 수비한다. 전쟁에서 탁월한 전공을 세운 신하에게도 번왕이라는 칭호를 부여할 수 있었다.

홍려시(鴻臚寺) : 국빈을 접대하는 일을 관장하던 관청.

서반(序班) : 홍려시(鴻臚寺)에 속한 관직명으로, 백관(百官)의 반열을 정하는 임무를 맡았다.

청대의 전판 판화 중에 비교적 이른 시기의 기실(紀實)과 전장(典章)류 가운데 뛰어난 작품들은, 바로 강희 52년(1713년)에 송준업(宋駿業)·왕휘(王翬)·왕원기(王原祁)가 서로 이어가며 주관하여 그림을 그리고, 홍려시(鴻臚寺) 서반(序班)이던 주규(朱圭)가 새긴 〈만수성전도(萬壽盛典圖)〉이다. 이 그림은 전체 그림이 148쪽으로, 조정을 가득 채운 문무백관(文武百官)이 강희 황제에게 생신을 축하하는 방대한 장면들을 묘사하였다. 이 그림보다 더욱 눈부신 작품은 왕휘가 주관하여 작업한 〈건륭제남순성전도(乾隆帝南巡盛典圖)〉로, 건륭 16년(1751년)에 완성되었다. 이 그림에서 화가는 처음으로 서양 선교사들한테서 모방하여 배운 투시법(透視法)을 선보였는데, 비록 투시가 약간 적절하지 않은 부분이 있기는 하지만, 기세가 웅장하고, 조감(鳥瞰)해서 그린 거마(車馬)와 여러 풍경들이 한눈에 다 보인다. 이 밖에 건륭 연간에 문응조(門應兆)·냉감(冷鑑) 등 여섯 명이 밑그림을 그린 〈황조예기도식(皇朝禮器圖式)〉은 청대의 각종 의례와 규범을 섬세하게 묘사하였는데, 문경안(門慶安)·서부(徐溥) 등은 6백 폭의 그림에 주변 국가와 변

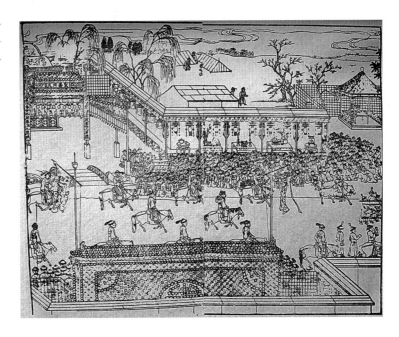

〈만수성전도(萬壽盛典圖)〉 1쪽
(淸) 송준업(宋駿業) 등

방 소수민족들이 청나라 조정에 조공을 바치는 경건한 모습을 묘사하였다.

전판 판화 중에 농경 문화를 표현한 뛰어난 작품으로는, 초병정(焦秉貞)이 그림을 그리고, 각공(刻工)이었던 주규와 매유봉(梅裕鳳)이 조각한 〈경직도(耕織圖)〉가 있다. 이 작품은 46폭의 그림에 침종(浸種) 작업에서부터 입창(入倉-수확하여 창고에 넣는 일)에 이르기까지의 '경(耕-경작)'과 양잠(養蠶)에서부터 옷을 만들기까지의 '직(織-방직)'의 전 노동 과정을 펼쳐 보이는데, 생산 노동에 대한 강희황제의 관심을 잘 드러내주고 있다. 전체 그림은 송나라 누수(樓壽)의 〈경직도〉를 바탕으로 하여 고쳐 그린 것인데, 선이 간결하고

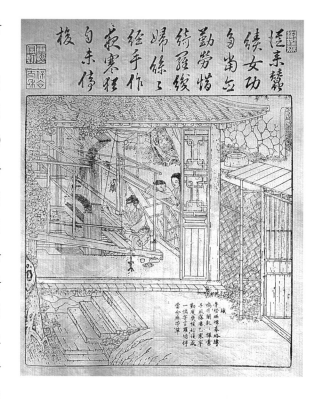

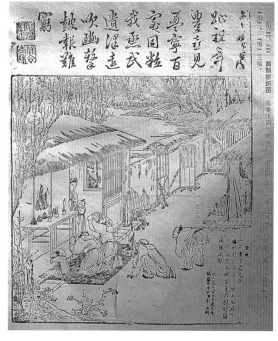

침종(浸種) : 종자를 본격적으로 파종
하기 전에 씨앗이 빨리 싹을 틔우도
록 하기 위해, 일정 기간 동안 미리 물
속에 담가 두었다가, 물기를 적당히
머금은 상태에서 파종할 수 있도록
하는 것.

가벼우면서 모가 나고 딱딱한데다 섬세하면서도 빼어나게 아름답다.
또 가옥과 방직기계는 구조가 엄격하고 분명하며, 사소한 부분들까
지 모두 매우 섬세하게 표현하였으며, 인물의 표정은 유쾌하고 즐거
워 보인다.

청나라 궁정의 산수(山水) 판화도 역시 매우 성행하였는데, 대부
분 시화(詩畵)가 함께 갖추어져 있다. 예를 들면 심유(沈喩-'沈㬎'라
고 함)·주규·매유봉이 강희 50년(1711년)에 제작한 〈어제피서산장삼십
육경시(御製避暑山莊三十六景詩)〉가 있는데, 꽤 사실(寫實)의 기초를 갖
추었고, 산수 구도와 필치는 왕휘(王翬)의 의경을 띠고 있으며, 성김
과 촘촘함·흑(黑)과 백(白)의 대비가 선명하고 강렬하다.

청대 궁정 동판화(銅版畵)와 〈평준전도(平準戰圖)〉

낭세녕(郎世寧)·왕치성(王致誠)·애계
몽(艾啓蒙)·안덕의(安德義) : 이들에
대해서는 이 책 167쪽부터 171쪽까지
를 참조할 것.

청나라 궁정 동판화의 회화 업적은 청나라 궁정에서 시중을 들던
유럽 선교사의 이름들과 뗄 수 없는데, 즉 낭세녕(郎世寧)·왕치성(王致
誠)·애계몽(艾啓蒙)·안덕의(安德義) 등의 선교사 화가들이 그들이다.

서양의 동판화는 선과 명암을 조형의 기본 언어['표현 수단'이라는
뜻-역자]로 삼는데, 그 핍진함과 섬세함의 예술적 효과는 목판화와
는 비교할 수 없을 정도이다. 동판화는 명대 만력(萬曆) 연간에 이탈
리아의 선교사 마테오 리치(Matteo Ricci : 1552. 10. 6~1610. 5. 11)가 네 폭
의 동판화를 들여온 이후부터, 나날이 각인공(刻印工)들의 주목을 받
게 되었다. 특히 무공(武功)을 표창하기를 좋아했던 청나라 통치자들
은 동판화라는 이러한 예술 형식을 매우 중시했기 때문에, 이들 서
양 화가들이 재능을 발휘할 여지가 매우 컸다. 그러나 당시의 역사
조건과 기술 수준의 제약으로 인해 선교사 화가들이 설계한 밑그림
을 유럽으로 보내 인쇄한 후 다시 중국으로 가져와야 했다.

청대의 궁정 동판화는 전도(戰圖-전쟁도)·지도(地圖)·건축도(建築圖) 등 크게 세 종류로 나눌 수 있다. 이 중에서 건축도는 건축 풍경을 사생(寫生)한 것으로, 예를 들어 낭세녕은 일찍이 장춘원(長春園) 서양루(西洋樓)의 여러 풍광들을 그렸는데, 이탈리아 로코코 양식의 건축 풍격과 서로 매우 유사하다.

전도(戰圖)는 청대 궁정 동판화의 주요 항목이었는데, 대부분 매번 큰 승리를 거둘 때마다 그것을 그림으로 그렸다. 예를 들면 변경(邊境)에서의 전쟁을 묘사한 〈곽이객득승도(廓爾喀得勝圖)〉와 〈평정안남전도(平定安南戰圖)〉가 있고, 서남쪽의 소수민족 군대를 섬멸한 것을 묘사한 〈평정양금천전도(平定兩金川戰圖)〉·〈평정묘강전도(平定苗疆戰圖)〉·〈평회득승도(平回得勝圖)〉 등의 연작 그림도 있으며, 또한 〈평정대만전도(平定臺灣戰圖)〉 등도 있다. 그림을 그린 후 인쇄하여 모든 신하들에게 하사하였고, 아울러 행궁(行宮)이나 사원(寺院)에도 보관하였다.

청대 궁정 동판화의 전도(戰圖) 중에 영향이 가장 컸고, 비교적 이

장춘원(長春園) : 북경의 서쪽 교외에 있는 원림인 원명원(圓明園)의 동쪽에 위치한다. 건륭 10년(1745년) 전후 무렵부터 짓기 시작하였으며, 원명원·만춘원(萬春園)과 함께 세 원림으로 조성되었는데, 풍광이 뛰어난 곳이 백여 곳에 이른다고 한다.

곽이객(廓爾喀) : 오늘날의 네팔 중부 지역에 위치하며, 곽이객 왕조의 발상지인데, 18세기부터 네팔 왕조의 수도였다.

안남(安南) : 오늘날의 베트남을 말한다.

〈평준전도(平準戰圖)〉
(淸) 낭세녕(朗世寧)
동판화

준갈이(準噶爾) : '준갈이'는 몽골어로
'왼손[左手]'라는 뜻이며, 액납특몽고
(厄拉特蒙古)의 한 부락이다. 17세기부
터 18세기까지 천산(天山) 남북 지역
을 장악하여 방대한 지역을 통치하였
으며, 최후의 유목 제국인데, 청나라
로부터 여러 차례 침공을 당하여 19
세기에 멸망하였다.

대화탁목바라니도(大和卓木波羅泥都)
: ?~1759년. 위구르족의 우두머리이
자, 회족(回族)의 추장이었다. 신강(新
疆) 일대의 이슬람파인 백산파(白山派)
의 군주였던 화탁목마한목특(和卓木
瑪罕木特)의 장자(長子)였는데, 청나라
의 침공을 받아 피살되었다. 이름 앞
의 '대(大)'는 큰아들을 뜻한다.

소화탁목곽집점(小和卓木霍集占) : 화
탁목바라니도의 동생으로, 이름 앞의
'소(小)'는 작은아들이라는 뜻이다.

〈평준전도〉의 가통고사로극지전(通古思魯克
之戰)]
(淸) 낭세녕

른 시기에 각인된 것으로 〈평준전도(平準戰圖)〉가 있는데, 전체 명칭
은 〈건륭평정준부회부전도(乾隆平定準部回部戰圖)〉이다. 이것은 낭세
녕·왕치성·애계몽·안덕의 등 네 사람이 건륭 29년(1764년)에 왕명을
받고 궁정에서 밑그림을 정교하게 그렸으며, 9년 후에 프랑스에서 각
인하여 가져왔는데, 전체 그림은 모두 16폭으로 되어 있다. 이 작품
은 청나라 군대가 건륭 20·23·24년에 신강(新疆) 준갈이(準噶爾) 부
족의 왕 달와제(達瓦齊) 및 위구르족 대화탁목바라니도(大和卓木波羅
泥都)와 소화탁목곽집점(小和卓木霍集占)의 반란 행위를 평정하는 전
쟁 과정을 사실적으로 기록한 것인데, 그 순서는 다음과 같다.

1. 평정이리수항[平定伊犁受降−이리(伊犁)는 오늘날의 신강 위구르자치
   주 서북 지역에 있던 부족이다.]

2. 격등악랍작영(格登鄂拉斫營)

3. 악루찰랍도지전(鄂壘扎拉圖之戰)

4. 고롱계지전(庫隴癸之戰)

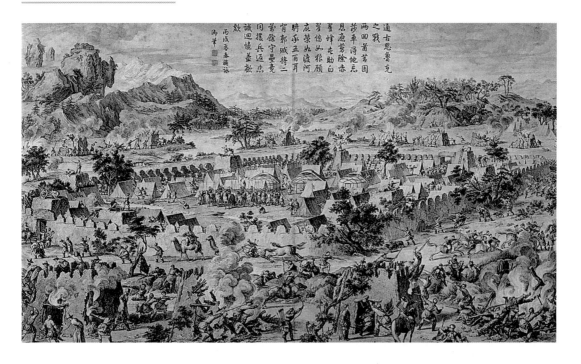

5. 화락곽사지첩(和落霍斯之捷)

6. 오사추장헌성항(烏仕酋長獻城降)

7. 통고사로극지전(通古思魯克之戰)

8. 흑수해위(黑水解圍)

9. 호이만대첩(呼爾滿大捷)

10. 아이초이지전(阿爾楚爾之戰)

11. 이서이고이뇨이지전(伊西洱庫爾淖爾之戰)

12. 곽사고로극지전(霍斯庫魯克之戰)

13. 발달산한납관(拔達山汗納款)

14. 평정회부헌부(平定回部獻俘)

15. 교로회부성공제장(郊勞回部成功諸將)

16. 개연성공제장(凱宴成功諸將)

작자는 섬세하고 사실적인 명암 기법으로 수많은 말과 웅장한 장면들을 잘 표현하였는데, 합리적인 인마(人馬)의 구조와 과학적인 투시 관계는 모두 작자의 서양화에 대한 탄탄한 기초에서 비롯된 것으로, 그림 전체에 전통적인 중국 회화의 기교가 전혀 들어 있지 않다. 이 그림은 적지 않은 장면을 할애하여 피비린내 나는 살상 장면을 직접적으로 묘사하고 있는데, 작자는 청 왕조의 입장에 서서, 청나라 군대와 장졸들은 용감하고 힘이 세며 기세가 매우 맹렬하여 막아 낼 수 없는 모습으로 그렸고, 반란군은 줄줄이 패퇴하면서 크게 낭패당하는 모습으로 그려 냈다. 밀도(密度)가 서로 다른 갖가지 망선(網線)으로 산석(山石)·인마(人馬)의 입체감을 충분히 정밀하게 표현할 수 있었고, 조감식(鳥瞰式) 구도는 풍부한 공간 층차를 잘 드러내주어, 세세한 곳까지도 역시 감동을 준다. 또 전투하는 장졸들의 표정과 적군의 놀라 두려워하는 갖가지 모습들을 예리하게 묘사하였다.

회부(回部) : 중국 청나라 때, 투르키스탄의 동쪽에 있던, 터키계 이슬람교도들이 살던 지역으로, 18세기 중엽에 신강[新疆]이 되었다.

| 제2절 |

민간 판화의 중심과 소설·희곡 등의 삽도(揷圖)

화동(華東) 지구 : 중국 동부의 7성(省) 1시(市)가 소재하는 지역을 일컫는 말이다. 행정구역상으로는 산동성·강소성·안휘성·절강성·강서성·복건성·대만(臺灣)과 상해시를 포함하는 지역이다.

명나라 홍치본(弘治本) 『서상기(西廂記)』

명·청 두 조대의 민간 판화는, 그림을 새기는 기술면에서는 선대(先代)의 서적 발행업의 흥성에 기초를 두고 있는데, 명·청대에 나날이 번성한 희곡·소설 등의 문학 서적들이 민중에게 광범위하게 전파되면서, 고사(故事)의 줄거리에 대한 독자의 시각적인 감성을 만족시키기 위해, 삽도 판화가 더욱 폭넓게 발전한 상태와 사회적 기반에 도달할 수 있었다. 그리하여 명·청대의 예술류 서적들과 각종 과학기술 서적들은, 정도는 각기 다르지만 삽도의 양이 증가하였고, 삽도 판화는 과학 보급의 중요한 직책을 떠맡게 되었다. 명나라 말기 이후, 자본주의 맹아의 출현은 화동(華東) 지구의 도시 수공업·상업을 크게 번영시켰으며, 서적 발행업도 더욱 전문화·규모화하게 하였다. 아울러 강소 소주의 도화오(桃花塢)·천진의 양류청(楊柳靑)·산동의 유현(濰縣) 등 3대 목판 연화(年畫) 중심들과 무수한 각인(刻印) 지점들을 형성하였는데, 각자 서로 다르면서도 연관이 있는 각인 풍격들이, 함께 민간 판화의 역사상 찬란한 오케스트라를 연주하게 되었다.

건양(建陽)의 삽도 판화

　복건 건안(建安)의 삽도 판화는 건양(建陽) 판화의 어머니로, 그것은 북송 때 형성되어 명대에 쇠퇴하였는데, 명대 가정(嘉靖)부터 융경(隆慶) 연간까지(1522~1572년) 인근 건양현(建陽縣)에 속한 마사가(麻沙街)와 숭화(崇化)의 두 지역에는 모두 백여 개의 각서방(刻書坊-책을 펴내는 곳)들이 운집해 있었다. 각회공(刻繪工-그림을 새기는 기술자)의 절대 다수가 민간 예술 장인으로, 당시 여 씨(余氏)와 웅 씨(熊氏) 등 집안의 각서방들은 상당한 규모를 갖추고 있었고, 명성도 높았다.

　여 씨 집안의 서적 발행의 역사는 송대로 거슬러 올라간다. 명대에 이르러 책방들이 무수히 생겨나, 삼대관(三臺館)·췌경당(萃慶堂)·

(왼쪽) 명중간원본제평(明重刊元本題評)
『서상기(西廂記)』[추모리회(秋暮離懷)]

(오른쪽) 명나라 남조(南調) 『서상기』

극근재(克勤齋) 등이 있었는데, 그 가운데 만력(萬曆) 연간의 쌍봉당(雙峰堂) 각서 점포가 으뜸이라 할 수 있으며, 대표적인 작품들로는 『경본증보교정 전상충의수호지전평림(京本增補校正 全像忠義水滸誌傳評林)』・『신간경본 춘추오패칠웅전상열국지전(新刊京本 春秋五霸七雄全像列國志傳)』 등등이 있다. 전자의 삽도를 예로 들면, 건안 삽도 판화의 기본 격식을 한 걸음 더 발전시켰는데, 즉 상도하문(上圖下文-위쪽은 그림, 아래쪽은 글)의 배치—그림과 글이 모두 풍부하고, 투박하고 간결하면서 힘이 있는 도법(刀法)으로 새겼음—는 일목요연하며, 생동적이고 극렬한 인물의 형태는 내용에 딱 부합한다. 화가는 대담하게 대칭의 표현 기법을 채용하였는데, 조금도 어색하지 않을 뿐만 아니라, 매우 희극적 효과를 띠고 있다.

웅 씨 가문 역시 건양에서 상당히 실력 있는 각인 집안이었는데, 만력 연간에 성덕당(誠德堂)・종덕당(種德堂)・충현당(忠賢堂) 등 여러 책방들이 만들어졌다. 여 씨와 웅 씨 두 집안의 각인관(刻印館) 외에도 성씨(姓氏)로 집단을 이룬 각서관(刻書館)이 또한 적지 않았는데, 예를 들면 유 씨(劉氏)의 교산당(喬山堂)・양 씨(楊氏)의 청강당(淸江堂) 등이 그러한 것들이다. 유 씨의 교산당에서 펴낸 가장 유명한 각본(刻本)은 『서상기(西廂記)』 삽도인데, 이곳 장인들은 건안 판화의 상도하문 격식을 타파하고, 단면대판(單面大版), 대면연식(對面連式) 등 새로운 양식들을 창시하였다. 즉 대련(對聯)과 횡비(橫批)의 형식을 참조하여 화면에 내용을 써넣었는데, 예를 들면 〈불전기봉(佛殿奇逢)〉이 곧 그러하다. 이 그림은 최 씨와 장 씨 두 사람이 유람을 하다가 처음 만나는 광경을 묘사한 것으로, 표정이 생동적으로 살아 있어, 매우 미묘하며, 전체적으로 몇 개의 정련되고 시원시원한 선으로 이루어져 있고, 그림 속에서 흑백(黑白)의 호응(呼應)도 매우 적당하다.

단면대판(單面大版) : 여러 페이지[頁]에 나누어 그리는 것이 아니라, 크게 한 페이지에 그리는 방식.

대면연식(對面連式) : 펼친 면의 두 페이지를 이어서 하나의 커다란 화면으로 삼아 그리는 방식.

대련(對聯)과 횡비(橫批) : 대련은 서로 대구가 되는 글귀를 세로로 써서 나란히 붙이는 것이고, 횡비는 가로로 써서 대련과 함께 붙이는 액자를 말한다.

휘파의 삽도 판화

휘파(徽派) 삽도 판화의 각인(刻印) 중심은 안휘(安徽) 흡현(歙縣)에 있었는데, 흡현은 명·청 시대에 부(府)의 소재지였으며, 환남(皖南)의 중요한 요충지로, 문화가 발달하고, 교통이 편리했으며, 신안강(新安江)의 발원지이다. 이곳 문인들은 과거시험에서 번번이 좋은 성적을 냈으며, 전통적으로 독서 풍조와 문화 소양을 지니고 있었고, 또한 왕성한 수공업 경제로 많은 휘상(徽商)들이 출현하여 동남 지역의 각지에 분포되어 있었기 때문에, "휘상이 없으면 시장이 이루어지지 못한다[無徽不成埠]"라는 말까지 있었다. 흡현 일대에서는 붓·먹·종이·벼루 등의 문구가 많이 생산되어, 직접적으로 휘파 삽도 판화의 발전에 물질적 조건을 제공하였다. 대략 명대 만력 연간 무렵에 휘파의 삽도 판화는 이미 찬란한 발전의 시기로 접어들었다. 건양·금릉(金陵)의 판화와는 달리, 휘파 판화의 예술 성취는 각서방(刻書坊)을 단위로 하지 않고, 각서(刻書)를 직업으로 삼는 각공(刻工) 자신들에게 집중되었다. 그들 가운데 가장 큰 성취를 이룬 것이 황 씨(黃氏)였고, 그 다음은 왕(汪)·유(劉)·왕(王)·채(蔡)·곽(郭)·정(鄭)·오(吳) 씨 등의 가문에 속한 각공들이었다. 휘파의 각인 예술은 그들의 발자취를 따라 화동(華東-485쪽 참조)의 여러 지역들로 퍼져나갔다.

휘파 판화의 제작 공예는 세밀하고 정교했는데, 그 지역 전통 수공예의 정교하게 조각하고 새기던 풍조의 영향을 많이 받았다. 흡현 일대에서는 명·청 두 조대에 문인화가와 불상(佛像)화가들을 배출하였는데, 그들의 심미 취향은 휘파 삽도 판화 예술 장인들의 심미관에 영향을 주었다. 명대 말기의 궁정화가였던 정운붕(丁雲鵬) 및 그의 영향을 받은 흡현 출신의 불상화가인 오정우(吳廷羽)·정중(鄭重) 등은 모두 휘파 삽도 판화에 밑그림을 설계한 적이 있는데, 휘파 삽도 판

휘파(徽派) : 청나라 초기에, 안휘 남부에 화가들이 대단히 많았으며, 모두 산수화를 잘 그렸는데, 이들을 통틀어 일컫는 말이다. '신안파(新安派)' 혹은 '해양사가(海陽四家)'라고 불리는 홍인(弘仁)·사사표(査士標)·왕지서(汪之瑞)·손일(孫逸) 외에도, 무호(蕪湖)의 소운종(蕭雲從), 선성(宣城)의 매청(梅清)·매경(梅庚) 및 대본효(戴本孝) 등이 여기에 해당한다.

환남(皖南) : 안휘(安徽)의 천주산[天柱山 : 옛날에는 환산(皖山)이라 했음]과 소호(巢湖) 남단을 잇는 선의 이남 지역을 가리키며, 무호(蕪湖)·마안산(馬鞍山)·동릉(銅陵)·선성(宣城)·지주(池州)·휘주[徽州 : 황산시(黃山市)]·안경(安慶) 등 일곱 개의 시(市)들을 포함한다. 환남은 현재 안휘성의 중요한 경제·관광 중심지이다.

화를 호방하고 질박하며 고풍스러운 격조로부터 우아하고 아름다운 예술 격조로 탈바꿈시켰다.

황 씨 가족은 명·청 휘파 판화의 주요 각공(刻工)들이었다. 예를 들면 명대 말기의 장 씨(張氏)가 밑그림을 그리고 황백부(黃伯符)가 정교하게 판각한 『대아당잡극(大雅堂雜劇)』[명나라의 왕도곤(汪道昆)이 지음]은 명대 휘파 판화의 수작으로, 이 그림으로 인한 예술적 성취는 결코 원작에 못지 않다. 그림 전체가 정교하고 뛰어나며 섬세하게 판각되어 있는데, 칼로 새긴 것이 마치 붓으로 그린 것 같고, 운필이 모가 나면서 단단하며 강하고 곧으며, 매우 힘이 넘치면서도 자유자재로 구사하였다. 또 장면의 배치에서는, 화가와 각공이 무대의 제약에 구애받지 않고, 인물의 활동을 실제와 똑같은 생활 속에 배치하였다.

명대 만력 연간(1598년 무렵)에 황근양(黃近陽)이 조각한 『옥잠기(玉簪記)』의 삽도는 칼 놀림이 원만하고 부드러우며 생동감이 넘치고 활발하여, 특별한 풍격을 갖추고 있다.

청대 초기에 황산파(黃山派)·신안파(新安派) 등의 산수화파들이

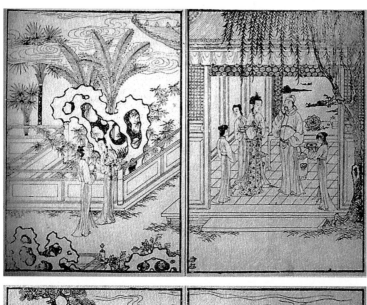

홍기함에 따라, 휘파 판화에도 큰 도움이 되었다. 비교적 명망이 있
는 것으로는, 손일(孫逸)이 그림을 그리고, 황송여(黃松如)·황정대(黃
正臺)가 새긴 〈고흡산천도(古歙山川圖)〉(卷)가 있다. 이것은 흡현 일대
의 명승지 풍광을 묘사한 것으로, 기법이 매우 참신한데, 검은 물[黑
水]에 푸른 하늘[靑天]이 비치게 하고, 준찰(皴擦) 기법으로 산석(山石)
을 표현했으며, 흑색·백색·회색의 세 가지 색의 층차가 매우 분명하

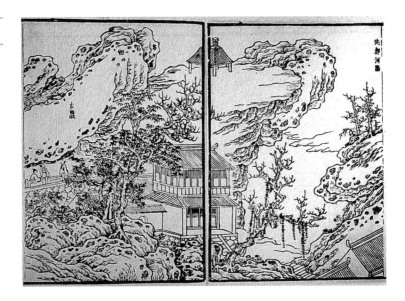

다. 또 칼 놀림이 자유분방하면서도 시원스러우며, 운치가 넘쳐 사람들에게 감동을 준다.

휘파의 삽도 판화는 "아홉 개의 성(省)으로 사통팔달하는[九省通衢]" 교통 조건과 정교하고 세밀하게 제작하는 그림과 판각 기술을 통하여, 금릉과 건양 및 무림(武林) 등지의 회화·조각·인쇄 기술에 비교적 큰 영향을 미쳤다.

금릉(金陵)의 삽도 판화

금릉이 강남 각인업(刻印業)의 핵심이 될 수 있었던 것은 결코 우연한 것이 아니라, 명말(明末) 청초(淸初) 금릉의 정치·경제·문화적 배경과 관련이 있는데, 이미 이 책의 제5장 제1절 가운데 '금릉과 금릉 지역의 화가들'(이 책 348쪽 참조)에서 서술하였기에, 여기서는 더 이상 장황하게 서술하지 않겠다. 그러나 강조해둘 필요가 있는 것은, 금릉이 명나라 때 남방 관각(官刻)의 중심이어서, 각인 기술자들이 상대적으로 집중되어 있었고, 명대 말기에 도시 상공업이 발흥하면서 사

영(私營) 각인업의 발전을 촉진시켰다는 점이다. 그런데 금릉의 삽도 판화가 건양의 삽도 판화와 다른 점은, 수많은 문인들이 초고 작업에 참여했고, 심지어는 직접 서방(書坊)을 경영하기도 했다는 점인데, 예를 들면 호정언(胡正言)의 십죽재(十竹齋)·왕 씨(汪氏)의 환취당(環翠堂)·청나라 초기 심 씨(沈氏)의 개자원생관(芥子園甥館) 등이 있었다. 이 때문에 금릉의 삽도 판화는 일정한 정도로 문인의 온화하고 고상한 정취를 드러냈다. 명나라 만력 연간(1573~1620년)에 금릉의 판화는 전성기에 들어서는데, 금릉성의 남쪽 일대에 수십 개의 유명한 서방들이 집중되었다. 예를 들면 만권루(萬卷樓)·부춘당(富春堂)·문림각(文林閣)·광경당(廣慶堂)·계지재(繼志齋)·세덕당(世德堂) 등으로, 채색 인쇄 기술의 성숙은 금릉 판화 특유의 예술 특색을 더욱 증강시켰다.

그 중 가장 유명하고, 역사도 가장 길며, 간행한 책이 백여 종이나 되는 것이 바로 부춘당인데, 예를 들면 『유지원백토기(劉智遠白兎記)』·『주우교자심친기(周羽敎子尋親記)』·『악비파로동창기(岳飛破虜東

개자원생관(芥子園甥館) : 개자원(芥子園)을 설립한 이어(李漁)의 사위 심심우(沈心友)가 운영했던 일종의 개자원 분점이다. 원래 생관(甥館)이란 데릴사위가 사는 집을 의미한다.

窓記)』 등의 뛰어난 희곡 작품들은, 모두 부춘당에서 정교하고 아름다운 삽도를 각인해 냈다. 그 가운데 『제포기(綈袍記)』의 삽도는 부춘당 판화의 특색을 매우 풍부하게 띠고 있다. 〈규처축향도(窺妻祝香圖)〉를 예로 들어보면, 그림을 새긴 사람은 인물의 활동을 돋보이게 하는 데 치중했는데, 선은 굵고 튼실하며, 도법(刀法)은 반듯하면서 단단하고 힘차며 날렵하다. 또 경물의 배치와 묘사는 개략적이면서

간명하고, 흑백의 대비가 선명하며, 양각과 음각이 서로 매우 적절하게 보완해주고 있다. 그림의 변광(邊框-테두리)과 제도(題圖-시문을 써 넣은 그림)가 눈에 띄는데, 이것도 역시 부춘당의 상징적인 특징들이다.

금릉의 판화는 일정 정도 휘파 판화의 예술 성취를 흡수하였는

데, 계지재(繼志齋)는 이 방면의 성취에서 비교적 두드러졌다. 이 서방의 주인인 진 씨(陳氏)는 신안(新安) 사람인 하룡(何龍)의 밑그림을 채택하여, 선성(宣城)의 각공(刻工)인 유대덕(劉大德)의 정교한 판각을 통해, 명대 만력 연간에 금릉에서 『홍엽기(紅葉記)』 삽도를 탄생시켰다. 이 그림의 인물 묘사 기법은 거의 백묘(白描)나 다름없고, 조각법은 칼자국이 드러나지 않으며, 늙은 나무[老樹]나 비탈진 바위는 준법(皴法)을 사용하였고, 흐르는 물은 운동감이 풍부하다. 예를 들어 〈상증(相贈)〉이라는 한 폭의 그림을 보면, 인물의 진지한 감정을 파악하여 마치 살아 있는 듯이 생생하게 묘사하였다.

　명대 삽도 판화의 중심은 건양·금릉·흡현 외에도, 강남 일대에 일부 각인(刻印)의 중요 거점들이 산재해 있었는데, 그 예술 작용은 결코 과소평가할 수 없다. 예를 들면 무림[武林 : 지금의 절강 항주(杭州)]·소주[蘇州 : 지금의 강소(江蘇)에 속함]·오흥[吳興 : 지금의 절강 호주(湖州)]·해녕(海寧)·소흥(紹興)(둘 다 절강에 속함) 및 고숙[姑熟 : 지금의

명대에 간행한 『원인잡극(元人雜劇)』

안휘 무호(蕪湖) 등지의 각인 활동은 나름의 성취가 있었다. 특히 이들 중심지들은 수많은 유명한 문인들의 밑그림을 각인함으로써 문인화(文人畫)의 예술 정수를 더욱 발양시켰는데, 본장 제5절에서 상세히 볼 수 있다.

화보(畫譜)와 전보(箋譜)

화보(畫譜)의 흥성

명·청 양대에는 고대 회화 교육이 절정을 이루어, 개인이 운영하는 성격의 과도제(課徒制-돈을 받고 문하생을 가르치는 제도)는 많은 문인 화가와 예술 장인들의 생계 수단이었는데, 문하생을 가르치고 광범위하게 회화 기예를 전파할 필요에 근거하여, 화보(畫譜)의 각인도 시대의 요구에 따라 생겨났다. 화보는 회화 기예의 전수와 예술 감상이라는 측면을 일체화한 것으로, 수익성 측면에서 가장 폭넓은 회화의 형식을 이루었다.

화보의 내용은 대단히 풍부하여, 회화와 예술사(藝術史)가 서로 합쳐진 것도 있고, 회화와 교학(敎學-이론 교육)이 서로 동반하는 것도 있으며, 회화와 문학이 서로 배합된 것도 있는데, 대체로 다음과 같이 크게 세 종류로 나눌 수 있다. 첫째, 역대 왕조의 명화(名畫) 각본(刻本)들을 모아서 책으로 만들었거나, 혹은 화사(畫史) 성격의 도록(圖錄)으로 편성하여 만든 것인데,

『시여화보(詩餘畫譜)』의 삽도

예를 들면 명대에 고병(顧炳)이 본떠 그리고 편집한 『역대명공화보(歷代名公畫譜)』가 그것이다. 둘째, 그림의 과목[畫料]에 따라 분류하여 편집한 도보(圖譜)로, 어떤 것은 자신이 그려 자신이 편찬한 것도 있는데, 예를 들면 명대 손계선(孫繼先)의 『매란죽국사보(梅蘭竹菊四譜)』·주리정(周履靖)이 편찬한 『구원유용(九畹遺容)』[줄여서 '난보(蘭譜)'라고 함]·고송(高松)이 그려서 편찬한 『고송화보(高松畫譜)』와 정대헌(程大憲)이 그려서 편찬한 『정씨죽보(程氏竹譜)』 등이다. 셋째, 자신이 그리거나 선현(先賢)들의 유명한 그림들의 기법을 모방하여 고인(古人)들의 시사(詩詞) 의경(意景)을 그린 것으로, 예를 들면 명대 만력(萬曆) 40년

『시여화보』의 삽도

(1612년)에 안휘(安徽)의 왕 씨(汪氏)가 출판한 『시여화보(詩餘畫譜)』는, 초고를 그린 사람이 명대 말기의 왕관[王舘 : 자(字)는 우당(佑堂)]이다. 신안(新安)의 황봉지(黃鳳池)가 명대 말기에 제작한 『당시화보(唐詩畫譜)』 3책(冊)의 구상도 역시 이와 비슷하다.

명·청 시대에 화보 각인이 흥성한 것은 화사(畫史)에서 최고봉으로 여기는데, 그 성취의 높고 낮음을 논하자면, 명말 청초가 최고이며, 그 중에서도 또한 『십죽재서화보(十竹齋書畫譜)』와 『개자원화보(芥子園畫譜)』가 뛰어났다.

채색 판화와 『십죽재서화보(十竹齋書畫譜)』

명대 만력(萬曆) 연간(1573~1620년)에, 『십죽재서화보』의 편찬자인 호정언(胡正言) 및 그에게 고용된 각공(刻工)들은 고대의 견직물에서 누판염화(漏版染花)와 철판인화(凸版印花) 기술을 흡수하여, 정대약(程大約)의 자란당(滋蘭堂)이 만력 32년(1604년)에 『정씨묵원(程氏墨苑)』을 판각하면서 사용한 기술, 즉 각판(刻版)에 색을 칠하는 기술과 양쪽 판[兩版]에 채색하는 기술을 발전시킴에 따라, 『정씨묵원』의 4~5가지 색을 다색(多色) 분판(分版) 채색 인쇄로 변화 발전시켰다. 이처럼 각각의 색깔들이 모두 농담(濃淡)과 건습(乾濕)의 변화가 있는 새로운 공예는, 두판(餖版)·공화(拱花) 기술을 전례 없이 성숙되게 하였다. 두판은 조각하기 전에 밑그림에 근거하여 색에 따라 판을 나누는데, 큰 폭(幅)의 화면에 필요한 채색용 인쇄판의 수량은 많으면 천 개가 넘었다. 그런 다음에 투명한 종이를 사용하여 밑그림을 복제하고 목판 위에 뒤집어서 붙인 뒤 각각의 판들을 조각해 내면, 비로소 채

누판염화(漏版染花) : 판에 원하는 문양을 새기고, 이를 도려 내어 투각(透刻)한 뒤, 이 판을 염색하고자 하는 비단 등의 천 위에 올려놓고, 염료를 칠하여, 도려 낸 틈새로 염료가 스며들어 천에 문양이 나타나게 하는 방법.

철판인화(凸版印花) : 누판염화와는 달리, 원하는 문양을 양각으로 새긴 뒤, 거기에 염료를 발라, 천 위에 문양을 찍어 내는 방법.

두판(餖版)·공화(拱花) : 이에 대해서는 475쪽 참조.

『십죽재서화보(十竹齋書畫譜)』(제1권) 석류(石榴)

(明) 호정언(胡正言)

색 인쇄를 할 수 있게 되었다. 공화(拱花)는, 즉 판 위에 선을 음각(陰刻)하여, 종이 위에 볼록하게 튀어나오도록 문양을 찍어 낸다.

호정언(胡正言 : 1582~1673년)은 자(字)가 일종(日從)이고, 별호는 십죽주인(十竹主人)이며, 집의 이름이 '십죽재(十竹齋)'였다. 휴녕(休寧-지금의 안휘에 속함) 사람으로, 오래도록 금릉에 살았다. 『십죽재서화보』는 그가 8년의 시간을 들여, 천계(天啓) 7년(1627년)에 비로소 편집하여 인쇄한 것으로, 밑그림을 그리는 데 참여한 사람들로는 또한 오빈(吳彬)·오사관(吳士冠)·문진형(文震亨)·미만종(米萬鍾)·위지극(魏之克) 등의 명가(名家)들이 있었다. 이것은 모두 8권으로, 세분하면 서화보(書畫譜)·묵화보(墨華譜)·과보(果譜)·영모보(翎毛譜)·난보(蘭譜)·죽보(竹譜)·매보(梅譜)·석보(石譜) 등 8종이며, 각 종류마다 20폭의 그림들이 있는데, 난보를 제외하고 각 그림들의 반절지(半折紙) 위에는 명가들의 제영(題詠-제목으로 읊은 시)이 있다. 호정언은 각인공(刻印工) 10여 명을 고용하였으며, 모두에게 두루 잘 대해주었다. 그는 그 중 뛰

『십죽재서화보』(제2권) 연꽃[荷花]

(明) 호정언

어난 각수(刻手)인 왕해(汪楷)와 아침저녁으로 연구하고 토론하였으며,
또 직접 조각하기도 하면서 여러 각공들의 적극성을 이끌어 냈다.

『십죽재서화보』(제3권) 비파(枇杷)

(明) 호정언

『십죽재서화보』는 정교하게 각인되었는데, 숙련된 도법(刀法)은 원작자의 필법을 충분히 반영하였고, 먹 색은 매우 자연스럽게 농담(濃淡)과 건습(乾濕)의 변화를 드러내며, 정취가 넘쳐나는 것이, 고대 회화 인쇄 기술의 으뜸이다.

오랜 세월 공을 들여 완성한 『개자원화전(芥子園畫傳)』

『개자원화전』은 『개자원화보(芥子園畫譜)』라고도 하며, 후세 사람들이 고대의 회화 기술을 깊이 연구하고 감상하는 데 중요한 입문 기법서(技法書)이다. 이것은 청대 각인(刻印) 화보의 최고 성취를 대표하며, 그 영향 또한 대단히 컸다. 전체 화보는 모두 4집(集)으로 이루어져 있는데, 앞의 3집은 왕개(王槪) 삼형제가 주관한 것으로, 각인 작업은 명대의 극작가인 이어(李漁)의 사위인 심심우(沈心友)의 지원을 받아, 이어의 남경(南京) 별장인 개자원(芥子園)에서 판각하였기 때문에, 명칭을 『개자원화전(芥子園畫傳)』이라고 하였다. 이것은 청나라 초기부터 말기까지 네 차례의 증보(增補)를 거쳐 4집이 완성되었으니, 2백여 년이라는 긴 시간이 걸린 것이다.

초집(初集)·2집·3집은 모두 『십죽재서화보(十竹齋書畫譜)』의 채색 컬러 인쇄 기술을 전면적으로 계승하였다. 강희(康熙) 18년(1679년)에

왕개(王槪) 삼형제 : 왕개(王槪)·왕시(王蓍)·왕얼(王臬)을 말한다.

『개자원화전(芥子園畫傳)』(제1권) 산수(山水)

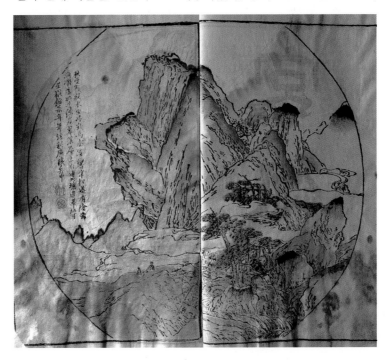

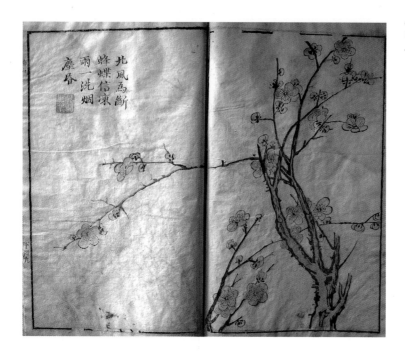

공현(龔賢)의 문인이자 산수화가인 왕개(王槪 : 1645~약 1710년)가 명대 이유방(李流芳)의 43쪽으로 이루어진 학습용 화고(畵稿-밑그림)를 133쪽으로 늘려, 절강(浙江)에서 생산되는 개화지(開化紙)를 사용하여 5색 컬러 인쇄로 초집(初集)인 산수보(山水譜)를 만들었으며, 모두 다섯 권으로 이루어져 있다. 강희 40년(1701년)에 제2집과 제3집을 출판하였다. 제2집은 모두 여덟 권으로, 난보(蘭譜)·죽보(竹譜)·매보(梅譜)·국보(菊譜)의 네 부분으로 이루어져 있는데, 이를 각각 나누어 제희암(諸曦庵)이 난죽보(蘭竹譜)를 편집하여 그렸고, 왕온암(王蘊庵)이 매국보(梅菊譜)·초충화조보(草蟲花鳥譜)를 편집하여 그렸다. 제승(諸升)·왕질(王質)이 보충하여 그렸고, 왕개와 그의 동생 왕시(王蓍)·왕얼(王臬)이 밑그림을 수정하였다. 제3집은 모두 네 권으로, 화훼보(花卉譜)·초충보(草蟲譜)와 화목보(花木譜)·금조보(禽鳥譜)로 이루어져 있는데, 모두 왕개 형제가 그린 것이다. 이들 세 집(集)의 체제는 통일되어 있는데, 그 순서는 화법에 대한 간략한 설명·여러 화가들의 화식(畵式-

개화지(開化紙) : 절강성 개화현(開化縣)에서 생산되기 때문에 붙여진 이름이다. 청대의 가장 유명하고 진귀한 종이였는데, 그것의 바탕은 부드럽고 매끄러우며 대단히 새하얗고, 비록 얇지만, 질기고 강하다.

제희암(諸曦庵) : 1618~?. 본명은 제승(諸升)이며, 희암(曦庵)은 호이고, 자는 일여(日如)로, 인화(仁和-오늘날의 항주) 사람이다. 난초와 바위를 잘 그렸으며, 노득지(魯得之)에게 배웠다. 붓이 힘차고 예리하면서도 고르고 반듯하며, 설죽(雪竹)을 특히 잘 그렸다.

왕온암(王蘊庵) : 청나라 때의 화가인 왕질(王質)을 가리키며, 온암(蘊庵)은 호이다.

화법)의 임모와 해설·명가(名家)의 화보 모방으로 되어 있다.

　가경(嘉慶) 23년(1818년)에 후세 사람들이 제4집을 편찬하였는데,
모두 세 권으로 된 인물화보(人物畫譜)이다. 이 제4집은 정고(丁皐)의
『사진비결(寫眞秘訣)』과 상관주(上官周-533쪽 참조)가 그린 『만소당화전

(晩笑堂畫傳)』 등의 인물화보들을 바탕으로 하여, 〈선불도(仙佛圖)〉·〈현
준도(賢俊圖)〉·〈미인도(美人圖)〉로 개편하였으며, 뒤에 〈도장회찬(圖章
會纂)〉을 덧붙였다. 광서(光緒) 연간(1875~1908년)에 해파(海派-443쪽 참

조) 화가인 장웅(張熊)의 문하생 소훈(巢勳)이 전체 화보[全譜]를 모사하고 증보하여, 상해(上海)에서 석판으로 다시 인쇄[重印]하였는데, 매우 광범위하게 전파되었다.

　『개자원화전』은 회화를 전수하는 방면에서 더욱 전문화되어, 전통 회화의 규격화[程式化]된 요소들을 중시하면서, 순차적으로 점점 깊이 들어가는 과도(課徒-도제를 가르침, 즉 수업) 방식을 채용하였는데, 여러 명가들과 화파들의 화법은 그림을 그리는 이들의 예술 시야를 넓혀주었다. 이 화보의 각인 기술은 원작자의 회화 풍격을 비교적 잘 표현하고 있는데, 특히 화보 중 거칠고 활달한 일필(逸筆)과 비백(飛白)은, 보는 이로 하여금 이것이 각인(刻印)된 것이라는 사실을 거의 잊게 만든다.

비백(飛白) : 동한(東漢) 때의 서법가(書法家)인 채옹(蔡邕)이 처음으로 구사했다고 전해지는 특수한 필법의 하나로, 메마른 붓을 사용하여, 필획 속에 희끗희끗하게 먹이 묻지 않은 자국이 보이는 것을 말한다.

청신(淸新)하고 담아(淡雅)한 『십죽재전보(十竹齋箋譜)』 등

　　명·청 시기 문인과 풍아한 선비들의 아집[雅集-풍아하고 고상한 모임으로, 아회(雅會)라고도 한다] 활동은 나날이 늘어갔는데, 특별하게 제작한 편지지를 사용하여 교제 활동을 한 것으로부터 그들의 문화 소양과 예술 품위를 미루어 짐작할 수 있다. 천계(天啓) 연간(1621~1627년)에 강녕(江寧)의 오발상(吳發祥)이 간행한 『나헌변고전(蘿軒變古箋)』은 모두 188개의 단면(單面) 전보도(箋譜圖)로 이루어져 있으며, 조각이 매우 정교하다.

　　호정언은 『나헌변고전』을 각인한 성취에 근거하여, 『십죽재서화보』가 나온 지 17년 후인 명나라 숭정(崇禎) 17년(1644년)에 네 권짜리 『십죽재전보(十竹齋箋譜)』를 간행했는데, 이우견(李于堅)과 이극공(李克恭)이 서문을 썼다. 권1에는 청공(淸供)·박고(博古-옛 기물)·기석(奇石)·화석(華石) 등을 새겼고, 권2에는 용종(龍種-제왕의 자손)·입림(入林)·봉자(鳳子-호랑나비)·묵우(墨友)·승현(勝賢) 등을 새겼다. 권3에는 유모(孺慕-돌아가신 부모를 사모함)·응구(應求)·민학(敏學)·상지(尚志-고상한 뜻)·고표(高標-고상한 인품)·체화(棣華-형제 또는 형제의 두터운 우애를 비유적으로 이르는 말) 등을 새겼고, 권4에는 건의(建義)·영서(靈瑞)·향설(香雪)·문패(文佩)·잡고(雜稿) 등을 새겼다. 이는 모두 공화법(拱花法)을 사용하여 각인하였는데, 먹 색이 고아하고 청신하며, 도법(刀法)은 힘이 있고 공교하며, 그림의 형상은 정교하고 변화무쌍하다.

　　청대 말기에, 각종 전보(箋譜)들이 끊임없이 간행되었는데, 장조상(張兆祥)이 선통(宣統) 3년(1911년) 5월에 천진(天津)에서 간행한 『백화시전보(百華詩箋譜)』는 두판법(餖版法)을 사용하여 모란(牡丹)·만년청(萬年靑)·자정향(紫丁香) 등 백 폭의 화훼를 정교하게 인쇄하였으며, 이서청(李瑞淸)·요화(姚華) 등의 문인들도 심혈을 기울여 나한전(羅漢箋)을

청공(淸供) : 청아한 제물을 의미하는 말로, 흔히 잣·죽순·매화·생화·청향(淸香)이나 소찬(素饌)을 가리킨다.

만년청(萬年靑) : 다년생 상록 초본식물로, 중국 남방과 일본이 원산지이며, 관상 식물로 매우 환영을 받았다. 천년온(千年蒕)·구절련(九節蓮)·백사초(白沙草) 등으로도 불리며, 그 외에도 다양한 이름들이 있다.

자정향(紫丁香) : 키가 작은 교목(喬木) 혹은 관목(灌木)의 관상용 식물로, 중국에서는 천 년 이상의 재배 역사를 가지고 있으며, 중국의 화북(華北) 지역이 원산지이다. 꽃은 자색이며, 향기가 있고, 다발을 이루어 피는데, 중국에서는 지금도 정원을 조성하는 데 빠지지 않는다.

설계하였다. 만청(晚淸) 시기에는 고기물(古器物)들을 소장하고 연구하는 것이 성행하였는데, 이 때문에 전보의 내용에도 이기(彛器)·고옥(古玉) 등의 도안들이 출현하였다.

이기(彛器): 옛날 종묘(宗廟)에 제사지낼 때 사용하던 제기(祭器)들을 총칭하여 일컫는 말.

민간 목판(木版) 연화(年畵)

목판 연화는 가장 멀리까지 전파되었고, 수익성 측면에서도 가장 폭넓은 민간 회화였다. 명·청 시기에 발달한 수공업과 상업 경제 및 선대(先代)의 조판 인쇄 기술은 각지 문화 중심들의 연화 발전을 촉진시켰고, 각자의 특색을 지닌 인쇄 중심을 형성하였다. 가장 유명한

(왼쪽) 〈진전장군(鎭殿將軍)〉
사천(四川) 면죽(綿竹)
수장가인 왕수촌(王樹村) 소장

(오른쪽) 〈양간문신(揚鐗門神)〉
사천 면죽
수장가인 왕수촌 소장

것들로는 시민들의 심미 취향을 대표하는 소주(蘇州)의 도화오(桃花塢) 연화·궁정 예술과 향촌(鄉村) 문화를 결합시킨 천진(天津)의 양류청(楊柳靑) 연화·산동(山東)의 민간 정서를 표현한 유현(濰縣)의 연화 등이 있었다. 이 밖에도 하북(河北)의 무강(武强)·사천(四川)의 면죽(綿竹)과 진남(晉南)·섬서(陝西)의 봉상(鳳翔)과 한중(漢中)·복건(福建)의 천주(泉州)와 장주(漳州)·광동(廣東)의 불산(佛山) 및 대만(臺灣) 등지의 목판 연화도 각자의 성취가 있었다.

소주(蘇州) 도화오(桃花塢)의 목판 연화

소주는 명대에 강남(江南)의 화가들이 활동하던 핵심 지구로, 명대 말기에 성내(城內)와 주변의 크고 작은 도시들에서 자본주의 맹아의 발생은 이 일대에 번영한 상공업과 수공업의 중심이 형성되게 하여, 소주 도화오 연화의 예술 연원과 경제적 기초를 구성하였으며, 나날이 늘어나는 연화에 대한 시민들의 수요는 소주 도화오 연화가 생존하고 발전할 수 있게 하는 사회적 기초였다.

도화오 연화는 조각과 회화 기예 방면에서 제일 먼저 당시의 소주 판화의 덕을 입었다. 박송년(薄松年)의 고증에 따르면, 일찍이 명대 말기에 이미 완정하고 독특한 풍격의 도화오 연화가 출현하였으며, 청대 옹정(雍正)·건륭(乾隆) 연간까지(1723~1795년)의 안정된 사회 경제는 도화오 연화에 좋은 발전 기회를 가져다 주었다. 한창 흥성하던 시기의 도화오 연화의 인쇄 수량은 백만 장에 달했고, 화점(畵店−그림을 파는 가게)은 50여 개가 있었는데, 대부분 산당가(山塘街) 호구(虎丘) 일대와 성 북쪽의 북사탑(北寺塔) 주위에 집중되어 있었다. 그 중에 특히 산당(山塘)에 있던 사 씨(沙氏)의 화점이 가장 유명했다. 청대 말기에 홍수전(洪秀全)이 지도하는 태평군(太平軍)이 소주를 공격하자,

박송년(薄松年) : 1932년에 하북 보정(保定)에서 출생하여 현재(2011년) 생존해 있는 중국의 원로 미술사학자로, 연화(年畫) 전문가이다.

산당가(山塘街) : 소주시의 동쪽 창문(閶門)에서 시작하여 승교(僧橋)를 건너, 서쪽으로는 소주의 명산인 호구산(虎丘山)의 망산교(望山橋)에 이르는, 약 3.5km에 달하는 거리이다.

청나라 군대는 성을 버리기 전에 산당가를 불살라버렸는데, 그 후 도화오 연화는 사양길로 접어들게 된다. 도화오의 연화방(年畫坊-연화를 생산하던 작업장)은 또한 자본주의 맹아 단계의 생산관계를 실현하였는데, 예를 들면 개인 영업·임금노동(賃金勞動) 등과 같은 것들이다.

도화오 연화의 제작법은 대체적으로 두 종류로 나눌 수 있는데, 하나는 산당의 사 씨(沙氏)로 대표되는 수회법(手繪法-손으로 그리는 방법)이고, 다른 하나는 북사탑(北寺塔) 일대 화점(畫店)들의 각인법(刻印法-판에 새겨서 찍는 방법)으로, 각각의 특색이 있었다. 표현한 내용으로는 신화 인물 및 고사(故事)가 있는데, 예를 들면 삼성(三星)·천궁(天宮-천제의 궁궐) 등이 있고, 역사 고사로는 악비(岳飛)의 정충보국(精忠報國)·목계영대파천문진(穆桂英大破天門陣) 등이 있으며, 또한 소주의 실경(實景)·미인(美人)·산수·화초·영모(翎毛-새)와 사회 풍속 등등도 있다.

소주 일대에는 문인화가들과 문인들이 모여 있었는데, 그들의 온화하고 고상함을 중시하는 심미관은 도화오 연화의 예술 격조에도 영향을 미쳤다. 그래서 정교하고 아름다운 연화가 제작되었는데, 색채가 명쾌하고 고상했으며, 분홍색과 분녹색(粉綠色)을 비교적 많이 사용했고, 산수의 구도는 그곳의 권축화(卷軸畫)를 모방하였다. 청대 말기의 도화오 연화는 서양화의 투시법과 동판화 기법을 흡수하는 한편, 또한 일부 시사성(時事性) 회화 제재를 표현하는 데 심혈을 기울였다.

도화오에는 뛰어난 연화 화가들이 운집해 있있는데, 그 이름이 알려진 사람들로는 청대 전기(前期)의 조승(曹昇)·흠진(欽震)·묵낭자(墨浪子)·묵초주인(墨樵主人)·도계주인(桃溪主人)·송애주인(松崖主人) 등이 있었고, 청대 말기의 취국(醉鞠)·몽초(夢樵)가 있었는데, 이들의 이름과 호를 살펴보면, 자못 문인의 냄새가 난다. 청대 말기의 도화

삼성(三星) : 복(福)·녹(祿)·수(壽)를 상징하는 세 신(神)을 가리킨다.

악비(岳飛)의 정충보국(精忠報國) : 남송(南宋) 시기의 영웅인 장군 악비는 19세에 송나라를 침입한 거란족을 물리쳤는데, 다시 금나라가 침입해오자 군대에 입대하였다. 이때 그의 어머니가 그의 등에 '정충보국(精忠報國)'이라는 글을 새겨주어, 그가 평생 이 말을 신조로 삼았다고 전해지는 데서 유래한 고사이다. 그 뜻은 사심 없이 순수한 마음으로 나라에 충성하라는 내용이다.

목계영대파천문진(穆桂英大破天門陣) : 중국의 민간에서 전해져오는 북송 시기의 몇몇 영웅들과 사건들에 대한 고사이다.

오 연화에 변화를 가져온 것은, 상해(上海)에 살던 화가 오가유(吳嘉猷)인데, 그가 상해에서 주로 그린 『점석재화보(點石齋畫報)』는 사람들의 형편과 세태 및 정치 상황의 중요한 소식을 중점적으로 묘사하였다. 그가 젊은 시절 도화오에서 밑그림을 그리던 활동과 후에 그가 그린 신문의 기실도(紀實圖-당시의 사건을 기록한 그림)는 도화오 연화에 새로운 제재를 가져다 주었다. 예를 들어 〈법인구화(法人求和-프랑스인이 화평을 요구하다)〉·〈유군문(유영복)대패법군[劉軍門(劉永福)大敗法軍-유영복 군대가 프랑스군을 대패시키다]〉 등과 같은 것들은 당시 민중의 사기와 애국 열정을 고취시켰다. 도화오 연화는 또한 서양의 현대 과학 기술이 중국 사회의 생활에 가져온 영향에 매우 관심을 기울였다. 예를 들면 청대 말기에 각인한 〈상해화차참(上海火車站-상해 기차역)〉의 경우, 그림 속의 서양식 마차·기차역·증기기관차는 모두 당시의 상류층 사회가 이미 공업 사회의 생활 방식을 받아들였음을 잘 보여주며, 이러한 것들은 중국의 '서양경(西洋景-요지경)'에 출현하여, 외부 세계를 알고 싶어 하는 강남(江南) 민중의 욕구를 만족시켜주었다. 그림 속의 도법(刀法)은 세련되고 명쾌하며, 색이 강렬하면서도 청아함을 잃지 않아, 향촌(鄕村)의 절기(節期)를 표현한 목판 연화와는 거리가 있으며, 청대 말기 강남의 사회 풍모를 연구하는 데 중요한 도상(圖像) 자료이다.

소주 도화오의 연화는 강남 및 소북(蘇北-강소성의 장강 이북 지역) 지역에 광범위한 영향을 미쳤는데, 남경·무호(蕪湖)·상해와 소북의 동대(東臺)·남통(南通)·양주(揚州) 등지가 모두 도화오 연화의 판매처였으며, 이들 지역의 화점(畫店)들은 현지의 특징을 결합시키고 도화오 연화의 예술 경험을 대대적으로 흡수하여, 현지 민중의 감상 습관에 잘 적응한 연화를 제작하였다. 예를 들면 채색이 짙고, 금색이나 은색을 첨가한 남통(南通)의 연화, 도화오 연화와 유사한 양주(揚

州)의 연화, 해파(海派)의 대가인 오우여(吳友如)의 밑그림을 채용한 상해의 연화 등이 그러하다.

천진(天津) 양류청(楊柳靑)의 연화

만약 소주의 도화오가, 명대에 강남의 도시 수공업 경제가 회화 방면에서 거둔 큰 성과를 상징한다면, 천진(天津)의 양류청 연화는 곧 그 특유의 지리적 우세로 인해 접촉한 명·청의 궁정 예술과 화북(華北)의 농경문화를 하나로 융합시킨 것이라고 할 수 있다.

양류청 연화는 천진 서쪽 교외에 인접해 있는 양류청진(楊柳靑鎭) 및 주위의 23개 부락들에서 생산되었다. 발해만(渤海灣)을 따라 기중평원(冀中平原)까지는 화북 지구의 곡창 지대이다. 그래서 풍년과 평화를 바라는 화북·동북(東北)과 내몽고의 수많은 농민 및 북경·천진·보정(保定) 등지의 시민들이 바로 양류청 연화의 주요 소비자였다.

양류청의 연화와 새기고 그리는 기술은 북방 판화에서 영향을 받았고, 예술적인 측면에서는 명·청의 궁정회화인 원체(院體)의 덕을 보았으며, 북경의 각인(刻印) 기술과 밑그림[槁本]들은 양류청 연화에 영양분을 공급하였다. 양류청 연화는 명대 만력(萬曆) 연간(1573~1620년)에 처음 출현하였고, 적어도 숭정(崇禎) 연간(1628~1644년)에는 이미 대련증(戴蓮增)과 제건륭(齊健隆)이라는 최초의 중요한 두 명점(名店-유명한 점포)이 출현하였으며, 그 후에는 또 수많은 분점들이 파생되어 나왔다. 청대 건륭 연간

기중평원(冀中平原) : 하북성 중부에 위치하며, 서쪽으로는 평한로(平漢路)에서 시작하여, 동쪽으로는 진포로(津浦路)에 이르며, 북쪽으로는 평진(平津)에 이르고, 남쪽으로는 창석로(倉石路)에 이르는 평원이다. 이곳은 사방으로 수많은 하천들이 흐르고, 물산이 풍부하며, 교통이 편리하여, 정치·군사적으로도 특수한 전략적 지위를 가진 지역이었다.

〈사계평안(四季平安)〉
양류청(楊柳靑) 연화 (康熙)
수장가인 왕수촌 소장

<금옥만당(金玉滿堂)>
양류청 연화 (康熙)
수장가인 왕수촌 소장

(1736~1795년)에 양류청 연화는 전성기로 접어들게 된다. 청대 말기와 민국(民國) 초기, 석판인쇄 기술의 활발한 보급과 양지(洋紙-서양의 종이)·양색(洋色-서양의 색상)의 도입으로 양류청 연화의 민족성과 지역성은 비교적 커다란 충격을 받아, 점차 쇠퇴의 길을 걷게 되었다.

 양류청 연화 작방(作坊)의 분업은 명확하고 세분화되어 있었는데, 그리기·조각하기·인쇄하기·표구하기의 네 가지로 크게 나뉘며, 전담 기술자가 각각 그 임무를 담당하였다. 농한기에는 많은 농민들도 연화의 색칠·얼굴 부분 그리기 등의 작업에 바쁘게 종사했기 때문에, 양류청 일대는 화향(畫鄕)이라고 불렸으며, "집집마다 모두 색칠

<백화공주(百花公主)>
양류청 연화 (康熙)
수장가인 왕수촌 소장

을 할 수 있었고, 집집마다 모두 그림에 능했다[家家都會點染, 戶戶皆善丹靑]"라고 할 수 있었다. 이 때문에 양류청 연화는 현지의 농촌에서

광범위한 기초를 보유하고 있었으며, 특히 남향(南鄕) 초미점(炒米店)의 연화는 많은 환영을 받았다.

소주의 도화오 연화와 마찬가지로, 양류청 연화의 제작법에도 두 종류가 있었는데, 즉 수회법(手繪法)과 각인법(刻印法)이 그것이며, 만청(晩淸) 시기에는 석판인쇄도 사용하였다. 연화의 제재는 매우 폭이 넓어서, 역사 고사·사회 풍속·시사 뉴스·미인과 영희(嬰戲-어린아이들이 놀고 있는 모습)·화조어충(花鳥魚蟲)·산수(山水) 누대(樓臺)·신마(神碼) 등등이 있었다.

양류청 연화는 예술 특징에 따라 세 가지로 나눌 수 있다.

첫 번째는 궁정회화, 특히 청대 원체(院體)와 서양화 투시법의 영향을 받은 연화이다. 양류청의 화공(畵工)들은 경성(京城-북경)이나 심지어는 궁정에서의 창작 성취 및 보고 들은 것들은 반드시 연화 산지(産地)에서 반영하였다. 그리하여 깔끔하고 정교하며, 색이 화려하고, 투시법을 사용한 내정(內廷-궁정)의 화법에서 솜씨를 나타냈는데, 사녀(仕女)의 조형도 역시 청대의 궁정화가인 초병정(焦秉貞)·냉매(冷枚)가 그린 형상으로부터 취하였다. 청대 초·중기의 북경 연화는 제재와 내용에서 청나라 궁정회화의 영향을 많이 받아, 사실적으로 생생하게 묘사하는 데 전력을 다했으며, 궁정회화의 예술 효과를 모방하려고 애썼는데, 예를 들면 〈우왕쇄교도(禹王鎖蛟圖)〉·〈만상홀(滿床笏)〉 등이 있다. 이러한 표현 수법은 또한 양류청 연화에도 영향을 주었는데, 예를 들어 청대 초기의 〈금옥노봉타박정랑(金玉奴棒打薄情郞)〉은, 사람들에게 궁정화가인 초병정·냉매의 앙상하게 표현하는 조형 양식과 힘 있고 곧은 인물 선묘(線描) 및 사실성을 추구하는 투시 효과를 연상하지 않을 수 없게 한다.

두 번째는, 문인화가가 참여한 훌륭한 작품들이다. 양류청은 선(線)의 정취와 조형의 흥취를 중시하여 풍격이 청아하다. 해파(海派)

화가인 전혜안(錢慧安)은 양
류청에서 수많은 밑그림을
설계하였는데, 그는 북방 농
촌의 명절 분위기를 체험하
기 위해서 양류청에서 화공
들과 함께 춘절(春節-설)을
보내기도 하였으며, 예술적
인 측면에서도 현지의 화가
및 각공(刻工)들과 격의 없
이 사이가 좋았다. 양류청의
연화 화가들은 각각의 특기
가 있었는데, 예를 들어 청
대의 장준정(張俊庭)은 고사

〈동태사신와군상(董太師臣臥君床)〉
양류청 연화 (乾隆)
수장가인 왕수촌 소장

〈유원경몽(遊園驚夢)〉
양류청 연화 (嘉慶)
수장가인 왕수촌 소장

(故事)를 잘 그렸고, 장조삼(張祖三)은 희극(戲劇)을 잘 그렸다. 또 왕보

여의관(如意館) : 1692년에 강희 황제가 처음으로 여의관 설립을 구상했는데, 당시에는 주로 서방의 과학 기술 성과를 연구하고 진열하기 위한 것이었다. 건립 후에는 청나라 왕실을 위하여 그림을 그려 바치는 기구가 되었다. 여기에는 전국 각지의 뛰어난 회화·서법·자기(瓷器) 장인들이 모여 있었으며, 처음에는 황제에게 속한 기구였는데, 광서(光緖) 이후에는 내무부 조판처(造辦處)에 속하게 되었다.

유리창(琉璃廠) : 북경(北京) 평문(平門) 밖의 번화한 문화거리이다. 청대에 조성되었는데, 당시 각지에서 과거에 참가하는 거인(擧人)들이 이 일대에 몰려들었으며, 이로 인해 그 안에 수많은 서적 및 필묵지연(筆墨紙硯)을 파는 점포들이 많아, 짙은 문화적 분위기를 형성했다.

진(王葆眞)은 풍경을 잘 그렸고, 왕소전(王紹田)은 풍속과 민정(民情-백성들의 삶)을 그리는 데 뛰어났다. 가장 유명했던 사람은 고음장(高蔭章 : 1835~1906년)으로, 그는 자가 동헌(桐軒)이고 사숙(私塾)에서 공부한 적이 있으며, 초상화를 잘 그렸다. 동치(同治) 5년(1866년)에 그는 황명을 받들고 입궁하여 여의관(如意館)에서 자희태후(慈禧太后-서태후)를 위해 그림을 그렸고, 또 유리창(琉璃廠)의 전진관(傳眞館)에서도 그림을 그리면서, 궁정 예술과 경사(京師-수도, 즉 북경)의 문화를 양류청의 민간 미술과 융합시켰다. 고음장은 만년에 '설홍산관(雪鴻山館)'을 세우고, 양류청 연화를 신분에 관계없이 누구나 다 감상할 수 있는 예술품으로 변화 발전시켰으며, 수많은 풍속화와 역사 고사 그림을 창작하였다. 그는 해파(海派) 화가인 전혜안과 마찬가지로 문인의 온화하고 고상한 운치를 양류청 연화 속에 스며들게 하였다. 이러한 풍격의 영향을 깊이 받은 연화들로는 〈평안도(平安圖)〉·〈금기서화(琴棋書畫)〉·〈수보도(繡補圖)〉·〈연생귀자(連生貴子)〉 등이 있는데, 화가들

은 생활에 대한 희망과 기탁을 부드럽고 맑고 화려한 예술 풍격으로 변화시켜 냈다. 그리하여 부녀자와 아이들의 생활 정취를 생동적이고 흥취 있게 묘사하였는데, 뚱뚱하고 천진난만한 희동(嬉童-놀고 있는 아이)과 가냘프고 호리호리한 젊은 아낙은 이 시기의 심미 취향을

〈유모모유관원(劉姥姥遊觀園-유노파의 원림 유람)〉
양류청 연화 (嘉慶)
수장가인 왕수촌 소장

<소군출새(昭君出塞-왕소군의 변방 나들이)>
양류청 연화 (道光)
수장가인 왕수촌 소장

(왼쪽) <전북원(戰北原)>
양류청 연화 (道光)
수장가인 왕수촌 소장

대표했다.

　세 번째는, 화풍이 소박하고 거칠면서도 세련되고 힘이 있으며 명쾌한 연화이다. 이러한 연화는 생산 비용이 낮고, 인쇄 수량이 많으며, 가격이 낮아, 향촌의 수많은 백성들이 가장 선호하였다. 청대 중·후기에 이르러 양류청 연화의 지방 풍격은 날이 갈수록 점차 선명해져, 거칠고 힘이 있으며 호방한 선의 풍격과 생동감 넘치는 무대 동작 및 풍만하고 힘 있는 인물 조형은 감상자를 흥미로운 세계 속으로 빠져들게 하였다. 예를 들어 청대 중엽의 <정충도(精忠圖)>·<정군산(定軍山)>·<마도단계(馬跳檀溪)> 등은 떠들썩하고 오색찬란한 명절 분위기를 의도적 조성해 냈다. 청대 말기의 문인인 고동헌(高桐軒-고음장)·전혜안 등은 양류청 연화의 설계와 창작을 주관하거나 참여하였는데, 연화 속의 가냘프고 아름다운 사녀(仕女)의 형상은 전혜안의 설계 초안을 참조한 것이 분명하다.

　양류청의 연화는 청대에 발행량이 가장 많았고(연간 수천만 장이나

생산됨), 판매 지역도 가장 광범위했으며, 그 성취도 가장 높았다. 양
류청의 연화는 대량으로 청나라 궁정에 공급되었을 뿐만 아니라, 하
북의 무강(武强)과 동풍대(東豐臺)·산동의 유현(濰縣)과 고밀(高密)·섬

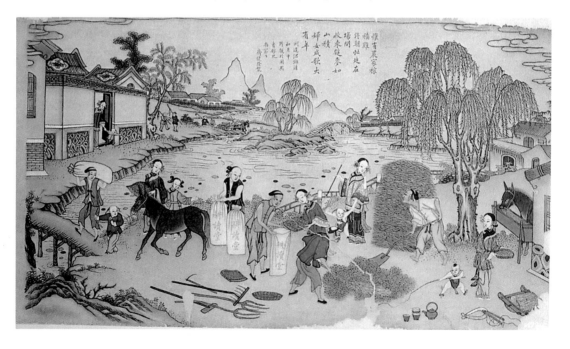

서의 봉상(鳳翔) 등지의 연화들이 모두 양류청 연화에서 양분을 얻어 꽃을 피우고 열매를 맺었다.

산동(山東) 유현(濰縣)의 연화

천진(天津)의 양류청 연화가 궁정 문화와 향촌(鄉村) 문화의 융합이라고 한다면, 산동 유현[濰縣 : 지금의 산동 유방시(濰坊市)]의 연화는 곧 산동 향촌 문화의 결정체라고 할 수 있다. 유현 지역은 산동의 풍요로운 땅인 교동(膠東) 반도로 통하는 요충지에 위치하여, 교통이 발달하고 상업이 번영하였으며, 산동의 동서 양쪽의 사회 경제를 연결하는 역할을 하였다. 이곳의 종이연·감은사칠기(嵌銀絲漆器) 등 독특한 공예 미술의 성취는 유현을 교동 지구의 문화 중심으로 만들었다. 이러한 기초 위에서 탄생한 유현의 연화는 풍부한 향토 문화의 자양분을 얻을 수 있었다.

유현의 연화는 북쪽의 천진 양류청 연화의 영향을 받았고, 또 남쪽의 소주 도화오(桃花塢) 연화의 자양분을 얻어, 이것들을 그곳 농민들의 심미 취향에 결합시켜 스스로 하나의 계통을 이루었다. 양가부(楊家埠)는 유현 연화의 발상지이자 발전의 중심지였다. 연화 전문 미술사학자인 박송년(薄松年)의 조사에 따르면, 양가부의 연화는 대략 명대 중·후기에 시작되었고, 청대 건륭(乾隆) 연간부터 함풍(咸豐) 연간까지(1736~1861년) 백여 년 동안 양가부는 백여 개의 화점(畵店)을 보유할 정도로 확장되었으며, 창상(倉上)·한정(寒亭) 및 인근 십여 개 부락의 연화 생산에도 영향을 미쳤다. 양가부에서 비교적 유명했던 화점들로는 공무(公茂)·길흥(吉興)·광성(廣盛)·영성(永盛)·길성(吉盛) 등이 있었다. 중소도시의 큰 화점의 경우에는 직원도 매우 많았고, 일년 내내 쉬지 않고 연화를 생산했으며, 농가에서는 농한기 때 절기에 맞는 연화를 각인하였다. 초기에는 생산 규모가 매우 제한적이었지만, 광서(光緒) 연간(1875~1908년)에 이르러 유현의 연화는 발전 규모와 예술 성취에서 모두 찬란한 전성기에 진입하여, 명사(名師)들이 배출되었고, 뛰어난 작품들이 끊이지 않았다.

유현의 연화는 목판 채색을 위주로 하였는데, 커다란 화폭의 대형 인물 얼굴에 약간의 훈염(暈染-139쪽 참조)을 사용하였다. 대다수의 연화는 산동 지역 농민들의 생산 활동과 그곳의 민간 전설을 반영하였으며, 짙은 지역적 특색과 명절 분위기를 띠고 있다. 또 예술 형식이 매우 풍부하여 문화(門畫-문에 붙이는 그림)·창정(窓頂-창문 위에 붙이는 그림)·창방(窓旁-창문 옆에 붙이는 그림)·월광(月光)과 항두화(炕頭畫-구들 위에 붙이는 그림) 등이 있는데, 박송년은 "북방의 질박함과 명쾌함을 가지고 있으면서도, 또한 남방의 우아하고 부드럽고 화려함도 함께 갖추고 있다[旣有北方的質樸明快, 又兼具南方的雅致柔麗]"라고 했으며, 산동 농촌의 향토적인 분위기로 충만해 있다.

유현은 청대 말기에 이르러서야 비로소 많은 연화 화가들이 출현하였는데, 양방(楊芳 : 1806~1850년)·양만경(楊萬慶 : 1863~1918년) 등이 있었으며, 그 중 가장 뛰어난 사람은 유명걸(劉明杰 : 1857~1911년)로 양가부 마을 사람이었다. 그의 판화는 제국주의 침략에 대한 원한과 증오가 응결되어 있고, 또 부패하고 무능한 만청(晚淸) 정부를 사정없이 비웃고 풍자하였는데, 예를 들면 그의 〈포타일본귀(炮打日本鬼-악귀 일본을 비판하여 타도하자)〉와 〈자희태후도장안(慈禧太后逃長安-자희태후가 장안을 도망치다)〉 등이 그런 작품들이다. 농민 화가 양중해(楊中海 : 1875~1937년)는 그 지역의 풍속 및 민간의 형편과 무술(武術)·마술(馬術)·잡기(雜技) 등을 더욱 많이 표현하였으며, 동시에 또 당시의 좋지 못한 사회 풍조를 규탄하였는데, 예를 들면 〈간니취우과골(看你吹牛胯骨-저 허풍떠는 꼬락서니라니)〉·〈토자토연흘, 왕팔갈백주(兎子

討煙吃, 王八喝白酒-토끼는 담배를 빌려 피우고, 거북은 백주를 마시네〉〉 등이 있다.

작자를 알 수 없는 작품들 가운데, 〈반도대회(蟠桃大會)〉는 상당히 대표성을 갖는 뛰어난 작품인데, 이 그림은 전설 속의 3월 3일인 서왕모(西王母)의 생일에, 크게 반도연(蟠桃宴)을 열고 신선들이 와서 축수(祝壽)를 하는 내용을 그린 것이다. 그림 속에는 흰 원숭이[白猿]가 복숭아를 바치고, 마고(麻姑)가 술을 올리는 세부적인 줄거리가 담겨 있는데, 질리지 않고 매우 볼 만하다. 전체 그림에 사용된 색상은 매우 간단한데, 단지 붉은색·노란색·옅은 파란색·자주색·검정색만을 사용하여, 화면에 풍부하고 다채로운 색채 효과를 만들어 냈다. 인물의 조형·바깥 윤곽과 선의 사용은 전지(剪紙) 공예의 예술 기법을 참조하여 사용했기에 간결하고 명쾌하다. 또 인물의 배치는 이층으로 나란히 배열하였지만, 자태는 각기 달라 전혀 단조롭지 않다. 이 그림과 같거나 유사한 수법을 사용한 유현의 연화로는 〈주마천제갈(走馬薦諸葛)〉·〈삼고초려(三顧草廬)〉·〈남십망, 여십망(男十忙, 女十忙)〉·〈조군(灶君)〉 등의 작품들이 있다. 이 그림들은 모두 구도가 매우 풍만하고, 색은 진하고 고와, 북방 목판 연화의 예술 풍격을 비교적 많이 계승하였다.

유현의 연화 중에는 또 소주 도화오(桃花塢)의 청신하고 우아한 판화 풍격을 채용한 뛰어난 작품들이 적지 않다. 예를 들면 청대 말기에 간행된 〈수원앙(繡鴛鴦)〉·〈이마도강왕(泥馬渡康王)〉 등은 수려하고 우아한 인물 조형과 맑고 담백한 색상 및 부드러운 도필(刀筆) 등이 모두 도화오 목판 연화의 풍모를 지니고 있다. 또 그림 속에는 여백을 남겨놓고 선을 두드러지게 하는 조형 작용 등의 예술 수법에 신경을 썼는데, 이 또한 도화오 연화의 영향을 받은 것이다.

남·북 목판 연화의 많은 장점들을 두루 취한 유현의 목판 연화

반도(蟠桃) : 복숭아의 일종으로, 모양이 아름답고, 색깔이 고우며, 맛이 좋고, 육질이 섬세하면서, 껍질이 질기지만 잘 벗겨지며, 즙이 많고 단맛이 강하면서 향이 진하여, 입에 넣자마자 살살 녹는 것으로 유명한 과일이다.

마고(麻姑) : 도교(道敎) 신화 속의 인물로, 『신선전(神仙傳)』의 기록에 따르면, 그는 여성이며, 모주(牟州) 동남쪽의 고여산(姑餘山)에서 수도한다고 전해진다.

전지(剪紙) : 각지(刻紙)·창화(窓花) 혹은 전화(剪畫)라고도 한다. 창작할 때 가위를 사용하는가, 혹은 칼을 사용하는가의 차이가 있다. 비록 공구의 차이는 있지만, 창작해 내는 예술 작품은 기본적으로 같아서, 사람들은 이를 '전지(剪紙)'라고 통칭한다. 전지는 일종의 투각 예술이며, 그것의 기본 재료는 종이·금은박·나무껍질·나뭇잎·헝겊·가죽 등이며, 거기에 문양을 새겨 오려 냄으로써 형상을 표현해 내는 것이다.

는 장강(長江) 유역의 넓은 지역에서 민중에게 애호를 받았으며, 인쇄량이 끊임없이 증가하였고, 그 영향 또한 광범위한 판로를 따라 남북 각지로 전파되었다. 그리하여 강소(江蘇)·안휘(安徽)·하남(河南)·하북(河北)·내몽고(內蒙古)와 동북 지역 등지에 모두 수많은 유현 연화의 판매점들이 있었다. 연화의 조각 기예 방면에서, 산동(山東)의 고밀(高密) 연화와 평도(平度) 연화는 모두 유현 연화의 영향을 받았다.

이 밖에, 노서(魯西-산동의 서쪽)에 위치한 동창(東昌)의 연화도 스스로 하나의 계파를 이루었는데, 그 역사는 원대(元代)까지 거슬러 올라간다. 원래는 양곡현(陽谷縣) 장추진(張秋鎭)에서 생산되었는데, 산서(山西) 사람이 이곳에 화점(畵店)을 열면서, 진남(晉南) 연화의 선이 곧고 힘차며 질박하고, 색채가 명쾌하고 선명한 예술 풍격을 띠게 되었고, 청대까지 번성하여 원무영(源茂永)·노흥취(魯興聚)·유진승(劉振昇)의 삼대가를 형성하였다. 청대에 유진승의 화점은 요성(聊城)으로 옮겨가 동창의 연화를 절정으로 이끌었다. 동창의 연화는 신마(神碼)를 위주로 하였는데, 진(晉-산서성)·예(豫-하남성)·기(冀-하북성)와 동북 각지에서 판매되었다.

〈주〉: 이 단락 속의 사료(史料)들은, 박송년(薄松年) 선생이 지은 『中國年畫史』[요녕미술출판사(遼寧美術出版社), 1986년]에서 인용하였다.

문인화가와 삽도 판화

명말·청초의 적지 않은 문인들이 판화 밑그림의 설계 작업에 참여하였는데, 그들은 대부분 재야(在野) 문인들로, 시정(市井) 사회에서 생활하여 평범한 사람들의 심미 취향을 잘 알았으며, 세속 문학을 위한 그림을 그리는 데 열중하였다. 시민 문예 속에 청신한 학자풍의 고상한 숨결을 불어넣어, 명·청 양 조대에 고상한 사람이든 속세의 사람이든 누구나 함께 감상할 수 있는 문인 판화를 형성하였다. 가장 대표적인 문인 판화가들로는 명대 말기의 진홍수(陳洪綬)·소운종(蕭雲從), 청대의 상관주(上官周)·개기(改琦), 청대 말기의 임웅(任熊)·오가유(吳嘉猷) 등이 있었다. 그들은 고동헌(高桐軒)이나 전혜안(錢慧安)과 같이 자기 자신을 민간 판화의 생산지에 융화시키지 않고 스스로 일가를 이루었으며, 판화 속에서 사회와 인생에 대한 작자의 독특한 인식을 표현해 냈다.

진홍수(陳洪綬)의 기묘하고 변화무쌍한 판화 풍격

진홍수는 명대 말기에 비교적 일찍이 판화에 발을 들여놓은 문인화가이다. 그는 명대 말기에 강남에서 유행한 변형 수법을 판화 인물의 조형 특징으로 변화 발전시켰으며, 불합리한 사회와 습속에 분개하고 증오하는 심경을 표현하였다. 명대 말기의 부패한 정치와 망국의 위기에 직면하면서, 그는 초(楚)나라의 굴원(屈原-285쪽 참조)이 지은 〈구가(九歌)〉의 정신적인 의미를 더욱 깊이 이해하게 되었으며, 그가 만력(萬曆) 44년(1616년)에 소산(蕭山) 사람 내흠지(來欽之)가 지은 『초사술주(楚辭述注)』를 위해 그린 삽도는 22년 후에 간행되었다. 청나라 강희(康熙) 30년(1691년)에 안휘 흡현(歙縣)의 유명한 각공(刻工)인 황건중(黃建中)이 판각한 12폭의 그림 중 마지막 그림이 〈굴자행음도(屈子行吟圖)〉이다. 굴원의 강직하고 아첨하지 않는 형상과 시름이 끊이지 않는 표정이 종이 위에서 살아 움직이는 듯하다. 선이 곧고 강건하면서도 안정되고 경박하지 않아, 주인공의 뚜렷한 개성과 통일을 이루고 있다.

숭정(崇禎) 12년(1639년), 진홍수가 무림(武林-항주)의 정향교[定香橋 -항주(杭州)의 서호(西湖)에 있는 다리] 옆에 기거할 때, 뛰어난 각공 항남주(項南洲)와 함께 작업하여 『장심지정북서상기(張深之正北西廂記)』에 5폭의 삽도를 그렸다. 그 중에서 가장 정밀한 것은 〈규간(窺簡-편지를 훔쳐보다)〉이다. 이것은 홍낭(紅娘)이 병풍 뒤에 숨어서 원앙(鴛鴦) 소저(小姐-아씨)가 연애편지를 읽고 있는 것을 몰래 훔쳐보는 장면을 그린 것인데, 병풍 위의 화조(花鳥)는 매우 운치가 넘치며, 화가의 교

『장심지정북서상기(張深之正北西廂記)』의 〈규간(窺簡)〉
(明) 진홍수(陳洪綬)

묘한 구도 능력과 폭넓은 회화 기술을 잘 보여준다. 명·청대의 각종
판본의 『서상기(西廂記)』 삽도들 가운데 이 삽도의 정취와 판각 기술
을 뛰어넘는 것은 없다고 할 수 있다.

　〈수호엽자(水滸葉子)〉는 진홍수의 중년기 걸작이다. 이것은 주령(酒
令-벌주 놀이)에 사용되는 주패(酒牌)이며, 모두 40장으로, 각 장마다
양산박(梁山泊)의 영웅호걸들이 한 명씩 그려져 있다. 지패(紙牌) 위의

양산박(梁山泊) : 중국 산동(山東)에
속하는 지명으로, 『수호전(水滸傳)』에
등장하는 송강(松江) 등의 호걸들이
모여든 곳이다. 영웅호걸을 비유하여
일컫는 말로도 쓰인다.

『장심지정북서상기』의 〈경몽(驚夢)〉

(明) 진홍수

숫자는 송나라 조정에서 양산박의 호걸들을 붙잡는 데 내건 현상금의 가격이다. 예를 들면 9만은 송강(松江), 8만은 주동(朱仝)……등등인데, 인물 조형은 매우 생동감이 넘치며 과장되고 기이하며, 얼굴 형

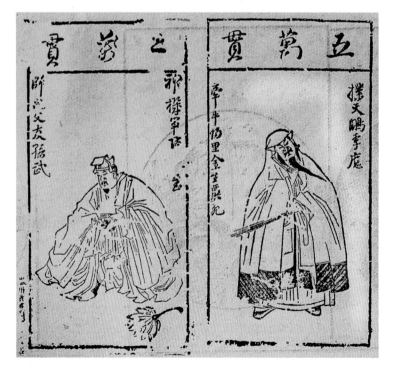

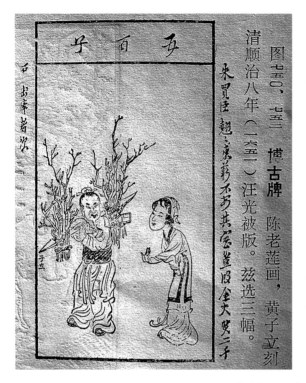

『박고엽자(博古葉子)』의 하나
(明) 진홍수

〈원앙총교홍기(鴛鴦冢嬌紅記)〉
(明) 진홍수

태는 장방형이나 타원형에 가깝다. 옷 주름은 직선이나 호형(弧形) 선들을 줄줄이 겹쳐놓은 모양인데, 장식의 의취(意趣) 속에 화가의 완고하고 아첨하지 않는 품성과 양산박의 호걸들과 같은 저항정신이 드러난다.

진홍수의 『박고엽자(博古葉子)』는 그가 죽기 한 해 전(1651년)에 그린 것으로, 모두 48쪽으로 되어 있는데, 각각 역사 인물들을 한 명씩 그려놓았다. 그 위에 적혀 있는 시구(詩句)는, 작자가 고난의 일생으로써 인간 세상사의 온갖 역정[신맛, 단맛, 쓴맛, 매운맛]을 음미해 내고 있음을 잘 나타내준다. 예를 들어 두보를 그린 그림을 보면, 그림 위에 진홍수는 이런 시구를 적었다. "주머니가 비어 부끄러워 머뭇거리다가, 한 푼을 남겨놓고 보노라.[囊空恐羞澁, 留得一錢看.]" 화가가 운명은 고단했지만, 정신적으로는 낙관적인 이 당대(唐代)의 시인을 마음 깊이 숭상하고 있음을 느끼게 해준다. 이 두 질의 판화는 각각 흡현의 황일중(黃一中)과 황건중(黃建中)이 나누어 판각하였다.

소운종(蕭雲從)의 판화 성취

거의 진홍수와 같은 시대에 소운종은 고숙[姑熟 : 지금의 안휘 무호(蕪湖)]에서 판화 창작 활동에 심혈을 기울였다. 그의 판화 성취는 〈이소도(離騷圖)〉와 〈태평산수도(太平山水圖)〉에 집중적으로 체현되어 있다. 전자는 소운종이 그림을 모아서 교정한 후, 유명한 각공(刻工)인 탕복(湯復)이 남명(南明) 홍광(弘光) 원년(1645년)에 판각한 것으로, 이것은 굴원(屈原)의 〈이소(離騷)〉·〈구가(九歌)〉·〈천문(天問)〉·〈원유(遠遊)〉 등을 각각 그렸으며, 총 64폭인데, 그 중 〈산귀(山鬼)〉는 미녀의 모습을 하고 있어 무서운 모습과는 사뭇 다르다. 후자는 유영(劉榮)·탕상(湯尙)·탕의(湯義)가 소운종의 밑그림에 근거하여, 청대 순치(順治) 5년(1648년)에 판각한 것으로, 소운종은 태평(太平−산동 제녕에 속하는 지명) 추관(推官−관직명) 장만선(張萬選)의 요청으로 환남(皖南)의 태

〈태평산수도(太平山水圖)〉의 〈봉황산(鳳凰山)〉

(明) 소운종(蕭雲從)

남명(南明) : 중국의 전국 통일 정권으로서의 명나라가 청나라 세력에 의해 사실상 멸망한 뒤, 1644년에 황실의 일부 잔여 세력이 한족(漢族) 왕조를 부활시키기 위해 화중(華中)·화남(華南) 지역에 세운 지방 정권으로, 1662년에 멸망하였다.

평·당도(當塗)·무호(蕪湖)·번창(繁昌)의 명승지들 43폭을 그린 것이다. 각 폭의 그림마다 명가(名家)들의 시구가 있어, 고국 산하에 대한 그의 특별한 애정을 표현하였으며, 뛰어난 각공들의 정밀하고 뛰어난 판각 기술은 고소파(姑蘇派) 산수화의 예술 특징을 고스란히 펼쳐 보이고 있는데, 이것이 바로 걸출한 〈태평산수도(太平山水圖)〉이다. 여기에서 화가와 각공들은 전통 회화에 대한 이해에 근거하여, 당(唐)·송(宋)·원(元)·명(明) 시기의 여러 산수화 명가와 종사(宗師-대가)들의 예술 성취를 모아놓아, 산수 판화의 신품(神品)이라고 불린다.

고소파(姑蘇派) : '고소'는 곧 강남의 문화 예술 중심지인 소주(蘇州)를 가리킨다. 소주는 옛날에 평강(平江) 또는 고소(姑蘇)라고도 불렸다. 고소파는 바로 이곳 소주의 뛰어나고 정교한 예술 풍격을 가리킨다.

상관주(上官周)와 개기(改琦)의 사실적 판화

청대 중기부터 아편전쟁(阿片戰爭) 전까지 판화 작업에 종사했던 주요 문인화가는 상관주와 개기이다. 이 시기의 문인화가들은 이미 명말 청초의 항쟁 의식이 매우 강했던 유민(遺民-나라를 잃은 백성) 화가들과는 달리, 그 심경이 온화하고 담백하여, 당시의 정치 상황과는 거리가 멀었다.

상관주(上官周 : 1665~약 1749년)는 자가 문좌(文佐)이고, 호는 죽장(竹莊)이며, 복건 장정(長汀) 사람이다. 일생 동안 벼슬을 하지 않았으며, 저작으로 『만소당화전(晩笑堂畵傳)』이 있다. 상관주는 역사 인물을 즐겨 그렸는데, 가장 출중한 작품은 건륭 8년(1743년)에 펴낸 『만소당화전』이다. 이 화전(畵傳)은 좌전우도(左傳右圖) 형식으로 되어 있는데, 모두 120명의 한대(漢代)부터 명대(明代)까지의 명군현신(明君賢臣)·충효절렬(忠孝節烈)·문인은사(文人隱士)·규원선석(閨媛仙釋-아름다운 여인과 신선과 승려) 등을 그렸다. 예를 들면 한나라 고조(高祖)·사마천·고개지(顧愷之)·두보·백거이(白居易) 등이 포함되어 있다. 상관주가 인물 표정을 묘사한 수법은 상당히 섬세하면서 생동감이 넘치며, 이름을 알 수 없는 각공들의 도법(刀法)도 또한 안정되고 힘이 있으면서도 강건함과 민첩함을 잃지 않았다.

개기(改琦)의 그림은 그의 미인도와 밀접하게 관련되어 있는데, 그의 『홍루몽도영(紅樓夢圖詠)』은 그가 세상을 떠난 후 50여 년 만에 판화로 판각되었다. 당시는 이미 광서(光緒) 5년(1879년)으로, 각공들이 개기의 회화 기술에 대해 잘 이해하고 있어, 실로 판화의 정수를 보여준다. 그림 속의 임대옥(林黛玉)은 죽석(竹石) 사이에 서 있는데, 슬퍼 보이는 표정이고, 왼손으로 얼굴을 가린 채 눈물을 닦고 있다. 부드럽고 섬세한 옷 주름의 선과 높게 뻗은 대나무 숲이 임대옥의 개성과 매우 잘 조화를 이루고 있다. 이는 또한 평생 동안 벼슬을 하지 않았던 이 문인화가의 고상하고 맑은 심경을 반영한 것이기도 하다.

(왼쪽)『홍루몽도영(紅樓夢圖詠)』의 〈임대옥(林黛玉)〉
(淸) 개기(改琦)

(오른쪽)『홍루몽도영』의 〈묘옥(妙玉)〉
(淸) 개기

진홍수를 전승한 임웅(任熊)의 판화

임웅은 청대 말기 해파(海派)의 초기를 대표하는 화가이다. 그는 인물화에 뛰어났으며, 젊은 시절 진홍수의 목판 삽도와 기타 판화를 감상하고 모방했다. 진홍수 판화 예술의 영향은 명·청대의 많은 판화 명가들을 훨씬 뛰어넘었는데, 이는 진홍수가 활동한 소흥(紹興)·항주(杭州) 등지가 결국 강남 문화의 중심지가 됨으로써, 전수자들이 끊이지 않았기 때문이다. 청대 말기에 이르러서도 여전히 진홍수의 판화 풍격은 소산(蕭山 : 지금의 절강에 속함) 출신의 화가 임웅에게 매우 깊은 영향을 주었는데, 그는 『검협전(劍俠傳)』 및 그 속편·『우월선현상전(于越先賢像傳)』·『고사전(高士傳)』에 삽도를 그렸으며, 또한 진홍수의 기법을 본받아 〈열선주패(列仙酒牌)〉의 제작을 완성하였다. 진홍수와 마찬가지로 임웅도 당시 사회의 부패한 세력에 불만을 품고 있었는데, 폭도를 제거하고 백성을 안정시키려는 희망을 전설 속의 선현고사(先賢高士)와 열선검협(列仙劍俠)의 몸에 기탁하였다. 임웅의 수많은 밑그림들은 모두 각공인 채조초(蔡照初)가 판각하였는데, 그림과 판각이 매우 잘 맞아떨어졌다. 각공은 화가 임웅의 그림에 있는 선(線)의 풍격을 완전하게 파악하고 있어, 도법(刀法)과 필법(筆法)이 한데 어우러져 남김없이 다 표현할 수 있었다. 예를 들면 〈열선주패〉에서 표현한 옷 주름의 정두서미묘(釘頭鼠尾描) 기법과 수석(樹石)을 묘사한 뛰어난 붓놀림은 화의(畫意)가 매우 풍부하다. 『우월선현상전』은 지극히 가볍고 정교하며 생동적인 필치와 도법으로 월(越)나라 대부(大夫) 범려(範蠡)부터 명나라 때의 순무(巡撫)였던 기표가(祁彪佳)의 부인 상경란(商景蘭) 등과 같은 인물들의 생활 정취를 재현하였다.

정두서미묘(釘頭鼠尾描) : 중국 전통 회화에서 인물의 옷 주름을 표현하던 화법의 하나로, 선의 시작과 끝이 못대가리와 쥐꼬리를 닮았다고 하여 붙여진 명칭이다. 이 화법의 특징은 기필(起筆) 때 반드시 붓을 잠깐 멈추어야 하고, 수필(收筆) 때는 점차 들어 올리면서 마무리해야 한다.

상경란(商景蘭) : 1605~1676년. 명말 청초의 시인이며, 자는 미생(媚生)이고, 회계(會稽-절강 소흥) 사람이다. 명나라 때의 병부상서였던 상주조(商周祚)의 장녀로, 서화에 능했으며, 재덕(才德)을 겸비하였다. 만력 48년(1621년)에 같은 고향의 기표가(祁彪佳)와 결혼했다. 청나라 순치 2년(1645년), 청나라 군대가 남경을 공격해오자 남편인 기표가는 강물에 뛰어들어 자살했다.

오가유(吳嘉猷)와 『점석재화보(點石齋畫報)』

1840년 아편전쟁 후, 근대 사회 속에서 각성한 지식인들은 제국주의의 침략을 원치 않았다. 그래서 서양에서 들어온 동판화와 석판화 인쇄 기술을 이용하여 국난이 눈앞에 닥친 현실과 반제(反帝) 승전보[捷報] 및 청나라 사회의 부패를 민중에게 분명히 밝히고자 하였다.

이러한 방면에서 두드러진 공헌을 한 사람은 오가유(吳嘉猷)이다. 그는 자가 우여(友如)이고, 원화[元和 : 지금의 강소 오현(吳縣)] 사람으로, 오랫동안 상해에 살며 그림을 팔아 생활하였는데, 일찍이 입궁하여 청나라 황실을 위해 그림을 그리기도 하였다. 광서(光緖) 10년(1884년)에, 오가유는 상해에서 순간(旬刊-10일에 한 번 발행하는 정기간행물) 『점석재화보』를 주관하였고, 1898년에 정간(停刊)될 때까지 줄곧 4천여 폭의 그림을 출판하였는데, 그림 작업에 참여한 사람들로는 오가유 외에도 금섬향(金蟾香)·장지영(張志瀛)·전자림(田子琳)·하원준(何元俊)·부절(符節)·주모교(周暮橋) 등이 있었다. 이들의 현실주의 창작 태도와 초점 투시법을 전통적인 선묘법과 서로 결합시킨 기교는 중국인들에게 하나의 세계를 향한 창을 열어주었는데, 묘사한 내용은 국제 시사·국내 뉴스·과학 기술·사회 풍속 등을 다루었으며, 그 중에는 또한 소시민의 감상 취향에 영합하는 일부 기문괴담과 봉건 미신을 집어넣는 것을 피할 수 없었다. 그림마다 모두 항상 장면이 웅장하고 인물이 많았는데, 각각의 그림마다 하나의 사건을 다루었으며, 평론을 덧붙였다. 비교적 유명한 그림들로는 중불전쟁(中佛戰爭)을 묘사한 오가유의 〈기륭재첩(基隆再捷)〉과 부녀자의 무예(武藝)를 그린 부절(符節)의 〈여중장부(女中丈夫)〉 등이 있다.

유감스러운 것은 오가유가 오랫동안 꾸준하게 그의 붓끝으로 당시 사회의 초점을 겨냥하지 못했다는 점이다. 광서 16년(1890년)에, 그는 『비영각화보(飛影閣畫報)』를 간행하였는데, 그의 회화 흥취가 규염 여장(閨艶女妝-예쁘고 요염하게 꾸민 여인)·미인백수(美人百獸)에 국한되어, 이 화보의 사회적 가치와 정치적 의의를 크게 떨어뜨렸다.

[본 장 집필 : 余輝 / 번역 : 조현주]

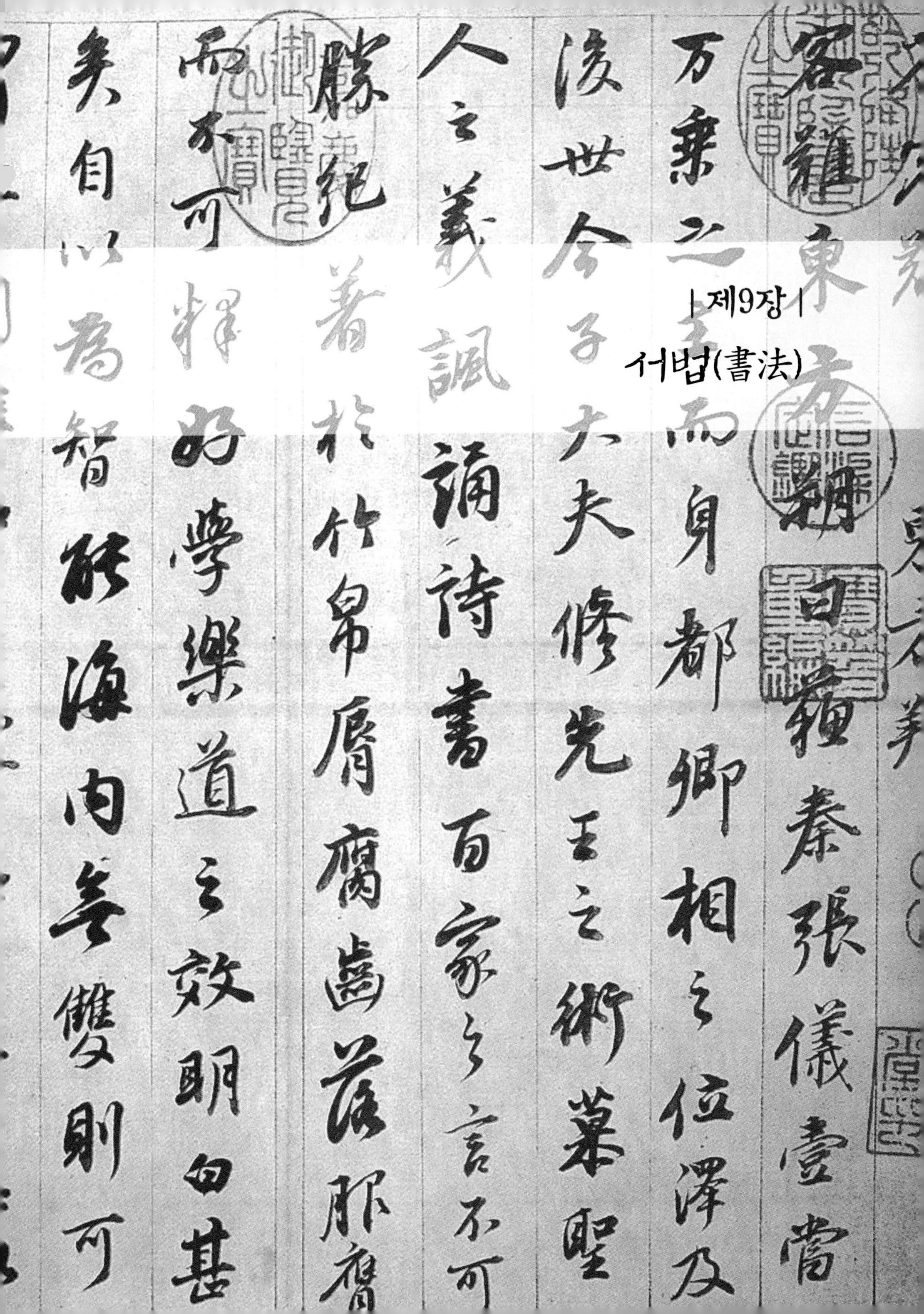

容難東方

細日雖秦張儀壹當

万乘之主而身都卿相之位澤及

後世令子大夫修先王之術慕聖

人之義諷誦詩書百家之言不可

勝紀著於竹帛脣腐齒落那甚

而不可程好學樂道之效明白甚

美自以為智能海內參雙則可

명대(明代)의 서법

명대의 서법(書法)은 송(宋)·원(元) 이래 첩학(帖學)의 전통을 계승하고 발전시켜갔으며, 또한 명나라 특유의 정치·경제 등 사회의 여러 가지 여건 아래에서 부흥하기도 하고 쇠퇴하기도 하면서, 때로는 파란만장한 과정을 거쳐, 초기·중기·말기의 선명한 단계를 형성하였다. 동시에 사상과 문화·예술 사조의 영향으로 두 갈래의 다른 경향을 띤 조류가 출현하는데, 바로 고전주의(복고주의)와 낭만주의[광서(狂書)라고도 함]가 그것이다. 요컨대 명대의 서법은 전통 서예를 발전시키고, 새로운 서풍을 창안했을 뿐만 아니라, 청대(清代)의 서단(書壇)에 커다란 영향을 주었다.

명나라 초기의 '대각체(臺閣體)'가 주류를 이룬 서단(書壇)

이 시기는 대략 홍무(洪武)부터 천순(天順) 연간까지(1368~1464년)에 해당한다. 개국 황제 주원장(朱元璋-1328~1398년)은 산적한 사회적 혼란을 수습하여, 정권을 공고히 하고 경제적으로 부흥시키는 데 몰두하느라, 문예 분야에는 그다지 관심을 기울일 여지가 없었다. 이른바 "도(道)를 소홀히 하고 물질은 소홀히 하지 않았다.[玩道而不玩物.]" 오로지 정사를 언급할 때만 난폭하게 함부로 간섭하기를 잘하였다. 홍무 연간(1368~1398년)의 수많은 서법가들은 원나라에서 명나라로 편입된 선비들이었기 때문에, 명나라 초기의 서법에는 여전히 원나라

서법(書法) : 서법과 서예(書藝)는 엄격한 의미에서는 구분할 필요가 있지만, 다른 번역자들과의 통일을 기하고, 중국의 표기대로 '서법'으로 통일하여 표기한다.

중서사인(中書舍人) : 고대 중국의 관직명으로, 사인(舍人)은 선진(先秦) 시기에 처음 등장했다. 본래는 국군(國君)·태자(太子)를 가까이에서 보필하는 속관이었는데, 위(魏)·진(晉) 시기에는 중서성(中書省) 내에 중서통사사인(中書通事舍人)을 두어, 황제의 조명(詔命)을 전달하는 일을 담당했다. 남조(南朝) 시기에도 계속되다가, 양(梁)나라 때 이르러 '통사(通事)'라는 두 자를 삭제하고, 중서사인이라고 불렀으며, 조명을 기초하는 일을 맡고, 기밀에 참여하면서 권한이 점점 커졌다. 수(隋)·당(唐) 시기에는, 중서사인이 중서성에서 황제의 명령을 작성하는 일을 담당했다. 수나라 양제(煬帝) 때에는 다시 고쳐 내서사인(內書舍人)으로 불렀으며, 무측천(武則天) 때에는 봉각사인(鳳閣舍人)으로 불렀으며, 간략히 사인(舍人)이라고 했다. 송나라 초기에도 이 관직을 설치했지만, 실제로 직무를 맡지는 않았으며, 따로 지제고(知制誥) 및 직사인원(直舍人院)을 두어 조명을 기초했다. 원나라 때 제도를 크게 고친 후, 처음에는 여전히 그 일을 맡았다. 요나라 때에는 중서사인원(中書舍人院)에 속했으며, 조명을 기초하는 데 관계했다. 명(明)·청(淸) 시기에는 내각 가운데 중서과(中書科)에 역시 중서사인을 두어, 고칙(誥敕-관리에게 토지나 작위를 내리는 임명장)·제조(制詔-황제의 명령)·은책(銀冊)·철권(鐵券) 등을 썼는데, 전대(前代)에 비할 수 없었다. 명대에는 종7품(從七品)이 되었으며, 청대에도 계속되었다.

사람들의 정서가 남아 있었다. 원대 서단(書壇)의 우두머리격은 조맹부(趙孟頫)인데, 그는 복고의 풍조를 불러일으켜 유연하고 고운 서풍을 창립하였으며, 원대를 내내 지배하였는데, 이로 인해 명나라 초기의 서법도 조맹부를 주로 본받고 옛것을 숭상할 것을 제창함에 따라, 멀리 동진(東晉) 시대의 이왕(二王-왕희지·왕헌지 부자)과 당나라의 서법을 계승하고, 옛날의 법도를 추구하며, 조맹부와 원나라 서법을 배워서, 부드러운 서풍을 숭상하게 되었다. 이 시기의 대표적인 서법가들로는 '삼송(三宋)'이라 불리는 송극(宋克)·송수(宋璲)·송광(宋廣)과 위소(危素)·송렴(宋濂)·첨희원(詹希元) 등이 있었다.

영락(永樂-1403~1424년) 연간에는 정권이 안정되고 황권(皇權) 문화가 강화됨에 따라, 서법도 통치계급의 어용 도구가 되어버렸다. 수많은 뛰어난 서법가들이 궁중에 들어가 중서사인(中書舍人)에 임명되어, 조정을 위하여 궁중에서 황제의 명령을 베껴 쓰는 일에 종사하면서, 서풍(書風)도 역시 장식성과 형태의 아름다움을 추구하게 되자, 단정하고 화려하고 아름다운 면모가 형성되었다. 이처럼 황제가 좋아하고 제창한 서풍은 조야를 막론하고 매우 빠르게 유행하였으며, 또한 과거시험에서 하나의 선발 기준이 되었는데, 역사는 이를 '대각체(臺閣體)'라 부른다. 이 서체는 영락 왕조 때 이른바 '이심(二沈)'이라 불리는 심도(沈度)와 심찬(沈粲)에 의해서 창립되었으며, 이 서풍은 곧장 선덕(宣德-1426~1435년) 시기까지 성행하였다. 대표적인 서법가들로는 주공양(朱孔暘)·진등(陳登)·등용형(滕用亨)·강립강(姜立綱) 등이 있었다.

(1) 홍무(洪武) 연간의, 조맹부를 본받고 옛 서법을 모방하던 서풍

명나라 초기에 원나라로부터 명나라에 편입된 서법가들인 위소(危素)·유화(俞和)·요개(饒介)·송렴(宋濂)은 모두 원나라 사람들의 서풍을 충실하게 따랐다.

위소(危素 : 1302~1372년)는 자가 태박(太樸)으로, 강서(江西) 금계(金溪) 사람이며, 원나라 말기에 한림학사승지(翰林學士承旨)를 지냈는데, 명나라로 들어와 한림시강학사(翰林侍講學士) 겸 홍문관학사(弘文館學士)가 되었다. 서법은 강리기기(康里巎巎─이 시리즈의 제3권 384쪽 참조)에게 배웠고, 해서(楷書)는 지영(智永)과 우세남(虞世南)을 본받았다.

지영(智永) : 수나라 때의 서예가로, 원래 성은 왕(王) 씨이며, 이름은 법극(法極)으로, 왕희지의 7대손이다.

유화(俞和)는 자가 자중(子中)이고, 호는 자란(紫蘭)으로, 동강[桐江 : 지금의 강소 동려(桐廬)] 사람이며, 전당(錢塘 : 지금의 절강 항주)에 은거하면서 벼슬을 하지 않았다. 서법은 조맹부를 주로 본받았는데, 행서와 초서는 거의 똑같아, 흔히 사람들이 조맹부의 글씨라고 속을 정도였다.

요개(饒介)는 자가 개지(介之)로, 임천[臨川 : 지금의 강서 무주(撫州)] 사람이다. 서법은 강리기기에게서 배웠고, 초서(草書)는 표일하기가 마치 회소(懷素)의 서풍과 같다.

송렴(宋濂 : 1301~1381년)은 자가 경렴(景濂)이고, 호는 잠계(潛溪)이며, 절강 포강(浦江) 사람이다. 원나라 말기에 한림원편수(翰林院編修)를 거쳐, 명나라 초기에는 한림학사승지(翰林學士承旨)를 지냈는데, 후에 장손인 송신(宋愼)이 호유용당안(胡惟庸黨案)에 연루되었기 때문에 평민으로 강등당하여 객사하였다. 해서는 정교하고 세밀하기가 기장쌀 한 톨 위에 10여 글자를 쓸 수 있을 정도였으며, 명예가 이미 명대에 최고였다. 이들 네 사람 모두가 가까이는 원나라 사람을 본받았고, 멀리는 진(晉)·당(唐)을 계승하였으며, 조맹부의 영향을 크게 받았다.

호유용당안(胡惟庸黨案) : 호유용안(胡惟庸案)이라고도 하며, 줄여서 '호안(胡案)'이라고도 한다. 호유용은 일찍이 명나라 태조 주원장과 함께 군사를 일으켜 명나라를 세우는 데 공을 세우고 재상이 되었는데, 점차 권세를 마구 휘둘러 폐단이 심했으며, 마침내 모반을 꾀하다 발각되어 그 일당이 주원장에 의해 죽임을 당한 사건을 가리킨다. 이때부터 중국 역사에서 재상이 사라지게 되었다.

홍무 연간에 궁궐 내부에서 근무했거나 중서사인에 임명된 서법가들 중 유명한 사람들로는 첨희원(詹希元)·두환(杜環)·게추(揭樞) 등이 있었다. 첨희원은 자가 맹거(孟擧)이고, 호는 일암(逸庵)이며, 처음에는 주인부사(鑄印副使)라는 벼슬을 하다가 후에 중서사인이 되었다.

위소(危素)의 제자로, 전서와 해서에 능했다. 큰 글자를 잘 썼는데, 남경에 있는 황궁(皇宮)과 성(城)의 편액은 대부분 그가 직접 썼으며, 해서는 당나라의 구양순(歐陽詢)·우세남(虞世南)·안진경(顏眞卿)·유공권(柳公權)의 서법을 두루 본받았다. 두환은 자가 숙순(叔循)으로, 일찍이 위소에게서 글씨를 배웠다. 글씨를 잘 써서 처음에는 <u>춘방(春坊)</u>에 소집되어 들어가 근무하다가, 나중에 태상승(太常丞) 벼슬을 했으며, 해서와 행서를 잘 썼는데, 서풍은 단아하고 곱다. 계추는 자가 평중(平仲)이며, 강서 풍성(豊城) 사람으로, 원나라 서법가 계혜사(揭傒斯)의 손자인데, 가법을 전수하여 해서에 능했으며, 홍무 연간에 글씨를 잘 써, 중서사인이 되었다. 이들은 위소와 원나라 서법가들의 영향을 받았으며, 역시 진(晉)·당(唐)의 서법을 주로 본받고 옛것을 모방하는 길을 걸었다. 주로 해서를 잘 썼고, 황실의 요구에 부응하여 점차 힘차고 단정하면서 고운 풍격으로 나아갔다.

홍무 연간에 가장 명성을 떨친 서법가는 '삼송(三宋)'이라 불린 송극·송수·송광인데, 그들은 옛날 서풍을 받아들여 영향을 받는 것에 머물지 않고, 또한 그로부터 더 나아가 형태의 아름다움을 강화하였다. 그리하여 기교의 원숙함과 <u>결체(結體)</u>의 곱고 아름다움에 주의를 기울여, 이른바 "명인상태(明人尙態-명나라 서법가들은 자태를 숭상한다)"의 서풍을 여는 데 선구적 역할을 했다.

송극(宋克 : 1327~1387년)은 자가 중온(仲溫)이고, 호가 남궁생(南宮生)이며, 장주(長洲 : 지금의 강소 소주) 사람이다. 홍무 초기에 시서(侍書)를 지냈고, 나중에 봉상동지(鳳翔同知)가 되었다. 해서는 종요(鍾繇)의 서법을 익혀 소박하고 꾸밈이 없는 의취를 추구하는 한편, 또한 원나라 말기 일사(逸士)들의 서풍을 띠었다. 작은 해서[小楷] 글씨는 조맹부의 서법을 익혔으나, 너무 평평하고 반듯한 습성을 타파할 수 있었으며, 거두어들이고[收] 풀어주며[放]·열고 닫으며·평평하고

춘방(春坊) : 위(魏)·진(晉) 이래로 태자궁(太子宮)을 일컫는 말로 사용되었으며, 춘궁(春宮)이라고도 했다. 당나라 때에는 태자첨사부(太子詹事府)를 두고 각종 업무를 통괄하였으며, 좌우(左右) 두 춘방이 여러 국(局)들을 이끌었다.

결체(結體) : 글자의 점획(點劃)의 배치와 형식의 구도를 말하는 것으로, '결자(結字)' 혹은 '간가(間架)'라고도 한다. 한자 필획의 길고 짧음·굵고 가늚·올려다봄과 내려다봄[俯仰]·늘어남과 줄어듦 등, 그리고 편방(偏旁)의 넓고 좁음·높고 낮음·기울고 바름 등등의 글꼴을 가리키는데, 글자마다 다른 형태로 구성된다.

곧으며·기이하고 단정한 변화가 풍부하여, 오히려 왕희지의 소해 작품인 〈악의론(樂毅論)〉에 가깝다. 초서는 왕희지의 서법을 익혔으며, 또한 약간 장초(章草)의 글꼴과 용필(用筆)이 섞여 있어, 둥글게 돌려 쓰는 가운데 단단한 기운이 느껴지고, 부드럽고 고운 가운데 소탈한 맛이 느껴지는데, 예를 들면 〈초서진학해(草書進學解)〉〈卷; 북경 고궁박물원 소장)가 그러하다. 장초는 더욱 특색이 있는데, 비록 원나라의 조맹부와 등문원(鄧文原)이 개창한 풍격인 납작한 글꼴을 이어받았으나, 그 근원까지 거슬러 올라가, 오(吳)나라 황상(皇象)의 장초인 〈급취편(急就篇)〉을 깊이 탐구하였다. 따라서 용필이 굳세고 힘차며, 근골이 강건하고, 특히 오른쪽으로 삐치는 획[磔]이 두툼하면서 힘차고, 글자의 짜임이 둥글넓적한 모습을 보존한 가운데 또한 야들야들

한 자태를 취하고 있다. 그가 쓴 〈급취편〉이 여러 편 전해지지만, 북경 고궁박물원에 소장되어 있는 한 권이 가장 뛰어나다. 그의 전체적인 서풍은 '초경지세(峭勁之勢-세찬 기세)'와 '단미지자(端美之姿-단정하고 아름다운 자태)'라고 개괄할 수 있다.

송수(宋璲 : 1344~1380년)는 자가 중형(仲珩)이며, 절강 포강(浦江) 사람으로, 송렴(宋濂)의 둘째 아들이다. 홍무 9년(1376년)에 중서사인이 되었으나, 호유용당안(542쪽 참조-역자)에 연루되어 죽임을 당했다. 서법은 가학(家學)을 계승하였으며, 또한 위소에게 배워 해서의 풍격이 단정하고 엄격하면서 힘차고 화려하다. 예를 들면 그의 서법에 대해 명나라 태조는 이렇게 칭찬했다. "송수의 글씨는 힘차고 아름다워, 마치 미녀가 머리에 꽃 비녀를 꽂은 듯하다.[小宋字劃遒媚, 如美女簪花.]" 그의 글씨 중에는 초서가 가장 특색이 있는데, 조맹부와 강리기기의 묘미를 함께 터득하였고, 전서(篆書)의 필법을 융합하여 결체가 마치 물 흐르듯이 아름답고 크기가 일정하지 않으며 어긋버긋하다. 또 점획이 원만하고 윤택하며 막힘없는 가운데 힘차고 굳센 돈좌(頓挫)를 볼 수 있다. 예를 들면 〈경복첩(敬覆帖)〉(頁; 북경 고궁박물원 소

돈좌(頓挫) : 돈(頓)은 붓을 힘차게 눌러 필획을 굵고 힘 있게 하는 동작을 말하고, 좌(挫)는 천천히 누르는 동작을 말하는 것으로, 돈좌는 필획이 꺾이는 부분에서 힘차게 눌렀다 살며시 들면서 종이에 닿는 붓의 면을 바꾸어 주는 것을 말한다. 회화나 서법에서 기복이 심하고, 빙빙 돌려서 전환하는 것을 표현하는 용어로도 쓰인다.

〈경복첩(敬覆帖)〉(頁)
(明) 송수(宋璲)
북경 고궁박물원 소장

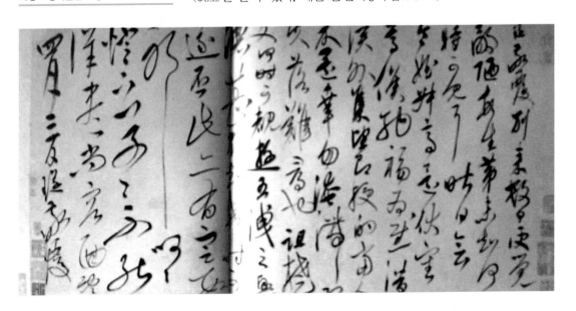

장)은 시원스럽고 상쾌하며, 고아
한 아취가 솟아나는 듯하며, 붓끝
을 신속히 움직여, 첫 글자부터 마
지막 글자까지 단번에 써내려간 것
처럼 필획이 유창하고 매끈한 가
운데 굵기에 변화가 있으며, 글꼴
이 수려한 가운데 때로는 옆으로
기울어져 험준한 기세를 취하고
있어, 형태와 의취가 모두 범상치
않고, 신선한 맛이 있다.

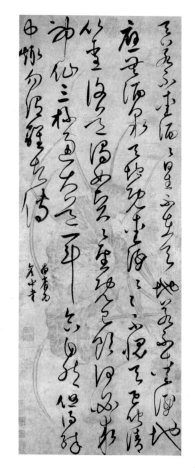

〈태백주가(太白酒歌)〉(軸)
(明) 송광(宋廣)

송광(宋廣)은 자가 창예(昌裔)이
고, 하남 남양(南陽) 사람으로, 벼
슬이 면양동지(沔陽同知)까지 올랐
다. 행초서(行草書)를 잘 썼는데, 서
체는 진(晉)·당(唐)의 서법을 겸했
으며, 특히 뛰어난 초서는 당나라
의 장욱(張旭)과 회소(懷素)의 날아 움직이는 듯이 가늘면서 힘찬 필
획의 묘를 터득했을 뿐만 아니라, 수려하면서도 부드럽고 고운 이왕
(二王−왕희지·왕헌지 부자)의 자태도 갖추었다. 〈초서풍입송사(草書風入
松詞)〉(軸; 북경 고궁박물원 소장)는 가늘면서 힘차고, 얌전하면서 막힘
이 없으며, 운필이 신속하고, 점과 획들이 죽 이어져 있어, 그의 전형
적인 풍격을 반영하고 있다.

(2) '이심(二沈)'과 '대각체' 서법

'대각체(臺閣體)' 서법은 궁정 안에서 근무하는 중서사인들이 만들
어 낸 것으로, 영락(永樂−1403~1424년) 초기의 주공양(朱孔暘)·진등(陳

登)·등용형(滕用亨)을 '대각체'의 창시자라고 할 수 있다. 그들은 대부분 전서·예서·해서를 잘 썼으며, 이러한 서체들은 세밀하면서도 깔끔한 특징을 지니고 있기 때문에, 조정에서 조서(詔書)·고칙(誥勅)·도적(圖籍)·새책(璽册)·편액(匾額) 등을 쓰기에 적합했다.

주공양은 송강(松江) 화정(華亭 : 지금의 상해 송강) 사람이다. 영락 초기에 글씨를 잘 써서 선발된 뒤 중서사인을 제수했는데, 큰 글자의 해서를 잘 썼고, 서서(署書)에 뛰어났다. 첨희원과 같이 당나라 사람들을 본받아, 단정하고 엄숙하며 장중한 서법을 터득했는데, 북경의 궁전들을 지을 때, 편액을 대부분 그에게 쓰도록 하였다.

진등(1362~1428년)은 자가 사효(思孝)이며, 복주(福州) 장락(長樂) 사람이다. 글씨를 잘 써서 선발된 뒤 한림원에 들어갔고, 나중에 중서사인으로 발탁되었다. 전서에 능했으며, 진(秦)나라 이사(李斯)와 당나라 이양빙(李陽冰)의 전통을 계승하여, 부드러우면서 힘찬 옥저전(玉箸篆)의 풍모를 터득하였다. 필획은 굵기가 적당하고, 결체는 넉넉하면서 균형이 잡혀 있어, 더욱 단정하고 아름다워 보이는데, 궁중의 큰 편액들은 대부분 그가 썼다.

등용형은 강소 남경(南京) 사람으로, 영락 초기에 글씨를 잘 써서 한림대조(翰林待詔)에 선발되었으며, 『영락대전(永樂大典)』 편수에 참여하였다. 전서·예서·해서를 잘 썼다. 해서는 우세남의 서법을 터득하였으며, 전서는 매우 정교하였다.

전형적인 '대각체' 서법은 '이심(二沈─심도·심찬)' 형제가 창립했다고 할 수 있다.

심도(沈度 : 1357~1434년)의 자는 민칙(民則)이고, 호는 자락(自樂)으로, 송강(松江) 화정(華亭) 사람이다. 글씨를 잘 써서 영락 연간에 한림전적(翰林典籍)에 선발되었으며, 후에 중서사인이 되었다가, 다시 시강학사(侍講學士)로 승진하였다. 그의 서법은 "얌전하고 아름다우며 표

서서(署書) : 진(秦)나라 때의 여덟 가지 서체의 하나로, 주로 편액을 쓰는 데 사용했다.

옥저전(玉箸篆) : 글자 그대로 옥으로 만든 젓가락과 같이 일정한 굵기와 단단한 필획의 전서체를 말한다. 잘록하면서 대칭을 이루며 균형 잡힌 글꼴이 특징이다. 대표적으로 진나라 이사와 당나라 이양빙 같은 서풍의 전서체가 있다.

일하고, 온화하고 점잖으며 법도에 잘 맞아[婉麗飄逸, 雍容矩度]"[양사기(楊士奇), 『동리집(東裏集)』], 황가의 부귀하고 화려한 기풍을 가장 잘 표현해 냈는데, 이 때문에 제3대 황제 성조(成祖)로부터 매우 깊은 사랑을 받아, "우리 명나라의 왕희지다[我朝王羲之]"[이소문(李紹文), 『황명세설신어(皇明世說新語)』]라고 칭찬할 정도였으며, 그에게 명하기를 "매일 편전에서 시중을 들며, 모든 옥책(玉冊)과 금간(金簡)을 만들어 이를 종묘와 조정에서 쓰고, 비부(秘府)에 보관하고, 사방의 변방 지역에 나눠주고, 이를 정석(貞石-비석)에 새겨서 후세에 전하고, 일체의 크게 만든 것들에는 모두 심도의 글씨를 쓰도록 하라[日侍便殿, 凡玉冊·金簡, 用之宗廟·朝廷, 藏秘府, 施四裔, 刻之貞石, 傳於後世, 一切大製皆命度書]"[『패문재서화보(佩文齋書畫譜)』]라고 하였다. 이러한 그의 풍격은 해서·행서·예서·전서 등 모든 서체를 관통하였으나, 그 중 해서가 가장 전형적이다. 그의 소해(小楷-작은 해서)는 이왕(二王)의 힘차면서도 고운 서풍의 장점을 터득했을 뿐만 아니라, 또한 우세남의 단정하고 장중하면서도 빼어나게 아름다운 해서의 영향을 받아서, 당시 세간에서 가장 소중하게 여겼다. 〈경재잠(敬齋箴)〉(頁; 북경 고궁박물원 소장)은 현재 전해지고 있는 대표작인데, 글꼴이 단정하면서 고르게 균형 잡혀 있고, 필획이 원만하고 윤택하면서 힘이 있고, 단정하고 아름다우며, 얌전하고 고우며, 시원스럽고 대범하며 장중한 아름다움을 갖추었다. 그의 예서는 훨씬 더 당나라 서법가들의 풍모를 많이 담고 있어, 글자체가 반듯하고 단정하며, 필획이 균형 잡혀 있는데, 오직 파책(波磔) 부분에만 한(漢)나라 예서의 특징이 남아 있다. 전체적인 풍모가 단정하고 아름다운 해서의 서풍과 일치한다. 그의 행서와 초서는 비교적 많지 않은데, 전해지는 바에 따르면, 뜻밖에도 그의 동생과 다툴 수 있었기 때문이라고 한다. 예를 들면 명나라 육심(陸深)은 이렇게 말하고 있다. "심도(沈度)는 행서를 쓰지 않았고, 심찬

파책(波磔) : 서법에서 오른쪽 아래 방향으로 붓을 삐치는 것을 말한다. 일설에는 왼쪽 삐침을 '파(波)'라 하고, 오른쪽 삐침을 '책(磔)'이라고 하기도 한다.

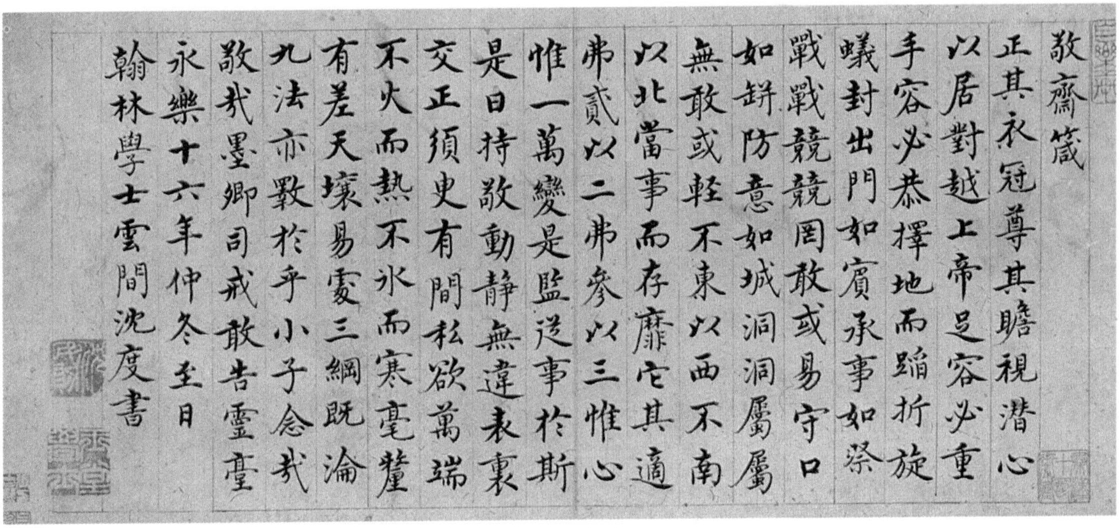

해서(楷書) 〈경재잠(敬齋箴)〉(頁)

(明) 심도(沈度)

북경 고궁박물원 소장

(沈粲)은 때로 해서를 익혔는데, 형제간에 글씨의 우열을 다투지 않으려 함이었다.[民則不作行書, 民望時習楷法, 不欲兄弟爭能也.]"[근대 사람인 마종곽(馬宗霍)의 『서림조감(書林藻鑑)』 권11에서 인용]

심찬은 자가 민망(民望)이고, 호는 간암(簡庵)인데, 글씨도 잘 쓰는데다 형인 심도와의 관계 때문에 영락조 때에 벼슬이 한림시조(翰林侍詔)에서 중서사인으로 천거되었고, 시독학사(侍讀學士)를 거쳐 대리소경(大理少卿)에까지 이르렀다. 해서·행서·초서를 잘 썼는데, 특히 초서로 유명했다. 일찍이 송수(宋璲)에게서 배워 유창하고 윤택하면서 힘이 있는 그의 초서 풍격을 받아들였고, 또한 장초(章草) 필법을 융합하여, 점차 자신의 면모를 형성하였다. 정통(正統) 정묘년(丁卯年 : 1447년) 때인 말년에 쓴 〈천자문(千字文)〉(卷; 북경 고궁박물원 소장) 행서는 운필이 빠르고, 글꼴이 가늘면서 힘차고, 확실하게 장초의 파책(波磔)에서 벗어났는데, 배치가 들쑥날쑥한 가운데 법도를 잃지 않았으며, "힘이 있으면서도 자유분방함이 뛰어난[以遒逸勝]"[『명사(明史)』·「문원전(文苑傳)」] 풍격이 특징이다.

'이심(二沈)'은 비록 해서나 초서 중 각자 잘 쓴 서체는 달랐지만,

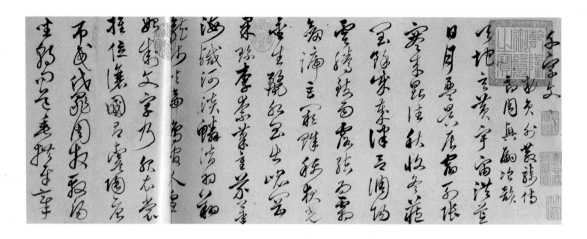

두 사람은 오히려 같은 풍격을 추구했음이 드러난다. 첫째는, 법도를 중시하였는데, 점획과 글자체로부터 운필·포세(布勢-구도와 형세)까지 이왕(二王) 계통의 첩학 전통과 진(晉)·당(唐) 시대의 명가들이 다져놓은 규범을 벗어나지 않았다. 즉 본래 자유분방한 특징을 가진 행서와 초서까지도 한 획 한 획이 모두 규율과 법식을 벗어나지 않아, 분방하면서도 법도를 갖추었으며, 글자의 자태와 장법(章法-문장 전체의 짜임새와 구조)도 지나치게 기울거나 크기의 변화가 없었다. 둘째는, 형태의 아름다움을 중시하였는데, 특히 '중화(中和-강함과 부드러움의 적절한 조화)'의 아름다움을 추구하여, 지나치게 격렬하거나 북돋우지 않았으며, 지나치게 치우치지 않았다. 둥글고 모난 점획이 서로 어우러지고, 강함과 부드러움이 서로 보완하여, 단정하면서도 장중한 자태는 있지만, 기이하거나 분별없이 괴상한 형태는 볼 수 없다. 차분하고 아름다운 심도의 해서는 물론이고, 심찬의 힘차면서도 자유분방한 초서도 모두 이러한 심미 의경을 체현해 내고 있다.

영락조(永樂朝)부터 선덕조(宣德朝)에 이르기까지(1403~1435년) '대각체'를 주로 본받아 배운 서법가들이 매우 많았는데, 기록에 따르면 '대각체'로 『영락대전(永樂大典)』을 쓴 사람들이 무려 2천여 명이나 되었다고 한다. 직접 황실에 고용된 어용 서법가들뿐만 아니라, 명성을 얻고자 했던 문인들이나 공을 세워 이름을 날리고자 했던 고관대작들까지 서로 앞을 다투며 모방하며 흉내를 냈는데, 그 가운데 호엄(胡儼)·호광(胡廣)·해진(解縉) 등 문학시종(文學侍從) 대신들이 크게 명성을 떨친 서법가들이었다. '대각체' 서풍은 오로지 모방만을 좇아 법도를 이루고, 지나치게 단정하고 장중한 풍격만을 강조함으로써, 점차 옛 의취[古意]와 생기를 상실하여 경직되고 단조로워졌다. 이리하여 성화(成化-1465~1487년)와 홍치(弘治-1488~1505) 연간에 이르러서는 이미 시들기 시작했는데, 강립강(姜立綱)은 최후의 '대각체' 서법가였다고 할 수 있다.

강립강은 자가 정헌(廷憲)이고, 호가 동계(東溪)로, 절강 서안(瑞安) 사람이다. 7세 때 이미 글씨를 잘 써서 한림원(翰林院) 수재(秀才)가 되었고, 벼슬이 중서사인을 거쳐 태상시경(太常侍卿)까지 올랐다. 해서를 잘 써서, 궁전의 비액(碑額) 및 제고(制誥-임금의 칙명)·책전(冊典)은 대부분 그가 썼는데, 세간에서는 그가 쓴 이러한 것들을 '강자(姜字)'라고 불렀다. 그의 해서는 오로지 깔끔하고 반듯함을 추구하여, 크기가 획일적이고, 점획은 힘이 있으면서 법도를 추구하여, 결국 단조롭고 변화가 적었다. '이심(二沈)'이 창조한 '대각체' 서풍 속에 포함되어 있던 얌전하고 고우며 힘차면서도 분방함은 이미 딱딱하고 획일적인 모습으로 변하여, 모습이 마치 주판알 같았으며, 하급 관리의 속기(俗氣)가 가득 묻어나게 되었다. 예컨대 명나라 왕세정(王世貞)은 『예원치언(藝苑巵言)』에서 다음과 같이 평했다. "강립강의 서법은 이심(二沈)의 반듯한 서풍을 조금 변화시켜, 그 서체에서 공교함이 지극하다고 할 수 있지만, 세속의 때를 벗지는 못했다.[立綱小變二沈爲方整, 就其體中, 可謂工至, 而不免俗累.]" 또 범흠(范欽)의 비평은 더욱 날카롭다. "강립강의 글씨는 서툴면서 어리석고 혼탁하며, 대략 주판 같은데, 세상 사람들은 도리어 이를 좋아하여, 서로 본받아가며 익혔다.[立綱臃腫癡濁, 大類算子, 世顧好之, 遞相宗習.]"[근대 사람 마종곽(馬宗霍), 『서림조감(書林藻鑑)』 권11에서 인용] 따라서 '강자(姜字)'의 출현은 바로 '대각체'가 이미 생명을 다했다는 것을 상징하는 것이었다.

명나라 중기의 서법과 '오중삼가(吳中三家)'

명나라 중기인 성화(成化)와 홍치(弘治) 연간(1465~1505년)은 서풍(書風)의 전환기라 할 수 있는데, 한 무리의 문인 서법가들은 '대각체'의 속박을 타파하고, 개성이 풍부한 새로운 풍격을 창조하기로 결의하였는데, 송강(松江) 지역의 '운간습자(雲間習字)'와 광동(廣東) 지방 진헌장(陳獻章)의 '모용서(茅龍書)'가 대표적이라고 할 수 있다. 정덕(正德 –1506~1521년)과 가정(嘉靖–1522~1566년) 연간에는 소주(蘇州) 일대에서 더욱 많은 문인 서법가들이 나타나 새로운 물결을 일으켰으며, 기세가 매우 거대한 '오문서파(吳門書派)'를 형성하였는데, 그 가운데 축윤명(祝允明)·문징명(文徵明)·왕총(王寵)이 가장 명망이 높아, 이들을 '오중삼가(吳中三家)'라 부른다. 그들은 공통적으로 개성 있는 풍격을 추구함과 동시에, 낭만주의와 고전주의 사조에 대해서는 각자 선택하여 집중하였고, 또한 모두 뛰어난 업적을 쌓아 서법 예술의 발전을 크게 촉진하였다.

(1) 송강(松江) 지역의 '운간습자(雲間習字)'와 진헌장(陳獻章)의 '모용서(茅龍書)'

명나라 초기에 송강 지역에서 심도와 심찬이라는 서법 명가들이 출현했기 때문에, 글씨를 잘 쓰는 사람들이 매우 많았는데, 그들은 주로 '삼송(三宋)'·'이심(二沈)'의 서풍을 본받았다. 그러나 성화·홍치 연간에 이르러, 점차 '대각체'가 쇠퇴함에 따라, 이미 판세가 변화하는 경향이 드러났으며, 대표적인 인물들로는 또한 '이장(二張)'이라 불리는 장필(張弼)·장준(張駿)과 '이전(二錢)'이라 불리는 전부(錢溥)·전박(錢博) 형제가 있었는데, 화사(畫史)에서는 이들을 '운간습자(雲間翟字)'라고 부른다.

　장필(張弼 : 1425~1487년)은 자가 여필(汝弼)이고, 호는 동해(東海)이며, 송강 화정(華亭 : 지금의 상해 송강) 사람으로, 벼슬이 남안지부(南安知府)에 이르렀다. 초서를 잘 썼으며, 장욱과 회소의 서법을 익혀, 괴이하고 웅장하며, 다분히 자유분방한 자태가 넘쳐나는데, 예를 들면 왕오(王鏊)는 이렇게 평하였다. "장필의 초서는 스스로 터득한 바가 매우 많다. 술이 얼큰하여 흥취가 돋으면 순식간에 작품 수십 장을 써냈는데, 그 빠르기가 마치 비바람과 같고, 씩씩하기가 마치 용이나 뱀과 같고, 기울기가 마치 떨어지는 바위와 같으며, 수척하기가 마치 메마른 등나무와 같다.[弼草書尤多自得, 酒酣興發, 頃刻數十紙, 疾如風雨, 矯如龍蛇, 欹如墮石, 瘦如枯藤.]"[마종곽, 『서림조감』 권11에서 인용]. 세상에 전해오는 대표작으로는 초서로 쓴 〈천자문(千字文)〉(卷; 북경 고궁박물원 소장)이 있는데, 운필이 빠르고 유창하면서, 때때로 붓을 이어서 써내려갔으며, 점획은 돈좌(頓挫-545쪽 참조)가 자유분방하고, 굵기의 변화가 풍부하다. 또한 원만하고 윤택한 체세와 단정하고 아름다운 자태를 잘 유지하고 있어, 격렬하면서도 괴상하지 않고, 종횡무진하면서도 법도가 있다.

　장준(張駿)은 자가 천준(天駿)이고, 호는 남산(南山)으로, 송강 화정 사람이다. 성화(成化) 초기에 중서사인이 되었고, 곧바로 문화전(文華殿)을 거쳐 예부상서(禮部尙書)를 끝으로 관직에서 물러났다. 전서·예서·행서·초서를 두루 잘 썼으나, 광초(狂草-매우 심하게 흘려 쓴 초서)로 더욱 유명했다. 예를 들면 〈두시빈교행(杜詩貧交行)〉(軸; 북경 고궁박물원 소장)은 붓끝이 날아오르는 듯하며, 필획은 기복(起伏)과 휴지(休止)와 곡절(曲折)이 조화로우며, 글자의 크고 작음이 들쑥날쑥하여, 더욱 자유분방하고 구속됨이 없는 필세를 갖추고 있다.

전부(錢溥)는 자가 원부(原溥)이고, 강소 화정 사람이며, 성화(成化) 중기에 벼슬이 남경이부상서(南京吏部尙書)에 이르렀다. 그의 동생인 전박(錢博)은 자가 원박(原博)이며, 벼슬이 사천안찰사(四川按察使)에 이르렀다. 두 사람 모두 해서·행서·초서를 잘 썼으며, 송극(宋克-이 책 543쪽 참조)의 서법을 익혔기 때문에 풍격도 비슷하고, 기예가 완숙했으며, 필법이 매우 세차다.

'이장(二張)'과 '이전(二錢)'의 매우 자유분방하거나 힘찬 서풍은, 단지 '대각체'를 제한적으로만 타파했을 뿐인데도, 정통한 전통을 숭상하는 서법가들의 안중에는 이미 사류(邪流)의 이단으로 비쳐졌다. 예를 들어 항목(項穆)은 『서법아언(書法雅言)』에서 다음과 같이 비난하고 있다. "후세의 어리석고 천한 무리들이, 크기도 들쑥날쑥하게 제멋대로 써대는데, 혹은 한 글자로 여러 글자를 써야 할 자리에 쓰기도 하고, 혹은 한 획으로 여러 가지 모양들을 모아놓았는가 하면, 억지로 갖다 붙이거나 구부려 연결하고, 서로 배척하거나 서로 묶어놓았으며, 점획이 엉겨 붙어 있고, 지나치게 줄이거나 지나치게 늘이기도 했다. 양가(楊珂)·장필(張弼)·마일룡(馬一龍) 같은 무리들은 또한 그 이름도 아름답게 '매화체(梅花體)'라고 부르고 있다. 그야말로 마치 눈먼 걸인 같기도 하고, 손이 문드러지고 발이 잘려나간 것 같기도 하고, 늙은이와 아이들을 새끼줄로 한데 엮어놓은 듯하여, 그 혐오스럽고 추하기가 이를 데 없는데, 되지도 않는 소리를 함께 떠들어대며, 시골 장터를 떠돌아다닌다.[後世庸陋無稽之徒, 妄作大小不齊之勢, 或以一字而包絡數字, 或以一傍而攢簇數形, 强合鉤連, 相排相紐, 點劃混沌, 突縮突伸. 如楊秘圖(珂)·張汝弼(弼)·馬一龍之流, 且有美其名曰梅花體. 正如瞽目丐人, 爛手折足, 繩穿老幼, 惡狀醜態, 齊唱俚詞, 遊行村市也.]" 이렇게 폄하하는 것은 바로 그들의 서법에 이미 '중화(中和)'에 반대하고 '미친 듯한 기괴함[狂怪]'을 숭상하는 낭만주의 경향이 드러나고 있었음을 나타내주는 것이다.

광동의 진헌장(陳獻章 : 1428~1500년)은 자가 공보(公甫)이고, 호는 석재(石齋)이며, 광동 신회(新會) 사람으로, 유명한 이학가(理學家)였다. 그의 학설은 송대 육구연(陸九淵)의 '심학(心學)'을 계승하여, 고요히 앉아서 묵상하는 방법을 제창함으로써, "배움이 힘들고 어지러우면 도(道)를 찾을 방법이 없기 때문에, 책을 읽어 박식해지는 것은 고요히 앉아 깨닫는 것만 같지 못하다.[學勞攘則無由見道, 故觀書博識, 不如靜坐]"라고 하였다. 그의, 마음에서 모든 것을 구하고 스스로 터득하는[自得] 것을 중시하는 철학 사상과, 벼슬에 나아가려 하지 않고, 세속과 어울려 다투지 않으려는 처세 태도는 또한 그의 서법 속에 스며들어 융합되었다. 그는 일찍이 다음과 같이 말한 바 있다. "나의 글씨가 매번 움직임 위에서 고요함을 구하고, 분방하면서도 방종하지 않으며, 머물 듯하지만 머물지 않는 것은, 내가 움직임에서 오묘함을 추구하기 때문이다. 뜻을 얻어도 경탄하지 않으며, 위태로워도 근심하지 않는 것은, 내가 평정함을 유지하기 때문이다. 법도를 따르지만 얽매이지 않으며, 자유분방하지만 방탕하지 않으며, 서툴지만 기교를 부린 것보다 나으며, 강하지만 부드러울 수 있어, 형태가 확립되면 기세가 내달리게 되고, 의취가 충족되면 기이함이 넘쳐흐르게 된다. 내 마음을 바르게 하고, 내 감정을 가다듬고, 내 이성을 다듬는 것, 이것이 내가 예(藝)에서 노니는 까닭이다.[子書每于動上求靜, 放而不放, 留而不留, 子之所以妙乎動也. 得志弗驚, 危而不憂, 子之所以保乎靜也. 法而不囿, 肆而不流, 拙而愈巧, 剛而能柔. 形立而勢奔焉, 意足而奇溢焉. 以正吾心, 以陶吾情, 以調吾性, 此子所以于藝也.]""[명(明), 진헌장(陳獻章), 『백사자전집(白沙子全集)』권2] 그의 서법은 진(晉)나라의 이왕(二王)에 근본을 두고, 말년에는 수(隋)나라의 양응식과 송나라의 미불·황정견 등의 필세와 용필을 더욱 많이 흡수하여, 미친 듯 방자한 맛이 더욱 좋아졌다. 더욱이 그는 띠풀로 붓을 만들었는데, 자신이 만든 '모용필(茅龍筆)'로 쓴 행서와 초서는 더욱 진솔하고 자연스러움을 나타냈으며, 또한 호방하고 유창하며 쓸쓸하고 소박한 새로운 서풍을 형성하였다. 모초필(茅草筆)은 탄성이 비교적 강하고 또한 먹을 그다지 많이 머금지 않기 때문에, 운필이 날아가는 듯이 빠를 수 있어, 마치 단번에 써 낸 듯했으며, 또한 먹의 건습(乾濕)과 농담(濃淡)의 변화를 매우 풍부하게 하여, 때때로 비백(飛白)의 흔적이 나타나기도 했다. 동시에 뻣뻣하면서 쉽게 흩어지는 붓털은 점획을 굳고 힘차면서도 메마르고 험하게 하여, 막힘없이 유창하면서도 서툴러 보이며, 또한 때때로 몇 갈래로 갈라진 가는 자국을 드러내기도 한다. 이러한 서풍은 날뛰듯 자유분방하고, 자연스러우며 소탈할 뿐만 아니라, 절주(節奏)와 기복(起伏)이 있어 변화가 풍부하고, 조밀함과 듬성듬성함·물 흐르듯 자연스러움과 어색함·힘차고 강함과 부드러움·짙은 먹[濃墨]과 메마른 붓이 유기적으로 한데 융합되어 있다. 뿐만 아니라 순전히 자연 그대로를 전달해 내고, 스스로 그 즐거움을 터득한 필법의 종지(宗旨-요지)와 한산하고 자유분방하며 마음을 맑고 차분하게 하는 개성적 기질은 이미 낭만주의 유파의 기본적 특징을 드러내고 있다. 전해오고 있는 그의 대표작으로는 〈대두하설(大頭蝦說)〉(軸; 북경 고궁박물원 소장)·〈종피마시(種蓖麻詩)〉(卷; 광동성박물관 소장)·〈칠언절구(七言絕句)〉(軸; 상해박물관 소장) 등이 있는데, 모두 초서 작품들이다.

⑵ 거리낌 없이 분방한 초서로 유명했던 축윤명(祝允明)

'오중삼가(吳中三家)' 가운데 축윤명이 가장 숭상되었는데, 왕세정(王世貞)은 『예원치언(藝苑巵言)』에서 이렇게 말하고 있다. "천하의 서법은 우리 오현(吳縣-소주) 지방에 귀결되는데, 그 중 축윤명이 으뜸

〈조윤휘경탄기(祖允暉慶誕記)〉(일부분)
(明) 축윤명(祝允明)

이고, 문징명과 왕총은 다음이다.[天下書法歸吾吳, 而京兆允明 爲最, 文待詔徵明, 王貢士寵次之.]"

　축윤명(祝允明 : 1460~1526)은 자가 희철(希哲)이고, 호는 지산(枝山)인데, 오른쪽 손가락이 여섯 개여서 스스로 지지생(枝指生)이라고 불렀다. 장주(長洲 : 지금의 강소 소주) 사람이며, 대대로 벼슬을 한 집안 출신으로, 할아버지인 축호(祝顥)는 산서(山西) 포정사(布政司) 우참정(右參政)을 지냈고, 외할아버지인 서유정(徐有貞)은 벼슬이 병부상서(兵部尚書)였으며, 화개전(華蓋殿) 대학사(大學士)에 임명되었고, 무공백(武功伯)에 봉해졌다. 축윤명은 어려서부터 영민했을 뿐만 아니라, 좋은 가정교육의 영향으로 글씨와 시에 능했다. 청년 시절까지 다방면으로 공부를 많이 하여, 재주가 뛰어나기로 고향에서 명성이 자자했다. 서법은 그의 장인이자 당시 저명한 서법가였던 이응정(李應禎)의 영향을 받았으며, 주로 해서를 잘 썼다. 청년 시절에 그는 단정하고 예의 바르게 공부를 하면서, 오로지 공명(功名)을 추구하였으며, 서법에서도 착실하게 고법(古法)을 배우며, 진(晉)·당(唐)·송(宋)·원(元)대 명가들의 서법을 본받아 공부하여, 매우 정연하고 침착한 해서를 잘 썼다. 그가 33세 되던 홍치 5년(1492년)에 향시에 합격하였으나, 그 후에는 오히려 일곱 차례나 줄곧 낙방하였으며, 55세 되던 정덕(正德) 9년(1514년)에 드디어 광동혜주부(廣東惠州府)와 영현지현(寧縣知縣)을 제수하였다. 중년 시절은 그의 생애와 사상의 발전에서 중대한 전환기라 할 수 있는데, 50세 이전에 그는 여전히 벼슬에 대한 희망을 버리지 않으며, 비록 여러 차례 과거시험에 낙방했음에도 불구하고, 의연하게 유가(儒家)의 경세치국(經世治國)을 따라 적극적으로 사회에 대해 개입하는 태도를 견지하였다. 그리하여 37세 때에는 일찍

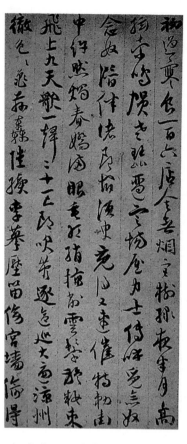

이 당인(唐寅)에게 방종한 행동거지를 고쳐 착실하게 공부해서 공명
을 얻으라고 권면하였으며, 또한 장령(張靈)을 학생으로 받아들여 가
르치기도 했다. 서법도 당나라 서법가들의 웅강(雄强)하면서도 강건
(剛健)하며 법도가 엄정한 분야에만 편중하여, 정밀하고 조심스러운
해서나 행서를 위주로 하였지만, 행서는 그다지 많이 볼 수 없고, 초
서는 더욱 드물다. 50세 이후부터 60세 전후까지는 후반기인데, 자신
의 벼슬길에 대한 좌절과 당인(唐寅)의 파면으로 인하여, 그의 인생
관은 점차 사회에 개입하는 것[入世]에서 사회를 벗어나는 것[出世]로
전환하여, 불교와 도교 사상 및 위(魏)·진(晉) 시대 문인들이 숭상했
던 것처럼 인생을 즐기는 태도와 마음 내키는 대로 방종하게 행동하
는 것 모두가 그에게 매우 큰 영향을 미쳤다. 그리하여 성격이 자유분

방하며 구속 받지 않았고, 때를 가리지 않고 주색과 육박(六博-윷놀이를 가리키며, 도박을 의미한다)에 빠졌다. 문예 사상에서도 왕수인(王守仁-왕양명)의 심학(心學)과 이몽양(李夢陽)의 복고주의 사조의 영향을 받아, 홀로 성령(性靈)을 토로하고 개성을 강조하였으며, "문장은 반드시 진·한 시대를 따라야 하고, 시는 반드시 성당 시기를 본받아야 한다[文必秦漢, 詩必盛唐]"라고 주장하였다. 서법에서의 표현은 바로 진(晉)·당(唐) 시대의 고고(高古)한 운치를 선택하여 취했을 뿐만 아니라, 송나라 사람들의 상의(尙意) 서풍을 중시하였으며, 또한 공력(功力)을 중시하면서도, 개성도 돋보이게 하였다. 그때의 서체도 행서와 초서를 위주로 하는 것으로 바뀌었으며, 자유분방하고 구속받지 않는 풍격을 나타냈다. 가정(嘉靖) 원년(1552년), 즉 그가 이미 말년으로 들어선 63세 때, 남경으로 발령을 받아 경조응천부통판(京兆應天府通判)이 되었으나, 채 1년도 지나지 않아 병을 얻어 소주(蘇州)로 돌아와 시서(詩書)로 소일하였다. 만년에 집에서 지내는 동안 참담한 인생을 대하면서, 노장(老莊) 철학에 더욱 빠져들어 행동은 초탈하고 거리낌이 없었으며, 유머와 해학이 넘쳐났다. 시문에서는 비속함을 피하지 않았고, 감정과 회한을 직설적으로 표현하였으며, 서법에서는 광초(狂草)를 전념하여 연구했는데, 성정(性情)에 따라 마음 내키는 대로 썼으며, 감정과 뜻을 표현하였고, 능숙함과 졸렬함을 따지지 않았으며, 괴이하고 속됨을 피하지 않음에 따라, 스스로 일가를 이루었다.

축윤명은 사승(師承) 관계가 대단히 광범위한데, 서법을 폭넓게 채택하고 수용하여, 역대 여러 서법가들의 훌륭함을 겸비하였다. 명나라의 왕세정은 다음과 같이 비교적 상세하게 논술하고 있다. "축윤명은 어려서 종요·이왕(二王)·우세남·구양순·저수량·조맹부 등의 해서를 주로 공부하였고, 행서는 왕헌지·지영·저수량·회소·장욱·이옹·소식·황정견·미불을 공부하였는데, 절묘한 솜씨를 따라 배우

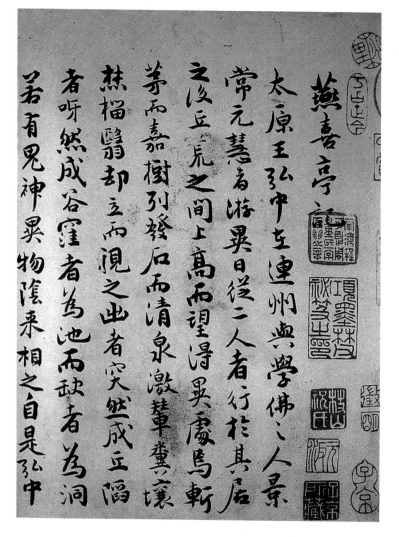

지 않음이 없었다.[京兆少師楷法, 自元常(鍾繇)·二王(王羲之·王獻之)·秘監
(虞世南)·率更(歐陽詢)·河南(褚遂良)·吳興(趙孟頫), 行書則大令(王獻之)·
永師(智永)·河南·狂素(懷素)·顚旭(張旭)·北海(李邕)·眉山(蘇軾)·豫章(黃庭
堅)·襄陽(米芾), 靡不臨寫工絶.]"[『예원치언(藝苑巵言)』] 이리하여 그는 소
해(小楷)·해서(楷書)·행해(行楷)·행서(行書)·행초(行草)·초서를 두루
잘 썼으며, 또 서체마다 각각의 면모를 갖추고 있어, 다양한 풍격과
특색을 나타낸다. 〈육체서시부(六體書詩賦)〉(卷; 북경 고궁박물원 소장)

에서, 이와 같이 그가 폭넓게 여러 서법가들의 풍격을 채용하여 다양한 서체의 장점들을 겸비한 특징을 엿볼 수 있다. 이 작품은 종요·장욱·앞 시대 사람들의 장초(章草)·소식·황정견·조맹부 등 여섯 대가들의 서법 풍모를 보는 듯하며, 소해·장초·행서·초서의 네 가지 서체가 있는데, 법도를 갖추었을 뿐만 아니라, 새로운 의취도 묻어난다. 예를 들면 종요의 서법을 따른 '소해로 쓴 이백의 〈고풍(古風)〉 시(詩)' 한 단락은 용필이 중후하면서도 소박하고, 필획의 뼈와 근육이 안에 함축되어 있어, 종요의 예스럽고 두툼한 풍모가 남아 있다. 동시에 점획의 굽고 곧으며, 길고 짧으며, 크고 작으며, 가늘고 두툼하며, 기울고 반듯하며, 성기고 조밀함이 또한 다른 글자 형태를 결합하여 운용함으로써, 변화무쌍해 보인다. '행서로 쓴 〈원별리(遠別離)〉 단락'은, 수려하면서도 단정한 글자의 자태와 유창한 운필이 왕희지·

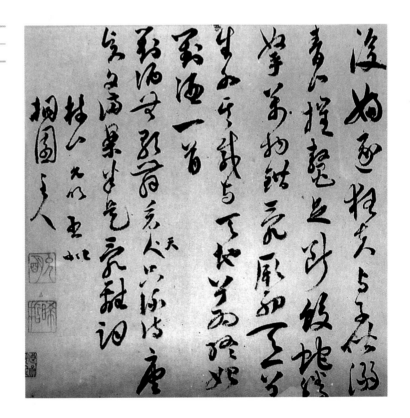

〈구감구수(九憨九首)〉(卷) (일부분)
(明) 축윤명

왕헌지 부자와 조맹부의 서법을 닮았다. 또 널찍한 점획과 비스듬한 체세는 황정견의 장점을 취하였다. 작품 전체[〈육체서시부(六體書詩賦)〉를 가리킴-역자]의 서법은 "여러 명가들의 서법 체제를 본받았으면서도, 모두 글씨를 쓸 때 자신의 생각으로 구성하는[效法諸家體制, 皆臨書以意構之]" 개성 있는 특징을 고르게 구현해 냈다.

초서는 축윤명의 개성적인 성격이 가장 잘 드러나는 서체인데, 왕헌지·지영·장욱·회소의 서법을 취한데다, 다시 황정견의 힘찬 서법이 더해져, 필선의 운용에 물결치는 듯한 운동감이 풍부하며, 결체(結體)도 가로로 펼쳐지며 비스듬히 기울고 웅장하게 탁 트인 기세를 드러내고 있다. 그의 초서는, 전통적으로 행필(行筆)이 유창하고, 자간(字間)의 간격이 긴밀하고, 행간(行間)의 거리가 널찍한 격식을 뛰어넘어, 종종 행간의 거리가 매우 좁고, 글자들이 서로 이어지며, 심지어는 연속으로 무리를 이루어 필선이 뒤엉켜 있기도 한데, 상하좌우가 서로 호응하면서 하나의 기운으로 관통하고 있으며, 운필에서는 항상 돈좌(頓挫)와 떨면서 끌어당긴[戰掣] 필획을 볼 수 있다. 또 가로로 긴 획은 대부분이 한 번 멈추고 세 번 꺾은 형세로 썼으며, 점·세로획[竪]·왼쪽 삐침[撇]·오른쪽 삐침[捺] 등의 형태도 다양하다. 풍격은 호방하고 자유분방하여, 주요 관습에 따르지 않았으며, 격렬한 기세와 강렬한 운동감을 갖추고 있을 뿐만 아니라, 짙은 서정적 의취와 개성 있는 기질도 드러내 보인다. 광초(狂草)는 더욱 변화무쌍하여, 그 단서를 찾을 수가 없다. 명나라의 막시룡(莫是龍)은 일찍이 다음과 같이 평하여 기술하였다. "축윤명의 서법은 호방하고 분방하지 않으면 신묘하고 기이함을 드러내지 않았다. 회소는 맑은 광기로 붓을 휘둘렀고, 장욱은 술에 취한 광기로 먹을 적셔 글씨를 썼는데, 모두 이러한 것들이다. 요즘 사람들은 옛날의 서법이 법도 가운데에서 나온 줄만 알지, 옛 현인들의 가슴속에서 나온 것임을 알지 못한다.

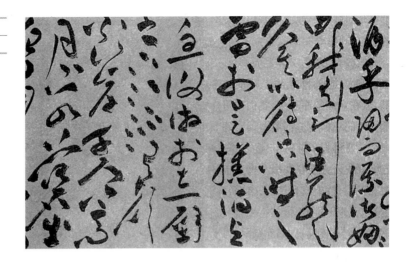

이 때문에 저절로 구름을 삼키는 듯한 기세와 꿈속에서 솟구친 것 같음이 있으며, 그리하여 변화무쌍함이 안개와 같고 기괴함이 귀신 같을 수 있는 것이며, 후대 사람들의 겨우 한 자의 종이와 한 치의 붓 사이에서 맴도는 것과는 같지 않은 것이다. 축윤명의 이 두루마리 작품은 비록 글씨를 급히 썼으며, 의도한 곳도 있고 의도하지 않은 곳도 있지만, 문장의 구성과 결체(結體)의 법, 그리고 한 획 한 획이 모두 경지를 이루었으니, 자연히 우리나라의 제일인자이다.[祝京兆書不豪縱不出神奇. 素師以淸狂走翰, 長史用酒顚濡墨, 皆是物也. 今人第知古法從矩矱中來, 而不知前賢胸次, 故自有呑雲涌夢, 若耶, 變幻如煙霧, 奇怪如鬼神者. 非若後士僅僅盤旋尺楮寸毫間也. 京兆此卷雖筆札草草, 在有意無意, 而章法結法, 一波一磔皆成化境, 自是我朝第一手耳.]"[축윤명의 〈장체자시(張體自詩)〉(卷), 막시룡(莫是龍)의 발문, 명(明) 육시화(陸時化)의 『오월소견서화록(吳越所見書畫錄)』을 볼 것.] 전해지고 있는 〈자서시(自書詩)〉(卷; 북경 고궁박물원 소장)·〈낙신부(洛神賦)〉(卷; 심양 고궁박물원 소장)·〈전후적벽부(前後赤壁賦)〉(卷; 상해박물관 소장)는 모두 그의 대표적인 초서 작품들이다.

축윤명의 서법에서 특히 초서가 창조해 낸 독특한 풍격은, 진(晉)·당(唐)의 전통을 존중하면서도, 낡은 규칙만을 고수하고 개성을 속박하는 '대각체' 서법을 반대하였다. 따라서 공력이 깊고 두터울 뿐만 아니라, 성령(性靈)을 중시하였다. 그의 붓 가는 대로 흥취에 따라 붓을 휘두르고, 공교함과 졸렬함을 따지지 않으며, 변화가 다양한 서풍은, 당시 문예계의 낭만주의 사조와 딱 맞아떨어졌으니, 그는 바로 명대 낭만주의 서법가의 일인자라고 부르기에 손색이 없다.

(3) 수려하면서 고아한 해서와 행서가 뛰어났던 문징명

문징명(文徵明-1470~1559년)은 명대 중기 오중(吳中) 지방의 유명한 문학가이자 서화가로, 시문에서는 축윤명·당인(唐寅)·서정경(徐禎卿)과 함께 '오중사재자(吳中四才子)'라고 불렸고, 회화에서는 심주(沈周)·당인·구영(仇英)과 더불어 '오문사가(吳門四家)'로 불렸으며, 서법에서도 축윤명·왕총(王寵)과 더불어 '오중삼가(吳中三家)'로 불렸다.

문징명은 맨 처음에 이응정(李應禎)에게 서법을 배웠다. 그는 어려서 글씨를 잘 못 썼기 때문에 향시(鄉試)에 참가하지 못하게 되자, 열심히 글씨를 공부하기로 결심하고는, 매일 글씨를 썼다. 지영(智永)의 〈천자문(千字文)〉을 하루에 한 번씩 쓰기로 하고, 하루도 거르지 않으며 공부했다. 50세 이전에는 당나라 서법을 거쳐 점차 진(晉)나라 서법을 공부했으며, 또한 송나라 서법가들의 필법도 터득하였다. 그리하여 해서는 주로 지영과 조맹부의 영향을 받았고, 간혹 안진경과 예찬(倪瓚)의 면모도 보인다. 특히 소해(小楷)는 글자체가 정교한데다, 대체로 붓끝이 한쪽으로 치우치는 편봉(偏鋒)과 뾰족한 필치가 비교적 많이 드러나 있어, 아름다운 운치가 있다. 행서는 대부분 소식과 강리기기의 풍격을 닮아 중후하거나 혹은 웅장하면서 거친 맛이 있고, 초서는 회소(懷素)의 면모를 많이 닮았다. 50세 이후 한림대조(翰林待詔)의 벼슬을 하는 동안에는, 직무에 맞는 글씨를 써야 했기 때문에, 글자체가 비교적 깔끔하면서 법도를 갖춘 구양순체가 많이 보

오중(吳中) : 춘추 전국 시대 오(吳)나라의 영토로, 지금의 강소 오현(吳縣)을 가리킨다.

이는데, 이에 대해 풍방(豐坊)은 이렇게 서술하고 있다. "50세 이후에는 고칙(誥敕-황제의 명령을 기록한 문서)을 써야 했기 때문에, 당시 유행하던 서체를 많이 겸비하였고, 점차 단정하고 가지런한 것을 중시하였다.[五十以後, 因書誥敕, 頗兼時體, 漸尚整齊.]"[명(明), 풍방, 『서결(書訣)』] 만년에는 고향으로 돌아와 서화를 탐구하는 데 몰두하였으며, 또한 많은 고서화를 감상하면서 안목을 넓혀, 서법의 수준이 대단히 높아졌으며, 풍격도 일변하여 스스로 일가를 이루었다. 이에 대해 왕세정(王世貞)은 다음과 같이 평하였다. "만년에 〈성교서(聖教序)〉의 장·단점을 취사선택하여, 노련함을 더하였으며, 마침내 스스로 일가를 이루었다.[晚歲取〈聖敎〉損益之, 加以蒼老, 遂自成家.]"[명(明), 왕세정, 『예원치언(藝苑卮言)』·「부록(附錄)」] 양헌(梁巘)도 역시 이렇게 평하였다. "만년에 쓴 큰 글씨는 황정견의 서법을 본받아, 고아하고 수려하면서 자유분방하며, 골기와 운치가 잘 겸비되었다.[晚年作大書宗黃, 蒼秀擺宕, 骨韻兼擅.]"[청(淸), 양헌, 『평서첩(評書帖)』] 이 시기의 해서는 이미 송·원대의 울타리에서 벗어나, 진(晉)·당(唐)대의 서법으로 나아가, 시원스럽고 편안하며, 온화하고 우아하면서도 강건한 서풍을 이루었다. 따라서 초·중기의 긴밀하면서 높고 험하며, 깔끔한 가운데 딱딱한 면모와는 서로 크게 달라져, 서체도 더욱 정교하고 아름다워 보인다. 행서는 더욱 황정견의 영향을 많이 받아, 웅장하고 자유분방한 장점을 취하여, 기세가 충만하다.

문징명은 해서·행서·초서·예서에 두루 능했는데, 특히 소해(小楷)로 명성이 높았다. 이와 관련하여 왕세정은 다음과 같이 평하고 있다. "문징명은 소해가 뛰어나 전국적으로 명성이 높았는데, 그가 득의양양해 했던 것은 예서뿐이었다. 오직 전서만은 가볍게 사람들에게 내놓지 않았지만, 그러나 또한 스스로 뛰어난 작품에 포함시켰다. 그가 쓴 수많은 글들과 네 가지 서체들 가운데 해서는 대단히 정교한데,

〈황정경(黃庭經)〉과 〈유교경(遺敎經)〉의 필의가 담겨 있다. 행서는 고아
하면서도 윤택하여, 〈옥판(玉版)〉과 〈성교서(聖敎序)〉라고 일컬을 만하
다. 예서도 역시 〈수선비(受禪碑)〉의 경지를 오묘하게 터득하였다. 전
서는 이양빙의 풍격을 터득했으나, 모두 작은 법(法)이 있으니, 소중하
다 할 수 있다.[待詔以小楷名海內, 其所需需者隷耳. 獨篆書不輕爲人下, 然亦
自入能品. 所書千文四體, 楷書極工精, 有〈黃庭〉·〈遺敎〉筆意, 行體蒼潤, 可稱
〈玉版〉·〈聖敎〉. 隷亦妙得〈受禪〉三昧. 篆書斤斤陽冰門風, 皆有小法, 可寶也.]"
[명(明), 왕세정, 『예원치언』·「부록」] 그의 해서는 종요와 왕희지·구양순·
안진경·조맹부의 서법을 본받아, 글자체가 시원스럽고 넉넉하며, 밀
도가 고르고 균일하여, 정교하면서 단정하고, 둥그스름하면서 윤택
한 맛이 난다. 깨알처럼 작은 소해가 더욱 아름다운데, 유려하고 빼어
나며 힘차고, 온순하며 정교한데, 나이가 들면서 더욱 정교해지고 성
숙되었다. 초년에 쓴 〈고사전(高士傳)〉(卷)부터 61세 때 쓴 〈전적벽부
(前赤壁賦)〉(頁)를 거쳐, 83세 때 쓴 〈후적벽부(後赤壁賦)〉(頁; 북경 고궁
박물원 소장)에 이르기까지, 나날이 고아하고 힘차며 엄격하고 단정한
방향으로 나아갔음을 볼 수 있다. 그의 행서도 특색이 풍부한데, 종

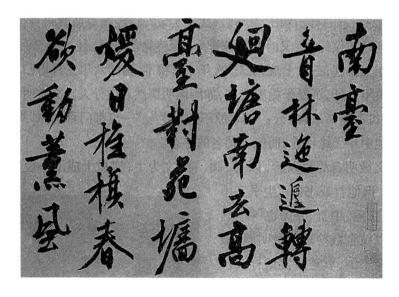

〈서원시(西苑詩)〉(卷)
(明) 문징명(文徵明)
북경 고궁박물원 소장

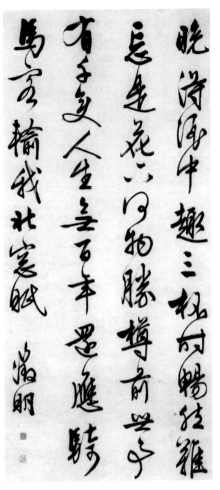

종 행서에 초서의 느낌이 있거나 초서와 행서를 겸하였으며, 순수한 행서나 마구 흘려 쓴 광초(狂草)는 매우 적다. 풍격도 두 가지가 있는데, 한 가지는 〈성교서〉에서 나온 것으로, 지영과 조맹부의 서법을 겸비한 행초서(行草書)인데, 결체(結體)가 단정하고 수려하며 우아하고, 점획이 고르고 균형이 잡혀 있다. 또 용필은 고아하고 힘이 있는데, 때때로 필획을 이어서 써, 다분히 문아(文雅)하면서 소탈한 운치와 허허롭고 여유로운 자태를 지녔다. 예를 들면, 56세에 쓴 〈서원시(西苑詩)〉(卷; 북경 고궁박물원 소장)와 86세 때 쓴 〈영화시(咏花詩)〉[冊; 양주(揚州)박물관 소장]가 그러한 작품들이다. 다른 한 가지는 황정견의 큰 글자 행서를 본받은 것으로, 글자의 중심은 응집되어 치밀하고, 사방의 바깥쪽으로 뻗어나가며, 결체는 널찍하면서도 차분하다. 용필은 중봉과 측봉을 함께 사용하여, 외유내강하고 혼후하고 튼실하며, 서풍은 훨씬 더 광활한 기세와 격동하는 기세를 띠고 있다. 예컨대 〈취옹정기(醉翁亭記)〉(卷; 심양 고궁박물원 소장)를 들 수 있다.

문징명은 원대의 조맹부 이후 고전주의 서법 유파들 중 또 하나의 종사(宗師)라 할 수 있다. 그는 평생을 근면하게 살았으며, 또한 장수했기 때문에, 작품이 매우 풍부하다. 그리고 또한 사람됨이 겸허하여, 폭넓게 교우 관계를 가졌고, 서법을 가르치는 데 인색하지 않았기 때문에 제자도 매우 많았다. 그래서 그는 '오문서파(吳門書派)' 가운데 가장 영향력 있는 서법가가 되었다.

(4) 진(晉)·당(唐)의 소박하고 진솔한 운치를 갖춘 왕총(王寵)

'오중삼가(吳中三家)' 가운데 왕총의 서법은 '절충주의' 경향이 뚜렷한데, 특히 소해(小楷)는 문징명의 온화한 기운과 축윤명의 고졸한 운치가 적절히 섞여, '절충주의'라고 할 만하다.

왕총(王寵 : 1494~1533)의 자는 이인(履仁)·이길(履吉)이고, 호는 아의산인(雅宜山人)으로, 장주(長州 : 지금의 강소성 소주) 사람이다. 읍(邑)의 제생(諸生)이 된 뒤 향시(鄕試)에 응시하여 낙제하였으나, 곧 천거되어 태학(太學)에 들어갔다. 이후 여덟 차례나 과거에 낙방하고서는, 시문과 서법에만 전념하였는데, 20년 동안 석호(石湖) 위에서 공부를 했고, 능가산(楞伽山)에서 학생들을 가르쳤다. 마음이 넓고 겸허하여 찾아오는 친구들이 많았으나, 애석하게도 오래 살지 못하고 40세에 세상을 떠났다. 문징명이 지은 묘지명에는 다음과 같이 기록되어 있다. "고상하고 명랑하며 해맑았고, 절개가 곧고 행동이 방정했다. 모든 속세의 명성과 이익을 달가워하지 않았으며, 속된 말은 입 밖에 낸 적조차 없었다. 고상한 풍모답게 행동거지도 고매했다. 그러나 그 마음을 항상 억누르고 추슬러서, 비록 명성과 칭찬이 널리 퍼지고 높아졌지만, 너그러운 마음으로 스스로 겸손할 줄 알았다. 사람들에게 학식을 말한 적이 없었고, 재능을 남보다 위에 두려 하지 않았기 때문에, 사람들도 또한 즐겁고 친근하게 이를 따랐다.[高朗明潔, 砥節而履方. 一切時世聲利之事有所不屑, 猥俗之言未嘗出口. 風儀玉立, 擧止軒揚. 然其心每抑下, 雖聲稱振疊, 而醞藉自將, 對人未始言學, 蓋不欲以所能尙人, 故人亦樂親附之.]"[명(明), 문징명(文徵明), 『문징명집(文徵明集)』 권31]

왕총은 어릴 때 채우(蔡羽)에게 시문과 서법을 배웠다. 나아가 진(晉)·당(唐) 서법의 법첩들을 깊이 공부하여, 왕헌지·우세남의 글씨를 법도로 삼아, 용필은 비교적 둥글면서 매끄럽고 완곡하며, 약간 딱딱한 기필(起筆)과 전절(轉折－돌림과 꺾음)에, 결체(結體)가 비교적 널찍하면서 단정하고, 약간 기울어진 체세이며, 풍격이 성글면서 허허롭고 빼어나며 예쁘다. 후기에는 또 비갈(碑碣)·장초(章草)·안진경과 유공권의 필

제생(諸生) : 명·청대에 고시에 합격하여, 부(府)·주(州)·현(縣)의 각급 학교에서 학습했던 생원.

석호(石湖) : 소주(蘇州)의 유명한 명승지로, 태호(太湖)의 지류이다.

비갈(碑碣) : 비석과 갈석을 합친 말로, 비석은 네모 반듯하며 지붕돌을 얹은 것을 가리키고, 갈석은 지붕돌이 없이 위를 둥글게 만든 것을 말한다. 여기에서는 비각(碑刻) 문자를 의미한다.

노봉(露鋒) : 붓끝이 점획의 처음과
끝부분에 드러나 보이는 것.

방필(方筆) : 필획이 모가 나고 각이
져, 반듯하고 단정하게 쓰는 용필법
을 가리키며, 이와 대조되는 것이 원
필(圓筆)이다.

법을 섭렵하여, 노봉(露鋒)과 방필(方筆)이 많이 보이고, 돈좌(頓挫)의
변화가 비교적 크며, 필획이 짧고 둥글면서 굵다. 결체는 비스듬히
기울어져 있어 기이해 보이며, 소박한 가운데 교묘함이 담겨 있고,
모나고 둥근 형태가 서로 겸비된 면모를 형성하고 있어, 스스로 하나
의 필체를 이루었다. 이에 대해 왕세정(王世貞)은 다음과 같이 평하였
다. "만년에 차츰 자신의 정취를 드러내어, 졸렬함을 아름다움으로
삼았으며, 합쳐서 우아함을 이루어 얌전하고 아름다우면서도 힘차면
서 고아하니, 보는 이를 크게 감동시킨다.[晩節稍稍出己意, 以拙取巧, 合而
成雅, 婉麗遒逸, 奕奕動人.]"[근대 사람 마종곽(馬宗霍)의 『서림조감(書林藻鑑)』
권11에서 인용.]

　　왕총은 해서·행서·초서의 세 가지 서체를 잘 썼으며, 이 중에서
도 소해(小楷)가 가장 명성이 높았는데, 문징명과 축윤명의 장점을 취
했을 뿐만 아니라, 진(晉)나라 서법의 풍모를 더하여, 수려함 속에 고
졸한 맛이 있다. 〈송진자령회시삼시(送陳子齡會試三詩)〉(頁; 북경 고궁박
물원 소장)는 서법이 성숙한 후의 전형적인 서풍을 반영하고 있는데,
장법이 바르고 단정한 가운데 크기가 들쭉날쭉해 보여, 글자의 형태
가 쓸쓸하고 스산한 느낌이다. 점획은 배치가 서툰 듯하며, 때때로
비스듬한 자태가 드러나고, 운필도 소박하고 중후함을 함축하고 있
으며, 원만하고 윤택한 중봉(中鋒)을 많이 사용하여, 작품이 졸렬함
속에 공교함이 담겨 있고, 고의(古意)가 넘쳐나는 개성 있는 특색을
체현해 냈다. 그의 행초서는 매우 조예가 깊고, 특색도 또한 선명한
데, 36세에 쓴 〈행초오언고시(行草五言古詩)〉(卷; 북경 고궁박물원 소장)
는 성숙기의 대표작이다. 이 작품은 필법이 둥글고 매끈한 가운데 더
욱 중후하면서도 강건한 기세가 많고, 기필(起筆-처음 붓을 대는 것)하
고 수필(收筆-붓을 떼는 것)할 때와 전절(轉折)할 때 가끔 방필(方筆)이
드러나, 어떤 점획은 비각(碑刻) 글씨처럼 험준하고 예리한 느낌이 난

다. 또 짧은 필획은 굵고 힘차 보이며, 이어지는 필선도 또한 유창하면서 침착하다. 결체는 시원스럽고 대범하면서 변화가 풍부하며, 바르거나 기울고 모나거나 둥글며, 열리거나 닫히고 모이거나 벌어지며, 들쭉날쭉함이 서로 포용하면서 운치가 있는데, 그 가운데 비스듬히 기울어지고 기이하며 험준하고 질박한 글자가 매우 많이 포함되어 있다. 왕총은 장년기의 한창 때 세상을 떠났기 때문에, 서법이 완숙한 경지에 이르지 못했으며, 여러 명가들의 서법이 아직 융합하고 충분히 어우러져 조화되지 못하였다. 따라서 그 면모도 다양하지 못하기 때문에, 축윤명이나 문징명의 성취에는 미치지 못하지만, '절충형(折衝型)'의 풍격도 역시 독자적인 하나의 풍격이라고 할 수 있을 것이다. 그의 총체적인 풍격은, 졸박한 가운데 교묘함이 담겨 있고, 강함과 부드러움이 서로 잘 조화된 선명한 특색을 반영해 냈다.

(5) '오문서파(吳門書派)'의 여러 서법가들

　'오문삼가(吳門三家)'의 영향 아래에서, 오문에서는 한 무리의 문인 서법가들이 다수 배출되었는데, 그 중 대다수는 문징명을 추종한 사람들이었다. 『명사(明史)』·「문징명전(文徵明傳)」에는 이렇게 기록되어 있다. "문징명의 풍아(風雅)함이 수십 년을 주도하였으며, 그와 교유했던 왕총·진사도(陳師道)·진도복(陳道復)·왕곡상(王穀祥)·팽년(彭年)·주천구(周天球)·전곡(錢穀) 등도, 역시 모두 문장과 서법으로 세상에 이름을 떨쳤다.[徵明主風雅數十年, 與之遊者王寵·陳師道·陳道復·王穀祥·彭年·周天球·錢谷之屬, 亦皆以詞翰名于世.]" 오문의 서법가들 가운데 문징명의 서법을 전수한 사람들로는 그의 아들 문팽(文彭)·문가(文嘉)를 비롯하여, 그의 학생이었던 팽년·진사도·왕곡상·주천구·왕치등(王穉登) 등이 있었다. 그 중 독창적으로 자신만의 새로운 풍격을 창조한 자로는 당연히 진순을 꼽을 수 있는데, 서법도 가장 개성이 풍부했으며, 가장 높은 성취를 이루어, 축윤명·문징명·왕총과 함께 '오문사가(吳門四家)'라고 일컬어진다.

진순(陳淳 : 1483~1544년)은 서법과 그림을 모두 문징명에게 사사하였으나, 모두 독창성을 지니고 있다. 회화에서는 수묵사의(水墨寫意) 화훼(花卉)의 화풍을 창안했으며, 서법에서도 분방하기 이를 데 없는 초서가 뛰어났다. 왕세무(王世懋)는 일찍이 그의 서법을 이렇게 논했다. "진순은 젊어서 빼어난 기상이 있어, 해서와 행서의 작은 글씨는 지극히 맑고 우아하게 썼다. 만년에는 이회림(李懷琳)과 양응식(楊凝式)의 서법을 좋아하여, 진솔한 의취와 자유분방한 필치에, 거침없고 호방했지만, 글씨를 공부하는 사람들은 그의 골체(骨體)를 더욱 중시하였다.[道復少有逸氣, 作眞·行小書極淸雅. 晚好李懷琳·楊凝式書, 率意縱筆, 不妨豪擧, 而臨池家尤重其體骨.]"[근대 사람 마종곽의 『서림조감』 권11에서 인용.] 그의 해서는 여전히 문징명의 풍모가 남아 있어, 단아하고 수려한 가운데 맑고 고아하다. 행서는 초년에는 시원스럽고 준일하다가, 후에는 고아하면서도 힘차고 자유분방하게 변하였다. 그의 글씨 중에는 초서가 가장 특색이 있는데, 필세가 날아갈 듯 빠르게 움직이고, 팔면출봉(八面出鋒)하여, 변화가 풍부하고, 자유자재로 민첩하다. 점획에는 고저·기복·곡절(曲折)의 변화가 풍부하며, 들고 누르며 돌리고 꺾는 과정에서 자연스럽게 먹의 운치와 비백(飛白)이 드러나면서, 절주감(節奏感—리듬감)이 풍부하다. 글자는 크기가 달라, 가지런하지 않고 들쭉날쭉하며, 바른 것과 기울어진 것이 서로 기대고, 자태가 기이하면서도 아름답게 비스듬하여, 운동감이 더욱 강하게 느껴진다. 글자의 배치에서는 듬성듬성함과 조밀함이 번갈아 이어지고, 모이는 듯하다가 또한 흩어지며, 허(虛)와 실(實)이 상생하고, 끊어진 듯하다가 이어진다. 전체적인 풍격은 고아하면서도 힘차고, 기세가 늠름하다. 전해지는 대표작으로는 〈고시십구수(古詩十九首)〉〈卷; 북경 고궁박물원 소

팔면출봉(八面出鋒) : 미불(米芾)이 일찍이 말하기를, "당나라 서법가들은 단지 한 면만을 사용하지만, 나는 바로 '팔면출봉'한다"라고 하였다. 이 말의 뜻은 곧, 당나라 서법가들은 전필(轉筆)·절필(折筆)·행필(行筆)할 때를 막론하고 시종일관 붓끝의 한 면만이 종이에 닿는 데 반해, 미불 자신은 곧 필세(筆勢)에 따라 끊임없이 붓끝의 다른 면이 종이에 닿도록 하여, 글씨의 모양이나 체태(體態)가 천변만화하게 하였는데, 이를 '팔면출봉'이라 일컫는다.

장)와 〈영회고적오수(咏懷古迹五首)〉(卷; 남경시박물관 소장) 등이 있다.

당시 서단(書壇)에는 이른바 '오문서파(吳門書派)' 이외에도 수많은 유명한 서법가들이 있었는데, 그 중 왕수인(王守仁)과 서위(徐渭)는 고전주의와 낭만주의 유파에서 모두가 일정하게 업적을 쌓았다.

왕수인(王守仁 : 1472~1528년)은 자가 백안(伯安)이고, 호는 양명(陽明)으로, 절강 여요(餘姚) 사람이다. 벼슬이 남경병부상서(南京兵部尚書)에 이르렀으며, 저명한 이학가(理學家)로, 육구연(陸九淵)의 '심학(心學)'을 발전시켜, "본심을 밝히고[明本心]" "양지를 실현한다[致良知]"는 관점을 제시함으로써, '양명학(陽明學)'을 창안하였는데, 육구연과 함께 정주학파(程朱學派)에 대항하는 육왕학파(陸王學派)라고 불린다. 그의 철학 사상도 서학(書學) 속에 침투되어, 그의 서법은 본래 고인(古人)을 본받고, 진(晉)·당(唐)을 법도로 삼았지만, 또한 상의(尚意)를 추구하고, 성정(性情)을 표현하였으며, 고전주의 서풍 가운데에서 낭만주의 경향을 드러내어, 왕총(王寵)과 유사한 '절충형(折衷型)' 서법가가 되었다. 그에 대해 주장춘(朱長春)은 다음과 같이 평한 바 있다. "왕수인 글씨의 법도는 고법(古法)을 충실히 본받아, 힘이 넘치고 고아함으로 충만하며, 기운이 속세를 초월하여, 마치 전생에 선인(仙人)이었던 듯이, 영묘한 기운이 살아 있다. 따라서 그 운치가 높고 심오함을 함께 갖추었으니, 허투루 배우지 않았다.[公書法度不盡師古, 而遒邁衝逸, 韻氣超然塵表, 如宿世仙人, 生具靈氣, 故其韻高冥合, 非假學也.]"[근대 사람 마종곽의 『서림조감』 권11에서 인용] 예컨대 36세 때 쓴 〈행초하루헌기(行草何陋軒記)〉(卷)는 〈집왕서성교서(集王書聖教序)〉와 회소(懷素)의 소초(小草–작은 초서) 서법이 한데 합쳐져, 점획이 정교하면서 유창하며 아름답고, 글자의 모양이 변화가 많으면서도 침착하며, 전혀 의식하지 않고 쓴 듯하지만, 오히려 내재된 근엄함이 드러나고, 격조는 맑고 윤택하며 소탈하고, 신선처럼 경쾌하여, 그의 전형적인 풍격을 반영하고 있다.

양지를 실현한다[致良知] : 모든 사람이 가지는 선천적·보편적 마음의 본체인 양지(良知)를 실현하는 일을 가리킨다.

정주학파(程朱學派) : 정호(程顥)·정이(程頤) 형제를 계승하여, 주희(朱熹)가 중심이 되었던 성리학을 일컫는 말.

서위(徐渭 : 1521~1593년)는 순수한 낭만주의 서파(書派)의 대가인데, 그는 회화에서는 진순과 더불어 '청등백양(靑藤白陽)'이라 불리며, 함께 수묵대사의(水墨大寫意) 화훼(花卉) 화풍을 창조하였고, 서법에서도 비슷한 것을 추구하여, 더욱 더 괴이한 풍격으로 흘렀다. 그의 서법은 매우 폭넓은 사람들로부터 전승하였는데, 왕희지·안진경·소식·미불·황정견 및 예찬 등 여러 대가들을 본받아 배웠지만, 오로지 옛것을 그대로 따라만 하지 않고, 모든 것을 '나[我]'를 위하여 유용하게 이용했으며, 임모할 때는 굳이 일필일획(一筆一劃)을 꼼꼼하게 비교하고 따지지 않고, 뜻[意]을 취하고 흥(興)을 기탁하는 데 중점을 두었다. 그는 〈서계자미소장모본난정(書季子微所藏摹本蘭亭)〉에서 다음과 같이 언급하였다. "글씨뿐만 아니라, 세간의 여러 가지 일들을 하는 데에서도, 무릇 임모(臨摹)하는 것은 직접 흥을 기탁하는 것이니, 지극히 가벼운 것도 견주고 따지며, 지극히 작은 것도 다투는 것이, 어찌 참된 나의 모습이겠는가.[非特字也, 世間諸有爲事, 凡臨摹直寄興耳, 銖而較, 寸而兵, 豈眞我面目哉.]" 오직 "때때로 자기의 필의를 드러내는 자를, 비로소 고수라 부른다.[時時露己筆意者, 始稱高手.]" 그러므로 그는 팔면출봉(八面出鋒)하며, 변화가 많고, 마음 가는 대로 쓰며, 자연스러운 의취를 얻은 미불의 서법을 각별히 좋아하여, 그의 서법을 가장 많이 취하였다. 그는 〈미남궁묵적(米南宮墨迹)〉의 발문에서 다음과 같이 언급하였다. "미불의 서법을 많이 살펴보았는데, 대범하고 시원스러우며 분방하기가 이 첩(帖)보다 더한 것이 없으니, 비유컨대 북방의 사막에 달려가는 수많은 말 가운데, 적색 준마처럼 유독 돋보인다.[閱米南宮書多矣, 瀟散爽逸, 無過此帖, 譬之朔漠萬馬, 驊騮獨見.]" 서위의 뛰어나고 걸출한 행초(行草)는 곧 "대범하고 시원스러우며 분방함[瀟散爽逸]"이 한층 강화되었다. 그가 가장 잘 썼던 초서는, 더욱 미친 듯이 분방하며, 꾸밈없이 소박한 특색을 띠고 있는데, 전해지는 작품들인 〈자서고체칠언시(自書古體七言詩)〉〈卷; 상해박물관 소장〉·〈이백시(李白詩)〉〈軸; 심양 고궁박물원 소장〉·〈회음후사시한(淮陰侯祠詩翰)〉〈卷; 광동성박물관 소장〉을 보면, 그의 초서는 기초가 깊고 두터우면서도 자연스러움이 묻어나며, 소소한 겉치레에 신경 쓰지 않은 가운데 진솔한 정감이 느껴지는 풍격을 볼 수 있다. 이는 종요의 고졸(古拙)함·장초(章草)의 심후(深厚)함과 행서의 편안[爽暢]함과 황정견의 종횡무진한 자유로움과 미불의 마음 내키는 대로 분방함을 겸비한 것이며, 따라서 결체가 넓고 크며, 체세에 따라 모양을 이루어, 날아오르는 듯한 자태가 많이 보이고, 천진하며 소박하다. 운필은 침착하면서 힘이 있고, 또한 대담하게 써 내어, 운동감이 대단히 풍부하다. 용묵(用墨)은 건조함과 습윤함이 섞여 있는데, 습윤함으로 아름다움을 취했고, 건조함으로 험준함을 취하여, 기이하고 험준한 가운데 아름다운 자태가 드러나 보인다. 장법(章法-문장의 조직과 구조)은 흥취에 따라 써냈으며, 상하좌우의 허(虛)와 실(實)이 적당하고, 배합이 교묘하다. 여러 대가들의 필묵(筆墨)이 융화되어, 일종의 '미친 듯이 날뛰는[瘋狂]' 기세와 머리를 흩트리고 옷을 풀어 제친 듯한 '풍채[儀表]'를 이루었으며, 진의(眞意)가 넘쳐나며, 개성이 선명하다. 이러한 종류의 새로운 풍격 유형은, 서법사에서 '청등체(靑藤體)'라 일컬어지며, 명대 말기의 서단에 비교적 커다란 영향을 끼쳤다.

여러 대가들이 난립한 명대 말기의 서단

융경(隆慶-1567~1572년)·만력(萬曆-1572~1620년) 연간부터 숭정조(崇禎朝-1628~1644년)의 명나라 말기까지, 조정은 나날이 부패하고 쇠퇴하였으며, 내우회환과 여러 가지 모순들이 겹쳐졌는데, 문인 사대부 계층의 생활과 예술의 추구에서도 두 종류의 주요 경향이 출현하였다. 하나는, 관직을 유지하면서 서법을 애호했던 문인들로, 이들은 사치스럽고 호화로운 생활을 선호하고 숭상하였으며, 또한 서법의 감상성과 문인 취향을 더욱 강조하면서, 한가한 심정과 안일한 정취 및 고아하며 그윽한 흥취를 표현하였으며, 이를 빌어 정신적인 공허함과 상실감을 달랬다. 서풍도 명나라 서법가들의 형태를 중시[尚態]하는 경향을 극도로 추구하여, 한가하고 평화로운 의취를 형성해 냈다. 대표적인 인물이 동기창(董其昌)인데, 그는 형동(邢侗)·미만종(米萬鍾)·장서도(張瑞圖)와 더불어 '만명사가(晚明四家)'라고 불린다. 다른 하나는, 동요하고 불안한 사회는 더욱 많은 문인들을 변란의 현실적 소용돌이에 말려들게 했는데, 그들은 직접 두 눈으로 엄혹한 시대의 추세를 목도하면서, 강렬한 민족의 존망에 대한 의식과 난세를 구할 책임감, 세상의 불합리한 모든 것에 대한 분개와 증오감, 절개와 지조를 굳게 지켜야 한다는 등의 정감을 격렬하게 불러일으켰다. 서법의 창작에서도 눈과 마음을 즐겁게 해주는 작품을 쓸 수 없었으며, 격정적인 가슴속의 감정과 솔직한 성정을 직접적으로 묘사해 내어, 서풍도 자태의 아름다움과는 달리 강하면서도 괴이한 것이 돋보였고, '상의(尚意)'의 서풍에서 '상세(尚勢-글씨의 체세를 숭상함)' 서풍으로 바뀌면서, 전형적인 낭만주의 유파의 특색을 나타냈다. 대표적인 서법가들로는 황도주(黃道周)와 예원로(倪元璐)가 있었다.

(1) 동기창

동기창(董其昌-1555~1636년)은 명대 말기의 가장 유명한 서법가로, '만명사가' 가운데 성취와 영향력이 다른 세 사람보다 훨씬 뛰어났다. 그는 서법·회화·감장(鑑藏-감정과 수장)·이론 등 제반 분야에서 명성을 누렸으며, 벼슬은 예부상서까지 올라, 문하에서 배우는 사람과 따르는 사람들이 매우 많았다. 그의 서법은 고법을 추종하는 데 진력했을 뿐만 아니라, 형태를 숭상하고 운치를 추구할 것[尙態求韻]을 강조하였으며, 의경과 정취에서 더욱 '조용함[澹]'을 숭상하여, 평담(平淡)하면서 천진(天眞)하고, 자연스러우면서 생경하고 순박한[自然生拙] 서풍을 창조하였다. 그의 이러한 서풍은 명나라 말기와 청나라 초기의 서단에 대단히 큰 영향을 미쳤으며, 또한 고전주의 서법가들 가운데 가장 탁월한 성취를 이루었다.

동기창은 17세부터 서법을 공부하기 시작했는데, 스스로 말하기를 처음에는 안진경의 〈다보탑(多寶塔)〉을 공부하였고, 또 다시 우세남을 배웠는데, 후에 "당나라의 서법은 진(晉)·위(魏)의 서법만 못하다[唐書不

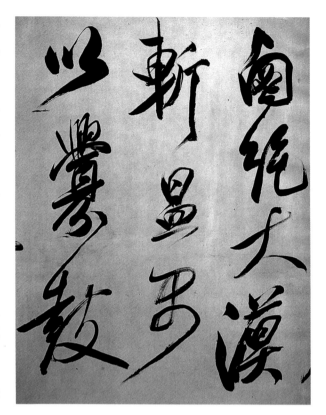

〈임미불연연산명(臨米芾燕硏山銘)〉(卷)
(明) 동기창(董其昌)

如晉魏]"라고 여김에 따라 종요와 왕희지 서법을 공부하였다. 그리고 3년 후에 "스스로 고법에 정통했다고 말한[自謂通古]" 때부터 "실제로 들어가보지 않은 곳은, 단지 법식의 흔적만 지켰을 뿐이다[實未有入處, 徒守格轍耳]"라고 깨닫기까지, 폭넓게 섭렵하였으며, 소식·미불을 넘나들다가 "만년에는 다시 안진경으로 돌아왔다[晩返平原]".[명(明), 동기창(董其昌), 『화선실수필(畵禪室隨筆)』] 그는 고적(古籍)을 임모하는데 "침식까지도 잊고[至忘寢食]" 진력하여, 스스로 말하기를 "열에 일곱은 거기에서(고서의 임모를 말함-역자) 얻었다[十得其七]"라고 하였으나, 이와 같은 임모와 모방은 맹목적으로 따라 한 것이 아니며, 그 자취[迹]를 본받은 게 아니라 그 뜻[意]을 배운 것이었다. 그는 〈임계첩발후(臨禊帖跋後)〉에서 스스로 이렇게 기록하고 있다. "내가 난정서를 쓴 것은, 모두 의임(意臨)하거나 배임(背臨)한 것이지, 옛것을 그대로 베

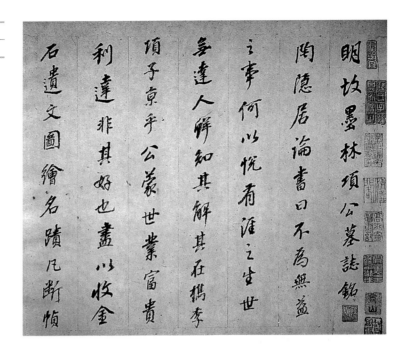

〈항원변묘지명(項元汴墓誌銘)〉〈卷〉
㈜ 동기창

의임(意臨)과 배임(背臨): 의임(意臨)은 범본(範本)의 내면의 뜻을 헤아려 임서하는 것이고, 배임(背臨)은 범본에 익숙해진 다음 그것을 보지 않고 외워서 임서하는 것을 말한다.

낀 것이 아니다.[余書蘭亭, 皆以意背臨, 未嘗對古刻.]" 또 서첩(書帖)의 임모에 대하여 이렇게 주장했다. "꼭 얼굴의 이목구비나 수족의 모양을 닮게 쓸 필요가 없고, 마땅히 그 사람의 행동거지나 우스갯소리에서 무의식중에 묻어나는 정신을 보아야 한다.[不必相其耳目手足頭面, 而當觀其擧止笑語精神流露處.]" 바로 그가 이러한 방식으로 고법을 공부했기 때문에, 능히 고인의 둥지로부터 벗어나 스스로 풍격과 모범을 세울 수 있었다. 그의 〈임당사가서급행초서소시합장(臨唐四家書及行草書蘇詩合裝)〉[卷; 북경시(北京市) 문물상점(文物商店) 소장]을 보면, 당나라의 서호(徐浩)·저수량(褚遂良)·설직(薛稷)·구양순(歐陽詢) 등 네 명의 대가들 작품을 임모한 것인데, 골력과 기세는 모두 당나라 서법가들에게 미치지 못하며, 자태와 형태도 겨우 닮은 정도이고, 주로 왕희지의 준수하면서 유창하게 변화하는 풍모와 자기 자신의 가늘고 윤택하며 아름답고 소탈한 격조가 드러나 보인다.

동기창은 고인을 좇아 그들의 작품을 임모할 때, 단지 법도뿐만 아니라 의경까지 모사하였으며, 특히 진(晉)나라 사람들의 풍격과 운치를 추구하였다. 그는 '조용함[澹]'을 숭상하였는데, 이는 바로 청아(清雅)함과 풍류(風流-운치)를 말하는 것으로, 일찍이 이렇게 말했다. "진나라 사람들과 송나라 사람들의 글씨는, 단지 풍류가 뛰어나면서도 법도가 없지 않았지만, 묘처가 법도에 있지는 않았다. 당나라 사람들에 이르러 비로소 법도만을 방책으로 삼아, 글씨가 지나치게 예뻐졌다.[晉·宋人書, 但以風流勝, 不爲無法, 而妙處不在法. 至唐人始專以法爲蹊徑, 而盡態極妍矣.][명(明), 동기창, 『화선실수필』] 그는 또한 "마음 내키는 대로 함[率意]"을 주장하여, 법도의 구속을 받지 않고, "자연스럽고 꾸밈없는[自然天眞]" 정취를 표현할 것을 주장하였는데, 38세 때 쓴 〈행초론서법(行草論書法)〉[卷; 상주시(常州市)박물관 소장]에서 이미 다음과 같이 말하고 있다. "글씨를 쓸 때 가장 중요한 점은 모서리의 흔적을 없애는 것인데, 화선지에 쓸 때의 붓은 판각(板刻)할 때의 모양이 되지 않게 해야 한다. 동파가 시(詩)에서 서법을 논하기를, '천진난만이 나의 스승이니, 이 한 구절이 정수[丹髓]이다'라고 하였다.[作書最要泯沒棱痕, 不使筆在紙素成板刻樣. 東坡詩論書法云, '天眞爛漫是吾師, 此一句丹髓也'.]" 그러면서 또 이렇게 지적하였다. "글씨를 쓰면 (작품의 좋고 나쁨을—역자) 골라 선택하지 않을 수 없으니, 혹 한가로운 창 아래에서 유희로 쓰는 경우에는, 모두 정신이 깃든 곳이 있다. 오직 응수하여 답으로 쓰는 경우에는, 언제나 마음 내키는 대로 대강 써서 완성하게 되니, 이것이 가장 병폐이다. 지금 이후부터는 붓과 벼루를 대할 때, 마땅히 더욱 조심스럽고 정중한 생각을 불러일으켜야겠다.[作書不能不揀擇, 或閑窓遊戱, 都有着精神處. 惟應酬作答, 皆率意苟完, 此最是病. 今後遇筆硯, 便當起矜莊想.]" 여기서 알 수 있듯이, 그의 '마음 내키는 대로 씀[率意]'은 '법도'를 기초로 한 것이다. 그는 또 이렇게 주장했다. "글자는 모름지기 원숙한 다음에 생졸할 수 있다[字須熟後生]"라고 주장하여, 생졸한 의취를 추구했는데, 예를 들면 자신과 조맹부의 장·단점을 비교하여 이렇게 말하였다. "조맹부의 글씨는 원숙함으로 인해 속된 모습을 얻었으며, 내 글씨는 생졸한 의취로 인해 빼어난 모습을 얻었다. 나는 글씨를 종종 마음 내키는 대로 쓰는데, 마땅히 내가 마음먹고 한 것이다. 조맹부의 글씨도 역시 한 가지 계책이 부족한데, 다만 마음먹고 한 것이 적다는 것이다.[趙書因熟得俗態, 吾書因生得秀色. 吾書往往率意, 當吾作意, 趙書亦輸一籌, 第作意者少耳.]"[명(明), 동기창, 『화선실수필』] 그리하여 이러한 '생졸함[生]'도 고도로 숙련된 '법도(法度)'를 기초로 하는 '원숙함[熟]', 즉 정교하고 원숙한 법도를 기초로 한 것이고, 생졸함과 원숙함의 관계도 역시 '벗어

字須熟後生 : 고법(古法)을 원숙하게 익힌 다음에라야 새로운 의경을 창출할 수 있다는 뜻.

〈행서악양루기(行書岳陽樓記)〉
(明) 동기창

남[離]'과 '부합됨[合]'의 관계라 할 수 있다. 그는 이렇게 말한 바 있다. "서법가의 묘품(妙品)은 부합될 수 있음에 있고, 신품(神品)은 벗어날 수 있음에 있다. 벗어나고자 하는 자가 구양순·우세남·저수량·설직 같은 명가들의 기량이 아니면서 다만 왕희지 어른의 습기(習氣)를 탈 피하고자 하는 것이 어려운 까닭이다.[書家妙在能合, 神在能離, 所欲離者, 非歐·虞·褚·薛諸名家伎倆, 直欲脫去右軍老子習氣, 所以難耳.]"[청(淸), 『석거 보급속편(石渠寶笈續編)』 「동기창(董其昌) 〈논서권(論書卷)〉」] 여기에서 말한 "완숙한 다음에 생졸할 수 있다[熟而後生]"라는 것은, 실제로 먼저 고 법에 부합한 다음 고법을 벗어나, 다시 새로운 법도를 여는 것을 말한 다. '생졸함[生]'은 동시에 또한 법도를 따르지 않음[無法]으로써 꾸밈없 고 자연스러운 의취를 구한다는 의미를 담고 있다. 따라서 동기창의 서법은 매우 담아(淡雅)하고 자연(自然)스럽고 생졸한 의취를 지니고 있으며, 동시에 또한 이왕(二王)으로부터 이어받은 원만하고 윤택하며 빼어난 기조로부터 벗어나지 못했다.

　동기창은 해서·행서·초서 등 여러 서체들을 두루 잘 썼는데, 특

習氣(習氣) : 몸에 밴 습관적인 버릇 을 일컫는 말로, 여기에서는 양식적· 기법적으로 매너리즘에 빠지는 것을 의미한다.

〈두보게현원황제묘시(杜甫偈玄元皇帝廟詩)〉

(明) 동기창

히 행해(行楷)와 행초(行草)에 뛰어났으며, 그 작품들은 54세 이후에 많이 썼다. 여러 서체마다 비록 각자의 면모를 갖추고 있지만, 공통된 특징이 매우 많은데, 주로 용필(用筆)·용묵(用墨)·포국(布局-글자의 배치)의 세 방면에서 표현되고 있다. 그는 용필을 매우 중시하여, "붓을 잘 다루는 자의 글씨는 맑고 힘이 있으나, 붓 다룸이 서툰 자의 글씨는 짙고 탁하다[善用筆者淸勁, 不善用筆者濃濁]"라고 하였다. 처음 붓을 댈 때[起筆] 그 끝을 드러나게 하여[露鋒] 필획이 뾰족하고 힘이 있으면서 담백하며, 운필은 유창하고 깔끔하며 민첩하다. 또한 '제필(提筆-종이 위에 눌러쓰던 붓을 들어올리는 동작)'을 강조하여, 제안(提按-붓을 들거나 누르는 동작)과 돈좌(頓挫-붓을 꾹 눌렀다 살며시 들면서 필획의 방향을 바꾸는 동작)의 모두 높게 '들어올림[懸]'의 뜻을 유지하고 있으며, 붓끝을 바르고 힘

언필(偃筆) : 글씨를 쓸 때 붓을 눕혀 쓰는 것.

체필(滯筆) : 글씨를 쓸 때 붓을 머뭇거리며 쓰는 것.

차게 변하도록 하였으며, 언필(偃筆)과 체필(滯筆)을 적게 써서 그 점획이 명확하고 판별할 수 있으며, 경쾌하면서도 수려하고 힘이 있어, 부드러움 속에 강함이 깃들어 있다. 그는 용묵에도 뛰어났는데, "먹은 반드시 윤택해야 하며, 너무 메마르게 하지 말아야 하고, 더욱이 짙고 통통한 것은 피해야 하는데, 통통한 것은 아주 좋지 않은 방도이다[用墨須使有潤, 不可使其枯燥, 尤忌穠肥, 肥則大惡道矣]"라고 주장하였다. 이처럼 먹을 사용할 때 건조하고 묽은 것을 좋아했기 때문에, 호

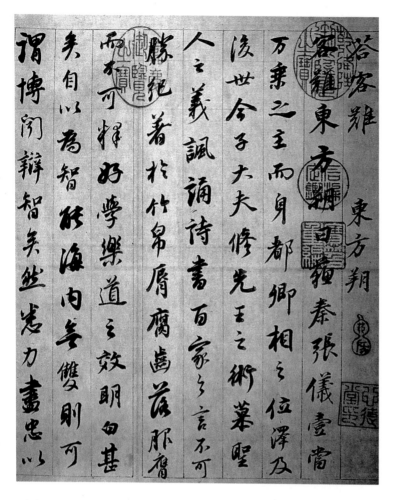

쾌하면서 화려한 가운데 수려하고 매끈하면서 담아한 기운이 돌아, 먹의 운치가 매우 풍부하다. 배치[布局] 방면에서 결자(結字)를 번잡하게 하고 행간(行間)은 성글게 하여, 고르고 가지런함을 타파하고 변화를 추구하였는데, 그는 "글씨를 쓸 때 가장 피해야 할 것은, 위치가 똑같이 균등한 것이다[書作最忌者, 位置等勻]"라고 지적하였다. 또 "글자는 모름지기 기이하고 호탕하며 소쇄해야, 때로 새로운 의취를 드러내며, 기이한 것을 바른 것으로 삼고, 옛날부터 전해오는 상례(常例)를 위주로 삼지 않아야 한다[字須奇宕瀟灑, 時出新致, 以奇爲正, 不主故常]"라고도 하였다.

그의 글꼴은 왕왕 미불의 글씨를 닮았으나, 오른쪽 위로 비스듬히 치켜 올리는 자세를 취할 뿐만 아니라, 또한 글자의 안쪽은 모으고 바깥쪽은 벌어지게 하여[內聚外張], 자연스럽게 변화하면서도 평정(平正)을 잃지 않았다. 자간(字間)과 행간(行間)도 또한 비교적 널찍하여, 실(實)보다 허(虛)가 많고, 한 자 한 자가 독립되어 있으면서도 붙어 있는 듯 떨어져 있는 듯하며, 들쭉날쭉하여 운치가 있다. 수려하면서도 힘이 있는 점획·가볍고 묽은 먹 색·허허로우면서 윤택한 장법(章法)이 '허화(虛和-허허로우면서 조화로움)'의 의경을 자아내고 있으며, 따라서 "굳세고 힘찬 것으로써 세(勢)를 취하고, 허허로우면서 조화로움으로써 운(韻)을 취했다[以勁力取勢, 以虛和取韻]"라는 독특한 서법의 풍격을 형성하였다. 그가 완숙해진 이후에 쓴 해서(楷書) 작품인 〈삼세고명(三世誥命)〉(卷; 북경 고궁박물원 소장)·〈송강부제고(松江府制誥)〉(卷; 남경박물원 소장)와 행서(行書)로 쓴 〈잠삼시(岑參詩)〉(軸; 양주박물관 소장)·〈쟁좌위첩(爭座位帖)〉(册; 북경 고궁박물원 소장) 등은 모두 위에서 서술한 총체적인 풍격의 특징들을 고스란히 체현해 낸 작품들이다. 동기창이 이왕(二王)의 전통에서 두각을 나타내어, 맑고 윤택하며 힘차고 화려하며, 원만하고 단단하면서 고아하고 빼어난 가운데 천진난만하면서 평화롭고 여유로운 의경과 운치를 드러냄으로써, 고관(高官)과 문인의 한가하고 안일하며 우아하고 담담한 심미 정취를 선명하게 체현하였다. 따라서 그의 서풍은 명말 청초의 관료와 선비들 사이에 널리 유포될 수 있었고, 동기창은 또한 명나라 말기 서단의 우두머리 인물이 되었다.

(2) '만명사가(晩明四家)' 중 미만종(米萬鍾)·형동(邢侗)·장서도(張瑞圖)
미만종(米萬鍾)은 동기창과 함께 '남동북미(南董北米)'라고 일컬어지며, 송대의 위대한 서법가였던 미불의 후예이다. 미만종(1570~1628

년)은 자가 우석(友石)이며, 그의 선조는 관중(關中) 사람인데, 경사(京師-수도)로 옮겨와, 순천(順天 : 지금의 북경)을 본적으로 삼았으며, 만력(萬曆) 23년(1595년)에 진사에 급제하여 강서안찰사(江西按察使)를 지냈다. 또 천계(天啓) 5년(1625년)에는 위당(魏黨) 탄핵 사건으로 인해 호적이 삭제되었으나, 숭정조(崇禎朝) 초기에 태부소경(太仆少卿)이 되었으며, 관직에 있을 때 세상을 떠났다. 돌[石]을 매우 좋아하는 습관이 있었는데, 역시 돌을 잘 그렸다. 서법은 선조인 미불의 서법을 근본으로 삼아, 가법을 지켰으며, 행서와 초서에 뛰어났고, 결체(結體)는 매우 힘찬[險勁] 미불의 서법을 터득하였고, 용필은 거칠고 투박하며 두툼하고, 약간 날카롭고 '팔면출봉(八面出鋒)'의 기세를 취하고 있기 때문에, 침울(沈鬱)한 가운데 여유가 있으나 생동감이 떨어지고, 서풍도 역시 변화가 적다. 〈행서칠절제화시(行書七絕題畫詩)〉(軸; 북경 고궁박물원 소장)와 〈행서칠률시(行書七律詩)〉(軸; 호남성박물관 소장)는 그의 전형적인 풍격을 반영하고 있다.

형동(邢侗 : 1551~1612년)은 자가 자원(子願)으로, 산동 임읍(臨邑) 사람이다. 만력 2년(1574년)에 과거에 급제하여, 벼슬이 섬서행태부경(陝西行太仆卿)에 이르렀다. 시와 그림에 능했고, 특히 서법이 뛰어났다. 어려서부터 서법을 익혀, 7세 때에 이미 벽과서(擘窠書)를 쓸 수 있었으며, 얼마 후에 왕총(王寵)의 해서를 공부하였고, 나아가 또 위(魏)·진(晉) 시대까지 거슬러 올라갔으며, 더불어서 당·송 시대의 글씨와 종요·왕희지·저수량·우세남·회소·미불 등의 명가들을 심혈을 기울여 임모하며 공부하였다. 특히 그는 결국 왕희지의 서법으로 귀의하여 평생 동안 열심히 임모하며 익혔는데, 〈초서십칠첩(草書十七帖)〉을 통해서 가장 많은 것을 터득하였다. 스스로 말하기를, "내 글씨는 진나라 서법 하나만을 본받았는데, 세상 사람들이 숭상하게 되었다[拙書, 惟臨晉一種, 爲世所尙]"라고 하였다. 사효선(史孝先)은 〈내

관중(關中) : 섬서성의 위하(渭河) 유역 일대로, 중국 역사에서 헌원(軒轅) 황제와 신농(神農)·염제(炎帝)가 기원한 곳으로 알려져 있다.

위당(魏黨) 탄핵 사건 : 명나라 말기에 주유검(朱由檢)이 숭정(崇禎) 황제에 등극한 뒤, 전횡을 일삼던 환관 위충현(魏忠賢)과 그 일파를 탄핵한 사건.

벽과서(擘窠書) : 큰 글자를 일컫는 말로, 일반적으로 해서(楷書)를 가리킨다. 처음에는 전각(篆刻) 인장(印章) 용어였다. 옛날 사람들은 비석의 글씨를 쓸 때 고르고 단정한 서체를 추구하였는데, 가로세로로 반듯한 경계선을 그음으로써 네모 칸을 만든 것을 일컬어 '벽과'라고 했던 데에서 유래했다.

금관집소인(來禽館集小引))에서 그의 서법을 이렇게 논평하였다. "형동 (邢侗)은 여러 서체들을 두루 잘 썼는데, 장욱·회소·종요·삭정·우세 남·미불·저수량·조맹부 등의 서법을 빼어 박은 듯이 본받아 사람들 이 혀를 내두를 정도이다. 그러나 사람들의 뜻을 흡족하게 하는 것은 특히 왕희지의 글씨에 있는데, 확실히 용이 날아오르고 호랑이가 웅 크리고 있는 듯한 운치가 서려 있다. 파리 대가리만큼이나 작은 해서 글씨는 힘이 굳세면서도 아름다운 것이 마치 무녀(舞女)가 허리를 숙 인 것 같고, 신선이 휘파람을 부는 것 같다. 그가 쓴 큰 글씨의 벽과 서는 체세(體勢)가 분명하면서도 아름답고, 생동감이 넘쳐흐르며, 씩 씩하고 강하기가 마치 칼을 뽑아들고 쇠뇌를 당기는 것 같고, 기이하 고 빼어나기가 마치 험준한 봉우리에서 해를 가리며 서 있는 외로운 소나무의 홀로 뻗은 가지 같다. 그리고 한결같이 빼어나고 활기차면서 도, 또한 양주(揚州)의 왕 씨(王氏-왕유)와 사 씨(謝氏-사혁) 두 사람이 이야기를 나눌 때, 말하자마자 곧 자태가 나오는 것 같다.[侗法書工諸 體, 張·懷·鍾·索·虞·米·褚·趙, 規撫肖像, 咄咄逼人. 而其最會人慊意, 尤 在右軍, 居然有龍跳虎臥之致. 蠅頭眞楷, 遒媚如舞女低腰, 仙人嘯樹. 它擘窠 大書, 體勢洞精, 奕奕生動, 雄强如劍拔弩張, 奇絶如危峰阻日, 孤松單枝. 而一 鍾秀活, 又如揚州王·謝二人共語, 語便態出也.]"[근대 사람 마종곽(馬宗霍)의 『서림조감(書林藻鑑)』 권11에서 인용.] 전해지는 작품들인 〈초서임첩(草書 臨帖)〉(軸; 북경 고궁박물원 소장)·〈서찰(書札)〉(卷; 요녕성박물관 소장)·〈임 왕희지표노첩(臨王羲之豹奴帖)〉(軸; 상해박물관 소장) 등을 보면, 작은 해 서 글씨는 원만하고 윤택하면서 빼어나게 아름다운 가운데 강건한 필 치가 섞여 있고, 큰 글자도 역시 점획이 묵직하고, 운필이 씩씩하여, 웅강한 기세를 갖추고 있다. 그의 서법은 비교적 이왕의 서법이 많이 남아 있지만, 오로지 생동적인 기운과 변화무쌍한 자태가 부족할 따 름이다. 미만종과 형동 두 사람은 모두 비교적 보수적인 고전주의 서법가에 속한다.

장서도(張瑞圖 : 1570~1644년)는 자가 장공(長公)이고, 호가 이수(二水) 또는 과정산인(果亭山人)이며, 복건 진강(晉江) 사람이다. 만력 35년(1607년)에 과거에 급제하여 편수(編修)를 제수했다. 소첨사겸예부시랑(少詹事兼禮部侍郎)을 거쳐, 예부상서(禮部尙書)로 내각에 들어가, 건극전대학사(建極殿大學士)에까지 이르렀다. 그는 환관 위충현(魏忠賢)에게 아부하기 위하여 일찍이 생사(生祠—살아 있는 사람을 기리는 사당)의 비문을 쓰기도 했는데, 숭정제가 즉위한 후 환관 위충현 일당을 낱낱이 조사하자, 그는 두려워서 병을 핑계로 귀향하였으나, 후에 '반역사건[逆案]' 연루되어, 관직을 잃고 속죄금을 낸 뒤 한낱 평범한 백성이 되었다.

장서도의 서법은 매우 독특한데, 청나라의 진조영(秦祖永)은 이렇게 평하였다. "장서도의 서풍은 기이하고 분방하여, 종요와 왕희지와는 다른, 또 하나의 서법을 열었다.[瑞圖書法奇逸, 鍾王之外, 另辟蹊徑.]"[청(淸), 진조영(秦祖永), 『동음론화(桐陰論畫)』] 그는 해서와 행초서를 잘 썼으며, 필법이 억세고 매서우면서도 자유분방하고, 결체는 꾸밈이 없고 괴이하며, 포치(布置)가 개 이빨처럼 들쑥날쑥하고, 기세는 종횡무진 맹렬하여, 뚜렷이 기이하며 분방한 특색을 갖추고 있다. 그의 글씨 공부의 연원(淵源)을 따져보면, 그 명확한 단서를 찾기가 어려울 것 같지만, 사실은 이전 사람들이 대략 논술해놓아, 단서를 드러냈다. 예를 들면, 청나라 사람인 양헌(梁巘)은 『평서첩(評書帖)』에서 이렇게 말하고 있다. "장서도의 행초서는 처음에 손과정(孫過庭)의 『서보(書譜)』를 배웠고, 나중에 소동파가 쓴 〈취옹정(醉翁亭)〉을 배웠다.[張瑞圖行草初學孫過庭『書譜』, 後學東坡書〈醉翁亭〉.]" 여기서 분명히 알 수

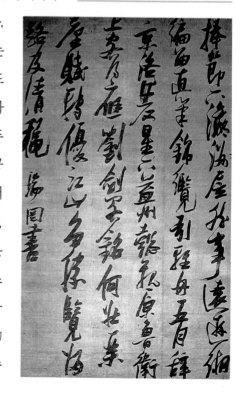

〈봉절하영주시(捧節下瀛洲詩)〉(일부분)
(明) 장서도(張瑞圖)

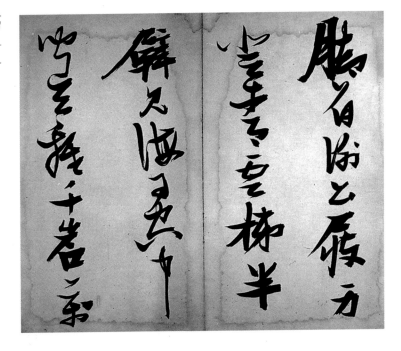

〈이백몽유천모음류별시(李白夢遊天姥吟留別詩)〉〈册〉(일부분)

(明) 장서도

북비(北碑) : 북비란 중국의 위·진·남북조 시기, 북조(北朝)에서 문자를 돌에 새긴 조상기(祖上記)나 묘지명 등을 총칭하는 말이다. 북조는 북위(北魏)·동위(東魏)·서위(西魏)·북제(北齊)·북주(北周)를 포괄하는데, 북위를 으뜸으로 삼기 때문에, 통상 '위비(魏碑)'라고도 부른다.

있는 것은 그도 첩학(帖學)부터 손을 대기 시작했는데, 단지 그가 숭상한 것은 '광초(狂草)'파의 서풍과 중후한 힘을 강구한 '소체(蘇體)' 필법뿐이었다. 근대 사람인 장종상(張宗祥)도 『서학원류론(書學源流論)』에서 다음과 같이 분석하고 있다. "장서도는 북비(北碑)를 해체하여 행서와 초서로 삼았으며, 결체는 육조(六朝)의 서법이 아니나, 용필의 법은 곧 육조를 본받았다.[張二水, 解散北碑以爲行·草, 結體非六朝, 用筆之法則師六朝.]" 그의 용필은 여전히 이왕(二王)의 필법을 갖추고 있으며, 결체는 북비의 웅장하고 힘차며 험준하면서 혼후한 자태가 녹아 있음을 말한 것이다. 전해지고 있는 행서 작품인 〈서원아집(西園雅集)〉〈册; 광동성박물관 소장〉·〈오언당시(五言唐詩)〉〈卷; 호남성박물관 소장〉와 초서 작품인 〈백가(白歌)〉〈卷; 호남성박물관 소장〉·〈천자문(千字文)〉[卷; 홍콩인 허례평(許禮平) 소장] 등을 보면, 그의 구체적인 풍모를 대략 알 수 있듯이, 글자체가 대부분 모가 나면서 기울었고, 안쪽은 모아져 있고 바깥쪽은 벌어져 있어[內聚外揚], 기이하고 험준한 기세를 띠고 있다. 필법은 대부분 붓끝이 뾰족하게 드러나며 반듯하게 꺾였고, 또한 마음 내키는 대로 날뛰는 듯하여, 강렬한 운동감을 드러낸다. 점획의 배치는 자간이 좁고 긴밀하며, 행간은 넓고 성글며, 큰 글자와 작은 글자들이 적절하게 어우러지면서 변화무쌍한 방향으로 나아가고 있다. 그의 글자에서는 때때로 '기이함[奇]' 때문에 일정한 격식을 벗어나 있으며, 결체는 너무 괴이하여 판독하기 어려울 정도이며, '분방함[逸]'도 약간 지나친 감이 있고, 운필은 마치 부적을 그리듯이 방종하다. 따라서 이에 대하여 진조영은 『동음론화(桐陰論畵)』에서 다음과 같이 주(注)를 달고 있다. "장서도의 그림은 좀처럼 보기 드물지만, 서법 작품은 대단히 많은데, 전해오기를 장(張) 씨 성은 수성(水星)과 관계가 있어, 그의 글씨를 방에 걸어두면 화재를 피할 수 있다고 하는데, 역시 기이한 것을 좋아하는 사람들이 그러는 것이다.[張公畫罕見, 書幅甚多, 相傳張系水星, 懸其書室中可避火厄, 亦好奇者爲之.]" 그의 글씨는 비록 소수의 애호가들에 의해서 부적처럼 여겨져 집안에 걸려 있기는 했지만, 드러난 풍격 속에서도 분명히 부적에 쓰는 전서 같은 모양새를 띠고 있어, 속세와 영합하는 추세를 나타내기 때문에, 격조는 그다지 높지 않다. 청나라 사람 양헌(梁巘)은 『평서첩(評書帖)』에서 다음과 같이 말했다. "장서도는 집필법을 터득하여, 용필이 힘차고 강건하지만, 오로지 횡탱(橫撐)이어서, 조용하고 엄숙한 의경을 적게 함축하고 있어, 그 품격이 고귀하지 못하다.[張瑞圖得執筆法, 用力勁健, 然一意橫撐, 少含蓄靜穆之意, 其品不貴.]" 그 가운데에는 장서도가 환관 무리들을 위하여 작품을 썼고, 인품도 고귀하지 않았기 때문에 서법도 고귀하지는 않았다는 의미가 포함되어 있지만, 서법 예술 자체를 분석해보면, 또한 분명하게 오로지 딱딱하

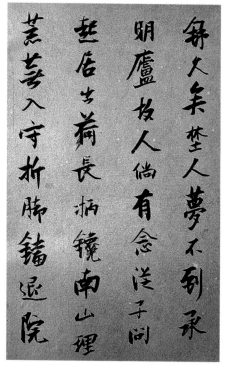

〈화도연명의고시(和陶淵明擬古詩)〉(册) (일부분)
(明) 장서도

횡탱(橫撐) : 가로획이 뒤집힌 것처럼 가운뎃부분이 위로 오목하고, 가장자리가 높으면서 단단한 느낌을 주는 것을 말한다.

고, 지나치게 밖으로 드러나, 함축된 문아(文雅)함이 부족하며, 거칠고 사나우며 속되게 변화한 폐단이 있다. 따라서 장서도의 서풍은 비록 또한 반정통(反正統)의 낭만주의 서풍의 대열에 포함시키지만, 황도주(黃道周)·예원로(倪元璐)·부산(傅山)·왕탁(王鐸) 등 여러 사람들과는 창작의 취지나 심미 취향의 방면에서도 확연히 다르다.

(3) 황도주(黃道周)와 예원로(倪元璐)

황도주와 예원로는 명나라 말기의 부드럽고 예쁜 풍조를 일변시켜, 강건하고 험하고 변화가 많은 서풍을 창립한 두 서법가이며, 또한 모두 강직한 성품과 충의(忠義)의 기개로 사람들에게 존경을 받았기 때문에, 이들을 함께 일컬어 '예황(倪黃)'이라고 하였다.

황도주(黃道周 : 1585~1646년)는 자가 유평(幼平)이고, 호는 석재(石齋)로, 복건 장포(漳浦) 사람이다. 천계(天啓) 2년(1622년)에 과거에 급제하여, 서길사(庶吉士)가 되었으며, 편수(編修) 직책을 제수하고, 경연전서관(經筵展書官)이 되었으며, 남명(南明)의 복왕(福王) 때에는 예부상서(禮部尚書)를 지냈다. 또 남경(南京)마저 빼앗긴 뒤 다시 복건에서 당왕(唐王)을 옹립하고, 무영전대학사(武英殿大學士)에 임명되었는데, 군대를 이끌고 무원(婺源)에 이르렀을 때 청나라 군대와 마주쳐, 전투에서 패하고 포로가 되었으나 굴복하지 않고 죽임을 당하여, 충렬(忠烈)이라는 시호를 하사받았다. 그는 동림당(東林黨)의 다섯 우두머리들 가운데 한 사람으로, 인품과 지조가 뛰어나 당시 사람들로부터 깊은 존경을 받았다. 그는 시와 그림에 능했으며, 특히 서법에 뛰어났는데, 격조가 마치 그의 사람됨과 같아, 역사에는 다음과 같이 기록되어 있다. "황도주는 문장과 꿋꿋한 기개가 천하에 높았는데, 엄격하고 냉정하며 강직하여, 시류에 영합하거나 휩쓸리지 않아, 공경(公卿)들이 대부분 그를 경외하고 꺼려하였다.[道周以文章風節高天下, 嚴冷

동림당(東林黨) : 명나라 말기에, 정계와 학계에서 활약했던 사대부들을 중심으로 구성된 당파로서, 동림서원(東林書院)을 중심으로 여론을 형성하여 정부의 강압정치에 반대하는 등의 정치 활동을 전개하였다. 일명 동림학파라고도 한다.

方剛, 不諧流俗, 公卿多畏而忌之.」[『명사(明史)』·「황도주전(黃道周傳)」]

　황도주의 서법은 종요와 왕희지에 근원을 두고 있으며, 또한 송나라 서법가들로부터도 함께 취했기 때문에, 수려하고 예쁜 풍격에 빠지지 않고, 또 다른 강건한 아름다움과 소박하고 꾸밈없는 운치를 갖추었다. 해서·행서·초서를 잘 썼고, 예서에도 능했으며, 해서는 고졸하면서도 소박한 것이 종요(鍾繇)의 서법을 닮아, 또한 맑고 튼튼해 보인다. 예컨대 〈장부묘지명(張溥墓誌銘)〉(冊)과 〈효경(孝經)〉(冊)(둘 다 북경 고궁박물원 소장)은 글자체가 반듯하고 가지런하며 약간 납작하고, 필법은 강건한 가운데 수려하고 윤택함을 띠어, 종요와 왕희지의 장점을 겸비하였다. 특히 행초서에 조예가 가장 깊었는데, 소식과 황정견의 영향을 받아, 결체(結體)가 험하고 변화가 많으며, 어긋버긋하며 들쭉날쭉하고, 필세는 자유분방하여, 날아 움직이는 듯한 모습이 많고, 의태(意態)가 강렬하면서 격정적이다. 예를 들면 〈행초오율시(行草五律詩)〉(軸; 남경시박물관 소장)·〈초서희우시(草書喜雨詩)〉(軸; 북경 고궁박물원 소장)는 전환과 꺾임[轉折]이 모가 나면서 딱딱하고, 결자(結字)는 옆으로 기울어 있고, 형태는 서툴고 어색해 보이며, 기세는 충만하여, 그의 전형적인 풍모를 반영하고 있다. 예서는 명나라 서법가들로부터 시작하여 왕치등(王穉登)의 서법에 가까우며, "깔끔하고 군더더기가 없으며 힘차고 예쁜[清截遒媚]" 특징을 갖추고 있는데, 그 서풍의 총체적인 특징은 생소하고 서툴면서도 분방하고 소탈함이 한데 융합되어 있다. 또 점획은 모가 나고 곧은 것이 많고, 둥근 것이 적으며, 전환하고 꺾이는 부분은 단단하고 날카롭게 썼으며, 삐침획[撇捺]에서는 때로 장초(章草)의 파책(波磔)이 보이는데, 묵직하면서 견실하여, 가볍고 미끈한 필세는 매우 적다. 결체는 좌우로 들쭉날쭉하고, 위아래로 어긋버긋하며, 옆으로 기운 채 기이하고 험준한 기세를 이루고 있다. 격조는 고졸(古拙)하고 소박하며 고아하고 격렬하여, 한

파책(波磔) : '永'자 팔법에서의 제8책(磔)으로, 오른쪽 아래로 삐치는 것을 말한다. 일설에서는 왼쪽 삐침을 '파(波)'라 하고, 오른쪽 삐침을 '책(磔)'이라고도 한다.

줄기 바르며 굳센 기운이 묻어난다. 작품도 작가의 심성(心聲)을 반영하고 있는데, 즉 요동치는 시대적 상황이 형성한 품성과 촉발하는 감정과 싹트는 미감(美感)이 선명한 개성을 갖추었기 때문에, 명나라 말기 낭만주의 서풍의 대가에 속하게 되었다.

예원로(倪元璐 : 1593~1644년)는 자가 옥여(玉汝)이고, 호는 홍보(鴻寶)로, 절강 상우(上虞) 사람이다. 천계 2년(1622년)에 과거에 급제하였고, 다시 서길사(庶吉士)로 뽑혀 편수(編修) 직책을 제수하였으며, 국자좨주(國子祭酒)로 옮겼다. 후에 병부시랑(兵部侍郞)과 호부상서(戶部尙書) 겸 한림원학사(翰林院學士)에 이르렀는데, 청나라 이자성(李自成)이 수도를 함락하자 비단으로 목을 매어 자결하였다. 사람 됨됨이가 정직하여, 일찍이 동림당 변호(辯護)가 되었는데, "홀로 깨끗한 의리를 지키고, 힘써 선한 무리를 보호[獨持淸義, 力護善類]"하였으며, 품행이 뛰어나 사람들의 존경을 받았다. 그의 서법도 역시 충의(忠義)의 기개가 녹아 있어, 호쾌한 격조를 띠고 있는데, 청나라 사람인 도원조(陶元藻)가 다음과 같이 평한 바 있다. "예원로는 웅혼하고 깊고 고아하고 소박한 기백을 가졌고, 서위는 적막하고 고담(古淡)한 풍채를 보이는데, 선비와 신선은 본래 함께 열거하지 못하는 법이거늘, 하물며 예원로는 충의의 기개가 있어, 붓끝에 드러내어, 스스로 다른 사람을 멀리하였다.[倪以雄深高渾見魄力, 徐以蕭疏古淡見風神, 廊廟山林, 原不容竝列, 況倪有忠義之氣, 流露毫端, 去人自遠.]"[청(淸), 도원조(陶元藻), 『월화견문(越畫見聞)』]

〈행서두목시(行書杜牧詩)〉(軸)
(明) 예원로(倪元璐)

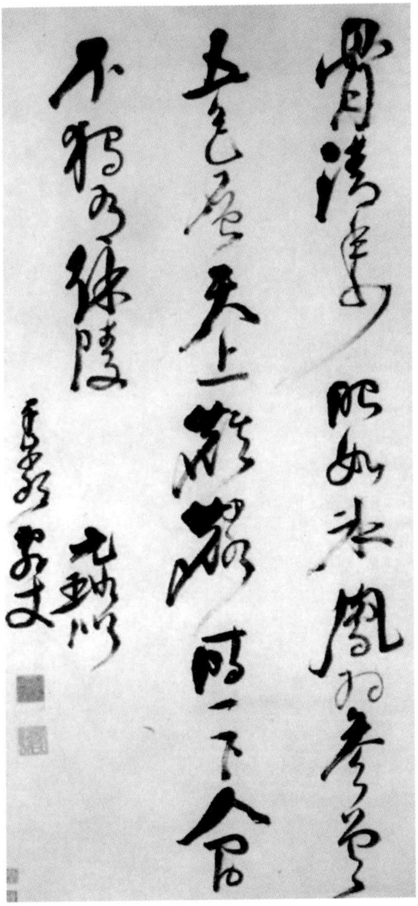

예원로는 행초서를 잘 썼는데, 비록 위·진 시대 서법가들과 안진경·소식의 서법을 근본으로 삼았으나, 스스로 기이한 서체를 창조하였다. 강유위(康有爲)는 다음과 같이 언급하였다. "예원로의 서법에는 새로운 이치와 기이한 의태

가 매우 많다.[倪鴻寶新理異態尤多.]"[근대 사람인 마종곽(馬宗霍), 『서림조감 (書林藻鑑)』 권11에서 인용] 그의 글씨의 점획은 굵고 가는 것을 강렬하 게 대비시키고 있는데, 종종 연속으로 여러 획이 두툼하게 서로 모여 있으며, 또 일부 전절(轉折)·인대(引帶)의 필획은 대체로 경쾌하고 민첩 하며 가늘고 수척한 자태를 드러내어, 묵직함과 경쾌함이 함께 갖추 어져 있으니, 융통성 없이 딱딱하지 않을 뿐 아니라, 경박하거나 겉만 번지르르하지 않고, 강건한 가운데 유창하며, 밖으로는 예봉이 드러 나고 안으로는 근골(筋骨)을 포함하고 있다. 결체는 대부분 기울어진 자세를 취했는데, 왼쪽이 낮고 오른쪽이 높으며, 왼쪽을 펴고 오른쪽 을 오므려, 험준한 가운데 평온함을 추구했고, 기이한 가운데 단정함 을 추구했다. 장법(章法)도 또한 매우 기이한데, 크기가 들쭉날쭉하고, 자유분방하고 기복이 심하며, 자간은 비교적 조밀하며, 행간은 또한 매우 널찍하여, 성김과 조밀함이 서로 조응하면서, 위에서 아래로 흐 르는 기세로 배치되어 있다. 이렇듯 용필·결체·장법의 세 가지 요소 가 유기적으로 결합되어, 응축되고 거칠며 고조된 개성을 가진 풍격 을 형성함에 따라, 우렁차고 격앙되며 역동감이 충만하여, 보는 이의 마음을 분발하게 해준다. 황도주는 일찍이 그의 서법을 높이 평가하 여 『서품론(書品論)』에서 다음과 같이 말했다. "만약 골력을 굳세고 강 직하게 하고 싶고, 근육을 탄탄하게 하고 싶고, 내려다보거나 올려다 보기를 자유롭게 하고 싶다면, 모두 다른 사람으로 말미암지 않아야 한다. 채양을 누르고 소동파를 가리고 왕희지를 바라보고 양흔을 넘 어선 자는 마땅히 예원로만한 사람이 없다.[如欲骨力嶄峋, 筋肉輔茂, 俯 仰操縱, 俱不由人, 抹蔡掩蘇, 望王逾羊, 宜無如倪鴻寶者.]" 그의 작품 가운 데 〈행초오율시(行草五律詩)〉(軸; 호북성박물관 소장)·〈행서금산시(行書金 山詩)〉(軸; 상해박물관 소장)·〈초서복거지일(草書蔔居之一)〉(軸; 사천성박물 관 소장)은 모두 위에서 기술한 특색들을 반영하고 있는 것들이다.

인대(引帶): 글자와 글자가 띠로 연결 된 것처럼 가늘고 미세한 붓의 흔적 을 말하는 것으로, '인견(引牽)'이라고 도 한다.

| 제2절 |

청대(淸代)의 서법

청대는 중국 서법 예술사에서 중흥기라고 말할 수 있는데, 그 중 요한 지표는 바로 비학(碑學)의 성행이다. 청나라 중기부터 진(秦)·한(漢)·육조(六朝)·당대(唐代)의 비갈(碑碣)·묘지(墓誌)·금석(金石)·명각(銘刻) 등 실물들이 대량으로 출토되었다. 이에 따라 많은 서법가들은 고대 사람들이 써놓은 풍부한 원적(原迹)들 속에서 근원을 거슬러 올라가 탐구함으로써, 진(秦)나라의 전서(篆書)·한나라의 예서(隸書)·북위(北魏)의 서체들·당나라의 해서로부터 영양분을 섭취하면서, 나날이 쇠약해지던 첩학의 분위기를 점차 변화시켰다. 그리하여 강경하고 웅강한 서풍을 발양시켰으며, 서법 예술의 새로운 영역을 개척하여, 쇠퇴하던 서도(書道)를 흥성하게 함으로써, 다시 찬란한 광경이 새로 펼쳐지게 하였다.

청대 서법의 중흥이 이룩한 뛰어난 성취는 주로 다음의 몇 가지에서 표현된다. 첫째, 한 무리의 영향력이 매우 컸고 한 시대의 종사(宗師)라고 일컬을 만한 비학가(碑學家)들이 등장했는데, 예를 들면 등석여(鄧石如)·이병수(伊秉綬)·하소기(何紹基)·조지겸(趙之謙)·오창석(吳昌碩) 등이 그들이다. 둘째, 수백 년 동안 침잠해 있던 전서와 예서 두 서체가 재정비되었을 뿐만 아니라, 옛 모습으로부터 탈피하여 새롭게 바뀜으로써, 새로운 풍격의 유파를 형성하였다. 셋째, 해서·초서·예서·전서 등 각 서체들이 서로 흡수하고 융합하여, 예서가 가미된 전서·전서를 모방한 초서·초서와 예서가 뒤섞인 서체·예서와 해서가 서로 스며든 서체 등 다양한 풍모들을 형성하여, 대담하게 새로운 것을 창조함으로써 세상을 깜짝 놀라게 했다. 넷째, 첩학(帖學)과 비학(碑學)의 성쇠가 뒤바뀌면서, 그것들이 서로 장점을 취하고 단점을 보완하도록 촉진하였으며, 강함과 부드러움의 결합에 주의하였다. 특히 첩학으로 하여금 새로운 생기를 획득하게 했으며, 쇠약해가던 것을 힘써 바로잡고, 기존의 규범을 타파하여, 계속 발전했다는 점이다.

청대 서법의 발전 단계는 일반적으로 전기의 첩학과 후기의 비학이라는 두 단계로 나누는데, 만약 좀 더 세밀하게 구분한다면, 초기·중기·말기의 세 시기로 나눌 수 있으며, 이는 대체로 왕조의 역사 발전과 서로 같은 보조를 취하고 있다. 즉 초기는 순치(順治)·강희(康熙)·옹정(雍正)의 세 조대이고, 중기는 건륭(乾隆)·가경(嘉慶)·도광(道光)의 세 조대이며, 말기는 함풍(咸豐)·동치(同治)·광서(光緒)의 세 조대이다.

첩학이 성행하고 비학이 발흥하기 시작한 청대 초기의 서법

청나라 초기의 순치·강희 연간에는 서법이 여전히 명나라 말기의 풍조를 이어가고 있었기 때문에, 정통의 지위에 있던 동기창의 영향이 아직도 대단히 큰 비중을 차지하였으며, 그 유명한 '강희사가(康熙四家)'가 출현했다. 동시에 강하고 괴이한 낭만주의 서풍도 아직 사라지지 않고 여운을 남기고 있었는데, 대표적인 인물로는 부산(傅山)과 왕탁(王鐸)을 들 수 있다. 첩학의 속박으로부터 벗어난 몇몇 뜻있는 서법가들은 곧 진(秦)·한(漢) 시대의 비명(碑銘)에 발을 들여놓고, 전서와 예서에 몰두하여, 비학의 단초를 드러냈는데, 예를 들면 정보(鄭簠)의 '초예(草隷)'와 조환광(趙宦光)의 '초전(草篆)' 등이 그러한 것들이다.

(1) 동기창의 서법[董字]을 숭상한 '강희사가(康熙四家)'

명나라 말기 서화계의 태두였던 동기창이 창립한 '동자(董字)' 서풍은, 속세의 밖[物外]으로 초월하여 평담(平淡)하고 천진(天眞)한 정취와 수려하고 윤택하면서 눈과 정신을 즐겁고 상쾌하게 해주는 의태와 풍부한 문방청공(文房淸供-서재의 청아한 기물들)의 정취로써, 많은 문인들이 서법을 빌려 마음을 평온하게 위안하는 새로운 양식이 됨으로써, 한때 서로 앞을 다투어 모방하였으며, 곧바로 조선(朝鮮)에까지도 영향을 미쳤다. 청나라 초기에 이르러서도, 이러한 분위기는 여전히 가라앉지 않았다. 강희 연간에 동자를 잘 써서 유명했던 심전(沈荃)은 조정에서 근무했으며, 관직이 예부시랑에 올랐는데, 강희제(康熙帝)는 그에게 글씨를 배웠다. 강희제는 스스로 다음과 같이 말한 바 있다. "심전은 나에게 대략 60년 동안이나 글씨를 가르치면서도 쇠미해지지 않았다.[沈荃教朕字蓋六十年弗衰.]" 이처럼 역시 강희제도 동자를 지극히 좋아했기 때문에, 무릇 중국 내에 있는 동기창의 진적(眞迹)들을 두루 수소문하여 모두 거두어들인 뒤, 비각(秘閣)에 소중히 보관하였다. 그리고 조정에서 실시하는 각종 시험이나 조정의 문서 등은 항상 모두 동자로 썼기 때문에, 동자는 벼슬길로 나아가는 방도였던 '간록(干祿-벼슬을 구함)'의 정서(正書)와 청대 조정에서 왕명이나 문서 작성 등에 쓰였던 '관각체(館閣體)' 서법의 근원으로 변해갔다. 강희 황제가 동자를 좋아한 것은, 한편으로는 물론 심전으로부터 받은 영향도 있지만, 다른 한편으로는 역시 이 서체가 궁중 예술의 성향에 매우 적합했기 때문이기도 했다. 동기창은 비록 조맹부가 시류에 영합했다고 강하게 비판했지만, 그 자신도 끝내 왕희지·왕헌지 부자의 자태가 아름다운 풍모를 벗어나지 못하였다. 또 동기창의 서법을 추종한 사람들도 역시 그의 생경하면서도 소박한[生拙] 의취와 꾸밈 없고 진솔한 정취를 약화시킨 채, 부드러우면서 예쁘고 섬세하면서 연약하게 탈바꿈하여, 과정은 달랐지만 결국 조맹부의 서체로 회귀하였다. 이에 대해 강유위(康有爲)는 다음과 같이 평하였다. "조맹부와 동기창의 글씨는 모두 나약한 것이 병폐라고 할 수 있으니, 마치 옥으로 장식한 규방에서 얌전한 여인이 꽃을 집어 들고 풀싸움을 하는 것처럼 곱고 예쁜 모습은 볼 만하지만, 만일 돌절구를 들어 올릴 때에도 얼굴에서 그 자태를 잃지 않는다면, 그것은 그 소임이 아니라고 할 것이다.[吳興·香光幷傷怯弱, 如璇閨靜女, 拈花鬪草, 姸妙可觀, 若擧石臼, 面不失容, 則非其任也.]"[청(淸), 강유위(康有爲), 『광예주쌍즙(廣藝舟雙楫)』] 그리고 이러한 서풍은, 궁정 예술이 추구하던 유약하면서 예쁘고, 섬세하고, 수려하면서 달콤하고 세속적인 풍격과 정확히 부합되었기 때문에, 동기창과 조맹부의 두 가지 서체는 차례로 이어서 서법의 모범으로 선정되었으며, 아울러 청대의 '관각체'로 발전하였다.

청나라 초기의 서법가들 가운데 동자(董字)의 영향을 받은 서법가들은 대단히 많은데, 심전·보하(普荷)·기치가(祁多佳)·사사표(査士標)·공정자(龔鼎孶)·양청표(梁淸標) 등은 모두 직접 동자의 서법을 배웠고, 달중광(笪重光)·진혁희(陳奕禧)·방형함(方亨咸)·오문(吳雯)·양빈(楊濱)·오산도(吳山濤) 등은 비록 진(晉)·당(唐)·송(宋) 시대의 여러 서법가들을 근본으로 삼아 배웠으나, 어느 정도 '동자'의 흔적을 띠고 있다. 그 중 비교적 개성이 뚜렷하고 성취를 이룬 자들로는 강신영·하작·왕사굉·진방언을 꼽을 수 있는데, 당시에 이들을 일컬어 '강희사가(康熙四家)'라 하였다.

강신영(姜宸英 : 1628~1699년)은 자가 사명(西溟)이고, 호는 담원(湛園)·위간(葦間)으로, 절강 자계(慈溪) 사람이다. 시문(詩文)·훈고(訓詁)·서론(書論)에 정통했으며, 벼슬 없이 『명사(明史)』 편찬에 참여하였으나, 70세에 진사에 천거되어 편수(編修) 직위를 제수하였다. 하지만 후에 과거시험장[科場] 사건에 연루되어 옥중에서 세상을 떠났다.

서법은 어릴 때에 동기창과 미불을 공부하였고, 나중에는 진(晉)·당(唐)의 서법을 익혀, 일가를 이루었다. 소해(小楷)를 가장 잘 썼으며, 표일하면서도 빼어난 풍격을 갖추었다. 예컨대 〈면재설(勉齋說)〉(軸; 북경 고궁박물원 소장)은 행서에 해서의 풍격을 띠고 있으며, 용필에는 노봉(露鋒)과 장봉(藏鋒)이 번갈아 나타나고, 필세는 둥글면서 힘이 있으며, 결체는 맑고 수려한데다 자태가 대범하고 시원스러워, 진(晉)나라 서법의 기풍을 갖추었을 뿐 아니라, 또한 동자의 빼어나면서 표일한 면모도 함께 갖추고 있어, 소해의 대표작으로 삼는다.

하작(何焯 : 1661~1722년)은 자가 기첨(屺瞻)이고, 호는 의문(義門)·무용(無勇)으로, 장주(長洲 : 지금의 강소 소주) 사람인데, 공생(貢生)에 선발되어 곧바로 남서방(南書房)에 들어갔다. 거인(擧人)을 하사받았고, 강희 42년(1703년)에 다시 진사(進士)를 하사받았다. 편수(編修)를 제수한 뒤 바로 무영전(武英殿)에서 책을 편찬하였다. 진·당의 서첩들을 즐겨 임모하였으며, 소해를 잘 썼는데, 당나라 사람들의 서법과 진나라 사람들의 결구를 한데 융합하여, 풍격이 근엄하면서도 수려했는데, 〈임식암로사도시(臨湜庵老師陶詩)〉(軸; 북경 고궁박물원 소장)가 대표작이다. 행서는 동기창의 필법을 융합하여, 수려한 가운데 꾸밈 없는 소박함이 담겨 있다.

왕사굉(汪士鋐 : 1658~1722년)은 자가 문승(文升)이고, 호는 퇴곡(退谷)·추천(秋泉)이며, 장주(長洲) 사람이다. 강희 36년(1697년)에 회시(會試)에 장원으로 급제하여 수찬(修撰)을 제수했고, 좌중윤(左中允)이 되어, 곧바로 남서방에 들어갔다. 당시 서법으로 명성이 높았던 강신영과 더불어 '강왕(姜汪)'이라 불렸고, 하작과 더불어 '왕하(汪何)'라고 불렸으며, 역시 해서를 잘 썼는데, 진·당의 서법에 근본을 두고, 저수량(褚遂良)의 가늘면서도 힘찬 서법과 조맹부의 가지런하면서 균형 잡힌 결체를 섭취하여, 가늘면서도 힘차고 시원스러운 풍격을 형성

공생(貢生) : 부(府)·주(州)·현(縣)의 생원(生員, 즉 秀才)들 중에서 성적이나 자격이 특별히 뛰어난 자로 선발되어, 수도(首都)에 있는 국자감(國子監)에 진학하여 공부하는 자를 일컫는 말이다. 그 뜻은 인재(人才)로써 황제에게 공헌한다는 것이다.

남서방(南書房) : 청대에 북경의 고궁인 건청궁(乾淸宮) 서남쪽에 있었으며, 강희 황제가 독서를 하던 곳으로, 남재(南齋)라고도 불렀다.

거인(擧人) : 명·청대에 향시(鄕試)에 합격한 사람을 일컫는 말.

진사(進士) : 황제가 직접 참석하여 실시하는 최고 수준의 과거인 전시(殿試)에 합격한 사람을 일컫는 말.

하였다. 대표적 작품인 〈육기문부(陸機文賦)〉(軸; 북경 고궁박물원 소장)는 점획에 강함과 부드러움이 잘 어우러지고, 글자의 자태가 시원시원하면서 단정하여, 조맹부 서법의 의경과 운치를 갖추고 있다.

진방언(陳邦彦 : 1678~1752)은 자가 세남(世南)이고, 호는 춘휘(春暉)·포려(匏廬)로, 절강 해녕(海寧) 사람이다. 강희 24년(1703년)에 진사에 급제하여 벼슬이 예부시랑에 이르렀다. 서법은 진·당의 서법과 동기창의 서법을 근본으로 삼았으며, 특히 소해 글씨를 잘 썼는데, 서풍이 시원스럽고 빼어나게 아름답다. 대표적인 작품으로 〈임첩(臨帖)〉(册; 북경 고궁박물원 소장)이 있다.

이상 네 사람은 각자 본받은 바는 다르지만, 모두가 동자(董字)의 서법을 받아들여, 수려한 운치를 띠고 있다.

(2) 굳세면서 괴이한 서풍을 추구한 서법

명말·청초의 시기에, 왕조가 바뀌고 난이 일어나 어지러운 세월을 직접 겪은 한 무리의 문인 서법가들은 황도주(黃道周)와 예원로(倪元璐)의 뒤를 이어, 격렬하고 괴이한 서풍을 계속 추구함으로써, 원한의 심정을 토로해 냈는데, 그 중에서 가장 유명한 사람은 왕탁과 부산이다.

왕탁(王鐸 : 1592~1652년)은 자가 각사(覺斯)이고, 호는 숭초(嵩樵)로, 하남 맹진(孟津) 사람이다. 천계(天啓) 2년(1662년)에 진사에 급제하였으며, 여러 직책을 거쳐 예부상서가 되었고, 남명(南明)의 복왕(福王) 때에는 동각대학사(東閣大學士)가 되었으며, 청나라 순치(順治) 연간에는 예부상서를 지냈다. 시문과 서화에 능했으며, 특히 서법으로 유명했는데, 황도주·예원로와 더불어 '명말삼대가(明末三大家)'로 불린다. 기록에 의하면, 이들 세 사람은 같은 해에 나란히 과거에 급제하여 진사가 되었으며, 일찍이 한원관(翰院館)에서 서로 약속한 뒤 함께 서법

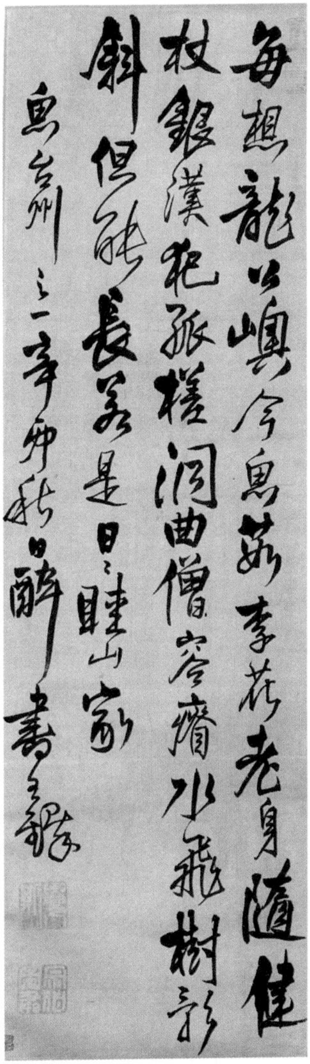

행서 〈사대주시(思臺州詩)〉(軸)
(明) 왕탁(王鐸)
북경 고궁박물원 소장

을 깊이 연구하였다. 예원로는 안진경을 배웠고, 황도주는 종요를 배웠으며, 왕탁은 왕희지를 배웠는데, 그들은 이때부터 시작하여, 멈추지 않고 꾸준히 서법에 몰두하였으며, 서로를 고무하고 격려하면서 마침내 성취를 이루었다. 또한 풍격에서도 서로 유사한 예술의 추구와 심미 의취를 형성하였다. 확실히 왕탁은 인품과 명성에서 예원로나 황도주에 비해 훨씬 미치지 못했으며, 청나라 조정에 들어가 벼슬을 하여, 두 임금을 섬긴 지조가 없는 신하였기 때문에, 그의 서법에 대해서도 비방과 칭찬이 서로 엇갈린다. 예를 들면, 양헌(梁巘)은 다음과 같이 말했다. "왕탁의 글씨는 전체적으로 힘이 좋지만, 글씨의 격조는 괴이함에 가까워, 다만 명가일 뿐이다.[王鐸全以力勝, 然體格近怪, 只爲名家.]"[청(淸), 양헌, 『평서첩(評書帖)』] 사실 왕탁의 서법 공력과 성취는 모두 예원로나 황도주보다 높다고 할 수 있는데, 오덕선(吳德旋)은 『초월루론서수필(初月樓論書隨筆)』에서 다음과 같이 논했다. "왕탁의 인품은 실망스럽지만, 서법은 뚜렷이 북송 시대 대가들의 풍모를 지녔으니, 어찌 그의 사람됨만으로 이를 폄훼할 수 있겠는가.[王覺斯人品頹喪, 而作字居然有北宋大家之風, 豈得以其人而廢之.]" 이러한 인식은 비교적 타당하다.

왕탁과 황도주·예원로는 서로 약속하고 글씨 공부를 한 다음, 서풍을 혁신하기로 뜻을 세우고, 수십 년 동안 몸소 실천하면서, 멈추지 않고 꾸준히 연마하였다. 그들은 스스로 공부할 것을 정하고, 하루는 옛 서법가들의 글씨를 임모하고, 다음날은 자유롭게 쓰기를 버릇처럼 하여, 평생 동안 변하지 않았다. 옛날 현자(賢者)의 자첩(字帖)을 임모하여 쓸 때에는, 능히 세부적인 것까지 충분히 공부하였는데, 자신의 글을 모아서 새긴 『의산원첩(擬山園帖)』에서 "여러 서체를 두루 갖추었다[諸體悉備]"라고 하였듯이, 공력이 깊고 두터웠음을 알 수 있다. 그는 전통을 중시하여, "글씨는 진나라의 법도를 본받지 않으면, 결국 법도를 벗어나게 된다[書不宗晉, 終入野道]"라고 주장하여, 행초서는 이왕(二王)의 서법을 근본으로 삼았고, 해서는 종요의 서법을 본받았다. 계승하면서도 또한 고법을 탈피하여 새로운 서법을 창출해 내는 데에도 관심을 기울였는데, 스스로 이렇게 말하고 있다. "서법을 처음 배울 때에는 자첩에 들어가기가 어렵고, 계승하고자 할 때는 자첩을 벗어나기가 어렵다.[書法之始也, 難

〈초서록어(草書錄語)〉(軸)

(明) 왕탁

『의산원첩(擬山園帖)』: 모두 열 권으로 되어 있는, 청대의 개인 총첩이다. 청나라 순치(順治) 8년부터 16년까지(1651~1659년) 왕탁의 아들 무구(無咎)가 편찬했다. 이 총첩은 모두 왕탁 일가의 글을 새긴 것으로, 모두 103종이 수록되어 있으며, 그 가운데 대부분은 옛 사람들의 글씨를 임모한 것이다. 왕무구는 수많은 왕탁의 진적들을 물려받았기 때문에, 선택된 작품들은 모두가 조예가 깊었다.

以入帖, 繼也, 難以出帖.]"[근대 사람 마종곽(馬宗霍), 『서림기사(書林紀事)』권2] "자첩을 벗어남[出帖]"에 도달하기 위하여 그는, "글씨를 배울 때 옛 비석 글씨를 통하여 참조하지 않으면, 서법이 결국 고아하지 못하고, 속된 필치가 많아진다[學書不參通古碑, 書法終不古, 爲俗筆多也]"[서이명(徐利明), 『중국서법풍격사(中國書法風格史)』에서 인용]라고 주장하였다. 이 때문에 그는 또한 전예(篆隸)의 옛 비석 글씨들을 공부함으로써, 힘써서 첩학의 한계를 타파하려고 노력하였다. 왕탁의 서풍은 진·당 시대의 정통 서법을 근본으로 삼았을 뿐만 아니라, 또한 그저 부드럽고 아름답기만 한 서풍은 매우 적어, 기이하지만 괴상하지는 않고, 격렬하지만 조잡하지 않으며, 울창하면서도 웅장하고 호쾌한 기운이 느껴진다.

　　왕탁은 행서와 초서를 잘 썼는데, 서법의 근원이 이왕(二王)과 미불에 있어, 사승(師承) 관계가 동기창과 비슷하지만, 풍모는 전혀 다르다. 그는 중봉(中鋒)을 위주로 하고, 팔면출봉(八面出鋒)한 미불의 운필법을 추구하였으며, 둥글게 전환하는[圓轉] 가운데 회봉(回鋒)하며 전절(轉折)하여, 필획이 함축되도록 주의를 기울였다. 또한 동시에 절봉(折鋒)을 가미함으로써 강건한 기세를 강화했다. 기필(起筆)과 수필(收筆) 및 운행의 경중(輕重)·기복(起伏)의 변화가 풍부하고, 돈좌(頓挫)가 비교적 크며, 때때로 떨면서 쓴 필획이 나타나기도 한다. 먹 색도 짙은 것에서부터 묽은 것과 메마른 것까지 층차가 풍부하여, 기이하면서도 분방한 힘이 느껴진다. 결체가 긴밀하고, 연결된 필획이 비교적 많으며, 자태는 옆으로 기울어지게 하여, 기이하고 험준함을 추구하였다. 장법(章法)에서는 조밀한 부분과 성긴 부분이 번갈아 나타나며, 아래위가 가지런하지 않고 들쭉날쭉하지만, 또한 글자들이 서로 이어져 있거나 혹은 각각의 글자가 삐툴삐툴하지는 않으면서도, 크기는 자유자재로 조절하여, "분방하면서도 수렴되게 할 줄 알

중봉(中鋒) : 붓끝을 점획의 한가운데로 모아 씀으로써, 어느 한 쪽으로도 치우치지 않도록 하는 용필법을 가리킨다.

회봉(回鋒) : 필획을 마무리할 때, 붓이 오던 방향으로 되돌려 세우는 행필법을 가리킨다.

절봉(折鋒) : 필획의 방향을 바꾸는 과정에서, 붓을 눌러 종이에 닿는 붓의 면을 바꾸어 필획의 모양에 각이 생기게 하는 용필을 말한다.

기 때문에, 그 필세가 최고조에 달하지 않았는데도 그 필세가 끝이 없는 듯하다.[縱而能斂, 故不極勢而勢若不盡]"[근대 사람 마종곽(馬宗霍), 『삽악루필담(霎岳樓筆談)』과 역시 마종곽의 『서림조감(書林藻鑑)』 권12를 볼 것.] 그의 서법에서 모가 나게 꺾이면서 힘차고 우뚝하며 널뛰듯이 격동하는 부분은 미불보다 훨씬 뛰어나, 힘차고 살아 움직이는 듯한 필세가 잘 나타나 있다. 〈행서오율시(行書五律詩)〉(軸)·〈초서오율시(草書五律詩)〉(軸)·〈초서당시(草書唐詩)〉(卷)(모두 북경 고궁박물원 소장)는 모두 그의 주요한 특색을 잘 반영하고 있는 작품들이다.

부산(傅山 : 1607~1684년)은 자가 청주(靑主)이며, 산서 양곡(陽曲) 사람으로, 평생 벼슬을 하지 않았는데, 사람 됨됨이가 강직하여 아부할 줄을 몰랐으며, 정의감과 민족적 절개가 넘쳐났다. 명나라가 망한 뒤 산속에서 은거하였으며, 붉은 옷을 입고, 독주를 마시면서 토굴에서 살았는데, 강희 17년(1688년)에 박학홍사과(博學鴻詞科)에 응시하도록 천거되었으나 받아들이지 않았다. 의술이 뛰어났으며, 시문서화(詩文書畫)에 모두 능했는데, 특히 서법으로 유명하여, 30세 무렵에는 이미 널리 이름이 알려졌다. 그는 여러 명가들의 서체를 폭넓게 섭렵하였는데, 위로는 동진의 이왕(二王)을 비롯하여 당대(唐代)의 안진경·유공권·장욱·회소부터, 아래로는 같은 시대의 장서도·황도주·예원로·왕탁에 이르기까지 많은 서법가들의 장점을 받아들였으며, 또한 해서·초서·예서·전서에 이르기까지 모든 서체를 매우 정묘(精妙)하게 잘 썼다. 그는 글씨를 쓸 때 서품(書品)을 중요시했는데, 젊은 시절에 일찍이 조맹부를 공부하여, 그의 원만하고 윤택하면서 유려한 서체를 좋아했으며, 진적과 구별할 수 없을 정도로 훌륭하게 모방할 수 있었다. 조맹부의 인품에 대해서 자세히 알고 난 후로는 더 이상 그의 글씨를 쓰지 않기로 결심하면서, 이렇게 말했다. "나는 조맹부를 극도로 싫어하는데, 그의 사람됨이 얄팍하니, 따라서 그의

박학홍사과(博學鴻詞科) : 중국 과거 시험의 하나로, 박학굉사과(博學宏詞科) 혹은 줄여서 사과(詞科)라고도 불렀으며, 또한 굉사(宏詞) 혹은 굉박(宏博)이라고도 했다. 당나라 개원(開元) 원년에 처음 실시하였다.

글씨도 싫어한다. 그의 글씨를 가까이에서 자세히 살펴보니, 역시 꼭 크게 비난할 일만은 아니다. 원숙하고 예쁘며 단아하고 아름다운 것은 당연히 천박한 자태이고, 매끈하면서 수려하고 둥글게 돌려 쓰는 것이, 오히려 정맥(正脈—올바른 계통)에 속한다.[子極不喜趙子昂, 薄其人, 遂惡其書. 近細視之, 亦未可厚非. 熟媚綽約, 自是賤態, 潤秀圓轉, 尙屬正脈.]"[청(淸), 부산(傅山), 『상홍감집(霜紅龕集)』·「잡저자훈(雜著字訓)」]

그 후에 안진경을 배우는 것으로 바꾸었으며, 출발점도 안진경의 호연지기와 굳건한 기개에 기초하였는데, 자신이 쓴 시에서 이렇게 말하고 있다. "안진경의 서법을 배우기 전에, 먼저 그의 글[詁]을 보았네. 안진경의 기개가 그 속에 있어, 붓으로 족히 삼키고 사로잡을 수 있었네.[未習魯公書, 先觀魯公詁. 平原氣在中, 毛穎足呑虜.]"[청(淸), 부산(傅山), 『상홍감집』·「작자시아손(作字示兒孫)」] 인품을 존경하는 것이 서법에도 영향을 미쳤기 때문에, 부산도 안진경 서체에서 강건하고 웅혼한 기세를 깊이 체득하였다. 그가 제시한 "차라리 졸렬할지언정 교묘하지 말고, 차라리 추할지언정 예쁘지 말고, 차라리 산만할지언정 경박하면서 미끈하지 말고, 차라리 꾸밈없이 진솔할지언정 가지런하게 안배하지 말라[寧拙毋巧, 寧醜毋媚, 寧支離毋輕滑, 寧眞率毋安排]"라는 예술적 주장도 그의 인생관·도덕관과 예술관·심미관이 서로 결합하여 통일된 결정체이자, 그의 서법 특징을 가장 잘 설명해주는 것이다. '사녕사무(四寧四毋)'의 요점은 바로, 단정함[正] 가운데 기이함이 보이고, 졸렬함 가운데 공교함 드러나며, 인공적으로 다듬은 기교(奇巧)와 세속에 영합하는 교활함을 반대하는 것이다. 또 소박하고 꾸미지 않으며 천박한 아름다움을 철저히 경계함으로써, 추함 속에서 아름다움이 드러나게 하며, 격조를 떨어뜨리는 속세에 영합하는 아름다움을 반대하는 것이다. 또 산만한 가운데 천진무구한 정취가 드러나도록 하며, 경박하고 교활한 것을 반대하는 것이다. 또 진실하고 질박한 가운데 솔직한 정취가 보이도록 하며, 인위적인 안배를 반대하는 것이다. 따라서 그의 서풍도 또

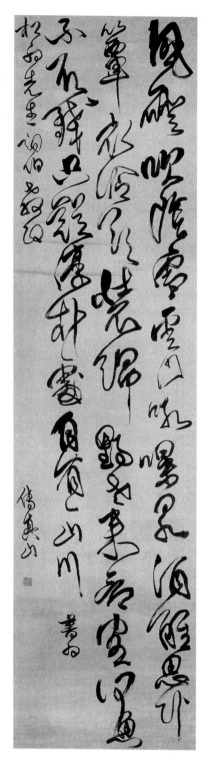

〈행초서오율시(行草書五律詩)〉(軸)
(明) 부산
북경 고궁박물원 소장

한 괴이하고 소박하고 꾸밈이 없으면서도 평정(平正)함을 잃지 않고 있으며, 마음먹은 대로 자유로우면서도 법도에 어긋나지 않으며, 굳세고 예리한 가운데 원만함이 포함되어 있고, 듬성듬성한 가운데 긴밀함이 보인다. 이처럼 대립적인 미학 요소들이 상당히 수준 높게 통일되어 조화를 이루고 있어, 독특하면서도 참신하다.

연면초(連綿草) : 글자와 글자가 끊어짐이 없이 죽 이어지는 초서.

　　부산은 행서와 초서를 잘 썼으며, 특색도 가장 선명한데, 그 중 '연면초(連綿草)'에 특히 새로운 의취가 풍부하다. 이 서체의 용필(用筆)은 계속 이어지면서 부드럽게 전환하는데, 한 글자의 점획(點劃)이 휘감기면서, 몇 글자를 한 번의 붓질로 써내기 때문에 상하좌우가 한꺼번에 얽혀 있으며, 밀어서 떼어놓을 수 없고, 당겨서 자를 수도 없이 하나의 통일체를 이루고 있다. 또 질주하듯이 신속하고 유창하며, 자연스럽게 진행하는 필봉으로 써내려가, 복잡하지만 어지러워 보이지 않으며, 경쾌하면서도 시원스러운 가운데, 또한 돈좌(頓挫)가 풍부하고, 자유분방하면서도 절도가 있다. 간략화한 초서체의 결체 속에, 복잡하고 빽빽한 필획을 써서, 안으로 모이면서 밖으로 펼쳐지며, 성글고 조밀함이 번갈아 나타나면서, 전체 풍격이 마치 고목나무를 휘감은 등나무 같기도 하고, 용이나 뱀이 날아오르는 것 같기도 하여, 대담하고 시원스러우면서도 기세가 충만하다. 또한 왕성하면서 웅강한 정감과 자유분방하고 꾸밈없이 소박한 의취가 담겨 있어, 명나라 말기에 등장한 '연면체(連綿體)'가 큰 발전을 이룬 것임이 틀림없다. 〈초서맹호연시십팔수(草書孟浩然詩十八首)〉(軸)·〈초서오율시(草書五律詩)〉(軸)·〈초서칠절시(草書七絶詩)〉(軸)(모두 북경 고궁박물원 소장)는 모두 '연면초'의 전형적인 면모를 반영하고 있다. 행서와 해서로 말하자면, 대부분이 필봉이 묵직하고, 점획이 흩어져 있으며, 결체는 비스듬히 기울었고, 장법은 들쭉날쭉하여, 소박하고 꾸밈이 없는 가운데 공교함이 감춰져 있고, 움직임 속에서도 고요함이 깃들어 있으며, 강한 가운데 부드러움이 담겨 있다. 예를 들면 〈행서고시십구수(行書古詩十九首)〉(冊)와 해서 〈이어사전(李御史傳)〉(冊; 모두 북경 고궁박물원 소장) 등이 그러한 작품들이다.

황도주와 예원로가 창시하고, 왕탁과 부산이 확립한, 기이하고 굳세며 대단히 괴이한 서법은, 명대 말기와 청대 초기에 한때 영향을 미쳤는데, 공현(龔賢)·사계좌(查繼佐)·법약진(法若眞)·모기령(毛奇齡)·정원공(丁元公) 등의 서법가들은 모두 부드럽고 예쁜 서풍을 버리려고 힘썼고, 대신 기이하고 굳센 글씨를 추구하였다. 왕탁의 아들 왕무구(王無咎)의 서법과 위상추(魏象樞)의 행서는 모두 왕탁의 서풍을 빼닮았으며, 송조(宋曹)의 강함과 부드러움이 적절히 조화된 연면초도 역시 부산의 서체와 서로 비슷하다.

(3) 비각(碑刻)에 입각하여 전예(篆隸) 서체를 중흥시킨 서법가들

명말(明末) 청초(淸初)의 몇몇 서법가들은 각첩(閣帖)의 속박으로부터 탈피하기로 뜻을 세우고, 둥글고 예쁘며 유약한 당시의 서풍을 변화시키기 위해, 진(秦)·한(漢) 시대의 비명(碑銘)에 눈길을 돌려, 전예(篆隸) 서체에 몰입하였다. 그들은 각 서체를 한데 혼합하여, 기묘하고 괴이한 각종 새로운 서체들을 창조했는데, 비록 성숙되지 못한 부분도 있었지만, 한때 새로운 서풍을 상징하였다. 대표적인 서법가들로는 '초예(草隸)'를 창조한 정보(鄭簠)와 '초전(草篆)'을 창조한 조환광(趙宧光)을 들 수 있다.

정보(鄭簠 : 1622~1693년)는 자가 여기(汝器)이고, 호는 곡구(谷口)로, 강소 상원(上元 : 지금의 남경) 사람이며, 평생 벼슬을 하지 않은 채 의술을 생업으로 삼았다. 어려서부터 예서를 열심히 공부하기로 뜻을 세우고, 30여 년 동안 한(漢)나라의 비석을 손이 닳도록 어루만지면 탐구하였는데, 특히 〈조전비(曹全碑)〉에 심취함으로써, 그것의 "참

조전비(曹全碑) : 동한(東漢) 중평(中平) 2년(185년)에 세워진, 고대 중국의 중요한 비각으로, 완전한 이름은 '한합양령조전비(漢郃陽令曹全碑)'이다. 이 시리즈 제1권 500쪽을 참조하라.

〈예서검남시(隷書劍南詩)〉(軸)

(淸) 정보(鄭簠)

북경 고궁박물원 소장

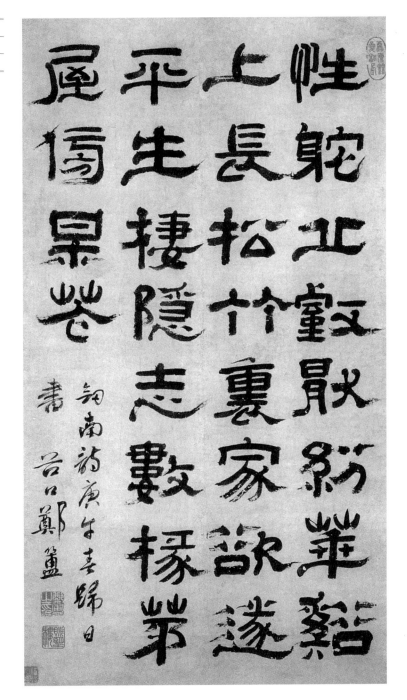

으로 고졸하고 참으로 기괴한 묘[眞古拙眞奇怪之妙]"[청(淸), 장재신(張在辛), 『예법쇄언(隷法瑣言)』]를 터득하였다. 또한 초서의 서법을 가미하

여, '초예(草隸)'라는 서체를 새로 창조함으로써, 한 시대의 명인이 되었다. 그 글씨의 용필은 자유분방하고, 점획의 굵기와 누르고 들고 비틀어 나가는 돈좌의 변화가 풍부하여, 용필법에 따라 점획의 변화가 다양하게 나타나, 한예(漢隸)의 침착하면서 안정된 풍격을 분방하게 변화시켰다. 또 결체는 납작하게 펼쳐져 있고, 수려한 가운데 꾸밈없는 소박함이 보이며, 한예의 긴밀한 형태를 널찍하게 열어 젖혔다. 둥둥 떠다니는 듯이 표일하고 기이하면서 자유분방한 풍격은, 당시의 서법가들이 따르며 지키던 당예(唐隸)의 풍조를 타파하고 비학(碑學) 예서(隸書)의 발전을 촉진하였다. 대표적인 작품인 〈도잠시운장(陶潛時運章)〉(軸)·〈영보요(靈寶謠)〉(軸)(모두 북경 고궁박물원 소장)는 그의 초예(草隸) 서체의 면모를 반영하고 있는 작품들이다. 당시 그러한 서풍을 추종했던 사람들로는 주이존(朱彝尊)·만경(萬經) 등이 있으며, 18세기에 이르기까지 또한 많은 사람들이 이 서풍을 근본으로 삼았는데, 예를 들면 고봉한(高鳳翰)·고상(高翔)·주민(朱岷) 등이 그들이다.

조환광(趙宦光 : 1559~1625년)은 자가 범부(凡夫)이고, 호는 광평(廣平)으로, 강소 태창(太倉) 출신인데, 국학생(國學生)이 되어 한산(寒山)으로 옮겨가 살았으며, 수십 종의 저서가 있다. 문자학에 정통했으며, 또한 각인(刻印)에도 능했다. 전서를 잘 썼는데, 〈천발신참비(天發神讖碑)〉를 기본으로 하여 변화시킨 '초전(草篆)'을 창조하였다. 탄성이 좋고 붓끝이 단단한 경필(硬筆)과 직선을 잘 사용했으며, 전환하고 꺾임[轉折]과 모서리가 분명하여, 둥글고 매끄러우면서 완곡하게 쓰는 고법(古法)을 일변시켰다. 점획은 한 번의 붓질 속에도 굵고 가늘며, 짙고 옅으며, 느리고 빠르며, 메마르고 윤택한 변화가 담겨 있어, 평온하고 가늘며 고른 옥저전(玉箸篆)과는 다르다. 또 글자체에는 초서의 쭉 이어서 쓰는 필법[連筆]이 융합되어 있으며, 크기는 비록 고른 편이지만, 또한 자유분방하게 날아오르는 필세를 띠고 있다. 이러한 초전 서체는 전통을 타파한 것이지만 지나치게 괴이하기 때문에, 청대 중기 이후에는 점차 자취를 감추어 볼 수 없게 되었다.

그때 풍격이 독특한 몇몇 명나라 유민(遺民) 화가들은 또한 스스로 새로운 풍격을 확립하려고 시도하기도 했다. 예를 들면 간필사의(簡筆寫意) 화조화로 유명한 주탑(朱耷−369쪽 참조)은, 전서에 행서와 초서의 필의를 섞어 썼는데, 역시 과장되고 기특한 풍모를 드러냈다. 수묵사의(水墨寫意) 산수화로 유명했던 석도(石濤−375쪽 참조)는, 여러 명가들의 화풍을 융합하였는데, 서법에서도 역시 해서·초서·예서·전서의 각 서체들을 종합하여, 일정한 규율에 얽매이지 않고, 변화가 풍부하여, 때로 기이한 풍격을 드러내기도 했다. 즉 때로는 예서체를 융합하고, 때로는 북비(北碑)의 서법을 섞기도 했으며, 혹은 소식의 풍성하고 두터운 서풍을 취하기도 했다. 또 혹은 황정견의 과장된 서풍을 닮기도 하고, 혹은 자신과 가까운 시대 사람인 예찬(倪瓚)의 가늘면서 힘이 있는 풍격을 따랐고, 혹은 종요(鍾繇)의 고졸한 서풍을 갖추기도 하였다. 요컨대 자유자재하며 변화무쌍하여, 자신의 그림과 서로 유사한 의취를 추구하였다.

비학(碑學)이 발흥한 청대 중기의 서단(書壇)

건륭(乾隆−1736~1795년) 연간에도 첩학의 기풍은 여전히 맹위를 떨치고 있었는데, 동자(董字−동기창의 서체)가 조체(趙體−조맹부의 서체)로 바뀌면서 점차 '관각체(館閣體)'를 형성하였다. 첩학에서 비교적 성취를 이룬 자들로는, 북방의 옹방강(翁方綱)·유용(劉墉)·성친왕(成親王)인 영성(永瑆)·철보(鐵保) 및 남방의 양동서(梁同書)와 왕문치(王文治)가 있었다. 같은 시기에 비학(碑學)에 발을 들여놓았으며, 비각을 첩서(帖書)에 융합하면서 힘써 변혁을 시도한 서법가들도 갈수록 많아졌는데, 대표적으로 '양주팔괴(揚州八怪)'를 들 수 있다. 가경(嘉慶)·도광(道光) 연간에, 마침내 종파를 열어 수립한 비학의 대가인 등석여(鄧石如)와 이병수(伊秉綬)가 나타남으로써, 비학이 첩학을 대신하면서 서법에서 주류의 지위를 차지하게 되었다.

(1) '관각체(館閣體)'와 첩학(帖學)의 명가들

건륭(乾隆) 연간에 건륭 황제인 홍력(弘曆)이 조맹부의 서법을 매우 좋아함에 따라, 동기창을 숭상하던 분위기는 점차 조맹부를 숭상하는 것으로 바뀌기 시작하여, 원만하고 매끄러우며 풍만한 조체(趙體)가 섬세하고 시원시원하며 빼어난 동자(董字)를 대신하게 되었다. 동시에 서법은 정식으로 과거시험에서 중요한 평가 항목에 포함되었으며, 조야에서 숭상한 조체는 정연하고 원만하면서 매끄럽고 단정하며 부드럽고 아름다운 측면을 더욱 강화하여, 벼슬을 얻기 위한 '간록(干祿)'의 서체가 됨에 따라서, 청나라의 '관각체(館閣體)'를 형성하였다. 이 서체는 먹 색이 새까맣고, 네모반듯하며 윤기가 흐르고, 크기가 일률적이면서 단정하고 빼어나, 시험 답안지·상주문·조서(詔書)·축하 문건 및 원고와 서적 등을 쓰는 데 적합했으며, 또한 황실의 점잖고 화려하고 부귀한 분위기에 적합했기 때문에, 한때 성행하였다. 이에 대해 홍량길(洪亮吉)은 다음과 같이 기록하고 있다. "요즘 해서 가운데 가지런하고 둥글면서 통통한 것을 일컬어 관각체라고 하는데, 이러한 글씨를 모두가 천편일률적으로 덩달아 따르고 있다. 건륭 중엽 이후 사고관(四庫館)을 개설하면서, 이러한 서풍이 나날이 성행하게 되었다.[今楷書之勻圓豊滿者謂之館閣體, 類皆千手雷同. 乾隆中葉以後, 四庫館開, 而其風益盛.]" 사고전서관(四庫全書館)이 건륭 37년(1772년)에 문을 열자, 그곳에 봉직하는 신하들에게 『사고전서』 일곱 부(部)를 필사하도록 명하였는데, 각 부마다 7만 9천여 권씩이나 되기

'烏·方·光' : 관각체의 특징을 요약하여 표현한 것으로, '烏'는 먹 색이 까마귀 색깔처럼 새까만 것을 가리키며, '方'은 글자체가 네모 반듯하고 단정한 것을 가리키며, '光'은 '亮'이라고 표현하기도 하는데, 먹이 진하고 윤택하며 빛이 나는 것을 가리킨다.

때문에, 10여 년 만에야 비로소 완성되었다. 대단히 많은 한림학사들이 모두 근엄하고 정교한 소해(小楷)로 베껴 썼으니, 어찌 관각체의 서풍이 형성되지 않았겠는가! 특히 건륭·가경·도광의 삼대에 걸쳐 벼슬을 한 조진용(曹振鏞)은 한림원장학(翰林院掌學)의 관직을 18년 동안이나 역임하면서, 수많은 종류의 총서를 베껴 쓰는 일을 총괄하였는데, '烏·方·光' 세 글자로 관각체의 전형을 간략하게 요약하였으니, 또한 서체는 모든 사람이 똑같은 모양으로 쓰고, 모든 글씨가 똑같은 격식을 따르게 되어, 마침내 정체되어 쇠망의 길로 나아갔다.

건륭 연간의 관각체를 대표하는 서법가들로는 장조(張照)·왕유돈(汪由敦)과 동방달(董邦達)·동호(董浩) 부자 등이 있었는데, 그 가운데 장조는 비교적 변화와 개성을 갖추고 있어, 풍격이 '관각체'와 완전히 비슷하다고 할 수는 없다.

장조(張照 : 1691~1745년)는 자가 득천(得天)이고, 호는 경남(涇南)·천병거사(天甁居士)로, 강소 화정(華亭 : 지금의 상해 송강) 사람이다. 강희(康熙) 48년(1709년)에 진사에 급제하여 옹정(雍正-1722~1735년) 연간에 벼슬이 형부상서에 이르렀고, 건륭(乾隆-1735~1795년) 연간에는 곧장 남서방(南書房)에 들어갔다. 건륭 황제가 그의 작품을 매우 좋아하여 항상 감상하였을 뿐만 아니라, 늘 대필(代筆)을 요청하기도 했다. 그는 행서와 해서를 잘 써서, "첩학의 결집체[薈萃帖學]"·"왕희지 이후 일인자[羲之後一人]"라고 칭송받았다. 처음에는 동기창 서법을 공부하였고, 계속하여 안진경과 미불을 섭렵하였으며, 노봉(露鋒)을 즐겨 사용했고, 운필이 유창하며, 결체가 수려하면서 윤택하다. 해서는 단정하면서 아름다운데, 예를 들면 〈임랑관벽기(臨郎官壁記)〉(軸)와 〈빈풍칠월편(豳風七月篇)〉(軸)(모두 북경 고궁박물원 소장)은 동자(董字)의 성글면서 수려한 서풍 가운데 안체(顔體)의 웅건한 필력이 가미되어 있어, 맑고 윤택하면서도 혼후하며, 그의 전

형적인 면모를 반영하고 있다. 행서는 점
획들을 쭉 연결하여 썼으며, 미불과 동
기창의 필의가 남아 있는데, 예를 들면
〈칠률시(七律詩)〉(軸: 북경 고궁박물원 소장)는,
결체가 약간 비스듬한 것은 미불의 서체를
기초로 하였기 때문이며, 점획이 또 비교적
유려하고 윤택한 것은 동기창의 필의를 드
러낸다.

북방의 옹방강·유용·영성·철보는 '건
륭사가(乾隆四家)'라고 불리기도 하는데, 그
들은 첩학이 숭상되던 시기에 여러 대가들
의 서법을 두루 본받고, 또 당나라 때의 비
석 글씨를 공부했기 때문에, 서풍이 매우
개성적이며, 성취도 비교적 두드러졌다.

옹방강(翁方綱 : 1733~1818년)은 자가 정
삼(正三)이고, 호는 담계(覃溪)·소재(蘇齋)·
이재(彝齋)로, 직예(直隷) 대흥(大興 : 지금의
북경) 사람이다. 건륭 17년(1752년)에 진사에
급제하여 벼슬이 내각대학사(內閣大學士)
에 이르렀다. 시문에 뛰어났고, 비첩(碑帖-
탁본)과 종이기(鐘彝器)의 감정과 고증에 정통했으며, 또한 고증의 방
법을 서학(書學)에도 적용하여, 옛 사람들의 서법 작품을 심혈을 기
울여 정성껏 임모하였는데, 점 하나 획 하나가 털끝만한 차이도 없
을 정도여서, 공력은 매우 깊었으나, 참신함과 창의성은 부족했다. 그
의 서법은 당대의 안진경·구양순·우세남을 주로 본받았는데, "삼당
(三唐-안진경·구양순·우세남을 가리킴)을 어루만지며 임모하여, 면모가

〈해서무후사기(楷書武侯祠記)〉(軸)
(淸) 장조(張照)
북경 고궁박물원 소장

직예(直隷) : 명나라 때 경부(京府)에
직속되어 있던 지역을 일컫는 말로,
북경에 직속되어 있던 지역을 '북직
예', 남경에 직속되어 있던 지역을 '남
직예'라고 하였다.

종이기(鐘彝器) : 고대 청동기에서 종

〈행서론봉첩(行書論鋒帖)〉(卷)

(淸) 옹방강(翁方綱)

북경 고궁박물원 소장

(鐘)은 술잔의 일종이고, 이(彝)는 술을 담는 그릇의 일종이다. 즉 고대 종묘 제례 때 쓰이던 청동 주기(酒器)들인데, 발견된 청동기들 중에 종(鐘)과 정(鼎)이 가장 많기 때문에 일반적으로 '종정문'이나 '종정이기'라고 하면 '금문(金文)'이나 '청동기(靑銅器)'의 대명사로 쓰인다.

거의 갖추어졌다.[撫摹三唐, 面目僅存.]"[청(淸), 예친왕(禮親王) 소련(昭槤), 『소정잡록(嘯亭雜錄)』] 그가 쓴 행서와 해서는 중후하고 질박하며, 상당한 공력을 갖추었는데, 둔탁하고 생기가 없는 게 흠이며, 뛰어나지는 못하다. 〈해서반야바라밀다심경(楷書般若波羅蜜多心經)〉(冊; 북경 고궁박물원 소장)은 용필이 가늘고 힘차며, 글자의 형태가 약간 긴 것이, 구양순의 필법을 체득했으나, 밋밋하고 반듯하여 험준한 필세가 부족하다. 〈행서론봉첩(行書論鋒帖)〉(卷; 북경 고궁박물원 소장)은 점획이 두텁고 묵직하면서도 완곡하며, 결체가 혼후하면서 맑고 바른 것이, 안진경과 우세남 두 명가의 필법을 겸하였으며, 외유내강의 특색이 드러나, 그의 전형적인 풍모를 반영하고 있다.

유용(劉墉 : 1719∼1804년)은 자가 숭여(崇如)로, 산동 제성(諸城) 사

람이다. 건륭 16년(1751년)에 진사에 급제하여, 벼슬이 이부상서를 거쳐 체인각대학사(體仁閣大學士)에 이르렀다. 서법은 처음에 조맹부와 동기창의 필법을 공부하였고, 후에 여러 명가들을 폭넓게 공부하였으며, 특히 소식(蘇軾)의 장점을 터득하였다. 말년에는 북조(北朝)의

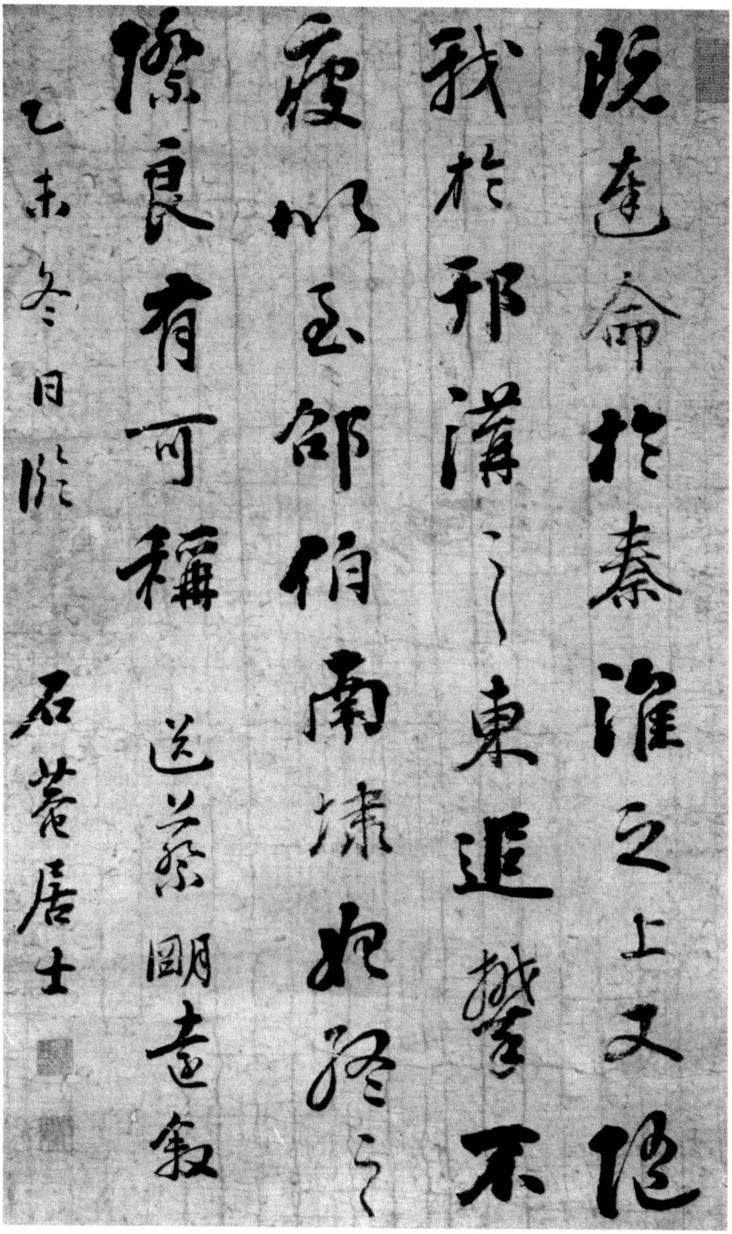

〈행서송채명원서(行書送蔡明遠敍)〉(軸)
(清) 유용(劉墉)
북경 고궁박물원 소장

비석에 심취하여, 마침내 스스로 두텁고 단단한 골력과 고아하고 힘이 넘치는 풍격을 이루어, "첩학을 집대성하였다[集帖學之成也]"라고 일컬어졌다. 그는 고법을 공부할 때, 겉모양의 닮음을 추구하지 않았고 용필의 방법을 중시하였는데, 이른바 "본래 겉모양의 닮음을 추구하지 않았고, 본래 한 획도 비슷하게 따르지 않았다.[本不求似, 本遂無一筆似.]" 글씨를 쓸 때 기필(起筆)은 장봉(藏鋒)을 즐겨 사용하여, 오른쪽으로 가려고 하면 먼저 왼쪽으로 가고, 아래로 가려고 하면 먼저 위로 가서, 붓을 거꾸로 댄 다음 꺾어 되돌아와 다시 붓을 움직였기 때문에, 함축되어 있어 드러나지 않으며, 전환하는 곳에서는 붓을 눕혀 꺾어 썼기 때문에 필획이 부드러우면서 옹골지고 또한 강하고 굳센 기운을 내포하고 있어, 마치 솜뭉치 속에 쇳덩이가 들어 있는 듯하다. 결자(結字)는 중심은 빈틈이 없고, 한쪽 구석은 느슨하며, 흑백이 서로 번갈아들면서 성근 부분과 조밀한 부분이 형성되었다. 서풍은 비교적 풍성하고 두툼하여, 송대의 소동파 글씨와 서로 비슷한데, 어떤 사람은 이를 '묵저(墨猪-먹돼지)'라고 비웃기도 했다. 그러나 실제로 그의 글씨는 또한 외곬으로 두툼하기만 한 것이 아니고, 운필은 무디거나 답답한 폐단이 없으며, 날아 움직이는 듯한 기색이고, 붓을 누르거나 들어 올리는[提按] 변화가 풍부하고, 경중(輕重)이 적절하다. 이와 같이 강함과 부드러움이 서로를 보완해주고, 모습이 풍만하고 골기가 굳센 운치가 있어, 대단히 창조성을 띠고 있다. 〈행초해서(行草楷書)〉(卷; 북경 고궁박물원 소장)에는 그의 각종 풍모가 집중적으로 반영되어 있다.

영성(永瑆 : 1752~1823년)은 성(姓)이 애신각라(愛新覺羅)이고, 자가 경천(鏡泉)이며, 호는 소암(少庵)·이진재주인(詒晉齋主人)이다. 건륭제의 열한째 아들로, 성친왕(成親王)에 봉해졌으며, 가경(嘉慶) 연간에는 군기처행주(軍機處行走)를 맡았다. 서법에 뛰어났는데, 어릴 적에

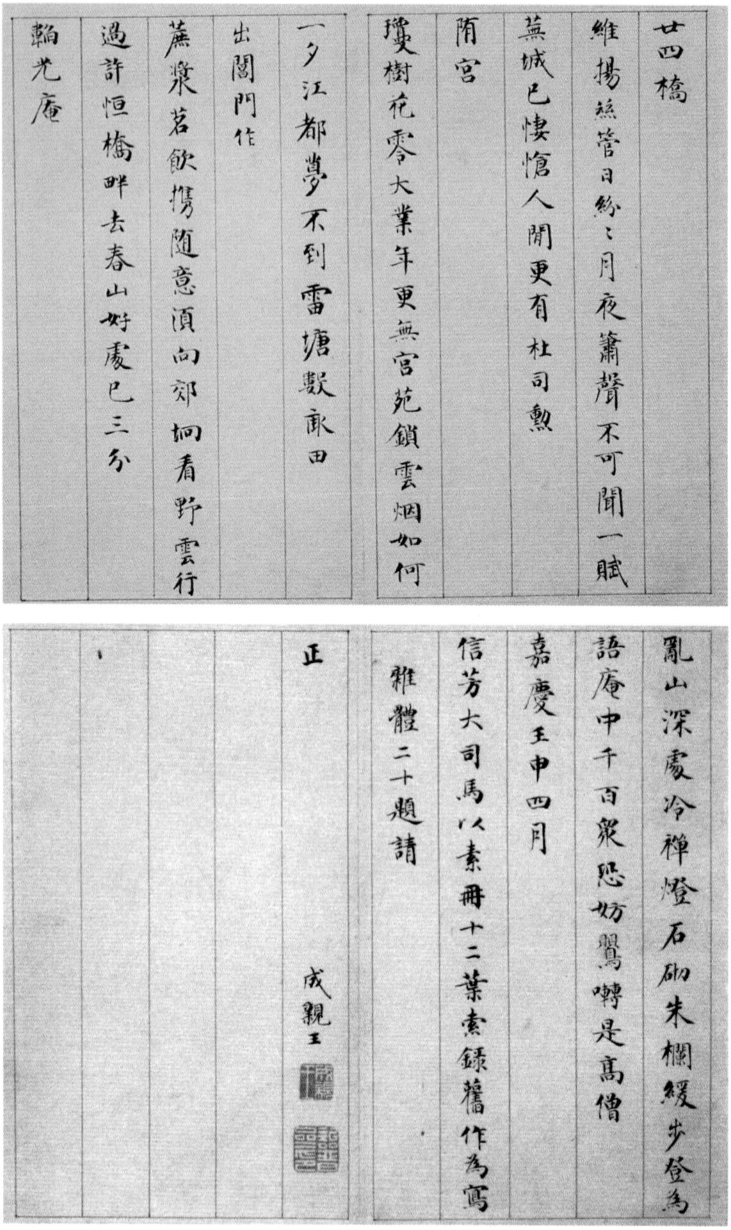

〈잡체시(雜體詩)〉(冊)
(淸) 영성(永瑆)
북경 고궁박물원 소장

廿四橋

維揚簫管日紛紛月夜簫聲不可聞一賦

蕪城已愴愴人閒更有杜司勳

隋宮

瓊樹花零大業年更無宮苑鎖雲烟如何

一夕江都夢不到雷塘獸厭田

出閤門作

蔗漿茗飲携隨意頓向郊坰看野雲行

過許恒橋畔去春山好處已三分

韜光庵

亂山深處冷禪燈石砌朱欄緩步登為

語庵中千百眾恐妨鶯囀是高僧

嘉慶壬申四月

信芳大司馬以素冊十二葉素錄舊作為寫

雜體二十題請

正

成親王

는 조맹부의 서법을 익혔으며, 나중에 구양순의 서법으로 거슬러 올라가, 조맹부의 단정하면서 수려함과 구양순의 강건함을 융합하여, 스스로 공교하고 신중하며 수려하고 예쁜 풍격을 이루었다. 〈해서잡시(楷書雜詩)〉(冊; 북경 고궁박물원 소장)는 험준하고 힘찬 풍격보다는 다분히 단아하고 아름다운 것이, 조맹부 서체의 영향을 더욱 많이 받았음을 나타내준다. 반면 〈행서수찰(行書手札)〉(卷; 북경 고궁박물원 소장)은 가늘면서도 힘이 있고 유창한 것이, 또한 동기창의 운치에 가깝다. 이처럼 영성의 서법은 항상 황가(皇家)의 숨결이 묻어나는데, 이는 전체적으로 동기창과 조맹부의 그림자가 남아 있기 때문이다.

철보(鐵保 : 1752~1824년)는 자가 야정(冶亭)이고, 호는 매암(梅庵)으로, 만주(滿洲) 정황기(正黃旗) 사람이다. 건륭 37년(1772년)에 진사에 급제하여 가경(嘉慶) 연간에 양강총독(兩江總督)을 지냈고, 도광(道光) 초기에 삼품경(三品卿)을 마지막으로 벼슬을 사직하였다. 어려서 시를 잘 지었으며, 서법에도 뛰어났는데, 진(晉)·당(唐) 시대의 서법을 본받아 배웠다. 해서는 안진경을 주로 본받았고, 초서는 왕희지에서 나왔으나, 회소와 손과정의 서법도 함께 취하여, 필법이 숙련되었으며, 옛 서법가들의 외형과 정신을 깊이 터득하여, 제법 새로운 의취가 있지만, 성취는 다른 세 사람에 미치지 못했다. 〈해서임마고산선단기(楷書臨麻姑山仙壇記)〉(冊; 북경 고궁박물원 소장)는 평온하고 평정(平正)하여, 다분히 안진경의 필의가 묻어난다. 〈행서자서칠언시(行書自書七言詩)〉(冊; 심양 고궁박물원 소장)는 정교하면서 곧고 빼어나며, 풍만하면서도 골기가 있다. 〈초서가(草書歌)〉(卷; 북경 고궁박물원 소장)는 가파르고 험준한 가운데 준수한 풍모가 넘쳐나는 것이, 왕희지와 미불의 서의(書意)를 깊이 터득했음을 알 수 있다.

당시에 남방의 양동서(梁同書)·왕문치(王文治)와 유용이 나란히 일컬어졌는데, 역시 각자 개성을 갖추고 있었다.

양동서(梁同書 : 1723~1815년)는 자가 원영(元穎)이고, 호는 산주(山舟)로, 절강 전당(錢塘 : 지금의 항주) 사람이다. 건륭 17년(1752년)에 진사에 급제하여, 관직이 시강(侍講)에 이르렀다. 서법은 처음에 조맹부와 동기창을 배웠고, 계속해서 안진경과 유공권의 서법을 익혔으며,

탐화(探花) : 명·청 시기에 황제가 직접 주관하는, 가장 높은 수준의 과거 시험인 전시(殿試)에서 일갑(一甲) 중 3등에 급제하여 진사(進士)가 된 사람을 일컫는 말.

중년에는 미불의 서법을 공부하여, 말년에는 필력이 웅장하면서 중후하고 자유분방하면서 자연스러웠다. 큰 글자를 잘 썼으며, 그 기백이 더욱 웅장한데, 그가 쓴 비문과 편액(扁額)·묘지(墓誌) 등이 강남 지방 일대에 고루 분포되어 있으며, 당시 일본과 류큐(琉球)에서도 그의 서법을 중히 여겼다.

류큐(琉球) : 오늘날 일본의 오키나와 섬에 존재했던 왕국의 이름이다. 1429년에 통일왕국을 이루어 450년 동안 지속되다가, 1879년에 일본에 복속되면서 오키나와현이 되었다.

〈행서오언시(行書五言詩)〉(軸)

(淸) 왕문치(王文治)

왕문치(王文治 : 1730~1802년)는 자가 우경(禹卿)이고, 호는 몽루(夢樓)로, 강소 단도(丹徒) 사람이다. 건륭 25년(1760년)에 탐화(探花)가 되어, 한림원시독(翰林院侍讀)을 지냈다. 조정에서 물러나 운남 요안(姚安)의 지현(知縣-현령에 해당하는 관직)으로 나갔으나, 후에 곧 고향으로 돌아가 다시는 관직에 나가지 않았다. 서법은 처음에 이왕(二王)을 배웠고, 나중에 미불·조맹부·동기창의 영향을 비교적 깊이 받았으며, 만년에는 장즉지(張卽之)의 서법을 넘나들어, 결체가 점점 가늘고 훤칠해졌다. 행서와 해서를 잘 썼는데, 용필은 구애됨이 없이 자유분방했다. 점획이 원만하고 윤택하면서 통통한 멋이 있고, 결체는 단정하고 시원스러우며, 풍격이 맑고 화려하면서 예쁘다. 그리하여 혹자는 이렇게 평했다. "몽루태수는 풍류가 넘치고 호방한데, 글씨 또한 그의 사람됨과 같다.[夢樓太守風流倜儻, 書如其人.]"[근대 사람 마종곽(馬宗霍), 『서림조감(書林藻鑑)』 권12] 또한 '낭자의 글씨[女郎書]'에 비유하여 이렇게 말하기도 했다. "미녀가 꽃가루를 받는 것처럼, 골격이 맑고 섬세하지만, 결국 장중하지는 못하다.[秋娘傳粉, 骨格淸纖, 終不莊重耳.]"[근대 사람 마종곽, 『서림조감』 권12] 그는 유용(劉墉)과는 확연히 대비를 이루는데, 때때로 "진한 먹은 재상(宰相) 같고, 옅은 먹은 탐화(探花) 같다[濃墨宰相, 淡墨探花]"라고 했듯이, 그의 서풍은 건륭 황제가 좋아하게 되어, 궁궐 주변의 사대부들도 대부분 소중히 여기며 따랐다. 〈행서대월지작(行書待月之作)〉(軸; 북경 고궁박물원 소장)은 그의 전형적인 풍모를 반영하고 있다.

(2) 비(碑)에 첩(帖)을 융합하여, 힘써 변혁을 도모한 양주팔괴(揚州八怪)

옹정·건륭 연간에 경제가 번영했던 양주 지역에서는 정통을 반대하고 옛것을 모방하는 것을 반대하면서, 대담하게 혁신을 주장하는 한 무리의 서법가들이 출현하였는데, 이들 중 '양주팔괴(揚州八怪)'가 대표적이다. 그들은 회화(繪畫)에서 괴이한 풍격을 창립했을 뿐만 아니라, 서법에서도 혁신의 뜻을 세웠는데, 비록 그 시도가 완숙의 단계에 이르지 못하고, '괴이함[怪]'에 빠지긴 했지만, 구태의연함을 타파하고 힘차게 새로운 사조를 추동하였다. 이들 가운데 김농(金農)과 정섭(鄭燮) 두 사람이 가장 독창성이 풍부했다.

김농(金農−1687~1763년)은 그림보다 글씨를 먼저 공부했으며, 한(漢)·위(魏)·남북조(南北朝)의 석각(刻石)에 심취했는데, 특히 〈천발신참비(天發神讖碑)〉와 용문(龍門)의 조상비(造像碑) 등에서 크게 도움을 받았다. 또한 한예(漢隷)와 위비(魏碑)를 융합하여, 스스로 필획이 반듯하고 모서리가 분명하며, 가로획이 굵고 세로획이 가늘며, 먹 색이 짙은 새로운 서체를 창안했는데, 이를 '칠서(漆書)'라고 부른다. 이 서체는 무거운 가운데 공교하고, 꾸밈없이 소박한 가운데 아름다우며, 고아하고 예스러우면서 차분하고 웅혼하여, 옛 사람들의 서법에서는 없었으며, 독특하고도 매우 괴상하다고 할 수 있다. 그의 예서·해서·행서는 모두 위와 같은 특징을 갖추고 있으면서도, 또한 서체마다 차이가 있다. 이 중 예서에 이러한 특징이 가장 풍부한데, 예를 들면 〈상학경(相鶴經)〉(軸)과 〈장몽팔장(章蒙八章)〉(卷)(둘 다 북경 고궁박물원 소장)이 그러하다. 해서는 필획이 비교적 균일하면서, 자형(字形)에 변화가 있으며, 꾸밈없이 소박한 의취가 더욱 짙어, 마치 어린아이가 걸음마를 배우듯이 천진무구하며, "꾸밈없는 졸렬함으로써 공교함을 삼은[以拙爲巧]" 의취를 더욱 깊이 갖추었는데, 〈해예(楷隷)〉(軸; 북경 고궁박물원 소장)가 대표적인 작품이다. 행서는 예서와 해서의 서법

천발신참비(天發神讖碑) : 삼국(三國) 시기 오(吳)나라의 서법가였던 황상(皇象)이 썼다고 전해진다. 〈천새기공비(天璽紀功碑)〉·〈오손호기공비(吳孫皓紀功碑)〉라고도 하며, 속칭 〈삼단비(三段碑)〉라고 한다. 이 시리즈 제1권 503쪽을 참조하라.

일파삼절(一波三折) : 용필에서 평평한 삐침[捺]을 '파(波)'라고 하는데, 일파삼절이란 무릇 삐침[捺]에서 필봉을 세 번 전환하는 것을 가리킨다. 세 번 꺾고 나야 비로소 필획이 힘차고 씩씩해진다.

〈행서칠률시(行書七律詩)〉
(淸) 정섭(鄭燮)
북경 고궁박물원 소장

을 한데 융합하여, 용필이 거칠고 무거우며, 결체는 서툰 듯 생경하고 소박한 맛이 있으며, 특히 글자의 자세가 오른쪽 아래 방향으로 기울어 있어, 일반적 필세를 벗어났는데, 대표적인 작품으로는 〈행서찰(行書札)〉(頁; 북경 고궁박물원 소장)이 있다.

정섭(鄭燮–1693~1765년)은 난(蘭)과 대나무[竹]를 잘 그려 독자적으로 한 파(派)를 형성하였고, 서법 또한 특별한 서체를 창조하였다. 그는 예서·행서·해서의 세 가지 서체를 잡다하게 한데 섞어, 해서도 아니고 예서도 아닌 서체를 형성했는데, 자칭 '육분반(六分半)' 서체라고 불렀다. 또한 난과 대나무를 그리는 화법을 글씨에 적용하여, 점획과 파책(波磔)이 예스러우면서 풍류가 있고 멋스럽다. 그의 운필은 변화가 많으며, 하나의 풍격에 얽매이지 않고 자유분방하여, 점획에서 간혹 예서의 파책이 보이기도 하고, 혹은 북비(北碑)의 삐침[撇捺]이 나타나거나, 혹은 행초서의 연결되는 인대(引帶–592쪽 참조)가 보이고, 혹은 황정견의 일파삼절(一波三折)을 갖추고 있다. 그리하여 혹은 마치 난초 잎처럼 표일하기도 하고, 혹은 대나무 잎처럼 곧고 힘차며, 높고 낮음·돌림과 꺾임이 조화롭게 어우러져, 맑고 낭랑하며 힘이 느껴진다. 결체가 과장되고 기이하며, 예서와 해서의 납작한 모양 취했으면서, 또한 행초서의 옆으로 기운 듯한 필세를 띠고 있으며, 크기는 들쑥날쑥하게 자유자재로 늘이고 줄여, 리듬감이 풍부하다. 장법 또한 반듯함과 비스듬함이 서로 의지하고, 성긴 곳과 조밀한 곳이 서로 어우러져, 어수선한 가운데 법도가 느껴지는데, 어떤 사람은 "어지러운 돌들이 길을 덮었다[亂石鋪街]"라고 비유했다. 이처럼 괴이한 서체는 과거에는 볼 수 없었던 것으로, "서법의 길 하나를 새롭게 열었다[別辟臨池路一條]"라고 할 수 있다. 〈행서칠언시(行書七言詩)〉〈軸)와 〈해서칠률시(楷書七律詩)〉〈軸)(모두 북경 고궁박물원 소장)는 비록 행서와 해서라는 차이는 있지만, 풍격의 특징은 일치한다.

'양주팔괴' 가운데 다른 사람들도 모두 서법에 뛰어났는데, 그 면모도 한결같이 매우 기괴하였다. 고봉한(高鳳翰)은 오른쪽 팔이 병을 얻어 쓰지 못하게 된 후부터는 왼손으로 행초서를 썼는데, 서풍이 날아오르는 듯 매우 호쾌하고, 고아하면서도 발랄한 정취를 갖추고 있다. 이선(李鱓)의 행서와 초서는 소박하고 꾸밈이 없으면서 자유로운 면모를 드러낸다. 황신(黃愼)의 초서는 점획이 어지럽고, 결체가 드문드문 흩어져 있으며, 장법도 역시 산만하여, 끊어진 듯 이어진 듯하며, 붓이 떨리고 먹은 조급하다. 왕사신(汪士愼)의 예서는 한예(漢隸)에서 나왔는데, 또한 특별히 가늘고 수려하며 고아한 운치를 갖추었다. 이들 팔괴(八怪)의 서법은 비록 그림에서와 같은 큰 영향력을 발휘하지는 못해, 따라 본받은 자들이 많지는 않았지만, 옹정·건륭 연간의 비학 서풍을 개척하였기에, 역사에 미친 작용은 소홀히 할 수 없다.

(3) 비학의 흥성과 명가(名家)들의 등장

가경·도광 연간에는 출토된 비석의 수량이 급격히 증대함에 따라, 탁본을 모사하고 임모하여 배우는 풍조도 나날이 왕성해졌으며, 비학도 날이 갈수록 흥성하였다. 동시에 비학을 창도(倡導)하는 이론들도 잇달아 출현하였다. 건륭 연간에 완원(阮元)은 '남북서파론(南北書派論-중국의 서법은 북파와 남파로 나뉜다는 내용의 서법 이론)'과 '북비남첩론(北碑南帖論-북파는 비를 근원으로 삼고, 남파는 첩을 근원으로 삼았다는 내용의 서법 이론)'을 주장하였다. 또 가경·도광 연간에 포세신(包

世臣)은 『예주쌍즙(藝舟雙楫)』이라는 책을 저술하여, 한 걸음 더 나아가 비학을 존중하는 의견을 제시하였으며, 또한 비학 서법가들을 높이 평가하였는데, 이리하여 비학은 점점 서법에서 주도적 지위를 차지해갔다. 창작 실천 방면에서는, 등석여의 전서(篆書)와 이병수의 예서(隸書)가 완전히 새로운 풍격으로 기세등등한 유파를 형성하였다.

등석여(鄧石如—1743~1805년)는 처음의 이름이 염(琰)이었고, 자가 석여(石如)였는데, 가경(嘉慶) 황제의 이름을 피휘(避諱)했기 때문에 자를 이름으로 쓰고, 대신 자를 완백(頑伯)으로 고쳤으며, 또 다른 호는 완백산인(完白山人)이며, 안휘 회녕(懷寧) 사람이다. 그는 서법과 전각(篆刻)에 뛰어났으며, 전서·예서·해서·행서·초서 등 다섯 서체를 다 잘 썼는데, 특히 전서를 잘 쓰기로 유명하여, "전서를 집대성했다[集篆之大成]"라는 영예를 얻었다. 그의 전서는 진대(秦代)의 이사(李斯)와 당대(唐代)의 이양빙(李陽冰)에 근원을 두고 있으며, 또한 진(秦)·한(漢) 이래의 금석비각(金石碑刻)을 임모하여 쓰는 데 전심전력하여, 금문(金文)·예서(隸書)·와당(瓦當)·비액(碑額)의 필법과 결체를 전서에 융합함으로써, 전통 옥저전(玉箸篆)의 가지런하고 균일하고 섬세하면서도 완곡하고 매끈한 글자체 형식을 철저히 변화시켰다. 용필은 붓끝을 드러나지 않게 없애고[殺鋒], 힘차게 꺾이는 세(勢)를 취하여, 오로지 완만하고 부드럽게 쓰지는 않았다. 점획은 경중(輕重)과 돈좌(頓挫)를 갖추었고, 직선 속에 곡선이 깃들어 있는 변화를 보이며, 무거운 것으로써 가늘고 균일한 것을 대신하였다. 결체는 대칭과 균형 속에 불규칙한 변화를 추구하고자 했으며, 글자의 형태는 약간 모가 나고, 크기는 들쑥날쑥하여, 정연하고 가지런한 구도를 타파하였다. 이 전서체는, 더욱 더 강건한 아름다움을 갖추었으며, 부드러우면서 힘이 있어, 일거에 진부한 습성을 씻어내고 새로운 풍격을 열었다. 강유위(康有爲)는 일찍이 그의 전서를 높게 평가하여 다음과 같이 말했다. "완백(完白-등석여)이 특별히 깨달아 뛰어난 곳은 예서(隸書)의 필법으로 전서(篆書)를 쓴 데에 있다. 내가 예전에 '전서의 법[篆法]'에 등석여가 있는 것은, 마치 유가(儒家)에 맹자가 있음과 선가(禪家)에 대감선사(大鑑禪師)가 있음과 마찬가지라고 했는데, 모두 본래의 마음자리를 곧바로 가리켜, 사람들이 스스로 입증하고 스스로 깨우치도록 하였으니, 이들 모두 광대한 신통력과 공덕을 갖춘 교화주(教化主)들이라고 여길 만하다.[完白得力處在以隸筆爲篆, 吾嘗謂篆法之有鄧石如, 猶儒家之有孟子, 禪家之有大鑑禪師, 皆直指本心, 使人自証自悟, 皆具廣大神力功德以爲教化主.]"[청(淸), 강유위(康有爲), 『광예주쌍즙(廣藝舟雙楫)』] 전해오는 대표작인 〈사잠(四箴)〉(屛; 북경 고궁박물원 소장)은 전형적인 면모를 반영하였는데, 그 전서는 '옥저(玉箸)'의 원만하고 매끈함과 '철선(鐵線)'의 힘차고 곧음이 있을 뿐만 아니라, 또한 비액(碑額)의 혼후하고 무성하며 빽빽한 풍격이 있어, 간결하면서도 시원시원하다. 그리고 필법은 깨끗하고 깔끔하며, 풀어주고 조임[縱斂]이 자유자재일 뿐만 아니라, 예서와 해서의 공력에도 의지하고 있다.

그의 예서도 또한 새로운 의취를 갖추었는데, 한(漢)·위(魏)와 육조(六朝) 시대의 비각을 폭넓게 공부하여, 전서(篆書) 필의를 팔분(八分) 예서에 도입하여 납작하고 모가 난 체세 속에 둥글면서 매끈한 필획을 융합하였으며, 또한 북위(北魏) 해서(楷書)의 엄정하고 혼후함까지 섭취했기 때문에, 강하고 굳셈과 부드럽고 매끈함과 고졸하고 소박함과 힘차고 화려함을 함께 갖추어, 고졸하고 빽빽하며 중후하고 질박하면서도 굳세고 화려하며 순박한 풍격을 형성하였다. 〈고명(古銘)〉(軸)과 〈어적(語摘)〉(屛)(모두 북경 고궁박물원 소장)은 더욱 전서와 위비(魏碑)의 필법이 뒤섞여 있어, 순박하고 꾸밈이 없으며 두터운 가운데 힘차고 강건함이 느껴지는 게, 말년의 예서에 속한다. 이는 한예(漢隸)를 주로 본받아 굳세고 화려하며 풍만하고 윤택했던 초기의

대감선사(大鑑禪師): 당대(唐代)의 고승이며, 중국 불교 선종(禪宗)의 육조(六祖) 혜능(慧能)을 가리킨다. 불법(佛法) 수행을 증명해 보였으며, 현재도 사리(舍利)가 전해져오고 있다.

면모와 비교하면 크게 변화한 것이다. 그의 해서와 행서는, 전서와 예서에 뿌리를 두고 있으며, 또한 북비(北碑)를 섭취하여, 풍부한 특색을 지니고 있다. 예를 들면 〈사체서(四體書)〉(冊; 북경 고궁박물원 소장) 가운데 해서 글자는 북비의 반듯하고 단정한 자태와 힘차고 반듯한 체세를 취했을 뿐만 아니라, 행서의 인대(引帶-592쪽 참조) 필치를 융합하여, 웅혼하면서도 준수하고 뛰어나다. 행서는 붓놀림이 자유분방하고 변화무쌍하여, 유창하고 미끈한 가운데 생경함과 졸렬함이 느껴진다. 강유위는 일찍이 그의 서법에 대해 다음과 같이 평가하였다. "완백산인의 서법은 고금의 뛰어남을 모두 갖추었는데, 결체의 바탕은 한나라의 전서에서 가장 많이 본받아 형성하였다. 그리하여 위로는 능히 천고(千古)를 덮고도 남으며, 아래로는 백년[百祀]을 열 수 있으니, 후세의 작자들은 경사[북경-역자]에 가지 말라.[完白山人盡古今之長, 而結胎成形于漢篆爲多. 遂能上掩千古, 下開百祀, 後有作者, 莫之于京矣.]"[청(淸), 강유위(康有爲), 『광예주쌍즙(廣藝舟雙楫)』]

〈예서칠언시(隷書七言詩)〉(軸)
(淸) 등석여
북경 고궁박물원 소장

　전서가 청나라 초기에 이미 다시 생기를 찾아, 수많은 명가들이 출현하였지만, 대부분 전통을 고수하여, 이사(李斯)·이양빙(李陽冰) 이래의 옥저전(玉箸篆)을 계승하였기 때문에, 섬세하면서 균일하고, 둥글고도 가지런함에서 크게 벗어나지 못했는데, 예를 들면 강희(康熙) 연간의 왕주(王澍)와 건륭(乾隆) 연간의 계복(桂馥)·홍량길(洪亮吉)·손성연(孫星衍)·전점(錢坫), 가경(嘉慶) 연간의 만승기(萬承紀) 등이다. 등석여가 등장한 뒤, 추종자들이 매우 많아짐에 따라 새로운 유파를 형성하게 되었는데, 정전(程筌)·오희재(吳熙載) 등과 같은 사람들이 모두 이 파의 명가들에 속한다.

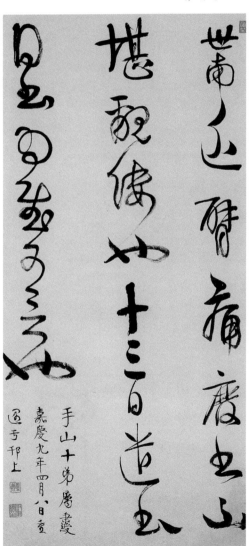

이병수(伊秉綬-1754~1815년)는 자가 조사(組似)이고, 호는 묵경(墨卿)으로, 복건 영화(寧化) 사람이다. 건륭 54년(1789년)에 진사에 급제하여, 벼슬이 양주지부(揚州知府)에 이르렀다. 시문과 서화에 능했으며, 특히 예서를 잘 쓰기로 유명했으며, "분서(分書)를 집대성했다[集分書之成]"라는 영예를 얻었으며, 등석여와 더불어 "비학 서법의 문을 열었다[啓碑法之門]"라고 일컬어졌다. 그도 어려서는 역시 첩학에 몰두하여, 유용(劉墉)에게 사사하였고, 〈난정서(蘭亭序)〉를 많이 임모하였으며, 특히 안진경 서법에서 크게 도움을 받았다. 후에는 계복·황이(黃易)·손성연 등 금석 서법가들의 영향을 받아, 한(漢)·위(魏)·육조(六朝)의 비각까지 거슬러 올라가 서법을 취했으며, 특히 예서에 힘을 쏟아 새로운 서풍을 창조했는데, 전서의 서법을 예서에 도입하여, 예스럽고 힘차면서도 금석문(金石文)의 분위기가 풍부하며, 또한 글자가 클수록 더욱 웅장한 느낌을 준다.

그의 예서는 한나라 예서에 근본을 두었으나, 점획에서는 파책(波磔)이 거의 분명하지 않고, 전서의 균일하고 둥글면서 매끈한 흔적이 훨씬 많으며, 기필과 수필 부분에서는 때때로 또한 반듯하게 꺾이는 북위의 서풍도 보인다. 결체도 한나라 예서의 납작하고 평평한 것을 네모반듯하게 변화시켰으며, 촘촘한 것을 여유롭고 넓게 바꾸었고, 크기와 높낮이도 일정하지 않으며, 상하좌우도 고르고 가지런함을 추구하지 않고, 대담하게 형태를 바꾸어, 꾸밈없고 소박한 가운데 공교함이 엿보인다. 이 예서체는 묵직하고 소박하며, 어느 정도 장식성을 띠고 있으며, 거침없고 미끈한 필획과 들쑥날쑥한 자태가 섞여 있으면서도, 또한 판에 새긴 듯 딱딱해 보이지 않고, 강건한 가운데 빼어난 아름다움이 담겨 있으며, 큰 글자는 특히 웅장하면서 윤택하여 대련(對聯)을 쓰기에 매우 적합했다. 대표적으로 〈오언련(五言聯)〉과 〈절임장천비(節臨張遷碑)〉(軸)(모두 북경 고궁박물원 소장)는 바로 그의 예서 면모를 반영하고 있다. 그의 전서·행서·해서도 매우 특색이 있는데, 전서는 균형 잡힌 형체와 원만하면서도 두터운 필획을 추구하였으며, 또한 예서의 필법도 가미되어 있다. 행서는 이동양(李東陽)을 배웠고, 해서는 안진경을 본받았는데, 모두 일정하게 금석미(金石味-돌과 청동기 혹은 금석문에서 풍기는 느낌)를 갖추고 있어, 활발하면서 맑고 신선하다.

예서는 청대에 몇몇 변혁가들이 잇달아 출현했는데, 청나라 초기에는 정보(鄭簠)의 '초예(草隷)'가 있었으며, 건륭 연간에는 김농(金農)의 '칠서(漆書)'가 있었고, 계복·파위조(巴慰祖)·황이(黃易)는 한나라 예서를 깊이 연구함과 동시에 금석 비각의 장점을 섭취하여, 웅강하고 힘차며 고졸한 의취를 더하였다. 그들의 예서는 비록 각기 새로운 의취를 갖고 있지만, 혹은 성숙한 수준에는 이르지 못하기도 했고, 혹은 완전히 옛 법도를 타파하지 못하기도 했다. 이병수는 전서(篆書)·금석(金石)·북비(北碑)를 예서체에 유기적으로 융합하여 새로운 기법을 창출했는데, 가경·도광 이후에는 그의 추종자들이 적지 않았다. 그 가운데 전해(錢楷)는 전서를 예서에 가미하여, 소박하고 기이하며 고아하다. 전영(錢泳)은 둥글고 윤택하면서도 좀 더 곱고 예쁘다. 완원(阮元)은 전서와 비각(碑刻)을 함께 취하여, 울창하게 휘감기고 날아 움직이는 듯하며, 깔끔하고 방정함을 추구하지 않았다. 장정제(張廷濟)는 초예(草隷)를 계승하면서도 북비를 융합하여, 자유분방한 가운데 침착하고 웅장한 기운을 갖추고 있다. 진홍수(陳鴻壽)는 금석의 서법으로 예서를 써서, 가늘고 굳세면서도 성글고 상쾌하다.

대련(對聯) : 한 쌍의 대칭을 이루는 문구를 종이나 천에 써서 나란히 붙이거나, 혹은 기둥 등에 새긴 것.

이동양(李東陽) : 1447~1516년. 자는 빈지(賓之)이고, 호는 서애(西涯)이며, 시호는 문정(文正)이다. 명나라 중기의 다릉시파(茶陵詩派)의 핵심인물이며, 시인·서법가이자 정치인이었다.

조지침(趙之琛)은 예서를 전서와 비슷하게 써서, 자태가 기이하다. 예서는 이로부터 하나의 새로운 경지를 개척해 냈다.

비학(碑學)의 확대와 비학과 첩학(帖學)이 뒤섞인 만청(晚淸) 시기의 서단

함풍(咸豐)·동치(同治) 연간부터 광서(光緒) 중기까지, 비학은 계속 발전하여, 전서와 예서가 성행함과 동시에, 해서·행서·초서도 새로운 면모가 잇달아 나타났다. 포세신의 『예주쌍즙(藝舟雙楫)』은 비학이 크게 발전하는 데 이론적 지주(支柱)를 세웠는데, 대표적인 서법가로는 조지겸(趙之謙)과 하소기(何紹基)가 있었다. 광서 중기부터 선통(宣統)·민국(民國) 초기까지, 서법가들은 상(商)·주(周) 시대의 금문(金文)과 진·한·육조 시기의 각석(刻石)에서 서법을 취함과 동시에, 청나라 말기에 새롭게 발굴된 은(殷)·상(商) 시대의 갑골문과 돈황에서 발견된 한(漢)·진(晉) 시대의 목간(木簡)·지서(紙書)·백서(帛書) 및 각 시대의 경전 등을 베껴 쓴 서적들도 깊은 흥취를 불러일으킴으로써, 본보기로 삼는 방도가 더욱 다양해졌으며, 창작에 대한 사유(思惟)도 더욱 활발해졌다. 동시에 오래 전에 이미 소원해졌던 첩학에도 다시 주의를 기울여, 비학과 첩학이 혼합된 새로운 풍격이 출현하였으며, 다시 한 번 변화하는 추세를 형성하였다. 그 시기의 비학 명가로는 오창석(吳昌碩)을 들 수 있으며, 각각 한 가지의 서체를 잘 썼던 서법가들로는 오대징(吳大澂)·양현(楊峴)·장유쇠(張裕釗)·강유위(康有爲)·양수경(楊守敬) 등과 같은 사람들이 있었다.

(1) 여러 서체를 두루 잘 쓴 비학의 명가들
이 시기 비학은 이미 당나라의 비(碑)와 진(秦)·한(漢) 시기의 석각

(石刻)으로부터 바뀌어, 북조(北朝)의 비각을 근본으로 삼았다. 이는 육조 시기의 묘비(墓碑)·묘지명(墓誌銘)·조상제기(造像題記)·마애석각(磨崖石刻) 같은 비각(碑刻)들이 끊임없이 발견되거나 출토되었기 때문인데, 이것들은 탁본되지도 않았고 부식되거나 훼손되지도 않은 원석(原石) 그대로였기 때문에, 마모와 손상이 비교적 심한 당나라와 진·한 시대 각석의 필적에 비해 훨씬 또렷했으며, 웅혼하고 기이하며 빽빽한 글자들이 당시 사람들의 눈에는 매우 신선해 보였다. 그래서 나날이 많은 서법가들로부터 주목을 받으면서 북비를 근본으로 삼아 여러 서체를 두루 잘 썼던 명가들인 하소기·조지겸과 오창석을 배출하였다.

하소기(何紹基-1799~1873년)는 자가 자정(子貞)이고, 호는 동주(東洲)·원수(蝯叟)이며, 호남 도주(道州) 사람이다. 광서 16년(1839년)에 진사에 급제하여, 한림원편수(翰林院編修)에 임용되었고, 이어서 복건(福建)·귀주(貴州)·광동(廣東) 등에서 실시하는 성시(省試)와 향시(鄕試)에서 정부(正副) 고관(考官-시험관)을 맡았으며, 사천학정(四川學政)으로 선발되었다. 시사(詩詞)에 능했고, 『설문(說文)』의 고찰하여 교정하는[考訂] 학문에 정통했으며, 금석(金石)·비판(碑版)의 문자도 다루었다. 여러 가지 서체를 두루 잘 썼으나, 특히 해서로 유명했다. 초년에는 안진경을 공부하면서 비석 글씨도 함께 공부했는데, 안진경의 〈마고산선단기(麻姑山仙壇記)〉와 구양순의 〈도인법사비(道因法師碑)〉를 가장 좋아했고, 중년에는 북비에 매우 심취했는데, 이 중 〈장흑녀묘지(張黑女墓誌)〉를 좋아했다. 만년에는 전서와 예서를 즐겨 썼으며, 아울러 이를 해서와 행서 속에 융합해 넣었다. 그의 성숙한 서풍을 보면, 전서와 예서에 뿌리를 두고, 전서의 필의(筆意)로써 골력(骨力)을 강화하고, 예서의 필의로써 기세를 펼쳤다. 또한 안진경체의 원만하면서 두터움과 구양순체의 강건함과 북비의 네모반듯함을 융합해 넣었

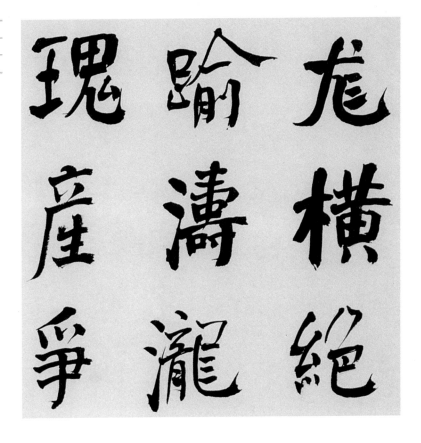

<해예서율시(楷隸書律詩)>(册)
(淸) 하소기(何紹基)
북경 고궁박물원 소장

회완법(回腕法) : 집필법 가운데 하나이다. 팔목을 구부려서 쥐어, 손가락이 가슴 앞에서 마주보게 한다. 청대의 하소기가 이 방법을 썼는데, 집필할 때 팔꿈치를 높이 들어, 보통 사람의 생리 기능과 다르기 때문에, 붓을 누르고 들기는 쉬우나, 좌우로 일으키고 눕히기가 불편하여, 일반적으로 많이 사용하지는 않는다.

다. 동시에 독특한 회완법(回腕法)으로 집필하여 썼기 때문에, 곧은 필획 속에 굽은 필획이 보이고, 민첩함 속에도 무디고 소박함이 담겨 있어, 그 서체로 하여금 공교함[巧]과 졸렬함[拙]·소박함[樸]과 아름다움[妍]·기이함[奇]과 방정함[正] 등이 서로 대립되면서도 또한 조화로워 보이는 요소들을 함께 갖추도록 함으로써, 풍모가 독창적이다.

그의 가장 정교하고 아름다운 작은 해서[小楷]는 안진경의 서체를 기초로 하고, 전서의 얌전하면서도 시원스런 필법과 북비의 넉넉하고 시원스런 결체와 예서의 반반하고 고른 짜임새를 흡수하여, 풍만하고 두터운 가운데 수려하면서 힘찬 기운이 보이고, 단정하고 엄격함 속에서 민첩한 운치가 드러나, 역대 안진경 서체를 배운 여러 서법가들 가운데 창조성이 가장 뛰어나다. <봉선서(封禪書)>(册; 북경 고궁박물원 소장)는 뛰어난 소해 작품이다. 예서도 또한 이병수와 등석여에 못지않은 명성을 얻었으며, 한대(漢代)의 비(碑)에서 필법을 취했는데, 특히 〈장천비(張遷碑)〉·〈예기비(禮器碑)〉·〈석문송(石門頌)〉·〈서협송(西狹頌)〉 등의 여러 비석들에서 큰 도움을 얻었다. 또 안진경의 해서 필법을 섭취하여 글자의 모양새가 네모반듯함을 기본으로 삼았고, 용묵(用墨)은 짙고 묵직하며, 항상 창묵(漲墨)이 있어, 메마르고 힘찬 점획과 선명한 대비를 이루며, 강렬한 운동감을 드러낸다. 풍격은 침착하고 웅장하며 힘찬 가운데 민첩하고 유창한 기운이 묻어난다. 대표작으로는 〈예서사조병(隸書四條屛)〉(북경 고궁박물원 소장)이 있다. 행서에는 전서의 필의가 많이 스며들어 있어, 원만하면서 자유분방한 가운데 강건함을 겸비하였으며, 종횡으로 기울어지고 비틀어져 보이면서도 단정함과 수려함을 잃지 않았는데, 〈잡시(雜詩)〉(册; 북경 고궁박물원 소장)의 돈좌(頓挫)가 풍부한 필치와 자유롭고 원만하며 매끄러운 자태는 곧 행서의 특색을 반영하고 있다. 전서는 등석여를 근본으로 삼았고, 또한 초서의 필법과 금석미(金石味)를 보탰는데, 떨림과 꼬임이 너무 심해, 그 성취는 해서·예서·행서에는 미치지 못했다.

조지겸(趙之謙-1829~1884)은 청나라 말기의 유명한 화가이자, 서법가이며, 전각가였는데, 서화 창작에 모두 전각[治印-도장을 새김] 기법을 도입하여, 금석기가 풍부하다. 서법에서는 해서·행서·예서·전서의 각 서체에 모두 능했으나, 그 중에서도 해서를 가장 잘 썼다. 초년에는 안진경의 서법을 공부했으며, 나중에는 다시 북비(北碑)를 배웠는데, 특히 북위의 여러 가지 형체 중 반듯하고 단정한 형체와, 용필이 힘차고 곧으며 널찍하게 여유가 있는 풍격을 서법에서 취할 대상으로 삼았다. 그의 해서는 곧 북비를 기본 틀로 삼아, 침착하고 웅장하면서 반듯하고 단정하다. 또한 안체(顔體)의 힘을 얻었기 때문에, 혼후하고 풍만하며, 단정하고 힘차면서 화려할 뿐 아니라, 혈육(血肉)이

〈장천비(張遷碑)〉·〈예기비(禮器碑)〉·〈석문송(石門頌)〉·〈서협송(西狹頌)〉: 〈장천비〉는 전서(篆書)로 음각(陰刻)된 비문으로, 동한(東漢) 중평(中平) 3년(186년)에 새겨졌으며, 전칭(全稱)은 〈한고곡성장탕음령장군표송(漢故穀城長蕩陰令張君表頌)〉이고, 〈장천표송(張遷表頌)〉이라고도 하는데, 명대(明代)에 출토되었다. 〈예기비〉도 동한 시기의 중요한 비각(碑刻)으로, 동한 영수(永壽) 2년(156년)에 세워졌으며, 전칭은 〈한로상한칙조공묘예기비(漢魯相韓敕造孔廟禮器碑)〉이고, 〈수공자묘기비(修孔子廟器碑)〉·〈한명부공자묘비(韓明府孔子廟碑)〉 등으로도 불린다. 현재 산동 곡부(曲阜)의 공자묘에 있다. 〈석문송〉은 예서(隸書)로 새긴 마애석각으로, 동한 건화(建和) 2년(148년)에 새겨졌으며, 전칭은 〈한사예교위건위양군송(漢司隸校尉犍爲楊君頌)〉이고, 〈양맹문송(楊孟文頌)〉이라고도 한다. 이상 세 건에 대해서는 이 시리즈 제1권 500~502쪽을 참조하라. 〈서협송〉은 동한 건녕(建寧) 4년(171년) 6月에 새겨졌으며, 전칭은 〈한무도태수한양아양리흡서협송(漢武都太守漢陽阿陽李翕西狹頌)〉이며, 〈이흡송(李翕頌)〉·〈황룡비(黃龍碑)〉라고도 한다.

창묵(漲墨): 글씨를 쓸 때, 붓에 먹물을 잔뜩 묻히기 때문에 한꺼번에 먹물이 종이에 쏟아지는 현상을 말한다.

〈해서오언련(楷書五言聯)〉

(淸) 조지겸(趙之謙)

북경 고궁박물원 소장

풍만하고 아름다운 풍격을 형성하였기에, "안진경을 바탕으로 위비의
면모를 갖추었다[顔底魏面]"라고 일컬어졌다. 전서와 예서는 모두 등석
여를 공부했으며, 아울러 한비(漢碑)와 삼대(三代-하·은·주 시대) 시기
의 금문과 북조의 비각(碑刻)을 융합하여 특별히 새로운 의취를 갖추

었다. 행서는 왕왕 초서체를 겸하기도 했으며, 역시 북비의 체세와 필법을 갖춤으로써, 새로운 풍격을 창조했다. 전해오고 있는 〈사체서(四體書)〉(冊; 북경 고궁박물원 소장)는 그의 대표작으로, 해서의 출봉(出鋒)이 날카롭고, 운필은 원만하고 윤택하며, 전절(轉折)은 모가 나고 험준하며, 결체는 단정하여, 서체의 풍모가 반듯하고 가지런한 가운데 완곡하고 부드러움이 느껴진다. 전서는 북비와 전각(篆刻)의 장점을 융합하여, 모나고 둥근 것이 적당히 섞이고, 장봉(藏鋒)과 노봉(露鋒)이 서로 번갈아들어, 원만하고 강하면서도 생동감이 넘친다. 예서는 곧 전서 서법의 유창하고 윤택함과 북비의 반듯하고 두터움을 겸비하여, 생동적이고 거침없는 아름다움이 드러난다. 행서는 또한 마음 가는 대로 써서 변화가 무쌍하고, 근원을 알 수 없는 운치가 있다. 이렇듯 각 서체는 모두 그의 전형적인 면모와 주요 특색을 반영하고 있다.

　오창석(吳昌碩-1844~1927년)은 청나라 말기부터 중화민국 초기에 살았던, 저명한 서화가(書畫家)이자 전각가(篆刻家)로, 회화에서는 '후해파(後海派)'로 일컬어졌고, 전각에서는 독자적으로 하나의 파(派)를 형성하였으며, '서령사인(西泠社印)'을 창립하였다. 서법에서는 전서가 가장 유명했는데, 처음에는 종정문(鍾鼎文-청동기에 새겨진 명문)을 공부하였고, 나중에는 〈석고문(石鼓文)〉을 전념하여 임모하였다. 또한 전각의 필법과 매화를 그리는 화법을 흡수하여, 가로획은 수평이고 세로획은 수직이었던 기존의 필법을, 종잡을 수 없이 자유분방하면서 생동감 넘치는 서풍으로 전환시켰다. 그의 성숙한 전서 글씨를 보면, 용필에 방원(方圓)이 서로 겸비되었고, 체세가 석고문을 본보기로 삼았으면서도 변화가 풍부하며, 장법도 어긋버긋하고 들쭉날쭉하여, 가지런한 듯하면서도 가지런하지 않고, 강함과 방종함이 결합하여, 기세와 운동감이 매우 풍부하고, 웅장하면서 호쾌하고 고아하고 힘차면서도 소박하고 정감 있는 격조를 갖추고 있다. 〈임석고문(臨石鼓

서령사인(西泠社印) : 청나라 광서 30년(1904년)에 네 명의 절파(浙派) 전각가들인 왕복암(王福庵 : 王褆)·정보지(丁輔之 : 丁仁)·섭위명(葉爲銘 : 葉銘)·오석잠(吳石潛 : 吳隱)이 '전각을 보전하고 인학(印學)을 연구하며, 아울러 서화를 겸비한다'는 취지로, 항주(杭州)의 고산(孤山) 남쪽 기슭에 있는 서령교(西泠橋) 부근에서 결성하였으며, 중국 최초의 민간 인학(印學) 단체이다.

〈임석고문(臨石鼓文)〉(軸) 4폭 병풍의 제1
폭과 제2폭

(淸) 오창석(吳昌碩)

文)〉(軸)과 〈임경비유명(臨庚羆卣銘)〉(軸; 북경 고궁박물원
소장)은 모두 이처럼 성숙한 서풍을 반영하고 있다.
그의 예서는, 위로는 한비(漢碑)를 따르고, 가까이는
등석여의 서법을 공부하여, 전서와 예서가 서로 번갈
으며, 체태(體態)는 납작하고 모가 나면서 널찍하고,
용필은 방형과 원형[方圓]이 서로 뒤섞여 있어, 원만
하고 유창한 가운데 혼후함이 느껴지고, 기세가 웅
강하다. 해서는 처음에 안진경을 공부하였고, 이어서
종요의 서법을 법도로 삼았기 때문에, 필획이 분방하
며 정취가 맑다. 행서는 처음에 왕탁의 서법을 공부
하였고, 나중에 구양순과 미불의 필법을 융합하여,
통쾌하면서도 종잡을 수 없이 자유분방하다.

(2) 한 가지 서체에 뛰어났던 만청 시기의 명가들

만청(晩淸) 시기의 서법가들은 대부분 비학을 근
본으로 삼았는데, 어떤 사람은 주로 북비를 연구하
였고, 어떤 사람은 당비(唐碑)의 서법을 겸하였으며, 어떤 사람은 진
(秦)·한(漢)과 삼대(三代)까지 거슬러 올라갔고, 또 어떤 사람은 비학
의 장점을 섭취하였다. 이리하여 그들은 각자 한 가지 서체에 뛰어났
는데, 전서·예서·해서·행서·초서를 놓고 서로 아름다움을 겨루고,
각자 이채로움을 쏟아내는 국면이 형성되었으며, 그 후 곧바로 근대
까지 이르게 된다.

전서 방면에서는, 등석여 유파의 영향을 받아, 양기손·막우지·오
대징 등이 출현하였다.

양기손(楊沂孫 : 1812~1881년)은 자가 자여(子輿)이고, 호는 영춘(泳
春)으로, 강소 상숙(常熟) 사람이며, 도광 연간에 향시에 합격하여 봉

양지부(鳳陽知府)를 지냈다. 전서에 뛰어났는데, 등석여의 서법을 배우면서 동시에 석고문과 종정문을 섭취하여, 대전(大篆)과 소전(小篆)을 한데 융합하였기 때문에, 필획이 가늘면서 힘차다. 서체의 풍모가 수려하고, 모가 나게 꺾이며 반듯하고 곧은 자태가 많이 보여, 힘차면서도 매우 혼후하지만, 변화가 적고 의경과 운치가 좀 부족하다. 대표작으로는 〈사조병(四條屛)〉(軸)과 〈설문서(說文序)〉(軸; 북경 고궁박물원 소장) 등이 있다.

막우지(莫友芝 : 1811~1871년)는 자가 자시(子偲)이고, 호는 소정(邵亭)이며, 귀주(貴州) 독산(獨山) 사람으로, 도광 연간에 향시에 합격하여, 벼슬이 지현(知縣)에 이르렀다. 시를 잘 지었고, 문자음운학 및 비판목록학(碑版目錄學)에 정통했다. 서법은 전서를 잘 썼으며, 〈소실비(少室碑)〉를 공부하여 고졸하면서도 금석기(金石氣)가 있는데, 〈칠언련(七言聯)〉(북경 고궁박물원 소장)이 그러한 대표적인 작품이다. 또 등석여의 서법을 공부하여, 자태가 단정하고 아름다운 경향이 있는데, 예를 들면 〈팔언련(八言聯)〉(북경 고궁박물원 소장)이 그러하다.

오대징(吳大澂 : 1835~1902년)은 자가 청경(淸卿)이고, 호는 항헌(恒軒)으로, 소주 오현(吳縣) 사람인데, 상해로 이사하여 거기에서 살았다. 동치 연간에 진사에 급제하여, 광동(廣東)과 호남(湖南)의 순무(巡撫)를 지냈다. 서화 감별에 능했고, 소장품이 풍부

〈전서오언시(篆書五言詩)〉(軸)

(淸) 오대징(吳大澂)

북경 고궁박물원 소장

진조판(秦詔版) : '진량조판(秦量詔版)'
이라고도 하며, 진시황 26년에 도량형
을 통일하면서 내린 조서를 청동기에
새겨 배포한 것이다. 진이세(秦二世) 원
년에 같은 조서를 새긴 것도 있고, 혹
은 둘을 합쳐서 새긴 것도 있다.

고주문(古籒文) : 옛 서체의 하나로,
대전(大篆)의 일종이다. 주(周)나라 선
왕(宣王) 때 태사(太史)였던 사주(史籒)
가 만들었다고 전해진다.

한칙비(韓敕碑) : 전칭은 〈한로상한칙
조공묘예기비(漢魯相韓敕造孔廟禮器
碑)〉이며, 이 책 632쪽의 〈예기비(禮器
碑)〉를 참조하라.

호대왕비(好大王碑) : 고구려 제19대
왕인 광개토대왕의 비, 즉 일명 호태
왕비(好太王碑)를 중국에서 부르는 명
칭이다.

형방비(衡方碑) : 동한 건녕(建寧) 원년
(168년) 9월에 전서(篆書)로 새겨 새웠
으며, 전칭은 〈한위위경형부군비(漢衛
尉卿衡府君碑)〉이다.

했으며, 고문 해석에 뛰어났다. 전서는 진조판(秦詔版)에서 법도를 취
했으며, 후에는 고주문(古籒文)의 서법을 참조하여 단정하고 가지런하
며 아름다웠고, 용필은 비교적 변화가 적었는데, 〈진권명문(秦權銘
文)〉(軸)과 〈칠언련(七言聯)〉(둘 다 북경 고궁박물원 소장) 등이 그러한 작
품들이다.

예서 방면에는 양현과 유월 등이 있었다. 양현(楊峴 : 1819~1896년)
은 자가 현산(見山)이고, 호는 계구(季仇)이며, 귀안[歸安 : 지금의 절강
호주(湖州)] 사람이다. 함풍 연간에 향시에 합격하여 상주지부(常州知
府)를 지냈다. 금석고증학에 뛰어났으며, 예서에 정통했는데, 한비(漢
碑)의 서법을 받아들여, 〈한칙비(韓敕碑)〉에서 용필법을 배웠고, 〈석문
송(石門頌)〉에서 결체(結體)를 취하여, 스스로 힘차고 자유분방한 면모
를 이루었다. 점획은 굵고 가늘며 완곡하고 꺾이는 변화가 많으며, 먹
색은 농담의 변화가 풍부하고, 결구는 기이하면서도 그다지 엄정하지
않으며, 소탈하고 시원스러운 것이 장점이지만, 침착함이 부족하다.
대표적인 작품으로는 〈칠언련(七言聯)〉(북경 고궁박물원 소장)이 있다.

유월(俞樾 : 1821~1906년)은 자가 음보(蔭甫)이고, 호는 곡원거사(曲
園居士)이다. 도광 연간에 진사에 급제하여 편수(編修)를 지냈다. 시
문(詩文)에 능했고, 예서를 잘 썼는데, 〈호대왕비(好大王碑)〉와 〈장천
비(張遷碑)〉·〈형방비(衡方碑)〉 등에 기초하였으며, 용필은 붓끝을 거
슬러 들어간 다음 평평하게 출봉하여[逆入平出], 침착하고 튼실하면
서 온건하다. 또 전서의 필법을 예서에 도입하여, 점획에 파책과 삐침
[按捺]이 적으며, 기필(起筆)과 수필(收筆)은 방형(方形)이고, 중간 부분
은 매우 평온하면서 둥글고 균일하여, 방형과 원형이 결합된 형세를
드러낸다. 큰 글자는 정교하고 안정되며 중후하여, 이른바 '공예(工隷
-정교한 예서)'에 속하는데, 대련 작품에서 많이 보인다. 작은 글자는
점획을 이어서 쓴 곳과 실처럼 가는 선의 흔적이 많아 '초예(草隷-흘

려 쓴 예서)'라 부를 만하며, 흔히 척독(尺牘 -'편지'에 해당함)을 쓸 때 사용했다. 서풍이 모가 나고 힘이 있으면서 소박하고, 얌전하며 전아하여 매우 독특하다.

해서 방면에서는 장유쇠·옹동화·이서청 등이 알려져 있다.

장유쇠(張裕釗-1823~1894년)는 자가 염경(廉卿)이며, 호북 무창(武昌) 사람으로, 도광 연간에 향시에 합격하여, 내각중서(內閣中書)를 지냈다. 강녕(江寧)·보정(保定)·호북(湖北)·섬서(陝西) 등지에서 서원(書院)을 책임졌으며, 증국번(曾國藩-444쪽 참조)에게 사사받아 '증문사제자(曾門四弟子)' 가운데 한 사람이 되었다. 서법에 뛰어났는데, 처음에는 구양순을 공부했고, 관각체의 영향을 받기도 하였으나, 나중에 북비(北碑)로 전환하였다. 특히 〈장맹룡비(張猛龍碑)〉에서 도움을 얻어, 마침내 기존 법도의 속박을 타파하고 일종의 '신위체(新魏體)'를 창립하였다. 그의 해서체는 붓을 댈

〈예서시(隸書詩)〉〈軸〉
(淸) 유월(兪樾)

장맹룡비(張猛龍碑) : 북위(北魏) 정광(正光) 3년(522년) 정월에 세워졌으며, 전칭은 〈노군태수장부군청송비(魯郡太守張府君淸頌碑)〉이고, 새긴 사람은 알 수 없다.

때[落筆] 반드시 절필(折筆)하여 모가 났고, 전절(轉折) 부분에서는 붓을 들어 잠시 멈추었다가 붓의 닿는 면을 바꾸어, 바깥은 모가 난 듯해도 안은 둥근 형태를 이루었다. 붓을 거둘[收筆] 때는 붓끝이 드러나지 않도록 함축하였으며, 또한 모난 부분을 둥글게 처리하였다. 이렇게 매우 힘찬 필의가 겉으로 드러나고, 근골이 안으로 함축되는 글자체는, 기실 북비의 새로운 풍격에 속하는데, 〈증심증식서(贈沈曾植

해서 〈증심증식서(贈沈曾植書)〉(軸)
(淸) 장유쇠(張裕釗)
북경 고궁박물원 소장

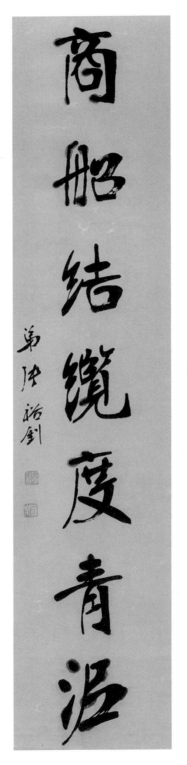

書)〉(軸: 북경 고궁박물원 소장)는 이러한 그의 전형적인 풍격이 반영된 작품이다.

옹동화(翁同龢: 1830~1904년)는 자가 숙평(叔平)이고, 호는 송선(松禪)으로, 강소 상숙(常熟) 사람이다. 함풍 연간에 과거에서 장원 급제하여 진사가 되었으며, 광서제(光緒帝)의 스승으로, 벼슬이 호부상서 협판대학사(戶部尙書協辦大學士)에 이르렀으며, 일찍이 '무술변법(戊戌變法)'에 참여한 바 있다. 학식이 깊고 넓었으며, 또한 서법에도 능했다. 처음에는 첩학으로 시작했으며, 어릴 때는 동기창과 미불을 공부했고, 중년에는 전풍(錢灃-1740~1795년)으로부터 위로는 안진경까지 섭렵했고, 만년에는 주로 한비(漢碑)를 공부했다. 해서는 안진경체를 위주로 하였는데, 용필이 비교적 기이하고 자유분방하며, 결체도 매우 헐렁하면서 웅장하고, 간혹 동기창과 미불의 시원스럽고 거침없는 다양한 모습의 체태가 은연중에 나타나, 매우 새로운 의경을 갖추고 있다.

이서청(李瑞淸: 1867~1920년)은 자가 중린(仲麟)이고, 호는 매암(梅庵)이며, 강서 임천(臨川) 사람으로, 광서 연간에 과거에 합격하여 강령제학사(江寧提學使)를 지냈다. 예술 교육을 제창하였으며, 서법에 능했는데, 처음에는 황정견의 서법을 익혔고, 나중에 북비와 종정(鐘鼎-청동기의 명문)을 근본으로 삼아, 해서와 행서에 모두 고아하고도 힘찬 면이 두드러지지만, 파절(波折)이 너무 많고, 줄곧 떨면서 끌어당기는 것이 흠이다.

행서·초서 방면에서 두드러진 사람들로는 심증식·강유위·양수경 등이 있었다.

심증식(深曾植: 1850~1922년)은 자가 자배(子培)이고, 호는 을암(乙盦)으로, 절강 가흥(嘉興) 사람이다. 광서 연간에 진사에 급제하여 형부주사(刑部主事)·원외랑(員外郞) 등을 역임하였고, 낭중(郞中)에 선발

무술변법(戊戌變法) : 1898년(戊戌年)에 강유위(康有爲)를 우두머리로 하는 개량주의자들이 광서(光緖) 황제를 통하여 진행한 부르주아 계급의 정치 개혁 운동을 가리킨다. 주요 내용은, 서양을 배우고, 과학 문화를 제창하며, 정치·교육 제도를 개혁하고, 농·공·상업을 발전시킬 것 등이었다. 그후 이 운동이 서태후(西太后 : 慈禧太后)를 중심으로 한 수구파의 강렬한 반대에 부딪쳤으며, 그 해 9월에 서태후 등이 정변을 일으켜, 광서 황제를 수감하자, 유신파인 강유위와 양계초(梁啓超)는 각각 프랑스와 일본으로 도망쳤다. 무술육군자(戊戌六君子)로 불리던 담사동(譚嗣同) 등 여섯 명은 피살됨으로써, 103일에 걸친 변법 운동은 막을 내렸다. 역사에서는 이를 '백일유신(百日維新)'이라고도 부른다.

포세신(包世臣) : 1775~1855년. 청나라 때의 학자·서법가·서학(書學) 이론가로, 자는 신백(愼伯)이며, 만년의 호는 권옹(倦翁)·권유각외사(倦遊閣外史)이다.

〈행서사언시(行書四言詩)〉(軸)
(淸) 강유위(康有爲)
북경 고궁박물원 소장

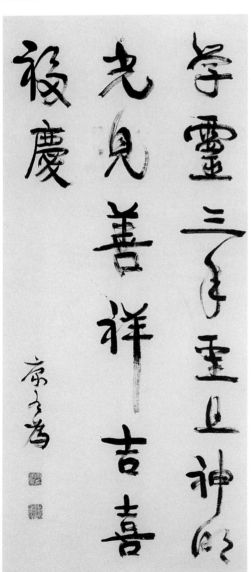

되었다가, 안휘제학사(安徽提學使)에 이르렀다. 서법에서는 초서를 잘 썼고, 포세신(包世臣)을 배웠는데, 종횡무진 거침없는 기세가 더욱 더해져, 비록 평온하지는 않지만, 의외로 어수선하면서도 산만한 아름다움이 있다. 또한 장초(章草)를 즐겨 써서, 장초가 청나라 말기에 다시 부흥하도록 했다. 전체적인 서풍이 예스러우면서도 생경하고 졸렬한 맛이 있는데, 예를 들면 증희(曾熙)는 다음과 같이 평했다. "내가 심증식의 서법을 평가하자면, 능숙한 점은 졸렬함에 있고, 아름다운 점은 생경함에 있으며, 다른 사람보다 뛰어난 점은 바로 평온하지 않음에 있다.[余評寐叟書, 工處在拙, 妙處在生, 勝人處在不穩.]"[근대 사람 마종곽(馬宗霍), 『서림조감(書林藻鑑)』 권12]

강유위(康有爲 : 1858~1927년)는 자가 광하(廣廈)이고, 호는 장소(長素)이며, 광동 남해(南海) 사람이다. 광서 연간에 진사에 급제하여, 일찍이 광서제의 변법유신을 보좌하였는데, 일이 실패하여 10여 년 동안 해외에서 망명생활을 했다. 학식이 폭넓었고, 저서로는 『광예주쌍즙(廣藝舟雙楫)』이라는 서법 이론서가 있는데, 그 영향은 실로 대단히 컸다. 서법은 행해서(行楷書)로 유명했는데, 처음에는 구양순과 조맹부를 배웠고, 또 소식과 미불을 공부했으며, 여러 탁본들을 두루 본받은 후에 다시 북비를 익혔고, 주로 〈석문송(石門頌)〉을 탐구하여 마침내 스스로 하나의 풍격을 이루었다. 그의 운필법은 비교적 특수하여, 손가락은 움직이지만 팔은 움직이지 않았고, 오로지 들어 올리고 누르는[提頓] 운필을 강구하고, 전절(轉折)을 소홀히 했기 때문에, 필봉의 돈좌가 풍부하며, 변화가 많지만, 비교적 함축이 적다. 손가락으로 붓끝을 제어하기 때문에, 비록 분방함도 있고 차분함도 있지만, 전절의 강약은 그다지 강구하지 않아, 더욱 외향적이고 자유로워 보인다. 대표작으로는 송대의 진단(陳摶)을 모방하여 쓴 "開張天岸馬, 奇逸人中龍[호방함은 하늘가의 말이요, 기이하고 분방하기는 사람들 가운데 용이다]"이라는 〈오언련(五言聯)〉(북경 고궁박물원 소장)이 있는데, 용필이 분방하고, 점획이 과장되며, 글자 형태가 활짝 펴져 있어, 기이하고 분방한 기운을 갖춤으로써, 행서의 전형적인 풍모를 반영하고 있다.

양수경(楊守敬 : 1839~1915년)은 자가 성오(惺吾)이고, 호는 인소(鄰蘇)이며, 호북 의도(宜都) 사람이다. 동치 연간에 향시에 합격하여 주일대사관에서 근무했으며, 훈고학과 고증학에 능통했다. 서법에도 뛰어났는데, 특히 행서를 잘 썼으며, 구양순·소식·황정견과 옹방강의 서법을 본받았으며, 또한 종요의 서법도 모방하였다. 그의 〈행서팔언련(行書八言聯)〉(북경 고궁박물원 소장)을 보면, 점획이 두텁고 묵직하면서 혼후한 부분은 옹방강과 유사하지만, 좀더 자유분방하며, 그다지 섬세하고 정교하지는 않다. 결체는 소식의 글씨처럼 풍만한 느낌이 있으면서도, 또한 구양순의 글씨처럼 가늘고 길쭉한 흔적도 보인다. 이렇듯 여러 명가들의 서풍이 조화되어 있지만, 공력이 그다지 깊고 두텁지 못한 것이 흠이다. 그는 일찍이 외교관으로 일본에 나가면서, 또한 비첩과 서법을 전파하였기 때문에, 그의 서풍은 일본에 매우 큰 영향력을 끼쳤다.

[본 장 집필 : 單國强 / 번역 : 김희정]

사관(寺觀)의 조소

당(唐)·송(宋)의 사관(寺觀) 조상(造像)이 창조한 형상과 그 경험은 중국의 예술 전통을 한 걸음 더 풍부하게 하여, 원대(元代) 이후 일맥상통하며 이어져온 종교 예술의 기초를 다졌으며, 이후 제재(題材)와 양식 및 내용의 발전을 촉진하였다. 원나라 이후의 종교 조상에서는 당·송 이래 주가양(周家樣)과 오가양(吳家樣)이 서로 융합되는 것을 뚜렷이 볼 수 있는데, 무성하고 화려하면서 풍만한 감은 약화되었지만, 위풍당당하고 힘이 있어, '오대당풍(吳帶當風)'의 형상이 증대되었다. 당연히 이는 단순한 회귀 현상이 아니라, 서로 다른 두 가지 양식의 장점을 흡수하여 새로운 돌파구를 탐색한 것이다.

산서(山西) 진성(晉城)의 청련사(青蓮寺)에 있는 송(宋)·원(元)의 보살 조상은 당대(唐代) 남선사(南禪寺)와 요하(遼下) 화엄사(華嚴寺)의 보살과 뚜렷하게 다르다. 흉부가 편평(扁平)하고 경건하며 단정한 것이 범속(凡俗)함을 초탈하였다. 장자현(長子縣) 숭경사(崇慶寺)의 십팔나한(十八羅漢) 조상은 각기 다른 표정과 자태를 지니고 있으며, 강건하고 힘이 넘친다. 법흥사(法興寺)의 십이원각(十二圓覺) 조상은, 높은 상투를 틀었고 빼어난 턱을 가졌는데, 볼을 괸 채 사색에 잠긴 표정이 뛰어난 것도 있고, 혹은 손짓으로 화도(化導-덕으로 사람을 인도함)하고 있어, 사람들에게 자비로운 느낌을 주기도 한다. 태원(太原) 숭선사(崇善寺) 대비전(大悲殿)의 천수천안관세음상(千手千眼觀世音像)은 온몸이 금색이고, 어깨에 푸른 스카프[綠巾]를 걸쳤으며, 얼굴 모양은

사관(寺觀) : 불교의 사찰과 도교의 사원인 도관(道觀)을 함께 이르는 말.

오대당풍(吳帶當風) : 중국 회화에서 오도자(吳道子)의 인물화 풍격을 개괄적으로 표현한 말이다. 오도자(약 686~760년)는 성당(盛唐) 시기의 가장 걸출한 화가로, 종교화에서의 성취가 뛰어났다. 용필(用筆) 기법에서 그는 파절(波折)의 기복과 들쑥날쑥한 운치가 있는 '순채조(蓴菜條)'식 묘법을 창조하여, 묘사하는 대상의 부피감과 입체감을 증강시켰다. 또 그는 인체 곡선과 자연의 결합에 뛰어났는데, 이러한 화풍은 후에 서방에도 일정하게 영향을 미쳤다. 그가 그린 인물·소매·띠는 바람에 흔들리며 춤을 추는 듯한 아름다운 모습을 띠고 있다고 하여 붙여진 이름이다.

쌍림사(雙林寺) 천왕전(天王殿)의 천왕상
(天王像)
明

둥글고 부드러우며 준수하다. 천수천안은 배광(背光) 위에 조각되어 있는데, 정면에서 보면 마치 어깨와 팔에서 나온 것 같으며, 천수(千手)와 천안(天眼)이 연달아 드러나지만, 실제로는 보살의 신상(身像)은 완전하게 순정(純淨)하며, 형상은 단정하고 엄숙하며 아름답다. 이러한 예술적 처리 수법은 조상의궤(造像儀軌)의 요구를 충족시킬 수 있었을 뿐만 아니라, 또한 의궤의 제약으로 인해 형상을 빚는 데 영향을 받지도 않았다.

산서와 사천(四川) 등지의 명·청 시대 사관들의 채소(彩塑)는 여전히 앞 시대의 전통을 간직하면서도 또한 발전하였다. 가장 대표적인 명대의 조상(造像)은 쌍림사(雙林寺) 소상(塑像)이다. 쌍림사는 산서 평요현(平遙縣)에서 서남쪽으로 약 7km 떨어진 곳에 있는데, 북제(北齊) 시대 무평(武平 -570~576년) 연간에 세워졌으며, 원래 명칭은 중도사(中都寺)였다. 금나라와 원나라 이후에 여러 차례 중수(重修)되었고, 현존하는 건축과 조상은 대부분 명대의 유물이다. 산문(山門) 안쪽에 삼진식(三進式-83쪽 참조) 마당이 있고, 천왕전(天王殿)에서부터 앞뜰[前院]에 들어서면 양쪽 행랑채인 나한전(羅漢殿)과 지장전(地藏殿)이 있으며, 미타전(彌陀殿)의 양 옆에는 종루(鐘樓)와 고루(鼓樓)가 서로 마주하고 있다. 가운데 뜰에는 천불전(千佛殿)과 보살전(菩薩殿)이 동서로 마주하고 있으며, 정전(正殿)은 대웅보전(大雄寶殿)이고, 뒤뜰에는 불모전(佛母殿)이 있다. 불모전에는 불모(佛母)와 시자(侍者) 다섯 존(尊)이 있고, 대웅보전에는

삼세불(三世不)·두 제자·협시보살과 두 금강(金剛)이 있으며, 천불전과 보살전에는 관음·위타(韋陀)·야차(夜叉)·현소(懸塑)로 빚은 여러 보살들이 있다. 또 미타전에는 부처·협시와 현소 불전(佛傳 : 부처의 전기) 28폭[鋪]이 있으며, 나한전에는 관음·십팔나한이 있고, 지장전에는 지장·십전염라(十殿閻羅 - 염라대왕)와 육조판관(六曹判官)이 있으며, 천왕전과 산문에는 각각 사천왕이 있다.

(위 왼쪽) 쌍림사 천왕전의 천왕상
明

(위 오른쪽) 쌍림사 나한전(羅漢殿)의 나한(羅漢)
明

현소(懸塑) : 고사(故事)에 등장하는 군상(群像)을 빚어 부조처럼 벽에 붙이는 것으로, 벽소(壁塑)라고도 하는데, 이는 중국 고대 채색 이소(泥塑) 가운데 일종의 특수한 양식이다. 전해지는 바에 따르면, 당대(唐代)의 조소가인 양혜지(楊惠之)가 처음 시작했다고 한다.

쌍림사 나한전의 나한
明

(위 2컷) 쌍림사 나한전의 나한
明

쌍림사 나한전 나한의 두부(頭部)
明

쌍림사의 각 전(殿)마다 채소(彩塑)들이 가득한데, 큰 것은 1장(丈–1장은 10尺으로, 약 3.33m) 남짓이고, 작은 것은 1척(尺) 정도 된다. 원래 2054존이 있었고, 현존하는 완전한 것만도 아직 1566존이 남

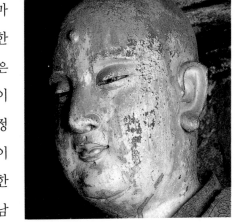

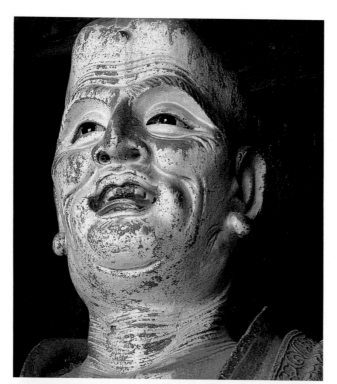

(위·아래) 쌍림사 나한전 나한의 두부(頭部)

明

쌍림사 천불전(千佛殿)의 위타(韋陀)
明

아 있다. 풍부한 양의 채소들은 수많은 서로 다른 형상들을 표현해
냈는데, 정교하고 아름다우며 살아 있는 듯이 생생하다. 천왕은 웅건
하고 위풍당당하며, 표정과 태도가 각기 달라, 위엄과 사나움이 느껴
지고, 산을 통째로 들어 올릴 듯한 기세가 느껴진다. 십팔나한(十八羅

漢)은 연령별로 풍채가 가지각색인데, 과장된 외부의 체격과 용모[骨
相]를 통해 내재적인 성격을 표현해 냈다. 그리하여 서로 다른 역정과
경력을 체현해 냈는데, "혹은 늙었고 혹은 젊으며, 혹은 선하고 혹은
악하며, 여유롭거나 고독하고, 빼어나거나 추하며, 고아하거나 속되
고, 괴상하고 기이하며, 통통하거나 야위고, 키가 크거나 작으며, 동

적이거나 정적이고, 기뻐하거나 성난 여러 모습들[或老或少, 或善或惡, 以及豊孤·俊醜·雅俗·怪異·胖瘦·高矮·動靜·喜怒諸形]"을 표현하였다. [『조상량도경(造像量度經)』에서 인용.]

산서 대동(大同)의 상화엄사(上華嚴寺)는 요대(遼代)에 처음 세워졌고, 후에 전쟁으로 파괴되었다가, 금대(金代)에 재건되었다. 명대 선덕(宣德-1425~1435년)·경태(景泰-1449~1457년) 연간에 중수(重修)하면서 불상을 빚어 채워 넣었다. 불단(佛壇)은 너비가 다섯 칸[間]인데, 한가운데의 세 존(尊)은 명대 선덕 2년(1427년)에 주지(住持) 요연선사(了然禪師)를 위해 경사(京師-수도)에서 모조(募造)한 것이며, 좌우의 불상 두 존과 여러 협시보살들은 모두 이소(泥塑)이다. 불단의 양측에는 이십제천(二十諸天)들이 곁에서 시중을 들고 있으며, 몸체는 앞쪽으로 기울었고, 자태가 각기 다르며, 표정도 각양각색인데, 이 역시 명대 조상(造像)의 우수한 작품들이다.

석범제천(釋梵諸天)의 다양한 형상의 창조는 십육나한(十六羅漢)·십팔나한에서부터 오백나한에 이르기까지 인물 성격의 묘사가 같지 않은데, 특히 현소(懸塑)의 발전은 불교 조상의 영역을 대대적으로 개척하였으며, 불교 예술은 더욱 대중화·세속화되었다. 어떤 의미에서 말하자면, 다종다양한 인물들의 성격에 대한 탐구와 묘사는, 한 방면에서는 장인들의 사회에 대한 깊은 관찰과 인정(人情)과 풍습에 대한 절절한 체득을 반영하였으며, 불교 예술이 복잡한 경로로 현실을 반영하는 능력을 풍부하게 하여, 불교 예술이 더욱 깊이 민간에 파고들었다. 또 다른 방면에서는, 예술 장인들이 불교 조상에서 인성(人性)에 대해 탐구한 것은, 불성(佛性)을 형상화하는 것을 일정 정도 약화시켜, 부분적으로는 불교 채소(彩塑)로 하여금 사람의 마음을 감화시키는 내용을 잃게 하였으며, 헛되이 세속의 용모를 갖춤으로써, 사람의 마음을 감동시키기에 부족하였다. 다만 소수의 뛰어난 예술가

석범제천(釋梵諸天) : 석범(釋梵)은 수미산 정상에 있는 도리천의 왕인 제석(帝釋)과 색계(色界) 초선천(初禪天)의 왕인 범천(梵天)을 가리키며, 불교에서의 중요한 호법신(護法神)이다. 제천(諸天)은 불법을 수호하는 많은 천신(天神)을 가리킨다.

상화엄사(上華嚴寺) 대웅보전(大雄寶殿)의
오불(五佛)
明

상화엄사 대웅보전의 이십제천(二十諸天)
明

상화엄사 대웅보전의 제천(諸天)들
明

상화엄사 대웅보전의 제천들
明

들만이 겨우 앞 시대의 우수한 전통을 유지하였으며, 서로 다른 인물의 성격을 탐색하고 묘사하는 가운데, 여전히 일정하게 불교 예술의 심미(審美) 이상(理想)을 표현하는 데 주의를 기울였다. 그리고 이러한 심미 이상은 바로, 인성(人性)의 묘사를 통하여 불성(佛性)을 표현하는 변증법(辯證法)적 과정 속에서 체현해 낸 것이다.

불교 조상들 가운데 수많은 다양한 형상들은, 거의 세간의 중생(衆生)의 모습들을 망라하고 있다. 그러나 불상(佛相-부처의 모습)은 어찌되었든 중생상(衆生相-중생의 모습)은 아니며, 만일 불상이 단지 중생상과 같다면, 불사(佛寺)는 시정(市井-사람이 모여 사는 속세)과 다를 바 없고, 중생을 화도(化導-덕과 도의를 가르쳐 인도함)할 수 없을 것이다. 불상과 중생상이 다르기 때문에, 반드시 불상은 범속함을 초탈하여 사람의 마음을 감동시키기에 충분한 방향으로 표현해야 했다. 불교 조상은 32가지는 단정하고 엄숙하며 80종은 오묘하게 표현할 것이 요구되었고, 특별히 장엄함을 추구하여, 일체의 선(善)과 복덕(福德)을 충분히 갖추도록 체현함에 따라, 자체의 독특한 미학 관념을 형성하였다. 불교 미학 사상은 중국에서 2천 년 동안의 발전 과정 속에서, 또한 끊임없이 각 시대의 예술 장인들에 의해 풍부해졌다.

명·청 시대의 채소는 종교 예술이 송·원 이래 발전해온 모습을 펼쳐 보여주는데, 송·원의 다른 양식에서부터 명·청의 눈부시게 아름답고 다채로운 조형에 이르기까지, 풍부한 기예(技藝)의 경험과 미학의 원칙을 담고 있다. 다만 제작한 장인들의 사회적 지위가 나날이 낮아져서, 종교 예술가의 이름은 이미 경전(經傳)에 보이지 않는다. 그러나 정묘한 예술 유물인 쌍림사(雙林寺) 등지의 정교하고 아름다운 사관(寺觀) 조상(造像)들은 오래도록 전해질 전범(典範)으로서, 불교 조소 예술의 발전과 앞 시대 사람들의 예술 경험을 탐색하는 중요한 자원이 되고 있다.

능묘(陵墓) 석조(石彫)와 묘용(墓俑)

능묘 석조

명·청대의 능묘 석조는 제재 면에서 복고화(復古化)하는 경향을 띠고 있다. 한(漢)·위(魏) 시기에 흔히 사용했던 석상(石象)·석기린(石麒麟)·석낙타(石駱駝) 등이 다량으로 출현하고, 당(唐)·송(宋) 시기에 항상 출현하는 문신(文臣)과 무장(武將) 역시 양쪽으로 열을 지어 서 있는데, 단지 외국의 수령(首領)과 사신(使臣) 상은 사라져 자취를 찾을 수 없다. 초기의 석호(石虎)와 석양(石羊)은 후에 인신(人臣)을 사용하도록 규정하였기 때문에, 효릉(孝陵) 이후부터는 다시 사용하지 않았다. 용맹스럽고 상서로운 신수(神獸)는 좌우로 마주하고 있을 뿐 아니라, 한결같이 하나는 쭈그린 채 엎드려 있고, 다른 하나는 서 있어, 명·청 시기의 능묘 석조는 효릉 이후부터 규범화되고 양식화되었다. 이는 분명히 명 왕조가 추진한 당·송의 한족 문화 회복 정책과 밀접한 관계가 있다. 주의할 만한 것은 석패방(石牌坊)의 설치이다. 명대 초기의 능묘는 패방을 설립한 예가 별로 없다. 가장 이른 석패방은 가정(嘉靖) 19년에 세워진 십삼릉(十三陵)의 대형 석패방이다. 석패방의 조각은 정교하고 아름답고 화려하여, 매우 장식적인 명대 능(陵) 석조의 상징적 작품으로, 청대(淸代)에도 계승되었다.

명·청 시기 제왕의 능묘는, 앞 시대 왕조들과 비교하면 분포 범위에서 확대되는 추세를 보이는데, 장강(長江)과 황하(黃河)의 양대 유

패방(牌坊) : 위에 망대가 있고 문짝이 없는 중국 특유의 건축물로, 주로 충효·절의를 지킨 사람을 기리기 위하여 세웠다.

십삼릉(十三陵) 신도(神道)의 석각(石刻) 무장(武將)

明

칠량관(七梁冠) : 양관(梁冠)이란, 고
대 중국의 관료들이 쓰던 관의 일종
으로, 관직의 등급에 따라 구량관(九
梁冠)부터 일량관(一梁冠)까지 구분이
있었다. 가장 높은 등급은 황제로부
터 분봉(分封) 받은 번왕(藩王)들로, 구
량관을 썼으며, 말단 관리는 일량관
을 썼다. 칠량관은 일품(一品) 관직의
고급 관료들이 썼다.

수미좌(須彌座) : '금강좌(金剛座)' 혹
은 '수미단(須彌壇)'이라고도 하며, 부
처나 보살상을 안치하는 좌대를 가리
킨다. 일반적으로 허리 부분이 잘록하
게 들어가 있는 형태이다.

역을 포함하고 있어, 객관적으로 다른 지역과 다
른 유파의 조각 풍격을 융합하는 데 편리하였으
므로, 능묘 석조를 풍부하고 다채롭게 하는 데
좋은 조건을 제공하였다. 예컨대 명대 황릉의
문관상(文官像)은 머리에 칠량관(七梁冠)을 쓰고
있고, 얼굴은 장방형이며, 양쪽 뺨은 약간 통통
하고, 입술은 다물었고, 수염은 짧으며, 아래턱
에는 세 가닥의 긴 구레나룻이 자연스레 늘어져
있고, 양손에는 홀(笏)을 쥐고 있다. 또 오른쪽으
로 옷깃을 여민 장의(長衣)가 땅바닥까지 내려와,
겨우 신발 끝만 보이며, 소맷부리는 두툼하고 커
서 무릎까지 늘어져 있고, 석좌(石座)는 낮고 평
평하며 간단하여 볼품이 없다. 그런데 강소 우
이현(盱眙縣)에 있는 조릉(祖陵)의 문관과 무장
은, 얼굴형이 방형(方形)으로 바뀐다. 문관의 오
관(五官-얼굴)은 깨끗하고 준수하며, 멋진 구레나룻을 길렀는데, 바
람에 따라 옆면으로 가볍게 휘날리고 있고, 실처럼 가는 수염은 말쑥
하며 정교하고 아름답다. 무장은 머리에 투구[兜鍪]를 썼고, 몸에는
갑옷을 입었는데, 갑옷의 각 부분들이 생동감 있고 정확하게 묘사되
어, 매우 사실적이고 섬세하며, 넓적다리 부분에서 바깥쪽으로 뒤틀
려, 입체적 효과를 증대시켰다. 그 대좌(臺座)는 두 층으로 나뉘는데,
아래층은 장방형으로 위에 수미좌(須彌座)와 비슷한 속요석좌(束腰石
座-허리 부분이 잘록한 돌 받침)가 놓여 있어, 뚜렷이 황릉(皇陵)과는 또
한 일치하지는 않는다.

　풍격과 기법에서, 명·청 시기의 능묘 석조는 당·송 시기의 능묘
조각의 우수한 전통을 흡수하였으며, 또한 특별히 세부적인 묘사에

중점을 두었다. 송대 능의 석조에는 순수한 자연적인 요소가 비교적 많으며, 명·청대의 석조에는 우아하고 아름다운 이상화된 내용이 더욱 많다. 송대의 호랑이·낙타·양·코끼리 등은 간결하고 명쾌하며, 명·청대의 사자·기린·해치(獬豸-전설 속의, 뿔이 하나 달린 신기한 짐승) 등은 세밀하고 복잡하며, 털끝만큼도 어긋남이 없다. 그것들은 웅크리고 있거가 서 있으며, 좌우가 대칭을 이루고, 번잡함과 간략함이 서로를 돋보이게 받쳐주며, 서로를 의탁하고 있다. 명·청대의 석조는 또한 석상의 입체 효과에 중점을 두고 있다. 중국의 역대 능묘 석조는, 비록 모두가 입체적인 원조(圓彫-丸彫)이지만, 중점을 둔 것이 서로 달라, 효과도 역시 같지 않다. 예를 들어 송대의 능 석조는, 고작 인물의 옷소매를 단층(單層)의 기복(起伏)에만 의지했기 때문에 층차감(層次感)이 결핍

하북 준화(遵化)에 있는 유릉(裕陵)의 지하궁전[地宮] 청석문(青石門)에 새겨진 조상(彫像)

清

되어 있다. 이에 반해 명·청대의 석조는 옷소매 부분을 다중(多重)으로 조각했을 뿐만 아니라, 무장(武將)의 갑옷에서 투구와 어깨 보호대 등의 부위는 울퉁불퉁하여 서로 다른 층차를 드러내 보여, 그 외연(外延)의 입체 효과를 증대시켜줌으로써, 인물 형상이 더욱 포만한 방향으로 나아가게 했다.

　명·청대의 석조는, 봉건 사회가 나날이 기울어가는 데에 영향을 받아, 그 속에 내포된 기운은 이미 당·송대와는 비교할 바가 못 되었는데, 국부의 세세한 부분이 정교하고 섬세하며 번잡해져, 마치 내용이 창백하고 무기력하게 보인다. 석상생(石像生)은 일종의 예의제도(禮儀制度)로서, 본질적인 측면에서 말하자면, 그 기능이 주된 것이고, 예술성은 그 다음이었다. 그리하여 그것은 특정의 정치적·문화

석상생(石像生) : 제왕의 능묘 앞에 설치하는 석인(石人)·석수(石獸)를 통칭하는 말로, '옹중(翁仲)'이라고도 한다.

적 분위기의 제약을 받았으므로, 설령 장인이 뛰어난 예술 기교를 지
녔다 하더라도 모든 재능을 맘껏 펼치기 어려웠으며, 비록 당·송대
를 본받고자 했지만 뜻을 이루기 어려웠으니, 이것이 바로 최종적인
역사의 좌표였다.

묘용(墓俑)

(1) 의장용(儀仗俑)이 주류를 이루다.

명대의 용(俑)은 제재(題材) 면에서 의장용을 위주로 하였다. 명나
라는 당나라 말기의 옛 제도를 회복하는 것을 기치로 삼았으며, 특
히 존비(尊卑)의 등급 관계에 중점을 두었다. 명나라의 건립 초기에
여러 차례에 걸쳐 각 분야의 의궤(儀軌)를 반포하고, 일련의 구체적이
고 번잡한 의장(儀仗) 제도를 제정하여, "출입의 방비를 신중히 하고,
존비의 구분을 엄격히 하였다.[謹出入之防, 嚴尊卑之分.]" 그것은 이승
에서의 삶에 적용되었을 뿐 아니라, 또한 사후에 지하에도 가지고 들
어갈 수 있도록, 장례를 치르는 신분의 표지가 되었다. 이 시기의 대
표적인 고고학적 발견들로는 성도(成都) 봉황산(鳳凰山)의 주열렴(朱
悅爙) 묘·남경(南京) 우화대(雨花臺)의 오경(吳經) 묘·하북성 부성(阜
城)의 요기(廖紀) 묘·강서 남성(南城)의 익왕(益王) 주호빈(朱祜檳)과 익
장왕(益莊王) 주후엽(朱厚燁) 묘, 섬서 장안의 진간왕(秦簡王) 묘·산동
추성(鄒城)의 노황왕(魯荒王) 주단(朱檀) 묘·상해 노만구(盧灣區)의 반
윤징(潘允徵) 묘 등이 있었다. 고고학적 발굴의 대부분이 명대의 왕
공대신(王公大臣)의 묘들이기 때문에, 의장용(儀仗俑)의 출토는 더욱
사람들의 이목을 끈다. 특별한 것은 몇몇 묘실(墓室)들에서는 단일한
종류의 의장용만 있고, 기타 용(俑)의 종류는 보이지 않아, 또한 부장
제도의 특색 중 하나를 이루고 있다.

일반적으로 말하자면, 지위가 비교적 높은 왕공 귀족들의 묘는 용의 수량이 비교적 많고, 제작 기예의 수준도 비교적 높은데, 예를 들면 정릉(定陵)에서 출토된 목용(木俑)은 황제의 부장물이다. 동원비기[東園秘器-궁궐에서 사용한 관곽(棺槨)]에 속하는 것의 제조 수준은 당연히 보통 장인들과는 비교할 수 있는 것이 아니었으며, 각지에 분봉(分封) 받은 번왕(藩王)은 지위가 황제 다음이었는데, 그들의 무덤에 부장한 명기(冥器)도 역시 전문적인 생산 부문에서 제조한 것들이었다. 그러나 명나라는 엄격한 중앙집권제를 시행하였고, 등급 제도가 삼엄하여 누구라도 정해진 범위를 감히 단 한 발짝도 넘을 수 없었으므로, 용의 종류 또한 의장용으로 한정되었다. 이는 장인들의 예술 창조에 여러 장애가 되었는데, 용(俑)의 제조는 비록 정교했고 수량도 역시 적지 않았지만, 내재된 의경과 운치가 부족하여, 같은 시대의 다른 예술 장르와 비교하면 쇠퇴의 기운이 더욱 두드러졌다. 하지만 서남 지역에서는 속박을 비교적 덜 받았기 때문에, 몇몇 매우 의미 있는 용들을 새로 만들어 냈다.

(2) 동량(銅梁)의 석용(石俑)

명대의 석용은 동량(銅梁-사천성 동량현) 지역에 집중되어 있는데, 완전하진 않지만 통계에 따르면, 이 지역에서 출토된 석용은 이미 6백여 건에 달한다. 그 중에서 장문금(張文錦) 부부 묘의 석용이 가장 대표적이다.

장문금 부부의 묘는 두 개의 단독 묘실로 이루어져 있다. 장문금은 가정(嘉靖) 37년(1558년)에 장례를 치렀고, 그의 아내 심 씨(沈氏)는 만력(萬曆) 5년(1577년)에 장례를 치렀다. 전자(前者)에서는 석용 27건이, 후자(後者)에서 62건이 출토되었으며, 따로 석탁(石卓-돌탁자)과 석의(石椅-돌의자) 등의 명기들도 있다. 장문금 부부 묘의 석용은 주로 유교용(帷轎俑)·견마용(牽馬俑)·지물용(持物俑)·명라용(鳴鑼俑)·격고용(擊鼓俑)·취주용(吹奏俑) : 유교용은 휘장이 쳐진 가마를 들고 있는 용, 견마용은 말을 끄는 용, 지물용은 물건을 들고 있는 용, 명라용은 징을 치는 용, 격고용은 북을 치는 용, 취주용은 악기를 연주하는 용을 말한다.

의장용으로, 유교용(帷轎俑)·견마용(牽馬俑)·지물용(持物俑)·명라용(鳴鑼俑)·격고용(擊鼓俑)·취주용(吹奏俑) 등을 포함하고 있다. 심 씨의 묘를 예로 들면, 그 배열 조합은 다음과 같다. 명라용이 선두에서 인도하며, 4건의 용들 가운데 징을 치는 격라용을 제외하고, 양측의 용은 '肅靜(숙정)'이라는 패를 들고 있으며, 중간에 있는 2건의 용은 '賜葬(사장)'이라는 패를 들고 있어, 징을 울려 길을 열고, 행인들에게 경고를 발하는 작용을 한다. 명라용의 뒤로는 북을 치고 악기를 연주하는 8건의 고취용(鼓吹俑)이 있는데, 고취용은 취타악기(吹打樂器)를 위주로 하며, 여기에는 6건의 취주용(吹奏俑 : 악기의 형상을 보면, 길게 불 수 있을 것 같다)과 1건의 징[鑼]을 치고 북을 두드리는 용, 그리고 1건의 징[鐃]을 치는 용을 포함하고 있다. 의장용은 말을 타고 있는 것과 걸어가는 것의 두 종류로 나뉘는데, 말을 탄 20건은 앞쪽에 위치하고, 걸어가는 18건의 용들은 그 뒤에 배열하였다. 말을 탄 일부분은 머리에 투구를 쓰고 몸에 갑옷을 입은 무사 형상을 하고 있다. 걸어가는 것은 대부분 머리에 원형의 첨정모(尖頂帽)를 썼고, 장삼(長衫)을 걸치고 허리에 띠를 묶었으며, '諸邪回避(제사회피)'·'都察院(도찰원)'·'兵部(병부)' 등의 패식 및 양산·삽[翣－상여의 양 옆이나 또는 앞뒤에서 들고 따르는 제구(祭具)] 등의 물건들을 들고 있다. 유교용(帷轎俑)은 이들에 의해 그 가운데에 둘러싸여 있는데, 이런 배열 조합은 같은 시기의 목용(木俑)이나 도용(陶俑)과 기본적으로 같으며, 묘 주인의 신분 지위를 객관적으로 반영하고 있다.

동량 지역의 석용은 지방 민간의 특색을 농후하게 띠고 있다. 이런 특색은 주로 조각 수법과 인물 복식에서 표현되고 있다. 조각 수법에 관해 말하자면, 동량 지역 석용의 도법(刀法)은 간단하고 거칠며, 세부의 정교하고 섬세한 조각이 부족하다. 또한 인체의 비례도 역시 균형을 잃은 부분들이 있는데, 머리와 모자 및 상체는 좀 길고,

하체는 약간 짧으며, 몸은 좀 뚱뚱해 보인다. 이는 분명히 지역의 전통적 풍격(風格)과 일맥상통하는 것이다. 사용한 자사(赭砂)와 백사(白砂) 석재는 그 지역에서 생산되는 것으로, 조각한 사람은 응당 그 지역의 장인이었을 것으로 추측된다. 이들 석장(石匠)들은 비록 석조(石彫) 작품을 실제로 만들어본 경험, 특히 형체의 괴면감(塊面感) 방면의 경험이 있었다 하더라도, 기술적인 면이 부족했다는 것을 쉽게 알 수 있다. 비교해보자면, 시용(侍俑) 조각은 비교적 성공적이어서, 의복과 장신구가 자연스럽게 몸에 잘 맞을 뿐 아니라, 인물의 얼굴 표정 역시 변화가 다양하다. 어떤 것은 표정이 엄숙하거나 약간 신중하며, 어떤 것은 얼굴에 미소를 띠거나 머리를 숙인 채 말이 없는 것도 있다. 의장용 가운데 다만 징을 치는 명라용과 같은 소수의 석용(石俑)들은 짙은 눈썹이 위로 치솟았고, 동그랗게 눈을 부릅뜨고 있으며, 광대뼈는 튀어나와 있어, 큰소리로 꾸짖는 모양을 하고 있다. 북을 치거나 악기를 연주하는 고취용은 두 뺨이 부풀어 올라 있어, 힘껏 악기를 부는 모습을 하고 있다. 또한 인물의 표정을 묘사하는 데까지 주의를 기울였지만, 대다수 의장용의 형태는 비슷하고 조각은 평범하여 특별히 볼 만한 것이 없다.

인물의 의복과 장신구에 대해 말하자면, 동량의 석용은 극소수의 관의(官衣)를 입은 문관과 무사를 제외하고는 대다수가 일반 백성이 입는 옷을 입고 있으며, 모자는 원형첨정모(圓形尖頂帽)·절첨평정모(折檐平頂帽)·과피모(瓜皮帽) 등 여러 종류가 있고, 의복에는 도포[袍]·적삼[褂]·장삼(長衫)·반삼(半衫)·치마[裙] 등이 있으며, 신발에는 가죽신[靴]·헝겊신[布鞋]·짚신[草鞋]이 있고, 심지어는 맨발인 것도 있다. 심 씨 묘의 시용(侍俑)들은 변발을 등 뒤에까지 늘어뜨렸고, 이마 앞쪽에는 머리를 짧게 잘라 가지런하게 남겼으며, 먹으로 눈썹과 눈의 윤곽을 그렸다. 또 입에는 붉은색을 칠했고, 귀에는 귀걸이를

괴면감(塊面感) : 본격적으로 세부적인 조각을 시작하기 전에 원석 덩어리에 대략적으로 형태를 구상하여 형상을 만들어 내는 감각.

절첨평정모(折檐平頂帽) : 모자의 차양이 없고, 위가 평평한 모자.

과피모(瓜皮帽) : 여섯 조각의 천을 잇대어 만든 것으로, 참외를 반으로 자른 것처럼 생겼고, 차양이 없으며, 정수리에 꼭지가 달려 있는 중국 전통 모자.

달았으며, 상반신에는 녹색의 옷깃을 두른 반삼(半衫)을 걸치고 있고, 하반신은 붉은색 앞치마를 둘러맸는데, 생동감 있게 동량 지역 사람들의 옷 입는 풍모를 재현해 냈다. 설사 관의(官衣)를 입은 것이라 하더라도, 처리 방법에서 또한 완전히 서로 같지는 않다. 이는 모두 동량 지역 석용이 농후한 지방 민간의 특색을 반영해 내고 있다.

금동(金銅) 불교(佛敎) 조상(造像)

영락(永樂)·선덕(宣德) 양식의 동조상(銅造像)

　명나라 정부는 라마교를 육성하기 위한 몇 가지 방법을 받아들였는데, 장전불교(藏傳佛敎-티베트 불교)를 티베트[西藏] 등지에서 지존(至尊)의 지위로 유지하였으며, 전(前) 왕조의 예에 따라, 끊임없이 티베트 지역의 고승들을 내지(內地)로 초청하여 '대보법왕(大寶法王)'·'호교왕(護敎王)' 등 각종 칭호를 하사하고, 사묘(寺廟)의 건립이나 불상의 주조를 위한 경제적인 도움을 제공함으로써, 장전불교를 더욱 널리 확대 발전시켰다. 명나라 정부의 이러한 조치는 종교 신앙에서 비롯된 것이 아니라, 정치적 목적에서 연유한 것이었다. 명나라 조징과 티베트의 궤증(饋贈-선물을 줌)은 비록 상호적이긴 했지만, 사실은 대부분 티베트에서 먼저 '진공(進貢-공물을 바침)'을 하고 난 뒤에, 명나라 조정에서 '사시(賜施-시혜를 베풂)'하는 것이었다. 티베트에서 바친 것은 대부분 불상과 사리(舍利)였고, 명나라 조정에서는 대부분 불상과 경서(經書)를 보냈다. 특히 불상은 일종의 '흠사(欽賜-황제가 직접 하사함)'의 의미를 담고 있었기 때문에, 일반 사절단이 왕래하여 돌아갈 때, 명나라 정부는 단지 도서를 증여했으며, 불상은 오로지 지위가 가장 높은 티베트의 승려에게만 하사했는데, 관지(款識) 중의 '施(시)'자로부터 그 일단을 엿볼 수 있다.

　영락(永樂)·선덕(宣德) 양식의 동조상(銅造像)은 얼굴 모습이 네모

전법륜문수보살상(轉法輪文殊菩薩像)
明
높이 31.5cm

나면서도 둥글게 보여, 풍만하고 단정하며, 오관(五官)이 고르게 균형
을 이루고 있으며, 얼굴을 약간 왼쪽(또는 오른쪽) 아래로 기울였으며,
눈썹과 눈은 가늘고 길다. 표정은 고요하고 온화하며 부드럽고 아름
다우며, 약간 웃음기를 머금고 있어, 위엄 있고 매서우며 공포스러운
모습이 비교적 적은데, 부처는 보살에 비해 약간 장엄해 보인다. 영
락 양식은 선덕 양식에 비해 형상이 더욱 생동감 있다. 부처의 허리
는 가늘고 어깨가 넓어, 어깨와 허리는 역삼각형을 이루며, 두 다리

아축불(阿閦佛)
명나라 선덕(宣德) 연간
높이 25.8cm

는 가부좌(跏趺坐)를 틀어, 설법(說法)을 하거나 선정(禪定—참선하여 삼
매경에 이름)에 든 형상으로 만들었다. 보살은 검(劍)·저(杵—절구공이처
럼 생긴 일종의 지팡이) 등의 법기(法器)를 쥐고 있으며, 팔이 두 개인 것
이 대부분을 차지하나, 간혹 팔이 네 개인 것도 있다. 부처는 대부분

전륜왕연화수관음(轉輪王蓮花手觀音)
명나라 선덕 연간
높이 25cm

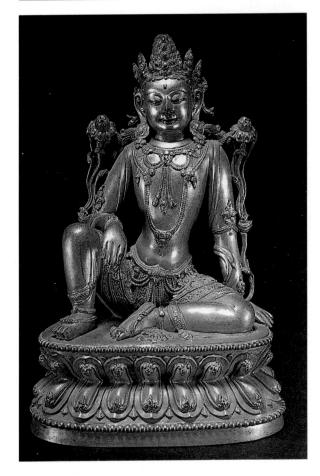

똑바로 서 있지만, 도모(度母)는 약간 비스듬히 기대고 있으며, 보살은 허리 부위의 몸 중간이 가늘어 'S'자형을 드러내고, 상반신은 긴 편이며, 아랫배는 바짝 조여져 있고, 배꼽은 깊이 들어가 있으며, 피부는 매우 탄력이 있다. 각종 동조상(銅造像)들의 의복과 장신구는 화려하고 정미(精美)한데, 특히 보살의 보관(寶冠)·영락(瓔珞)·목걸이[項飾]·귀걸이 등은, 더욱 보는 이들의 눈을 현란하게 하여 감탄을 금치 못하게 한다. 풍부하고 번잡한 장식은 각종 금동불 조상들 가운데 독자적으로 하나의 계파를 형성하였다. 조상의 밑받침[底座]은 이층의 앙복련좌(仰覆蓮座)인데, 앙련의 꽃잎은 약간 짧고 복련의 꽃잎은 약간 가늘고 길며, 앙련과 복련의 꽃잎 사이에는 좁게 예리한 각을 이루고 있으며, 연좌의 밑부분을 윗부분보다 약간 크게 하여, 안정적으로 균형을 이루고 있다. 연좌의 상층과 하층에는 각각 한 줄로 상감된 가지런하고 질서 있는 연주문(聯珠紋) 장식이 둘러져 있으며, '大明永樂年施(대명영락연시)'·'大明宣德年施(대명선덕연시)'라고 기좌(基座) 상부의 중간 부위에 새겨놓았다.

영락·선덕 양식 동조상의 전체적인 특징을 분석해보면, 중국[漢]과 티베트의 두 종류 조상(造像)의 풍격을 고도로 융합하였는데, 그것은 내지(內地)의 중국식 조상과 티베트식 조상에서 각각의 특징을 흡수하여, 교묘하게 융합되어 이루어져 있다. 중국식 조상으로 말하자면, 영락·선덕 양식의 동조상은 제재면에서 기본적으로 부

처·보살·도모 등의 형상을 위주로 하였으며, 대부분 자비로운 모습
인데, 이처럼 "풍속에 장애가 되고[有碍風俗]" 얼굴 모습이 공포감을
주는 희락금강(喜樂金剛)·대위덕금강(大威德金剛) 등은 비교적 적게
보인다. 의복과 장신구는 비록 상반신을 노출시키고 있지만, 영락이
나 목걸이 장식·피백(帔帛-어깨에 걸치는 숄) 등을 교묘하게 조합하여

녹도모(綠度母)
明
높이 25cm

끼워 넣었기 때문에, 노출이 너무 과다하다는 느낌이 별로 들지 않는다. 이와는 반대로, 치마의 주름 처리는 적절하여, 오히려 가볍고 얇게 흩날리는 느낌을 준다. 티베트식 조상으로 말하자면, 영락·선덕 양식의 조상은 형체가 여전히 '인도식[梵式]'을 나타내어, 그 몸통은 하늘거리며, 유부(乳部)가 돌출되어 있고, 의복 장식이 비교적 적은 것 등의 특징이 여전히 매우 선명하다. 소수의 조상들, 예컨대 대흑천(大黑天)·길상천모(吉祥天母) 등과 같은 주조(鑄造) 공예를 제외하고는, 거의 티베트 지역에서 주조한 불상과 별반 차이가 없는데, 이 방면에서는 또한 영락·선덕 양식의 금동불이 티베트식 조상을 흡수했다는 것을 반영해 내고 있다. 따라서 영락·선덕 양식의 동조상(銅造像)은 두 가지 풍격이 융합된 것이다. 이러한 융합은 단순한 의미에서의 합쳐놓은 것이 아니라, 각자 조상(造像)에 담긴 정신을 이해한 기초 위에서, 하나의 새로운 양식을 창조한 것이다.

영락·선덕 양식의 동조상의 또 한 가지 특징은 황가(皇家)의 기풍이 농후하다는 것이다. 동조상 자체에 내포된 특유한 의미, 즉 황제가 티베트 고승에게 하사하는 가장 신성한 물건이라는 의미로 인해, 곧 그것은 반드시 품질이 좋은 동재료·우수한 장인·선진적인 기술을 이용하여 완성해야 한다고 결정했다. 동조상 자체에 있는 황가의 흔적은, 그것을 주조한 기교·도금 공예와 번잡하고 세밀한 장식 수법에서 두드러지게 표현되어 있다. 이러한 것들은 바로 다른 동조상들이 엄두도 내기 어려운 것들이다.

청나라 궁전의 장전불교(藏傳佛敎) 조상

청나라 정부는 원나라와 명나라 통치자들의 장전불교(藏傳佛敎)에 대한 정책을 계승하여, 청나라의 자금성(紫禁城) 궁전 내에는 불

대흑천(大黑天) : 인도어로는 Mahākāla이고, 티베트어로는 Gonpo인데, 의역(意譯)하여 대흑(大黑)·대시(大時)·대흑신(大黑神)·대흑천신(大黑天神) 등으로 표기한다. 혹자는 직접 음역(音譯)으로 마가가라(摩訶迦羅)·막가가라(莫訶迦羅)·마합알라(瑪哈嘎羅)라고도 부른다. 이 신은 본래 바라문교[婆羅門敎]의 시바[濕婆-Shiva]신이 변신한 것인데, 후에 불교에서 받아들여 불교의 호법신이 되었다.

길상천모(吉祥天母) : 길상천녀(吉祥天女)라고도 하며, 인도어로 Lakṣmī이며, 음역하여 '납극시미(拉娍詩米)'라고도 하고, 티베트어로는 '반달랍모(班達拉姆)'라고 하는데, 티베트 밀교의 중요한 여성 호법신이다.

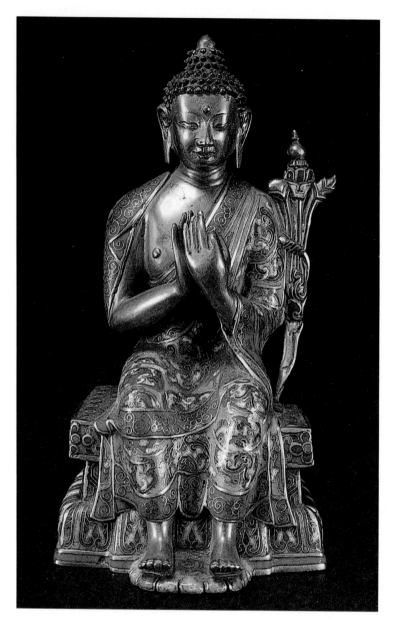

미륵불좌상(彌勒佛坐像)

淸

높이 16cm

당(佛堂)이 대단히 많았다. 건복궁(建福宮)·자녕궁(慈寧宮)·어화원(御
花園)·영수궁(寧壽宮)에는 모두 수량이 다른 불당들이 있었고, 기타
궁전들 내에 있던 소형 불당들도 역시 일정한 수량을 차지하고 있었
다. 이러한 불당들은, 소수의 명대 유물들을 제외하고는, 대다수가

건륭(乾隆) 시기에 건립된 것들이다. 청나라 궁전의 장전불교 조상들은, 이러한 크고 작은 불당들 안에 분포되어 있다.

청나라 궁전의 장전불교 조상 제작은, 현재 알려진 바로는 강희(康熙) 연간에 시작되었는데, 강희 25년(1686년)에 현엽(玄燁)이 그 할머

현엽(玄燁) : 1654년 5월 4일에 출생하여 1722년 12월 20일에 세상을 떠난 청나라의 황제로, 본명은 애신각라현엽(愛新覺羅玄燁)이며, 연호는 강희(康熙)이다. 애신각라(愛新覺羅)는 청나라 황족의 성(姓)인데, '애신'은 만주의 부족명으로 '금(金)'을 의미하며, '각라'는 성씨이다.

최상성취마니보관보살(最上成就摩尼寶冠菩薩)

清

높이 82cm

니인 태황태후(太皇太后)를 위해 동(銅)으로 사비관음(四臂觀音) 한 존(尊)을 주조한 뒤 도금하여, 자녕궁의 대불당(大佛堂)에 모셔두었는데, 이것이 청나라 궁전에서 주조한, 기년(紀年)이 가장 이른 조상이다. 그러나 강희·옹정 연간에 주조된 것은 비교적 적다. 청나라 궁전 내의 중정전(中正殿)에서 책임지고 만든 불상들은 절대 다수가 건륭 연간의 작품들이다.

건륭(乾隆) 시기는 청나라의 전성기로, 순치(順治)·강희(康熙)·옹정(雍正) 세 시기에 온힘을 다하여 나라를 잘 다스렸던 것이, 건륭이 문치무공(文治武功)을 크게 펼치는 데 견실한 기초를 제공하였다. 건륭은 또한 매우 독실하게 불교를 믿었는데, 그는 불교 경전에 대해서 상당히 깊이 이해하고 있었을 뿐만 아니라, 조상(造像) 자체에 대해서도 자신의 견해를 피력할 수 있을 정도였다. 중국 제일의 역사당안관(歷史檔案館)의 당안(檔案-문서)들에 여러 차례 건륭이 조상의 분본(粉本-밑그림)에 대해 제시했던 각종 의견 및 수리하고 고치는 방법에 대해 기록하고 있다. 청나라의 궁전 불당 안에 있던 수많은 불상의 제조는, 건륭의 열성적인 제창과 밀접하게 관련되어 있는데, 건륭 황제의 종교 고문이었던 이창스카야 쿠투크투[章嘉呼圖克圖]도 역시 청나라 궁전 불상의 제작에 적극적인 작용을 하였다.

청나라 궁전에서 주조한 장전불교 조상들은 상당 부분이 불당 안에 보존되어 있으며, 몇몇 불당은 원래 상태를 유지하고 있다. 예를 들면 고궁(故宮)의 우화각(雨花閣)은 장밀사부(藏密事部)·행부(行部)·유가부(瑜珈部)·무상유가부(無上瑜珈部) 등 4부(四部)에 따라 설계 건립된 것이다. 각(閣) 내부의 4층에는 4부의 주존(主尊)들을 나누어 안치했다. 1층의 사부감(事部龕) 내에는 부처 10존이 있는데, 한가운데는 무량수불(無量壽佛)로 되어 있다. 2층의 행부에는 굉장히 빛나는 보리불[菩提佛]을 중심으로 불모(佛母-석가모니의 어머니인 마야부

이창스카야 쿠투크투[章嘉呼图克图](ICang-skya Khutukhtu) : 청나라 때, 내몽고 지역 라마교 격노파(格魯派)의 최대 활불(活佛)이었다. 원래 성씨는 장(張) 씨였는데, 후에 장가(章嘉)로 고쳤다.

인)·금강(金剛)이 좌우에 있다. 3층의 유가부는 금강계비로불(金剛界

毘盧佛)·성취불(成就佛)·최상공덕불(最上功德佛)·보혜비로불(普慧毘盧

佛)·도생불(度生佛)로 되어 있다. 무상유가부의 가운데에는 밀집금강

(密集金剛)이 있고, 좌우에 승락금강(勝樂金剛)과 대위덕금강(大威德金
剛)이 있다. 각각의 존(尊)들마다 모두 불명(佛名)이 씌어 있는데, 이는
우리가 장전불교의 조상을 연구하는 데 기준과 근거를 제공해주고
있다.

청나라 궁전에서 소장하고 있는 장전불교 조상의 제작자는 내지
(內地)의 장인들도 있었고, 또한 티베트나 네팔 등지의 장인들도 있었

기상보현보살(騎象普賢菩薩)

清

높이 33cm

다. 이러한 장인들은 장점을 취하고 단점을 보완하여 서로 학습하고 거울로 삼아, 조상의 비례가 엄격하고 정확하도록 하였고, 동(銅) 재료를 꼼꼼히 따졌으며, 주조 기술이 매우 정교하여, 청대 조상의 최고 수준을 대표하고 있다.

공예(工藝) 조소가(彫塑家)들

명·청 두 조대에는 공예 미술의 대가들이 배출되었는데, 특히 명나라 중·말기에는 경제가 발전함에 따라, 소주·항주 및 동남 연해 지역에서 한 무리의 뛰어난 공예 미술가들이 출현하였다. 그 중에는 하조종(何朝宗)·석수(石叟)가 대표적이다.

하조종(何朝宗)

하조종(1522~1600년)은 주로 가정(嘉靖)·만력(萬曆) 연간에 활동하였으며, 복건(福建) 덕화요(德化窯) 자소(瓷塑-도자기 인형)의 대표적 인물이다. 『복건통지(福建通志)』·「예술전(藝術傳)」에서 그에 대해 말하기를, "도자상(陶瓷像)을 잘 만들었으며, 작품에는 승려나 대사(大士)가 있는데, 세상에는 이것들을 소중하게 전하고 있다.[善陶瓷像, 有僧伽·大士, 天下傳寶之]"라고 하였다. 그는 특별히 자기 작품의 예술성을 중요시하여, 성숙한 작품이 아니면 결코 가벼이 구워 만들지 않았기 때문에, 세상에 전해지는 작품이 비교적 적으며, 작품은 달마(達磨)·관음(觀音)·나한(羅漢) 등 불교 인물들이 대부분을 차지한다.

하조종의 작품은 특히 인물 표정의 묘사를 강조하였다. 중국 예술은 산수 경치를 표현할 때 경계(境界)를 돋보이게 하는 데 중점을 두고, 인물을 그릴 때는 곧 살아 있는 듯이 생생하게 표정과 태도를 그리는 전신(傳神)을 강조한다. 전신은 예술가가 추구하는 최고 경지로서, 역시 예술 작품의 성공 여부를 평가하는 지표이기도 하다. 성공적인 예술 작품은 항상 인물의 표정과 태도의 표현을 가장 중요한 위치에 두고, 여러 가지 예술 수법을 통해 그것을 사실적이고 구체적으로 표현해 낸다.

하조종의 자소 작품도 역시 예외가 아니지만, 그의 작품은 늘 특정한 환경 속에 놓아둠으로써 주제를 표현하였다. 예를 들어 〈달마도해상(達磨渡海像)〉(북경 고궁박물원 소장) 속의 달마는 망망대해 위에 놓여 있는데, 달마의 밝은 눈동자는 깊고 심오하며, 구레나룻은 곱슬곱슬하고, 두 손은 가슴 앞에서 감싼 채, 먼 곳을 응시하고 있다. 동해를 건너 불법을 널리 펼치고자 했던 포부와 견고하고 흔들림 없는 결심은, 이 특정한 상황에 꼭 들어맞게 표현되었다. 관음도 역시 그러한데, 복건 천주문관회(泉州文官會)가 소장하고 있는 〈도해관음(渡海觀音)〉은, 신체가 길쭉하며, 얼굴 모습이 맑고 수려하며, 차분하고 전아(典雅)하다. 발은 연꽃을 밟고서, 바다의 파도 속을 표연하게 건너고 있다. 불경 속에서 관세음의 불법(佛法)은 한없이 넓어서, 일곱 가지 어려움을 제거하고 중생을 구제할 수 있다는 추상적 관념을, 구체적으로 실체화하여 표현하였다.

하조종의 불교 인물 자소는 위·진·남북조 시대 이래 불교 조상의 우수한 전통을 흡수함으로써, 작품으로 하여금 세속을 초월한 비범한 기개와 도량을 갖추게 하였고, 단지 마음속으로만 깨달을 수 있고 말로는 전할 수 없는 총명한 예지는, 보통사람들로 하여금 이를 높이 칭송하며 우러러보도록 하였다. 동시에 또한 각종 신기[神祇-천신지기(天神地祇), 즉 여러 신들을 가리킴]의 서로 다른 특성에 따라, 현실 생활 속에서 더 정교하게 가다듬어서, 대담하게 새로운 것을 창조하였으며, 평민 백성의 심미 경향과 요구를 증가시켰다. 그리하여 온화하고 친근하지만 속세에 영합한 듯한 느낌은 없으며, 늠름하고 존경

심을 불러일으키지만 무섭고 두려운 느낌은 들지 않고, 신의 품위를
지닌 모습·인간의 매력·천국(天國)과 인간이 모두 하나하나의 자기
조각[瓷彫] 예술품 속에 응축되어 있어, 엄숙하고 위엄이 있어 보이면
서도 또한 온화한 모습이다. 이처럼 정교하고 아름다운 자소 작품을

구워 만들어 낼 수 있었던 것은, 하조종의 매우 뛰어난 기교와 관계가 있을 뿐 아니라, 또한 덕화요(德化窯)에서 사용한 자토(瓷土-도자기의 원료로 쓰이는 점토) 및 구워 만드는 기술과도 밀접한 관계가 있었다.

첫째, 덕화요의 자토 속에는 산화규소의 함량이 비교적 많아, 고온에서는 항상 유리(琉璃) 제품의 상태가 나타나므로, 태체(胎體)가 세밀하고, 투광도가 좋다.

둘째, 유색(釉色)을 보면, 다른 가마터에서 발견된 것들은 산화철 등이 풍부한 원료로 인해 순정도(純淨度)가 상대적으로 낮아, 백자가 누런 빛을 띠거나 혹은 푸른 빛을 띤다. 덕화요에서 사용하는 태유(胎釉-태도와 유약)는 산화철의 함량이 낮고, 산화칼륨의 함량이 높아, 구울 때에 중성(中性) 환경을 채용(採用)하는데, 이는 백자의 순정도가 낮은 결함을 극복하여, 그 유색을 더욱 반짝이게 해주었다.

셋째, 자소가(瓷塑家)들은 자토를 구워 만드는 과정에서의 수축 작용을 충분히 파악하였으며, 이런 수축도(收縮度)를 이용함으로써, 작품의 입체적 질감이 더욱 두드러지게 하였는데, 예를 들어, 〈달마도해상〉에서의 옷 주름과 물결이 바닷바람에 의해 한쪽으로 쏠린 것은 매우 생동감 있는 모습이다.

덕화요 자소의 품질은 대단히 뛰어나며, 빛깔은 단순하면서 영롱하고, 조소의 예술미와 재료의 재질미(材質美)가 교묘하게 한데 결합되어 있다. 순백색(純白色)을 기조(基調)로 삼고, 채색 장식을 하지 않아, 불국(佛國) 인물의 속세에 울려 퍼지는 정신 경계를 강조함으로써, 그것이 명대의 많은 예술품들의 모습 가운데에서 독특한 풍격과 운치를 지니게 하였다.

석수(石叟)

석수(생몰년 미상, 명대 말기 사람)의 작품은 주로 불교 인물들인데, 관음(觀音)이 특히 많다. 관음보살은 머리에 투구[兜鍪]를 쓰고서, 파도 위에 서 있거나, 혹은 편안하고 차분하게 서상(書箱-책 넣는 상자) 옆에 비스듬히 기대고 있다. 비록 형상은 각자 다르지만 전체적인 풍모는 다르지 않은데, 모두 단정하고 엄숙하며 평온하고 우아하며 친절한 분위기가 두드러지게 드러난다. 유창하게 흩날리는 의대(衣帶)와 유유자적한 자태, 그리고 거기에 마치 머리카락 같이 가는 은사(銀絲)를 상감하였는데, 질박하고 고풍스러우며 장중한 자동(紫銅) 재질은, 관음보살의 정신적 매력을 더욱 강화해주고 있다.

석수 작품의 성공은, 특정한 시대 문화의 내용에 근원을 두고 있다. 이 시기는 중국의 공예 미술이 휘황찬란했던 시기로, 많은 공예 대가들은 각자의 영역에서 앞 시대 사람들을 뛰어넘는 성취를 거둠으로써, 석수의 창작을 위한 조건을 제공하였다. 석수는 남경(南京)·소주(蘇州) 등지의 야동(冶銅-동을 제련함) 대가인 감문당(甘文堂)·주문보(周文甫)·호문명(胡文明) 등의 작품들 속에서 깨달음을 얻었을 뿐 아니라, 또 다른 분야에서도 양분을 흡수하였다. 예를 들면 도해관음(渡海觀音) 등의 형상은 덕화요의 하조종 등의 작품들과 서로 대단히 비슷하다.

석수의 동조상(銅造像)의 예술적 성취는, 명대에 고도로 발달했던 야동(冶銅) 기술과 불가분하게 연결되어 있다. 이전의 선덕(宣德) 시기에 주조한 동로(銅爐-동 용광로)는 곧 여러 차례에 걸쳐 용해하고 정련하여, 잡질을 거듭 제거한 후에 제련해 내는 것이었다. 그 구리의 질은 정교하고 아름다우며, 색조는 부드럽고 온화하고 다양하며, 표면의 광택은 섬세하고 고왔다. 또한 금을 입히거나 은을 입히는 것을 상용하는 장식 수법의 하나로 삼았다. 석수가 사용한 동(銅) 재료는 보통 불교 조상에 사용하는 청동(靑銅)이나 홍동(紅銅)과 달랐으며, 그는 자동(紫銅)을 위주로 하였다. 이러한 자동은 재질이 정교하고 섬세하며 반들반들 윤이 나는 것으로 보아, 반복적으로 정련함으로써 구리 속에 포함되어 있는 잡질을 제거한 후에 주조한 것임이 분명하다.

설명이 필요한 것은, 사람들이 석수의 동조상과 일반 청동 불교 조상을 구별하여 인식했던 까닭은, 또한 그 문화적 내용의 차이에 있었다는 점이다. 일반 작품들은 대부분이 공양하는 물건으로, 그 주요 취지는 모셔두고 숭배하는 것이었으며, 조상(造像)의 예술성은 그 다음으로 밀려났다. 하지만, 석수의 동조상은 그렇지 않고, 작품의 예술성에 대한 엄격한 요구가 모셔두고 숭배하는 실용적 요구보다 우선이었다. 그 당시로부터 이후까지 사람들이 비싼 값으로 석수의 동조상을 구매하는 것을 꺼리지 않았던 것은, 분명히 작품의 정교하고 아름다운 예술 수준과 풍부한 문화적 내용 때문이었다. 이러한 경향은 문인 사대부 계층[청나라의 임칙서(林則徐)는 친구에게 보낸 서찰에서 친구가 그를 위해 석수의 작품을 구매한 일을 언급하고 있다]에게만 반영되었던 게 아니라, 또한 청대 궁정에도 반영되었는데, 북경의 고궁박물원에 수장되어 있는 석수의 작품들은 대다수가 청나라 궁정의 오래된 소장품들이었다. 후대 사람들은 석수의 작품을 대량으로 복제하였는데, 이는 그 작품이 평범한 작품들과 다른 예술적 가치를 지니고 있었다는 것을 인증해주는 또 하나의 측면이다.

[본 장 집필 : 馮賀軍 / 번역 : 홍기용]

| 제11장 |

다양하고 화려한
명·청의 공예 미술 (상)

명·청 시대 공예 미술의 개요

장호(匠戶) 제도로부터 은(銀)으로 부역을 대신하게 되다.

명대 초기에는 엄격한 '장호(匠戶)' 제도를 실시하여 전국의 수공업에 종사하는 공장(工匠-기술자)들에 대해 문서로 호적(戶籍)을 통일하여, 이탈하지 못하도록 하였다. 『명사(明史)』의 기록에 의하면, 홍무(洪武-명나라 태조 주원장의 연호, 1368~1398년) 시기에 전국에서 호적에 가입한 장호는 모두 23만 2089명으로, 주좌(住坐-한 곳에서 고정됨)와 윤반(輪班-교대로 근무함)의 두 종류로 나뉘었다. 이 제도는 수공업자의 직업에 대한 적극성을 극도로 제한하였다. 명나라의 경제가 발전함에 따라, 특히 자본주의의 맹아가 중국에 출현하자, 도시는 더욱 발전하고 번영하기 시작하여, 시장 무역을 촉진하였다. 이렇게 급속하게 발전하기 시작한 경제는, 낙후된 장호 제도가 상품의 발전에 장애가 된다는 것을 갈수록 뚜렷이 노출시켰다. 오랫동안 억압을 받아왔던 장호들은 날이 갈수록 현재의 상황에 대해 불만을 갖게 되어, 마음대로 장적(匠籍)을 이탈하는 현상이 끊임없이 나타났고, 또한 갈수록 더욱 더 심각해져갔다. 가정(嘉靖) 41년(1562년)에 이르자, 호적상에 장호는 고작 14만 2486명만이 남았다. 이 때문에 명나라의 당국자들은 이러한 변화에 순응하여, '은으로 부역을 대신하는[以銀代役]' 방법으로 낙후된 '장호 제도'를 대체하였다. '장호 제도'가 '은으로 부역을 대신하는 것'으로 바뀌자, 생산력을 속박하고 있던 것으로

장호(匠戶) 제도 : 원대(元代)부터 명대(明代)까지 이어져온 호적 제도로, 일반 민간인들의 신분을 민적(民籍)·군적(軍籍)·장적(匠籍)의 세 등급으로 분류하였다. 그 중 장적은 전적으로 수공업자들로 이루어졌으며, 군적 중에도 각 도사위(都司衛)에서 관할하는 군기국(軍器局)에서 복역하는 자들이 적지 않았는데, 이들을 군장(軍匠)이라 불렀다. 법률적 지위에서 말하자면, 특수한 호적에 편입되어 있던 이들 공장(工匠)과 군장(軍匠)은 일반인들에 비해 지위가 낮았으며, 대를 이어 세습되었다. 또한 채워 넣기 편리하도록, 가구를 분할하는 것이 허락되지 않았다. 군적과 장적은 원래의 호적에서 이탈하기가 매우 어려워서, 황제의 특별한 분부를 거쳐 비준을 받아야 비로소 가능했기 때문에, 신분이 예속되어 있던 장적과 군적은 선비 계층에 오를 수 있는 시험에 응시할 수 없었다. 장인들이 교대로 하는 노동은 아무런 대가도 받지 못했으며, 관리의 통제하에 가혹하게 착취를 당했기 때문에, 장인들은 작업을 게을리 하거나 모사를 꾸미거나 도망을 가는 등의 수단으로 저항하였다. 그러자 명나라 정부는 부득이하게 상품경제의 발전에 적응하여 은으로 부역을 대신하는 법을 제정하였다. 이후 이 제도마저 유명무실해져, 장인들은 비로소 자유롭게 상공업에 종사하게 되었다.

부터 생산력을 해방하는 것으로 바뀌게 되어, 도시 경제가 활기차게 발전하려는 요구에 적응하였다.

청나라에 들어선 이후, 각 황제들은 공예 미술의 발전을 비교적 중시했기 때문에, 각 방면에서 유리한 조건을 제공하였으며, 심지어 강희(康熙) 시기에는 또한 더 나아가 표창하는 방법을 채택하여 공장(工匠)들의 창작을 격려하였다. 이로 인해 공장들의 신체적 자유가 청대에는 명대에 비해 상대적으로 훨씬 더 자유로워졌다고 할 수 있다. 이 밖에 청대에는 강희부터 시작해서 옹정(雍正)·건륭(乾隆)·가경(嘉慶) 등에 이르기까지, 각각의 황제들 모두가 공예 미술에 대해 깊은 흥미를 가졌으며, 특히 강희·옹정·건륭의 세 황제는 공예품들을 더욱 애호하였다. 이로 인해, 주관적으로는 공예 미술의 창조를 위한 좋은 조건을 만들어 냈다.

명·청 두 조대의 공예 미술은 바로 이처럼 '장호 제도'가 사라지고 '은으로 부역을 대신하는' 제도가 시행된 역사적 조건하에서, 비로소 신속하게 발전하기 시작하였다. 첫째, 종사자들이 신체적 자유를 얻게 되자, 공예 미술의 발전을 위한 공간이 확장되어, 각종 공예 미술 부문에서 새로운 창조와 발전을 유발하였다. 그리하여 전통 공예 품종이 지속적으로 발전함과 동시에, 또한 그전에는 없었던 몇몇 신품종들을 파생시키거나 탄생시켰는데, 예를 들면 법랑기(琺瑯器)나 책상머리[案頭]의 조각 등등과 같이 이채로움이 이어지는 번영 상황을 조성하였다. 둘째, 이러한 변화는 관영(官營) 수공업과 사영(私營) 수공업이 어깨를 나란히 하며 발전하는 국면을 촉진하였다. 명나라 이전에도 비록 민간 수공업이 있긴 했지만, 그 지위·규모·성취 등 여러 방면에서 관영 수공업에 비해 훨씬 뒤떨어졌다. 명대 이후에는 민간 수공업이 왕성하게 발전하기 시작하면서, 매우 많은 공예 품종과 기법들이 모두 민간에서 창조되었다. 그 밖에, 민간 수공업의 발전은 다른 지역들과의 교류를 요구하게 되어, 전국적으로 공예 미술의 상품 교역이 번성하도록 이끌었고, 각종 유파들의 상호 영향은 갈수록 심화되었다. 따라서 기법의 다양성·조형의 풍부성과 문양 장식의 다변성을 위한 편리한 문을 열어젖혔다. 또 다른 관점에서 말하자면, 민간 수공업의 번영과 발전은 또한 관영 수공업의 전형인 궁정 공예의 발전을 촉진시켰으며, 그것들의 우수한 품질을 위한 기술의 보장을 제공하였다.

발전 순서에서의 선명한 단계성(段階性)

명·청대의 공예 미술은 모두 각자 뚜렷한 단계성을 지님과 동시에 두 조대 간에는 시간적인 연속 관계로 인하여, 특히 명대 말기와 청대 초기에는 공예 미술의 특징과 풍격이 밀접한 관계를 지니고 있었다.

명나라 공예 미술의 총체적인 발전 순서는 구체적 기물이 표현해 낸 시대적 풍격에 따라 세 시기로 나눌 수 있다. 즉, 명대 초기·명대 중기·명대 말기이다. 구체적으로 말하지면, 명대 초기는 태조(太祖)부터 대종(代宗)까지인데, 이 시기는 자기(瓷器) 가운데 청화(靑花)와 칠기(漆器) 가운데 조칠(彫漆)이 대표적이며, 제작 기법에서는 원대의 기술을 계승하고 답습하여, 풍격이 원대와 서로 대단히 비슷했다.

명대 중기는 헌종(憲宗)부터 세종(世宗)까지로, 자기 가운데 청화 풍격의 변화와 투채(鬪彩)의 새로운 창조가 대표적인데, 전기(前期)와는 판이하게 달리, 정교하고 섬세하며 수려하고 우아한, 참신한 풍격을 창조했다.

투채(鬪彩) : 두채(逗彩)라고도 하며, 명대 성화(成化) 시기에 만들어졌으며, 유하채(釉下彩)와 유상채(釉上彩)가 서로 결합한 일종의 장식 품종이다.

명대 말기는 목종(穆宗)부터 사종(思宗)까지로, 중기에 추구했던 정교하고 섬세한 풍격을 포기하고, 상업적 이윤 추구에 매진하면서 중후함과 차분함을 강구하였다. 그 밖에 사회의 불안정한 현실은, 백성들이 생활의 안정을 갈망하고 신령의 보호를 기대하는 관념도 공예품의 제작에 반영되도록 촉진하였는데, 이는 곧 명대 말기에 각종 공예품에서 길상도안(吉祥圖案)이 급격히 늘어나게 하였다.

청나라의 공예 미술 발전도 명나라와 마찬가지로 특색이 분명한 세 단계로 나뉘는데, 바로 청대 초기·청대 중기·청대 말기이다. 청대 초기는 강희(康熙)부터 옹정(雍正)까지로, 자기에서는 강두홍(豇豆紅)을 대표로 하는 채색 유약[顔色釉]과 청화(靑花)가 한층 개량되어 두드러지게 표현되었는데, 풍격이 맑고 깨끗하여, 명대 말기의 졸렬하고 거칠며 조잡한 기풍을 배제했다.

청대 중기는 건륭(乾隆)과 가경(嘉慶) 전기(前期)까지를 포함하며, 공예 미술의 전반적인 번영을 특징으로 하는데, 각 영역에서 모두 비약적인 발전을 이루었다. 풍격에서는 제작 기술의 정교함과 섬세함·도안의 번잡함·장식에서의 짙은 길상의 의미를 두드러지게 표현하여, 명대 말기에 출현한 세속화(世俗化)를 내용으로 하는 추세가 더 크게 발휘되도록 하였다. 그 밖에 이 시기에는 또한 옛것을 모방하려는 경향이 강렬했는데, 기술에서의 대단히 커다란 진보로 인해, 객관적으로는 이 시기의 공장(工匠)들이 편리하게 앞 시대의 기물들의 특징을 모방할 수 있도록 담보하였고, 주관적으로는 건륭 황제가 고상한 척하며 문화 활동을 하는 것을 즐기면서, 고대 기물들을 특별히 편애했기 때문에, 늘 궁정의 장인들에게 그의 요구에 따라 고기(古器)를 모방하도록 요구하였다. 이로 인해 전체 공예 미술 분야에서 옛것에 대한 모방을 추구하도록 하였다. 이런 풍조는 명대 중·말기에 시작되어 청대 중기에 바야흐로 흥성하였다.

청대 말기는 가경 말기부터 청나라 황제가 퇴위할 때까지를 가리키는데, 이 시기는 기본적으로 전면적인 쇠퇴 단계에 속하여, 궁정에서의 제작은 정체에 빠지고, 민간 공예는 단지 제한적으로만 발전하

강두홍(豇豆紅) : 강두홍은 섭씨 1300도 이상에서 굽는 고온유(高溫釉)의 일종이다. 청나라 강희 말기에 출현하였으며, 그 색조가 담아하여 사람들이 좋아했는데, 고르지 않은 분홍색이어서, 마치 동부콩[豇豆]과 같이 생겼으며, 조형이 경쾌하고 빼어나게 아름답다고 하여 붙여진 이름이다.

여, 유리[玻璃] 영역의 내화비연호(內畵鼻煙壺)에서 약간의 성과가 있었던 것을 제외하고는, 나머지 공예 품종들에서의 성과는 거의 없었다.

서로를 함께 빛나게 해준 두 제도의 병행

선명한 3단계 발전 순서에 수반한 것은, 서로 함께 빛나게 해준 민간 제작과 궁정의 어용 제작의 동반 발전이었다. 장호 제도의 해체에 따라 민간 공예는 자유로운 창작 주체를 획득하였고, 창작 사상과 기법도 또한 이에 따라 궁정 공예와 서로 대립되는 분야의 길로 달려 나가, 서로의 지위가 대등해지는 국면을 형성하였다.

민간 제작과 궁정의 어용 제작은 조직 형식에서 분명한 차이가 있었고, 구체적인 기물의 특징에서도 또한 마찬가지로 뚜렷한 차이를 지니고 있었다. 궁정의 작품 공예는 정교하고 심오했으며, 품질에 대한 요구가 대단히 엄격했다. 그 외에도 규격화의 색채가 농후하여, 작품이 부귀하고 여유가 있었지만 자연스러움과 생동감이 부족한 현상을 초래하였다. 그러나 민간 제작은 마치 서로 반대되듯이, 제한성이 매우 적었고, 변화성(變化性)과 창신성(創新性)이 풍부했다. 다만 이와 동시에 상품화의 영향으로 인해, 민간 제작은 또한 품질에 대한 요구가 엄격하지 않았고, 제작 기술도 떨어지는 등 여러 가지로 부족했다. 양자의 관계에 대해 말하자면, 궁정 작방(作坊-작업장)에서 근무하는 장인이 민간에서 선발되어 들어온다는 이 한 가지 점 외에도 또한 다음과 같은 두 가지 방면이 있었다. 하나는, 어떤 품종의 궁정 작방은 직접 지방에 소재지를 선정하고, 그곳에 이미 존재하는 민간 작방을 이용했는데, 궁정에서 감독관을 파견했으며, 공물(貢物)을 만들지 않는 상황일 때는 여전히 일상적인 창작을 진행할 수 있도록 하였다. 둘째는, 명대 중·후기와 청대 말기에, 관영 수공업이 쇠락하고 민간 수공업은 대단히 번창했기 때문에, 궁정의 어용품 가운데 어떤 것은 직접 민간 작방에서 제작하였다.

민간 제작과 궁정 어용 제작의 병행은, 쌍방으로 하여금 서로 보충하고 서로 영향을 줄 수 있도록 하여, 품종을 풍부하게 했고, 기법을 향상시켜, 공예 미술의 번영을 힘차게 촉진하고 추동하였다.

문인화(文人化)와 세속화(世俗化)의 새로운 경향

송대부터 앞 시대의 공예 미술 작품들 가운데 문양 장식 도안의 다분히 기이하고 규격화된 특징을 변화시켜, 세속 생활에서 흔히 볼 수 있는 화조·인물 등의 내용으로 대체한 이후에, 세속화의 풍격은 점차 주류(主流)의 지위를 차지하였는데, 민간 제작에서는 더욱 그러했다. 원대(元代)의 짧은 과도기를 거쳐, 명·청 시기가 되면 이런 풍격은 고대 공예 미술에서 절정에 다다르게 된다.

세속화 풍격의 주요 특징은 몇 가지 방면을 포함하는데, 첫째는, 조형에서의 생활 실용성이다. 각종 공예 미술품의 생활 실용성이 뚜렷이 강조되었다. 예를 들면 병(瓶)·완(碗)·충(盅-손잡이가 없는 잔)·호(壺)·합(盒) 등과 같은 음식물을 담아두는 종류의 기형(器型)들은 이미 대단히 많이 보급되었는데, 가장 중요한 변화는 이러한 기형들이 비록 초기에도 있었으며, 또한 음식을 담는 용도도 역시 지니고 있었지만, 사용 환경과 목적은 오히려 분명히 달랐다는 점이다. 초기에는 대부분 제사 음식을 담아두는 데 사용하여, 예기(禮器)의 의미를 다소 지니고 있었지만, 명·청대에는 대부분이 사람들의 일상생활에서 사용되었다.

둘째는 문양 장식에서의 세속 생활화이다. 즉 사용한 문양 장식 도안은 주로 사람들의 일상생활 속에서 자주 볼 수 있는 내용들을 위주로 했는데, 예를 들면 어린아이들이 노는 모습[嬰戲]·사녀(仕女)·화초어충(花草魚蟲) 등으로, 표현 수법은 사실성이 두드러졌다. 그 밖에 명대 중·말기부터 시작된 길상(吉祥) 도안과 문자가 기물의 문양 장식 속에 넘쳐나기 시작한 것도, 역시 문양 장식의 세속화의 표현이었다. 예를 들면 전통적인 도교의 팔선(八仙)·불교의 팔보(八寶) 및 기타 신통력을 지니고 있는 길상의 성격을 지닌 인물과 동물·식물·보살·부처·수성(壽星-장수의 신)·복성(福星-행복의 신)·녹성(祿星-재물의 신)·사슴·용·봉황·기린·거북·소나무·복숭아·영지(靈芝) 등과 같은 것들이 대부분 모두 출현한다. 문자 방면에서는 '吉(길)'·'大吉(대길)'·'福(복)'·'壽(수)'·'吉慶(길경)' 및 길상의 어의(語義)를 담고 있는 산스크리트 문자와 아라비아 문자가 늘 각종 길상 도안과 조합되어 출현했으며, 심지어는 글자만으로 장식하기도 하였다.

이런 세속화와 서로 어우러져 아름다운 운치를 더한 것은 또 다른 하나의 경향으로, 바로 문인화(文人化)의 추구인데, 주로 문양 장식과 조형(造型)의 용도상에서 체현되었다. 문양 장식 방면에서는 시·서·화를 기물 위에 이식한 것이 가장 큰 특징인데, 문양 장식의 정취를 처리하는 데에서도 대부분 시정(詩情)과 화의(畫意)를 모방하고 추구하였다. 조형의 용도 방면에서는, 각양각색의 연적[水丞]·문진[鎭紙 -글을 쓰거나 그림을 그릴 때 종이를 누르는 물건]·필통(筆筒)·필가(筆架-붓걸이)·비각(臂擱-글을 쓸 때 팔목 밑을 바치는 도구) 등과 같이 서방(書房)과 밀접하게 관련된 기물들이 뚜렷하게 증가하였다. 그리고 또한 실용성의 기능은 비록 여전히 존재하고는 있었지만, 이미 크게 약화되었고, 강렬한 감상성(鑑賞性)으로 대체되었다. 문방 용구류가 아닌 기타 기물들에서도, 문인들의 기호와 취향에 맞는 것을 취사선택하는 방향으로 기우는 현상이 출현해, 농후한 문인 기질이 그 속에 가득하도록 하였다.

자도(瓷都) 경덕진(景德鎭)

강서 경덕진은 중국 역사상 4대 명진(名鎭)의 하나로, 경덕진이라
는 이름은 자기(瓷器)와 뗄 수 없이 밀접한 관계가 있었다. 송대(宋代)
경덕(景德) 연간(1004~1007년-역자)에, 진종(眞宗) 조항(趙恒)은 이 진
(鎭)에서 궁정의 어기(御器)를 구워 만들었는데, 그릇의 밑바닥에 '景
德年製(경덕년제)'라는 글씨를 써넣도록 명했다. 남포(藍浦)의 『경덕진
도록(景德鎭陶錄)』에는 이런 종류의 어기에 대해 다음과 같이 기록하
고 있다. "빛이 섬세하고 다채롭고 아름다우니, 사방에서 곧 모방하
였으며, 그리하여 천하가 모두 이를 경덕진 자기라고 불렀다. 후에 경
덕진의 이름이 유명해지자, 창남진(昌南鎭)이라는 이름은 따라서 쇠
미해졌다.[光致茂美, 四方則效, 于是天下都稱之爲景德鎭瓷器. 後景德鎭之名
著, 而昌南鎭之名遂微.]"[창남진(昌南鎭)은 경덕진의 원래 이름이었다.]

경덕진은 당대(唐代)에 자기를 굽기 시작해서, 송·원대를 거쳐,
명·청의 시기에 자도(瓷都-자기의 도시)가 되었다.

명대의 경덕진

명대의 경덕진이 자도(瓷都)가 된 것은, 원대에 이미 기초가 닦아
졌다. 원대에 청화(靑花)·유리홍(釉裏紅)의 신품종을 굽는 데 성공한
것과, 코발트를 착색제로 하는 제람(霽藍-밝은 하늘색)과 동홍(銅紅-구
리홍) 등 고온단색유(高溫單色釉)의 출현 및 금박으로 장식하는 수법

진(鎭) : 고대 중국의 행정구역 단위의
하나로, 현(縣)의 하부 단위였다. 향
(鄕)보다는 인구도 많고, 도시적인 성
격이 강했다.

유리홍(釉裏紅) : 유약을 바르기 전에
태체에 산화동(酸化銅)으로 그림이나
문양을 그린 다음 백색 유약을 발라
투명하게 구워 내면, 그림이나 문양이
붉은색을 띠기 때문에 유리홍이라고
부른다.

유리홍국화문반(釉裏紅菊花紋盤)
명나라 홍무(洪武) 연간

의 운용은, 모두 명대의 채색 자기[彩瓷]와 단색유를 위한 찬란한 기술적 조건을 창조했다.

명대에 들어선 이후에, 경덕진 이외에 각지의 가마들은 나날이 쇠락하였다. 우선 균요(鈞窯) 계통의 각종 제품들은 전부 생산을 중지하였고, 용천(龍泉)의 청유자(靑釉瓷)는 비록 명대 초기에도 여전히 계속 대량으로 생산되었지만, 이미 경덕진의 유하채(釉下彩)·유상채(釉上彩)·투채(鬪彩-686쪽 참조) 및 각양각색의 고온·저온 색유(色釉)와는 서로 필적할 방법이 없었다. 이로 인해 명대 중기 이후에 쇠락의 길을 걷기 시작하였다. 자주요(磁州窯)의 백지흑화(白地黑花)는 비록 민간에서 좋아했지만, 그 태체(胎體)·유약과 제작 기술은 경덕진의 청화(靑花)에 비하면 크게 뒤떨어졌기에, 결국은 역시 몰락하였다. 크게 이름을 떨쳤던 각 가마들이 계속해서 역사의 무대에서 사라짐에 따라, 경덕진은 전국의 자기 제조업에서 맹주(盟主)의 지위를 차지하게 되었다.

우월한 자연 조건도 경덕진이 도자업의 중심이 되는 데 중요한 한 가지 요인이었다. 경덕진은 곳곳에 수많은 산들이 주위를 둘러싼 가운데에 위치하고, 창강(昌江)이 그 옆을 통과하며, 면면히 이어지는

균요(鈞窯) : 송·원 시기의 북방 가마로, 하남 우현[禹縣-지금의 우주시(禹州市)]에 있었으며, 송나라 5대 가마 중 하나였다. 옛날에는 균주(鈞州)에 속했기 때문에 '균요'라고 불리게 되었다.

유하채(釉下彩) : '요채(窯彩)'라고도 한다. 유하채는 도자기의 주요 장식 수단의 하나로, 색료를 이용하여 이미 형체를 만들어 그늘에서 말린 반제품 도자기 위에 각종 문양 장식을 먼저 그린 다음, 백색의 투명한 유약이나 혹은 기타 옅은 색의 유약을 칠하여 초벌구이를 한다. 굽고 난 후의 도안은 한층 투명한 유막(釉膜)으로 덮여, 표면에 광택이 나고 온화하며, 평평하고 매끄러우며, 문양이 볼록하게 튀어나오지 않고, 수정처럼 반짝이게 되는데, 이것을 유하채라고 한다. 즉 유약의 아래에 채색으로 도안을 그렸다는 의미이다.

유상채(釉上彩) : '노채(爐彩)'라고도 한다. 유하채와는 달리 먼저 백색 유약을 발라 구운 도자기나 혹은 단색 유약을 발라 구운 도자기, 또는 여러 가지 색의 유약을 발라 구워 낸 자기도 가능한데, 이처럼 유약을 발라 초벌구이를 한 도자기 위에 채색 그림을 그린 후에 다시 섭씨 6백 도 정도 ▶▶

푸른 산 속에서는 도자기를 굽기에 가장 적합한 질 좋은 연료가 많이 났다. 그 밖에도 또한 다량의 고령토(高嶺土)·자석(磁石)·유과(釉果)와 불에 잘 견디는 광물류들이 매장되어 있었다. 수많은 자요(瓷窯-도자기 가마)들이 창강 및 그 지류의 강가에 인접하여 설치되었는데, 강물은 단지 자토(瓷土)를 헹궈 채취할 수 있었을 뿐만 아니라, 물방아[水碓]를 설치함으로써 수력을 이용하여 자토를 분쇄할 수도 있었다. 이와 동시에 창강의 수운(水運)은 막힘이 없이 잘 통하여, 많은 양의 자기가 순조롭게 하류의 번양호(鄱陽湖)에까지 도달할 수 있었으며, 당시 중요한 무역항이었던 구강(九江)·남경(南京)·양주(揚州) 등지를 거쳐 멀리 국내외로 보내졌다.

성숙된 기술 조건과 풍부한 자연 자원, 그리고 국내외 시장 수요의 자극을 받아, 명대 경덕진의 자기 제조업은 원대(元代)의 기초 위에서 급격하게 발전하여, 전국 도자업의 중심이 되었다.

명대 경덕진의 자기 제조는 전에 없이 성황을 누려, 각지의 자기를 제작하는 명사(名師)와 거장(巨匠)들이 앞을 다투어 경덕진으로 향하자, "공장(工匠)들이 각지에서 몰려오고, 자기는 천하로 퍼져갔다[工匠來八方, 器成天下走]"라는 말이 있게 되었다. 명나라 가정(嘉靖) 연간에 이르자, "부량현(浮梁縣) 경덕진의 백성들은 도자를 생업으로 삼았는데, 날품팔이꾼을 모으자 1만여 명에 이르렀다.[浮梁景德鎭民以陶爲業, 聚佣至萬餘人.]" 명대 만력(萬曆) 시기의 사람인 왕세무(王世懋)는 『이유위담(二酉委譚)』에서 경덕진의 당시 번성했던 상황을 다음과 같이 기록하고 있다. "수많은 절구공이 소리는 땅에 가득하고, 불빛은 하늘을 밝혀, 밤에 사람들로 하여금 잠을 못 이루게 하니, 이를 우스갯소리로 말하기를 사시사철 천둥과 번개가 치는 진(鎭)이라고 하였다.[萬杵之聲殷地, 火光炸天, 夜令人不能寢, 戲呼之曰四時雷電鎭.]"

경덕진의 자기 제조업은 관영과 민영으로 나뉘는데, 관영인 어기

의 온도에서 구워 낸 도자기를 유상채라고 한다. 유하채는 그림 부위가 다른 부분과 마찬가지로 평평하지만, 유상채는 유약을 발라 구운 다음에 다시 채색 유약으로 그림을 그렸기 때문에, 그림이나 도안 부위가 볼록하게 도드라져 나와 있다.

자주요(磁州窯) : 중국 고대에 북방 최대의 민간요 조직이었으며, 또한 유명한 민간 자기요였다. 가마터는 지금의 하북 감단(邯鄲) 자현(磁縣)의 관대진(觀臺鎭)과 팽성진(彭城鎭) 일대에 있는데, 자현이 송대(宋代)에 자주(磁州)에 속해 있었기 때문에 붙여진 이름이다.

백지흑화(白地黑花) : 흰색 바탕에 검은색으로 문양을 그린 자기.

창(御器廠)의 임무는 관요기(官窯器)를 구워 만들어 궁정에서 사용하도록 공급하는 것으로, 조정의 대내·대외적인 수요와 상으로 하사하거나 교환하기 위한 수요를 포함하였다. 어기창을 처음 설치할 때에는 20곳의 요(窯-가마)가 있었지만, 선덕(宣德) 연간(1425~1435년-역자)에 대량으로 구워 만들 때는 58곳으로 늘어났다. 어기창의 요는 여섯 종류의 다른 유형들이 있었는데, 모두 23곳이 분담하여 제작하였다. 그 생산하는 양은 사람들을 깜짝 놀라게 하는데, 선덕 8년에는 한 차례에 구워 만들어 내는 용봉자기(龍鳳瓷器)가 44만 3500건이었다. 정덕(正德) 연간(1505~1521년-역자)에는 두 차례나 환관(宦官)을 경덕진에 임명하여 파견함으로써 대량의 자기를 구워 만드는 것을 감독하였다. 가정(嘉靖-1521~1567년)·만력(萬曆-1572~1620년) 연간에 이르러서는, 구워 만드는 양은 더욱 많아져, 몇 년 동안은 매년 10만 건 정도를 구워야 했다.

민영 자기업은 국내외 시장에서 보편적으로 필요했던 일반 제품의 생산 이외에도, 또한 고급 세자기(細瓷器)를 생산하였다. 가정 이후에 대개 궁정에서 필요로 했던 '흠한(欽限-황제가 직접 기한을 정함)' 자기도 역시 민요(民窯)에서 생산하였다. 지주와 관료 등 상류층에서도 일부 고품질의 장식용 자기를 필요로 했는데, 이것도 역시 민요 장인들의 재능 있는 손에서 나왔다. 당시 작방(作坊) 내의 분업은 비교적 세밀했는데, 『천공개물(天工開物)』에 열거된 자기를 제작 생산하는 과정에는, 용토(舂土-절구에 점토를 넣고 찧음)·징니(澄泥-점토를 물에 거름)·조배(造坯-덩어리를 만듦)·문수(汶水-물을 붓고 짓이김)·과리(過利-길게 쌓음)·타권(打圈-빙글빙글 돌려 만듦)·자화(字畫-글씨와 그림을 그림)·분수(噴水-물을 뿜음)·과수(過銹-유약을 바름)·장갑(裝匣-태체를 갑발에 넣음)·만요(滿窯-가마에 채움)·홍소(烘燒-구워 만듦) 등 각각의 기술과 공정이 있었으며, 하나의 흙덩이는 모두 72번의 기술 처리를 거쳐야 비로소 그릇으로 완성되었다. 그 제품은 자상(瓷商-도자기 상인)을 통해 전국 각지로 판매되었다.

명대 경덕진의 자기는 종류가 풍부하고, 품질도 뛰어났으며, 수량도 굉장히 많았다. 송응성(宋應星)의 『천공개물』에서는 이렇게 말하고 있다. "여러 군(郡)을 합쳐도, 강서 요군(饒郡-경덕진)의 생산에 필적할 수 없었는데, ……무릇 중국과 사예(四裔-사방 변경)에 널리 알려져 명성을 쟁취한 것은, 모두 요군 부량현 경덕진에서 생산된 것이다.[合并數郡, 不敵江西饒郡産……若夫中華四裔, 馳名獵取者, 皆饒郡浮梁景德之産也.]" 경덕진의 청화자기는 전국 자기 생산의 주류를 이루었고, 성화투채(成化鬪彩-성화 연간에 만들어진 투채 자기)는 중국의 자기 제조사(製造史)에서 전에 없는 걸작이 되었다. 영락(永樂)·선덕(宣德) 시기에 동홍유(銅紅釉)와 기타 색유(色釉)로 굽는 데 성공한 것은, 당시 자기를 제조하는 장인들의 재주가 정밀하고 심오했음을 보여준다. 경덕진이 이룬 성과는 중국 도자사(陶瓷史)에서 중요한 위치를 차지하여, 자도(瓷都)라 일컬어지기에 전혀 손색이 없었다.

청대의 경덕진

청대를 통틀어, 경덕진은 시종일관 중국 자도(瓷都)의 지위를 유지하고 있었다. 청대 경덕진의 도자업은, 명대의 전통 풍격과 특징을 답습한 기초 위에서 구워 만들었을 뿐만 아니라, 또한 더욱 많고 더욱 중요한 발전과 새로운 창조가 있었다. 물론 조형(造型)·태골(胎骨)·유색(釉色)과 문양 장식에서 모두 전면적으로 발전하였다. 비록 말기에는 자기를 구워 만드는 수준이 점차 떨어졌지만, 초기와 중기의 두드러진 성과는 중국 도자사에서 황금시대라 일컬을 만하다. 전기의 강희·옹정·건륭 세 시기는 전성기라고 할 수 있다. 그때부터 시작하여, 중국 도자업의 생산은 최고봉의 경지에 도달하였으며, 자도 경덕진은 이미 "20리 긴 거리의 절반이 자기를 굽는 집[二十里長街半窯戶]"인 자기 제조의 중심이 되어 있었다. 프랑스 선교사 등퇴과이(登退科爾)는 일찍이 당시의 번성했던 상황을 이렇게 묘사하고 있다. "경덕진이란 곳은 주위가 10평방리(平方里)인 화공업지(火工業地)로, 인구가 거의 백만 명에 이르렀고, 요(窯-가마)는 약 3천 개가 있어, 밤낮으로 흰 연기가 하늘을 덮었으며, 밤이 되면 곧 붉은 불꽃이 하늘을 태운다.[景德鎭者, 周圍十萬方里之火工業地也, 人口近百萬, 窯約三千, 晝夜白煙掩蓋天空, 夜則紅焰燒天.]"

청대 경덕진의 민요(民窯)는 여전히 매우 번성했지만, 청대의 최고 수준을 대표한 것은 관요에서 생산된 자기로, 각 황제들의 직접적인 관심하에서 거대한 성취를 이룩하였다.

강희조부터 명대 중기의 동홍유(銅紅釉)를 구워 만드는 기술이 회복되었는데, 강희 시기의 낭요홍(郞窯紅)과 강두홍(豇豆紅)은 한때 독보적이었으며, 당시의 천람(天藍)·쇄람(灑藍)·두청(豆靑)·교황(嬌黃)·방정(仿定)·공작록(孔雀綠)·자금유(紫金釉) 등은 모두 성공적인 것들이다. 강희 시기에 민요에서 생산한 오채기(五彩器)와 궁정에서 외국의 채료를 도입하여 굽기 시작한 법랑채자(琺瑯彩瓷)는, 옹정 시기에 성행한 분채(粉彩)를 위한 기초를 다졌다.

옹정 시기는 매우 짧았지만, 관요에서 추구한 자기 제조 기술은 최고 경지에 이르렀다고 할 수 있다. 옹정 시기에는 발색이 가장 산뜻하고 아름다운 유리홍(釉里紅)을 소성(燒成)하였으며, 청유(靑釉)의 제작도 역시 역사상 최고의 수준에 이르렀는데, 옹정 시기의 분채기(粉彩器)는 관요나 민요를 불문하고 모두 지극히 소중하게 여겼으며, 옹정 시기부터 시작된 분채는 채자(彩瓷-채색 자기)의 주류가 되었다. 그리하여 분채와 청화(靑花)의 두 품종은 경덕진 전체에서 구워 만든

쇄람(灑藍) : '설화람(雪花藍)'이라고도 하며, 코발트를 착색제로 사용하여 고온에서 구운 다음, 옅은 남색의 유약면 위에 짙은 남색 반점이 나타나, 마치 눈발이 날리는 것과 같다고 하여 붙여진 이름이다.

교황(嬌黃) : '요황(澆黃)'이라고도 하며, 색은 연한 황색이면서 반짝반짝 빛이 난다.

자금유(紫金釉) : '장색유(醬色釉)'라고도 하며, 철을 착색제로 사용한 고온유(高溫釉)로, 유약 재료 속에 산화철과 산화아철(酸化亞鐵)의 함량이 5% 이하일 때 나타나는 색이다.

분채(粉彩) : 자기의 유약 위에 채색을 하는 장식 수법의 일종으로, '연채(軟彩)'라고도 한다. 강희 연간의 오색채의 기초 위에서 법랑채의 영향을 받아 생산한 신품종으로, 채색 그림을 그릴 때 일종의 백색 채료(彩料)인 '파리백(玻璃白)'을 첨가하여, 우윳빛을 내는 효과를 띤다.

자기들 가운데 더할 수 없이 큰 비중을 차지하였다.

건륭조의 단색유(單色釉)·청화(靑花)·유리홍·법랑채·분채자(粉彩瓷) 제작은, 옹정 시기를 계승한 기초 위에서 모두 지극히 정교한 생산품들이 있었다.

경덕진은 궁정에서 사용하는 기물을 구워 만드는 것 이외에도, 또한 민간에서 일상적으로 사용하는 자기의 거의 전부 및 외국에 판매하는 대량의 자기를 생산해야 했다. 청대에 자도(瓷都) 경덕진의 지위는 명대에 비해 더욱 두드러졌다. 건륭 이후에는 전체 사회 경제의 쇠퇴에 따라, 자도 경덕진은 점차 쇠락해갔다.

주류의 지위를 차지한 청화자기(靑花瓷器)

청화자기는 자태(瓷胎) 위에 코발트를 이용하여 색을 입힌 다음, 투명유(透明釉)를 시유하고, 섭씨 1300도 정도의 고온에서 한 차례 구운 유하채(釉下彩) 자기를 가리킨다. 일반적으로 청화는 당·송 시기에 처음 만들어졌고, 원대에 기술이 성숙되었다고 알려져 있다. 명·청 시기의 경덕진에서 생산한 청화는 전국 자기의 주류를 이루었고, 국내와 국외 시장의 대부분을 점유하였다. 청화자기는 정교하기가 그지없는 공예 제작·깨끗하고 산뜻하며 품위가 있는 코발트[鈷藍] 색조·영원히 퇴색하지 않는 유하채 그림·풍부하고 다채로운 장식 기법 및 독특한 매력을 지닌 민족적 풍격으로 인해 중국과 외국에 널리 알려졌고, 예술계에 명성이 널리 퍼졌다.

명·청 시대의 청화자기는 영락(永樂)·선덕(宣德)·성화(成化)·홍치(弘治)·정덕(正德)·가정(嘉靖)·만력(萬曆)·강희(康熙) 시기에 생산된 것들이 가장 대표성을 가진다.

청화백자국당초문촉대(靑花白瓷菊唐草紋燭臺)
명나라 영락(永樂) 연간

재료·유색 및 문양 장식

'수마르트[蘇麻離]' 청료(靑料) : '소마
리(蘇麻離)'·'소니마(蘇泥麻)'·'소발니
(蘇勃泥)'·'소니발(蘇泥勃)' 청료라고도
하며, 또한 줄여서 소료(蘇料)라고도
한다. 그 명칭의 유래는, 일설에 따르
면 페르시아어 '수라이만[蘇來曼]'의
음역이라고 한다. 이러한 코발트 재료
의 생산지가 페르시아의 한 부락이었
는데, 이 부락민들은 '수레이만'이라
는 사람이 이 코발트 청료를 발견했다
고 믿었기 때문에 이러한 이름을 붙
였다고 한다.

영락·선덕 시기의 청화는 수입한 '수마르트[蘇麻離]' 청료(靑料)를 사용하였는데, 코발트와 철의 함량이 높아서 색깔이 선명하고 아름답게 나타나고 몽롱하게 발산되며, 적당한 온도에서는 보석람(寶石藍)의 색과 광택을 구워 낼 수 있었고, 망간[錳]의 함량이 낮아 푸른

청화압수배(靑花壓手杯)
명나라 영락(永樂) 연간

색 속에 자색이나 홍색(紅色) 톤이 감소된다. 철 성분의 함량이 높기 때문에, 이따금 청화 문양 장식 위에 자연스런 검은색 반점 모양의 금속광(金屬光)이 나타나므로, 또한 '석광색(錫光色)'이라고 부르기도 한다. 깊고 두터운 곳에 응집되어 흑청색을 이루기도 하고, 심지어는 태골(胎骨)의 표층에까지 깊숙이 가라앉아, 옆에서 보거나 쓰다듬어 보면 올록볼록하여 평평하지 않은 느낌이 있다. 선의 결[紋理] 중에는 항상 코발트철(CoFe)이 결정(結晶)된 점들이 있어, 별 모양의 물방울들이 몽롱하게 흩어지는 것처럼 보여, 농염한 청람색(靑藍色)과 서로를 돋보이게 해주면서 정취를 자아낸다. 또 점은 선지(宣紙)에 생긴 것과 같은 효과가 있어, 수묵화와 마찬가지로 풍류와 정취가 자연스러워, 후대 사람들이 모방할 방법이 없었기에, "한 시대에 아직 없었던 기이한 것을 개척하였다[開一代未有之奇]"라고 일컬어졌다. 성화·홍치·정덕 시기에는 대부분 강서 낙평(樂平)에서 생산된 '평등청(平等靑)' 색료가 사용되었는데, 색이 안정되고 담아(淡雅)하며 뚜렷하고 명쾌한데다, 남색 속에서 회청색이 드러나며, 또한 발색(發色)이 농염한 청화가 응축된 반점이 있다. 민요(民窯)에서 생산된 것들 가운데 일부분은 깨끗하고 담백하며 어둠침침한 것도 있고, 어떤 것은 가마의 실온이 높은 편이어서 선명하고 고운 것도 있다.

　가정(嘉靖) 시기의 청화는 서역(西域)의 회청료(回靑料)를 사용하였는데, 색과 광택은 짙은 청록색으로 곱고 아름답다. 관요 청화의 유약을 배합하는 정황은 다음과 같았다. "회청(回靑)이 순하면, 곧 색이 흩어지면서 모이지 않는다. 그리고 석청(石靑)이 많으면 색이 침침하고 밝지 못하다. 1량(兩)마다 청(靑) 1돈[錢-10돈이 1량(兩)]을 첨가하면, 이를 '상청(上靑)'이라 하고, 4~6푼[分-10푼이 1돈]을 첨가하면 이를 '중청(中靑)'이라 하며, 10분의 1(즉 1푼-역자)을 첨가하면 이를 '혼수(渾水)'라 하는데, 곧 빛깔이 맑고 깨끗하다. 또 진청(眞靑)을 배(坯-아

선지(宣紙) : 중국 전통의 고급 종이로, 원산지가 선주부[宣州府-지금의 안휘 선성(宣城)]이기 때문에 붙여진 이름이다. 보존이 용이하고, 오래 두어도 푸석푸석해지지 않고, 색이 바래지 않는 특징이 있기 때문에, '종이의 수명이 천 년[紙壽千年]'이라는 명예를 가지고 있다.

직 가마에서 굽지 않은 도자기) 위에서 섞으면 회색처럼 된다. 그리고 석청(石靑)이 많으면 검어진다.[回靑淳, 則色散而不收. 石靑多, 則色沈而不亮. 每兩加靑一錢, 謂之上靑. 四六分加, 謂之中靑, 十分之一, 謂之渾水, 則顏色淸亮. 眞靑混在坯上, 如灰色. 石靑多, 則黑.]" 가정 시기의 관요와 민요 청화는 각종 색조들이 있었는데, 이는 성분이 서로 다른 청료(靑料-청색 안료)의 사용으로 인해 발생한 것이다. 전형적으로 아름답고 고운 가정 시기의 관요 청화는 정확한 청료의 배합 비율을 파악하고 있었기 때문에, 영락과 선덕 시기의 흑철반(黑鐵斑-검은 철이 결정되어 나타나는 반점)이 보이지 않고, 태질(胎質)이 곱고 깨끗하며, 유약을 바른 표

청화백자용도문편병(靑花白瓷龍濤紋扁甁)
명나라 선덕(宣德) 연간

면이 밝고 감칠맛이 있다. 만력(萬曆) 시기의 청화는, 전기(前期)에는 회청료(回靑料)를 사용하여, 발색이 산뜻하며 아름답고, 후기(後期)에는 비록 절료(浙料)만을 사용하였는데도, 오히려 청색이 명쾌하다. 이는 명대 말기에 코발트토 광산[鈷土礦]의 선료(選料) 처리 방법에서 일차적으로 커다란 개선이 있었기 때문이다.

가정 연간에 만들어진 책자인 『강서대지(江西大志)』·「도서(陶書)」에서 당시의 회청료를 처리하는 공정을 '고청(敲靑)'과 '도청(淘靑)의 두 가지로 나누어 기록하고 있다. 고청은 "우선 추(錘)를 이용하여 빻아서, 속에 주사(朱砂) 반점이 있는 것이 상청(上靑)이고, 은색 별처럼 번쩍이는 것이 중청(中靑)인데, 1근(斤)당 청료 3량씩을 얻을 수 있다.[首用錘碎, 內朱砂斑者爲上靑, 有銀星者爲中靑, 每斤可得靑三兩.]" 도청은 "고청(敲靑)을 한 다음에, 그 나머지 자질구레한 청료를 가져다 빻아서, 물속에 쏟아 붓고, 자석(磁石)으로 잡석(雜石)을 골라내고, 진청(眞靑)을 가라앉히면, 1근당 5~6돈을 얻을 수 있다.[敲靑後, 取其靑零瑣碎碾碎, 入注水中, 用磁石引雜石, 眞靑澄定, 每斤得五六錢.]" 이것은 물에 풀어, 자석을 물속에 넣어 잡질을 제거하는 수선법(水選法)이다. 그러나 숭정(崇禎) 말년에 책으로 만들어진 송응성의 『천공개물』에는 단소법(煅燒法)으로 청료(靑料)를 처리하는 기록이 보인다. "대개 화완청료(畫碗靑料−청화 안료인 코발트광)는 모두 하나같이 이름 없는 돌들인데, ……사용할 때 우선 숯불[炭火]을 모아 벌겋게 달구면, 상청은 불에서 꺼냈을 때 취모색(翠毛色−물총새의 깃털처럼 영롱한 비취색)을 내고, 중청은 약간 푸르며, 하청은 흙갈색에 가까운데, 상청은 1근을 달궜을 때 7량을 얻을 수 있고, 중·하청은 차차 줄어든다.[凡畫碗靑料, 總一味無名異……用時先將炭火叢紅煅過, 上靑出火成翠毛色, 中者微靑, 下者近土褐, 上者每斤煅出只得七兩, 中下者依次縮減.]" 수선(水選) 방법으로부터 화단(火煅) 방법에 이르게 된 것은, 공예 기술에서의 일차 개혁인데,

절료(浙料) : 청화 안료의 일종으로, 명나라 송응성이 지은 『천공개물(天工開物)』 제7권 「도연(陶埏)」에는 다음과 같이 기록되어 있다. 청료는 "무릇 경덕진에서 사용하는 것은, 소흥(紹興)과 금화(金華) 두 군(郡)의 산에서 나오는 것을 상품(上品)으로 삼는데, 이름하여 '절료(浙料)'라고 한다.[凡饒鎭所用, 以衢·信兩郡山中者爲上料, 名曰浙料.]"

이 개혁 과정은 명백히 가정(嘉靖) 이후부터 숭정(崇禎) 시기 내에 완성되었다. 그것은 만력(萬曆) 후기에 보편적으로 절강(浙江)의 청료를 사용한 것이, 신속하게 발색(發色)의 질을 높일 수 있었던 중요한 원인이었다. 강희 시기의 청화는 최상의 절강 청료를 사용하여 보석람색(寶石藍色)과 취모람색(翠毛藍色)을 구워 냈는데, 아름답고 고운 새파란 색에, 층차가 분명하고, 오채와 같이 화려하고 아름다워, '청화오채(靑花五彩)'라는 아름다운 칭호로 불렸다.

영락·선덕 시기에는 수입된 코발트 안료의 특수성 때문에, 인물을 매우 적게 그렸고, 화훼·동물·도안 문양 장식은 색이 짙은 것도 있고 옅은 것도 있는데, 필묵이 몽롱하게 흩어지며 남김없이 다 드러나므로, 자연히 생각지 않은 선염(渲染) 효과가 생겨났다. 도안 장식은 사의(寫意)적인 것이 대부분을 차지하며, 색조의 짙고 옅음이 같지 않은 필치가 드러난다. 문양은 대부분 쌍구전채(雙勾塡彩)를 사용하였고, 필세(筆勢)는 맑고 깨끗하며 호방하고, 구도는 자유롭고 간략하며 고상하다. 관요(官窯)와 민요(民窯)를 불문하고 운필은 모두 자유롭고 유창하며, 리듬감과 속도감이 있고, 그린 윤곽선이나 선은 굵기의 변화가 뚜렷이 나타난다. 주요한 문양은, 영락 시기에는 화훼가 위주였고, 선덕 시기에는 약간의 인물이 있는 정경이 나타난다. 선덕 이후에는 기근이나 전쟁이 빈번해지면서 재정이 불안해지자, 정통(正統-1425~1449년)·경태(景泰-1449~1457년) 연간에는 요업이 쇠퇴하였다. 천순(天順-1457~1465년) 이후에는 다시 관요에서 구워 만들기 시작하여, 계속해서 영락·선덕 시기의 공예 수준을 발양시킴으로써, 성화(成化-1464~1487년) 시기의 정교하며 빈틈이 없고 담아하며 색다르고 아름다운 풍격의 기초를 마련하였다. 수입된 코발트 안료가 고갈되고, 국내에서 생산된 동등한 청료(靑料)는 담아(淡雅)하고 빛이 선명하여, 새하얗고 촉촉한 느낌의 고운 유약과 소박하고 섬세한 문양

쌍구전채(雙鉤塡彩) : 대상의 윤곽을 먼저 그리고 나서, 그 안에 색을 칠하여 나타내는 채색법의 일종.

장식을 돋보이게 해주고, 밝고 명쾌하면서도 들떠 있는 느낌이 안 들
며, 청아하고 고졸해 보임으로써, 명대 중기 청화자기 그림의 특징을
이루었다.

　성화·홍치·정덕 시기에는 화법에서 처음으로 분수법(分水法)을
사용하기 시작했는데, 이는 중국화(中國畵)의 묵분오색(墨分五色)과
비슷하며, 도안 장식은 가볍고 유쾌하며, 배경을 돋보이게 하는 묘사
는 담아하고 차분하다. 대부분 쌍구전채법(雙勾塡彩法)을 사용하였으
며, 농담은 구분하였지만 음양은 구분하지 않았고, 선염이나 홍탁(烘
托)법을 쓰지 않았다. 노인의 옷차림은 단지 단색의 겉옷만 그려, 속
옷의 선이 없었기 때문에, "성화 시기의 요(窯)는 한 벌의 옷이다[成窯
一件衣]"라는 말이 있다.

　문양 장식은 이미 간결하고 독립적인 방향으로 발전해갔으며, 화

묵분오색(墨分五色) : 중국화에서 사
용되는 기법의 하나로, 물로 먹의 색
을 조절하여 층차가 다양한 농담(濃
淡)과 건습(乾濕)을 나타내는 것을
말한다. 이 말의 출처는 당나라 장언
원(張彦遠)의 『역대명화기(歷代名畵記)』
인데, 다음 내용에서 비롯되었다. "먹
을 운용하여 오색을 갖추었다.[運墨而
五色具.]" 그런데 "오색(五色)"은 사람
마다 그 가리키는 것이 달라, 혹자는
초(焦)·농(濃)·중(重)·담(淡)·청(淸)
이라 하고, 혹자는 농(濃)·담(淡)·건
(乾)·습(濕)·흑(黑)이라 하고, 또 어떤
사람은 농(濃)·담(淡)·건(乾)·습(濕)·
백(白)이라고 하니, 합쳐서 "여섯 가지
색[六彩]"이다.

홍탁(烘托) : 형체 주변을 먹이나 옅은
색으로 칠하여 형체를 두드러지게 하
는 것.

청화해수운룡편병(靑花海水雲龍扁甁)
명나라 선덕 연간

청화해수운룡편병(靑花海水雲龍扁甁)
명나라 선덕 연간

과지화(過枝花) : 꽃가지 문양이 기물의 안쪽과 바깥쪽으로 연결되어 그려진 것.

면을 축소하고 여백을 남겨 공간을 이루었으며, 선은 부드럽고 자연스러우며 막힘이 없고, 경중(輕重)의 변화가 있다. 자주 보이는 문양 장식은 전통적인 화조(花鳥)·인물 및 동물을 위주로 하였다. 또 불교의 영향을 받아 팔보(八寶)·보저(寶杵)·장생련(長生蓮)이 있다. 그 중에서 과지화(過枝花)를 제일 먼저 창조했는데, 꽃가지는 이쪽 면에서 저쪽 면까지 이르러, 가지와 잎이 연속되어 화의(畫意)는 끊이지 않는다. 정덕 시기 관요의 자기(瓷器) 회화는 여전히 선덕·성화 시기의 풍격이 남아 있어, 소박하고 혼후한 것과 섬세하고 아름다운 것의 두 가지 다른 화풍이 이 시기에 모두 표현되었다. 회화와 장식 기법은 여전히 쌍선구륵평도(雙線鉤勒平塗)를 채택하였으며, 한 획 한 획을 분명하게 그렸다. 또 이 시기에는 이슬람교·도교·불교가 흥성했기 때문에, 자기의 제작에도 깊은 영향을 미쳐, 장식도 아랍어문『코란경』의 잠언(箴言)이나 또는 장문(藏文-티베트어)을 많이 사용하였으며, 아울러 도교적 색채의 팔선(八仙)·진무대제(眞武大帝)·팔보도안(八寶圖案) 등이 있다. 가정 시기에는 장식 문양 방면에서 용·봉황·화훼 문양 이외에도, 영희도(嬰戲圖-어린아이들이 노는 모습의 그림)·어조도(魚藻圖-물고기와 바닷풀 그림)가 성행했고, 또한 '福'·'壽' 등의 초자(草字-초서체 글자)로 주제 도안을 만들기도 했다. 아울러 '봉자(捧字)'· '탁자(托字)' 등의 새로운 장식 수법이 출현했는데, 보통은 도안 문양의 틈새에다 둥근 테두리를 그리고, 안쪽에 '壽'자나 '팔괘(八卦)' 등을 그려 넣었으며, 또 뒤얽힌 연꽃 가지 위에 '壽'자 등을 받쳐두었다. 도교의 성행으로 인해, 관요나 민요를 불문하고 그릇 위에 팔괘·운학(雲鶴)·팔선(八仙) 등의 도안이 대단히 많이 보인다. 이 밖에 민요의 번영으로 도안 문양이 다양화되었는데, 이 시기에 이미 선덕(宣德) 시기 이후부터 정덕(正德) 시기 전까지의 구름과 안개가 낀 환상적인 경계의 누대(樓臺)와 정각(亭閣) 및 희곡(戲曲) 고사(故事) 종류의 그림들이 바뀌어, 선비의 심정을 묘사한 산수인물도(山水人物圖)와 청신하고 활발한 금조도(禽鳥圖)가 많이 보이게 된다.

　만력 시기 자기의 회화 풍격은 배치가 매우 조밀하고, 주제가 불분명하게 표현되었으며, 어떤 기물은 심지어 안팎에 모두 도안을 장식하였다. 필법(筆法)은, 초기에는 가정 시기의 것과 비슷해서 선이 매우 섬세하고, 짙음[深]과 옅음[淺]이나 음(陰)과 양(陽)의 구분이 있다. 말기에는 간단하고 거칠면서도 또한 청화담묘(靑花淡描)나 철선묘(鐵線描) 및 구근담수점염(勾筋淡水點染)의 회화 기법이 처음으로 창조되었다. 이 시기의 문양 장식은 가정 시기에 비해 복(福)·녹(祿-벼슬)·수(壽) 등의 내용을 더욱 많이 담고 있는데, 예를 들면 '福'자·'壽'자·

진무대제(眞武大帝) : 도교의 명산인 중국의 무당산(武當山)에 산다는 신선.

구근담수점염(勾筋淡水點染) : 물체의 윤곽을 그린 다음, 옅은 푸른색을 이용하여 능숙한 붓 솜씨로 복잡한 양식을 그려 내는 기법을 가리킨다.

'壽山福海(수산복해-다복하고 장수한다는 뜻)'·백록(百鹿)·백학(百鶴)·운리백복(雲裏百蝠-구름 속의 수많은 박쥐들) 등의 기초를 닦았다. 이후 청대의 각 시기에 보편적으로 장식에 사용된 이런 도안들은 대개 여기에 기원을 두고 있다.

강희 시기 관요의 청화(靑花) 그림은 정교하고 화려하며 전아하고 우아하다. 경덕진의 회자(繪瓷-그림이 그려져 있는 자기)는 대부분 우선 궁정의 화사(畫師)였던 유반원(劉泮源) 등과 같은 사람들이 설계한 것을 원본으로 삼아, 다시 역할 분담이 엄격하고 기교가 숙련된 공장(工匠)들이 모방하여 그렸기 때문에, 그 효과는 당시의 저명한 화가들인 '사왕[四王-왕시민(王時敏)·왕감(王鑑)·왕원기(王原祁)·왕휘(王翬)]'이 종이나 비단에 그림을 그린 것과 효과가 서로 비슷했다. 동시에 말기의 진노련(陳老蓮-陳洪綬)·심주(沈周) 등과 같은 화가들의 화법을 본받은 산수화와 인물화도 역시 비교적 많이 나타났다. 민요의 회화는 관요에 비해 더욱 생동감이 있고 제재가 광범위했으며, 내용이 풍부하고, 화의(畫意)가 심오했다. 초기의 도안 문양 장식은 여전히 순치(順治) 시기 회화의 유풍이 남아 있었다. 중기는 명나라 말기와 청나라 초기의 화가들인 동기창(董其昌)·진홍수(陳洪綬)·유반원·화암(華嵒) 및 사왕(四王) 등과 같은 사람들의 영향을 받아, 구도가 자연스럽고 정취가 심원(深遠)하였다. 중·말기에 강희 황제는 과거(科擧)를 널리 실시하고, 한족(漢族)의 문화를 확대 발전시켜, 자기(瓷器) 위에 다량으로 시문(詩文)과 사부(辭賦)를 써넣었다. '독점별두(獨占鰲頭)'·'장원과가(狀元過街)'·'동파제시(東坡題詩)'·'미불배석(米芾拜石)' 등과 같은 그림들은 바로 당시의 사회적 배경을 묘사한 것들이다. 이 시기에 또 비교적 많은 도마인물(刀馬人物) 및 청나라 복장을 한 인물이 사냥을 하는 장면들이 출현하는데, 이는 당시 강희 황제가 명나라의 멸망을 교훈으로 삼아, 자손들에게 훈계하여 지속적으로 말을 잘 타고 활을 잘 쏠 줄 아는 만주

독점별두(獨占鰲頭) : '혼자 자라 대가리를 차지하다'라는 뜻인데, 궁전 문 앞의 계단 위에 있는 자라의 부조상은, 과거시험에 합격한 진사를 발표할 때 이것이 우두커니 방(榜)을 올려다보게 된다. 따라서 과거에서 장원에 합격한 사람을 비유하여 부르는 말이 되었다.

미불배석(米芾拜石) : 송나라의 화가 미불은 시·서·화 외에도 좋아하고 잘 하는 것이 많았는데, 그 중 하나가 기이한 모양의 돌을 무척 좋아했다고 한다. 그리하여 그는 기이한 돌을 만나게 되면 매우 존귀한 인물을 만난 것처럼 주문을 읊조리며 절을 올렸다고 하는데, 여기에서 비롯된 고사이다.

족의 전통을 발양시키기 위하여, 글을 익히고 무를 숭상하며[習文尙武], 무예 익히기를 잊지 말 것을 제창한 정치적 배경과 관계가 있다. 그리고 경직도(耕織圖)는 일정 정도 청대 사회의 백성들이 편히 살면서 생업을 즐기던 현실을 반영하고 있다. 민요의 자기는 대부분 문인이나 고아한 선비들의 심정·풍격 있는 세한삼우(歲寒三友)·추성부도(秋聲賦圖)·희지애아(羲之愛鵝) 등을 반영하였으며, 또한 민간에서 즐겨 듣거나 볼 수 있는 소설 희곡의 고사 내용도 있는데, 예를 들면 〈서상기(西廂記)〉·〈삼국연의(三國演義)〉·〈악비(岳飛)〉·〈풍진삼협(風塵三俠)〉 등등이 그러한 것들이다.

조형의 변화

조형은 시대를 달리하면서 변화가 있었는데, 영락 시기의 자기는 우아하고 빼어나게 아름다우며 두께가 적당하고, 자태가 다양한 것을 두드러진 특징으로 하고 있다. 형제(形制)는 모두 매우 참신한데, 비교적 두드러지는 것들은 외래의 영향을 받은 조형들로, 예를 들면 무당준(無檔尊)·집호(執壺)·화요(花澆)·승모호(僧帽壺)·어루준(魚簍尊)·팔방촉대(八方燭臺)·대반(大盤-큰 쟁반) 등이 있으며, 어떤 것은 위에 아랍 문자나 페르시아 문자 또는 티베트 문자 등이 씌어져 있다. 이러한 기물들은 명나라 초기에 전적으로 서아시아 사람들이 구워 만든 수출용 자기로, 대반은 서아시아 사람들의 음식이나 일상생활 습속과 관련이 있고, 화요와 집호 등은 이슬람교를 신봉하는 무슬림이 예배 활동을 거행하는 용기들이다. 이 밖에, 이러한 기형(器型)들은 또한 원나라 문화의 영향도 받았다.

영락 시기의 청화기(靑花器) 제작은 대반·편병(扁瓶) 등 소수의 대형 기물들을 제외하고, 대다수 기물들의 바닥 부위는 모두 유약을

세한삼우(歲寒三友) : 차가운 겨울의 세 벗이라는 뜻으로, 소나무·대나무·매화를 가리키기도 하며, 퇴폐한 세상을 멀리한 선비·일사(逸士)들이 즐기는 산수(山水)·송죽(松竹)·금주(琴酒)를 일컫기도 한다.

추성부도(秋聲賦圖) : '추성부(秋聲賦)'는 송나라의 시인인 구양수(歐陽脩)가 쓴 시(詩)로, 가을밤에 책을 읽다가 가을이 오는 소리를 깨닫고, 인생의 무상함을 빗대어 노래한 내용이다. 이 글을 주제로 그린 그림이 〈추성부도〉인데, 역대 많은 화가들이 이 내용을 그림으로 그려 냈다.

희지애아(羲之愛鵝) : 명·청 이후 도자기에서 흔히 볼 수 있는 문양 장식의 하나로, 사애도(四愛圖)의 하나이다. 원래 동진(東晉)의 서예가 왕희지가 거위를 좋아했다는 고사에서 유래하였다.

무당준(無檔尊) : 장구 모양으로 생긴 술잔.

집호(執壺) : 주구(注口)와 손잡이가 달린 주전자.

화요(花澆) : 꽃에 물을 주는 그릇.

어루준(魚簍尊) : 물고기를 담는 바구니 모양의 술잔.

방류집호(方流執壺): 주구가 네모나고 손잡이가 있는 주전자.

천구병(天球瓶): 서아시아의 영향을 매우 강하게 받은 자기의 조형(造型)으로, 명대(明代)에 경덕진에서 구워 만들었다. 그 형태는 아가리가 작고, 목이 반듯하며, 어깨가 넓고, 권족(圈足)처럼 만들었는데, 바닥이 울퉁불퉁하며 약간 오목하다. 둥근 복부(腹部)가 대단히 커서, 그 모양이 하늘에서 내려오는 것 같다고 하여 붙여진 이름이다.

충이삼족로(衝耳三足爐): 구멍이 뚫린 귀가 있고 다리가 셋인 화로.

출극준(出戟尊): 기물의 표면에 모서리처럼 생긴 줄기를 만들어놓은 잔.

좌돈(坐墩): 수돈(繡墩)이라고도 하며, 자기로 만들어 걸터앉을 수 있도록 만든 물건으로, 모양이 마치 북을 옆으로 눕혀놓은 것과 같다.

발랐는데, 이것은 매우 중요한 하나의 시대적 특징이다. 영락 시기의 반(盤)과 같은 자기류는, 그 투박한 밑바닥이 일반적으로 모두 색이 희고 섬세하여, 만질 때에 마치 찹쌀가루와 같은 느낌이 든다. 선덕 시기의 절방병(折方瓶)·방류집호(方流執壺)·후태발(厚胎鉢-태체가 두터운 사발)·팔각촉대·화요 등과 같은 자기들은 영락 시기의 자기들 가운데에서는 매우 보기 드문 것들이다. 성화(成化)·홍치(弘治) 시기 이래로 자기의 형제는 가볍고 정교하며 우아하고 아름답게 점진적으로 변화하였으며, 예술적인 면에서 선(線)의 아름다움을 지니고 있다. 정덕 시기에 이르러서는 자기의 종류가 더욱 많아져서 세(洗-대야)·준(尊)과 화삽(花揷-꽃병) 등이 출현하였다. 가정(嘉靖) 시기 청화의 기형은 성화·홍치·정덕(正德) 시기의 것들보다 훨씬 많은데, 영락·선덕 시기의 통형기(筒形器)·편호(扁壺)·페르시아형 집호(執壺)·천구병(天球瓶) 등과 같은 몇몇 특수한 기형들은 모두 이미 자취를 감추었고, 호로병(葫蘆瓶)·방승(方升)·방형개합(方形蓋盒)·방형호로병(方形葫蘆瓶)·충이삼족로(衝耳三足爐)·고등(鼓凳-등받이가 있는 걸상) 및 청동기를 모방한 출극준(出戟尊)과 작(爵) 등의 기형들은 가정 시기에 가장 성행했던 것들이다. 이 기간에는 일반적인 명기(冥器) 이외에 경덕진의 관요 자기들 중에는 대형 용항(龍缸-용 문양이 그려진 항아리)과 각종 좌돈(坐墩)이 있다.

가정 만력 시기에 두드러진 성취는, 대형 화병을 구워 낸 것인데, 화병의 몸통은 높고 커서, 구워 만드는 데 어려움이 더했다. 대형 자기는 가마에 넣어 구워도 변형되지 않아야 하는데, 이것은 구워 만드는 과정에서 성취해 내기가 매우 어려웠다. 호로병은 가정 시기의 전형적인 장식품으로, 원래의 것을 기초로 하여 다양한 양식이 발전하였다. 예를 들면 사면·육면·팔면·위쪽은 원형 아래는 방형·모서리가 여러 개인 것[多棱] 등이 있으며, 그러한 것들의 형태를 만드는 공예의 어려움은 간단한 원형 기물을 만들 때에 비해 훨씬 더했는데, 이는 당시의 뛰어난 기술 수준을 반영하고 있다. 만력 중기부터 비로소 중국은 남양(南洋)이나 서양 각국과의 도자기 무역이 새로운 단계로 진입하였다. 백만여 점이 넘는 중국 자기는 포르투갈·네덜란드의 상선에 의해 끊임없이 세계 각지로 실려갔다. 당시 유럽 각국의 상류 사회는 중국 자기를 수집하는 것이 시대적 풍조였는데, 이로 인해 경덕진의 수출용 자기의 생산량은 빠르게 증가하였다. 만력 30년 이후, 네덜란드 상인들이 유럽에서 유행하던 기명(器皿)의 조형과 문양을 중국에 소개하기 시작하자, 경덕진에서 생산되던 일용 자기는 유럽 사람의 습관에 더욱 부합하게 되었다. 이 시기의 기형(器型)이 가장 다양하여, 거의 모든 일상 실용기와 장식용 기물들을 모두 볼 수 있었는데, 새로 출현한 것들로는 벽병(壁瓶)·찬반(攢盤)·기자관(棋子罐-바둑알을 담는 그릇) 및 외국으로 수출하던 각종 대반(大盤)·찬구(餐具)·다구(茶具) 등이 있었으며, 대부분 윗면에 서양의 도안으로 장식하였다.

강희 시기의 자기 조형은 고졸하고 장중하며 질박했고, 대부분의 자기는 매우 정교하게 제작되었는데, 이는 태체(胎體)가 정교하고 우수했으며 진흙으로 도자기의 형태를 만드는 기술이 성숙해 있었던 덕분이다. 이 시기에는 자기의 조형이 많았고, 규격 품종도 많았기 때문에, 그 수를 헤아리기 어려운데, 명대의 선덕·가정·만력 세 시기와 비교하면, 이를 능가하여 미치지 못하는 것이 없었으니, 청대의 도자기 조형의 효시를 열었다고 할 수 있다. 그 중에서 준(尊)·고(觚)·어항(魚缸) 등과 같은 대기(大器)는 형식도 다양하고 크기도 컸으며, 제작이 규범화되어, 명대의 가정·만력 시기보다 훨씬 뛰어났다. 청화는 고대의 동기(銅器)를 모방한 것들이 많이 있었으며, 또한 그 밖의 참신한 기형들도 매우 많았는데, 청대의 대외 무역과 문화 교류

남양(南洋) : 명(明)·청(淸) 시기에 동남아 일대를 부르던 명칭인데, 이는 중국을 중심으로 하는 하나의 개념이다. 여기에는 말레이 군도·필리핀 군도·인도네시아 군도와 중국 남방·말레이 반도 등지를 포괄한다. 청나라 때에는 강소(江蘇)·절강(浙江)·복건(福建)·광동(廣東) 등 남쪽의 연해 지방들을 통틀어 일컫는 말로 쓰였으며, 강소 이북의 연해 지역을 북양(北洋)이라고 했다.

벽병(壁瓶) : 벽처럼 납작하게 만든 병으로, 납작하고 평평한 면에 글이나 그림을 넣어 장식용으로 진열해두었다.

찬반(攢盤) : 글자의 뜻을 보면, '찬(攢)'은 '움직일 수 있다'라는 뜻으로, 즉 '움직일 수 있는 반(盤)'이다. 일종의 구절판처럼 생겨, 여러 개로 분할되어 있으며, 이것들을 조합하여 하나의 전체를 이루도록 되어 있다. 여러 가지 물건을 담아놓는 예기(禮器)이다.

고(觚) : 고대 청동기 중 주기(酒器)의 일종으로, 상대(商代)와 서주(西周) 초기에 성행하였으며, 아가리가 나팔형이고, 허리 부위가 가늘며, 높은 권족(圈足)이 있다.

사에서 중요한 위치를 차지하는 강희 시기의 수출용 자기는 더욱 그 자태와 모양이 다양했으며, 지금도 여전히 서구 각국에서 많이 볼 수 있다.

옹정·건륭 시기의 청화는 영락(永樂)·선덕(宣德)·가경(嘉慶) 이후의 청화자기를 많이 모방함으로써 쇠미해져갔다.

명·청 시대의 채색 자기[彩瓷]

투채(鬪彩)

투채(鬪彩)는 명대 성화(成化) 연간에 창시되었는데, 그 제조법은 우선 청화 색료로 태체 위에 문양의 윤곽선을 그리고, 유약을 발라 섭씨 1300도의 고온에서 구운 뒤에, 윤곽선 안에 홍색·황색·녹색· 자색 등 여러 가지 채색을 하여 다시 섭씨 800도의 저온에서 두 차례 구워 만드는데, 화면에서 유약 아래[釉下]의 청화(靑花)와 유약 위 [釉上]의 채색(彩色)이 서로 아름다움을 다투는[鬪] 것처럼 보인다 하여 붙여진 이름이다. 색으로 그리는[畵彩] 기법에는 전채(塡彩)·점채

투채화접문관(鬪彩花蝶紋罐)
명나라 성화(成化) 연간

(點彩)·가채(加彩)·염채(染彩)·복채(覆彩) 등 여러 종류가 있다. 성화 시기의 투채 제품은 태질이 얇고 몸체가 가벼우며, 유지(釉脂)는 투명하고 윤이 나며, 흰색 속에 약간의 아황색조를 띠고 있다. 몇몇 대형 기물과 소수의 대완(大碗-큰 주발)·인합(印盒-도장함)을 제외하면, 대다수가 소형 술잔과 고족배(高足杯-다리가 긴 술잔)이며, 대개 구경(口徑)은 모두 7~8cm 정도이다. 작품으로는 계항배(鷄缸杯)·고사배(高士杯)·포도배(葡萄杯)·삼추배(三秋杯)·영희배(嬰戲杯)·천자관(千字罐) 등이 있는데, 모두 절세의 뛰어난 작품들이다. 그 중에서 투채계항배(鬪彩鷄缸杯)가 가장 유명하고 진귀한데, 『예장도지(豫章陶志)』에서는 이렇게 말하고 있다. "성요(成窯)에는 계항배(鷄缸杯)가 있는데, 주기(酒器) 가운데 최고로 여긴다.[成窯有鷄缸杯, 爲酒器之最.]" 『당씨사고(唐氏肆考)』에는 이렇게 기록되어 있다. "신종(神宗)은 도자기를 숭상하여, 어전(御前)에 성배(成杯-성화 시기의 요에서 만든 잔) 하나가 있었는데, 그 값이 10만 전이었다.[神宗尙器, 御前有成杯一隻, 値錢十萬.]"

성화 시기 투채의 장식 문양에는 화조계금(花鳥鷄禽)·인물·영희(嬰戲) 등이 있다. 계항배는 그 화면에 수탉 한 마리·어미닭 한 마리·병아리 세 마리가 있고, 이와 함께 모란호석(牧丹湖石)과 난초호석(蘭草湖石)을 배치하였다. 호석(湖石-태호석)은 청화(青花)로 표현하였고,

『예장도지(豫章陶志)』: 명나라의 곽자장(郭子章, 1543~1618년)이 지은, 도자기에 관한 책이다.

투채계항배(鬪彩鷄缸杯)
명나라 성화 연간

기타 각종 채색으로 산뜻하고 아름다우며 그윽하고 품위 있는 화면을 구성하였다.

청대 강희·옹정·건륭 시기의 투채는 모두 성화 시기의 투채와 마찬가지인데, 먼저 청화를 이용하여 문양의 윤곽을 그린 다음에, 그 위에 각종 색을 채워 넣는다. 평도법(平塗法)으로 색을 칠하여, 음양을 구분하지 않아, 칠한 색의 두께가 고르며, 채워 넣은 색이 정확하다. 청대의 채색은 하나의 색채로 종종 짙고 엷음을 구분하였다. 홍색(紅色)을 예로 들면, 짙은 유홍(油紅)은 색이 비교적 두텁고 선명하며 곱고, 엷은 홍색은 담산호(淡珊瑚)의 홍색처럼 색이 엷다. 또 녹색을 예로 들면, 짙은 것은 초록색(草綠色)이고, 엷은 것은 분록색(粉綠色)이다. 청대의 강희·옹정·건륭 시기 투채의 색유(色釉-채색 유약)는 정교하며 투명하고 윤이 나며 밝다.

강희 시기의 투채는 정교하고 치밀하게 그렸으며, 색채는 곱고 아름답다. 금을 착색제로 삼은 '양홍(洋紅)'[즉 연지홍(胭脂紅)]이 강희 시기에 사용되기 시작하여 빠르게 유행하면서, 반홍[礬紅-철홍(鐵紅)·홍채(紅彩)라고도 함]을 대신하게 됨에 따라, 투채는 더욱 아름답고 고와졌다. 도안 설계 방면에서, 강희 시기의 투채는 여전히 명대 후기의

평도법(平塗法) : 명암이나 농담을 고려하지 않고 일정한 톤으로 색을 칠하는 것.

투채화조문완(鬪彩花鳥紋碗)
청나라 강희(康熙) 연간

유풍(遺風)을 띠고 있어, 문양 장식 도안을 왕왕 그릇 전체에 가득 그리기도 하였다.

옹정 시기의 투채는 유약 아래[釉下]에 청화로 윤곽선을 그리고, 유약 위[釉上]의 각종 색채는 대부분 정확하게 테두리선 안에 채워 넣어, 선의 범위를 벗어나지 않아 매우 정연하다. 옹정 시기의 투채는, 과거와 같이 단순히 유하청화(釉下青花)와 유상오채(釉上五彩)가 서로 결합된 전통 공예를 타파하고, 유하청화와 유상분채(釉上粉彩-'분채'

투채해수단화천구병(鬪彩海水團花天球瓶)
청나라 옹정(雍正) 연간

에 대해서는 720쪽 참조)를 서로 결합하여, 투채가 더욱 수려하고 맑고
청신해 보이게 하였다. 옹정 시기의 투채는 충분히 유상채(釉上彩)의
다양함을 추구하여, 한 송이 꽃 속에도 자색·홍색·황색·녹색·청색
등 다양한 색들을 채워 넣었다. 그와 같은 표현 수법은 당시 투채 제
작 공예의 우수함을 반영하고 있다. 도안 설계 방면에서 분채와 서로
매우 비슷하고, 화조를 위주로 했으며, 풍격은 참신하고 담아한 방향
으로 나아갔다.

오채(五彩)

오채는 연유채(鉛釉彩)로, 색채의 표면이 매끄럽고 밝으며, 투명도
가 좋을 뿐더러, 색조가 농염하다. 오채 자기로 가장 유명한 것은 명
대 말기의 가정과 만력 두 시기
로, 채색 자기 제작의 새로운 국
면을 열어젖혀, 중국의 채색 자
기 역사상 또 하나의 새로운 단
계를 이루었다.

오채 자기는 두 종류로 나눌
수 있다. 하나는 홍색·녹색·황
색 등 색채가 서로 결합된 유상
오채(釉上五彩)이고, 다른 하나
는 유약 아래의 청화와 유약 위
의 홍색·녹색·황색 등의 색채
가 서로 결합된 청화오채(青花五
彩) 자기이다. 가정·만력 시기의
오채 자기는 주로 청화오채였

연유채(鉛釉彩) : 유약을 만드는 과정
에서, 광택과 매끄러움을 강화하기
위해 미량의 납 성분을 첨가하여 만
든 채색 자기.

오채단룡문화고(五彩團龍紋花觚)
명나라 만력(萬曆) 연간

다. 그것은 홍색·옅은 녹색·짙은 녹색·황색·갈색·자색 및 유약 아래에 있는 남색(藍色)을 위주로 하여, 채색이 짙고 무거운데, 특히 홍색이 두드러진다. 도안 문양은 거의 그릇 전체에 가득하며, 짙은 비취색과 붉은색의 아름다운 느낌이 매우 뚜렷하다. 고궁(故宮)에 소장되어 있는 만력 시기의 '오채운룡문개관(五彩雲龍紋蓋罐)'은 오채 자기 가운데 뛰어난 대표작으로, 그것은 유약 아래의 청화(靑花)와 유약 위의 홍채(紅彩)·녹채(綠彩)로 용 문양을 그렸고, 어깨 부분과 하복부에 따로 나누어 연판문(蓮瓣紋)을 한 바퀴 둘렀다. 구도는 충만하고, 주제(主題)는 돋보인다. 대홍(大紅)과 대록(大綠)의 대비가 강렬하고, 색채는 짙은데, 특히 그 홍색과 녹색이 돋보여, 효과가 대단히 선명하다.

『음류재설자(飲流齋說瓷)』에서는, 강희 시기의 오채는 "경채(硬彩)와 청화 모두 강희 시기를 가장 모범으로 여긴다[硬彩·靑花均以康熙爲極軌]"라고 인정하고 있는데, 강희 시기 오채의 중대한 진보는 유상

대홍(大紅) : 중국 전통의 색채 명칭으로, 정홍(正紅)·중국홍(中國紅)·강색(絳色)이라고도 한다. 즉 삼원색(三原色) 중의 붉은색이다.

대록(大綠) : 도자의 분채(粉彩)에 사용되는 안료로, 투명한 본래의 녹색을 가리키며, 대부분 색을 배합하는 데 사용된다.

『음류재설자(飲流齋說瓷)』 : 청나라 말기에 허지형(許之衡, 1877~1935년)이 지은 책으로, 앞 시대 사람들의 지식과 개인의 견문을 기초로 하여, 일부 중국 도자사를 연구하여 집필한 전문서적이다. 상권과 하권의 두 권으로 되어 있으며, 모두 10절로 이루어져 있다.

오채어조문재천지락명반(五彩魚藻紋在川知樂銘盤)
淸

남채(釉上藍彩)와 흑채(黑彩)였다. 남채(藍彩)는 자회색(紫灰色)을 띠며, 채색층이 특별히 두터워, 채색의 사방 주위에는 한 층의 빛무리가 있다. 흑채는 흑칠(黑漆)의 광택이 있으며, 오채의 화면 속에서 돋보이게 하여, 회화적 효과를 강조하였다. 강희 시기의 오채는 특히 금채(金彩)를 사용하였으며, 명대 가정(嘉靖) 시기의 반홍(攀紅)·제홍(霽紅) 등의 바탕 위에 묘금(描金)하는 단일한 수법을 탈피하여, 오색찬란한 색채와 빛깔의 화면 위에서 매우 화려하고 고와 보이며, 광채로 눈이 부신다.

옹정 시기의 오채는 채색이 진하고 그윽하며, 섬청(閃青-번쩍이는 푸른빛)을 채색하여 명대의 풍격을 지니고 있기 때문에, 또 '대명채(大明彩)'라고도 한다. 그 특징은, 작품의 대부분이 성화(成化) 시기를 모방하여, 유층(釉層)이 두텁고 무거우며, 어떤 색채는 또한 약간의 분질(粉質-뿌연 느낌)을 띠고 있다. 그 흑채는 강희 시기와는 다른데, 강희 시기에는 흑채 위에 양유(亮釉-밝고 반짝이는 유약)를 덧입혔고, 옹정 시기에는 흑채를 양유와 혼합하여 사용하였다.

건륭 중기 이후에는 오채·분채(粉彩)·법랑채(琺瑯彩)의 세 종류를 동시에 사용하여, '만화채(萬花彩)'라고 불렀으며, 겹겹으로 된 꽃봉오리를 가장 잘 표현할 수 있었으므로, 또한 매우 진귀하다.

법랑채(琺瑯彩)

청대의 자기 제조에서 또 하나의 중요한 성취는 법랑채인데, 그것은 우선 잘 구운 소자(素瓷-무늬 없는 자기) 위에 법랑분(琺瑯粉)으로 원하는 그림을 그린 다음, 다시 가마에 넣고 구워서 만들었다. 법랑채는 강희 말기에 처음으로 생산하기 시작하였으며, 대부분이 반(盤)·호(壺)·합(盒)·완(碗)·병(瓶)·배(杯) 등의 소형 자기들인데, 오로

반홍(攀紅) : 도자기의 저온유상(低溫釉上) 안료로, 홍채(紅彩)·철홍(鐵紅)·홍채(虹彩)라고도 하며, 녹반(綠攀)을 태워서 만든다.

제홍(霽紅) : 제홍(祭紅)이라고도 하며, 강희(康熙) 후기에 만들어 낸 일종의 동홍유(銅紅釉)이다. 동(銅)을 착색제로 하여, 섭씨 1300도의 고온에서 환원염에 구워 만든다. 색조가 진한 홍색으로, 마치 폭풍우가 지나간[霽] 후의 푸른 하늘에 어린 붉은 저녁노을과 같기 때문에 제홍(霽紅)이라고 이름 붙였다.

묘금(描金) : 원래는 칠기의 표면 위에 금색을 이용하여 문양을 그리는 장식 기법을 말한다. 여기에서는 도자기에 금색으로 장식하는 것을 가리킨다.

지 궁정의 황제와 빈비(嬪妃)들이 보고 즐기는 감상용이나 종교·제사의 제물을 바치는 그릇의 용도로만 만들었다. 강희 시기의 법랑채는 일반적으로 대부분 무늬가 없이 구운 자태(瓷胎) 위에 황색·남색·홍색·두록색(豆綠色-녹두색)·짙은 자홍색 등으로 채색하여 바탕을 만들고, 가지가 뒤엉킨[纏枝] 모란(牧丹)·월계(月季)·연꽃·국화 등의 화훼 도안을 채색으로 그렸다. 법랑채 속에 성공적으로 비소[砷]를 도입함으로써, 과거에 유상채(釉上彩)의 단선평도(單線平塗-선이 단순하고 균일한 톤으로 칠하는 것)이고 음양의 다양한 변화가 없던 한계를 변화시켜, 홍색은 담홍색으로 하고 녹색은 담록색으로 하여, 선명하고 우아하면서 뿌옇고 부드러운 예술 효과를 거두었으며, 또 올록볼록하여 평평하지 않은 입체감이 있다. 강희 시기 법랑채 자기의 전형적인 기물들로는, 황색 바탕의 법랑채모란완(琺瑯彩牧丹碗)·분홍 바탕의 법랑채모란배(琺瑯彩牧丹杯)·자색 바탕의 법랑채화훼병(琺瑯彩花卉瓶) 등이 있다.

옹정 시기의 법랑채 공예는 비약적인 발전을 보였는데, 기술은 더욱 성숙하였으며, 작품은 더욱 정교해져서, 하나의 새로운 최고봉에 이르렀다고 할 만했다. 그 중에서 한 가지 중요한 발전은, 바로 매끄럽지 않은 태체 위에 색을 칠하여 그림을 그리던 방법을 바꾸어, 백유(白釉) 위에 색을 칠하고 그림을 그린 것이다. 옹정 시기 법랑채 회화의 주요한 특징은, 당시의 궁정 화원인 '여의관(如意館)'류의 공필지견화(工筆紙絹畫-종이나 비단에 섬세하게 그린 그림)의 화법을 채택한 것인데, 그 화훼·금조·산수·인물의 윤곽[鉤]·그림[畫]·준법[皴]·색칠[染]은 완전히 지견(紙絹)과 똑같았다. 그 중에서 많은 것이 바로 여의관에 소속된 화가들이 그린 그림들이었다. 회화의 채색은 모두 대단히 정교하여, 비록 공필(工筆) 계통이라 하더라도 여전히 멋지고 수려하며 생동감이 있다. 화면에는 대부분 제시(題詩)가 있는데, 시는 사

여의관(如意館) : 1692년에 강희 황제가 처음으로 구상하여 설립하였는데, 당시의 역할은 주로 서양의 과학기술 성과를 연구하고 진열하는 것이었다. 설립한 이후에는 청나라 조정이 황실에 그림을 그려 바치는 하나의 복무기구로 되었다. 여기에는 또한 전국 각지의 회화 대가·서법가·자기 명장들을 불러 모았는데, 여의관에 들어간다는 것은 또한 화예(畫藝)를 인정받는다는 중요한 표현이었다. 강희·옹정·건륭 세 시기의 여의관은 황제의 관리하에 예속되어 있었으며, 동치·광서 시기에는 내무부(內務府) 조판처(造辦處)에 소속되어 있었다.

준법(皴法) : 동양화에서 산·암석·나무 등을 입체적으로 묘사하기 위해 주름을 그리는 화법.

구(四句)·쌍구(雙句) 및 단구(單句)가 있으며, 대개 행서로 썼고, 예서
도 드물게 보인다. 또한 연지홍(胭脂紅-석류색)이나 반홍(礬紅)으로 시
작 부위나 시구(詩句) 뒤에 연주인(聯珠印)이 있다. 옹정 시기 법랑채
의 태체는 더욱 가볍고 얇아졌으며, 유색은 더욱 깨끗해졌고 윤기가
흘렀다. 문양 장식은 정교하고, 채색의 사용을 추구하였으며, 색채는
조화롭고, 회화 기술은 뛰어났다.

 건륭 시기의 법랑채는 옹정 시기의 전통을 계승하여 큰 변화는
없었고, 단지 회화의 제재(題材)만이 증감되었다. 그 후 발전의 주요
특징은 '금회퇴(錦灰堆)' 화법인데, 즉 채색 바탕 위에 각종 색채로 각
양각색의 직금문(織錦紋)·사주문(絲綢紋)과 기타 도안이나 문양을 그
린 것이다. 도안이나 문양 가운데에는 각종 전지화(纏枝花) 또는 기타
도안화를 그려 넣었고, 또 주제(主題) 화면을 둘러싼 커다란 개광(開
光)이 있으며, 따로 가장자리를 꽃 문양으로 그린 약간 작은 개광을
그려두었다. 그 회화의 특징은 중국의 화법과 서양의 화법이 서로 결
합된 인물화가 출현했다는 점이다. 건륭 시기 법랑채의 색채 특징은
다음과 같다. 즉, 행황색(杏黃色-주황색)은 곱고 섬세하면서 붉은색을
띠고, 남색은 선명하고 아름다워 청금(靑金-금빛이 서린 푸른색)과 유
사하며, 연지수색(胭脂水色)은 짙고 투명하다. 또 화훼의 선에서 검은
색을 쓴 곳은 먹색과 같이 짙고, 채색으로 선염(渲染)하였지만 두텁지
않으며, 관지(款識)는 남색 안료 또는 연지수(胭脂水) 안료를 사용하였
는데, 고르고 비교적 엷다.

분채(粉彩)

 분채는 강희(康熙) 중기에 생산하기 시작하여, 옹정(雍正) 시기에
성행하였으며, 건륭(乾隆) 시기에 발전하였다. 법랑채의 영향을 받아

연주인(聯珠印) : 연주문(聯珠紋), 즉
구슬들이 동그랗게 이어져 있는 형태
의 인장 문양을 말한다. 연주문(聯珠
紋)은 연주문(連珠紋)이라고도 한다.

금회퇴(錦灰堆) : 금분퇴(金盆堆)라고
도 하며, 중국 전통 회화의 한 양식으
로, 화가가 그림을 그리고 난 뒤 남아
있는 필묵으로 재미삼아 잡다하게 그
린 그림을 말하는데, 일반적으로 그
제재는 서재의 어수선한 풍경·폐기된
원고·몽당붓 등 다양했다. 그 모습이
마치 불에 타다 남은 부분들을 꺼내
어 모아놓은 듯하다 하여 금회퇴(錦
灰堆)라고 하였다. 명대에는 아름다운
꽃과 갖가지 과일들을 제재로 삼았는
데, 이를 금회퇴라고 하였다.

직금문(織錦紋) : 채색 무늬 비단에
들어가는 각종 꽃문양 등과 같은 문
양들을 말함.

사주문(絲綢紋) : 비단이나 인조견에
들어가는 각종 문양들을 말함.

개광(開光) : 어떤 물건의 표면을 장식
할 때, 문양이나 도안을 채워 넣거나
어떤 형상을 돋보이게 하기 위해 하트
모양·부채 모양·꽃 모양·둥근 모양
등 갖가지 형태의 공간을 남겨두는
것을 말한다.

생산되었는데, 문헌에서는 분채를 또한 '연채(軟彩)'라고도 일컫는다.

분채는 유상채회(釉上彩繪)에 속한다. 먼저 잘 구워진 새하얀 유약이 칠해진 자기[釉瓷]의 태체 위에 그림을 그린 다음에, 다시 화로에 넣어서 구워 만든다. 분채의 색깔은 홍색·황색·녹색·남색·자색 등 다섯 가지를 기본 색채로 하여 조성하며, 채색 가운데 연분(鉛粉-납가루)을 가미함과 동시에 파리백(玻璃白)을 칠해 색채의 농염(濃艷)함을 약화시켜, 색조를 매우 부드럽고 온화해 보이도록 한다.

청대의 분채는 옹정 시기의 제작 수준이 가장 높았는데, 단지 흰색 바탕에 채색으로 그림을 그린 것뿐만 아니라, 각종 색채로 된 바탕에 그림을 그린 것들도 있는데, 예를 들면 산호홍(珊瑚紅) 바탕·담록색 바탕·진홍색 바탕·먹색 바탕·나뭇결 문양의 개광에 분채로 금박을 넣은 것 등도 있다. 금색으로 윤곽선을 그리고[描金鉤線] 묵채(墨彩)로 채워 넣은 품종은 더욱 특별한 운치가 있어, 분채 자기의 색채 대비에서의 미감(美感)을 더욱 증가시켜 주었다. 도안 화면에는 화조·인물고사와 산수화가 있으며, 화훼화를 위주로 하였다. 백색의 자기 표면 위에 특히 연지홍색(胭脂紅色)으로 그린 추해당(秋海棠-베고니아)은 더할 수 없이 곱고 아름답다. 옹정 시기 분채의 태토(胎土)는 새하얗고, 유약은 순수하고 깨끗하며, 자태(瓷胎)가 희고도 얇아, "단지 바람이 불면 날아갈까 두렵고, 또한 햇볕을 쬐면 녹을까 걱정이다[只恐風吹去, 還愁日炙銷]"라고 할 정도에 이르렀다.

건륭 시기의 분채는 채회(彩繪) 공예에서, 대개 연지홍 꽃에 대부분 줄기의 테두리를 그려, 이전에 단지 단순하게 선염만을 했던 것과는 달랐다. 금색 바탕·남색 바탕·황색 바탕의 개광이 있는 분채(粉彩)의 제작은 이미 점차 증가하고 있었다. 진귀한 명품으로는 연지홍 바탕의 분채[胭脂紅地粉彩]·금색 바탕의 분채[金地粉彩]·흑칠에 금은 사를 상감한 개광이 있는 분채[黑漆嵌金銀絲開光粉彩]와 약간의 찻잎

파리백(玻璃白) : 납[鉛] 화합물을 포함한 물질로, 분채에 채워 넣는 용도로 쓰이는 반투명한 색료이며, 불투명한 백색을 나타낸다. 연단(鉛丹-紅丹)·석영(石英)·초산칼륨·산화비소를 배합하여 만든다.

산호홍(珊瑚紅) : 철을 착색제로 사용하여 검붉은 색을 띤다.

부스러기 바탕의 분채[茶葉末地粉彩]·제홍 바탕의 분채[霽紅地粉彩]
및 분채에 금박을 넣은 그릇[粉彩描金器] 등이 있다. 이 시기에는 또
한 하나의 그릇 위에 분채와 법랑채를 겸용한 장식 공예가 출현하였
다. 도안과 문양의 측면에서 보면, 건륭 시기의 분채는 점차 번잡하
고 화려한 방향으로 나아갔는데, 특히 건륭 말년부터 가경(嘉慶) 초
기에 성행한 홍색 바탕이나 녹색 바탕에 봉미문(鳳尾紋)이 있는 분채

기는 심한 것이다. 그림을 그리는 방법에서 연분(鉛粉)을 안료와 배합하는 기술을 터득했을 뿐 아니라, 또한 그리는 대상에 따라 수시로 색을 추가할 수 있어서, 자유롭고 활발해 보이며, 의취(意趣)가 넘쳐난다.

|제5절|

색유(色釉)

색유가 가리키는 것은 유료(釉料)의 장식 색깔인데, 무색투명한 유료를 제작할 때, 어떤 금속 산화물이나 채색 안료를 첨가하여 착색제를 만들어, 착색제의 성질이 다르기 때문에, 구워 낸 유약도 역시 다른 색깔을 띠게 된다.

명대의 색유(色釉)

명대에 경덕진의 고온 색유와 저온 색유 자기(瓷器)가 대단히 크게 발전하였는데, 가장 뛰어난 성취는 영락·선덕 시기의 홍유(紅釉)와 남유(藍釉), 성화 시기의 공작록(孔雀綠)과 홍치 시기의 황유(黃釉)이다.

(1) 영락 시기의 선홍유(鮮紅釉)

홍유(紅釉) 자기는 원대에 이미 구워 만들었는데, 영락 시기에 경덕진에서 이미 동홍유(銅紅釉)의 색을 만드는 기술을 능숙하게 파악하고 있었기 때문에, 그전 시기의 검은 색조를 띠던 홍유를 완전히 바꾸었다. 이 시기의 홍유기(紅釉器)는 대다수가 유면(釉面)이 균일하고 고르며, 유색(釉色)이 윤이 나고 투명하며, 선명하고 곱기가 막 응고될 때의 계혈(鷄血-닭의 피)과 같고, 윗면에는 때때로 암화운룡문(暗花雲龍紋-선명하게 드러나 보이지 않는 운룡문)이 있으며, 태질이 부드럽고 가벼우며 얇다. 『경덕진도록(景德鎮陶錄)』에서는 "영락 시기의

보석홍(寶石紅) : 동홍유(銅紅釉)의 일
종으로, 유약의 색 속에서 홍보석과
같은 색이 번쩍인다고 하여 붙여진 이
름이다.

취홍(醉紅) : 술에 취한 사람의 얼굴
처럼 불그레하다고 하여 붙여진 이름
이다.

자기 중에는 선홍색이 가장 귀하다[永器鮮紅最貴]"라고 평가하고 있다.
북경 고궁박물원에 소장되어 있는 한 건의 '홍유고족완(紅釉高足腕)'
은, 유색이 선명하고 고우며, 운룡 문양 장식이 찍혀[印] 있고, 완의 중
심에는 "永樂年製[영락 연간에 만들었음]"라는 네 글자로 된 전관(篆款-
전서체로 새긴 관지)이 있는데, 이것은 비교적 드물게 전해오는 영락 시
기의 관관(官款-관청의 낙관)이 있는 홍유기로, 매우 진귀한 것이다.

선덕 시기의 홍유 제품은 단지 수량에서 뚜렷하게 증가했을 뿐만
아니라, 또한 영락 시기의 선홍(鮮紅)과 비교하면 한 가지 방법이 더
욱 우수하여, 보석홍(寶石紅)·제홍(霽紅-718쪽 참조)·취홍(醉紅)·대홍
(大紅-717쪽 참조)·계혈홍(鷄血紅)·우혈홍(牛血紅) 등이 출현하였다. 색
과 광택을 논하자면, 선덕 시기의 홍유에는 짙은 것·약간 짙은 것·
보통의 것·연한 것 등 네 종류가 있다. 짙은 것은 색이 흑홍색(黑紅
色)으로, 막 응고된 우혈(牛血)과 같으며, 유약의 질이 두툼하다. 약간
짙은 것은 색이 곱고 화려하며, 유층이 약간 얇고, 또한 희미하게 드
러나는 미세한 실핏줄 모양과 작은 반점들을 수반한다. 보통의 것은
유색이 유달리 고르게 깨끗하여, 홍보석(紅寶石-루비)이 투명하게 반
짝이는 것과 아름다움을 서로 견줄 만하다. 연한 것은 복숭아꽃과

같은 분홍색을 띠므로, 속칭 '도화면(桃花面)'이라고도 한다.

선덕 시기의 홍유기는 아가리 부위에 모두 자연스럽게 형성된 백유(白釉)가 한 바퀴 둘러져 있어, 속칭 '등초구(燈草口)'라고도 한다. 조형은 비교적 다양하고, 흔히 보이는 것으로는 반(盤)·완(碗)·고족완(高足碗)·차호(艖壺-소금 단지) 등이 있다.

등초구(燈草口) : '등초(燈草)'는 등의 심지를 가리키므로, 등초구는 '그릇의 아가리가 등의 심지처럼 생겼다'라는 의미로 해석할 수 있다.

(2) 남유(藍釉)

남유는 일종의 고온 석회감유(石灰碱釉-알카리성 유약)이다. 배(坯-날그릇)를 만들어 유약을 바른 다음 고온에서 한 차례 구워 만든다. 특징은 색채와 광택이 짙으며, 유면에 유약이 흐르거나 갈라지지 않고, 색조는 농담(濃淡)이 고르게 일치하여, 색채가 비교적 안정되어

남유쌍사이호(藍釉雙獅耳壺)
明

보인다. 선덕 시기의 남유는 또 '보석람(寶石藍)'이나 '제람(霽藍)'이라고 불렸다. 후세의 사람들은 그것을 백유(白釉)·홍유(紅釉)와 함께 논하면서, 선덕 시기 자기의 '상품(上品)'으로 찬양하였다. 선덕 시기의 남유는 짙고 옅은 구분이 있는데, 짙은 색은 밝게 빛나며 대부분 검은 빛을 띠고, 옅은 색은 대부분 흰 빛을 띤다. 색이 짙은 것이나 옅은 것이나 모두 기물의 아가리에는 '등초구'가 있다. 기물의 안쪽 색은 남색과 백색의 두 가지 유면이 있는데, 속이 흰 것의 기벽 위에는 언제나 용 문양 장식을 찍었으며[印], 기물의 안쪽 중심에는 세 조각의 여의운문(如意雲紋)을 얕게 새겼다. 선덕 시기의 남유기(藍釉器)는 바탕이 흰 것을 제외하고, 항상 금채(金彩)로 장식하여, 사람들에게 금색과 푸른색이 찬란한 느낌을 준다. 선덕 시기의 남유는 대부분 암화(暗花)를 이용하여 장식하였다.

암화(暗花) : 희미한 문양을 가리킨다. 예를 들면 도자기 위에 요철(凹凸)을 이용하여 구성한 문양과 방직품 위에 명암을 이용하여 구성한 문양으로, 흐릿하여 잘 드러나지 않는 은은한 문양을 가리킨다.

(3) 황유(黃釉)

명대의 각 시기 황유기(黃釉器)들 중 우선 홍치 시기의 기물들을 보면, 그 황색이 특별히 여리고 약하여 마치 계유(鷄油-닭기름)의 색과 같기 때문에, 또한 '교황(嬌黃)'과 '계유황(鷄油黃)'이라는 명칭으로도 불린다. 유색이 밝고 광택이 흘러, 한 줄기 맑은 물과 같다. 대량으로 세상에 전해지는 작품들을 보면, 유색이 거의 일치하는데, 이는 당시의 장인들이 이미 소성(燒成)하는 기술을 능숙하게 파악하고 있었음을 말해주는 것이다. 홍치 시기의 황유는 유약을 끼얹는[澆] 방법으로 시유하였기 때문에, '요황(澆黃)'이라고도 불린다.

청대의 색유

청대의 색유 자기는 명대의 기초 위에서 크게 발전하여, 명칭이 복잡하게 많고, 품종이 다채롭다. 홍유(紅釉)에는 철홍(鐵紅)·동홍(銅紅)·금홍(金紅) 등이 있으며, 남유(藍釉)는 천람(天藍)·주람(酒藍)·제람(霽藍)으로 나뉘고, 녹유(綠釉)에는 또한 과피록(瓜皮綠-오이 껍질의 녹색)·공작록(孔雀綠)·추규록(秋葵綠-가을의 아욱처럼 노란빛이 도는 녹색) 등이 있다. 이외에 또 대량으로 여유(汝釉)·관유(官釉)·가유(哥釉)·균유(鈞釉) 등을 모방하여 만들었는데, 모든 색유들 중에서 청대 초기의 동홍유(銅紅釉)를 굽는 기술은 역사상 최고 수준에 이르렀다.

(1) 낭요홍(郞窯紅)

청대 강희 시기의 독도관(督陶官)이었던 낭정극(郞廷極)의 성씨와 관계가 있어 이렇게 명명하였는데, 이는 구리를 착색제로 한 고온유(高溫釉)이다. 성공적으로 구워 내기가 매우 어려웠기 때문에, 민간 속담에 "만약 곤궁해지려거든 낭홍(郞紅)을 구워라[若要窮, 燒郞紅]"라는 말이 있었다. 낭요홍의 색과 광택은 진하고 곱기가 마치 막 응고된 소의 피와 같다 하여, 또한 '우혈홍(牛血紅)'이라는 명칭이 있다. 유층이 두텁고, 유면은 파리(玻璃-유리) 질감이 깅하며, 아가리 부위에는 역시 '등초변(燈草邊-726쪽 '등초구' 참조)'이 있다. 바탕색과 그릇의 안쪽은 대부분 평과록(苹果綠-풋사과와 비슷한 청색)이나 미탕색(米湯色-미음색)이다. 이 품종의 기형은 매우 많아서, 반(盤)·완(碗) 등의 원기(圓器)가 있고, 또한 봉퇴병(棒槌瓶)·유추병(油錘瓶)·봉미준(鳳尾尊) 등의 탁기(琢器)가 있다. 낭요홍을 구워 만드는 데 성공함으로써, 또한 홍유 자기의 소조(燒造)가 번창하여 성황을 이루는 상황이 출현하였다. 당시 사람인 허근재(許謹齋)는 〈낭요행희정자형중승(郞窯行戲呈紫衡中丞)〉이라는 시에서 이렇게 읊고 있다. "선덕(宣德)·성화(成化) 시기의 도기(陶器)는 지난 왕조의 자랑거리였고, ……근래의 걸출한 것으로는 낭요(郞窯)의 자기를 친다네. ……비온 뒤 하늘 개어 붉은데

독도관(督陶官) : 명나라 정부에서 경덕진에 처음으로 어기창(御器廠)을 설립했을 때, 곧 파견하여 궁중에서 사용하는 자기의 생산을 감독한 관리를 가리킨다. 이후 수백 년 동안 수많은 감독관들이 경덕진에 파견되어 생산을 감독하였다.

봉퇴병(棒槌瓶) : 빨래방망이 모양의 병을 일컫는 말로, 그 형태는 아가리 부위가 각이 지게 튀어나와 있고, 목은 방망이의 손잡이처럼 약간 가늘면서 반듯하고, 몸통은 다시 방망이의 몸통처럼 굵고 길쭉하게 생겼다.

유추병(油錘瓶) : 해머[油錘]처럼 생긴 병을 가리킨다. 그 형태는 아가리부터 목까지는 가늘고 매우 길며, 몸통은 해머처럼 동그랗게 생겼다.

봉미준(鳳尾尊) : 봉미준의 전체 조형은 아가리가 나팔 모양이며, 목 부위는 우뚝 솟아 있고, 복부는 둥근 북처럼 생겼으며, 평평한 바닥은 바깥쪽으로 벌어져 있는데, 복부 아래부터 다리의 밑바닥까지의 외연이 마치 봉황의 꼬리 같다고 하여 붙여진 이름이다.

탁기(琢器) : 옛날 도자기를 연구하는 일부 연구자들은 조형을 기준으로 자기(瓷器)를 탁기(琢器)와 원기(圓器)의 두 종류로 크게 나눈다. 입체 조형인 탁기에는 준(尊)·병(瓶)·관(罐) 등이 해당하며, 평면 조형인 원기에는 반(盤)·완(碗)·접(碟) 등이 해당한다.

옥으로 새겨, 이를 조정에 바치니 세상이 크게 태평하네.[宣成陶器誇 前朝……邇來杰出推郎窯. ……雨過天晴紅琢玉, 貢之廊廟光鴻鈞.]"

(2) 강두홍(豇豆紅)

이것은 청나라 강희 시기에 선덕 시기의 동홍유(銅紅釉) 제품을 모방한 것으로, 낭요홍과 어깨를 나란히 할 만큼 유명하다. 색조가 담아하기가 마치 복숭아꽃 같으며, 어떤 것은 강두(豇豆-동부콩)를 빼어 닮은 홍색도 있고, 또한 녹색의 태점(苔點-이끼와 같은 점)을 띤 것도 있어, 후세 사람들이 묘사하기를, "푸르기는 마치 봄물이 처음 솟아나는 날 같고, 붉기는 아침노을이 막 피어오르려는 때와 같다[綠 如春水初生日, 紅似朝霞欲上時]"라고 하였다. 유색은 품질에 따라 상하(上下)와 고저(高低)를 구분하는데, 품질이 가장 좋은 것을 '대홍포(大 紅袍)' 또는 '정홍(正紅)'이라 하며, 전체가 한 가지 색으로, 명쾌하고 산뜻하고 고우며, 깨끗하고 맑아 티 한 점이 없다. 약간 품질이 떨어지는 것은, 유색이 강두(豇豆)와 같고, 농도가 일정하지 않은 반점과 녹태(綠笞)가 있어, 오늘날 '미인취(美人醉)' 또는 '미인제(美人霽)'라고 불린다. 색조가 더 옅은 것은 '왜왜검(娃娃臉)' 또는 '도화편(桃花片)'이 라고 불리는데, 비록 짙은 것만큼 곱고 아름답지는 않지만, 그윽하고 품위가 있으며 가냘픈 맵시가 있다. 다시 그보다 더 못한 것은, 색조가 더욱 옅거나 또는 어둡고 혼탁하여, '유수피(榆樹皮-느릅나무 껍질)'라고 불린다.

강두홍기(豇豆紅器)는 큰 것이 없고, 대부분이 소형의 유엽병(柳葉瓶)·국판병(菊瓣瓶)·채복준(菜菔尊)·태백준(太白尊)·수우(水盂-물그릇)·인합(印盒) 등 문방용구에서 많이 보이며, 모두 관요(官窯)에서 생산한 것들이다.

채복준(菜菔尊) : 길쭉한 것이 무를 닮았다고 하여 붙여진 이름이다.

태백준(太白尊) : 태백단(太白壇)·계조준(鷄罩尊)이라고도 하는데, 청나라 강희 시기 관요(官窯)의 전형적인 기물의 하나로, 시인이자 주선(酒仙)인 이태백의 술독을 모방하여 만들었다고 하여 붙여진 이름이다.

(3) 제홍(霽紅)

강희 후기에 처음 만들어지기 시작하였는데, 이것은 일종의 순수한 심홍유(深紅釉)이며, 동(銅)을 착색제로 하여, 섭씨 1300도 정도 되는 고온의 환원염(還原焰)에서 구워 만든 것이다. 제홍 유액은 두텁게 응고되며, 유면(釉面)에는 빽빽하고 미세한 종안(棕眼)들이 분포되어 있어, 마치 귤껍질과 같다. 색조는 짙은 홍색으로, 마치 폭풍우가 몰아친 후 갠[霽] 하늘의 붉은 노을과 같기 때문에 '제홍(霽紅)'이라는 명칭이 붙었다.

제홍유는 강희·옹정·건륭의 세 시기에 성행하였는데, 흔히 보이는 기형으로는 승모호(僧帽壺)·매병(梅瓶)·발(鉢)·반(盤)·완(碗)·소완(小碗)·고족완(高足碗) 등이 있다.

명·청 시기의 색유에는 또한 영락 시기의 첨백(甜白)과 옹정 시기에 송대를 모방한 여유(汝釉)·관유(官釉)·가유(哥釉)·균유(鈞釉) 및 연지수(胭脂水)·자금유(紫金釉)·오금유(烏金釉)·산호홍(珊瑚紅)·과피록(瓜皮綠)·공작록(孔雀綠)·송석록(松石綠)·주람(酒藍)·천람(天藍)·가피자(茄皮紫)·다엽말(茶葉末)·철수화(鐵銹花) 등이 있다.

환원염(還原焰) : 불꽃이 연소하는 과정에서, 산소의 공급이 부족하여, 연소가 불충분한 것을 가리키며, 연소 산화물 속에 일산화탄소 등 환원성 기체가 있으며, 자유산(自由酸)은 없거나 거의 없는 화염을 말한다. 가마에서 도자기를 구울 때, 가마 내에 통풍이 좋지 않아, 산소가 부족하면, 동(銅)을 함유한 유약은 환원염 속에서 붉은색은 나타내게 된다.

종안(棕眼) : 자기의 유면(釉面)에 촘촘하게 귤껍질에 있는 것과 같은 작은 구멍들이 있다고 하여 붙여진 이름이다.

첨백(甜白) : 중국 명나라 때의 백자의 일종으로, 태체가 매우 얇아 빛을 비추면 그림자가 보일 정도여서, 사람들에게 일종의 달콤한 느낌을 준다고 하여 붙여진 이름이다. 첨백은 음각으로 문양을 새긴 얇은 태체에 옥처럼 온화한 백유를 바른 다음 구워 만든다.

지방의 유명한 자기들

명·청 시기에, 경덕진이 온 세상에 이름을 떨친 것 이외에도, 또한 몇몇 지방의 가마들도 매우 특색을 띤 것들이 있었는데, 그곳에서 만든 제품들 가운데 어떤 품종은 경덕진의 것보다 뛰어난 것도 있었고, 혹은 그 공예 수법을 참고로 하기도 하였으며, 또는 완전히 독립적으로 발전하기도 하였다. 이것들을 종류별로 나누어 개략적으로 서술하고자 한다.

복건(福建)의 덕화(德化) 백자

덕화 자기는 송대에 이미 생산되었으며, 명대에는 전국 자기업 중에서 일종의 대표적인 품종을 구비하게 되었다. 그것은 당·송 시기 기타 지역의 백자들과는 달랐으며, 경덕진의 같은 시기 백자와도 달랐다. 그 특징은 자기의 태체[瓷胎]가 치밀하고 투명도가 대단히 좋다는 점이다. 덕화 백유(白釉)는 순백유(純白釉)로, 유색이 경덕진 자기에 비해 더욱 깨끗하여, 외관상으로 보면, 색과 광택은 윤이 나고 반짝이며, 유백(乳白-우윳빛 색깔)은 마치 응고된 기름과 같아, 빛을 비춰보면 유약 속에서 분홍으로 보이기도 하고 유백으로 보이기도 하여, 또한 '저유백(猪油白-돼지 비계의 색)'·'상아백(象牙白)'이라는 명칭을 가지고 있다. 유럽에 널리 전파된 후에, 프랑스 사람들은 또한 '아융백(鵝絨白-비로드 백)'·'중국백(中國白)' 등으로 부르기도 했다. 그 생산품의 대부분은 소상(塑像)과 공기(供器-제물을 바치는 그릇)로, 자기 조각[瓷彫]의 제작이 가장 정교하고 아름다운데, 관음(觀音)·달마(達摩)·나한(羅漢) 등과 같은 것들을 보면, 표정이 자연스럽고, 자태는 균형 잡혀 있으며, 옷 주름의 선은 우아하고 뚜렷하여, 옷이 펄럭이며 움직일 것만 같다. 자기상[瓷像]은 대부분 단순한 조소미(彫塑美)와 원재료의 재질미를 추구하여, 채색 장식을 하지 않아, 고상한 운치가 있으며 독특하다. 그 뒤쪽에는 항상 매우 작은 '하조종(何朝宗-676쪽 참조)'·'임조경(林朝景)'·'장소산(張素山)' 등의 인기(印記-낙관)가 있는데, 그 중에서 하조종이 가장 유명하다. 그 밖에 백자소(白瓷簫-백자로 된 퉁소)·팔선배(八仙杯)·매화배(梅花杯) 및 옛날의 정(鼎)·노(爐)·준(尊) 등을 모방한 것들은 모두 대단히 정교하고 아름답다.

청대 덕화의 백자는 명대의 기초 위에서 생산되었으며, 한 걸음 더 발전하였다. 명대와 비교하면, 청대의 유층(釉層)은 한 가지 현저한 차이가 있는데, 바로 명대의 유약 속에서는 미미하게 붉은색이 반짝이는 것과는 달리, '저유백(猪油白)'의 색을 이루어, 약간 푸른 빛이 반짝여서, 명대와 같은 온화한 느낌은 부족하다. 이 시기에는 완(碗)·병(瓶)·호(壺)·반(盤) 등과 같은 일용품들이 크게 증가하였다. 명대의 인화(印花)·첩화(貼花)와 투조(透彫) 기술을 답습하여, 여전히 옛것을 모방한 작품을

인화(印花) : 장식 문양을 표현할 때, 압인을 찍듯이 형틀로 찍어서 새기는 것을 말한다.

첩화(貼花) : 문양을 빚어서 덧붙임.

백자관음상(白瓷觀音像)
덕화요(德化窯)

구워 만들었는데, 예를 들면 쌍이수족노(雙耳獸足爐)·첩화서각형배(貼花犀角形杯) 및 작배(爵杯) 등과 같은 것들이 있다. 자기 조각[瓷彫] 예술은 명대의 하조종의 풍격을 계승하여, 또한 정교하고 아름다운 작품들이 매우 많다.

광채(廣彩)

광채는 광주(廣州) 직금채자(織金彩瓷)의 약칭이다. 청나라 초기에 유럽의 상선들이 중국과 빈번하게 통상(通商)했지만, 청나라 조정의 규정으로 인해 오직 광주에서만 거래할 수 있었다. 그렇지만 유럽 사람들은 중국의 자기를 아주 좋아했기 때문에, 중국 상인들은 경덕진에서 백자태(白瓷胎-아직 굽지 않은 백자의 태체)를 실어와, 따로 장인을 고용하여 서양화법에 따라 그림을 그린 다음, 주강(珠江) 남쪽 기슭의 하남(河南)에 가마를 만들어놓고 채색 자기를 구워 만들었는데, 이를 '광채(廣彩)'라고 불렀다. 광채는 많은 양이 해외 수출용 자기였으며, 강서(江西) 경덕진의 오채(五彩)나 분채(粉彩)의 영향을 매우 많이 받았다. 최초의 기술자는 강서에서 왔다고 전해지며, 안료도 역시 모두 강서에서 가지고온 것이었다. 따라서 초기의 광채 자기는 그 풍격이 경덕진의 분채와 매우 비슷했다. 그것의 특색은 화려하고 아름다우며, 색의 사용에서는 경덕진 분채의 특색을 흡수하여, 진한 것도 있고 옅은 것도 있는데, 중국 회화 공예의 풍격을 결합하여, 음양이 변화무쌍한 효과를 그려 냄으로써, 일종의 열렬하면서도 참신한 느낌을 준다.

광채는 항상 직금개광(織金開光) 화법을 사용하였는데, 이것은 명대의 금회퇴(錦灰堆-720쪽 참조) 화법을 계승한 것이다. 금회퇴 화법은 또 규구화(規矩花-표준 문양)라고도 하여, 단정한 대칭을 추구하였는

주강(珠江) : 주강하(珠江河)라고도 하며, 옛날에는 월강(粤江)이라고 불렸다. 중국에서 세 번째로 긴 강으로, 2400km에 달한다. 운남성(雲南省) 동북부의 첨익현(沾益縣)에 있는 마웅산(馬雄山)에서 발원하여, 운남·귀주(貴州)·광서(廣西)·광동(廣東)의 네 성을 거쳐 홍콩과 마카오에 이른다.

직금개광(織金開光) : 직금금(織金錦)은 원대(元代)에 성행했던 비단으로, 금실이나 금박을 잘라 만든 실을 씨실로 하여 화려한 문양을 짜 넣은 비단을 가리킨다. 이처럼 금박을 사용하고, 개광(開光)을 넣어 문양을 장식한 기법을 가리킨다. 개광에 대해서는 이 책 720쪽을 참조하라.

데, 그것은 당대(唐代)의 성형(星形)·수형(宿形)·신형(神形) 및 역대 제왕도(帝王圖)가 있는 의복 장식의 비단 바탕에서 유래한 화법이다. 광채 색상에는 홍색·녹색·흑색·황색·남색·자색(紫色)·자색(赭色-홍갈색)·반홍색(礬紅色)과 금색 등이 있지만, 분홍색·분록색(粉綠色)·반홍색이 주를 이루었다.

광채 자기는 조형이 대단히 풍부한데, 전통적인 화병(花瓶)·어항(魚缸)·합자(盒子-작은 상자)·자판(瓷板)·대완(大碗)·찻잔·화탁(花托-꽃병받침)과 각종 반자(盤子-쟁반) 등의 중국식 기물들 외에도, 외국 고객의 요구에 따라 주문하여 만든 내호(奶壺-우유병)·당항(糖缸-설탕 항아리)·화삽(花揷-꽃병) 등 각양각색의 서양식 식기들이 있다. 광채의 회화 제재는 다양하여, 사녀(仕女)·장상(將相)·팔선(八仙)·운룡(雲龍)·용봉(龍鳳)·비접(飛蝶)·초충(草蟲)·화조(花鳥)·주수(走獸) 등과 같은 전통적 제재들이 있으며, 청대의 사회 상황을 반영한 것들도 있고, 또한 서양의 풍경 및 외국 상표나 가문의 휘장[族徽] 등 기념이나 상징을 그린 것들도 있다.

자판(瓷板) : 자판화(瓷板畫)·자상(瓷像)이라고도 부른다. 자판(瓷板) 위에 직접 그림을 그려 만든 공예품으로, 불에 구운 다음에는 영구히 벗겨지지 않는다.

자사(紫砂)

자사는 강소(江蘇) 의흥(宜興)의 정촉진(丁蜀鎭)에서 생산한, 재질이 곱고 섬세하며 철 함량이 높은 특수한 도토(陶土-도자기를 만드는 원료로 쓰이는 점토)인 자니(紫泥)로 구워 만든 무유도기(無釉陶器-유약을 바르지 않은 도자기)로, 색깔은 적갈색·담황색 또는 자흑색을 띤다. 자사기(紫砂器)는 송대에 처음 만들어져, 명대 중기에 성행하기 시작하였다. 주요 제품으로는 차호(茶壺-찻주전자)가 있는데, 그것은 자사가 투기성(透氣性-공기의 투과성)이 적당하고, 내열성과 격열성(隔熱性-열을 차단하는 성질) 강하여, 온도가 갑자기 변할 경우에도 파열되지

오사(吳仕) : 정확한 생몰년은 알려져
있지 않으며, 대략 1526년경에 태어났
다. 자는 극학(克學), 또 다른 자는 이
산(頤山)이고, 호는 권석(拳石)이며, 의
흥 사람이다. 정덕(正德) 9년(1514년)에
진사가 되었으며, 벼슬은 사천포개사
참정(四川布改司參政)에 올랐다.

않아, 자사의 특성이 차 맛을 가장 좋게 할 수 있기 때문이었다. 자니
(紫泥)는 가소성(可塑性-빚어 만들 수 있는 성질)이 강하여, 차호의 조형
을 마음대로 바꿀 수 있기 때문에, 자니호(紫泥壺)는 점차 차의 이치
[茶理]에 정통한 문인과 사대부들이 관심을 갖게 되었고, 또한 제작
설계에 참여함에 따라, 그것에는 문인 예술품의 성격이 부여되었다.

사적(史籍)에 기록된 최초의 유명한 민간의 자사 예술인은 명대
정덕(正德)·가정(嘉靖) 연간의 사람인 공춘(龔春)이었다고 한다. 전해
지는 바에 따르면 공춘의 본명은 '공춘(供春)'이었으며, 의흥 오사(吳
仕)의 가동(家童)이었는데, 오사를 따라 금사사(金沙寺)에서 공부를 했
다고 한다. 절의 한 스님이 도기를 잘 만들어, 공춘은 스님으로부터
기술을 배웠는데, 그의 작품은 "밤색이 어둠침침하여, 마치 오래된 쇳
덩이와 같았으며, 두텁고 크며 단정했고[栗色闇闇, 如古金鐵, 敦龐周正]",
조형이 대단히 아름다웠다. 이때부터 '공춘호(供春壺)'는 명성이 자자해
졌으며, 자사호의 제작은 더욱 빠르게 발전하였는데, 만력 연간에 이
미 수많은 신제품들이 앞을 다투어 쏟아졌고, 많은 명장들이 배출되
었다. 문자 기록에서 보이는 초기의 유명한 자사 예인(藝人)들로는 시
붕(時朋)·동한(董翰)·조량(趙良)·원창(元暢)과 이무림(李茂林) 등이 있
었다. 시붕의 아들 시대빈(時大彬)은 만력 시기의 사람으로, 공춘 이후
가장 유명했던 장인인데, 작고 정교하며 영롱한 자사호를 잘 만들었
다. 당시에 시대빈과 명성을 나란히 했던 이들로는, 이중방(李仲芳)·서
우천(徐友泉)이 있었는데, 함께 일컫기를 '삼대(三大)'라고 했다. 이들
외에도 만력 시기의 유명한 장인들로는 구정춘(歐正春)·소문은(邵文
銀)·소문금(邵文金)·장백과(蔣伯荂)·진용경(陳用卿)·소개(邵蓋) 등이
있었다. 만력 연간에는 자사호가 성행한 것 외에도, 자사를 이용하
여 조소와 다른 공예품을 만드는 데에서도 대단한 성취가 있었다.
그 중에서 특히 유명했던 진중미(陳仲美)는 완구류 제품을 많이 만들

었는데, "귀신의 솜씨 같다[類鬼工]"라고 할 만큼 명성이 높았다. 만력 이후의 유명한 장인들로는 진준경(陳俊卿)·주계산(周季山)·진화지(陳和之)·진정생(陳挺生)·승운종(承雲從)·심군성(沈君盛)·진진(陳辰)·서령음(徐令晉)·항불손(項不損)·심자철(沈子澈)·진자휴(陳子畦)·서차경(徐次京)·혜맹신(惠孟臣)·정자후(鄭子侯) 등이 있었다.

위에 언급한 이러한 민간의 솜씨가 뛰어났던 장인들의 예술품들은 청대 초기에 이미 매우 진귀해졌다. 청대에 이르러, 자사기(紫砂器)는 이미 문인들의 완상품(玩賞品)이었을 뿐만 아니라, 또한 그것이 나날이 정교해져, 황제가 좋아하는 진상품이 되었다. 청대 자사의 품종은 나날이 증대되어, 대량으로 생산한 자사호·자사배(紫砂杯) 등의 다구(茶具) 외에도, 자사화분(紫砂花盆) 및 각종 진설품(陳設品-장식품)·완구 등도 빠르게 발전하였다. 청대 강희(康熙) 시기의 『상주부지(常州府志)』·「물산(物産)」 편에는 이렇게 기록되어 있다. "오로지 호(壺)는 의흥(宜興)에 차호(茶壺)가 있는데, 징니(澄泥)로 이를 만들며, ……아울러 화준(花樽-술단지)·국합(菊合)·향반(香盤)·십금배(十錦杯) 등의 물건도 만들며, 정교하고 아름답기가 더할 수 없으니, 사방에서 모두가 다투어 이를 구하려 한다.[惟壺, 則宜興有茶壺, 澄泥爲之……幷製爲花樽·菊合·香盤·十錦杯等物, 精美絶倫, 四方皆爭購之.]" 땅콩·발제(荸薺-올방개) 등 여러 가지 과일 모양의 자사 상생기(象生器)도 의흥의 도자기 장인들이 만든 뛰어난 작품들이었다.

청대에 가장 유명했던 자사 장인들로는 진명원(陳鳴遠)·진한문(陳漢文)·양우란(楊友蘭)·진문백(陳文伯)·오월정(吳月亭)·오아곤(吳阿昆)·허룡문(許龍文)·양팽년(楊彭年)·진홍수(陳鴻壽)·소대향(邵大享) 등이 있었다. 진홍수는 자(字)가 만생(曼生)이며, 서화에 뛰어났고, 전각(篆刻) 솜씨도 훌륭했다. 또 그는 비교적 많은 자사호를 수장하고 있었으며, 대단히 많은 새로운 호의 모양을 설계하였다. 양팽년이나 양가

(楊家-양 씨 집안)의 다른 사람들이 호(壺)를 만들면, 흙이 반쯤 건조될 때를 기다렸다가, 진홍수는 대나무 칼로 조각을 하여, 자사 공예와 시사(詩詞)·서화 조각을 함께 결합하여, 일종의 문인의 정취에 적합한 새로운 경계(境界)를 창조하였다. 제품에는 때때로 '阿曼陀室(아만타실)'이라는 명문을 새기거나, 호의 바닥이나 손잡이 아래에 '彭年(팽년)'이라는 두 글자를 새겼는데, 세간에서는 '만생호(曼生壺)'라 불렀다.

광동(廣東)의 석만요(石灣窯)

또한 '광요(廣窯)'라고도 부르는데, 광동 불산(佛山)의 석만요가 가장 유명했으며, 명·청 두 시대에 대단히 번성했다. 그 생산품은 태체(胎體)가 두껍고 무거우며, 태골(胎骨)은 어두운 회색이고, 유약은 두꺼우면서 매끄럽고 윤기가 흘러, 균요유(鈞窯釉)를 잘 모방하여 '광균(廣鈞)'이라고 불렀다. 석만요에서 균요의 유색(釉色)을 모방한 남색·매괴자(玫瑰紫-장미처럼 붉은색)·취모(翠毛) 등의 유색이 가장 아름답다. 균요를 모방하여 만든 요변(窯變)의 유색 가운데, 일종의 남유(藍釉) 속에서 흘러내려 총백색(葱白色-아주 연한 남색)이 마치 빗방울 모양을 이룬 품종을 창조했는데, 이를 속칭 '우림장(雨淋墻)'이라 한다. 이는 마치 여름철의 짙푸르고 맑은 하늘에서 갑자기 한 줄기 소나기가 내린 것과 비슷하다. 청대 석만요의 제품 품종들은 대단히 많은데, 대략적으로 접(碟-접시)·반(盤) 등 일용기가 있으며, 또한 각종 필세(筆洗-붓을 씻는 그릇)·화분 등의 문방용구와 진열용구가 있다. 눈에 띄는 품종으로는 '어(漁-고기잡이)'·'초(樵-땔감 채취)'·'경(耕-농사)'·'독(讀-독서)'을 주제로 한 도소(陶塑)이다. 청대 말기 이래, 그러한 작품들에는 도자기 가게와 제품 제작자 등의 인장관지(印章款識)가 있다. 석만요의 제품은 중국 민간 도자의 중요한 부분이다.

균요(鈞窯) : 송나라 때의 5대 명요(名窯) 중 하나로, 하남 우현(禹縣)에 있었다.

요변(窯變) : 고대의 요변에 대한 정의는, 용어가 통일되어 있지 않으며, 사람마다 정의가 다르다. 개괄적으로 말하자면, 가마를 설치한 다음 제품이 나올 때까지 색채·형태·소리·질 등의 방면에서 사람의 눈길을 끄는 특이한 변화가 발생하는데, 원인도 알 수 없고, 생산 과정에서 반복하여 그런 결과물을 얻을 수도 없는 것을 모두 '요변'이라고 부른다.

기타 지방의 가마들로는 또한 산서(山西)의 법화요(法華窯)·의흥 (宜興)의 의균요(宜鈞窯) 등이 있었다.

[본 장 집필 : 董建麗 / 번역 : 홍기용]

정교하고 우아하며 정취 있는 옥기(玉器)

명나라 때부터 옥기의 생산이 대규모로 회복되고 발전하기 시작하여, 수량은 사람을 놀라게 할 정도에 이르렀으며, 또한 정부가 관할하는, 공예품 제작을 전문적으로 관리하는 어용감(御用監)이 성립되었다. 한편, 옥기의 재료 선택과 가공 기술면에서는, 옥재(玉材)의 사용에 대해 품질이 좋은 재질을 골라 사용할 것을 더욱 강조하였는데, 예컨대 신강(新疆)의 화전옥(和田玉)은 옥 재료에도 대단히 정교하고 섬세한 등급의 표준이 있었다. 가공 기술도 고도로 발달하여, 역대 옥 조각[玉彫] 기술은 명·청 시기에 고도로 종합되어, 최고의 경지에 이르렀다.

명대 초기에 전기(前期)의 풍격을 변화시킨 후부터 청대 전기에 이르기까지, 옥기의 예술적 품위는 모두 대단히 높았는데, 객관적으로 말하자면, 명대의 옥은 한대(漢代) 옥의 웅혼하고 호탕한 풍격의 부흥이라고 할 수 있다. 다만 명대 중기 말엽에서부터 가공 수법이 갈수록 복잡해지고 문양 장식에 군더더기가 많아짐으로써, 시원스럽고 굳센 풍격은 점점 약화되었다. 비록 청나라 초기에 다시 명나라 초·중기의 풍격을 회복했지만, 건륭 시기부터는 오히려 또다시 자질구레한 수렁으로 빠져들었다. 조정에서 사용하는 옥은 물론이고, 사가(私家)에서 사용하던 옥에도, 모두 옥기 위에 금식(金飾)이나 전감(鈿嵌-나전을 박아 넣어 장식함) 등을 부가하여 장식하는 현상이 나타났다. 옥 재질의 독특한 속성을 제외하고, 문양 장식과 가공 수법은 갈수록 기타 종류의 공예품들과 똑같아지게 되었는데, 비록 이것이 여러 분야의 지식이나 이치에 통달함으로써 종합한 것이긴 하지만, 다른 각도에서 보면 곧 옥기의 개성이 사라진 것이라고 볼 수도 있다.

그 밖에 명대부터 민간 옥기와 궁정 옥기의 분야가 출현하기 시작했다. 궁정 옥기는 주로 예기(禮器)·패식(佩飾)·진설품(陳設品)과 규(圭)·벽(璧)·황(璜)·형(珩)·환(環) 등 옛날의 예옥(禮玉)과 패옥(佩玉)을 모방한 것들이었다. 그리고 민간 옥기는 주로 생활하는 데 필요한 실용 기명(器皿)·패식옥(佩飾玉)과 일부 진설관상기(陳設觀賞器) 등이었다. 종류를 보면, 명대의 옥은 모든 방면에 관련되어, 매우 폭넓게 보급되는 정도에까지 이르렀으며, 제작 기교에서는 기법이 복잡하고 다양해져, 누조(鏤彫)·원조(圓彫-丸彫)·부조(浮彫)·심천각(深淺刻)·음양문(陰陽紋) 등과 같은 것들을 모두 매우 능숙하고 자유자재로 구사할 수 있었다.

옥기의 재료

중국의 옥석 생산지는 매우 많으며, 그 매장량도 풍부하고, 채취한 역사는 유구하여, 모든 면에서 세계 각국의 선두에 있는데, 그 중에서 특히 신강(新疆)의 곤륜(崑崙)에서 생산되는 옥이 가장 뛰어나다. 명대 이후에 이러한 질 좋은 신강의 옥은 관방(官方)에서 사용하는 옥으로 우선 선택되었는데, 바로 명대 말기에 송응성이 저술한 『천공개물(天工開物)』에서 다음과 같이 서술하고 있는 것과 같다. "무릇 옥이란, 귀중하게 사용되는 것으로, 모두 우전(于闐)과 총령(蔥嶺-파미르 고원)에서 생산된다.[凡玉, 貴重用者, 盡出于闐·蔥嶺.]"

신강의 옥은 봄·가을로 두 계절에 나누어 채취하여 궁중으로 가져갔다. 옥 재료를 채취하는 방법은, 산 위에서 채취하거나 물속에서 채취하거나 모래톱 위에서 채취하는 등의 세 가지 방법이 있었다. 산에서 생산된 옥을 속칭 '산료옥(山料玉)'이라 하며, 생산지는 주로 신강 서부의 예얼창[葉爾羌 : 지금의 엽성(葉城-야르칸드)] 서남쪽에 있는 밀이대산(密邇岱山)이었다. 물에서 생산되는 옥은 속칭 '옥자(玉子)' 또는 '자아옥(子兒玉)'이라 하며, 또한 곤륜산에서 나는데, 지리의 변화를 거친 후에 흐르는 물에 의해 강 속으로 나아갔기 때문에 얻어진 이름이다. 또 강물에 씻기는 과정에서 함유된 석질(石質)과 기타 잡질(雜質)이 깨끗이 제거되기 때문에, 그의 재질이 더욱 뛰어났다. 수옥(水玉)의 채취는, 대개 봄·가을 두 계절에 강물이 비교적 얕아지거나 물이 마를 때 강에 내려가 건져냈으며, 건륭어제시(乾隆御製詩)에서 "우전(于闐)에서 옥을 채취하는 사람은, 옥을 찾아 옥하(玉河)로 나가네. 가을철에 강물이 말랐을 때, 아름다운 옥을 많이 얻을 수 있다네[于闐採玉人, 淘玉出玉河. 秋時河水涸, 撈得璆琳多]"라고 하였는데, 바로 당시의 사실을 반영하고 있는 것이다.

신강 지역에서 명·청 두 시기에 궁정에 옥을 공물로 바친 수량은 상당히 많았는데, 청대 건륭 시기에는 매년 공물로 바친 옥이 수만 근이나 되었다. 신강 옥의 옥색은 백색이 아름다우며, 이 밖에 또한 벽옥(碧玉-푸른색 옥)·황옥(黃玉)·흑옥(黑玉)이 있었다. 명대 초기에는 정부가 관할하는 영토가 신강 지구에까지 직접 미치지 못했었기 때문에, 단지 조공을 받거나 교역하는 방법을 통해서만 신강의 옥을 획득할 수 있었다. 그러나 청대에 신강을 평정한 후에, 신강이 조정의 관할 안에 들어오자, 이로 인해 옥 재료의 공급원은 명대에 비하여 훨씬 편리해졌으며, 따라서 청대의 옥기 수량은 훨씬 더 많아졌고, 재질도 더욱 우수해졌다.

조형과 풍격

각종 패식(佩飾)·장신구에서부터 생활 속의 실용 기명(器皿)과 진열해놓고 감상하는 완상품에 이르기까지, 각 종류별·각 영역에서 모두 옥기를 사용하는 상황이었다. 명대에는 비교적 엄격하게 옥의 사용 제도를 실행하였는데, 이로 인해 옥기의 품목 가운데 궁정 예옥(禮玉)인 특수 품목이 출현하기 시작했다. 총체적으로 말하자면, 이 시기 옥기의 조형은 생활 용기와 진열품이 주류였는데, 기명에는 완(碗)·배(杯)·세(洗)·합(盒)·호(壺)가 있으며, 옛 기물들을 모방한 것들로는 굉(觥)·대구(帶鉤)·벽(璧)·규(圭-홀)·노(爐)·준(尊)·이(彝) 등이 있다. 또 동물 조형은 풍부하고 다채로웠는데, 소·말·양·사슴·학·원숭이·용·봉황·원앙·물고기 등이 있으며, 문방용구로는 세(洗)·벼루[硯]·필간(筆杆-붓대)·진지(鎭紙-글을 쓰거나 그림을 그릴 때 종이를 누르는 데 쓰는 물건)·묵상(墨床-먹을 올려놓는 받침)·필가(筆架-붓걸이) 등이 있으며, 패옥에는 옥대(玉帶)·발잠(髮簪-비녀)·수탁(手鐲-팔찌)·관주(串珠-구슬꿰미)·항련(項鏈-목걸이)·여의(如意) 등이 있다.

실용 기명은 명·청 시대의 옥기 가운데 비중이 비교적 큰 조형 품종으로, 명대 초기의 기물들 중 세상에 전해지는 것은 비교적 적다. 전해오는 것들은 주로 중기 이후의 작품들인데, 청옥화훼문영지이배(靑玉花卉紋靈芝耳杯)·청옥리이배(靑玉螭耳杯)·청옥유정문이배(靑玉乳釘紋耳杯)·청옥죽절식집호(靑玉竹節式執壺)와 같은 종류의 완(碗)·배(杯)·호(壺) 등으로, 실제로 사용할 수 있는 기명들이다. 명대의 옥완(玉碗)은, 옥완이 매우 적게 출현했던 이전 각 시대에 비하여 증가되며, 형제(形制)는 대부분이 원형(圓形)·별구(撇口-아가리가 바깥쪽으로 벌어짐)·권족(圈足)으로, 이른바 '제왕옥(帝王玉)'이라는 황가(皇家)의 용기에는 물론이고, 보통 관원이나 부유한 상인 등과 같은 사람들이

대구(帶鉤) : 고대의 귀족과 문인·무사 등 상류계급이 허리띠를 묶는 고리로, '서비(犀比)'라고도 한다.

여의(如意) : '여의'라는 말은 인도의 범어(梵語)인 '아나율(阿娜律)'에서 나온 것으로, 인도에서 들어온 불교 용구의 하나이다. 자루의 끝을 심형(心形-하트형)으로 만든 것으로, 대나무·뼈·동(銅)·옥 등으로 만들어, 고승이 불경을 강론할 때, 항상 여의가 달린 봉을 손에 쥐고 있으며, 읽고 있는 경문 위에 올려놓아 잊지 않도록 대비한다.

사용하던 기물들에서도 모두 나타나고 있다. 청대에 이르러서는, 각
종 실용 기명들이 옥기에도 모두 반영되어, 완·배·반(盤) 등의 수량
이 엄청나게 많아졌으며, 또한 형상도 역시 각각 달랐을 뿐 아니라,
소형이어서 실제로 사용할 수 있는 것들이었다. 또 대형이어서 단지
진열해놓는 데만 사용되었던 것들도 있으며, 어떤 것은 윗면에 문자
관지(款識)가 새겨져 있는데, 건륭 시기의 벽옥에 시를 새긴 대반(大
盤)은 이러한 유형들 가운데 유명한 대표적 작품이다.

옥배(玉杯)는 비교적 흔히 보이는 옥기 조형으로, 전국 시대부터
이미 출현했으며, 명·청 두 조대에 옥배는 수량이 매우 풍부했을 뿐
만 아니라, 또한 조형도 다양했는데, 예를 들면 화형배(花形杯)·도식
배(桃式杯)·두식배(斗式杯)·합근배(合卺杯) 등등이 있으며, 그 특징은

백옥누조반룡대판(白玉鏤彫蟠龍帶板)
명나라 초기

도식배(桃式杯) : 아가리가 복숭아 모
양으로 생긴 잔.

합근배(合卺杯) : 합환주(合歡酒) 잔
을 두 개 합쳐 놓은 모양의 잔.

대다수가 배탁(杯托-잔받침)과 두 개의 귀[雙耳]가 있다. 배탁의 형제는 방형·장방형·장방위각형(長方委角形)·원형 및 타원형 등이 있다. 그리고 귀는 또한 손잡이[柄]라고도 할 수 있는데, 모두 누공[鏤空-투조(透彫)] 형식의 대칭으로 새겼으며, 양 옆에 붙어 있다. 유일하게 특수한 것은 화형배인데, 그것의 손잡이는 누공 기법으로 가지와 잎을 형체를 따라 새겼는데, 대칭을 추구하지는 않았다. 명대 옥배의 걸작에는 당연히 '자강배(子岡杯)'가 속하는데, 예를 들면 북경의 고궁박물원(故宮博物院)에 소장되어 있는 청옥합근배(靑玉合巹杯)는, 한쪽 면에 봉황 한 마리를 투조하여 둥근 손잡이를 만들었고, 다른 한쪽 면에는 두 마리의 이무기가 휘감고 기어가는 모양을 조각하였으며, 상부의 승삭문(繩索紋-새끼줄 문양) 바깥쪽에는 "合巹杯(합근배)"라고 새겨놓았다. 또 다른 옆면의 명문 상단에는 "子岡製[자강이 만들었다]"라고 전서(篆書)로 새긴 낙관이 있으며, 고졸하고 소박하며 전아하게 만들어져, 세상에 전해오는 것들 가운데 보기 드문 것이다.

옥집호(玉執壺)는 명대에 새로 출현하기 시작한 신품종으로, 일반적으로 뚜껑과 그릇의 두 부분으로 이루어져 있는데, 그 특징은 뚜껑 위에 꼭지형 손잡이[紐]가 있고, 호의 몸통 양 옆에 자루형 손잡이[把]와 주구(注口)가 각각 하나씩 있다. 또 형상은 편원형(扁圓形)·방형·원형·죽절형(竹節形) 등이 있는데, 그 중에서 편원관복형호(扁圓寬腹形壺)가 가장 많이 보인다. 자강(子岡)이 만든 청옥영희문집호(靑玉嬰戲紋執壺)는 명대 중기의 집호 가운데 대표적인 작품의 하나이다. 청대의 옥집호도 대단히 많은데, 주로 건륭 시기에 집중되어 있으며, 도안의 내용은 길상(吉祥)을 의미하는 수성(壽星)·사슴·소나무·복숭아나무 등이 비교적 자주 보인다.

진설품 가운데에는 문방용구와 옛 기물을 모방한 기물들이 큰 비중을 차지하는데, 예를 들면 옥연(玉硯)·옥필관(玉筆管)·옥세(玉洗)·

옥필가(玉筆架)·옥연적(玉硯滴)·옥수승(玉水丞)·옥진지(玉鎭紙)·옥묵
상(玉墨床) 및 옥준(玉樽)·옥굉(玉觥)·옥고(玉觚)·옥궤(玉簋)·옥정(玉
鼎) 등이 있다. 옛 기물을 모방한 기물들의 대량 출현은, 곧 황제의
애호와도 관계가 있었으며, 또한 상품경제의 급속한 발전과도 밀접
한 관계가 있었다. 특히 명대에는, 이러한 기풍의 성행이 주로 민간
에서 비롯되었는데, 이는 청대와 본질적으로 다르다. 당시 민간의 옥
제작은 주로 시장을 지향하였으며, 영리의 추구가 첫 번째 목적이었
다. 골동품 수장가들의 기호에 영합하여, 높은 이윤을 도모할 수 있
는 대량의 옛 기물을 모방한 옥기(玉器)들이 시대의 요구에 따라 생겨
났는데, 그 모사본의 하나는 선진(先秦) 시기의 청동기(靑銅器) 조형이
었고, 또 하나는 한대(漢代) 이전의 고옥(古玉) 형제(形制)였다. 진설품
가운데 가장 유명한 대표적인 작품들로는 명대의 백옥각단훈노(白玉
角端熏爐)·백옥용봉문준(白玉龍鳳紋樽)과 청대 건륭 시기의 백옥영희
문필통(白玉嬰戲紋筆筒)·벽옥국판문궤(碧玉菊瓣紋簋) 등이 있다.

　　장식품 가운데 중요한 것들은 비녀[髮簪]·귀걸이[耳飾]·옥팔찌[玉
鐲]·반지[戒指]와 띠에 걸어 착용하는 각종 소형 패옥(佩玉)들이다. 또
한 비록 장식옥의 일종에 속하기는 하지만, 또한 예기(禮器)의 의미를
포함하고 있는 것이 조(組-세트)를 이룬 옥패(玉佩)인데, 그 구성품은
주례(周禮)의 옥패 구성품과는 많이 다르며, 생활화된 형상들이 비교
적 많다. 예를 들면 인물·동물·화초 모양으로 만든 작은 패옥들이
모두 그 가운데 출현하는데, 이것은 엄격한 주례의 패옥과 확연히
다른 차이가 있으며, 복고적이면서도 현대적인 독특한 풍격으로 구
성되어 있다.

연적(硯滴)과 수승(水丞) : 연적은 수
적(水滴)·서적(書滴)이라고도 하며, 벼
루에 먹을 갈거나 먹물이 마르지 않
게 하기 위해 사용하는 물을 담아놓
는 그릇을 가리키는 것으로, 갖가지
형상들이 있다. 수승은 연적과 마찬
가지 용도로 사용되지만, 그 형태가
주로 주발로 되어 있다. 주둥이가 있
는 것을 수주(水注)라고 하며, 주둥이
가 없는 것을 수승이라고 한다.

옥기의 문양 장식

명·청 양대의 옥기들 가운데, 극소수의 빛이 나고 새하얀 옥기가 순전히 빼어난 조형에 의지하거나 조각 기술만에 의지하는 것을 제외하고는, 절대 다수의 옥기들에는 갈고 쪼아 새긴 각양각색의 문양 장식 도안들이 있는데, 그 내용이 대단히 풍부하다. 종합하면, 대략 동물 문양·식물 문양·인물 문양·기하 도안 및 문자 도안 등 다섯 종류로 나눌 수 있다.

(1) 동물 문양 장식의 제재

동물 문양 장식의 제재는 명·청 각 시기의 옥기들에 모두 표현되어 있지만, 구체적인 표현 방법과 사용 빈도는 역시 단계마다 다르기 때문에 차이가 있다. 명대 초기에는 제왕의 권위를 표현한 용·봉황·교룡[螭] 등 신묘한 동물들을 많이 표현하였고, 중·말기 이후에는 점차 세속 생활 속에서 비교적 흔히 볼 수 있는 사슴·박쥐·학 등이 많아졌다. 청대에 들어서면, 각종 동물들이 모두 사용되고 있음을 볼 수 있는데, 용이나 봉황 등 신기한 동물들은 이미 명대처럼 그렇게 사용이 엄격히 제한되지는 않았으며, 여타의 길상(吉祥)이나 기복(祈福)의 의미가 있는 동물들도 흔히 볼 수 있다.

용의 형상은 명·청 시기에는, "대가리는 낙타와 비슷하고, 뿔은 사슴과 비슷하며, 눈은 귀신과 비슷하고, 귀는 소와 비슷하며, 목은 뱀과 비슷하고, 배는 대합조개와 비슷하며, 비늘은 잉어와 비슷하고, 발톱은 매와 비슷하며, 발바닥은 호랑이와 비슷하고, 등에는 81개의 비늘이 있어, 9가 9개인 양수(陽數)를 지닌다. 입 옆에는 수염이나 있고, 턱 아래에는 명주(明珠)가 있으며, 턱 밑에는 역린(逆鱗-용의 가슴에 거꾸로 난 비늘)이 있고, 대가리 위에는 박산(博山)이 있는[頭

似駝, 角似鹿, 眼似鬼, 耳似牛, 頸似蛇, 腹似蜃, 鱗似鯉, 爪似鷹, 掌似虎, 背有
八十一鱗, 具九九陽數, 口旁有須髥, 頷下有明珠, 喉下有逆鱗, 頭上有博山]"
형상으로 고정되어 있었다. 전 시기와 다른 것은, 이 시기의 용은 대
다수가 모두 옥기 위에 문양 장식으로 출현하며, 기본적으로 용의 형
상 단독으로 기물을 만든 정황은 출현하지 않는다는 점이다.

이 시기의 옥봉(玉鳳)의 가장 큰 특징은 대가리가 원앙과 비슷하
여, 비교적 가늘고 길며, 때로는 양의 수염 모양으로 생긴 수염이 출
현하는데, 장식성이 비교적 강하다. 명대의 옥봉을 청대의 것과 서로
비교하면, 차이는 주로 꼬리 부분에 있는데, 명대 봉황의 꼬리 위에
는 독기(纛旗-군대에서 쓰던 큰 깃발)와 비슷한 영안식(翎眼飾)이 장식되
어 있지만, 청대의 봉황 꼬리 위에는 촘촘하고 짧은 음선(陰線)이 장
식되어 있다. 가장 대표적인 봉문옥기(鳳紋玉器)는 1972년에 강소성
무석시(無錫市) 우당향(藕塘鄉)의 명나라 무덤에서 출토된 쌍봉옥패식
(雙鳳玉佩飾)이다.

용봉 문양 장식은 명나라 중기 이후에 전문적인 제작에서 이탈하
여 민간에 도입됨과 더불어, 용을 봉황과 조합하여 각종 아름다운
소망을 표현하였는데, 예컨대 용과 봉황이 상서로운 조짐을 나타내
고, 용이 날고 봉황이 춤을 추며, 용을 부르고 봉황을 이끄는 것 등
등은 각각 경사스러운 일과 축복 등의 의미를 나타냈다.

동물 문양 장식들 중에는 용과 봉황 등 신기한 동물들 외에도, 또
한 대량으로 현실 생활 속의 실제 동물들이 출현하는데, 예를 들면
학·원앙·소·말·양·개·거위·코끼리·원숭이·사슴·사자·물고기·
나비·게·박쥐·매미·두꺼비 등이 그런 동물들이다. 날짐승들 중에
서 가장 흔히 보이는 것은 학과 박쥐인데, 학은 장수의 상징으로, 그
것의 표현 형식은 대부분 소나무·사슴·복숭아나무 등의 동·식물들
과 함께 나타난다. 또 때로는 인물과 조합되기도 하는데, 예를 들면

소나무와 조합하여 '학수송령(鶴壽松齡-학이나 소나무처럼 장수하다)'을 나타내거나, 사슴과 조합하여 '육합동춘(六合同春-천하가 다 함께 봄이다)'을 표시하였다. 그리고 박쥐는 한자로 '蝙蝠(편복)'이라고 하는데, 그 가운데 포함된 '蝠'자는 '福'자와 음이 같기 때문에 성행하였다. 명대의 옥기에 있는 박쥐 문양은 일반적으로 구체적인 형상을 갖추지 않았고, 모두 두 날개를 펼친 모습을 채택하여, 구체적으로 세부적인 형상을 묘사하지 않고 윤곽만 그렸거나, 어떤 것은 간단명료하게 추상적 형식으로 표현하였다. 그러나 청대에는 대다수가 매우 사실적으로 바뀌었다.

(2) 식물 문양 장식의 제재

식물 문양에는 소나무·대나무·매화나무·복숭아나무·영지(靈芝)·수선·연꽃·국화·여지(荔枝)·석류 등이 있고, 사실적인 것과 변형된 것의 두 종류로 나뉜다. 사실적인 식물 문양은 주로 우의(寓意-비유적인 의미를 함축함)의 도안에 사용되었고, 변형된 식물 문양은 주로 장식 도안에 사용되었다. 식물 문양은 단독으로 도안을 이루는 것이 비교적 드물고, 대부분은 몇 종류의 식물 문양들이 조합되어 우의적인 도안을 이루었는데, 비교적 흔히 보이는 것으로는 사군자(四君子)·세한삼우(歲寒三友)·연화(蓮花)·복숭아나무·영지 등이다.

(3) 인물 문양 장식의 제재

인물 문양은 역사 제재·신화 전설·세속 생활의 세 부분으로 나눌 수 있다. 역사 제재의 문양 장식으로 자주 보이는 것으로는 희지애아도(羲之愛鵝圖-708쪽 참조)·태백취주(太白醉酒)·죽림칠현(竹林七賢) 등이 있다. 전설 고사와 세속 생활의 제재는 비교적 많은데, 가장 많이 보이는 것들은 팔선과해(八仙過海)·오자등과(五子登科)·영희(嬰

팔선과해(八仙過海) : 도교(道敎)의 여덟 신선들이 바다를 건너면서 경치를 구경하는 것[팔선도(八仙渡)라고도 함]을 가리키는데, 이것은 신화 전설 속에 나오는 내용이다.

오자등과(五子登科) : 다섯 아들이 모두 함께 과거에 급제하였다는 뜻으로, 매우 경사스러운 일을 의미한다.

戱) · 생활소경(生活小景) · 관음송자(觀音送子) 등이 있으며, 명대의 청옥
희지애아도식(靑玉羲之愛鵝圖飾) · 명대의 청옥팔선도집호(靑玉八仙圖執
壺) · 상해시에 있는 명대의 육 씨(陸氏) 묘에서 출토된 백옥동패(白玉童
佩) · 청대의 청옥보살(靑玉菩薩) · 청대 건륭 시기의 벽옥경직도좌병(碧玉
耕織圖座屛) 등은 모두 이런 종류의 장식 제재들로 된 대표작들이다.

(4) 기하 도안의 제재

기하 도안은 운문(雲紋) · 회문(回紋) · 곡문(穀紋) · 포문(蒲紋) · 방승
문(方勝紋) 등을 포함한다. 운문은 추상화된 구름으로, 각양각색의
변형들이 있는데, 예를 들면 양쪽 끝이 안쪽으로 굽은 구운(勾雲) · S
형의 권운(卷雲) · 하나의 뾰족한 각이 있는 여의형(如意形) 구름 · 하나
의 긴 선이 있는 T자형 구름 및 화경(花莖-꽃줄기) 모양의 타운(朶雲)
등등이 있으며, 대부분은 보조 문양 장식으로 나타난다. 곡문은 상
(商) · 주(周) 시대 청동기에 있는 유정문(乳釘紋)에서 변화되어온 것으
로, 춘추 전국 시대에 이런 문양 장식이 옥기로 옮겨온 것이다. 이 밖
에 곡문은 또한 종종 일종의 그물망 모양의 문양 장식을 수반하기도
하며, '포문(蒲紋)'이라고도 불리는데, 포문은 대부분 곡문의 바탕 문
양으로 만들어졌다. 곡문과 포문은 일반적으로 모두 옛 기물을 모방
한 기물[仿古器]들에 많이 나타나며, 명대와 청대에 현실의 제재를 반
영한 옥기의 도안에는 비교적 적게 나타난다. 회문은 비교적 간단하
다. 그것의 선(線)의 조합은 곡별침(曲別針-철사로 만든 클립)의 모양과
유사하며, 또한 '回'자처럼 생겼는데, 그것도 또한 청동기의 문양 장
식에서 유래된 것이다. 방승문은 두 개의 마름모형[菱形]의 모서리가
서로 겹쳐지면서 교차하여 이루어진 문양으로, 어떤 것은 다섯 개의
마름모형이 서로 교차하여 커다란 방승문을 이룬 것도 있다. 전해오
는 말에 따르면, 방승문은 서왕모(西王母)의 머리 장식물로, 상서로운

뜻을 담고 있다고 한다.

(5) 문자 도안의 제재

문자 도안은 두 가지 정황으로 나뉜다. 즉 한 가지는 단독으로 길상의 의의를 갖는 글자를 문양 장식으로 삼은 것인데, 예를 들면 가장 흔히 볼 수 있는 것으로 '壽'·'福'·'祿'자 및 '卍'자 등이 있다. 다른 한 종류는 옥기에 명문으로 시사(詩詞)를 새긴 것인데, 그것은 명대에 처음 출현한 새로운 문양 장식의 내용이다. 단지 상대적으로 말하면, 명대의 옥기에 새긴 시사(詩詞)의 대다수는 거의 육자강(陸子岡 –명대의 옥기 장인)이 제작한 옥기에 체현되어 있으며, 기타 옥기들에는 비교적 적게 나타난다. 그러나 청대에는 곧 달라져, 대단히 많은 궁정 옥기들에는 모두 명문(銘文)의 관지(款識)가 있는데, 가장 흔히 볼 수 있는 것은 건륭 시기의 옥기들이다. 건륭 황제 자신이 지은 대량의 시편들이 있었고, 또 고전을 고증하기를 좋아했기 때문에, 항상 옥장(玉匠)들은 그의 시문을 옥기 위에 새겨, 그의 이름이 천고(千古)에 전해지도록 할 것을 요구받았다. 따라서 청대 중기에 대량으로 명문이 새겨져 있는 옥기가 출현하였다. 저명한 작품들 가운데 대형인 것은 대우치수도옥산(大禹治水圖玉山)이 대표적이며, 소형인 것은 백옥동음사녀도(白玉桐蔭仕女圖)가 대표적이다.

| 제2절 |

칠기(漆器)의 황금시대

명·청 시대 칠기의 특징

명(明)·청(淸) 양대는 중국 칠기 제조에서 또 하나의 전성기로, 송(宋)·원(元) 시대 이래로 창조하고 발명한 모든 칠기 기법들을 계승하여, 앞 시대의 기초 위에서 더욱 세분화하고, 이미 존재하던 기술을 향상시켰을 뿐 아니라, 황가(皇家) 전용 칠기의 생산과 관리 기구가 출현했다. 동시에 관영(官營) 작방(作坊-수공업장)은 또 광범위하게 민간 칠기 작방의 정수를 섭취함으로써, 중국 칠기 발전사상 황금시대를 맞이하였다.

첫째, 계승과 발전의 관계가 완벽하게 해결되었다. 원대에 이미 지금 알려져 있는 고대 칠기 품종들을 이미 다 갖추고 있었는데, 명·청 두 시대는 이것을 기초로 하여 비록 창의성이 있는 발명과 창조는 없었지만, 이미 존재하던 품종들을 더욱 완벽하게 갖추었다. 또 구체적인 공예 기법 및 조형이나 문양 장식에서 비약적으로 향상되었다. 기법에서는 주로 복합 기법이 체현된 것들이 대량으로 출현하였는데, 종종 두 가지 또는 여러 가지의 옻칠 장식이 한데 결합되어 이전의 단지 한 가지 기법만을 사용했던 속박에서 벗어남으로써, 칠기로 하여금 더욱 화려하고 아름다우며, 광채가 눈을 사로잡게 하였다.

둘째, 두 조대의 정부는 칠기 생산을 매우 중시하였다. 명대 초기에 일찍이 남경(南京) 동쪽 교외에 황가의 칠원(漆園)·동원(桐園)·종원(棕園)을 설립하여 칠기 생산을 제창하였고, 더불어서 황가 전용의 칠기 작방을 건립하였는데, 그것이 바로 과원창(果園廠)이다. 그리고 청대에도 곧 상응하여 궁정의 내무부(內務府) 조판처(造辦處)에 전문적인 칠작(漆作)을 설립하였다. 과원창과 내무부 조판처의 칠작은 모두 황성 안에 설립되어 전적으로 황가를 위해 칠기를 제조하던 기구로, 공장(工匠)들은 전국 각지에서 왔으며, 두 조대 최고의 성취를 대표한다.

셋째, 어제(御製) 칠기(漆器)의 성취는 민간의 칠기 공예를 훨씬 뛰어넘었다. 그리하여 또한 명대 말기 이후 민간의 칠기가 크게 발전하던 때, 민간의 작품이 급속도로 발전하고 향상되는 상황에서도, 민간 칠기 작품의 성취도 역시 어제 칠기와 함께 나란히 논할 수는 없다. 한편 황가의 작방에는 전국 최고 수준의 칠공(漆工)들이 집중되었으며, 그들은 당시의 최고 기술 수준을 대표했다. 예를 들어 초기의 장덕강(張德剛)과 포량(包亮)은 바로 전국 칠기 제조의 주도적 지위를 차지했던 가흥파(嘉興派)의 지도적인 인물들이었다. 다른 한편으로 인적 요소 이외에 자금과 물질의 담보도 민간이 조정과 서로 필적할 수 없었던 중요한 요소였다.

칠기의 품종과 기법

칠기의 품종은 송·원 시기에 기본적으로 다 갖추어졌으며, 명·청 두 조대에는 이를 기초로 하여 더욱 증가되었다. 기술적인 측면에서 말하자면, 새로운 창조는 없었고 단지 복합 기법만이 출현했는데, 즉 여러 가지 기법들을 하나의 기물 위에 복합적으로 적용하였다. 이 밖에 앞 시대에 이미 갖추어진 각종 기법들을 전반적으로 계승해감과 동시에 치중하기도 하였는데, 즉 어떤 종류는 더욱 눈에 띄게 많이 보이고, 어떤 종류는 단지 계속 존재하기만 했거나 약간 개량되었다.

명대 칠기의 품종은 종합적으로 소칠(素漆)·조칠(彫漆)·회칠(繪漆)·전칠(塡漆)·퇴칠(堆漆)의 다섯 종류로 크게 나눌 수 있다. 이외에 또 태질(胎質-바탕 재질)이나 조형과 용도에 따라 칠기의 품종을 나눌 수도 있다. 태질을 예로 들면, 명·청 두 조대에 태골(胎骨)의 운용에서 획기적인 비약과 발전을 이루어, 전통적인 목태(木胎)나 협저태(夾紵胎)는 여전히 발전을 계속하면서도, 새로 출현한 금태(金胎)·은태(銀胎)·동태(銅胎)·석태(錫胎) 등의 금속태와 자사태(紫砂胎)·자태(瓷胎)·죽태(竹胎)·피태(皮胎)·멸태(篾胎-갈대나 수수깡 재질) 등 종류가 복잡해졌으며, 전에 없었던 전면인 발전을 이루었는데, 전체적인 측면에서 칠기의 더할 나위 없이 커다란 발전과 진보를 반영하였다.

이 시기 칠기의 응용 범위는 생활의 구석구석까지 미쳤는데, 양식이 다른 반(盤)과 합(盒)이 대부분을 차지했으며, 그 중에는 호(壺)·완(碗)·병(瓶)·노(爐) 및 문방용구·불전공기(佛前供器-부처에게 공양할 때 사용하는 기물)·각양각색의 가구 등이 있다. 조형에 대해 말하자면, 예를 들어 합(盒)에는 자단(蔗段)·증병(蒸餠)·하서(河西)·삼당(三撞)·양당(兩撞) 등의 양식들이 있다. 반(盤)에는 타원(橢圓)·사각[方]·팔각(八角)·모란판형(牡丹瓣形)이 있으며, 갑(匣)에는 장방(長方)·이당(二撞)·삼당(三撞)·사식(四式)이 있고, 그 나머지로는 타원(橢圓)·능화(菱花)·규판(葵瓣)·하화(荷花-연꽃)·위각(委角-모서리가 둥근 형태) 등의 형식으로 된 반합(盤盒)과 잔(盞)·호·완·고족배·봉합(捧盒) 등이 있다.

명대 말기 이후부터 청대에 이르기까지는 줄곧 칠기의 조형은 낡은 제도를 타파하고, 대형 가구(家具)가 많이 늘어났으며, 반·합과 같은 종류의 소형 기물 양식에는 새로운 조형들이 나타났다. 예를 들어 합에는 은정식(銀錠式-말굽은 모양)·방승식(方勝式-마름모꼴이 겹쳐진 모양)·해당식(海棠式)·매화식(梅花式)·팔방향두식(八方香斗式)·과

소칠(素漆)은 바로 단색(單色) 칠기인데, 흑휴(黑髹)·주휴(朱髹)·황
휴(黃髹)·녹휴(綠髹)·자휴(紫髹)·갈휴(褐髹)·유식(油飾-유칠을 입힌 칠
기)·금휴(金髹) 등의 종류가 있다. 일반적으로 몸통 전체가 빛이 나고
무늬가 없는 한 가지 색이며, 문양 장식을 가한 것은 매우 적다. 대부
분은 작은 용구 및 책상 위의 감상용 기물들에 사용하였으며, 일부
는 표면 위에 그림을 얕게 새기기도 하였다.

회칠(繪漆)은 묘칠(描漆)·묘유(描油)·칠화(漆畫)·묘금(描金)의 네 종
류를 포함하는데, 이것들의 공통된 특징은 붓으로 조칠(稠漆-걸쭉하
고 진한 칠)이나 기름을 찍어 기물 위에 문양을 그린다는 것이다. 묘칠
(描漆)이 다른 것들과 구별되는 점은, 갖가지 색깔의 칠로 그림을 그
린다는 것이며, 칠화(漆畫)는 실제로 묘칠의 특별한 예인데, 즉 단색
칠로 그림을 그려 만든다. 그리고 묘유(描油)는 바로 기름으로 문양을
그리기 때문에, 매우 많은 색깔을 나타낼 수 있다. 묘금(描金)은 '이금
화칠(泥金畫漆)'이라고도 하며, 일본에서는 이를 '시회(蒔繪)'라고 부른
다. 그것은 칠을 사용하여 문양을 그려내고, 문양 위에 금을 붙이는
데, 채금상(彩金象)과 수금(搜金)의 두 종류로 나뉜다. 전자는 금색에
여러 가지 색깔이 있을 수 있고, 후자는 단지 금색의 농담(濃淡)으로
층차(層次)를 구분해 낸다. 묘칠의 효과는 "그 문양이 각자 색깔을 갖
추고 있고, 그 광택이 화려하여 마치 수놓은 비단과 같다.[其文各物備
色, 粉澤爛然如錦繡.]"

퇴칠(堆漆)은 칠이나 칠회(漆灰)를 사용하여 겹겹이 쌓아올려 볼록
하게 문양이 튀어나온 품종으로, 칠회를 쌓아올린 문양은 식문(識文)
과 은기(隱起)의 두 종류로 나뉘는데, 칠을 이용하여 볼록하게 쌓아
올린 것을 퇴칠(堆漆)이라 한다. 또 조각 장식[彫飾]을 가하지 않은 양
식(陽識)과 조각 장식을 가한 퇴기[堆起 : 또는 은기(隱起)라고도 함]의 두

흑휴(黑髹) : '髹'는 곧 '칠을 하다'라는
뜻으로, '漆'과 같은 의미이다. 따라서
'흑휴'는 곧 '흑칠'을 의미한다.

칠회(漆灰) : 옻나무에서 액을 채취하
여 수분과 불순물을 제거하면 끈적끈
적한 액체가 되는데, 이를 생칠(生漆)
이라 하고, 이 생칠에 여러 가지 분말
을 섞은 것을 '칠회'라고 한다. 칠회는
대개 칠을 하고자 하는 태체가 나무
등 연하고 약한 재질일 경우, 이를 단
단하게 하기 위해 칠을 하기 전에 먼
저 태체에 칠회를 바르고, 이 칠회가
마른 다음 순수한 칠을 하게 된다. 칠
회에는 여러 종류가 있는데, 예를 들
면, 생칠에 사슴뿔 분말을 섞은 녹각
회(鹿角灰)·벽돌 분말을 섞은 전회(磚
灰)·자기 분말을 섞은 자회(瓷灰)·기
와 분말을 섞은 와회(瓦灰)·점토 분말
을 섞은 이회(泥灰)·석고 분말을 섞은
고회(膏灰)·돼지피와 석고 분말을 섞
은 혈회(血灰)·보석 분말을 섞은 팔보
회(八寶灰) 등 다양하다.

식문(識文)·은기(隱起) : 칠회(漆灰)나
조칠(稠漆)을 높이 쌓아올려, 즉 퇴칠
한 칠면에 문양을 그려 내는 것을 식
문(識文)이라 하는데, 여기에는 새기
거나 조각을 가하지 않는다. 반면 새
기거나 조각을 가하여 문양을 만드는
것을 '은기(隱起)'라고 한다.

종류로 나눌 수도 있다. 넓은 의미에서 말하자면, 대개 칠 또는 칠회를 이용하여 문양을 겹쳐 쌓아 올린 것을 퇴칠이라 한다. 그러나 『휴식록(髹飾錄)』에서는, 퇴칠이라고 하는 것은 오로지 문양 장식과 바탕 칠의 색깔이 다른 한 종류의 품종을 가리킨다. 조각을 가한 것과 조각을 가하지 않은 것의 효과에 대해 말하자면, 쌓는 것[堆]은 원활(圓滑)하고·완전(婉轉-완곡)하고·회환(回環-빙빙 돌림)하며, 새기는[彫] 것은 단지 상대적인 것인데, 국부(局部)의 문양 장식 위에 세밀하게 무늬를 새기는 것은 조칠(彫漆)과는 완전히 달라서, 그것은 단지 일종의 꾸미는 방법일 뿐이지, 형태를 만드는 수단은 아니다.

조칠(彫漆)은 칠기 가운데 품종이 가장 많은 종류이다. 그것은 쌓아 올린[堆起] 평면의 칠태(漆胎) 위에 문양을 깎아서 새기는 것인데, 척홍(剔紅)·척황(剔黃)·척흑(剔黑)·척록(剔綠)·척채(剔彩)·척서(剔犀) 등으로 나뉘며, 모두 색깔이 있는 칠[色漆]을 태골(胎骨) 위에 여러 차례 겹쳐 칠하여, 일정한 두께가 된 뒤에 칼로 그 위에 부조(浮彫) 문양을 은기(隱起)하는 것이다. 척채(剔彩)는 여러 가시 다른 색깔들을 사용하여 층별로 옻칠을 하는데, 각종 색깔들은 모두 일정한 두께가 되어야 하며, 그 다음에 칼을 이용하여 도안에서 요구되는 색깔에 따라, 바로 요구되는 색깔의 위쪽에 있는 색을 도려내어, 필요한 색깔의 칠이 드러나게 하는 것이다. 척서(剔犀)는 일종의 특수한 척채기(剔彩器)인데, 일반적으로 두 가지, 가장 많아야 세 가지 색깔의 칠을 층별로 바른 다음, 문양을 깎아내는 것이다. 베어진 자리의 단면에서 서로 다른 색깔의 층들을 볼 수 있어, 척채의 방법과는 뚜렷이 다르지만, 또한 문양 도안이 비교적 고정적이며, 대부분이 구운(勾雲)·회문(回紋)·권초(卷草) 등이다.

전칠(塡漆)은 먼저 문양을 새기고 그리거나 칠을 겹쳐 쌓아올려 만들어낸 다음, 필요한 색깔의 칠이나 또는 다른 장식물을 채워 넣

관채(款彩) : 대조전(大彫塡)·각칠(刻漆)·각회(刻灰)라고도 한다. 우선 칠회(漆灰)를 잘 칠한 기면(器面)의 바탕 위에 다시 흑칠(黑漆 : 推光漆)을 하고, 밑그림에 따라 부분적으로 칠면(漆面)이나 칠회(漆灰)를 파 내어, 도안의 윤곽선을 표현해 낸 다음, 다시 흰색 분말을 바르고, 그 위에 각종 화려하고 다채로운 색칠(色漆)을 첨가한다. 그 후 유류(油類)에 담가 이를 고착시키면, 마치 목각(木刻) 수인(水印─기름을 쓰지 않고 수성 안료만을 배합하여 인쇄하는 중국 전통의 목각화 인쇄)에 쓰이는 인쇄판처럼 보이는데, 이를 가리킨다.

창금은(戧金銀) : 먼저 칠 바탕 위에 도안을 새겨 내고, 문양을 새긴 안쪽에 칠을 바른 다음, 금은박(金銀箔)으로 채워 넣는 방법이다. 그 시초는 전국(戰國) 시기의 침각(針刻)까지 거슬러 올라갈 수 있다.

는 것인데, 일반적인 전채칠[塡彩漆 : 관채(款彩)를 포함하여] 외에 또한 창금은(戧金銀)도 있다. 전칠은 두 가지 방법이 있다. 하나는 칠 바탕 위에 먼저 조칠(稠漆)로 볼록하게 문양의 윤곽을 쌓아 올리는[堆起] 것이고, 다른 하나는 칠 바탕 위에 직접 움푹하게 문양을 파서 새

척홍천화룡쌍이병(剔紅穿花龍雙耳瓶)
명나라 중기

기는 것이다. 만일 계속해서 분류해보면, 전칠에는 또한 많은 소소한 종류들이 있는데, 예컨대 기문전칠(綺紋塡漆)과 반문전칠(斑紋塡漆) 등이 그러한 것들이다. 서피(犀皮)는 일종의 특수한 전칠 품종인데, 그것은 엄지손가락을 이용하여 칠기의 태골 위의 칠층(漆層) 위에 하나하나의 작은 봉우리들이 볼록볼록 튀어나오도록 비벼서 만들어, 투명하게 말린 다음 다른 색깔의 칠들을 한 층 한 층 채워 넣고, 마지막으로 전체 몸통을 문질러서 갈면, 송린(松鱗)과 유사한 문양이 형성된다.

감나전(嵌螺鈿)과 감금은(嵌金銀)은, 제조 공예에 따른다면 응당 전칠(塡漆)에 속한다. 『휴식록(髹飾錄)』에는 이렇게 기록되어 있다. "나전(螺鈿)은 일명 전감(蜔嵌)이며, 일명 함방(陷蚌)이며, 일명 감나(坎螺)인데, 즉 나전(螺塡)을 가리킨다. 온갖 문양과 그림이 있는데, 점을 찍고, 칠하고, 윤곽을 그리고, 선을 긋는 것이, 모두 정교하고 섬세하고 치밀하여 마치 그린 것처럼 오묘하다. 또 쪼개고 자른 조개껍데기의 색이, 색채에 따라 이어지는 것이, 빛이 나고 반들반들하여 볼 만하다. 또 편감(片嵌)이라는 것이 있는데, 테두리의 무늿결과 주름은 모두 쪼갠 무늬이다. 또 요즘은 모래를 첨가한 것이 있는데, 모래에는 고운 것과 굵은 것이 있다.[螺鈿, 一名蜔嵌, 一名陷蚌, 一名坎螺, 卽螺塡也. 百般文圖, 點·抹·鉤·條, 總以精細密致如畫爲妙. 又分截殼色, 隨彩而施綴者, 光滑可賞. 又有片嵌者, 界郭理皴皆以劃文. 又近有加沙者, 沙有細粗.]" 또 "색이 드러나는 전감(甸嵌)은, 곧 바탕에 색이 있는 나전이다. 그 문양은 화조(花鳥)·초충(草蟲)이 적합한데, 각각의 색은 한없이 맑고 깨끗하여, 빛나는 모습이 마치 불랑감[佛郎嵌—경태람(景泰藍)의 한 종류]과 같다. 또 금·은을 첨가하여 안받침한 것이 있는데, 마치 금·은 조각을 박아 넣은 것과 같아, 거문고 장식용으로 써도 역시 좋다.[襯色甸嵌, 卽色底螺鈿也. 其文宜花鳥·草蟲, 各色瑩徹, 煥然如佛郎嵌. 又加金銀襯者, 儼似嵌金銀片子, 琴徽用之亦好矣.]"

송린(松鱗) : 늙은 소나무의 껍질에 있는 주름 문양을 가리키는 말로, 물고기의 비늘처럼 생겼다고 해서 붙여진 이름이다.

이러한 공예의 성취는 주로 민간에서 이루어졌는데, 양주(揚州)의 백보감(百寶嵌)·강천리(江千里)의 감나전칠기(嵌螺鈿漆器)와 같은 것들이 모두 대표적인 작품이다. 감금은(嵌金銀)은 창금은(戧金銀)과는 다르다. 감금은은 금·은 박편(薄片-얇은 조각)을 잘라 무늬 조각을 만들고, 또한 문양을 새긴 다음에, 칠기의 표면에 붙이고, 그 위에 옻칠을 몇 번 하여, 칠 바탕과 그것이 평평하게 가지런히 되도록 한 다음, 다시 문양 조각을 갈아 내어 드러나게 하는 것인데, 실제로 전국 시대의 구기(扣器)와 당(唐)나라 때의 금은평탈(金銀平脫) 기술이 이어져 발전한 것이다.

구기(扣器) : 구기(釦器)를 가리키는데, 즉 띠를 고정시키거나 묶는 데 사용하는 장식물로, 일종의 버클에 해당한다.

조칠(罩漆)은 대단히 중요한 장식 기법의 하나인데, 그것은 단지 보조적인 장식 수단으로서, 칠기 표면에 광택을 증가시키거나 혹은 표현하고자 하는 바탕 칠의 효과를 돋보이게 하는 데 사용한다. 구체적으로 말하면, 곧 다른 칠 바탕 위에 투명한 칠(漆)을 덧칠하여, 표면을 반들반들하고 윤택하게 하거나 문양을 보일 듯 말 듯하게 하는 것으로, 대단히 운치가 있다. 그것의 사용 범위는 대단히 넓은데, 공예는 재질에 따라 요구되는 점이 다르다. 예를 들면 조주칠(罩朱漆)은 "밝고 깨끗하며 자주색으로 빛나는 것이 좋고[明徹紫滑爲良]", 조황칠(罩黃漆)은 "조칠이 투명한 것이 좋은데[罩漆透明爲好]", 얇고 투명하게 순수한 노란색[正黃]이 변색되지 않고 드러나야 좋다. 조금칠(罩金漆)은 "밝게 빛이 나며 윤이 나는 것이 솜씨가 좋은 것이고, 짙고 옅은 점들이 어지러우면 서툰 것이며[光明瑩徹爲巧, 濃淡點暈爲拙]", 쇄금(灑金)은 곧 "빛이 나고 눈이 부셔야[光瑩眩目]" 한다.

칠기 풍격의 발전과 변화

이 시기 칠기의 풍격은 여섯 단계로 구분되는데, 명대 초기·명대 중기·명대 말기, 그리고 청대 초기·청대 중기·청대 말기로 나뉜다.

명대 초기는 주로 송·원 시기의 전통을 회복한 것으로, 관영[官辦] 생산은 황실의 수요를 만족시켜야 했기 때문에 비교적 큰 발전을 이루었다. 작품은 대부분 대칭구도법(對稱構圖法)을 채용하였고, 화훼 제재는 모두 황칠(黃漆)을 바탕색으로 하고, 장식 문양을 넣지 않았으며, 장식적 색채가 농후하다. 화훼의 화면 처리는 비교적 규범화되었으면서도 또한 과장된 수법을 띠고 있다. 산수·인물 제재의 작품들은 전통 제재를 위주로 하였는데, 예를 들면 동리상국(東籬賞菊－동쪽 울타리에서 국화를 감상하다)·적벽범주(赤壁泛舟－적벽에 배를 띄우다) 등과 같은 것들이다. 동물 제재는 과장되고 낭만적이다. 기법에서는 옻칠의 층차(層次)가 비교적 두꺼워, 투시감(透視感)과 입체감이 있다. 도법(刀法)은 원숙하고 매끈하며, 장봉(藏鋒)은 청초하고, 은기(隱起)는 원활한데, 이러한 특징은 원대(元代)와 일맥상통한다. 요컨대, 명대 초기의 풍격은 간결하고 세련되며 소박한 것을 숭상하여, 호방하며 웅장하고 화려해 보이지만, 인물은 생동감이 부족하다.

명대 중기의 풍격은 섬세하고 정교하며 고운 추세로 바뀌어, 화훼 중에는 큰 꽃송이가 적고, 대부분이 절지(折枝)와 기교가 뛰어난 작은 꽃송이들이다. 바닥층은 금문(錦紋) 형식으로 번잡하고, 도법(刀法)은 예봉과 모서리[鋒棱]가 보였다가 안 보였다가 하여, 이미 그렇게 원숙하고 매끄럽지가 않다. 선덕(宣德－1425~1435년) 후기에는, 구도가 영락(永樂－1402~1424년) 시기의 가득 늘어놓던[滿鋪] 수법과는 달리, 성글고 시원스럽게 탁 트인 도안으로 대체되었다. 운남(雲南)의 조칠(彫漆)이 재차 새롭게 흥기하기 시작했지만, 여전히 가흥파(嘉興派)와 맞먹는 경지에는 이르지 못하였다. 관칠(官漆)은 쇠퇴하여, 뛰어난 작품은 보기 드물다.

명대 말기에는 번잡하고 섬세하며 정교하고 화려한 새로운 풍격

장봉(藏鋒) : 원래 서법(書法) 용어이다. 획을 그을 때, 붓을 오른쪽으로 진행하려면, 먼저 왼쪽으로 진행할 듯이 하면서 시작하고, 붓을 아래로 진행하려면 먼저 위쪽으로 진행할 듯이 하여 아래로 진행함으로써, 붓끝의 날카로운 맛이 느껴지지 않도록 붓끝을 감추는 것을 말한다. 여기에서는 도법(刀法)에서 칼끝의 날카로운 맛을 드러나지 않도록 새겼다는 의미이다.

금문(錦紋) : 자기(瓷器)를 장식하는 전형적인 문양의 하나로, 직금(織錦－채색 무늬 공단)과 건축의 채색 그림이 장식 도안으로서 채용하는 것이다. 그것은 항상 보조문양으로 만들어져 사용됨으로써, 바탕 문양의 작용을 하기 때문에, 또한 '금지문(錦地紋)'이라고도 한다. 그 위에 다시 화훼문을 그린 것을 금지화(錦地花) 또는 금상첨화(錦上添花)라고도 하며, 길상(吉祥)의 뜻을 담고 있다. 금문 도안은 항상 각종 도형들이 연속되어 구성되는데, 수구(繡球－동그란 모양의 수)·거북의 등·화훼·운문(雲紋)·十자·卍자 문양 등이 있다. 그 구도는 빽빽하고 정연하며, 화려하고 정교하다.

이 형성되었으며, 생산 지역이 확대되고, 수량이 증대되었으며, 도법(刀法)이 예리하고, 예봉과 모서리[鋒稜]는 반드시 드러냈다. 길상여의(吉祥如意-'좋은 일이 뜻대로 이루어지다'라는 의미) 도안이 갑자기 증대되었으며, 내용은 대부분이 종교 미신과 통치자의 공덕을 칭송하기 위한 작품들이었으며, 문자가 출현하는데, 예컨대 '만수장생(萬壽長生) 건곤청태(乾坤淸泰)'·'풍조우순(風調雨順-천하가 태평함을 이르는 말)' 등과 같은 길상을 나타내는 글귀들이다. 비교적 참신한 것은 문자와 식물 문양을 교묘하게 결합시킨 것인데, 소나무·대나무·매화나무 가지와 줄기 같은 것을 뒤틀어 '福'·'祿'·'壽' 자의 도안들을 만들어 냈다.

청대 초기의 칠기 제작은 상대적으로 위축되었다. 특히 조칠(彫漆)은 기본적으로 정체에 빠져 전(前)과 같은 지위가 아니었으며, 건륭 시기에 이르러서야 대규모로 회복되어 칠기 생산이 발전함에 따라, 칠기는 또 하나의 찬란한 시대에 접어들게 되었다.

청대 중기의 칠기 생산 규모는 굉장히 커졌으며, 각종 기법들이 거듭하여 끊이지 않고 나타나 절정 단계에 이르렀다. 명대 초기·중기·말기의 예술 풍격과 특징을 융합하고, 또한 그 기초 위에서 새로운 것들을 창조하여, 더욱 정교하고 섬세함을 추구하였고, 도법(刀法)은 청초하고 힘이 있었다. 그 밖에 청대 중기의 칠기는 또 새로운 특징이 있었는데, 그것은 바로 옛것을 모방하는 취미가 성행하여, 고대 청동기의 조형과 문양 장식을 모방한 새로운 기물들이 출현한 것이다.

청대 말기에는, 가경(嘉慶-1795~1820년) 말기부터 궁정의 칠기 생산은 다시 침체되기 시작하여, 예술적 가치는 높지 않았으며, 생산 수량 역시 급속도로 감소되었다. 따라서 민간의 칠기가 크게 발전하여 이를 대신하게 되었다.

유파(流派)들이 잇달아 나타난 민간의 칠기

　명대와 청대의 민간 칠기는 하나의 공통된 특징을 지니고 있었는데, 바로 번영했던 시기가 모두 각 조대(朝代)의 중·말기 이후라는 것이며, 또한 모두 궁정 칠기가 쇠락한 이후에 비로소 발전의 기회를 얻었다는 것이다. 총괄하자면, 명·청 두 조대의 민간 칠기의 성과는 주로 절강(浙江)의 가흥(嘉興)과 안휘(安徽)의 신안(新安)·운남(雲南)과 양주(揚州) 등지에서 나타났다.

　명대의 가흥파 조칠(彫漆)은 도법(刀法)이 깊고 험준하며, 갈아서 광을 내어 번지르르하고 윤기가 흐르며, 칠층(漆層)이 깊이가 있고 두꺼운 것이 특징이다. 이는 초기 과원창(果園廠)에서 만든 작품의 특징과 일맥상통한다. 명대 초기는 가흥파 조칠이 가장 융성했던 시기로, 대표적인 인물은 장덕강(張德剛)·포량(包亮)·양훈(楊塤)이다. 명대 중기 이후에 이 일파의 조칠은 쇠락하여, 그 성과가 명대 초기에 미치지 못하였다. 조사한 바에 의하면, 공장(工匠-장인)도 역시 겨우 명대 중기의 홍휴(洪髹)와 명대 말기의 양명(楊明)뿐이었다. 명대 말기인 융경(隆慶-1567~1572년) 연간에 가흥파의 기술은 비록 여전히 계승되었지만, 제작 지점은 이미 절강의 가흥이 아니라 안휘의 신안 등지까지 옮겨갔는데, 황성(黃成)·방신천(方信川)이 대표적 인물이다.

　명대 초기는 원대의 전통이 계속 이어져, 궁정의 어용감(御用監)에서는 여전히 운남의 공장(工匠)들을 비교적 많이 썼지만, 성조(成祖) 이후부터 운남의 조칠은 가흥파 조칠로 대체되었다. 명대 중·말기 이후에 명나라 조정에서 다시 전공[滇工-'전(滇)'은 운남의 옛 명칭으로, 운남 지역 장인을 말함]들을 고용함에 따라, 운남 조칠이 다시 새롭게 주류의 지위를 차지함으로써, 운남 조칠로 하여금 명대 말기에 그 기법을 크게 유행하게 하였다. 운남의 조칠 작품은 옻칠이 비교적 얇고, 칠의 색깔이 어두우며, 조각이 깊고 험준하여, 마치 날카로운 칼로 단번에 새겨낸 것 같다. 뿐만 아니라 조각한 뒤에 매끄럽게 갈지 않아 날카로운 봉우리와 모서리가 모두 그대로 남아 있다. 그 구도와 배치도 복잡다단하게 느껴지며, 도법(刀法)은 자질구레하고 복잡하며 섬세하다. 작품의 제재는 대부분 자연계의 각종 풍경에서 찾았는데, 자주 보이는 것들로는 초충(草蟲)·화훼(花卉)·날짐승·길짐승 등이 있어, 민간의 향토적 분위기를 짙게 띠고 있다.

양주(揚州)의 칠기 공예 가운데 가장 성취가 있었던 것은 당연히 나전감(螺鈿嵌) 기법 종류인데, 명대에 성숙한 상태에 도달했다. 사용한 나전은 가늘고 얇으며 작고 정교하여, 더할 수 없이 아름다운 효과가 있을 뿐만 아니라, 층차가 분명하여 눈에 띄고, 입체감이 풍부하다. 명대 말기에는 또 나전을 박아 넣는 것뿐만 아니라, 금은·보석·상아·침향(沉香) 등과 같은 각종 진귀한 재료들을 다 박아 넣을 수 있는 '백보감(百寶嵌)' 공예도 발전하였다. 청대에, 이 지역은 여전히 명대의 전통을 계승하고 이를 발양시켜 더욱 빛나게 했을 뿐 아니라, 또 백보감 공예 이외에 조칠 생산에서도 청대 민간 조칠의 최고 수준에 이르렀다. 심지어는 청대 말기에, 궁정에서 필요했던 대량의 조칠은 이미 더 이상 내무부 조판처(造辦處)에서 제작하지 않고, 양주에서 견본에 따라 제작하는 것으로 바뀌었다. 백보감 공예 방면에서, 명대의 대표 인물은 강천리(江千里)와 주저(周翥)이고, 청대의 대표 인물은 청대 중기의 노영지(盧映之)와 청대 말기의 노규생(盧葵生)이다. 조칠 방면에서, 청대의 대표적 인물은 하칠공(夏漆工)이다.

이러한 몇몇 지방들의 칠기 이외에, 명·청 두 조대에는 또 칠기로 유명한 많은 생산지들이 있었다. 예를 들어 복건(福建) 보전(莆田)·광동(光東) 조주(潮州)·절강 동양(東陽)의 목조금칠(木彫金漆), 호남(湖南) 유양(瀏陽)의 채회칠기(彩繪漆器), 귀주(貴州)의 피태칠기(皮胎漆器), 사

하칠공(夏漆工) : 이름을 알 수 없어 '칠공'이라고 불렀으며, 강소(江蘇) 양주(揚州)의 두항(頭巷)에 살았다.

천(四川)의 추광칠기(推光漆器) 및 감숙(甘肅) 평량(平凉)의 조칠(彫漆) 등등인데, 모두 명·청 시기의 칠기 공예 중에서 중요한 지위를 차지하였다.

명·청 시대의 법랑(琺瑯)

법랑의 전래와 특징

중국 법랑기(琺瑯器)의 기원은 원대 초기에 몽고의 대군이 서역을 정복할 때이다. 13세기 초엽, 몽고의 테무친(鐵木眞-칭기즈칸의 어릴 때 이름)은 몽고의 각 부락들을 통일하고 칸(汗)이라 불리게 된 후에, 대규모의 군사로 정복 전쟁을 시작하였는데, 일련의 군사를 확장하는 과정에서, 몽고의 철기(鐵騎-정예 기병)는 일찍이 유럽·아시아 및 아라비아 반도 등 광대한 지역까지 원정하였다. 아울러 유럽의 참태법랑기(鏨胎琺瑯器)를 제작하는 장인들을 중국에 포로로 잡아와서, 몽고족을 위해 참태법랑기를 제작 생산하였고, 이로 인해 중국 법랑기의 신기원이 열렸다. 따라서 참태법랑기는 가장 일찍 중국에 전입된 법랑 품종으로, 이러한 공예는 기원전 2000년경에 고대 이집트에서 시작되어, 11세기부터 13세기까지 유럽에서 성행하였다. 그 제작의 중심은 주로 독일의 라인강 유역과 프랑스에 집중되었는데, 당시에는 주로 각종 종교용품으로 제작하여 사용하였다.

겹사법랑(掐絲琺瑯)의 전래는 참태법랑과 서로 비슷하여, 역시 원대 몽고인의 정복전쟁과 관련이 있지만, 다른 점은, 겹사법랑은 참태법랑처럼 그렇게 유럽 또는 아라비아에서 직접 약탈하여 가져온 것이 아니라, 남송(南宋) 시기의 대리국[大理國 : 지금의 운남(雲南)]에서 온 것이다. 헌종(憲宗) 3년(1253년)에 몽케[蒙哥-몽골 제국의 제4대 황제로, 칭기즈칸의 손자이며, 시호가 헌종임]는 일부 병력을 계속 서방 정복에 동원한 것 이외에, 또한 쿠빌라이[忽必烈]로 하여금 병사를 거느리고 세 경로를 통하여 대리국을 공격하게 하여, 그 다음해에 멸망시켰다. 당시 운남은 이미 '귀국요(鬼國窯)'라 불리는 겹사법랑기를 생산하고 있었는데, 명대 사람인 조소(曹昭)가 지은 『격고요론(格古要論)』에는 이렇게 기록되어 있다. "대식요(大食窯)는 동(銅)으로 몸체를 만들어, 약을 사용하여 오색의 무늬를 구워 만드는 것으로, 불랑감(佛郎嵌)과 유사하다. 일찍이 향로·화병(花瓶)·합아(盒兒-작은 합)·잔(盞)과 같은 종류들을 볼 수 있었지만, 부인들의 규각(閨閣-옛날에 부녀자가 거처하던 방)에서나 사용되었고, 사부(士夫-청장년의 남자)의 문방청완(文房清玩)은 아니었으며, 또 이를 귀국요(鬼國窯)라 부른다.[大食窯, 以銅作身, 用藥燒成五色花者, 與佛郎嵌相似. 嘗見香爐·花瓶·盒兒·盞子之類, 但可婦人閨閣中用, 非士夫文房清玩也, 又謂之鬼國窯.]" 여기에서 말하는 '대식요(大食窯)'라는 것은 글 속에서 묘사한 특징으로 볼 때, 겹사법랑기이며, '대식(大食)'은 바로 아라비아를 가리킨다. 이 공예는 먼저 아라비아 지역에서 운남에 전래된 다음에, 운남에서 내지(內地)로 전해진 것임을 알 수 있다.

현재 세상에 남아 있는 원대의 법랑기는 별로 많지 않을 뿐만 아니라, 또한 모두 원대 말기의 작품들이다. 다량의 작품들은 모두 명·청 시기에 제작된 것으로, 중국 법랑기의 성취도 주로 이 두 조대에 집중되어 있으며, 특히 몇 가지 새로운 공예도 역시 명·청 시기에 창조되었다.

금속태법랑기(金屬胎琺瑯器)는 법랑기 가운데 가장 중요하고 최초로 전래된 품종으로, 청대에 이르러 발전하여 절정기에 이른 후에, 법랑유(琺瑯釉)와 기타 재질의 태체(胎體)가 서로 결합된 품종들이 출현했는데, 예를 들면 자태화법랑(瓷胎畫琺瑯)·파리태화법랑(玻璃胎畫

자태화법랑(瓷胎畫琺瑯)·파리태화법랑(玻璃胎畫琺瑯) : 자태화법랑은 도자 재질에 그림을 넣어 만든 법랑이며, 파리태화법랑은 유리 재질에 그림을 넣어 만든 법랑을 말한다.

琺瑯) 등은 금속태법랑기와는 다른 새로운 특수한 예술적 효과를 지니고 있다.

금속태법랑기는 그 공예 방법에 따라 참태법랑기·겹사법랑기·화법랑기(畫琺瑯器)·투명법랑기(透明琺瑯器)·추태법랑기(錘胎琺瑯器) 등 다섯 품종으로 나눌 수 있다.

참태법랑기는 금속조참(金屬彫鏨-금속을 파서 새김) 기법을 이용하여 태체(胎體) 위에 무늬를 만들어 내는 것으로, 선이 거칠다. 겹사법랑은 '경태람(景泰藍)'이라고도 부르는데, 금속태(金屬胎) 위에 가늘고 얇은 금속사(金屬絲)를 잘 그려진 윤곽선을 따라 위에 붙이거나 용접하여 문양 장식을 만들어 낸 것으로, 선이 섬세하고 부드러운 특색을 지니고 있다. 화법랑은 '양자(洋瓷)'라고도 부르는데, 우선 동태(銅胎) 위에 백유(白釉)를 시유하여, 가마에 넣어 구운 뒤, 그 표면을 매끈매끈하게 하여 각종 색깔의 법랑 유료(釉料)로 그림이나 문양을 그려 장식한 다음, 재차 가마에 넣어 구워 완성한 것으로, 회화적인 의미도 띠고 있어 또한 '법랑화(琺瑯畫)'라고도 부른다. 투명법랑은 참태(鏨胎)의 변종으로, 우선 새기거나[鏨刻] 두드려서[錘] 무늬를 얕은 부조[淺浮彫]로 만든 다음에, 그 위에 투명한 법랑유를 입혀서 굽는다. 추태법랑은 금속태의 뒷면에서 바깥쪽을 향해 추섭(錘鍱)하여, 볼록하게 튀어나오게 하는 문양 장식으로, 여타 방법은 참태와 같다.

이로부터 알 수 있는 것은, 이와 같은 몇 가지 품종들은 모두 문양 장식의 제작법에 따라 분류되어 나왔다는 것이며, 이런 제작법을 업계 내에서는 '기선(起線)'이라 부르는데, 오직 화법랑만이 기선이라는 하나의 공정이 없을 뿐이다. 명대에 대해 말하자면, 법랑기의 성취는 주로 동태겹사법랑(銅胎掐絲琺瑯)에 체현되어 있지만, 청대의 법랑 성취는 비교적 전면적으로 이루어져서, 겹사법랑기라는 탁월한 실적이 있을 뿐 아니라, 또한 화법랑기 등 뒤에 나타난 품종들에서도

추섭(錘鍱) : 진(晉)나라 때 발명된 일종의 조소(彫塑) 기법이다. 그 기법은 우선 필요한 소조 물체의 모형을 만든 다음, 얇은 동편(銅片)을 이용하여 모형의 위에 펼쳐놓고, 두드려서[錘] 만들기 때문에 붙여진 이름이다.

찬란한 성취를 이루었으며, 법랑 공예를 위한 기이한 색채를 증가시켰다.

겹사법랑(掐絲琺瑯)과 참태법랑(鏨胎琺瑯)

명대에 법랑의 제작을 담당한 기구는 어용감(御用監)이었고, 청대에는 궁정의 내무부 조판처(造辦處)에서 법랑을 실제로 제작해왔다. 법랑은 제작하는 데 원재료와 공예 수준이 매우 높아야 했고, 휘황찬란하고 부귀한 기운을 지녔기 때문에, 봉건 황제의 심미 요구에 적합하였다. 따라서 내정(內政)에 진열하는 중요한 기물이 되었다. 명·청 두 조대의 법랑기는 대부분 궁정에서 독점 생산하였지만, 청대에는 이러한 현상이 타파되어 궁정의 작방(作坊) 이외의 다른 중요한 법랑 생산지였던 광주(廣州)에서도 생산되어, 독특한 '광법랑(廣琺瑯)'으로 세상에 널리 알려졌다.

현재 전해오고 있는 가장 이른 참태법랑기 실물은 명나라 선덕(宣德) 연간(1425~1435년)에 제조된 구연문소원합(勾蓮紋小圓盒)이며, 또한 유일한 명대 참태법랑기의 실물이기도 하다. 조형이 단정하고 정연하며, 문양 장식이 맑고 시원스러우며, 풍격이 고졸하고 질박한 것이, 응당 명대 중기의 작품일 것이다. 청대 참태법랑기의 수량도 역시 많지 않다. 다만 명대에 비해서는 상대적으로 다음과 같은 변화가 있었다. 첫째는 조각 기술[彫工]이 세밀하고 심오하며, 반짝이면서 부드럽고 윤기가 있다. 둘째는 조형에서는 비교적 큰 기물이 증가하였다. 셋째는, 색깔에서는 이미 단지 남색과 백색에만 국한되지 않고, 청대에 발달한 배색 기술과 서로 적응하여 여러 가지 색채가 하나의 기물에 병존하는 현상이 출현하였는데, 예를 들어 녹색·흑색 및 갈색 등을 함께 시유한 경우이다. 그 밖에 청나라 참태법랑의 최고 성취는 건륭 시기에 나타났는데, 그 대표적 작품이 바로 참태법랑희준(塹胎琺瑯犧尊)이다. 겹사법랑의 발전은 원말(元末) 명초(明初)·명대 초기·명대 중기·명대 말기 및 청대 초기·청대 중기·청대 말기의 일곱 단계로 나눌 수 있다. 원말 명초 시기의 유료(釉料) 재질은 매끄럽고 고우며, 유약을 바른 표면이 유난히 반짝이며 광택이 있어, 수정과 같은 투명감이 있다. 특히 보석람(寶石藍)·보석홍(寶石紅)·포도자(葡萄紫) 및 초록 등은 더욱 선명하고 아름다워 시선을 끄는데, 외국에서 수입한 법랑 유료를 사용했음이 분명하다. 도안은 전지연화문(纏枝蓮花紋)을 주제를 삼아, 단선(單線)으로 가지·덩굴·꽃송이의 윤곽선을 그렸으며, 꽃송이가 가득하다. 배치는 산뜻하고 시원스러우며, 선은 분방하고 힘이 있다.

선덕(宣德) 시기는 법랑기가 전체적으로 매우 성숙했던 단계로, 기

보석람(寶石藍)·보석홍(寶石紅) : 색채명 앞에 '보석(寶石)'이라는 접두어가 있는 경우는, '보석처럼 반짝이는' 색이라는 뜻이다. 따라서 보석홍은 반짝이는 홍색이며, 보석람은 반짝이는 남색을 가리킨다.

겹사법랑(掐絲琺瑯) 전지연어이로(纏枝蓮魚耳爐)

명나라 초기

태(器胎)는 중후하고, 조형은 간략하고 소박하여 화려하지 않은데, 대부분 옅은 남색 법랑유를 바탕색으로 쓰고, 보석홍·보석람·금황(金黃)·강황(絳黃-진홍색)·자색(紫色)·녹색·과피록(瓜皮綠)·백색 등을 주색(主色)으로 써서, 온화하고 광택이 나며, 색조가 순정하고, 유질(釉質)은 곱다. 대표적인 작품들은 겹사법랑 쌍룡문대완(雙龍紋大碗)·겹사법랑 배탁(杯托-잔받침)·겹사법랑 출극준(出戟尊) 등이다.

선덕 말기부터 운남(雲南)에서 생산된 국산 유료(釉料)를 쓰기 시작함으로써, 명대 중기의 법랑 유료는 초기와 비교하여 약간 어둡게 변하여, 반짝반짝 빛이 나는 투명감이 부족하고, 기포(氣泡)가 증대하였으며, 도안은 쌍선구륵법(雙線鉤勒法)으로 완성하여 번잡해져가는 추세였다. 그러나 이 시기에는 기술적으로 명대 초기에 비하여 진보가 있었는데, 산화알루미늄을 증가시키는 방식을 사용함으로써 유약이 흘러내리는 현상을 해결하였다. 기형은 초기에 비해 뚜렷이 크게 증가하였으며, 체적도 역시 커졌다. 바탕색은 옅은 남색 이외에도, 보람(寶藍)과 백색을 많이 사용하였으며, 도안에서 비교적 보편적으로 사용한 것은 국화(菊花)·화염(火焰)·운학(雲鶴)·사희구(獅戲球-사자가 구슬을 가지고 노는 형상)·용희주(龍戲珠-용이 구슬을 가지고 노는 형상) 및 산수(山水) 문양이다. 전형적인 기물들은 겹사법랑 고족완(高足碗)·겹사법랑 조관이로(朝冠耳爐)·겹사법랑 사희문준(獅戲紋尊)이다.

명대 말기는 가정(嘉靖-1521~1567년)·만력(萬曆-1572~1620년) 이후로, 태체(胎體)가 얇게 변하였고, 도안은 더 복잡해졌으며, 쌍선구륵이 성행하였고, 길상도안이 보편적으로 운용되었으며, 문자와 도안이 서로 결합되었다. 유색(釉色)은 풍만해지고, 품종이 풍부해졌으며, 두청(豆靑)·송석록(松石綠)·자색(赭色) 등의 색유(色釉)가 새로 출현하였다.

만력 연간에는 법랑에 전에 없던 변화가 나타났는데, 즉 색유의

출극준(出戟尊): 고대 주기(酒器)인 준(尊)의 일종으로, 청동기의 조형을 모방한 것이다. 그 모양은 아가리가 벌어져 있으며, 복부는 약간 볼록하며, 다리는 벌어져 있다. 목·복부·다리의 사방에 각각 한 가닥씩의 미늘창 같은 모양이 튀어나와 있어서 붙여진 이름이다.

조합 방면에서 계속하여 천람(淺藍)-옅은 남색·보람(寶藍)을 바탕색으로 쓴 것 이외에, 새롭게 흰색 바탕·녹색 바탕·붉은색 바탕이 출현하였으며, 또는 하나의 기물 위에 동시에 두세 가지의 색유로 만든 바탕이 출현하였다. 그 가운데 홍색 법랑 색유를 응용한 것이 가장 보편적이었는데, 유색이 선명하고 고우며, 표면이 비교적 밝고 깨끗하다.

청대 초기는 주로 강희(康熙) 시대인데, 강희 19년(1681년)에 궁정 안에 법랑작(琺瑯作)을 설립하여, 명대의 겹사법랑을 견본품으로 삼아 겹사법랑기를 생산하였다. 이 시기는 초기·중기·말기로 나눌 수 있다. 초기에는 세사조유기(細絲粗釉器)를 생산하였는데, 겹사(掐絲)가 조잡하고, 유색이 어둠침침하며, 도안은 전지연(纏枝蓮-가지가 뒤엉킨 연꽃)을 위주로 하였고, 대표작은 겹사법랑 구형향훈(球形香熏)이다. 이 향훈은 초기에 만들어진 작품으로, 비록 법랑 기술이 아직 부족한 점은 있지만, 기계 공예에서는 오히려 사람을 놀라게 할 만한 성취가 있었다. 그것은 바로 구형 내부에서 불 붙인 향료(香料)를 받치고 있는 받침대는 향훈을 어떻게 회전시키더라도 항상 위쪽을 향하도록 만든 것인데, 정확한 평형점을 계산해 냈음을 분명하게 보여주고 있다.

강희 중기부터, 청나라 궁정의 법랑창(琺瑯廠)은 명대의 법랑을 모방하는 유형을 포기하고, 명대의 풍격과는 다른 참신한 청대의 법랑 작품을 창조하기 시작했다. 초기에 성행했던 세사조유기는 점차 역사의 무대에서 사라지고, 조사담유기(粗絲淡釉器)가 겹사법랑기의 풍격을 주도하였다. 겹사는 비록 초기에 비해 약간 거칠었지만, 정교하고 섬세한 정도는 오히려 지나쳤을망정 모자라지 않았다. 유색은 차가운 색으로 치우쳐, 명대에 성행했던 따뜻한 색조는 맑고 차가우며 담아한 새로운 풍격으로 대체되었다.

강희 말년에 이르러 겹사법랑 기술이 진보함에 따라, 장인들은 이

세사조유기(細絲粗釉器): 겹사(掐絲)는 가늘고 섬세하며, 유약은 거친 법랑기.

조사담유기(粗絲淡釉器): 겹사는 굵고 거칠며, 유약은 묽고 담백한 법랑기.

미 능숙하게 겹사와 시유(施釉)의 각종 기교들을 터득하였다. 이로 인해 일종의 균사농유(勻絲濃釉)의 기물 풍격은 또 조사담유기를 대체하여, 이후 겹사법랑의 기술이 성황을 이루는 추세를 확립하였다. 이 시기의 전형적인 특징은 쌍구[雙鉤] 기법을 채용하여 겹사(掐絲)하기 시작한 것인데, 정교하고 섬세하며 고르고 정연했다. 유료 효과면에서는 표면이 반짝이며 광택이 나고 윤기가 흘러, 사람들에게 적당하며 온유한 느낌을 준다.

건륭 시기는 청대 법랑 제작의 절정기이자, 동시에 성취가 가장 높았던 시기이다. 궁정의 법랑작 이외에도 광동(廣東)과 양주(揚州) 두 곳에 중요한 법랑 생산지가 있었다. 제작이 절정을 이루었던 시기에는, 만들어야 할 제품이 너무 많았기 때문에 조판처(造辦處)는 항상 외지에서 임시로 많은 수의 법랑 장인들을 고용하였다. 이 시기의 법랑 제품은 수량면에서 이전 시대를 훨씬 초과했을 뿐만 아니라, 품종도 번잡해지고 많아졌는데, 예를 들면 완(碗)·반(盤)·발(鉢)·합(盒)·병(瓶)·관(罐)·납대(蠟臺-촛대)·문방용구(文房用具)·불전공기(佛前供器)·비연호(鼻煙壺) 등의 소형기(小型器)와 정(鼎)·노(爐)·향훈(香熏-향로)·불탑(佛塔)·병풍(屛風)·선학(仙鶴) 등의 대형기(大型器)들이 있다. 조형은 화려하고 아름다우며, 겹사는 정교하고 섬세하면서 고르고 단정하며, 보편적으로 쌍구기법을 채용하였다. 유료(釉料) 방면에서, 건륭 초기에는 계속하여 강희 말년에 채용했던 짙은 유색을 숭상하였으나, 중기 이후에는 변화하여 연한 색이 유행하였다. 그러나 대량으로 중후한 도금 장식을 사용했기 때문에, 유색은 비록 담아(淡雅)했지만, 전체적인 풍격은 오히려 장엄하고 화려해 보였다. 한 가지 언급할 만한 것은, 이 시기에 유료의 공급원이 비교적 많았다는 점인데, 산동(山東)의 박산료(博山料)가 있었고, 또 광주료(廣州料)와 수입된 서양 유료가 있었다. 전형적인 색유는 분홍색이고, 대표 작품은

균사농유(勻絲濃釉) : 겹사의 굵기는 고르고, 유약의 색은 짙은 것을 가리킨다.

쌍구(雙鉤) : 구륵(鉤勒)과 같은 말로, 표현하고자 하는 대상의 테두리 부분만 선으로 표기하는 회화나 공예 기법을 말한다.

비연호(鼻煙壺) : 코담배를 담아두는 그릇이다. 손에 쥘 수 있을 만큼 작아 휴대하기가 편했다. 명말 청초에 코담배가 중국에 전래되었으며, 이때 함께 전래된 비연합(鼻煙盒)이 점차 중국화하여, 비연호가 탄생했다.

겹사법랑 쌍룡병(雙龍瓶) 등이다. 이 밖에 홍력(弘歷-청나라 고종) 본인이 고기(古器)를 몹시 좋아했기 때문에, 이 시기에는 또한 방고(仿古-옛 기물을 모방하여 만듦) 작품을 특별히 숭상하였다. 하나는 명나라의 경태(景泰) 양식을 모방한 것이고, 다른 하나는 옛날 청동이기(靑銅彝器)를 모방한 것으로, 발(鉢)·준(尊)·고(觚)·유(卣) 등이 있는데, 예를 들면 겹사법랑 제량유(提梁卣)와 같은 것들이다.

건륭 54년(1789년) 이후에는 내정(內廷)의 법랑 제작이 쇠락해갔으며, 가경(嘉慶-1795~1820년)과 도광(道光-1820~1850년) 시기에는 여전히 건륭 말기의 풍격을 유지할 수 있었으나, 동치(同治-1861~1875년) 시기에는 겨우 민간 작방에 의지하여 내정의 수요를 공급했다. 광서(光緒-1875~1908년) 시기에 비교적 흥성했던 민간의 법랑(琺瑯) 제작소들 가운데 주요한 것들로는 노천리(老天利)·양천리(洋天利)·덕흥성(德興成)·달고재(達古齋)·지원당(志遠堂) 등이 있었는데, 그것들은 모두 건륭 시기의 작품을 본보기로 삼았으며, 전기도금법[電鍍法]으로 도금하여, 유층이 비교적 얇고, 온화한 광택이 부족하며, 태체(胎體)는 가볍고, 기형은 괴이하며, 장식 도안은 대부분 길상의 색채를 띠었다.

광주의 겹사법랑은 강희 시대에 시작되어 건륭 시기에 성행하였다. 서양의 영향을 비교적 강하게 받아, 서번련(西番蓮) 장식을 주로 사용하였는데, 도안이 많고 빽빽하면서 치밀하게 잘 짜여 있으며, 색조는 선명하고 고우며 명쾌하다. 대표작은 겹사법랑 기룡문삼족훈로(夔龍紋三足熏爐)·겹사법랑 전지서번련완(纏枝西番蓮碗) 등이다.

양주(揚州)의 겹사법랑은 겹사가 고르고 가늘며, 선은 유창하고, 색조가 차가운 쪽으로 치우쳐, 대비가 강렬한데, 대표작은 겹사법랑 부준(鳧尊)이다.

서번련(西番蓮) : 아메리카 대륙이 원산지인, 향기가 좋은 빨간색 과일로, '과즙의 왕'이라는 영예를 갖고 있다.

화법랑(畫琺瑯)과 투명법랑(透明琺瑯)

강희(康熙) 23년(1684년)에 서방의 화법랑이 중국에 전래되었고, 10년 정도의 시간이 경과하면서 흡수하고 소화하여, 민족적 풍격을 지닌 작품들을 비로소 생산하게 되었는데, 그 풍격은 차분하고 소박하며 중후하여, 자기(瓷器) 가운데 분채(粉彩)와 서로 닮았다.

강희 23년부터 강희 55년까지(1684~1716년)가 초기인데, 이 시기의 화법랑은 태체가 두껍고, 유약도 두터우며, 광택도 낮고, 기포가 밀집되었으며, 색유가 비교적 적고, 용필(用筆)은 시원스럽고 대범하며, 사의(寫意) 풍격을 띠고 있다. 대표작은 화법랑 산수인물매병(山水人物梅瓶)·화법랑 산수문로(山水紋爐) 등이다. 강희 말기부터 건륭 54년까지(1717~1789년)가 중기(中期)로, 강희 55년 이후에 광주와 서방의 화법랑 장인들이 궁정에 들어와 제작을 지도하였는데, 예를 들면 반순(潘淳)·양칠장(楊七章)·진충신(陳忠信)과 같은 사람들이다. 이 시기 화법랑의 특징은 얇고 평평하며 광택이 나고 예쁘고 우아하며, 태골(胎骨)이 가볍고 얇으며, 유질(釉質)이 온유하고, 색채가 산뜻하고 아름다우며 명쾌하고, 황색 유약 바탕이 성행하였다. 용필은 단정하고 깔끔하며, 사실적인 경향으로 흘렀고, 색채가 풍부하여, 황색·남색·옅은 남색·홍색·분홍색·녹색·자색(紫色)·백색·설청색(雪靑色)·진홍색·흑색 등의 색깔들이 있다. 화법랑 도복문소병(桃蝠紋小瓶)·화법랑 개광화훼소병(開光花卉小瓶)·옹정화법랑법륜(雍正畫琺瑯法輪)·화법랑 선녀채지대원반(仙女採芝大圓盤)·건륭화법랑서양인물풍경육릉병(乾隆畫琺瑯西洋人物風景六棱瓶)·화법랑 해당식화병(海棠式花瓶) 등이 대표적인 작품들이다. 건륭 시기의 화법랑은 옛것을 모방하거나 서양의 풍격을 모방한 것들이 비교적 많았으며, 가경(嘉慶-1795~1820년) 말기에는 화법랑이 침체 상황에 빠졌다.

투명법랑은 고온경투명법랑(高溫硬透明琺瑯)과 저온연투명법랑(低溫軟透明琺瑯)의 두 종류로 나뉜다. 고온투명법랑은 '광법랑(廣琺瑯)'이라고도 부르는데, 투명도가 높아 마치 보석과 같다. 저온투명법랑은 '소람(燒藍)'이라고도 부르며 반투명하다. 광주(廣州)는 당시 법랑을 구워 만드는 중심지였으며, 규모와 기술이 모두 청대에 최고였고, 또 고온투명법랑을 생산할 수 있는 유일한 지방이었다. 대표적인 작품은 참태투명법랑방수승(塹胎透明琺瑯方水丞)·투명법랑면분(透明琺瑯面盆)이다. 약간 복잡한 투명법랑은, 우선 유약과 태체 사이에 은편(銀片)을 붙이고, 다시 유약 위에 금편(金片)을 붙여, 색채가 찬란하고 알록달록하며, 눈부시게 아름답다.

명·청 시대의 가구(家具)

조형과 재료의 선택

명대의 가구는 여전히 이전 시대 가구의 주요 종류들을 계승하였지만, 큰 분류의 구체적 조형에서는, 전 시대와 비교하면 커다란 변화가 있었다. 그 밖에 재질에서는 엄격한 선택을 하여, 독특한 특색을 지닌 명나라식[明式] 가구를 형성하였다. 청대에는 계속해서 명나라식 가구의 종류들을 계승하였으며, 또 이것을 기초로 하여 변화가 있었다. 당연히 가장 큰 변화는 역시 풍격에서 나타났는데, 명대에는 "재료의 사용이 합리적이고, 소박하고 대범하며, 견고하고 오래 쓸 수 있는 것[用料合理, 樸素大方, 堅固耐用]"을 강구하였으나, 청대에는 "재료를 낭비하여 사용하고, 장식이 자질구레하고 번잡하며, 중후하고 대범하여[用料糜費, 裝飾繁縟, 穩重大氣]", 명나라식 가구와는 다른 또 다른 하나의 유파, 즉 청나라식[淸式] 가구를 구성하였다. 설명이 필요한 것은, 청대 초기에는 여전히 명나라식 가구의 풍격을 이어받았으며, 어떤 변화도 없었지만, 옹정(雍正-1723~1735년)과 건륭(乾隆 -1735~1795년) 연간에는 비로소 청나라식 가구의 새로운 풍격이 형성되기 시작했다는 점이다. 또한 청대를 통틀어 가구에서의 성취는 주로 이 두 시기에 이루어졌다. 건륭 이후에는 국력이 쇠퇴함에 따라 이미 이처럼 재료를 소모하는 거대한 청나라식 가구를 제작할 능력이 없었고, 겨우 몇몇 궁정에서 제작한 것들도 역시 중기(中期)의 풍채

(風采)를 전혀 지니지 못하여, 예술적 가치가 크지 않다.

(1) 상탑류(床榻類)

상(床)에는 주로 가자상(架子床)·나한상(羅漢床)과 발보상(拔步床)의 세 종류가 있다. 가자상은 입주(立柱)·승진(承塵-아름답게 꾸민 천장)·위란(圍欄-주위의 난간)으로 이루어지는데, 입주는 침대 평상[床]의 네 모서리에서 위로 향하여 정개(頂蓋-위쪽 덮개)를 지탱하는 데 쓰이는 부위를 가리킨다. 그리고 이른바 승진이라는 것은, 바로 입주로 받쳐져 있는 천장 위쪽의 정개를 가리키며, 위란은 침대 평상면[床面]의 양 옆면과 뒷면에 면을 세워 댄[立面] 부분이다. 명대 승진의 네 변에는 대부분 미판(楣板-가로로 댄 판)과 거꾸로 달린 아자(牙子)로 장식하였으며, 위란은 대부분 작은 조각의 목재들을 이용하여 기하 문양을 붙여 만들었다. 청대에는 이와 달랐는데, 목재를 선택하여 사용하는 데에서 기본적으로 작은 조각의 목재가 없고, 대부분 큰 목재를 통째로 사용했을 뿐 아니라, 평상의 난판(欄板)과 위자(圍子-주위에 벽처럼 댄 판) 위에는 운룡문(雲龍紋) 등 갖가지 제재의 문양 장식들을 조각하여 새겨두었다. 더욱 특수한 것으로는, 예컨대 청대 건륭 시기의 자단목운룡문가자상(紫檀木雲龍紋架子床)과 같은 것은 또 침대의 지붕[床頂] 위에 운룡문을 가득 조각한 비로모(毘盧帽)를 설치하였는데, 영롱하고 투명하며 화려하고 장엄해 보인다. 그 밖에 청대 가자상의 문위자(門圍子-문 주위에 댄 판)는 명대의 것들처럼 그렇게 간단하지 않고, 더욱 화려하고 웅장한 수화문(垂花門)을 사용하였고, 윗면에는 대다수가 길상 도안을 새겼다.

나한상(羅漢床)은 큰 것과 작은 것의 두 종류로 나뉜다. 그 가운데 작은 것은 '탑(榻)'이라고도 하는데, 비교적 특수한 것으로, 단지 궁전의 명칸[明間-건축의 한가운뎃칸]에 놓고 사용한 것을 '보좌(寶座)'라고

상탑(床榻) : 침대류에 속하는 것으로, 중국의 고전 가구류의 6대 부문들 가운데 하나이며, 고전 가구 수장가들이 가장 관심을 갖는 것이다. 큰 것을 '상(床)'이라 하고, 좁고 긴 것을 '탑(榻)'이라 한다.

아자(牙子) : 탁자와 같이 다리가 있는 가구에서, 다리와 상판이 맞닿는 부위에, 다리와 상판 아랫부분에 연결되어 튀어나오도록 붙이는 부자재 혹은 조각 장식을 가리킨다. 이는 장식 효과와 함께 다리의 견고성을 강화해 주는 역할을 한다.

비로모(毘盧帽) : 자금성의 몇몇 주요 궁전의 실내 장문(牆門)의 위쪽 끝부분에는 통상 천장 가리개를 덧붙였는데, 이를 비로모라고 한다. 실내의 비교적 중요한 부위에 장식 효과를 가하기 위한 것이었기 때문에, 제작에 매우 신경을 썼다. 부자재는 주로 가공하기 쉬운 목재를 사용하여 화려한 조각 장식들을 만들어 붙였다.

수화문(垂花門) : 중국 고대 건축의 정원 내부에 있는 문을 가리키는데, 그 첨주(檐柱-처마기둥)는 땅에 닿지 않고 아래로 드리워져 있어[垂], 수주(垂柱)라고 부르고, 그 아래에 하나의 수주(垂珠)가 있으며, 통상 꽃잎을 채색으로 그린 형식을 취하기 때문에, 수화문(垂花門)이라고 부른다.

보좌(寶座) : 황제가 앉는 도구로, 대형 의자의 기초 위에 화려한 장식을 가하여, 통치자의 지극히 존엄함을 드러내도록 하였다.

한다. 나한상은 좌우 양 옆면과 뒷면에 위란(圍欄)이 붙어 있지만 상가(床架-침대의 臺)가 없는 가구를 가리키는데, 위란의 형식과 사용 재료는 다양하여, 어떤 것은 작은 조각의 목재를 사용하여 이어 맞춘 것도 있고, 또한 목재를 통째로 이용하여 따로 조각하여 만든 것도 있다. 전자는 대부분 명대에 보이고, 후자는 청대에 상용되었던 양식이다. 일반적으로 말하자면, 대나한상(大羅漢床)의 기능은 비교적 많아서, 앉을 수 있을 뿐 아니라 누울 수도 있다. 그러나 소나한상(小羅漢床)은 탑(榻-걸상)이나 보좌여서, 단지 앉는 기능만 있다. 놓는 위치와 놓는 형식을 보면, 대나한상은 대부분 침실에 놓으며, 소나한상은 대부분 대청에 놓고, 그 위에 항궤(炕几)를 놓아 손님을 대접하는 데 사용하였다. 그리고 특수한 것으로는, 황궁이나 왕부(王府)의 정전(正殿) 명칸[明間]에서 사용하던 보좌가 있는데, 대부분 병풍·향궤(香几)·녹단(甪端)·궁선(宮扇) 등과 조합하여 진열하였다. 청대에는 또한 일종의 비교적 새롭고 기이한 상궤(床櫃)가 있었는데, 바로 일반적인 상면(床面) 위에 궤문(櫃門)을 내어놓은 것으로, 상체(床體)에 물건을 담을 수 있도록 만든 궤자(櫃子-서랍)이다. 이러한 종류의 침대는 사용이 비교적 편리했으며, 확연히 다른 두 가지 용도가 있었다.

발보상(拔步床)의 조형은 비교적 기이하고 독특한데, 기본 구조는 가자상과 비슷하지만 부속 구조는 좀더 복잡하여, 마치 작은 집 안에 놓아두는 가자상과 같다. 그 특징은 전체 상가(床架)를 하나의 목제 평대(平臺) 위에 놓아두며, 평대의 네 모서리에는 또 입주(立柱)와 위란(圍欄)이 있어, 창문이 달린 작은 처마[廊子]를 구성한다. 침대의 평상과 작은 처마 사이에 몇몇 탁자와 걸상[凳] 등과 같은 작은 가구들을 놓아둘 수 있다. 이러한 형제(形制)는 명대의 남방(南方)에서 흔히 볼 수 있다.

항궤(炕几) : 바닥에 놓는 작은 앉은뱅이 탁자.

향궤(香几) : 옛날에 향로를 올려놓는 데 사용했던 중국 전통의 가구로, 향로를 놓는 것이라고 하여 붙여진 이름이다. 일반 가구는 대부분 방형으로 만들었던 데 비해 향궤는 대부분이 원형으로 만들었으며, 비교적 높다. 또한 다리는 비교적 크게 휘어져 있으며, 대다수가 세 개의 휘어진 다리가 달려 있다.

녹단(甪端) : 전설 속의 신수(神獸)로, 하루에 1만 8천 리를 간다고 하는데, 기린과 비슷하며, 뿔이 하나 달려 있다. 관방(官方)에서는 공명정대함을 상징했고, 민간에서는 길상(吉祥)을 상징하여 장식물로 만들어 비치하였다.

궁선(宮扇) : '단선(團扇-둥글부채)'으로, 궁중에서 주로 사용하던 자루가 긴 의장용 부채이다.

(2) 탁안류(桌案類)

탁안류 가구는 사용 지점에 따라, 땅 위에서 사용하는 것과 온돌 방 위에서 사용하는 것의 두 가지로 나눌 수 있다. 온돌방 위에서 사용하는 것은 '항탁(炕卓)'이나 '항안(炕案)'이라고도 한다. 탁자는 네 변의 길이로 구분하는데, 방탁(方桌)·장방탁(長方桌)·장조탁(長條桌)의 세 종류로 나눌 수 있다. 그 가운데 방탁은 탁자면의 네 변의 길이가 같은 정방형 탁자를 가리키며, 또 '팔선탁(八仙桌)'이라고도 한다. 장방탁은 정방형에 가깝지만, 길이가 너비의 두 배를 초과하지 않는 탁자를 가리키고, 장조탁은 길이가 너비의 두 배를 초과하는 탁자이다. 그런데 탁자의 구조에 따라 분류해보면, 탁자는 또 속요(束腰)와 무속요(無束腰)의 두 종류로 나눌 수 있다. 다시 세분화하면 패왕정(覇王枨)·나과정(羅鍋枨)·일퇴삼아(一腿三牙)·방퇴(方腿)·원퇴(圓腿) 등 수많은 조형들이 있다. 이 밖에 용도 면에서 일반 가구 이외에도, 또한 금탁(琴桌)·기탁(棋桌)·패탁(牌桌)·화탁(畫桌) 등과 같은 몇몇 특수한 용도의 탁자들이 있다. 기능적인 면에서 보면, 명·청 두 시대의 탁자는 별로 차이가 없다. 다만 제작 기술의 측면에서는, 명대의 탁자는 미끈하고 아름다우며 품위가 있지만, 청대의 탁자는 다소 육중하고 단조로운 편이다.

안(案-장방형의 좁고 긴 구식 탁자)과 탁(桌-테이블 혹은 탁자)은 기본적으로는 서로 비슷하다. 그 구별은, 탁의 다리[桌脚]는 네 모서리에 달려 있지만, 안의 다리[案腿]는 양쪽 끝에서 안면(案面) 부위로 들어가서 붙어 있다. 즉 탁(桌)의 다리가 탁면(卓面)과 맞닿는 곳은 탁면의 끝부분[頂端]에 위치하기 때문에 탁면이 많이 돌출되는 부분이 없다. 그러나 안(案)은 이와 정반대이다. 그 밖에 명대에 비교적 대형(大型)의, 기물을 진열해놓을 수 있었던 탁자[案子]로는, 양쪽 끝이 위로 말려 올라간 교두안(翹頭案)이 많이 유행하였다. 탁안류(桌案類) 가운데

속요(束腰)·무속요(無束腰) : 명·청대 가구의 부품 명칭이다. 원래는 수미좌(須彌座)의 윗부분과 아랫부분 사이의 잘록한 부분을 가리키는데, 가구에서는 윗면의 테두리와 아조(牙條-두 다리 사이를 연결하는 부자재) 사이의 잘록하게 들어간 부위를 가리켜 속요라 하고, 밋밋한 것을 무속요라고 한다.

에는 또 소형의 '궤(几)'라 부르는 가구 조형이 있는데, 고퇴궤(高腿几)
와 왜퇴궤(矮腿几)의 두 종류로 나뉜다. 왜퇴궤에는 보통 몸을 기대
어 앉는 빙궤(憑几)와 물품을 진열해놓는 항궤(炕几)가 있다. 빙궤는
명대에 비교적 성행했고, 청대의 강희 시기에도 여전히 제작되었다.
그러나 강희 시대 이후에는 사라지고 보이지 않는다. 그리고 고퇴궤
는 매우 많이 볼 수 있는데, 향궤(香几)·화궤(花几)·다궤(茶几) 등등
이 있으며, 주로 대청 안에 장식품으로 진열해놓는 데 쓰였다. 이 밖
에도 몇 가지 특수한 궤들이 있는데, 예를 들면 명대에 과선(戈仙)이
만든 접궤(蝶几)는 또한 '기교탁(奇巧桌)'이라고도 불렸다. 이것은 열세
개의 크기가 같지 않은 삼각형과 제형(梯形-사다리꼴)으로 구성되는
데, 일정한 비율과 규격을 갖추고 있어, 길게 할 수도 있고 네모나게
할 수도 있었을 뿐 아니라, 견아식[犬牙式-조형(爪形)] 장식품을 만들
수도 있었다.

　　청대 강희와 건륭 시기의 문구탁(文具桌)도 역시 일종의 특수한
궤이다. 예를 들어 건륭자단활퇴문구탁(乾隆紫檀活腿文具桌)은 길이
가 겨우 74cm이고, 표면은 빛이 나고 매끄러우며 평평하고, 네 개의

황화이탁안(黃花梨桌案)
明

탁자 다리[桌腿] 끝 부분에는 간단한 회문(回紋) 장식만이 있다. 네 개
의 다리 상단에는 경첩[合頁]이 달려 있어 접을 수도 있다. 탁면(桌面)
도 역시 맞접어 작은 상자로 만들 수 있다. 이렇게 하나의 간단한 작
은 탁자에는 뜻밖에도 법랑병(琺瑯瓶)·합(盒)·인장(印章)·불경(佛經)·
수승(水丞)·문방사보(文房四寶)·자[尺]·촛대·망원경·필통·서적 등등
과 같은 63가지의 각기 다른 기물들을 담아둘 수 있어, 감탄을 금할
수 없다.

또한 오로지 골동품을 진열하는 용도로만 사용했으며, 서안(書案 -긴 책상)이나 조안(條案-가늘고 긴 테이블) 위에 올려놓던 작고 낮은 궤 (几)가 있다. 명나라의 고렴(高濂)이 지은 『연한청상전(燕閒淸賞箋)』에는 이렇게 기록되어 있다. "서안(書案)의 머리맡에 놓아두는 작은 궤는, 오직 낮게 만든 것이 제일 좋다. 그 방식은 하나의 판을 면으로 하는 데, 길이는 2자[尺], 너비는 1자 2치[寸]나 3치 정도여야 한다. 금·은편 (金·銀片)으로 만든 화조(花鳥)와 네 무더기의 수석(樹石)을 길게 박아 넣는다. 궤면의 양쪽에 가로[橫]로 작은 가로대[檔] 두 개를 설치하고, 여기에 금니[金泥-금박(金箔)이나 금가루를 아교와 섞은 것]를 칠하며, 아 래에는 네 개의 아자(牙子)를 사용한다. 네 다리의 가장자리 장식 주변 에는 금·은을 새겨서 양각선[陽線]을 두르고, 비녀장을 박아 넣어 이 를 아주 가볍게 지탱하고 있다. 서재 안에서는 향로·시병(匙瓶)·향합 (香盒)을 사용하는데, 혹은 한두 권의 책을 펴놓거나, 혹은 고상한 완 구를 두거나, 매우 아름다운 ……완상용구[淸玩]를 두면, 마음이 매 우 즐거워진다.[書案頭所置小几, 維矮製最佳. 其式一板爲面, 長二尺, 闊一尺 二寸, 該三寸餘. 長嵌金銀片子花鳥四簇樹石. 几面兩橫設小檔兩條, 用金泥塗 之, 下用四牙. 四足牙口鏨金銀滾陽線, 鑲鈐持之甚輕. 齋中用于陳香爐·匙瓶· 香盒, 或放一二卷册, 或置雅玩具, 妙甚……以供淸玩, 甚快心目.]"

(3) 의자와 걸상류[椅凳類]

의자의 조형은 주로 보의(寶椅)·교의(交椅)·권의(圈椅)·관모의(官帽 椅)·고배의(靠背椅) 및 매괴의(玫瑰椅) 등 여섯 종류가 있다.

보의의 탁면(桌面) 아래는 상탑(床榻) 만드는 법을 채용하여, 대부 분 호퇴봉아(弧腿蓬牙)와 안쪽으로 뒤집혀진 말발굽[內翻馬蹄] 형식을 사용하기 때문에, 상탑류 가운데 보좌(寶座)와 서로 공통되는 점이 있지만, 형체가 이에 비해 작으며, 단지 정전(正殿)의 명칸[明間]에만

호퇴봉아(弧腿蓬牙) : 둥그렇게 휘어 진 모양의 다리와 무성한 아자(牙子) 가 있는 가구의 형태.

앉는 용도로 제공한다.

　교의(交椅)는 등받이[靠背]가 달린 것과 달리지 않은 것의 두 종류로 나뉜다. 전자는 '교의(交椅)'라 하고, 후자는 '교올(交杌)' 또는 '마갑(馬閘)'이라 하는데, 그것의 특징은 의자의 다리가 교삽퇴(交揷腿-교차되는 다리)이라는 점이다.

　권의(圈椅)는 또한 '태사의(太師椅)'라고도 부르는데, 교의가 변화 발전한 것으로, 좌면(座面)의 위쪽은 교의(交椅)와 서로 같다. 그러나 좌면 아래쪽의 의자다리는 교삽퇴 방식을 사용하지 않고, 의면(椅面)에서 수직으로 뻗은 네 개의 다리를 사용하고 있다. 권의의 등받이는 모두 원호형(圓弧形)이다.

　관모의(官帽椅)는 남관모의(南官帽椅)와 사출두식관모의(四出頭式官帽椅)의 두 종류로 나뉘는데, 그 가운데 사출두식이 아름답다. 관모의의 특징은 등받이가 비교적 높고, 인체의 곡선에 따라 'S'자형으로 휘어져 있으며, 등받이의 꼭대기에 탑뇌(搭腦-머리받이)가 있어, 머리 부분을 기대고 쉴 수 있게 해준다. 이른바 사출두식관모의를 남관모

(왼쪽) 자단목묘금태사의(紫檀木描金太師椅)

淸

(오른쪽) 유목원배교의(楡木圓背交椅)

淸

의와 비교하면, 단지 등받이의 위쪽 끝부분과 팔을 걸치는 팔걸이의 앞쪽 끝에 한 토막씩이 더 튀어나왔으므로, '사출두(四出頭)'라고 부른다.

고배의(靠背椅)는 관모의(官帽椅)가 변화 발전된 것으로, 그에 비해 작고, 또 '등괘의(燈掛椅)'라고도 부르며, 양 옆에 팔걸이가 없다.

매괴의(玫瑰椅)는 비교적 특수한 조형으로, 의자의 등받이가 통상 다른 갖가지 양식의 의자들보다 낮아, 겨우 높이가 팔걸이보다 약간 높이 올라와 있으며, 주로 탁안(桌案)과 서로 배합하여 진열하는 데 쓰이므로, 의자는 탁자의 가장자리나 창대(窗臺-창틀)보다 높지 않게 한다. 매괴의는 북경(北京)에서 사용하는 호칭이고, 강남(江南) 일대에서는 대부분 '문의(文椅)'라고 부른다.

등자(凳子-등받이가 없는 의자)는 방형(方形)과 원형(圓形)의 두 종류

황화이매괴의(黃花梨玫瑰椅)
明

삼만퇴(三彎腿) : 탁자류 가구의 다리에서 상단과 하단이 이행하는 부분을 안쪽을 향해 휘어져 꺾인 모양으로 파내어, 다리가 S자 모양을 하고 있는 것을 가리킨다.

곤등(滾凳) : 발을 올려놓는 탁자로, 가운데에 롤러를 설치하여 발바닥으로 굴릴 수 있게 되어 있으며, 테이블 밑에 놓고 사용한다.

화고(花鼓) : 중국 전통의 민속 가무의 일종으로, 남녀 각 한 사람씩이 나와서 북을 치고 창을 하는 형식인데, 여자가 치는 북을 화고라 한다. 가운데가 볼록하여 옹기처럼 생겼다.

가 있는데, 방형이 훨씬 많다. 구조에 따라 나누어보면, 속요(束腰)와 무속요(無束腰)의 두 종류가 있다. 속요등(束腰凳)은 대다수가 방형 재료를 사용하며, 다리는 곡퇴(曲腿-휘어진 다리) 또는 삼만퇴(三彎腿)를 이룬다. 그러나 무속요는 방퇴(方腿-네모난 다리)·원퇴(圓腿-둥근 다리)가 다 있지만, 곧은 다리[直腿]도 비슷하게 있다.

그 밖에 조형면에서 등자(凳子)는 또 장방식(長方式)과 장조식(長條式)의 두 종류가 있다. 장방식은 '춘등(春凳)'이라고도 하는데, 등면(凳面)이 비교적 넓고 길어 두세 사람이 함께 앉을 수 있을 뿐 아니라, 물품을 놓아둘 수도 있다. 그리고 장조식은 또한 '조등(條凳)'이라고도 하며, 단지 앉는 용도로만 쓰인다.

이 밖에 명나라의 문진형(文震亨)이 지은 『장물지(長物志)』에는 다음과 같이 기록되어 있다. "각등(脚凳)은, 나무로 만든 곤등(滾凳)인데, 길이가 2자이고, 너비는 6치이며, 높이는 관례에 따른다. 중간은 하나의 가로대로 나누고, 속은 비었으며, 중간에 둥근 나무 두 개를 선반으로 깎아, 양쪽 대가리에 축을 달아 돌아가게 만들어, 발꿈치로 축을 밀어, 왔다 갔다 하도록 굴리는데, 용천혈[湧泉穴-발바닥 한가운데(足心) 부근의 경혈(經穴)]의 정기가 솟아날 것이므로, 운동으로서 좋다.[脚凳, 以木製滾凳, 長二尺, 闊六寸, 高如例程, 中分一檔, 內中空, 中車圓木二根, 兩頭留軸轉動, 以脚端軸, 滾動往來, 蓋涌泉穴精氣所生, 以運動爲妙.]"

등자 가운데에는 또한 비교적 특수한 조형이 있는데, '수돈(繡墩)'이라고 부르는 것이다. 양쪽 대가리가 작고, 중간이 커서, 모양이 마치 화고(花鼓)와 같기 때문에, 또한 '화고돈(花鼓墩)'이라고도 한다. 형식은 다양해서, 과릉식(瓜棱式)·해당식(海棠式)·육각식(六角式)·팔각식(八角式) 등등 수많은 형제(形制)들이 있지만, 어떤 종류의 형식이든 모두 하나의 공통된 특징을 지니고 있다. 즉 양쪽 대가리에는 반드시 한 줄기의 현문(弦紋-줄무늬)과 한 바퀴의 정모(釘帽-못대가리처럼 볼록하게 돋은 장식물)가 둘러져 있으며, 속은 반드시 비어 있다.

과릉식(瓜棱式) : 참외처럼 몇 개의 볼록한 능선과 홈이 있는 모양.

해당식(海棠式) : 해당화의 꽃잎처럼 네 개의 볼록볼록한 호(弧)로 이루어진 모양.

(4) 주궤류(櫥櫃類-장롱과 찬장류)

궤자(櫃子-옷이나 서류를 넣어두는 장이나 궤)의 일반 형체는 비교적 높아, 큰 물건이나 많은 물품을 넣어둘 수 있고, 쌍으로 된 두 개의 문을 냈으며, 궤 안에는 당판(檔板-가로질러 댄 판)으로 여러 층을 만들었다. 또 두 개의 문짝으로 된 궤문(櫃門)의 중간에는 여닫개가 세워져 있으며, 궤문과 입주(立柱) 위에는 동(銅) 장식물을 박아 자물쇠를 채울 수 있으며, 거실(居室)에 반드시 갖추어놓는 가구이다.

궤주(櫃櫥)는 일종의 궤(櫃)와 주(櫥) 두 종류의 기능을 겸하고 있는 가구이며, 일반적으로 형체는 크지 않고, 높이는 탁안(桌案-큰 탁자) 정도 되는데, 궤면(櫃面)은 탁면(桌面)으로 삼아 사용할 수 있다. 면 아래에는 서랍[抽屜]이 있고, 서랍 아래에는 궤문 두 짝을 달았다. 간단히 말하면, 궤와 주의 두 가지를 합쳐 하나로 만든 것으로, 조합가구(組合家具)의 초기 형태라고 할 수 있다.

궤(櫃) : 일종의 물건을 보관해두는 가구로, 통상 장방형이며, 덮개나 문이 달려 있다.

주(櫥) : 일상적인 의류나 용품을 넣어두는 가구로, 앞면에 문이 있다. 흔히 볼 수 있는 것으로는 옷장이나 찬장이 있다.

정수궤(頂竪櫃)도 일종의 조합가구인데, 하나의 서 있는 궤 위에 작은 궤 하나를 올려놓았다. 이 궤는 대부분 짝을 이루어 놓아두기 때문에 '사건궤(四件櫃)'라고도 부르는데, 명대의 가구들 가운데 상당히 많은 조형이다.

양격궤(亮格櫃)는 서재 용구로, 아래는 문이 있는 격층(隔層)인 궤(櫃)로 만들었고, 윗부분은 문이 없는 격층인 양격(亮格)으로 만들어 골동품을 진열하는 데 쓸 수 있고, 궤 속에는 서적을 넣어둔다.

원각궤(圓脚櫃)는 네 변과 다리[腿足]를 모두 하나의 나무를 이용하여 만들었으며, 또한 전부 둥근 목재로 만들었기 때문에, '원각궤(圓角櫃)'라고도 부른다. 문이 두 개인 것과 네 개인 것의 두 종류로 나뉘는데, 재료는 굵고 튼튼한 것을 사용한다. 가장 특색이 있는 것은 궤문에 경첩[合頁]을 사용하지 않고, 문축(門軸)으로 만드는 방법을 채용했다는 것이며, 또한 만약 궤문을 열려면 반드시 궤문을 90도 각도 이상으로 연 다음에 위로 올려야 비로소 열 수 있다는 점이다. 따라서 일단 자물쇠를 채우면 열 수 있는 방법이 없으니, 매우 기묘한 설계이다.

이상 네 종류의 주요한 가구 조형들 이외에도, 또한 몇몇 작은 부류들이 있는데, 예를 들면 병풍(屛風)·의가(衣架-옷걸이)·분가(盆架)·의상(衣箱)·제합(提盒-손잡이가 달린 갑)·삽병(揷屛-책상 위에 놓는 장식용 병풍)·괘병(掛屛)·경대(鏡臺) 등등이다.

명나라식 가구와 청나라식 가구의 재료 선택은 또한 독자적으로 하나의 유파를 형성하였는데, 귀중하고 질이 좋은 목재를 숭상했으며, 특히 단단한 목재가 우선이었다. 그 원인은, 첫째는 목질이 안정적이어서 변형되지 않고, 둘째는 목질이 단단해서 복잡한 장부를 끼워 맞추는 구조를 제작하는 데 적합하며, 셋째는 무늿결이 선명하고 무늬와 색깔이 특별히 우아한 멋을 지니고 있기 때문이었다.

자단(紫檀)은 세상에서 가장 유명하고 진귀한 목재의 하나로, 새 것과 오래된 것 두 종류로 나뉘는데, 오래 된 것은 색깔이 자색이고, 새것은 붉은색이며, 모두 불규칙한 해조문(蟹爪紋-게의 발톱 무늬)이 있다. 그 특징은, 색깔이 꼬뿔소뿔[犀牛角]의 색과 광택을 지니며, 나이테[年輪]는 대부분 교사상(絞絲狀-실을 꼰 모양)이고, 종안(鬃眼)은 세밀하며, 목질은 견고하고 단단하면서 묵직하다. 가구를 제작할 때는 대부분 이러한 자연적인 특징을 이용하였고, 빛이 나고 무늬가 없

종안(鬃眼) : 나무를 켰을 때 표면에 나타나는, 작은 구멍들을 가리킨다.

는 수법을 사용하여, 변화무쌍하며 섬세한 무늿결과 짙은 색조를 두드러지게 했는데, 그 효과는 안정적이면서 대범하다. 나한상(羅漢床)·대안(大案)·수돈(繡墩)은 대부분 자단을 채택하여 만들었다.

화리목(花梨木)의 색깔은 산뜻하고 아름다우며, 무늿결이 뚜렷하고, 역시 새것과 오래된 것으로 나뉜다. 오래된 화리는 '황화리(黃花梨)'라고도 부르는데, 색깔은 옅은 황색부터 자적색(紫赤色)까지이며, 또한 향이 난다. 새 화리목은 색깔이 적황색(赤黃色)이고, 무늿결 및 색깔과 광택이 오래된 화리와는 차이가 있다. 제작할 때는 일반적으로 또한 몸통 전체가 빛이 나고 무늬가 없으며, 매우 적게 조각 장식을 하여, 부드럽고 조용하여 온화하고 따스한 느낌을 준다. 비교적 소중히 여기는 가구의 대부분은 이 나무를 이용하여 만들었는데, 관모의·매괴의 및 몇몇 탁안(桌案)과 궤주(櫃櫥) 등과 같은 것들이다.

계시목(鷄翅木)은 또한 '해남문목(海南文木)'·'상사목(相思木)'이라고도 부르는데, 무늿결이 마치 닭의 날개[鷄翅]와 같다고 하여 붙여진 이름으로, 생산량이 매우 적다. 그것의 무늿결은 변화가 다양하여, 자연적으로 형성된 산수 풍경 도안이 대단히 많기 때문에, 가구를 제작할 때에, 많은 조각을 가하지 않고도 충분히 그 자연의 미를 펼쳐 보일 수 있다. 매괴의는 대부분 이 나무를 이용했다. 계시목의 무늿결과 서로 비슷한 것으로 또한 자흑색의 철리목(鐵梨木)이 있는데, 대부분 큰 가구를 만드는 데 사용했다.

홍목(紅木)의 목질은 자단(紫檀)에 버금가며, 색깔이 조홍색(棗紅色–대추색)에 가깝다. 생산량이 많아서 사용할 때 취사선택할 여지가 비교적 많은데, 이로 인해 이 나무를 이용하여 제작한 가구의 재료는 모두 최상의 질 좋은 것들 중에서 선택하므로, 완성품은 자연히 평범한 것과는 다르다. 그것의 사용 범위는 비교적 광범위하여, 큰 것으로는 탁안(卓案)까지, 작은 것으로는 수돈(繡墩)에 이르기까지 모두 이

나무를 사용했다.

황양목(黃楊木)은 흔히 볼 수 있는 목재의 일종이지만, 그것의 생장이 매우 더뎌, 1년에 겨우 1치 정도밖에 자라지 않는다고 한다. 따라서 목질은 대단히 견고하지만, 또한 큰 재목이 없다. 재료가 비교적 작고, 또 색깔이 계란 노른자와 같이 아름답고 곱기 때문에, 대부분 가구 위의 무늬를 상감하는 데 쓰였으며, 아직 전체를 황양목으로 만든 가구는 보이지 않는다.

풍격과 장식

명·청 시대 가구의 총체적인 풍격은 구조가 합리적이고, 기술이 정밀하고 뛰어나며, 실용과 심미의 조화로운 통일을 중시하였고, 질이 좋고 단단한 나무를 선택하여 사용하는 것을 강조하였다. 명대의 가구는 청대에 비해 상대적으로 말하자면 법도가 훨씬 엄격했고, 풍격에서도 각 시대마다 비교적 통일감이 있다. 그러나 청대는 이와 달라서, 비록 겨우 청대 중기에만 가구가 비교적 발달했지만, 생산지가 비교적 많았기 때문에, 강렬한 지역적 특색을 형성하였다.

공통점을 말하자면, 명·청 시대의 경목(硬木-단단한 나무) 가구는 공통적으로 모두 치밀하고 단단한 재질·우아하고 중후한 색조·변화무쌍한 천연의 무늿결·간결하면서도 우아하고 아름다운 예술적 조형을 강조했지만, 구체적 조형에서는 또한 개성적인 풍격의 특징을 지니고 있다. 예를 들어 가자상(架子床)은 유난히 맑고 우아하며, 보좌(寶座)는 장엄하고 엄숙하지만, 매괴의(玫瑰椅)는 곧 색과 광택에서 눈과 마음을 즐겁게 해주며, 조형에서 진기하고 미려함을 추구하였다. 장식 방면에서는, 경목 가구는 지나친 장식을 사용한 경우는 대단히 적고, 빛나는 바탕을 강조하여 재질의 천연미가 두드러진다. 일부 장식을 한 것이 있긴 하지만, 역시 겨우 팔걸이[扶手]·등받이[靠背]·다리[桌脚] 등 돌출된 부위에만 간단한 조각을 가하였는데, 단화(團花)나 운룡(雲龍)을 새겨, 동(動)적인 것과 정(靜)적인 것을 결합하였고, 번잡함과 간결함이 적당하게 어우러져 있다. 그러나 명대 말기부터 일부 경목 가구에 상감(象嵌)의 장식 수법이 나타나기 시작하였는데, 도안은 대부분 화훼와 기하 문양이었다. 이때의 장식 부위도 또한 비교적 적었으며, 청대에 이르러서야 증가하였는데, 이러한 장식 수법이 비록 색채가 찬연하고 정교하며 아름답고 화려한 효과를 거둘 수는 있었지만, 경목 가구가 추구했던 자연스런 예술 효과는 파괴하였다.

그 밖에 명·청 시대의 가구는 모두 엄밀하게 장부를 끼워 맞추는 [榫卯] 구조를 추구하였는데, 이 점은 명대에 특히 두드러졌다. 첫째, 장부를 끼워 맞추는 구조와 전체적인 조형을 교묘하게 결합시켰다. 포견순(抱肩榫)을 예로 들면, 그것은 속요식(俗腰式) 가구의 다리를 전체 구조와 짜 맞추는 것이며, 동시에 또한 속요 위쪽의 아조(牙條)를 교묘하게 고정시켜, 구조의 견고성을 보장하면서도 연결된 흔적을 드러내지 않는 것으로, 이는 실용과 예술이 결합된 전형적인 본보기이다. 둘째, 활순(活榫)의 창조이다. 협두순(夾頭榫)을 예로 들면, 그것은 가구 다리 부분 상단의 중심에 장붓구멍을 파내고, 끝 부분[頂端]에 장부를 만들어 세우며, 다시 안면(案面)과 장부를 끼워 맞추어 결합시키는 것으로, 구조가 간결하고 명쾌하며, 수시로 해체하고 조립할 수 있다. 청대의 대형 가구 위에는 대다수가 쉽게 해체할 수 있는 활순을 채용하였으며, 법도의 엄밀성을 담보하는 기초 위에서, 또한 사용 과정 중에 이동이 편리하도록 하였는데, 이는 또한 경목 가구의 대다수가 무거웠기 때문에 생산을 개량한 것이다. 셋째, 장부와 장붓구멍을 대담하게 볼록 튀어나오게 노출시켜, 우아하고 아름다

포견순(抱肩榫) : 속요(束腰) 가구의 다리와 속요·아조(牙條-가장자리에 붙이는 조각 장식)를 서로 연결할 때 사용하는 장부를 말한다.

아조(牙條) : 명·청 시대의 가구에 사용되던 부품명이다. 즉 아자(牙子)를 말하며, 사강(絲杠)이라고도 한다. 위치에 따라 명칭도 다른데, 일반적으로 가구의 윗면 테두리[面框] 아래에 설치하여 두 다리의 사이를 연결하는 부품을 가리킨다. 속요(束腰)가 있는 가구의 경우는, 곧 속요 이하 부위의 주요 연결 부품이다. 기타 부위에 설치하는 것은 일반적으로 아자 대신 아조(牙條)라고 부른다.

운 윤곽선을 형성함으로써, 가구를 위해 전체적인 것 외에 또 일종의 특수한 예술적 효과를 더하였는데, 삽견순(揷肩榫)이 바로 하나의 예이다.

가구 구조의 예술성은 점·선·면 세 가지의 유기적인 조합을 통해 형성되는 것으로, 그 효과는 두 가지가 있다. 하나는 안정성을 두드러지게 표현한 것이고, 다른 하나는 힘껏 변화성을 추구한 것이다. 전자는 가구의 실용성에 의해 결정되는 것으로, 안정성은 필수적이고 기본적인 요구가 되었는데, 이 점이 명·청 시대 가구가 단단하고 무거운 재료·엄격하고 근엄한 구조·직선과 평면의 조합을 통해 실현한 것이다. 안정성을 강조함과 동시에, 그와 같은 직선과 평면을 조합함으로써 또한 중후하고 시원스러우며 순박한 예술적 효과를 표현해 냈다. 그러나 만일 단순하게 이러한 조합과 효과만을 추구했다면, 또한 상반된 결과를 초래할 수도 있었다. 즉, 전체적인 조형은 중후하고 여유가 있지만, 창의성이 부족하게 된다. 따라서 명·청 시대의 가구는 또 주요 뼈대가 아닌 구조 위에 다변적인 호선(弧線)이나 기복이 있는 요철면(凹凸面)과 발산되는 교차점 등을 적당하게 사용함으로써, 판에 박은 듯한 단조로움을 타파하고 강함과 부드러움이 함께 어우러지고, 가벼움과 무거움이 함께 하는 가장 아름다운 예술적 효과를 표현해 냈다. 엄격한 구조와 귀중한 재료라는 이 두 가지의 성취 이외에도, 교묘하게 선·면·점의 변화와 조합을 사용한 것도 역시 이 시기 가구의 주요한 성취라고 할 수 있다.

명·청 두 시대의 가구는 이상의 공통점들 이외에도, 매우 많은 부분들에서 또한 선명한 차이가 있는데, 가장 두드러지는 것은 바로 청대 가구의 선명한 지역성이다. 청대의 가구는 3대 명작(名作), 즉 광주(廣州)·소주(蘇州)·북경(北京)이 남방·중부·북방에 나뉘어 있었다. 남방은 광주가 대표적인데, 성취도 역시 세 지역들 중에서 가장 높았으며, 이곳을 위해 또 청대 궁전 내무부 조판처의 목작(木作) 안에 특별히 광목작(廣木作)을 설립하였다. 광주 가구에 사용하는 목재는 굵고 크며 넉넉하여, 보통 온전한 큰 목재를 사용하여 파내는 방식으로 가구를 만들었으며, 작은 토막의 목재를 붙여서 사용한 것은 매우 적다. 이 때문에 기세가 웅장해 보이고, 옹골차며 중후한 특징을 지니고 있다. 문양 도안의 처리 기법에서도 역시 비교적 특색이 있는데, 한 방면에서는 조각 기술이 매우 험준하며, 또 다른 방면에서는 연마 기술도 역시 정교하고 섬세하며 원활하여, 칼로 파낸 흔적이 남아 있지 않다. 그 밖에 문양 장식 내용의 선택에서, 광주는 당시 중요한 수출입 항구여서, 서양의 기물을 접촉할 기회가 비교적 많았기 때문에, 편리하게 서양의 문양 장식 내용을 받아들일 수 있었다. 이로 인해 광작(廣作-광주에서 제작한 것) 가구 위에 장식된 도안도 역시 중국과 서양이 결합된 특징을 지녔으며, 비교적 두드러지는 것은 바로 습관적으로 서번련(西番蓮-773쪽 참조) 문양을 사용한 점이다. 광작의 대표적인 작품은 건륭 연간에 제작된 '자단점취아조인물삽병(紫檀點翠牙彫人物揷屛)'인데, 이 작품은 위에서 언급한 광작 가구의 특징을 체현해 낸 것 외에, 또한 광작의 또 다른 특징을 표현하고 있다. 그것은 바로 상감[鑲嵌]을 중요시하였고, 광주의 우수한 아조(牙彫-상아 조각) 예술을 가구에 운용하는 것이 능숙하여, 비교적 좋은 예술적 효과를 얻었다는 점이다.

소식(蘇式) 가구란, 소주(蘇州)를 중심으로 한 장강 하류 일대에서 제작한 가구를 가리키는데, 이곳에서 제작한 가구는 소박하고 대범하며, 조형이 아름답고, 선이 유창하며, 사용한 목재와 구조가 합리적이고, 명나라식 가구의 우수한 점들을 비교적 잘 계승하였다. 소식 가구는 큰 목재를 매우 적게 사용하고, 최대한 합리적으로 목재를 사용하는 것을 중요시하였다. 즉 가장자리와 모서리의 자투리 재

소주(蘇州)의 유원(留園) 내에 있는 임천
기숙(林泉耆宿) 2관(館)의 실내 가구

료도 함부로 낭비하지 않고, 잘 이용하여 사용되는 재료를 절약하는 특징을 충분히 체현하였다. 이 점에서 소식 가구는 또한 포양(包鑲) 기법을 대량으로 채용하였다. 즉 잡목(雜木)으로 뼈대를 만들고, 바깥 면에 경목(硬木)의 얇은 판을 붙여 넣음으로써, 경목이 비교적 진귀하여 획득하기 어려운 난제를 해결했을 뿐만 아니라, 또한 제작된 가구가 외관상 경목 가구의 효과를 지닐 수 있도록 하였다. 그러나 또한 화려하지만 부실한 결점을 지니고 있는데, 이 때문에 청대의 궁정 가구들 가운데에는 포양 기법을 채용한 소식 가구의 수량은 매우 적다. 그 밖에 소식 가구는 또 준수하고 화려한 특징을 지니고 있는데, 주로 장식면에서 대량으로 양주(揚州)와 소주 일대에서 성행했던 백보감(百寶嵌-763쪽 참조) 공예를 채용하였다. 그 방법은 우선 가구의 바탕 위에 옻칠을 하고 나서, 칠 바탕 위에 홈을 파고, 상감해야 할 재료를 그 홈 속에 박아 넣고, 다시 매끄럽게 갈아서 윤을 낸다. 장식의 도안은 광주와는 달리, 대다수가 전통적인 전지연문(纏枝蓮紋)을 채용하였다.

북경의 경식(京式) 가구의 풍격은 광작(廣作)과 소작(蘇作)의 중간에 해당하는데, 광작에서 사용한 재료의 사치스럽고 호화로움이 있을 뿐 아니라, 또한 소작의 준수하고 우아함이 있지만, 수량과 질은 모두 위에 서술한 두 지역보다 뒤진다.

　3대 명작 이외에도, 청대 가구의 생산지로는 또한 영파(寧波)와 복주(福州)의 채칠(彩漆) 가구·강서(江西)의 감죽(嵌竹) 가구·산동(山東) 유현(濰縣)의 감금은(嵌金銀) 가구 등등이 있다.

[본장 집필 : 馮乃恩 / 번역 : 홍기용]

|부록 1| 중국의 연호 : 명(明)·청(淸) 시대

〈명(明)〉

- 홍무(洪武) 1368~1398년
- 건문(建文) 1398~1402년
- 영락(永樂) 1403~1424년
- 홍희(洪熙) 1425~1426년
- 선덕(宣德) 1425~1435년
- 정통(正統) 1425~1449년
- 경태(景泰) 1449~1457년
- 천순(天順) 1457~1465년
- 성화(成化) 1464~1487년
- 홍치(弘治) 1487~1505년
- 정덕(正德) 1505~1521년
- 가정(嘉靖) 1521~1567년
- 융경(隆慶) 1567~1572년
- 만력(萬曆) 1572~1620년
- 태창(泰昌) 1620년
- 천계(天啓) 1620~1627년
- 숭정(崇禎) 1628~1644년

남명(南明)

- 홍광(弘光) 1645~1645년
- 융무(隆武) 1645~1646년
- 감국(監國) 1646~1651년
- 영력(永曆) 1647~1661년

〈청(淸)〉

후금(後金)

- 천명(天命) 1616~1626년
- 천총(天聰) 1626~1636년

청(淸)

- 숭덕(崇德) 1636~1643년
- 순치(順治) 1643~1661년
- 강희(康熙) 1662~1722년
- 옹정(雍正) 1723~1735년
- 건륭(乾隆) 1735~1795년
- 가경(嘉慶) 1795~1820년
- 도광(道光) 1820~1850년
- 함풍(咸豊) 1850~1861년
- 동치(同治) 1861~1875년
- 광서(光緖) 1875~1908년
- 선통(宣統) 1908~1912년

|제2장| 궁정회화(宮廷繪畫)

|제3장| 직업화가와 문인화가의 병존 시대

|제6장| 양주(揚州) **화단과 '양주팔괴**(揚州八怪)'

|제9장| 서법(書法)

567   〈행서오율시(行書五律詩)〉(軸)/(明) 문징명/북경 고궁박물원 소장

576   〈임미불연연산명(臨米芾燕硏山銘)〉(卷)/(明) 동기창(董其昌)

577   〈항원변묘지명(項元汴墓誌銘)〉(卷)/(明) 동기창

578   〈임동방삭화상찬(臨東方朔畵像贊)〉(卷)/(明) 동기창

580   〈행서악양루기(行書岳陽樓記)〉/(明) 동기창

581   〈두보계현원황제묘시(杜甫偈玄元皇帝廟詩)〉/(明) 동기창

582   〈답객난(答客難)〉(卷) (일부분)/(明) 동기창

586   〈봉절하영주시(捧節下瀛洲詩)〉 (일부분)/(明) 장서도(張瑞圖)

587   〈이백몽유천모음류별시(李白夢遊天姥吟留別詩)〉(册) (일부분)/(明) 장서도

588   〈화도연명의고시(和陶淵明擬古詩)〉(册) (일부분)/(明) 장서도

591   〈행서두목시(行書杜牧詩)〉(軸)/(明) 예원로(倪元璐)

599   행서 〈사대주시(思臺州詩)〉(軸)/(明) 왕탁(王鐸)/북경 고궁박물원 소장

600   〈초서록어(草書錄語)〉(軸)/(明) 왕탁

603   〈초서칠언시(草書七言詩)〉(軸)/(明) 부산(傅山)

604   〈행초서오율시(行草書五律詩)〉(軸)/(明) 부산/북경 고궁박물원 소장

607   〈예서검남시(隸書劍南詩)〉(軸)/(淸) 정보(鄭簠)/북경 고궁박물원 소장

612   〈해서무후사기(楷書武侯祠記)〉(軸)/(淸) 장조(張照)/북경 고궁박물원 소장

613   〈행서론봉첩(行書論鋒帖)〉(卷)/(淸) 옹방강(翁方綱)/북경 고궁박물원 소장

614   〈행서송채명원서(行書送蔡明遠敍)〉(軸)/(淸) 유용(劉墉)/북경 고궁박물원 소장

616   〈잡체시(雜體詩)〉(册)/(淸) 영성(永瑆)/북경 고궁박물원 소장

618   〈임왕희지법첩(臨王羲之法帖)〉(册)/(淸) 철보(鐵保)

619   〈행서오언시(行書五言詩)〉(軸)/(淸) 왕문치(王文治)

621   〈행서칠률시(行書七律詩)〉/(淸) 정섭(鄭燮)/북경 고궁박물원 소장

625   〈사체서(四體書)〉(册)/(淸) 등석여(鄧石如)/북경 고궁박물원 소장

626   〈예서칠언시(隸書七言詩)〉(軸)/(淸) 등석여/북경 고궁박물원 소장

627   〈행서임첩(行書臨帖)〉(軸)/(淸) 이병수(伊秉綬)/북경 고궁박물원 소장

631   〈해예서율시(楷隸書律詩)〉(册)/(淸) 하소기(何紹基)/북경 고궁박물원 소장

633   〈해서오언련(楷書五言聯)〉/(淸) 조지겸(趙之謙)/북경 고궁박물원 소장

635   〈임석고문(臨石鼓文)〉(軸) 4폭 병풍의 제1폭과 제2폭/(淸) 오창석(吳昌碩)

636   〈전서오언시(篆書五言詩)〉(軸)/(淸) 오대징(吳大澂)/북경 고궁박물원 소장

638   〈예서시(隸書詩)〉(軸)/(淸) 유월(俞樾)

639   해서 〈증심증식서(贈沈曾植書)〉(軸)/(淸) 장유쇠(張裕釗)/북경 고궁박물원 소장

641   〈행서사언시(行書四言詩)〉(軸)/(淸) 강유위(康有爲)/북경 고궁박물원 소장

지은이_ **단구오지앙**(單國强)

1942년에 상해(上海)에서 출생했으며, 1965년에 중앙미술학원(中央美術學院) 미술사학과(5년 본과)를 졸업했으며, 고궁박물원(故宮博物院) 연구원이고, 고궁박물원 판공실(辦公室) 주임을 역임했다. 북경사범대학(北京師範大學) 객원교수와 중국방위과학기술학원 고문교수를 맡고 있다. 오랫동안 고대서화사론(古代書畵史論)과 서화 감정(鑑定) 연구에 종사하였으며, 주요 저서로는 『古畵鑑識』·『中國繪畵史·明代』·『戴進』·『古書畵史論集』 등이 있다.

옮긴이_ **유미경**(柳美景)

대만문화대학교 예술대학원 미술사학과 석사 졸업.
북경 중앙미술학원 미술사학과 박사 졸업.
저서로는 『팔대산인(八大山人)』이 있고, 역서로는 『해상화파(海上畵派)』·『누동화파(婁東畵派)』 등이 있으며, 현재 여러 대학에서 강의 중이다.

옮긴이_ **조현주**(趙賢珠)

고려대학교 대학원 중어중문학과 석사 졸업.
고려대학교 대학원 중어중문학과 박사 수료.
논문은 「『紅樓夢』 詩詞의 서사 작용 연구」가 있고, 번역서로는 『중국 책의 역사』 등이 있으며, 각종 번역 작업에 참여하였다.

옮긴이_ **김희정**(金熙政)

북경 중앙미술학원 석사 졸업(서예학 전공).
성균관대학교 동양철학과 박사 졸업(서예미학 전공).
저서로는 『서예란 어떤 예술인가?』가 있으며, 역서로는 『필법(筆法)과 장법(章法)』 등이 있고, 「유희재(劉熙載)의 서예 미학사상 연구」(박사 논문) 등 여러 편의 논문들이 있다.

옮긴이_ **홍기용**(洪起瑢)

숙명여자대학교 중어중문학과 졸업.
대북(臺北) 중국문화대학 예술연구소 미술조(美術組) 석사 졸업(중국 미술사 전공).
북경(北京) 중앙미술학원 미술사학과 박사 졸업(중국 미술사 전공).
단국대·숙명여대 등의 강사를 거쳐, 현재는 경희사이버대학 중국학과 강사 및 농촌진흥청 고농서(古農書) 국역위원으로 재직 중이다.
번역서로는 『색경(穡經)』·『농정신편(農政新編)』·『농정서(農政書)』·『증보산림경제(增補山林經濟)』·『산가요록(山家要錄)』·『농정회요(農政會要)』·『범승지서(氾勝之書)』·『제민요술(齊民要術)』·『해동농서(海東農書)』 등을 비롯하여 다수의 고농서(古農書)들과 『황전화파(黃筌畵派)』(모두 공역) 등 미술사 서적들이 있다.